横浜市立南高等学校附属中学校

〈収録内容〉

※適性検査Ⅰの問題の一部は問題に使用された作品の著作権者が二次使用の許可を出していないため、問題を掲載しておりません。

便利な DL コンテンツは右の QR コードから

問題は
紙面に掲載

⇒ 

※データのダウンロードは 2025 年 3 月末日まで。

※データへのアクセスには、右記のパスワードの入力が必要となります。 ⇒ 456586

本書の特長

実戦力がつく入試過去問題集

- ▶ 問題 …………… 実際の入試問題を見やすく再編集。
- ▶ 解答用紙 …… 実戦対応仕様で収録。
- ▶ 解答解説 …… 解答例は全問掲載。詳しくわかりやすい解説には、難易度の目安がわかる「基本・重要・やや難」の分類マークつき（下記参照）。各科末尾には合格へと導く「ワンポイントアドバイス」を配置。

入試に役立つ分類マーク

基本 確実な得点源！
受験生の 90％以上が正解できるような基礎的、かつ平易な問題。
何度もくり返して学習し、ケアレスミスも防げるようにしておこう。

重要 受験生なら何としても正解したい！
入試では典型的な問題で、長年にわたり、多くの学校でよく出題される問題。
各単元の内容理解を深めるのにも役立てよう。

やや難 これが解ければ合格に近づく！
受験生にとっては、かなり手ごたえのある問題。
合格者の正解率が低い場合もあるので、あきらめずにじっくりと取り組んでみよう。

合格への対策、実力錬成のための内容が充実

- ▶ 各科目の出題傾向の分析、最新年度の出題状況の確認で、入試対策を強化！
- ▶ その他、学校紹介、過去問の効果的な使い方など、学習意欲を高める要素が満載！

解答用紙ダウンロード 解答用紙はプリントアウトしてご利用いただけます。弊社ＨＰの商品詳細ページよりダウンロードしてください。トビラのＱＲコードからアクセス可。

UD FONT 見やすく読みまちがえにくいユニバーサルデザインフォントを採用しています。

●●● 公立中高一貫校の入学者選抜 ●●●

ここでは，全国の公立中高一貫校で実施されている入学者選抜の内容について，その概要を紹介いたします。

公立中高一貫校の入学者選抜の試験には，適性検査や作文の問題が出題されます。

多くの学校では，「適性検査Ⅰ」として教科横断型の総合的な問題が，「適性検査Ⅱ」として作文が出題されます。しかし，その他にも「適性検査」と「作文」に分かれている場合など，さまざまな形式が存在します。

出題形式が異なっていても，ほとんどの場合，教科横断的な総合問題(ここでは，これを「適性検査」と呼びます)と，作文の両方が出題されています。

それぞれに45分ほどの時間をかけていますが，そのほかに，適性検査がもう45分ある場合や，リスニング問題やグループ活動などが行われる場合もあります。

例として，東京都立小石川中等教育学校を挙げてみます。

① 文章の内容を的確に読み取ったり，自分の考えを論理的かつ適切に表現したりする力をみる。

② 資料から情報を読み取り，課題に対して思考・判断する力，論理的に考察・処理する力，的確に表現する力などをみる。

③ 身近な事象を通して，分析力や思考力，判断力などを生かして，課題を総合的に解決できる力をみる。

この例からも「国語」や「算数」といった教科ごとの出題ではなく，「適性検査」は，私立中学の入試問題とは大きく異なることがわかります。

東京都立小石川中等教育学校の募集要項には「適性検査により思考力や判断力，表現力等，小学校での教育で身に付けた総合的な力をみる。」と書かれています。

教科知識だけではない総合的な力をはかるための検査をするということです。

実際に行われている検査では，会話文が多く登場します。このことからもわかるように，身近な生活の場面で起こるような設定で問題が出されます。

これらの課題を，これまで学んできたさまざまな教科の力を，知識としてだけではなく活用して，自分で考え，文章で表現することが求められます。

実際の生活で，考えて，問題を解決していくことができるかどうかを学校側は知りたいということです。

問題にはグラフや図，新聞なども多く用いられているので，情報を的確につかむ力も必要となります。

算数や国語・理科・社会の学力を問うことを中心にした問題もありますが，出題の形式が教科のテストとはかなり違っています。一問のなかに社会と算数の問題が混在しているような場合もあります。

少数ではありますが，家庭科や図画工作・音楽の知識が必要な問題も出題されることがあります。

作文は，文章を読んで自分の考えを述べるものが多く出題されています。

文章の長さや種類もさまざまです。筆者の意見が述べられた意見文がもっとも多く採用されていますが，物語文，詩などもあります。作文を書く力だけでなく，文章の内容を読み取る力も必要です。

調査結果などの資料から自分の意見をまとめるものもあります。

問題がいくつかに分かれているものも多く，最終の１問は400字程度，それ以外は短文でまとめるものが主流です。

ただし，こちらも，さまざまに工夫された出題形式がとられています。

それぞれの検査の結果は合否にどのように反映するのでしょうか。

東京都立小石川中等教育学校の場合は，適性検査Ⅰ・Ⅱ・Ⅲと報告書(調査書)で判定されます。

報告書は，400点満点のものを200点満点に換算します。

適性検査は，それぞれが100点満点の合計300点満点を，600点満点に換算します。

それらを合計した800点満点の総合成績を比べます。

このように，形式がさまざまな公立中高一貫校の試験ですが，文部科学省の方針に基づいて行われるため，方向性として求められている力は共通しています。

これまでに出題された各学校の問題を解いて傾向をつかみ，自分に足りない力を補う学習を進めるとよいでしょう。

また，環境問題や国際感覚のような出題されやすい話題も存在するので，多くの過去問を解くことで基礎的な知識を蓄えておくこともできるでしょう。

適性検査に特有の出題方法や解答方法に慣れておくことも重要です。

また，各学校間で異なる形式で出題される適性検査ですが，それぞれの学校では，例年，同じような形式がとられることがほとんどです。

目指す学校の過去問に取り組んで，形式をつかんでおくことも重要です。

時間をはかって，過去問を解いてみて，それぞれの問題にどのくらいの時間をかけることができるか，シミュレーションをしておきましょう。

検査項目や時間に大きな変更のある場合は，事前に発表がありますので，各自治体の教育委員会が発表する情報にも注意しましょう。

横浜市立 南(みなみ)高等学校附属 中学校

https://www.edu.city.yokohama.lg.jp/school/jhs/hs-minami/

〒233-0011　横浜市港南区東永谷 2-1-1
☎ 045-822-9300
交通　京浜急行線・横浜市営地下鉄上大岡駅、横浜市営地下鉄港南中央駅　バス
横浜市営地下鉄上永谷駅　徒歩 15 分

[カリキュラム] ◇三学期制◇

・「**確かな学力**」を養うべく、国語・数学・英語の授業は毎日実施。中学3年間で授業時数を385時間増やす。

・**理数教育・英語教育**充実のため、数学・理科・英語の授業は少人数展開で行う。

・総合的な学習の時間「**EGG**」では、プロジェクト足柄アドベンチャー、御殿場イングリッシュキャンプ、カナダ研修旅行などを実施し、コミュニケーション力を育成する。集大成として、中学卒業時に卒業研究発表会を行う。

・常勤の**英語指導助手**(**AET**)による英会話の指導がある。夏期休業中には全学年で**英語集中講座**が開講される。中学卒業までに**英検準2級合格**をめざす。

・高校は**難関国公立大学合格を想定した全教科型のカリキュラム**となっている。そのため、文系志望者も数学Ⅲの一部を、理系志望者も古典を履修するなど、2年次までは英国数理社の各科目をまんべんなく学習する。

[部活動]

中学校では次の部活動が設置されている。

★設置部

サッカー、野球、バレーボール、硬式テニス(女)、ソフトテニス、陸上競技、バスケットボール、バドミントン、ハンドボール(男)、演劇、弦楽、吹奏楽、科学、茶道、美術、書道

[行　事]

南高祭(体育祭、文化祭)や合唱コンクールは**高校と合同**で実施する。

4月　プロジェクト足柄アドベンチャー(1年)
6月　合唱コンクール、体育祭
9月　南高祭舞台の部・展示の部
10月　イングリッシュキャンプ(2年)、カナダ研修旅行(3年)
1月　百人一首大会

[進　路]

★卒業生の主な進学先(市立南高校)

東京大、京都大、大阪大、北海道大、筑波大、千葉大、東京外国語大、東京学芸大、東京工業大、一橋大、横浜国立大、神奈川県立保健福祉大、東京都立大、横浜市立大、早稲田大、慶應義塾大、上智大、東京理科大

[トピックス]

・平成24年度に開校。市立南高校とは合同行事などを通じ交流を行っている。市立南高校は1年次で附属中学からの進学生と高校からの進学生が混合したクラス編制を行う。

・80名宿泊可能な**セミナーハウス**、人工芝の**野球場**、常設の**テニスコート**5面、**ハンドボールコート**1面、**弓道場**、**総合体育館**(屋上プール・柔道場・剣道場・トレーニングルーム・サブアリーナ・ランニングコース付きのメインアリーナを備える)など、充実した施設が魅力的である。

・カナダ・バンクーバーの姉妹校と**短期留学・ホームステイ**を行うなど、国際交流も積極的に行っている。

・市立南高校は平成24年度から「**進学指導重点校**」として指定され、週33時間の授業を行い学力向上を図っている。

・**志願資格**は保護者と共に県内に住所を有すること。**学区**は横浜市内全域で、学区外入学許可限度数は定員の30%以内。ただし、他の公立の中等教育学校または併設型の中高一貫教育校の中学校との併願はできない(国立は可)。

・合否に関しては、適性検査(Ⅰ・Ⅱ)の評価を点数化した値と調査書による総合的選考を行う。

[学校見学](令和5年度実施内容)

★学校説明会　7月2回
★志願説明会　11月1回
★南高祭　9月

入試!インフォメーション

※本欄の内容は令和6年度入試のものです。

受検状況

募集定員	志願者数	受験者数	合格者数	倍　率
160	690	667	160 (134/26)	4.17

※※合格者数の(　)は(学区内/学区外)。

横浜市立南高等学校附属中学校

出題傾向の分析と合格への対策

●出題傾向と内容

本年度の適性検査は，Ⅰ・Ⅱの2種の検査が実施された。いずれも検査時間は45分，200点満点である。

2017，2018年度は，適性検査Ⅰは，大問2題からなる国語分野からの出題であった。大問1では，それらの資料を読み取って，それらに関する資料の要約(300字以上350字以内)，そして資料の内容について自分の考え(200字以上250字以内)を書く。大問2では，資料を読解して適切な語彙や選択肢を選ぶ問題が続く。いずれの大問も，あるテーマに沿った複数の資料や図版が与えられ，論理的思考力，表現力も必要とされる問題である。

2019年度以降は，小問7～8題からなる国語，社会分野からの出題に変更された。いずれの問題も，問われる能力は変わらないが，長めの資料が与えられ，それを150～350(360)字程度で要約する問題も出題される。

適性検査Ⅱは，大問3～4題からなる算数・理科分野からの出題である。目立った記述問題はないが，大量の文章や資料・グラフを短時間で読み取る必要があり，図を使ったり，解答として作成したりする問題もあるので，適格に解答する必要がある。また資料と関連付けられた計算問題や，問題文に記載されている内容を理解しないと解けない思考力を試す問題も出題されているので，グラフに関する知識，計算力も必須である。なお理科分野の実験問題の中で計算力が試される問題も目立った。短時間で非常に多くの文章や資料を読み，解答する必要があるため難易度が高く，作業量も多い。

● 2025 年度の予想と対策

2017年度より適性検査Ⅰ・Ⅱのみとなったが，各分野で求められる能力は従来どおりで変化がないように思われる。ただし，適性検査Ⅰの出題形式が変化したこともあり，多くの問題を適切に処理する必要がある点には注意が必要である。

適性検査Ⅰは，資料の要約と資料に対する自分の考えを述べる記述問題が出題される。与えられた題材文に対して考えを述べる形式についてはもちろん準備しておくべきであるが，様々な資料が融合的に出題に利用される傾向があるので，他の出題形式(題材文＋題材文，題材文とグラフなどの資料といった組合せ)も視野に入れ，様々な形式の検査に触れておくとよい。また，記述問題は制限字数が増加あるいは減少することも考えられるので，様々な字数制限に対応して文章を書く練習をするとよいだろう。さらに，短時間で非常に多くの文章や資料の内容把握を行わなくてはいけないので，高度な読解力が必要とされている。

適性検査Ⅱについては，算数・理科分野からの出題が続くと思われる。いずれもグラフや資料が多く用いられるので，そういった形式の問題に慣れ，早く正確に問題を処理する力を身に着けておこう。算数であれば平面図形・立体図形，理科であれば実験問題に特に注意したい。

学習のポイント

大量の文章・資料・グラフなどを伴って出題されるので，まずその出題形式に慣れよう。記述問題や実験問題も頻出なので，まずは授業で取り組んだ問題について正確な理解をしよう。

2024年度

★★★★★★★★★★★★★★★★★★★★★★★★★

入　試　問　題

2024年度

横浜市立南高等学校附属中学校入試問題

【適性検査Ⅰ】（45分）　＜満点：100点＞

【注意】　解答用紙のマス目は，**句読点などもそれぞれ一字と数え，一マスに一字ずつ書いてください。**

1　りかさんとみなみさんが図書館で社会の授業の話をしています。りかさんとみなみさんの【会話】や【資料】を読み，あとの問題に答えなさい。

【会話１】

りかさん：今日の社会の授業で，ヨーロッパの国の学習をしましたね。
みなみさん：はい。スペインには【SIESTA（シエスタ・昼の休憩）】という文化があるのですね。
りかさん：スペインといえば，【SOBREMESA（ソブレメサ）】というスペイン語を知っていますか。
みなみさん：いいえ，知りません。それはどういう意味なのですか。
りかさん：「食後に食卓を囲んで，くつろいでおしゃべりをする」という習慣を指す言葉です。
みなみさん：スペインでは，午後２時ごろに昼食をとり，【SIESTA】や【SOBREMESA】をはさみ，また仕事にもどるのですね。
りかさん：はい。その国の言葉にはその国の文化が反映されているのですね。
みなみさん：外国の言葉について興味が出てきました。少し調べてみませんか。
りかさん：そうですね。調べてみましょう。

みなみさん：わたしはこのような言葉を調べてきました。【資料１】を見てください。

【資料１】みなみさんが見つけてきた言葉

SKÁBMA（スカーマ） 太陽の出ない季節

（吉岡　乾「なくなりそうな世界のことば」をもとに作成）

りかさん：【SKÁBMA】で「太陽の出ない季節」を表すのですね。
みなみさん：はい。日本語にはない表現で，特に気になりました。
りかさん：確かに，日本にはない季節ですね。これはどこで使われている言葉なのですか。
みなみさん：これは【資料２】（次ページ）を参考に考えてみると，わかりやすいです。【資料２】は地球儀に，太陽の光に見立てた光を当てているところを表したものです。
りかさん：地球儀を，【資料２】中の「地球儀を固定している軸」を中心に回すと，一周しても太陽の光が当たらない地域がありますね。
みなみさん：はい。そこが①「太陽の出ない季節」という言葉が使われている地域です。

【資料２】地球儀に太陽の光に見立てた光を当てている図

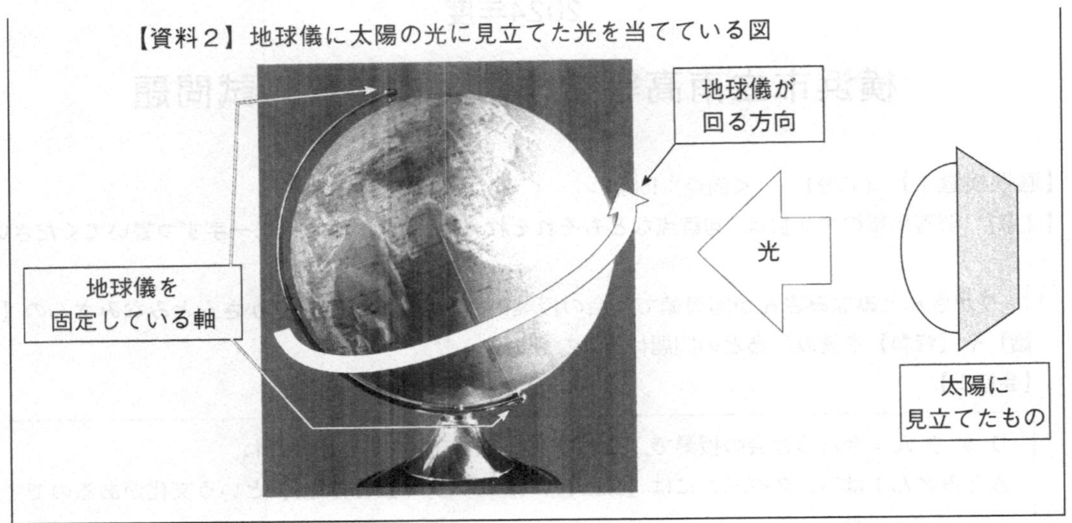

問題１　【会話１】中の①「太陽の出ない季節」という言葉が使われている地域として最も適切な地域を次の【地図】中の１～４から一つ選び，番号を書きなさい。

【地図】

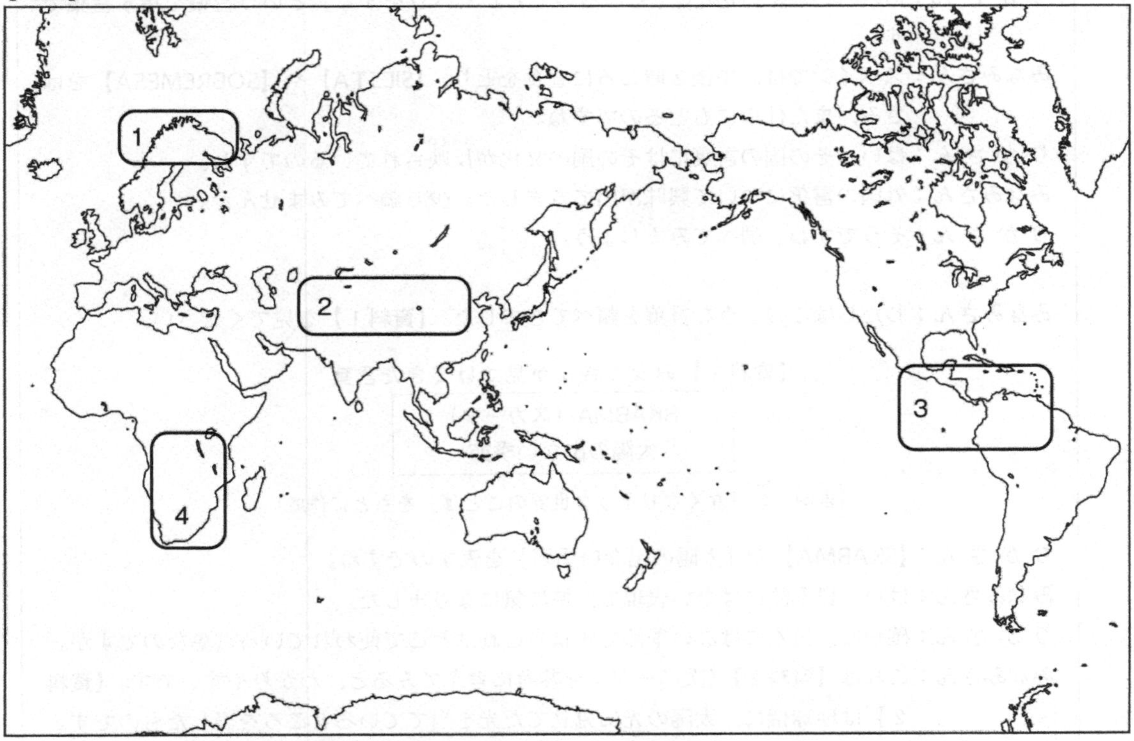

1

2

3

4

【会話２】

りかさん：わたしは少し変わった言葉を見つけました。【資料３】の言葉を見てください。

【資料３】りかさんが見つけてきた言葉

PISAN ZAPRA（ピサンザプラ）
バナナを食べるときの所要時間

（エラ・フランシス・サンダース「翻訳できない世界のことば」をもとに作成）

みなみさん：「バナナを食べるときの所要時間」を表す言葉があるのですね。30秒くらいですか。

りかさん：人やバナナによりますが，約２分らしいです。どこで使われている言葉だと思いますか。

みなみさん：バナナが栽培されている地域で使われていると思うのですが…。

りかさん：はい。バナナの栽培条件について調べた【資料４】を見てください。

【資料４】りかさんが調べたバナナの栽培条件

・高温多湿な土地に育つ
・気温２７～３１℃くらいがいちばん元気に育つ
・暑い季節は毎日しっかり水やりをする

（農山漁村文化協会「知りたい　食べたい　熱帯の作物　バナナ」をもとに作成）

みなみさん：条件に当てはめると，【PISAN ZAPRA】が使われている地域の気温と降水量を表しているグラフは ② ですね。

りかさん：はい。【PISAN ZAPRA】は，マレーシアやシンガポールなどで話されているマレー語の言葉です。同じ気候の地域で【資料５】の ③ が育てられていますね。

【資料５】コーヒー、オリーブ、小麦の生産量の上位５か国（２０２０年　単位：千ｔ）

コーヒー		オリーブ		小麦	
ブラジル	３７００	スペイン	８１３８	中国	１３４２５０
ベトナム	１７６３	イタリア	２２０７	インド	１０７５９０
コロンビア	８３３	チュニジア	２０００	ロシア	８５８９６
インドネシア	７７３	モロッコ	１４０９	アメリカ	４９６９１
エチオピア	５８５	トルコ	１３１７	カナダ	３５１８３

（「世界国勢図会　２０２２／２３」をもとに作成）

【資料６】世界の気候について表した地図

マレーシア
熱帯
乾燥帯
温帯
亜寒帯（冷帯）
寒帯

（明治図書「よくわかる社会の学習　地理Ⅰ」をもとに作成）

【資料7】【資料5】中のコーヒー、オリーブ、小麦がつくられている国々

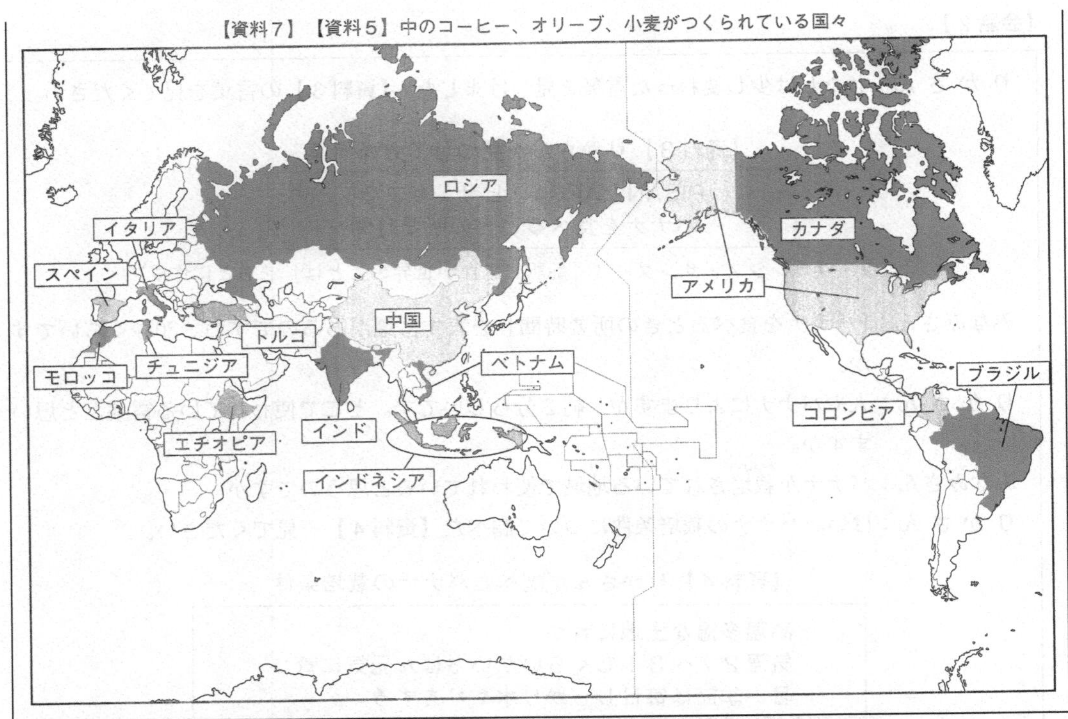

問題2　【会話2】中の ② にあてはまる気温と降水量(こうすい)のグラフを次のAとBから選び，【会話2】中の ③ にあてはまる作物との組み合わせとして最も適切なものを，【資料5】～【資料7】を参考にしてあとの1～6から一つ選び，番号を書きなさい。

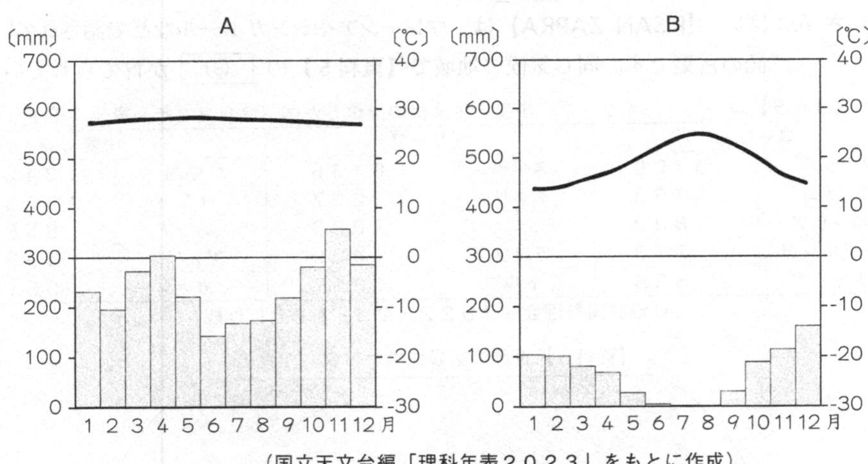

(国立天文台編「理科年表2023」をもとに作成)

1　Aとコーヒー　　2　Bとコーヒー　　3　Aとオリーブ
4　Bとオリーブ　　5　Aと小麦　　6　Bと小麦

【会話3】

みなみさん：日本にバナナが広まったのは1900年ごろに行われた台湾(たいわん)からの輸入がきっかけです。

りかさん：そうなのですね。台湾は日清(にっしん)戦争の結果，④下関(しものせき)条約によって，日本の領土になっていましたね。

みなみさん：日清戦争は甲午(こうご)農民戦争という争いがきっかけで起こったと本で読んだことがあります。

りかさん：はい。この「甲午」というのは，十干(じっかん)十二支からきています。【資料８】を見てください。

みなみさん：これで歴史上のできごとが起こった年を算出することもできますね。

りかさん：この時期に台湾からバナナが輸入されていた主要な港はどこだったのですか。

みなみさん：⑤門司港(もじこう)だと言われています。この当時，同じ県内に八幡(やはた)製鉄所もでき，台湾にも地理的に近いことで，ずいぶんにぎわっていたようです。

りかさん：【資料９】にある県ですね。筑豊炭田(ちくほうたんでん)などの地理的な条件を生かして，のちに工業地帯ができていきますね。

【資料８】十干十二支と西暦(せいれき)を利用して十干十二支を算出するときの手順

十干

	甲	乙	丙	丁	戊	己	庚	辛	壬	癸
読み方	こう	おつ	へい	てい	ぼ	き	こう	しん	じん	き
	きのえ	きのと	ひのえ	ひのと	つちのえ	つちのと	かのえ	かのと	みずのえ	みずのと
	4	5	6	7	8	9	0	1	2	3

十二支

	子	丑	寅	卯	辰	巳	午	未	申	酉	戌	亥
読み方	ね	うし	とら	う	たつ	み	うま	ひつじ	さる	とり	いぬ	い
	し	ちゅう	いん	ぼう	しん	し	ご	び	しん	ゆう	じゅつ	がい
	4	5	6	7	8	9	10	11	0	1	2	3

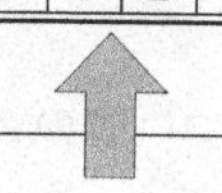

計算したときのあまりの数

手順１　西暦年を１０でわる。そのあまりの数から十干を特定する。

手順２　西暦年を１２でわる。そのあまりの数から十二支を特定する。

例）甲子園(こうしえん)球場の建設（１９２４年）

１９２４÷１０＝１９２あまり４（十干　甲）

１９２４÷１２＝１６０あまり４（十二支　子）

【資料９】【会話３】中の④下関条約(しものせき)が結ばれたところがある県、⑤門司港(もじこう)がある県

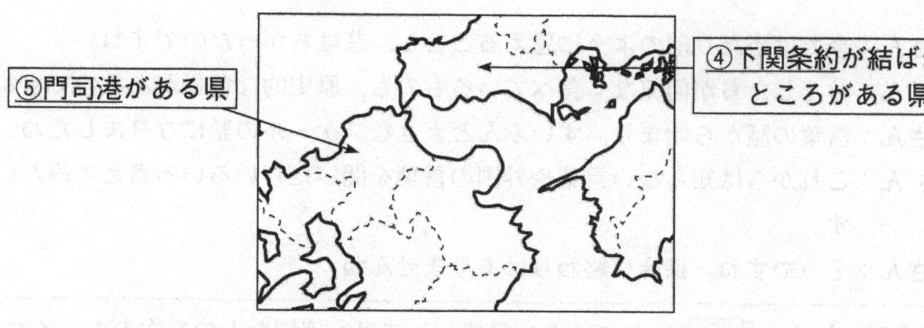

問題３　【資料８】を参考にして，672年と1868年に起こったできごとを次の１～６からそれぞれ一つずつ選び，番号を書きなさい。

1　高野長英が幕府の外国船への対応について「戊戌夢物語」を書いた。
2　豊臣秀吉が朝鮮への出兵を命じ，文禄の役（壬辰倭乱）が起こった。
3　中大兄皇子と中臣鎌足が蘇我氏をほろぼした乙巳の変が起こった。
4　新政府軍と旧幕府軍が戦った戊辰戦争が起こった。
5　大海人皇子と大友皇子が次の天皇の位をめぐって争った壬申の乱が起こった。
6　清をたおし，近代国家をつくろうとした辛亥革命が起こった。

問題４　【資料９】中の④下関条約が結ばれたところがある県と⑤門司港がある県の２つの県以外で起こったことを次の１～４から一つ選び，番号を書きなさい。

1　中国（漢）の皇帝から与えられた金印が発見された。
2　源氏が壇ノ浦の戦いで平氏をほろぼした。
3　元との戦いに備えて防塁がつくられた。
4　ポルトガル人が漂着し，鉄砲が伝わった。

【会話４】

みなみさん：1900年といえば，明治時代ですね。この時代にはいろいろな改革が行われました。

りかさん：はい。【資料10】はこの時代の改革についての資料です。 これは ⑥ を表しています。

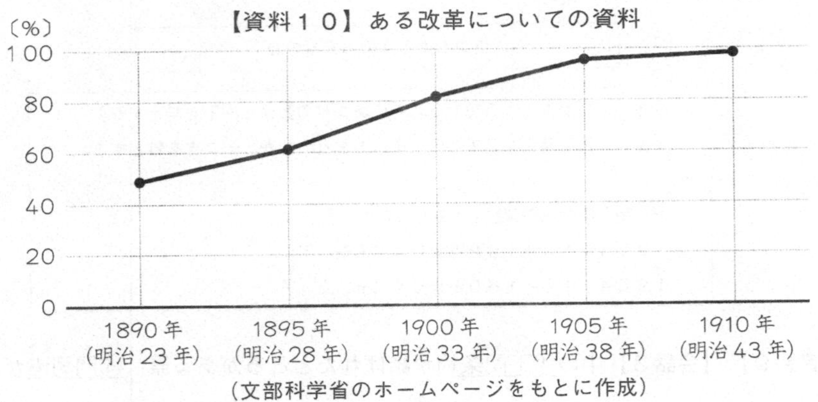

みなみさん：今では当たり前のように思えることも，昔はちがったのですね。

りかさん：わたしたちが何気なく食べているものも，歴史的な背景があるのですね。

みなみさん：言葉の話から始まり，ずいぶんと大きなスケールの話になりましたね。

りかさん：これからは知らない言葉や外国の言葉を聞いたらいろいろ考えてみたいと思います。

みなみさん：そうですね。探究に終わりはありませんね。

問題５　【会話４】中の ⑥ にあてはまる言葉として最も適切なものを次の１～４から一つ選び，

番号を書きなさい。

1　徴兵制にもとづいて兵役についた人の割合の変化

2　学制にもとづいて小学校に通った子どもの割合の変化

3　殖産興業の政策にもとづいて工場で働いた人の割合の変化

4　古い身分制度の廃止にもとづいて平民とされた人の割合の変化

問題6　りかさんは日本や外国の言葉に興味をもち，さらにくわしく調べることにしました。その際に大切だと考えられることはどのようなことですか。次の【条件】にしたがって書きなさい。

【条件】

1　本文中の【会話１】～【会話４】の内容をふまえて書きなさい。

2　「その国の言葉を調べるときには」に続けて「が大切です。」へつながる一文になるように書きなさい。

3　10字以上，20字以内で書きなさい。（読点も字数に数えます。）

2　りかさんは，キリンの研究をしている郡司さんの本を見つけました。【資料１】はその本の一部です。【資料１】を読んで，あとの問題に答えなさい。

【資料１】

筋肉の名前

※1シロの解剖では，※2ニーナの時とは違うことが２つあった。

まず１つは，今回は１人じゃないということだ。※3研究室の※4院生さんに加えて，国立科学博物館の研究員の方が解剖に参加していたのだ。しかもその方は，鳥や爬虫類の首を研究している「首のスペシャリスト」だ。質問できる相手がいるというのは，なんとありがたいことだろうか。

そしてもう１つは，言うまでもないが，「今回が初めての解剖ではない」ということだ。前回の解剖できちんと特定できた筋肉は１つもなかったけれども，ニーナのおかげで，どういう風に筋肉の束が並んでいるか，大雑把な筋肉の構造は頭に入っていた。※5腱がどのように通っているかもなんとなく記憶しているので，※6筋膜を外すとき，どこに気をつければいいのか見当をつけることもできそうだ。

大失敗に終わったと思っていたニーナの解剖だったけれど，きちんと自分の中に知識は蓄積している。そう思えたのが本当に嬉しかった。前回の反省を生かし，筋膜と一緒に腱を外してしまわないよう，丁寧に慎重に作業を進めていく。

皮膚を剥がし筋膜を取り除くと，数日前に見たばかりの構造が，前回よりは多少きれいな状態で目の前に広がっていた。今度こそ，どれが何筋かちゃんと特定しよう。気合いを入れ直して，横のテーブルに解剖図のコピーを広げる。

板状筋，頸最長筋，環椎最長筋……教科書に列挙された筋肉を１つずつ確認し，筋肉がどの骨とどの骨を結んでいるかを確認する。教科書に書かれた各筋肉の説明文をじっくり読み，描かれた解剖図と目の前のキリンを見比べながら，どれが何筋なのかの特定を試みてみる。

しかし，やっぱりよくわからない。キリンの首の一番表層には，細く長い紐状の筋肉が多数存在しているのだが，教科書に載っているウシやヤギの筋肉図にはこのような紐状の筋肉が描かれていないのだ。

自分1人で考えていても※7埒があかない。今回は1人じゃなく，首の解剖のスペシャリストがいるのだ。わからないなら，教えてもらえばいいじゃないか。そう思い，「これって何筋ですか？　板状筋か頸最長筋だと思うんですが……」と尋ねてみた。

すると，※8科博の研究員の方からは予想外の答えが返ってきた。

「うーん，わからないなあ。まあ，筋肉の名前は，とりあえずそんなに気にしなくてもいいんじゃない？」

相手は，キリンの解剖は初めてとはいえ，私よりもはるかに解剖経験がある，首の構造を専門とする研究者だ。てっきり「これは何とか筋だよ」と答えを教えてもらえると思っていた私は，言われた言葉の意味がすぐには理解できなかった。すると研究員の方は続けてこう言った。

「名前は名前だよ。誰かがつけた名前に振り回されてもしょうがないし，自分で特定できればいいじゃない。次に解剖したときに，これは前回○○筋って名付けたやつだな，って自分でわかるように，どことどこをつなぐ筋肉かきちんと観察して記録しておけばいいでしょ」

ノミナを忘れよ

解剖には，専門用語が多い。筋肉の名前だけでも，400語以上にもなるそうだ。解剖ができるようになるためには，まずはこれらの名前を正確にしっかりと覚えなければいけないと思っていた。

なので，この時に言われた「名前は気にしなくていいんじゃない？　もしわからないなら，自分で名付けてしまいなよ」という言葉には※9心底驚いた。実をいうとその時は，「そんなことでは，いつまでたっても解剖ができるようにならないのでは……」と思った。

ところがこれ以降も，さまざまな解剖学者の先生方から，これに近い言葉を何度も言われている。2017年，2018年に参加した人体解剖の勉強合宿では，先生から幾度も「ノミナを忘れよ」と念を押された。ノミナ＝Nominaとは，ネーム，つまり「名前」という意味をもつラテン語である。筋肉や神経の名前を忘れ，目の前にあるものを純粋な気持ちで観察しなさい，という教えだ。

筋肉の名前は，その形や構造を反映していることが多い。例えば，首にある板状筋は文字通り板状の平べったい筋肉だし，お尻にある梨状筋はヒトでは梨のような形をしている。腹鋸筋はおなか側にあるノコギリのようにギザギザした形をもつ筋肉で，上腕頭筋は上腕と頭を結ぶ筋肉だ。

こうした筋肉の名前は，基本的にヒトの筋肉の形や構造を基準に名付けられている。そのため，ほかの動物でも「その名の通り」の見た目をしているとは限らない。多くの動物では梨状筋は梨っぽい形をしていないし，キリンの上腕頭筋は上腕から首の根本部分に向かう筋肉であり，頭部には到達しない。

解剖用語は「名は体を表す」ケースが多いがゆえに，名前を意識し過ぎてしまうと先入観にとらわれ，目の前にあるものをありのまま観察することができなくなってしまうのだ。頭と腕をつなぐ筋肉を探していたら，いつまでたってもキリンの上腕頭筋は見つけられない。

優れた観察者になるために

筋肉や骨の名前は，理解するためにあるのではない。目の前にあるものを理解した後，誰かに説明する際に使う「道具」である。そして解剖の目的は，名前を特定することではない。生き物の体の構造を理解することにある。ノミナを忘れ，まずは純粋な目で観察することこそが，体の構造を理解する上で何より大事なことである。

当時の私はこのことに気がついておらず，名前を特定することが目的化し，まさに名前に振り回されていた。上腕頭筋を見つけようと上腕と頭を結ぶ筋肉を探していたし，教科書に「この筋肉は２層に分かれ」と書かれていたら，２層に分かれている筋肉を見つけようとしていた。目の前にあるキリンの構造を理解するために観察するのではなく，横に置いた教科書に描かれた構造を，キリンの中に探し求めてしまっていたのだ。

「自ら理論立てて考える人でなければ，優れた観察者にはなれない」というのは，かの有名な※10チャールズ・ダーウィンの言葉だ。この時の私は，理論立てて考えながら解剖をしていなかった。

名前の特定にこだわることを一旦やめてみよう。そう思い，気を取り直してシロの遺体に向き直る。目の前の筋肉がどの骨とどの骨をつないでいるのか。その筋肉が収縮したら，キリンの体はどんな風に動くのか。大きい筋肉なのか，小さい筋肉なのか。長いか，短いか。筋肉の名前を１つも知らなくても，目の前に実際にキリンの遺体があるのならば，考えることはいくらでもある。

そうしてみて初めて，自分が教科書ばかり眺めて，キリンの方をあまり見ていなかったことに気がついた。せっかくキリンの遺体が目の前にあるのに，きちんと向き合っていなかったような気がした。

解剖台の横にノートを開き，名前もわからぬ「謎筋Ａ」の付着する場所，※11走行，大ささ，長さを丁寧に観察し，記録していく。次の解剖でも「謎筋Ａ」であることがわかるよう，筋肉の特徴をなるべく細かく描き込んでいく。名前を特定しようとしていた時はずっと真っ白だったノートが，文章やスケッチで埋められていく。

ようやく頭を使って解剖することができるようになった瞬間だった。

（郡司　芽久「キリン解剖記」より。一部省略やふりがなをつけるなどの変更があります。）

※１　シロ………………筆者が解剖した２体目のキリン。
※２　ニーナ……………筆者が数日前に初めて解剖したキリン。
※３　研究室……………東京大学の遠藤秀紀研究室。遠藤秀紀（一九六五年－）は動物の解剖研究で有名な研究者。
※４　院生………………この場合は大学院生の略称。
※５　腱…………………筋肉と骨をつないでいる繊維状の丈夫な組織。
※６　筋膜………………筋肉を包む伸縮性のある薄い膜。
※７　埒があかない……ものごとのきまりがつかなくて，先へすすまない。
※８　科博………………国立科学博物館の略称。
※９　心底………………心のそこから。
※10　チャールズ・ダーウィン……一八〇九－八二年。イギリスの博物学者。「種の起源」で進化論を説いた。
※11　走行………………筋肉の連なりやその向き。

問題１　「科博の研究員」が――線「筋肉の名前は，とりあえずそんなに気にしなくてもいいんじゃない？」と言ったことをきっかけに，**筆者が気づいたこと**として最も適切なものを，次の１～４から一つ選び，番号を書きなさい。

１　生き物の解剖では，体の構造を理解することを通して，神経の名前を特定することが重要だということ。

２　科博の研究員にとってキリンは専門外の分野であるので，体の構造の観察は重要ではないということ。

3　生き物の体の構造を理解するには，目の前にあるものをありのままに観察することが重要だということ。

4　「名は体を表す」というように，筋肉の名前は体の構造を表していると理解することが重要だということ。

りかさんが見つけた【資料１】を読んだみなみさんは共通する考えがあると思い【資料２】を持ってきました。【資料２】を読んで，あとの問題に答えなさい。

【資料２】

突然(とつぜん)ですが，最近，美術館に行かれましたか？

よく行っている人もいれば，もう何年も行っていないという人もいるかもしれませんが，みなさんは美術館に行ったとき（あるいは本などでアート作品をみるとき），作品をどのように「鑑賞(かんしょう)」しているでしょうか。

美術館の学芸員[※1]として，来館者が鑑賞する姿(すがた)を日々目にしている中で，明らかに多くの人に共通する傾向(けいこう)があります。

作品の横や下に添(そ)えられた解説文を，まず熱心に読むことです。

作品のタイトル，作者名，そしてどのような背景(はいけい)のもと，どんな意図をもって制作した作品なのか。何がどのように描(か)かれていて，世間でどう評価されているのか。作品にまつわる情報を，一つ一つ丁寧(ていねい)に読まれる方がとても多いのです。

もちろん，読んでもらうために用意しているので，読んでいただけるのはよいのですが，中には，作品そのものをみている時間よりも，解説を読んでいる時間のほうが長いのでは？　と感じる鑑賞者もいます。みなさんは，いかがでしょうか？

MOMA[※2]の調査でもこうして得た知識のほとんどが美術館を後にする時には人々の頭の中から消えている，つまり，定着していないことがわかっています。作品をみるよりも解説文を読むことを，悪いとか，間違(まちが)いだとか言うつもりはありません。が，展示(てんじ)を企画(きかく)する側としては，作品に関する「情報」を提供(ていきょう)すること以上に，豊かな「鑑賞」の体験を提供したい……そんな思いがあります。

それでは，豊かな鑑賞の体験は，どうすれば可能なのでしょうか。そもそも豊かな鑑賞とは，どのようなものなのでしょうか。

以前，あるテレビ番組で，エドヴァルド・ムンク[※3]という画家の《叫(さけ)び》[※4]という作品の画像を，東京の街頭でみせて，道行く人に「どう思いますか？」と感想を聞いている場面をみたことがあります。インタビューに答えていたのは日本人でしたが，「あ，ムンク」と画家の名前を答える人，「《叫び》ですね」と作品名を答える人，あるいは自分の頰(ほお)に手を当てて，おもしろおかしく叫ぶ姿(すがた)を真似(まね)てみせる人がほとんどでした。

番組を続けてみていると，今度は場面が東京からムンクの故郷(こきょう)，ノルウェーのオスロの街に移りました。そして同じようにムンクの《叫び》についてインタビューが始まったのですが，私(わたし)は驚(おどろ)きました。オスロの街の人たちからは，「ムンク」という画家名も《叫(さけ)び》という作品名もあまり出てきませんでした（時折，忘(わす)れている人もいました）。しかし，その代わり，老若男女(ろうにゃくなんにょ)を問わず，いろんな感想が出てきたのです。

美術館で作品をみた後（あるいは映画を観たり小説を読んだりした後），私たちはその作品についてどれくらいのことに気づいたり考えたりできるでしょうか。そして，どれくらい自分の言葉で語れるでしょうか――豊かな鑑賞ができるかどうかは，どうやらここに関わっているように思います。

ところが，私たちは美術館で作品をみるとき，解説文を読み，作品を「知る」ことにまず意識を向けていることが多いようです。自分の心に耳を澄ませるよりも，書かれてある情報を得ることを優先しがちなのです。

解説文は，作品への理解を深める手掛かりになるでしょう。しかし，情報を「知る」ことを意識し過ぎるために，作品をまず自分の目で「みる」ことができなくなってしまう面があるのではないでしょうか。

中学生や高校生の頃の美術の時間を憶えているでしょうか？

学校によってまちまちかもしれませんが，私は，美術作品について「□□□という画家が，△△△時代に制作したもので，○○○という技法が使われている」といった解説を先生から聞かされ，それがテストに出題されたことを憶えています。実際に作品を創る時間は楽しかったのに，情報を記憶したかどうかを問われるテストがあるために，美術の時間の魅力が少し損なわれたような気もします。作品の「鑑賞」について何か学んだことがあったかと自問すると，何も答えられません。

日本の学校教育はこれまで「知識偏重」で，ものごとを暗記することばかり重視しているという批判がありました。歴史の年号を覚えたりする類のことがよく例に挙げられますが，美術という本質的に「正解」がないような分野でさえ，知識を得ることを重視する授業が行われてきたのが実状ではないでしょうか。

私たちがアート作品そのものを眺める以上に，その解説文を熱心に読んでしまいがちなのは，そのことに関係しているのかもしれません。

（鈴木　有紀「教えない授業　美術館発，「正解のない問い」に挑む力の育て方」より。
一部省略やふりがなをつけるなどの変更があります。）

※１　学芸員………博物館資料の収集，保管，展示，調査研究を行う博物館職員。

※２　MOMA……ニューヨーク近代美術館のこと。マンハッタンにある。

※３　エドヴァルド・ムンク……十九世紀－二十世紀のノルウェー出身の画家。

※４　《叫び》………エドヴァルド・ムンクが制作した油彩絵画作品。

問題２　【資料１】【資料２】に共通する考えを，次の【条件】【書き方の注意】にしたがって説明しなさい。

【条件】

１　三つの段落で構成し，三百四十字以上四百字以内で書くこと。

２　三つの段落それぞれの内容は次のようにすること。

第一段落	【資料１】【資料２】に共通する考え
第二段落	共通する考えが【資料１】では具体的にどのように述べられているか
第三段落	共通する考えが【資料２】では具体的にどのように述べられているか

【書き方の注意】

１　題名，名前は書かずに一行目，一マス下げたところから，書くこと。

２　段落を作るときは改行し，一マス下げたところから，書くこと。

【適性検査Ⅱ】（45分）　＜満点：100点＞

1　みなみさんは，歯車を使ったおもちゃについて先生と話しています。次の**【会話文１】**を読んで，あとの問題に答えなさい。

【会話文１】

みなみさん：幼い頃に遊んだおもちゃの中に【図１】のようなものを見つけました。

【図１】

先　　　生：いくつかの歯車がかみ合っていて，ハンドルがついた歯車を回すと，歯車に描いてある動物がぐるぐる回るおもちゃですね。

みなみさん：【図２】のように２つの歯車に注目して，ハンドルがついた歯車を時計回りに少し回してみると，【図３】のように２匹の動物の顔の向きが変わってしまいました。【図２】の状態からハンドルを時計回りに回して，再び【図２】の状態に戻るにはハンドルを何回転すればいいのでしょうか。

【図２】　【図３】

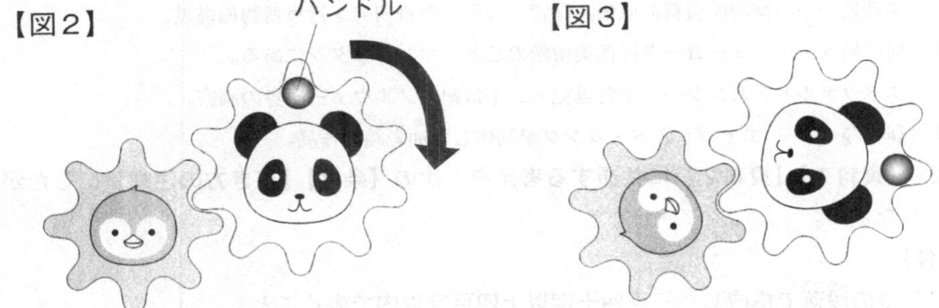

先　　　生：まずは，それぞれの歯車の歯数に注目してみましょう。

みなみさん：ハンドルがついている歯車の歯数が10個で，ハンドルがついていない歯車の歯数が８個になっています。

先　　　生：ハンドルがついている歯車が１回転するとき，10個分の歯数が動くことになります。そのとき，２つの歯車はかみ合って動いているので，ハンドルがついていない歯車も10個分の歯数が動くということになります。

みなみさん：なるほど。【図２】の状態からハンドルを時計回りに回して，再び【図２】の状態に戻るにはハンドルがついている歯車を あ 回転させればいいということですね。

先　　生：よくできました。２つの歯車がかみ合って動くしくみについて理解できましたね。

みなみさん：はい。２つの歯車がかみ合って動くしくみについては理解できたので，【図４】のように，歯数がそれぞれ８個，10個，15個の３つの歯車の場合はどうなるのか考えてみようと思います。

【図４】

先　　生：さらに発展的に考える姿勢が素晴らしいですね。３つの歯車の場合がどうなるのか，実際に回してみたらヒントが見つかるかもしれませんよ。

みなみさん：はい。さっきと同じようにハンドルがついた歯車を時計回りに回してみたら…。２つの歯車のときと同じように，３つの歯車が動いた歯数は同じになっています。つまり，【図４】の状態からハンドルを時計回りに回して，再び【図４】の状態に戻るには い 個分の歯数が動けばいいということですね。歯車のしくみは，なんだかおもしろいですね。

問題１　下線部について，ハンドルがついた歯車を【図２】の状態から時計回りに１回転したときの図を，次の**ア**～**エ**から１つ選び，記号を書きなさい。

ア　　　　イ　　　　ウ　　　　エ

問題２　あ ， い にあてはまる最も小さい整数をそれぞれ答えなさい。

みなみさんは，他にも歯車を使った道具を見つけました。次の**【会話文２】**を読んで，あとの問題に答えなさい。

【会話文２】

みなみさん：他にも歯車を使った道具を見つけましたが，使い方がわかりません。これはどのような道具ですか。

先　　生：この道具は，様々な模様を描くことができる道具です。次の**【資料１】**を見てください。

【資料１】

模様を描くことのできるこの道具は大きく分けると，円形のわくと歯車の２つの道具があります。どちらも等間隔で同じ大きさの歯がついており，歯車には穴があいています。

A：内側に96個の歯がついたわく
B：60個の歯がついた歯車
C：40個の歯がついた歯車
D：30個の歯がついた歯車

【写真1】

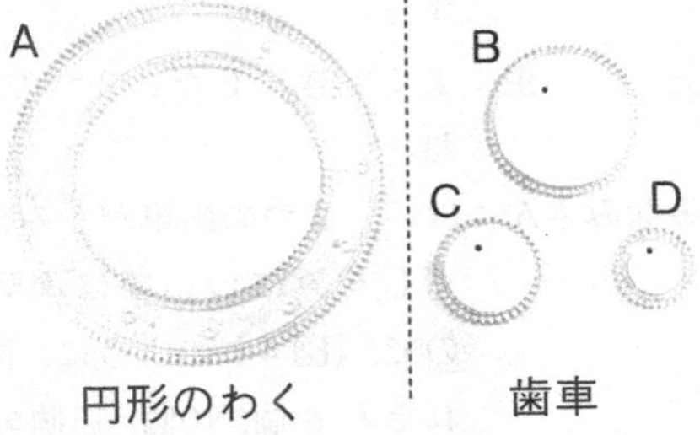

A　B　C　D

円形のわく　歯車

【写真2】～【写真5】のように，歯車の穴にボールペンを差し込んで，円形のわくの内側と歯車をかみ合わせながら回転させることで模様を描くことができます。このとき，模様のふくらんでいる部分を花びらと呼ぶことにします。

【写真2】

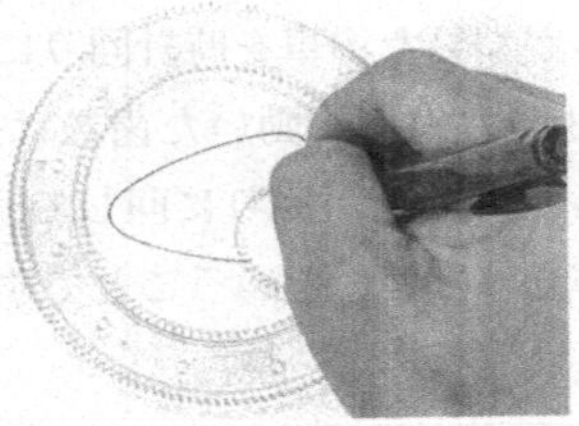

【写真3】

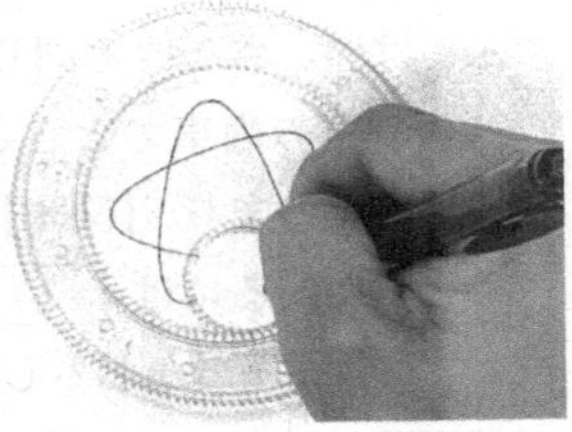

【写真4】

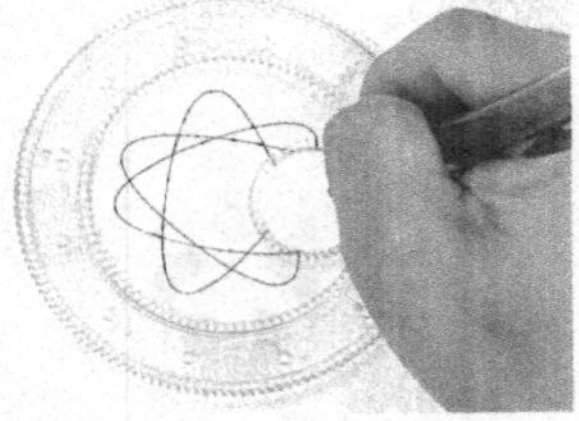

【写真5】

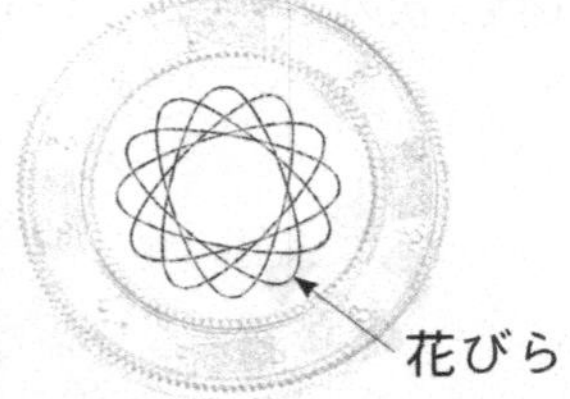

花びら

先　　生：このように，円形のわくと歯車を組み合わせることによって，模様を描くことができます。

みなみさん：歯車を使ったおもちゃと同じように，歯車がかみ合って動くことで，模様を描くことができるのですね。【写真2】～【写真5】で，模様ができるまでの様子を教えてください。

先　　生：この模様を描くときは，Aのわくと Cの歯車を使っています。【写真2】は，模様を右下の辺りから描き始めて，およそ1周したころの様子です。

みなみさん：1周したころには，花びらが2つできていますね。

先　　生：はい。【写真2】の後，そのまま歯車を回転していき，歯車がAのわくを2周を少し過ぎたころの様子が【写真3】です。そのまま続けて描いていった様子が【写真4】で，完成した様子が【写真5】です。

みなみさん：とてもきれいな花の形になりました。花びらの数を数えてみると，12になっています。この花びらの数や形は，歯車の歯数を変えてみたら何か変わるのでしょうか。

先　　生：いい疑問(ぎもん)ですね。歯数のちがう他の２つの歯車でも同じようにして，模様を描くことができるので，ぜひやってみてください。そうしたら，何かきまりが見つかるかもしれませんよ。

みなみさん：はい。どんな模様ができるのか，なんだかワクワクします。

問題３　みなみさんは，次の条件で模様(もよう)を描(か)きました。**条件１**で描いた模様と，**条件２**で描いた模様として最も適切なものを，次の**ア**～**カ**から１つずつ選び，それぞれ記号を書きなさい。

条件１：Aのわくと Bの歯車を使って，模様を描く。
条件２：Aのわくと Dの歯車を使って，模様を描く。

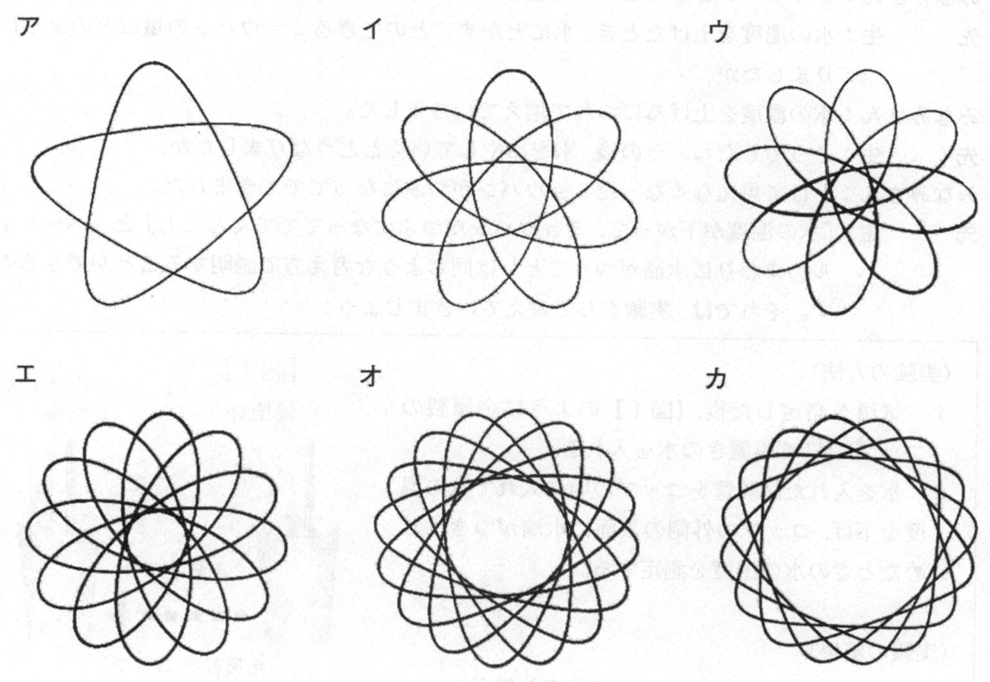

問題４　みなみさんは模様を描いていくうちに，円形のわくと歯車の組み合わせによって花びらの数が変化していることに気づき，花びらの数の求め方を言葉の式で次のように考えました。［う］，［え］にあてはまる言葉を答えなさい。

ただし，「わくの歯数」と「歯車の歯数」という言葉を使うこと。同じ言葉は何回使ってもよいものとする。

花びらの数 ＝ ［う］ ÷ ［え］

2 みなみさんは，ペットボトルのまわりに水滴（すいてき）がつくことについて先生と話しています。次の【会話文１】～【会話文３】を読んで，あとの問題に答えなさい。

【会話文１】

みなみさん：ペットボトルのまわりに水滴がついています。理科で「空気中には，水蒸気（すいじょうき）がふくまれていて，冷やすと水になること」を学習しましたが，水滴ができるしくみについて，もっとくわしく知りたいです。

先　　　生：「もののとけ方」の単元で，水溶液（すいようえき）を冷やして，とけているものをとり出すことを学びましたね。水滴ができるしくみは，それと同じように考えることができます。どのような実験をしたか覚えていますか。

みなみさん：ミョウバンを水にとかす実験をしました。

先　　　生：水の温度を上げたとき，水にとかすことのできるミョウバンの量はどのようになりましたか。

みなみさん：水の温度を上げるにつれて増えていきました。

先　　　生：そうでしたね。その後，水を冷やしていくとどうなりましたか。

みなみさん：とけて見えなくなったミョウバンがつぶになってでてきました。

先　　　生：「水の温度が下がって，ミョウバンがつぶになってでてくること」と「ペットボトルのまわりに水滴がつくこと」は同じような考え方で説明することができるのです。それでは，実験をして考えていきましょう。

〈実験の方法〉

1　気温を測定した後，【図１】のように金属製のコップに※1くみ置きの水を入れる。

2　氷を入れた試験管をコップの中に入れて水の温度を下げ，コップの外側の表面に水滴がつきはじめたときの水の温度を測定する。

【図１】

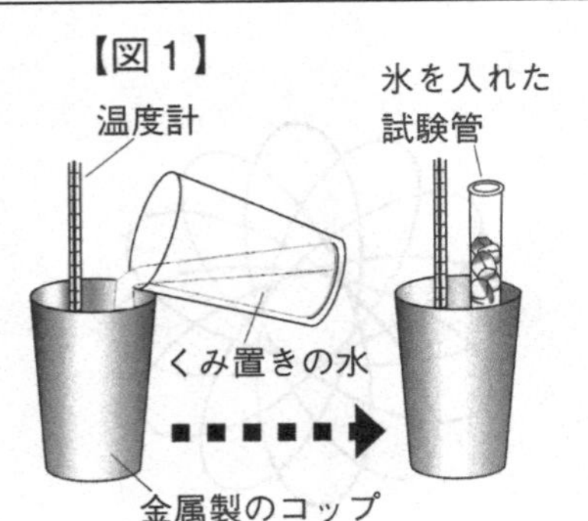

〈実験の結果〉

・気温は20℃だった。また，水の温度と気温は同じだった。

・水の温度を下げていき，水の温度が15℃になったときに，コップの外側の表面に水滴がつきはじめた。

※1　くみ置きの水：気温と水の温度を同じにするために，くんでから一定時間放置した水

みなみさん：水の温度が15℃になったときに，水滴（すいてき）がつきはじめたのはなぜなのでしょう。

先　　　生：ミョウバンは，水の温度を上げるととける量が増えることを学習しましたね。ミョウバンが水にとける量が水の温度によって変わったように，空気中にふくむことのできる水蒸気（すいじょうき）の量も気温によって変わります。次のページの【表１】をみてください。

【表１】

気温〔℃〕	空気１m³中にふくむことのできる水蒸気の最大量〔g〕
0	4.8
5	6.8
10	9.4
15	12.8
20	17.3

みなみさん：空気中にふくむことのできる水蒸気の最大量は，気温が上がるにつれて増えています。

先　　　生：ここから，水滴ができるしくみについて考えてみましょう。

問題１　【会話文１】をもとに「ペットボトルのまわりに水滴がつく理由」や「冬に吐く息が白くなる理由」などについて，次のようにまとめました。①～③にあてはまる言葉を，次のア，イから１つずつ選び，それぞれ記号を書きなさい。

「ペットボトルのまわりに水滴がつく理由」は，ペットボトルの中の冷たい液体によって，ペットボトルのまわりの空気が（　①　），ペットボトルのまわりの空気にふくむことのできる水蒸気の量が（　②　）ためである。また，「冬に吐く息が白くなる理由」は，息にふくまれていた水蒸気が，まわりの（　③　）空気に触れて水滴となったためである。

①　ア　あたためられて　　イ　冷やされて
②　ア　減った　　　　　　イ　増えた
③　ア　あたたかい　　　　イ　冷たい

【会話文２】

みなみさん：ペットボトルのまわりに水滴がつく理由がわかりました。空気中には，たくさんの水が水蒸気としてふくまれているのですね。今，この教室の空気にはどれくらいの水が水蒸気としてふくまれているのでしょうか。

先　　　生：【図２】をみてください。これはデジタル温湿度計というものです。これには，気温と湿度が表示されています。湿度とは，空気中にふくまれている水蒸気の割合です。

みなみさん：「20℃，65％」と表示されています。気温が20℃で，湿度が65％ということですね。

先　　　生：その通りです。【表１】をみてください。20℃のときは，空気１m³中にふくむことのできる水蒸気の最大量は17.3ｇとなっています。

【図２】

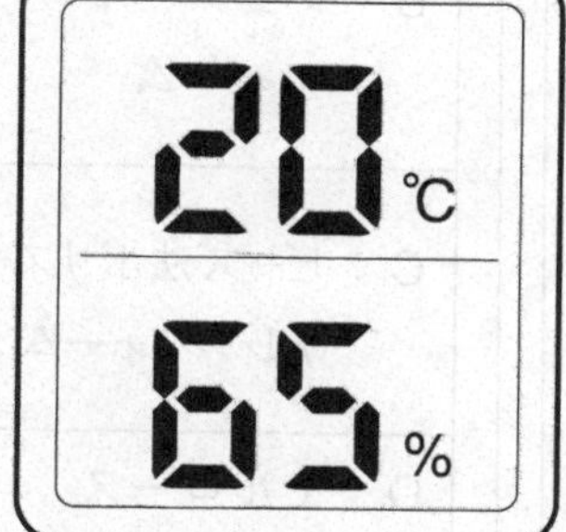

みなみさん：気温が20℃ で，体積が $1\,m^3$ の空気は最大で17.3 g の水蒸気をふくむことができるのですね。ちなみに，この教室の体積はどれくらいでしょうか。

先　　　生：170m^3として考えてみましょう。

みなみさん：この教室の気温は20℃ で，体積は170m^3なので，最大で［あ］gの水蒸気をふくむことができるのですね。

先　　　生：その通りです。ちなみにみなみさんが今もとめたものは，湿度が100％であったときの水蒸気の量です。今，この教室の湿度は65％です。

みなみさん：ということは，今，この教室の空気中にふくまれている水蒸気の量は［い］g となりますね。気温と湿度から，教室の空気中にふくまれている水蒸気の量をもとめることができました。

問題２　［あ］，［い］にあてはまる数をそれぞれ答えなさい。［い］については，小数第一位を四捨五入して，整数で答えなさい。

【会話文３】

みなみさん：ペットボトルのまわりにつく水滴（すいてき）と，冬に室内の壁（かべ）につく水滴は同じものなのですか。

先　　　生：その通りです。空気中の水蒸気（すいじょうき）が冷やされて水滴がつくことを結露（けつろ）といいます。冬に室内の壁にできる結露は，あたたかい空気が冷えた室内の壁にふれて起こります。結露を防ぐ対策（たいさく）の１つとして，断熱材を使用して，室外の気温を室内に伝わりにくくする工夫が考えられます。

みなみさん：もう少し断熱材のことをくわしく知りたいです。

先　　　生：次の【資料１】をみてください。

【資料１】断熱材の特徴（とくちょう）について

断熱材	熱伝導率	主な特徴
A：グラスウール	0.038	・原料は、石灰石（せっかいせき）などである。 ・価格が安く、日本で最も多く使われている断熱材である。
B：フェノールフォーム	0.019	・原料は、プラスチックの一種であるフェノール樹脂（じゅし）などである。 ・燃えにくい。
C：ビーズ法ポリスチレンフォーム	0.034	・原料は、プラスチックの一種であるポリスチレン樹脂などである。 ・※2耐水性（たいすいせい）があり、軽くて※3緩衝性（かんしょうせい）も高い。
D：セルロースファイバー	0.039	・原料は、新聞古紙などである。 ・防音性が高い。

- ・熱伝導率は，熱の伝わりやすさを表す数値である。
- ・断熱材がもつ性質を断熱性という。
- ・断熱材の断熱性は「熱伝導率」と断熱材の「厚さ」で決まる。
  同じ「厚さ」であれば，「熱伝導率」が小さいほど，断熱性が高くなる。
  同じ「熱伝導率」であれば，厚みがあるほど，断熱性が高くなる。
  したがって「厚さ÷熱伝導率」の値によって，断熱性の高さを表すことができる。

※２　耐水性：水にぬれても水分がしみ通らないなど，水に強い性質。
※３　緩衝性：物の間で起こる衝突や衝撃をやわらげる性質。

（西方里見「最高の断熱・エコハウスをつくる方法」をもとに作成）

みなみさん：断熱材のちがいによって，熱の伝わりやすさが異なり，特徴が色々あるのですね。断熱材の利用以外にも，結露を防ぐために，私たちが生活の中でできることはありますか。

先　　　生：特に効果があるのは，換気を十分にすることです。お風呂場やキッチンなどは，使用する際に多くの水蒸気を発生させるので，換気扇を回すなど，水蒸気を外へ逃がすことにより，結露を防ぐことができます。

問題３　【会話文３】と【資料１】からいえることとして適切なものを，次のア～エからすべて選び，記号を書きなさい。

ア　断熱材は，室外の気温を室内に伝わりにくくするためのものである。
イ　結露を防ぐためには，換気を十分にして，室内の水蒸気の量を増やしていくことが大切である。
ウ　フェノールフォームとセルロースファイバーでは，同じ厚さであった場合には，セルロースファイバーの方が断熱性は高くなる。
エ　ビーズ法ポリスチレンフォームは，水に強い性質がある。

問題４　【資料１】の断熱材Ａ～Ｄの厚さが，Ａが0.05m，Ｂが0.015m，Ｃが0.025m，Ｄが0.1mであったとき，断熱材Ａ～Ｄの断熱性の高さはどのようになりますか。断熱性が高い順番に，Ａ～Ｄを並びかえてその順番を答えなさい。

3　みなみさんは，身の回りで使われている数について興味をもち，そのしくみについて調べています。次の【会話文１】を読み，あとの問題に答えなさい。

【会話文１】

みなみさん：図書館である本を読んでいて，身の回りで使われている数が十進位取り記数法（以下，「十進法」という）という考え方で表された数であることを知り，もっとくわしく調べたいと思いました。

先　　　生：おもしろいことに気づきましたね。たしかに私たちの身の回りで使われている数の多くは，十進法という考えを使って表された10進数です。

みなみさん：もう少ししくみについて知りたいです。

先　　　生：はい。では，十進法の考え方，しくみについて説明します。次の【資料１】を見てください。

【資料１】

十進法とは，「０，１，２，３，４，５，６，７，８，９，10，…」と数えていく考え方です。「０，１，２，３，４，５，６，７，８，９」までの10種類の数字を使い，それらを組み合わせて数を表現します。

一の位の数は，０，１，２，３，４，５，６，７，８，９で表され，９の次の数は10と表されています。一の位だけでは表すことができず，十の位を使って表しているということです。さらに大きな数でも，同じしくみで表されています。

【図１】のように，99の次の数は100で，位が１つ上がります。

十進法で表された99は，一の位の数が１大きくなると，百の位の数を１にして，100とします。このように，十進法で表された数を，「10進数」といいます。

【図１】

9	9	次	1	0	0
十の位	一の位	➡	百の位	十の位	一の位

また，10進数は次のように表すこともできます。

例　　123＝100×１＋10×２＋１×３

みなみさん：十進法について，よくわかりました。

問題１　十進法（じっしんほう）の考え方，しくみとして正しいものを，次のア～エから**すべて**選び，記号を書きなさい。

ア　999の次の数は，１つ上の位の数を１にして，他の位の数を０にする。

イ　最初の数は０であり，100番目の数は100である。

ウ　一番大きな位の数が９より大きくなったら，位が１つ上がる。例えば，123の場合は，一番大きな位の数が９より大きくなったら，位が１つ上がり，1023になる。

エ　一の位，十の位，百の位，…のように，位が１つ上がるごとに１つ上の位は10倍になっている。

みなみさんは，コンピュータに表示される色について興味をもち，そのしくみについて調べています。次の【会話文２】を読み，あとの問題に答えなさい。

【会話文２】

みなみさん：身の回りで十進法を使って表されている数について調べていると，コンピュータに表示される色に利用されていることがわかりました。その色をデジタル色といい，※光の三原色である赤（R），緑（G），青（B）を，それぞれ数値（すうち）として組み合わせたRGB値という値（あたい）によって決まることがわかりました。どのようなしくみになっているのでしょうか。

先　　生：コンピュータの画面上で色を選択（せんたく）するとき，次の【図２】のような表示を見たことはありますか。RGB値は，【図２】のアのように０～255までの256段階（だんかい）でそれぞれ表されるのです。右側の代表的な色のRGB値を見てみましょう。

※光の三原色：赤，緑，青の光を適当な強さで混合すると，あらゆる光の色をつくりだすことができるので，この３色を光の三原色という。

【資料２】

【図２】

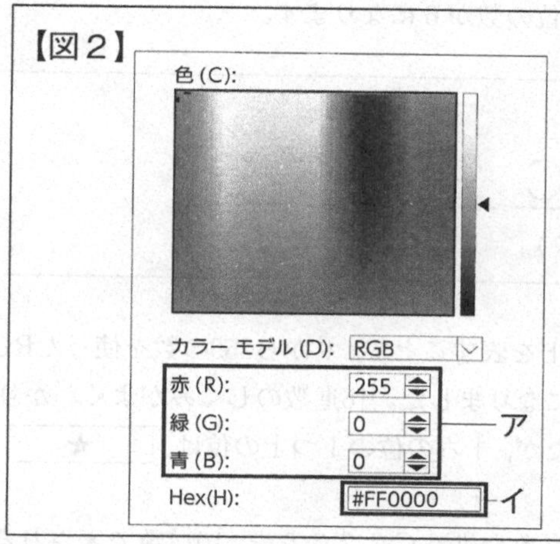

■代表的な色のＲＧＢ値

黒のRGB値　(　0,　0,　0)
赤のRGB値　(　255,　0,　0)
緑のRGB値　(　0, 255,　0)
青のRGB値　(　0,　0, 255)
黄のRGB値　(　255, 255,　0)
白のRGB値　(　255, 255, 255)

Ｒは、Ｒｅｄ（赤）
Ｇは、Ｇｒｅｅｎ（緑）
Ｂは、Ｂｌｕｅ（青）の頭文字

先　　生：黒のRGB値は（０，０，０）です。そして，赤（R），緑（G），青（B）の値をそれぞれ大きくしていくと，他の色を表すことができるのです。赤（R），緑（G），青（B）の値をそれぞれ最大の値である255にした（255，255，255）が白のRGB値を表しています。

みなみさん：赤（R），緑（G），青（B）の値を０から大きくしていくと，他の色に変化していくのですね。では，【図２】のイの＃ＦＦ００００は，何を表しているのですか。

先　　生：デジタル色はRGB値だけではなく，十六進法の考えを使って表すことができます。【図２】のイは，RGB値（255，０，０）の各値を，十六進法の考えを使って変換したものです。十六進法で表された数を，16進数といいます。【表１】は，10進数と16進数を対応させたものです。

【表１】

10進数	0	1	2	3	4	5	6	7	8	9	10	11	12	13	14	15	16	17	…
16進数	0	1	2	3	4	5	6	7	8	9	A	B	C	D	E	F	10	11	…

みなみさん：【表１】を見ると10進数の10は，16進数ではＡになっています。また，16進数の10は，位が１つ上がってＦから10になっています。16進数では，位の数がＦより大きくなると，位が１つ上がるので，10と表されるのですね。

先　　生：はい。16進数の10の１は，十六の位の数が１であることを表しています。このように，16進数を使ってデジタル色を表します。

みなみさん：だんだんとわかってきました。次に，16進数から10進数への変換について考えたいです。例えば，16進数で表された54は，10進数に変換すると，16×５＋１×４＝84となり，10進数では84を表しているということですか。

先　　生：その通りです。しくみがわかってきましたね。RGB値を16進数に変換したものは，下のようにつなげて計６桁(けた)で表され，これをカラーコードといいます。また，カラーコードであることを示すために，先頭に記号＃を用います。では，カラーコード＃６Ｃ２７３５を例にして，確認(かくにん)してみましょう。赤（Ｒ）の値(あたい)を表す６Ｃは，一の位の数がＣ，十六の位の数が６になります。

カラーコード

＃６Ｃ２７３５

赤(Ｒ)　緑(Ｇ)　青(Ｂ)

みなみさん：０からＦまでを使ってカラーコードを表すことで，０から255の数を使ったRGB値よりデジタル色の表し方が簡潔(かんけつ)になりました。16進数のしくみがよくわかりました。ここでは出てきませんでしたが，十六の位の１つ上の位は，［★］の位ということでしょうか。

先　　生：その通りです。では，16進数で表された＃６Ｃ２７３５を，10進数で表されるRGB値に変換してみましょう。

問題２　［★］にあてはまる数を漢数字で答えなさい。

問題３　カラーコード＃６Ｃ２７３５をRGB値（　，　，　）で表しなさい。

みなみさんは，色どうしの関係について興味を持ち，その求め方について調べています。次の【会話文３】を読み，あとの問題に答えなさい。

【会話文３】

みなみさん：夜空に浮(う)かぶ月は，どうしてあんなにきれいに見えるのか気になり調べてみたところ，先ほどの本に色には補色(ほしょく)という効果があることが書かれていました。もっとくわしく知りたいです。

先　　生：いい疑問(ぎもん)ですね。ロマンがあって素敵です。補色とは，互(たが)いの色を引き立てたり色の特色を高めたりする色のことです。例えば，赤い肉の横に緑の野菜を添(そ)えると，よりお肉の赤色が際立ちますよね。

みなみさん：なるほど。補色は身の回りで効果的に利用されているのですね。デジタル色のRGB値(ち)を使って，補色のRGB値を求めることはできないのでしょうか。

先　　生：よく気がつきましたね。実はRGB値を使って，その色の補色のRGB値を求めることができます。補色のRGB値の求め方は，次のようになります。

【補色のRGB値の求め方】

RGB値のうち，最大値と最小値の和を合計値とする。その合計値から，それぞれのRGB値を引いて出た値(あたい)が補色のRGB値となる。

例　RGB値(255, 216, 31)の補色のRGB値を求めるとき，最大値は255，最小値は31，

合計値は255＋31＝286
（R，G，B）＝（286−255，286−216，286−31）
＝（31，70，255）
よって，補色のRGB値は，（31，70，255）となる。

みなみさん：なるほど。補色のRGB値（31，70，255）を見てみると青（B）の値が他の値に比べて大きいので，どんな色なのかイメージもできそうです。デジタル色に隠(かく)された秘密(ひみつ)を知ることができた気がします。白には200色を超えるバリエーションがあると聞きますし，色って本当に奥(おく)が深いと思いました。10進数で表されたRGB値を使わずに，16進数で表されたカラーコードを使って補色のカラーコードを求めることもできそうですね。

問題４　下線部のように，みなみさんは，＃Ａ５８９Ｃ７の補色のカラーコードを，16進数を使って次のように求めました。次の⑴，⑵に答えなさい。

＃Ａ５８９Ｃ７の補色のカラーコードを，16進数を使って求めます。
最大値は［あ］，最小値は［い］だから，合計値は［う］
補色のカラーコードは，
赤（Ｒ）の値は，［う］−Ａ５
緑（Ｇ）の値は，［う］−８９
青（Ｂ）の値は，［う］−Ｃ７　　で求めることができます。
よって，補色のカラーコードは，＃［え］になります。

⑴　［あ］，［い］，［う］にあてはまる値を，16進数でそれぞれ答えなさい。
⑵　［え］にあてはまるカラーコードを答えなさい。

４　みなみさんは，夏休みの自由研究のテーマを決めるために様々な資料を読みました。次の【資料１】は，みなみさんが自由研究のテーマを発見するきっかけとなったものです。【資料１】を読んで，あとの問題に答えなさい。

【資料１】

≪乗りものの歴史≫

紀元前3000年ごろから人は馬に乗り始めた。人力から動物へ。人が歩いて移動する速さをはるかにこえる馬に乗ることで，より速く，より遠くへ移動することができるようになった。時代が進むと道を整備して，馬やロバなどが引く車輪付き車などを使うようになった。

さらに人の移動を便利にしたのは1800年代に発明された「蒸気(じょうき)機関」である。水を温めて発生させた水蒸気(すいじょうき)によって動く蒸気機関車は，登場した1800年代始めごろは速さこそ時速13km程度だったが，多くの荷物や人を選ぶことができた。①ガソリンエンジンで走る車がうまれたのは1800年代後半だ。

こうして，「乗りもの」は多くの人々が自由に移動できる社会をつくったが，同時に環境(かんきょう)問題や②エネルギー問題，安全性の問題など社会問題ももたらした

《これからの自動車の開発》

現在，ガソリンなどの燃料にたよらない自動車の開発が進んでいる。代表的なものが電気自動車と水素自動車である。

一言で電気自動車，水素自動車といっても，車を動かす力を発生させる方法にはさまざまなものがある。

水素自動車は，水素をタンクにためておき，③<u>空気中からとりこんだ酸素とタンクの中の水素がむすびつくときに発生する電気</u>でモーターを回転させ，自動車を動かしている【図１】。

【図１】

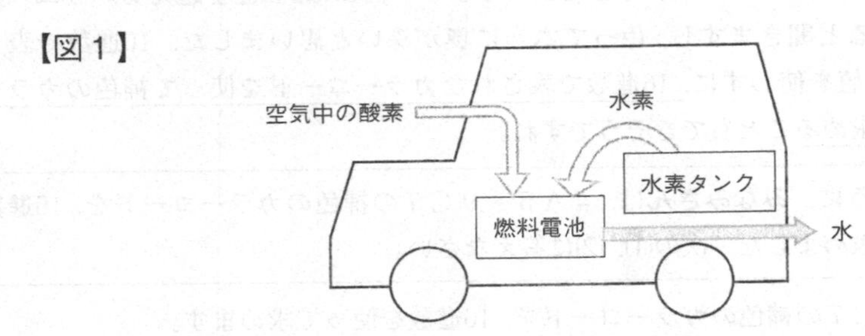

（科学技術振興機構「サイエンスポータル」をもとに作成）

問題１　①＿＿＿について，ガソリンなどの燃料を燃やしたときに，地球温暖化（おんだんか）の原因の１つとされる二酸化炭素が発生します。二酸化炭素が存在（そんざい）するかどうかを確かめるための実験方法とその結果を述べた次の文の［あ］，［い］にあてはまる言葉を答えなさい。

> 燃料を燃やしたときに発生した気体が入った試験管に［あ］を入れてふると，［あ］が［い］。このことから二酸化炭素が存在することがわかる。

問題２　②＿＿＿について，次のグラフは2010年度，2021年度の１年間の日本の発電量について発電方法ごとの割合（わりあい）を示したものです。

このグラフについて述べた文章として適切なものを，次の**ア**～**エ**から１つ選び，記号を書きなさい。

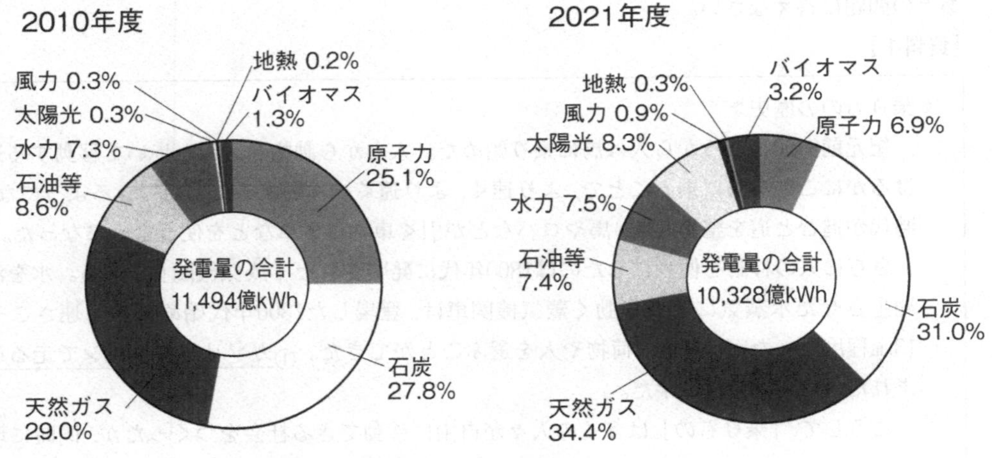

（経済（けいざい）産業省　資源（しげん）エネルギー庁（ちょう）のデータをもとに作成）

ア　2021年度には，2010年度よりも発電量の合計が増えている。

イ　2021年度の水力発電による発電量は，2010年度の水力発電による発電量よりも大きい。

ウ　2021年度は，「石炭」，「天然ガス」，「石油等」による発電以外の発電方法の割合が全体の4分の1をこえている。

エ　2021年度の太陽光，風力，地熱，バイオマスによる発電量の合計は1000億kWhより少ない。

みなみさんは，③空気中からとりこんだ酸素とタンクの中の水素がむすびつくときに発生する電気に注目し，「様々な装置（そうち）で電流を発生させ，より大きな電流を流せるようにする方法を考える」ことを自由研究のテーマにしました。次の**【レポート１】**は，みなみさんが自由研究についてまとめたものです。あとの問題に答えなさい。

【レポート１】

研究テーマ　様々な装置で電流を発生させ，より大きな電流を流せるようにする方法を考える。

研究の動機　水素自動車が走るしくみについて調べ，電流を発生させる方法にはどのようなものがあるのか気になったから。

研究の方法　電流を発生させる様々な装置をつくり，電流が大きくなる条件を調べる。

実験１　木炭と食塩水とアルミホイルを使った装置で電流が発生することを確かめる。

目的　以前読んだ，科学の本にのっていた，木炭と食塩水とアルミホイルを使った装置で本当に電流が発生するかを確かめる。

方法

(1)　長さ10cmの木炭に，幅（はば）を８cmに切ったティッシュペーパーをまいて，輪ゴムでとめる。

(2)　食塩水を木炭にまいたティッシュペーパーにしみこませる。

(3)　食塩水をしみこませたティッシュペーパーの上から，幅６cmのアルミホイルをまきつける。このとき，アルミホイルが木炭に直接ふれないようにする。

(4)　(3)で完成した装置を**【図２】**のように３つならべて，木炭とアルミホイルを導線でつなぎ，プロペラ付きモーターをつなぐ。

【図２】

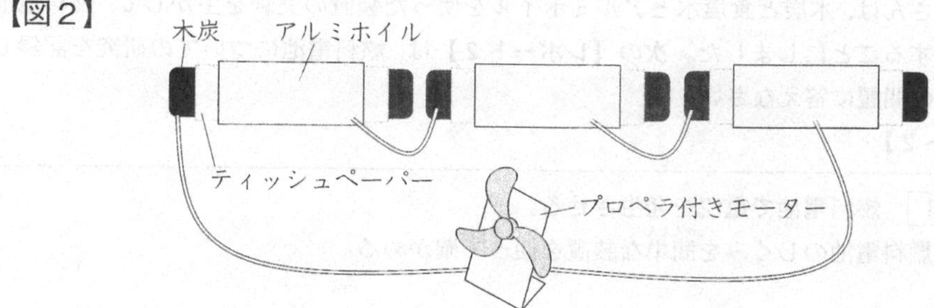

結果　プロペラが回った。

考察　木炭と食塩水とアルミホイルで電流が発生することがわかった。

実験１の結果をもとに，実験１でつくった装置で発生する電流を大きくする条件を調べるため，次の実験２を行った。

実験２　アルミホイルの幅を変えて，発生する電流の大きさを調べる。

仮説　［　　　　］

方法

(1)　幅が２㎝，４㎝，６㎝のアルミホイルを用意する。

(2)　(1)のアルミホイルをそれぞれ使って装置をつくる。

(3)　電流計を使って，発生する電流の大きさを計測する。

結果　次の【表１】のようになった。

【表１】

アルミホイルの幅（cm）	２	４	６
流れた電流の大きさ(mA)	７０２	７０１	７０３

考察　アルミホイルの幅が大きくなっても，電流の大きさはほぼ変化していないことから，アルミホイルの大きさと発生する電流の大きさには関係がないことがわかった。

問題３　実験２の［　　］にあてはまる仮説として適切なものを，次の**ア**～**エ**から１つ選び，記号を書きなさい。

ア　ティッシュペーパーと接するアルミホイルの面積が大きいほど，発生する電流は大きくなるのではないか。

イ　木炭とティッシュペーパーとアルミホイルでつくった装置の数が多いほど，発生する電流は大きくなるのではないか。

ウ　ティッシュペーパーと接するアルミホイルの枚数（まいすう）が多いほど，発生する電流は大きくなるのではないか。

エ　アルミホイルを木炭にまく回数が多いほど，発生する電流は大きくなるのではないか。

みなみさんは，木炭と食塩水とアルミホイルを使った装置（そうち）の実験を生かして，燃料電池についても研究をすることにしました。次の**【レポート２】**は，燃料電池についての研究を記録したものです。あとの問題に答えなさい。

【レポート２】

実験３　燃料電池で電流を発生させる。

目的　燃料電池のしくみを簡単（かんたん）な装置を使って確かめる。

方法

(1)　**【図３】**のような装置をつくる。

(2)　手回し発電機のハンドルを回して，水に電流を流す。

(3)　手回し発電機を素早くプロペラ付きモーターにつけかえる。

【図３】

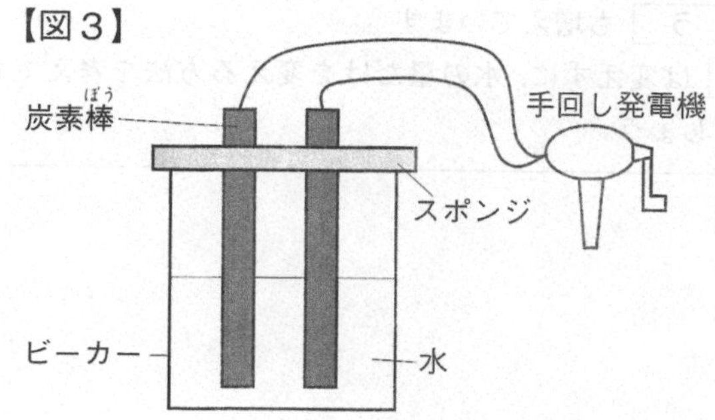

結果　(2)では，炭素棒のまわりから泡が発生し，(3)ではプロペラが回った。

考察　水に電流を流すことによって気体が発生し，電流を発生させる装置になることがわかった。

実験４　ビーカーに入れた水の量を変化させて，発生する電流の大きさを調べる。

仮説　ビーカーに入れる水が多いほど，発生する電流が大きくなるのではないか。

方法

(1)　実験３の【図３】のような装置をつくる。

(2)　手回し発電機のハンドルを回して，水に電流を流す。

(3)　手回し発電機を素早くプロペラ付きモーターにつけかえ，電流計も同時につなぎ，電流の大きさをはかる。

(4)　水かさが１cm高くなるようにビーカーに入れる水を増やして(1)～(3)の操作をくりかえす。

(5)　水かさが元の状態から３cm高くなるまで実験をくりかえし行う。

結果　次の【表２】のようになった。

【表２】

水かさの変化量(ｃｍ)	０	１	２	３
流れた電流の大きさ(ｍＡ)	５０	５５	６０	６５

考察　水かさが高いほど，発生する電流が大きくなったことから，燃料電池が発生させる電流は，水の量が多いほど大きくなることがわかった。

問題４　次の【会話文１】は，実験４の実験方法について**先生**と**みなみさん**が会話した内容です。 う にあてはまるものとして，適切な言葉を答えなさい。

【会話文１】

先　　　生：実験４の方法について，もう少しくわしく教えてほしいのですが，炭素棒はスポンジで固定して動かさずに，水かさだけを変化させて，水の量と発生する電流の大きさの関係を調べたのでしょうか。

みなみさん：はい，そうです。

先　　　生：水かさが増えることによって変化したのは，水の量だけですか。

みなみさん：水の量だけでなく［う］も増えています
先　　　生：そうですね。［う］は変えずに，水の量だけを変える方法を考えてもう一度実験をしてみましょう。

2024年度

解答と解説

《2024年度の配点は解答欄に掲載してあります。》

＜適性検査Ⅰ解答例＞

1 問題1　1
問題2　1
問題3　672年：5　1868年：4
問題4　4
問題5　2
問題6　(その国の言葉を調べるときには)その国の文化，習慣や気候を学ぶこと(が大切です。)

2 問題1　3
問題2　資料1と資料2に共通する考えは，すでにある情報や知識にとらわれてしまうと，本質に気がつくことができないということです。
　資料1では，キリンの研究者が解ぼうを行う際に，解ぼうした筋肉の名前を特定することにとらわれてしまっていました。解ぼうで体の構造を理解するためには，目の前にあるものを純すいな目で観察することが最も重要です。このことに気がつかなかった筆者は，当時キリンの遺体にきちんと向き合っていなかったと述べられています。
　資料2では，多くの日本人が美術作品をかん賞する際に，作品にそえられた解説文を読み，情報を得ることを優先していると述べられています。筆者は，自分の心に耳をすませ，作品について気づいたり考えたりする豊かなかん賞の体験を提供したいが，日本人の多くは，書かれている情報を知ることを優先してしまい，自分の目でみる豊かなかん賞が行われなくなっていると考えています。

○配点○

1 問題1・2・4・5・6　各6点×5　問題3　各5点×2
2 問題1　10点　問題2　50点
計100点

＜適性検査Ⅰ解説＞

1 (社会：世界の気候，世界の農業，十干十二支，日本の歴史，明治時代の改革)

問題1　【会話1】によると，「太陽の出ない季節」という言葉が使われている地域は，【資料2】で地球儀を一周させても，一度も太陽の光が当たらない地域であることがわかる。【資料2】と【地図】を照らし合わせると，太陽の光が当たらないのは，北半球のい度が高い地域であることがわかる。よって，最も適切な地域は【地図】中の1である。

問題2　まず，【PISAN ZAPRA(ピサンザプラ)】が使われている地域の気温と降水量を表しているグラフについて考える。**【会話２】**のみなみさんの発言から，**【PISAN ZAPRA】**はバナナが栽培されている地域で使われていることがわかる。**【資料４】**のバナナの栽培条件を見ると，「高温多湿な土地に育つ」，「気温27～31℃くらいがいちばん元気に育つ」とあるので，これらの条件に合うグラフを選ぶ。**A**のグラフは，一年を通して気温が25～30℃と高く，降水量も**B**のグラフより多い。よって，条件にあてはまるグラフは**A**である。

続いて，**【会話２】**中の ③ にあてはまる作物を考える。**【会話２】**のりかさんの発言から，**【PISAN ZAPRA】**は，マレーシアやシンガポールなどで話されているマレー語の言葉だとわかる。**【資料６】**によると，マレーシアは熱帯の地域である。**【資料６】**と**【資料７】**を照らし合わせると，ブラジルやベトナム，コロンビア，インドネシア，エチオピアなども熱帯の地域であるとわかる。**【資料５】**より，これらの地域で生産量が多いのは，コーヒーである。

したがって，**【PISAN ZAPRA】**が使われている地域と同じ気候の地域で育てられているのは，コーヒーなので，適切な組み合わせは**１**である。

問題３　**【資料８】**の手順にしたがい，西暦を利用して十干十二支を求める。まず，672年に起こったできごとについて考える。**手順１**より，672を10でわると，672÷10＝67あまり２となる。十干の表より，あまりが２である年の十干は，「壬」だとわかる。**手順２**より，672を12でわると，672÷12＝56(あまりは０)となる。十二支の表より，あまりが０である年の十二支は，「申」だとわかる。よって，672年の十干十二支は「壬申」であり，672年に起こったできごととして正しいのは，**５**の壬申の乱である。

同じように，1868年に起こったできごとについて考える。**手順１**より，1868を10でわると，1868÷10＝186あまり８となり，十干は「戊」だとわかる。**手順２**より，1868を12でわると，1868÷12＝155あまり８となり，十二支は「辰」だとわかる。よって，1868年の十干十二支は「戊辰」であるため，1868年に起こったできごととして正しいのは，**４**の戊辰戦争である。

重要

問題４　**【資料９】**を見ると，下関条約が結ばれたところがあるのは山口県で，門司港があるのは福岡県であるとわかる。選たくしを読み，山口県と福岡県以外で起こったことを選ぶ。

１　中国(漢)の皇帝から与えられた金印が発見されたのは，福岡県の志賀島である。

２　源氏が平氏をほろぼした壇ノ浦の戦いは，山口県下関市で起こった。

３　鎌倉時代に，元との戦いに備えて現在の福岡県福岡市にあたる場所に防塁がつくられた。

４　1543年に，種子島に漂着したポルトガル人によって鉄砲が伝えられた。種子島は，現在の鹿児島県にある島である。

よって，答えは**４**である。

問題５　**【資料10】**によると，1890年には約50％だったのが，1910年には約100％になっている。**【会話４】**の中でみなみさんは，グラフを見て「今では当たり前のように思えることも，昔はちがった」と話している。明治時代には，身分や性別の区別なくだれもが学校に通えるよう学制が発布され，子どもの就学率がほぼ100％になったため，適切な選たくしは**２**である。

問題６　３つの**【条件】**を満たすように解答する。**【条件】**より，**【会話１】**～**【会話４】**の内容をふまえて書く必要がある。りかさんとみなみさんが，日本や外国の言葉を調べるときに，どのような点に注目しているかを読み取り，まとめる。

【会話１】からは，**【SOBREMESA(ソブレメサ)】**というスペイン語が「食後に食卓を囲んで，くつろいでおしゃべりをする」という習慣を指すことがわかる。また，りかさんは，【会話１】の中で，「その国の言葉にはその国の文化が反映されているのですね。」と発言している。【会話２】では，「バナナを食べるときの所要時間」を表す【PISAN ZAPRA（ピサンザプラ）】という言葉について調べるときに，バナナが栽培されている地域の気候を調べている。これらのことから，日本や外国の言葉を調べるときには，その国の文化や習慣，気候などを学ぶことが重要であるとわかる。

字数や前後の言葉とのつながりにも気をつけて解答する。

２（国語：文章の読み取り，条件作文）

問題１　――線「筋肉の名前は，とりあえずそんなに気にしなくてもいいんじゃない？」の後の文章を読み，筆者が気づいたことを読み取る。筆者は，ノミナを忘れよの二段落目で，「名前は気にしなくていいんじゃない？」と言われたことをふり返り，「心底驚いた」と述べている。さらに，続く三段落目では，このできごとの後も，「これに近い言葉を何度も言われている」と述べられており，先生から幾度も「ノミナを忘れよ」と言われたという。「ノミナを忘れよ」とは，「筋肉や神経の名前を忘れ，目の前にあるものを純粋な気持ちで観察しなさい，という教え」である。

優れた観察者になるためにの一段落目でも，解剖の目的は生き物の体の構造を理解することにあり，そのために，まずは純粋な目で観察することが重要であると述べられている。したがって，適切な選たくしは３である。

やや難

問題２　【条件】をふまえて作文を書く。第一段落では，【資料１】【資料２】に共通する考えを書く。【資料１】，【資料２】を読むと，どちらも，筋肉の名前や美術の解説文などの知識や情報にとらわれてしまうと，本質を見失ってしまうという考えが共通していることがわかる。

第二段落と第三段落では，それぞれの資料で，知識にとらわれて物事の本質を見失ってしまった筆者の体験や，具体例を述べているところをぬき出してまとめればよい。

【書き方の注意】にしたがって書くことを忘れないようにしよう。

★ワンポイントアドバイス★

複数の会話文や資料を読み取る問題が多いが，必要な情報をぬき出して，適切な選たくしを選ぼう。十干十二支の計算のように，見たことのない問題が出てもあせらず，問題文や手順のとおりに丁ねいに解くことで答えることができる。
作文問題は，条件や本文の要点に注目して読み取り，文と文のつながりを考えながら書くようにしよう。

＜適性検査Ⅱ解答例＞

1 問題１ イ
問題２ あ：4 い：120
問題３ 条件１：ウ 条件２：カ
問題４ う：わくの歯数と歯車の歯数の最小公倍数
え：歯車の歯数

2 問題１ ① イ ② ア ③ イ
問題２ あ：2941 い：1912
問題３ ア，エ
問題４ (高い)D(→)A(→)B(→)C(低い)

3 問題１ ア，ウ，エ
問題２ 二百五十六
問題３ (108 , 39 , 53)
問題４ (1)あ：C7 い：89 う：150
(2)え：ABC789

4 問題１ あ：石灰水 い：白くにごる
問題２ ウ
問題３ ア
問題４ 水につかっている炭素棒の面積

○配点○
1 問題１ 3点 問題２ 各4点×2 問題３ 各5点×2 問題４ 7点(完答)
2 問題１ 5点(完答) 問題２ 各3点×2 問題３ 5点 問題４ 6点
3 問題１・問題４(1)あ・い 各3点×3 問題２ 4点
問題３・問題４(1)う 各5点×2 問題４(2)え 7点
4 問題１ 4点(完答) 問題２・３ 各5点×2 問題４ 6点
計100点

＜適性検査Ⅱ解説＞

1 (算数：倍数と最小公倍数，図形)

問題１ ハンドルがついた歯車を時計回りに回すとき，ハンドルがついていない歯車は反時計回りに回転する。【会話文１】より，ハンドルがついている歯車が１回転するとき，10個分の歯数が動くことになるから，ハンドルがついていない歯車が，反時計回りに10個分の歯数が動いた状態であるイの図が正しい。

問題２ もとの状態に戻(もど)るには，それぞれの歯車が歯数の倍数個分だけ動く必要がある。すなわち，すべての歯車の歯数の最小公倍数個分の歯数が動くとき，すべての歯車がもとの状態に戻るということがわかる。

あ： ２つの歯車の歯数は８個と10個であるから，８と10の最小公倍数である40個分の歯数が動いたとき，【図２】の状態に戻る。ハンドルがついている歯車の歯数は10個であるから，40個分の歯数を動かすには，40÷10=4より４回転させればよい。

い： ３つの歯車の歯数は８個，10個，15個であるから，８，10，15の最小公倍数である120個分の歯数が動いたとき，**【図４】**の状態に戻る。

やや難 **問題３**　円形のわくと歯車とそれぞれの歯数の最小公倍数個分の歯数が動いたとき，歯車は模様(もよう)を描(か)き始めた位置に戻り，模様が完成する。また，歯車自身が１回転するごとに花びらが１つできる。これをもとに，**条件１**と**条件２**でそれぞれどのような模様ができるか考える。

条件１：　Aの歯数は96，Bの歯数は60である。96と60の最小公倍数は480である。このとき，Bの歯車は，480÷60=8(回転)するので，花びらの数が８つである**ウ**の模様ができる。

条件２：　Aの歯数は96，Dの歯数は30である。96と30の最小公倍数は480である。このとき，Dの歯車は，480÷30=16(回転)するので，花びらの数が16個である**オ**もしくは**カ**の模様ができる。

オと**カ**のどちらの模様ができるかを考える。Dの歯車がAのわくの中を一周するまでを考えたとき，96÷30=3あまり６より，およそ３回転しているので，Dの描く線は３回Aのわくに近づく正三角形に近い形を描くと考えられる。

オと**カ**の花びらにそれぞれ番号をふって考えると，**オ**では，①を出発した線は⑧を通り，⑮を通る。**カ**では，①を出発して⑥，⑪を通り，⑯を通る。より正三角形に近い**カ**の模様になると考えられる。

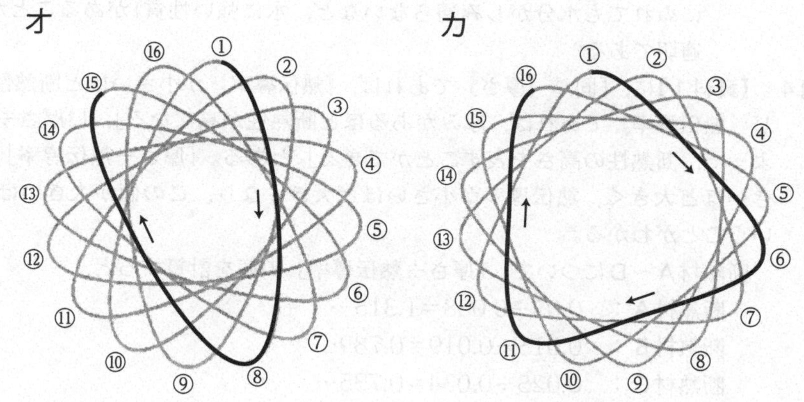

問題４　模様が完成するのは，わくの歯数と歯車の歯数の最小公倍数個分だけ動くときである。また，歯車自身が１回転するごとに花びらが１つできるので，花びらの数は，模様が完成したとき，歯車が何回転しているかを求めればよい。したがって，(花びらの数)=(わくの歯数と歯車の歯数の最小公倍数)÷(歯車の歯数)で求められる。

２　(算数・理科：もののとけ方，結露(けつろ)，湿度(しつど)，資料の読み取り)

問題１　**【会話文１】**中の**先生**の発言にある，「『水の温度が下がって，ミョウバンがつぶになってでてくること』と『ペットボトルのまわりに水滴(すいてき)がつくこと』は同じような考え方で説明することができる」という部分に着目する。気温が下がると，空気中にふくむことのできる水蒸気(すいじょうき)の量が減り，水蒸気として存在できなくなった分が水滴となって目に見えるようになる。

また，同じように冬に吐(は)く息が白くなるのは，冬は気温が低いため空気がふくむことのできる水蒸気の量が減り，吐き出した息にふくまれていた水蒸気が，外の冷たい空気に触(ふ)れて水滴になったからである。

問題２　あ：　【表１】より，気温が20℃のとき，空気１m^3中にふくむことのできる水蒸気の最大量は17.3gなので，体積が170m^3の空気は最大で，17.3×170＝2941(g)の水蒸気をふくむことができる。

い：　あで求めたのは，湿度が100％であったときの水蒸気の量である。教室の湿度が65％であるから，教室の空気中にふくまれている水蒸気の量は，2941×0.65＝1911.65(g)と求められる。答えは小数第一位を四捨五入し，1912gとなる。

問題３　ア：　【会話文３】の先生の最初の発言に，「結露を防ぐ対策の１つとして，断熱材を使用して，室外の気温を室内に伝わりにくくする工夫が考えられます」とあるため，適切である。

イ：　【会話文３】の先生の最後の発言に，「水蒸気を外へ逃がすことにより，結露を防ぐことができます」とあるため，適切でない。

ウ：　【資料１】に，断熱材は「同じ『厚さ』であれば，『熱伝導率』が小さいほど，断熱性が高くなる」とある。表から，フェノールフォームの熱伝導率はセルロースファイバーの熱伝導率よりも小さいことがわかるため，同じ厚さであった場合，フェノールフォームの方が断熱性は高くなる。よって適切でない。

エ：　【資料１】の表から，ビーズ法ポリスチレンフォームの主な特徴として，耐水性(水にぬれても水分がしみ通らないなど，水に強い性質)があることが読み取れるため，適切である。

問題４　【資料１】に，「同じ『厚さ』であれば，『熱伝導率』が小さいほど断熱性が高くなる」，「同じ『熱伝導率』であれば，厚みがあるほど断熱性が高くなる」，「『厚さ÷熱伝導率』の値によって，断熱性の高さを表すことができる」とある。「厚さ÷熱伝導率」の値は，厚さが大きいほど大きく，熱伝導率が小さいほど大きくなり，この値が大きいほど断熱性が高いということがわかる。

断熱材Ａ～Ｄについて，「厚さ÷熱伝導率」の値を計算すると，

断熱材Ａ：　0.05÷0.038＝1.315…

断熱材Ｂ：　0.015÷0.019＝0.789…

断熱材Ｃ：　0.025÷0.034＝0.735…

断熱材Ｄ：　0.1÷0.039＝2.564…

となる。よって，これらの値を大きい順に並べると，Ｄ→Ａ→Ｂ→Ｃとなる。

３　（算数：十進法，十六進法，ＲＧＢ値とカラーコード）

問題１　ア：　【図１】と同様に，999の次の数は位が１つ上がり，1000と表せるため，正しい。

イ：　最初の数，すなわち１番目の数が０のとき，２番目が１，３番目が２，…となるので，100番目の数は99であるため，誤りである。

ウ：　十進法では，９の次の数は10と表される。百の位の数が９より大きくなると位が１つ上がり，千の位になるため，正しい。

エ：　位が１つ上がると，一の位，十の位，百の位，…とその数が10倍になっているため，正しい。

問題２　【会話文２】の【表１】より，十六進法において位が１つ上がると，十進法では「十六の位」となることがわかる。また，十進法では，位が１つ上がると前の位の10倍の数になっていた。同じように考えると，十六進法では，位が１つ上がると前の位の16倍の数になると考えられる。よって，十六の位の１つ上の位は，16×16=256の位である。答えは漢数字で

書くことに注意する。

問題3　【会話文2】中のみなみさんの発言の，「例えば，16進数で表された54は，10進数に変換すると，16×5+1×4=84となり，10進数では84を表している」という部分に着目する。ここから，16進数から10進数に変換するとき，次の式を満たすことがわかる。

(10進数で表された数)=16×(16進数で表された数の十の位の数字を10進数で表したもの)+1×(16進数で表された数の一の位の数字を10進数で表したもの)

16進数と10進数の対応は，【表1】から読み取り，これらをもとにカラーコードを変換する。

赤(R)：　16進数で表された数，6Cについて，16進数で表された数の十の位の数字である6を10進数で表すと6，一の位であるCを10進数で表すと12である。したがって，求める値は，16×6+1×12=96+12=108となる。

緑(G)：　16進数で表された数，27について，16進数で表された数の十の位の数字である2，一の位の数字である7は10進数で表すとそれぞれ2と7であり，変わらない。したがって，求める値は，16×2+1×7=32+7=39となる。

青(B)：　16進数で表された数，35について，16進数で表された数の十の位の数字である3，一の位の数字である5は10進数で表すとそれぞれ3と5であり，変わらない。したがって，求める値は，16×3+1×5=48+5=53となる。

以上から，カラーコード#6C2735をRGB値で表すと，(108，39，53)となる。

問題4　(1)あ・い：　カラーコード#A589C7をRGB値で表す。

赤(R)：　16進数で表されたA5を10進数で表すと，16×10+1×5=165となる。

緑(G)：　16進数で表された89を10進数で表すと，16×8+1×9=137となる。

青(B)：　16進数で表されたC7を10進数で表すと，16×12+1×7=199となる。

したがって，カラーコード#A589C7をRGB値で表すと(165，137，199)となり，最大値は199，つまりC7となり，最小値は137，つまり89となる。

う：　合計値は10進数で表すと，199+137=336である。これを16進数で表す。

336÷16=21より，336=16×21=16×(16+5)=16×16+16×5+1×0と表すことができる。16は16進数で表すと10であり，位が1つ上がり，百の位に1がくることがわかる。5と0については16進数で表しても変わらないため，十の位に5，一の位に0がくる。したがって，合計値は16進数で150と求められる。

(2)　補色のカラーコードについて，10進数で表された数を使ってそれぞれの値を計算する。

赤(R)：　336−165=171であり，171=16×10+1×11である。10を16進数で表すとA，11を16進数で表すとBである。したがって，赤(R)の値は16進数で表すとABだとわかる。

青(B)：　336−137=199より，(1)から青(B)の値は16進数で表すとC7だとわかる。

緑(G)：　336−199=137より，(1)から緑(G)の値は16進数で表すと89だとわかる。

以上から，えにあてはまるカラーコードは，#ABC789と求められる。

4 （算数・理科：二酸化炭素の性質，グラフの読み取り，割合，燃料電池）

問題1 二酸化炭素が入った試験管に石灰水を入れてふると，石灰水が白くにごる。有名な二酸化炭素の検出方法である。

問題2 ア： 発電量の合計は，2010年度が11,494億kWh，2021年度が10,328億kWhであるから，2021年度は2010年度よりも発電量が減っていることが読み取れる。よって，適切でない。

イ： 水力発電による発電量は，2010年度が，11,494億×0.073＝839.062億(kWh)，2021年度が，10,328億×0.075＝774.6億(kWh)であるから，2010年度のほうが大きい。よって，適切でない。

ウ： 2021年度について，「石炭」，「天然ガス」，「石油等」による発電量の割合は全体の，31.0＋34.4＋7.4＝72.8(%)であるから，これら以外の発電方法での発電量の割合は，100－72.8＝27.2(%)と求められる。これは，全体の４分の１である25%をこえているため，適切である。

エ： 2021年度について，太陽光，風力，地熱，バイオマスによる発電量の割合は全体の，8.3＋0.9＋0.3＋3.2＝12.7(%)である。したがって，この発電量の合計は，10,328億×0.127＝1311.656億(kWh)と求められる。よって，これは1000億kWhよりも大きいため，適切でない。

問題3 実験２について，実験１と比べて変わった点と，考察の内容に着目する。方法の部分を見ると，実験２では，幅の異なるアルミホイルを用いて，それぞれの結果を比べている。また，考察の部分を見ると，「アルミホイルの大きさと発生する電流の大きさ」の関係を調べていることが読み取れる。以上から，アルミホイルの大きさと電流の関係について述べているアが適切である。

問題4 【会話文１】中の，「炭素棒はスポンジで固定して動かさずに，水かさだけを変化させて，水の量と発生する電流の大きさの関係を調べたのでしょうか」という先生の発言がヒントになっている。炭素棒を固定して水かさだけを増やすと，炭素棒と水のふれている部分の面積も増えてしまうため，水の量の変化だけが電流の大きさに関係しているのかわからなくなってしまう。

★ワンポイントアドバイス★

資料から必要な情報をすばやく読み取り，適切に整理して活用する力が求められている。計算に時間がかかりそうな難問は一度置いておいて，確実に解ける問題からおさえていこう。

2023年度
★★★★★★★★★★★★★★★★★★★★★★★★★

入　試　問　題

2023年度

横浜市立南高等学校附属中学校入試問題

【適性検査Ⅰ】（45分）　＜満点：200点＞

1 **【資料１】**は，みなみさんが図書館で見つけた本の一部分です。**【資料１】**を読んで，あとの問題に答えなさい。

【資料１】

都市がどういうものかをごく図式的に書いてみますと，大陸はどこでも同じですが，四角の中に人が住むところです。日本ですとご存じのように最も古い形で都市ができてくるのは吉野ヶ里のような堀で囲まれた空間ですが，それがきちんと成立いたしますのは平城京，平安京です。日本は不思議なことに※1城郭を置いていませんが，大陸諸国では必ず周辺を城郭で囲う。その内部が都市です。

ヨーロッパの中世ですと，典型的な城郭都市になりまして，現在でもこれはたくさん残っています。ヨーロッパへ行かれますと，こういう町を訪問される方が非常に多い。そこへ行かれた方が，非常に古い，中世にできた町であるのに，道路が全部舗装してあると言って感心しておられる。コンクリートで舗装しているわけじゃないんで，敷石です。これはじつは都市のルールであると私は考えています。一体どういうルールかというと，都市という四角の中には自然のものは置かないというルールです。自然はいわば排除されます。たとえ木が植わっていてもそれは人が植えたものである，そこに※2しつらえて置いたものです。都市という空間をそういうふうに考えますと非常によく理解できるような気がします。

日本の場合には城郭を置きませんので，はっきりわからないんですが，近代日本の場合はおそらくこの島全体を都市と見なすような傾向になってきたんじゃないかという気がいたします。それを中央集権化とか，近代化とか，さまざまに表現をいたしますが，要するにこういった四角で囲まれた空間の中に人が住むようになる。

この中では自然が排除されると申し上げたわけですが，それじゃあ代わりに何があるかというと，この中に置かれるものは基本的に人工物です。人工物とは何かといえば，それは私どもが考えたもの，意識的に，あるいは意図的に置いたものである。そういう世界です。ですから，都市化が進行すると何が起こるかというのは，そういう原理で比較的簡単に読めるわけでして，意識されないものはそこには置いてはいけないということです。

それを※3端的に示していますのが現在私どものいますこの空間です。横浜も大きな都市でして，そしてこの空間がそうである。この建物がそうでして，ここは人が完全に意識的につくり上げたものです。本来こんな空間はなかったわけで，設計してつくられたものですから，もともとの段階では設計者の頭の中にあって，設計図としてそれが表現されます。

その設計図に従ってつくられたものですから，皆さん方がお座りの場所は，じつは建築家と※4内装をやった方の脳の中，頭の中です。頭の中ですから，そこではすべてが意識化されていますので，一般に※5予期せざる出来事は起こらないことになっています。

そういうことが起これば，それは※6不祥事と見なされます。先日，私は九州にまいりまして，こういうホールでお話をしていましたら，足元をゴキブリがはっていました。これは典型的な不祥事です。つまりゴキブリはこういう空間には出てきてはいけないのであって，なぜいけないかというとそれは自然のものだからです。

つまり設計者，内装者はそこにゴキブリが出てくるということを全然計算に入れていません。したがってそれはあってはならないものです。ですから，そういうものが出てきますと大の男が目をつり上げて追いかけていって踏みつぶしていますが，それはこういった自然の排除という原則がいかに強く都市空間では※7貫徹されているかということを示すように私には見えるわけです。

こうやってつくり出された人工空間は世界中どこでもまったく同じ性質を持っています。そういったものを城壁で囲うというのは案外利口な知恵でして，この中だけだよ，という約束事が成り立ちます。ですから，ちょっとでもここから外へ出れば，再び自然の※8浸透が始まる。そしてそこから離れるほど自然が強くなってくる。

つまりこの中はすべてが人の意識でコントロールしうるという世界ですが，この外に行きますと次第に意識でコントロールできない部分がふえてまいりまして，最終的には完全に我々がコントロールできない世界，すなわち自然がそこに出現してまいります。

（養老孟司『ヒトはなぜ，ゴキブリを嫌うのか？』より。一部省略やふりがなをつけるなどの変更があります。）

［注］ ※1　城郭……城のまわりの囲い。また，城の全体。
※2　しつらえる……用意する，準備すること。
※3　端的……てっとりばやくはっきりと示すさま。
※4　内装……建物や車などの内部の設備やかざりつけ。
※5　予期せざる……前もって起こるだろうと予想することができないさま。
※6　不祥事……好ましくない，困った事件。
※7　貫徹……考えや行動を最後までつらぬき通すこと。
※8　浸透……しだいに広くいきわたること。

問題1　次のア～オは，【資料1】のなかの言葉です。ア～オから「人が意識的につくり上げたもの」に分類されるものをすべて選び，記号を書きなさい。

ア　ホール　イ　ゴキブリ　ウ　都市　エ　自然　オ　敷石

問題2　【資料1】に書かれていることを，「意識」「自然」という言葉を用いて，あとの【条件】にしたがって，まとめなさい。

【条件】
○　複数の段落をつくり，二百六十字以上三百字以内で書くこと。
○　題名は書かずに，一行目，一マス下げたところから，書くこと。

2　りかさんは，夏休みの出来事について，みなみさんと話をしています。次の【会話】や【資料】を読んで，あとの問題に答えなさい。

【会話1】

りかさん：この前，キャンプに行ってきました。そこは，横浜の私が住んでいる場所と違い，夜は明かりが少なくて，真っ暗でした。

みなみさん：そうなんですね。
りかさん：懐中電灯を持って歩いていたら，「懐中電灯をつけると迷惑になることもあるよ。」と，地元の方に言われました。
みなみさん：えっ。どうしてですか？
りかさん：「すみません。」と言って，その場を去ってしまったからわからなくて…。
みなみさん：どうしてなのでしょう。一緒に調べてみましょう。

【資料１】神津島村（東京都）の美しい星空を守る光害防止条例（令和元年12月４日）の一部

（目的）

第１条　この条例は，光害の防止及び適正な照明に関し，村，村民等及び事業者それぞれの責務を明らかにするとともに必要な事項を定めることにより，村民等の生活及び事業者の事業に必要な夜間照明を確保しつつ，光害から美しい星空を守ることを目的とする。

（適用範囲）

第２条　この条例は，神津島村の全区域内に適用する。

（定義）

第３条　この条例において，光害とは屋外照明の使用が引き起こす以下の事項を指す。

⑴　夜空が照らされることにより星が見えにくくなること。

⑵　動植物への悪影響

⑶　人間生活への支障

⑷　エネルギーの浪費

２　この条例において，次の各号にあげる用語の意味は，当該各号に定めるところによる。

⑴　屋内照明とは，屋根及び壁面によって囲まれた建物の内部の照明をいう。

⑵　屋外照明とは，屋内照明以外のすべての照明をいい，照明そのものを目的とするもののほか，広告，装飾等を目的とする発光物を含むものとする。

⑶　上方光束とは，屋外照明から発光する光のうち水平より上方向に向かう光をいう。ただし，近接する地面や壁面等による反射光は含まない。

⑷　村民等とは，村民，旅行者及び滞在者をいう。

⑸　事業者とは，神津島村の区域内で公共事業又は営利事業を行っている者をいう。

【資料２】美しい星空を守る井原市（岡山県）光害防止条例（平成16年12月17日）の一部

（前文）

井原市美星町には，流れ星の伝説と，その名にふさわしい美しい星空がある。天球には星座が雄大な象形文字を描き，その中を天の川が流れている。更に，地平線から天の川と競うように黄道光が伸び，頻繁に流れ星がみられる。また，夜空の宝石ともいえる星雲や星団は，何千年，何万年以上もかかってその姿を地上に届けている。これら宇宙の神秘をかいま見ることができる環境は，井原市民のみならず全人類にとってかけがえのない財産となっている。

しかし，宇宙は今，光害によってさえぎられ，視界から遠ざかって行こうとしている。人工光による光害の影響は，半径100キロメートル以上にも及び，人々から星空の美と神秘に触れる機会を奪うだけでなく，過剰な照明は資源エネルギーの浪費を伴い，そのことが地球をとりまく環境にも影響を与えている。また，過剰な照明により，夜の安全を守るという照明本来の目的に反するのみならず，動植物の生態系にも悪影響を与えることも指摘されている。

近隣には主要な天文台が設置されているとおり，井原市美星町の周辺は天体観測に最も適した環境にあり，これまで『星の郷づくり』に取り組み，天文台も建設してきた。そして，今後も多くの人々がそれぞれに感動をもって遥かなる星空に親しむよう宇宙探索の機会と交流の場を提供することが井原市及び井原市民へ与えられた使命と考える。

このため，我が井原市民は，井原市美星町の名に象徴される美しい星空を誇りとして，これを守る権利を有し，義務を負うことをここに宣言し，この条例を制定する。

【資料３】高山村（群馬県）の美しい星空を守る光環境条例（平成10年３月20日）の一部

（目的）

第１条　この条例は，高山村における夜間照明等の光環境に関し，村民の夜間の安全性や生産活動等の社会的活動に必要な照明を確保しつつ，人工光の増加を抑制することによって，高山村の美しい星空と光環境を維持することを目的に必要な事項を定めるものとする。

（村の責務）

第２条　村は，夜間照明等の人工光による夜空の明るさの増加を抑制し，光環境の維持を図ることを目的に，これに必要な施策の策定及び実施を行うものとする。

２　村は，前項に定める施策の実施に関し，村民及び事業者等に対し普及啓発活動や技術的支援等を行うものとする。

（村民及び事業者等の責務）

第３条　村民及び事業者等は，夜間照明等の人工光による夜空の明るさの増加抑制に努めるとともに，村の施策に協力するものとする。

【資料４】鳥取県星空保全条例（平成29年12月26日）の一部

（前文）

鳥取県は，鳥取市さじアストロパークなどの観測拠点が星空の美しさで我が国随一とされており，全ての市町村で天の川を観測できるなど，後世まで永く伝えるべき「星空」という大切な誇るべき「宝」を有している。

しかしながら，美しい星空が見える環境は，清浄な大気と人工光の放出の少なさによってもたらされているが，全国各地で過剰な人工光により星空が失われつつあるとされている。

私たち鳥取県民は，豊かで美しい自然の象徴である星空を守る行動に立ち上がり，私たちの星空を，ふるさとの重要な景観と位置付けるとともに，観光や地域経済の振興，そして環境教育等に生かしていくこととし，鳥取県の美しい星空が見える環境を県民の貴重な財産として保全し，次世代に引き継いでいくため，この条例を制定する。

問題１　【資料１】～【資料４】の<u>どの条例からも読み取れないもの</u>をあとの１～６から<u>すべて</u>選び，番号を書きなさい。

１　過剰な照明は，資源エネルギーの浪費があることで，資源価格の上昇を引き起こし，すべての人に資源が均等に配分されなくなる。

2　過剰な照明は，夜の安全を守るという照明本来の目的に反するのみならず，動植物の生態系にも悪影響を与えることも指摘されている。

3　星空を，ふるさとの重要な景観と位置付けるとともに，観光や地域経済の振興，そして環境教育等に生かしていく。

4　全国的に夜間照明を増やすことで，地域の安全性を高めるとともに，経済活動を活発にして，地域の活力を高めていく。

5　星空を見ることのできる環境は，全人類にとってかけがえのない財産である。

6　光害の防止に関して，特定の事業者のみの責務を明らかにし，村民や旅行者の生活を安全なものにする。

問題２　次の**【資料５】**は**【資料２】**～**【資料４】**の条例が施行されている地方公共団体がある県とりかさんが住む神奈川県のデータです。**【資料５】**に示された４つの県の人口密度を求め，その人口密度をあとの**【記入例】**に従って，解答用紙の白地図にかきあらわしなさい。

【資料５】

	群馬県	鳥取県	岡山県	神奈川県
人口（万人）	１９８	５６	１９１	９１８
面積（k㎡）	６３６２	３５０７	７１１４	２４１６

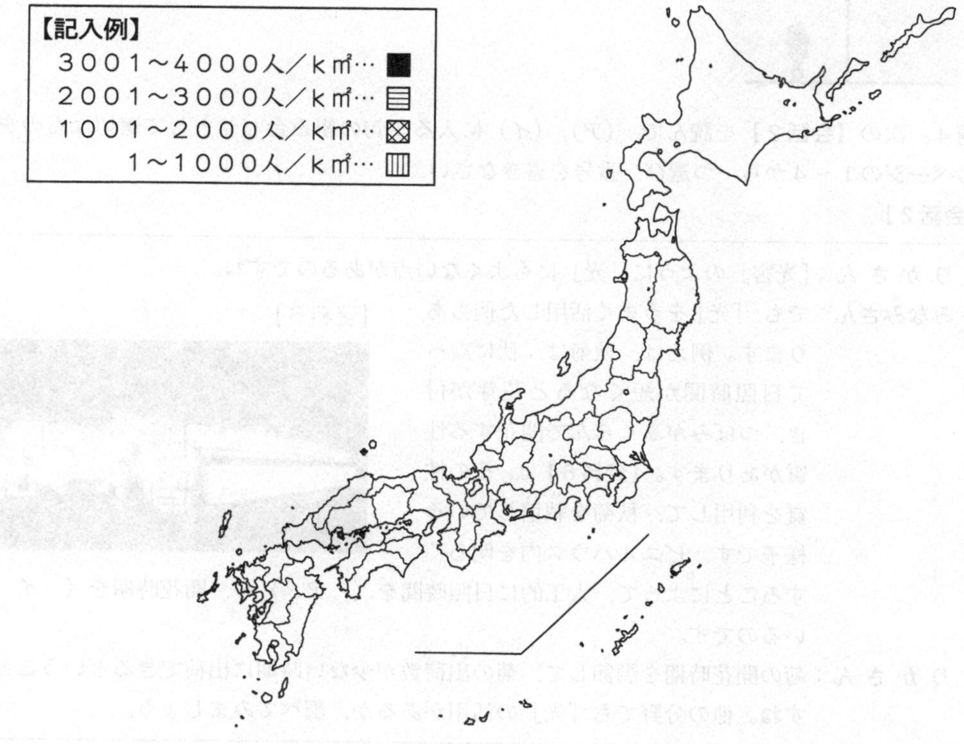

問題３　次の図１～図３は夜間の街灯の様子を表しています。**りかさん**の訪(おとず)れた町は，図１の街灯を図２のように消すのではなく，図３の街灯のように変えました。街灯を消すのではなく，**街灯を変えた理由**として考えられることを，**【資料１】～【資料４】**の条例の内容をふまえて，「～ため。」とつながるように10字以上20字以内で書きなさい。なお，一マス目から書き始めること。

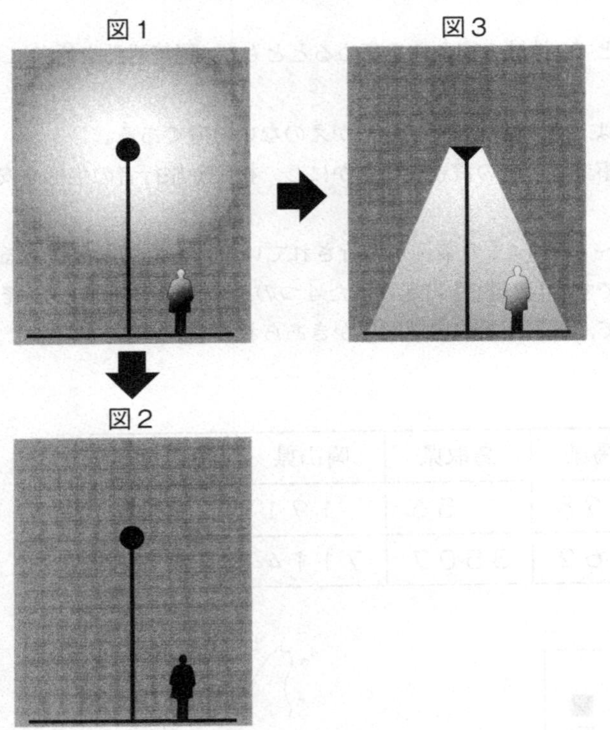

問題４　次の**【会話２】**を読んで，（ア），（イ）に入る語句の組み合わせとして適切なものを，次のページの１～４から一つ選び，番号を書きなさい。

【会話２】

りかさん：「光害」のように「光」にもよくない点があるのですね。

みなみさん：でも，「光」をうまく活用した例もあります。例えば，秋菊(あきぎく)は，秋になって日照時間が短くなると花芽が付き，つぼみがふくらんで開花する性質があります。**【資料６】**は，その性質を利用して，秋菊を栽培(さいばい)している様子です。ビニルハウス内を明るくすることによって，人工的に日照時間を（　ア　）し，開花時期を（　イ　）いるのです。

【資料６】

りかさん：菊の開花時期を調節して，菊の出荷(しゅっか)数が少ない時期に出荷できるということですね。他の分野でも「光」の活用があるか，調べてみましょう。

1　（ア）長く　（イ）遅らせて
2　（ア）長く　（イ）早めて
3　（ア）短く　（イ）遅らせて
4　（ア）短く　（イ）早めて

【資料７】菊のイラスト

問題５　みなみさんとりかさんは，次の【文章】と【資料８】を見つけました。あとの１～４が【文章】と【資料８】の内容に合っていれば○，合っていなければ×を，解答欄に書きなさい。

【文章】

大分県の養殖ヒラメの生産量は，令和元年は643トンで全国トップと，魚の養殖が盛んに行われています。とある養殖業者では，ヒラメを飼育している水槽全体が緑色に見えます。天井からつるされた緑色のＬＥＤライトが日中の12時間点灯され，ヒラメを照らしていました。一般的には水槽の底にへばりつくようにじっとしていることが多いヒラメですが，緑色の光で養殖したヒラメは，ぐるぐると水槽の中を泳ぎまわっています。

活発にえさを食べて栄養の吸収と成長が早くなることから，この技術を使って１年間養殖すると，通常の養殖と比べて重さが平均で1.6倍になり，これまで１年近くかかっていた出荷までの期間を９か月に短縮できたといいます。味や食感などの試験も行われ，従来のものと※１遜色がないことも確認されました。ＬＥＤライトの設置費用は数十万円とそれほど高額ではなく，ＬＥＤライトの電気代も安いため，設備のための費用負担は大きくないといいます。一方で，出荷までの期間が短くなるため，その分の※２人件費や燃料代が抑えられ，総合すると，平均して年間300万円以上のコストの削減が見込まれるとしています。

（寺西源太『「光」で魚を育てる　養殖新技術』をもとに作成）

※１　遜色がない……見劣りしない　※２　人件費……働いている人に払う費用

【資料８】点灯されたＬＥＤライトの色とヒラメの体重増加の関係（６３日間）

色	緑	青	白	赤
体重増加	７３.３ｇ	６３.９ｇ	５６.６ｇ	５２.０ｇ

1　赤色のＬＥＤライトの光を当てると青色のＬＥＤライトの光を当てるよりもヒラメが興奮状態になり，成長が早くなる。
2　白熱電球よりＬＥＤライトの費用は高額であるため，電球を換えることにより，ヒラメの出荷までにかかる総費用が増えてしまう。
3　緑色のＬＥＤライトの光を当てるとヒラメの成長が早くなり，出荷までの期間が短縮され，生産費用が抑えられる。
4　光の魚への成長効果は，他の魚にも同じ傾向がみられるので，全国でこの養殖方法が取り入れられている。

【適性検査Ⅱ】（45分）　＜満点：200点＞

1　みなみさんは，特徴（とくちょう）のある分数の式について先生と話しています。次の**【会話文１】**，**【会話文２】**を読んで，次のページの問題に答えなさい。

【会話文１】

みなみさん：今日の授業でといた $\frac{1}{2}+\frac{1}{5}+\frac{1}{10}=\frac{4}{5}$ という分数の式は，分子がすべて１の分数の和になっていますね。

先　　　生：そうですね。$\frac{4}{5}$ は他にも①$\frac{1}{2}+\frac{1}{4}+\frac{1}{\boxed{ア}}$ という計算でも表せます。$\frac{1}{2}$ や $\frac{1}{3}$ のように分子が１の真分数のことを，「単位分数」とよんでいます。古代エジプトでは，すべての分数を異（こと）なる単位分数の和で表していたそうです。

みなみさん：すべての分数が異なる単位分数の和で表せるのですか。

先　　　生：はい，どんな分数でも可能です。ためしに，$\frac{3}{5}$ という分数について考えてみましょう。$\frac{3}{5}$ は３÷５，つまり３を５等分することを意味しますね。
古代エジプトでは，$\frac{3}{5}=\frac{1}{2}+\frac{1}{10}$ のように表しています。３枚（まい）のピザを５人で分けることを例にして説明しましょう。

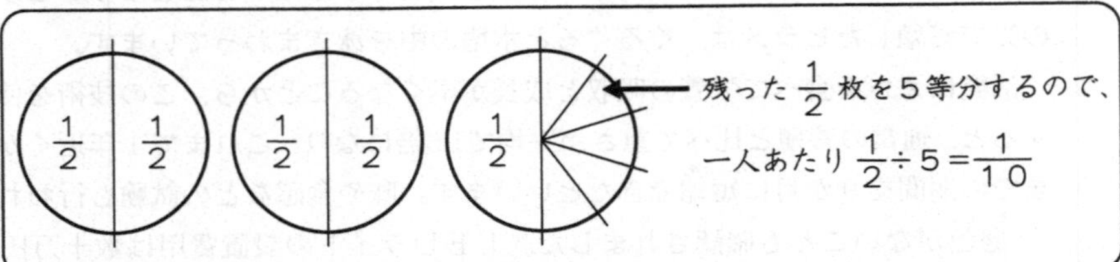

まず３枚のピザをそれぞれ２等分して，５人がそれぞれ１つずつとります。そして残った $\frac{1}{2}$ 枚のピザを５人で分けると，５人全員が同じ形で，同じ量のピザをもらったことになります。したがって，$\frac{3}{5}=\frac{1}{2}+\frac{1}{10}$ と考えることができます。

みなみさん：なるほど。はじめの３枚では５人に分配することができないけれど，それぞれを２等分することで $\frac{1}{2}$ 枚ずつ分配することができています。こうすることによって，できるだけ大きい一切れを最初に配り，残りのピザもさらに均等に分けることができるのですね。

先　　　生：そうですね。では同じようにして $\frac{7}{8}$ という分数を考えてみましょう。

みなみさん：ピザ７枚を８人で分けるということですね。最初にできるだけ大きい一切れで８人に同じ形で，同じ量だけ配ると，②ピザが［イ］枚分残ります。次に残ったピザを３等分にして８人に同じ量だけ配ると，また少し残ります。最後に残ったピザを８等分すれば，異なる単位分数の和で表せます。

先　　　生：よくできましたね。ところで，途中（とちゅう）の３等分のところを，４等分に変えるとどうなるでしょう。

みなみさん：すごい，③４等分に変えても異なる単位分数の和で表せました。３等分したときの式とは別の式になっています。式の表し方は一通りではないのですね。

問題1　①＿＿ について，**ア** にあてはまる数を答えなさい。
問題2　②＿＿ について，**イ** にあてはまる数を答えなさい。
問題3　③＿＿ について，どのような単位分数の和で表せますか。式を答えなさい。

【会話文2】

先　　生： 古代エジプトの分数の表し方には慣れてきましたか。では最後にもう1つといてみましょう。$\frac{3}{7}$がどのような異(こと)なる単位分数の和で表せるか考えてみてください。

みなみさん： わかりました。まずできるだけ大きい数で分けます。あれ，余りが$\frac{2}{3}$になってしまいます。これを7等分しても単位分数にはなりません。すべての分数を異なる単位分数の和で本当に表すことができるのですか。

先　　生： はい，こういった場合には少し工夫が必要です。$\frac{2}{3}$という分数は，分母を12にすると，どう表せますか。

みなみさん： $\frac{8}{12}$と表すことができます。あっ，こうすると$\frac{8}{12}$から$\frac{1}{12}$を7つとることができます。さらに余りが$\frac{1}{12}$になるから，この余りを7等分して$\frac{1}{84}$ずつ分けきることができました。

先　　生： そのとおりです。$\frac{3}{7}=\frac{1}{3}+\frac{1}{12}+\frac{1}{84}$　となり，異なる単位分数の和で表せましたね。

問題4　先生との会話の後，みなみさんは$\frac{3}{7}$について，3つの異なる単位分数の和で表す方法が他にないか考えることにしました。すると，最初にそれぞれを3等分した場合，$\frac{1}{3}+\frac{1}{12}+\frac{1}{84}$以外で新たに3つの式を発見することができました。3つの式をそれぞれ答えなさい。ただし，並(なら)びかえて同じ式になる場合は，同じものとします。

2　みなみさんは，次の【レシピ】をもとに，うどんを作ることにしました。あとの問題に答えなさい。

【レシピ】

《材料（一人分）》
・※中力粉(ちゅうりきこ)（または※薄力粉(はくりきこ)と※強力粉(きょうりきこ)を1：1で混ぜたもの）…100ｇ
・水・・・45ｇ
・塩…中力粉の重さの5％

《作り方》
① 水と塩を混ぜて，食塩水をつくる。
② 小麦粉をボウルに入れ，①の食塩水を入れて混ぜ合わせる。
③ 粉がひとかたまりの生地(きじ)になるまで，こねる。
④ 生地をビニル袋(ぶくろ)に入れ，足でふむ。
⑤ 丸くまとめた生地をビニル袋に入れ，常温で30分ねかせる（置いておく）。

⑥　生地をこねなおしてから，再び10分ねかせる。
⑦　麺棒（めんぼう）で生地の厚さが３㎜になるまでのばす。
⑧　のばした生地を三つ折りにして，折り目と垂直（すいちょく）に包丁で５㎜幅（はば）に切る。

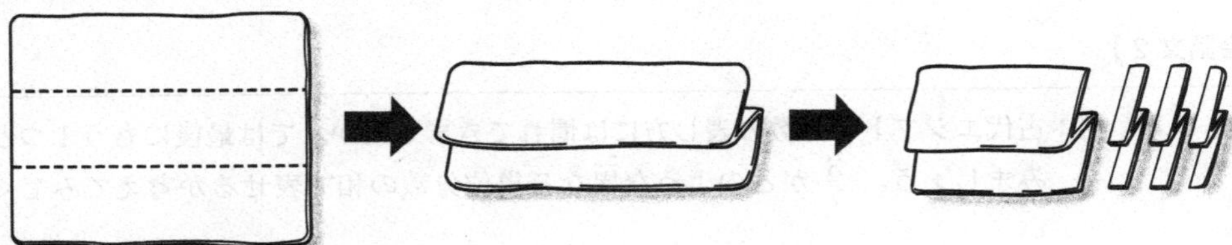

⑨　大きめの鍋（なべ）にたっぷりの湯をわかし，麺を入れて約10分ゆでる。
⑩　ゆで上がった麺をザルにあげ，流水で洗（あら）う。

※中力粉，薄力粉，強力粉……小麦粉の種類

問題１　みなみさんの家には中力粉がなく，薄力粉200ｇと強力粉300ｇがありました。これらを使って，【レシピ】のとおりに，できるだけ多くのうどんを作るとき，必要な水と塩の重さはそれぞれ何ｇですか。整数で答えなさい。

問題２　中力粉100ｇを使って，【レシピ】のとおりに生地を作ると，《作り方》の⑦で，のばす前の生地は，直径６㎝の球になりました。この生地を厚さ３㎜にのばすと，のばした生地は縦（たて）の辺が24㎝，横の辺が［★］㎝の長方形になりました。その後，《作り方》の⑧のとおりに，横の辺と平行に三つ折りにして，生地を切ってうどんを作るとき，あとの問いに答えなさい。

なお，球の体積は下の公式で求められますが，円周率は3.14とします。

球の体積＝半径×半径×半径×４÷３×円周率

⑴　［★］にあてはまる数として最も適切なものを，次のア～オから１つ選び，記号を書きなさい。

ア　1.6
イ　5.2
ウ　15.7
エ　31.4
オ　125.6

⑵　全部で何本のうどんの麺ができますか，整数で答えなさい。ただし，幅が足りないものは１本と数えないものとします。

みなみさんが切ったうどんは太さがバラバラになってしまい，つゆを絡（から）ませて食べると，味が濃（こ）いものと薄（うす）いものがありました。麺（めん）の太さとつゆの絡み方に何か関係があるのではないかと疑問に思ったみなみさんは，次のページの【資料１】～【資料３】を見つけました。【資料１】は麺１ｇあたりに絡むつゆの量の関係を表すグラフ，【資料２】は小麦粉でできた麺の太さ（直径）による分類，そして【資料３】はそうめんの種類についての文章です。

【資料１】

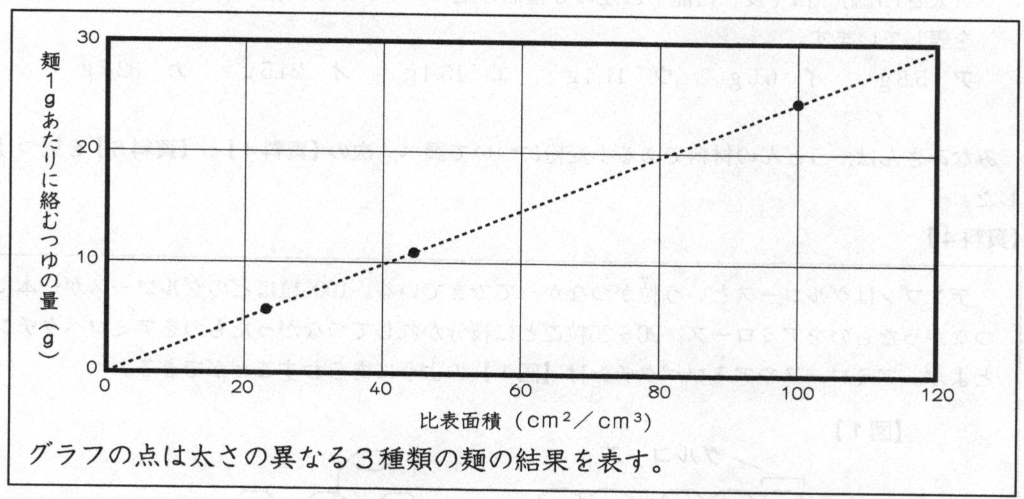

グラフの点は太さの異なる３種類の麺の結果を表す。

（「麺の科学」をもとに作成）

【資料２】

太さ（mm）	1.3未満	1.3以上1.7未満	1.7以上
種類	そうめん	冷や麦	うどん

（日本農林規格（ＪＡＳ）をもとに作成）

【資料３】

そうめんの定義は太さ1.3㎜未満となっていますが，一般的（いっぱんてき）なそうめんは0.9㎜程度のものが多く，さらに細いものでは熊本県の「ゆきやぎ」が0.4㎜，奈良県の「白龍（はくりゅう）」が0.6㎜，同じく奈良県の「白髪（しらが）」が0.3㎜と，いずれも芸術品のような細さです。

（「麺の科学」をもとに作成）

問題３　みなみさんは，【資料１】～【資料３】からわかることを次のようにまとめました。あとの問いに答えなさい。

比表面積は体積あたりの表面積の大きさのことで，表面積を体積でわって求める。麺の比表面積は，麺が太いほど（　あ　）なる。【資料１】の３つの点は，ゆきやぎ・一般的なそうめん・うどん（太さ1.7㎜）のいずれかの結果を表していて，もっとも右側にあるものは（　い　）である。

⑴　（あ），（い）にあてはまるものとして最も適切なものを，次の**ア**～**オ**から１つずつ選び，記号を書きなさい。

ア　大きく　　**イ**　小さく　　**ウ**　ゆきやぎ　　**エ**　一般的なそうめん

オ　うどん（太さ1.7㎜）

⑵　冷や麦と白龍の，麺１ｇあたりに絡むつゆの量として最も適切なものを，次の**ア**～**カ**から１

つずつ選び，記号を書きなさい。なお，次の**ア**～**カ**は，ゆきやぎ・一般的なそうめん・うどん（太さ1.7㎜）・冷や麦・白龍・白髪の６種類の麺のいずれかの，麺１ｇあたりに絡むつゆの量を表しています。

ア　5.8ｇ　　**イ**　6.6ｇ　　**ウ**　11.4ｇ　　**エ**　16.4ｇ　　**オ**　24.5ｇ　　**カ**　32.7ｇ

みなみさんは，うどんの材料である小麦粉について調べ，次の**【資料４】**～**【資料６】**を見つけました。

【資料４】

デンプンはグルコースという粒がつながってできている。1000粒ほどのグルコースが一本につながったものをアミロース，20～25粒ごとに枝分かれしてつながったものをアミロペクチンとよぶ。アミロースやアミロペクチンは**【図１】**のようにあらわすことができる。

【図１】

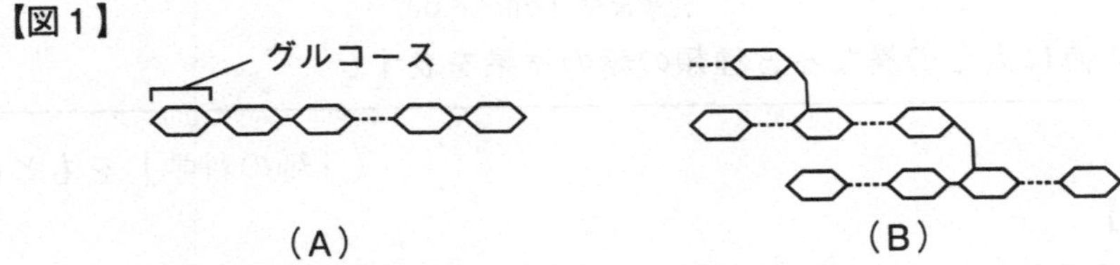

小麦のデンプンではアミロースとアミロペクチンが層になっていて，水の中に入れて温めると，50℃くらいからアミロースのみがとけ出してすき間ができ，**【図２】**のようになる。このすき間に水が浸入し，**【図３】**のようにアミロペクチンの枝の間にも浸入するとデンプンがふくらみ，糊のようになる。この現象を糊化という。アミロペクチンが多いデンプンが糊化すると，モチモチした食感になるため，うどんにはアミロペクチンを多く含む小麦が使われる。

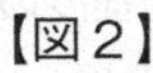
【図２】

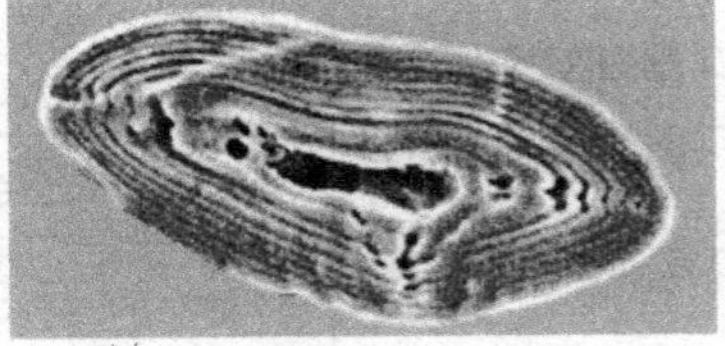

（「麺の科学」をもとに作成）

【図３】

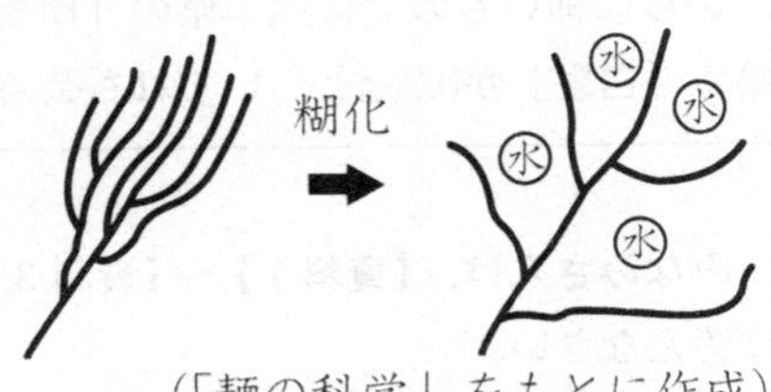

（「麺の科学」をもとに作成）

【資料５】

あるものが，別のものに変わることを化学反応とよぶ。化学反応の進み具合は様々な条件で変わる。一つ目は時間で，長い時間をかけるほど多くの化学反応が進む。二つ目は温度で，一般的に温度が高いほど化学反応が進みやすい。三つ目は空間で，化学反応するもの同士が出合いやすいほど化学反応が進みやすい。これらを順に，時間効果，温度効果，空間効果とよぶ。

【資料６】

小麦に含まれるタンパク質と水が結びついたものをグルテンとよぶ。グルテンに含まれているタンパク質はアルブミン，グロブリン，グルテニン，グリアジン，その他の５種類に分けられる。グルテニンの間に水が入り込むと※１弾性を示す。一方，グリアジンは粘り気のもととなる。グルテニンとグリアジンが結びついてできたもののはたらきにより，小麦の生地は弾性と粘性をもったものになる。

これらのタンパク質は※２溶媒に対する溶けやすさがことなる。タンパク質を100ｇ含むグルテンを操作１から順に溶媒に溶かすと，【表１】のように分離・※３抽出できる。

【表１】

操作	溶媒	タンパク質を溶かす性質	抽出されるタンパク質の種類	抽出されるタンパク質の量（g）
1	水	弱い	アルブミン	15
2	食塩水	↓	グロブリン	3
3	アルコール水溶液	↓	グリアジン	33
4	酢酸水溶液	強い	グルテニン	16
			その他	33

（「麺の科学」をもとに作成）

※１　弾性……ゴムやばねのように，おさえられたりのばされたりしても，もとの状態にもどろうとする性質。

※２　溶媒……水のように，物を溶かすための液体。

※３　抽出……たくさんの物の中から，いくつかの物をぬき出すこと。

問題４　【レシピ】と【資料４】～【資料６】からいえることとして正しいものを，次のア～カから３つ選び，記号を書きなさい。

ア　うどんに含まれるデンプンが糊化するため，ゆでるとモチモチした食感になる。

イ　グロブリンはアルコール水溶液でなければ抽出できない。

ウ　【図１】の（Ａ）はアミロース，（Ｂ）はアミロペクチンの構造を表している。

エ　グリアジンが多いと弾性の強い生地ができる。

オ　生地をこねるのは温度効果を高めるためであり，生地をねかせるのは空間効果を高めるためである。

カ　100ｇのタンパク質を含むグルテンを食塩水に入れると，タンパク質が10ｇ以上溶け出す。

3　みなみさんは，くじ引きをつくり，当たりくじを引く人の組み合わせについて，先生と話しています。次の【会話文１】～【会話文３】を読んで，あとの問題に答えなさい。

【会話文１】

みなみさん：当たりくじを引く人は２人なので，当たりくじを２枚つくります。
先　　　生：くじは全部で何枚つくりますか。
みなみさん：希望者全員がくじを引けるようにしようと思います。くじの枚数は希望者数として，そのうちの２枚を当たりくじとします。

先　　生：２人が当たりくじを引く組み合わせは，希望者の人数によって何通りあるのでしょうか。

みなみさん：樹形図を使って，次のように考えます。

希望者が２人（Aさん，Bさん）だった場合

A —— B

の１通りです。AさんとBさん，BさんとAさんが選ばれる組み合わせは同じと考えました。

希望者が３人（Aさん，Bさん，Cさん）だった場合

A —— B, C　　B —— C

の３通りです。

希望者が４人（Aさん，Bさん，Cさん，Dさん）だった場合

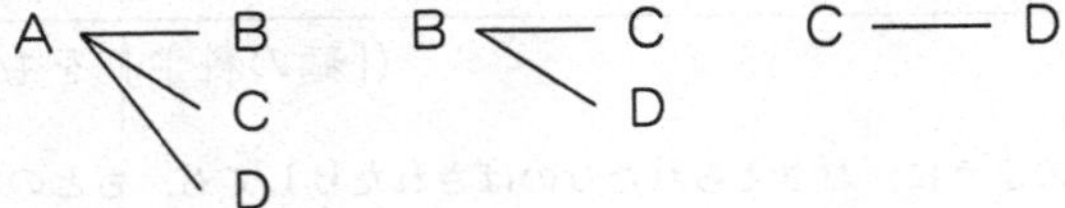

の６通りです。

先　　生：そのとおりです。組み合わせの考え方も理解できていますね。

みなみさん：ありがとうございます。ただ，樹形図をかくのはたいへんでした。何か他の方法はありませんか。

先　　生：そうですね。では，次の【図１】を見てください。どのような規則性が読み取れますか。

【図１】

	１番目	２番目	３番目	４番目	５番目	…
点の数	１	３	６	１０	１５	

みなみさん：点の数が増えるにつれて三角形が大きくなっています。点の数の合計が左から１番目が１個，２番目が３個，３番目が６個となっていることがわかります。あっ，すごい。先ほど希望者が２人，３人，４人のときの組み合わせと，点の数が同じになっています。

先　　生：よく気づきましたね。このように，当たりくじ２枚を引くときの組み合わせは，

くじの枚数が増えるにつれて【図１】のような三角形の点の数で表すことができるのです。その点の数を「三角数」といいます。
三角数は，次のように「１から続いた整数の和」になっています。

２番目の三角数「３」→１＋２＝３　　　　（１から２つ続いた整数の和）
３番目の三角数「６」→１＋２＋３＝６　　（１から３つ続いた整数の和）
４番目の三角数「10」→１＋２＋３＋４＝10（１から４つ続いた整数の和）

みなみさん：本当だ。５番目の15も，１＋２＋３＋４＋５＝15となり，１から５つ続いた整数の和ですね。三角数について，もっと調べてみたくなりました。

問題１　くじを引く希望者が10人のとき，くじ10枚の中から当たりくじ２枚を引く２人の組み合わせは何通りか答えなさい。

【会話文２】

先　　　生：次は，四角形をつくる点の数について考えてみましょう。
【図２】,【図３】のように，１番目の点が１個の場合と，２個の場合について考えます。

【図２】

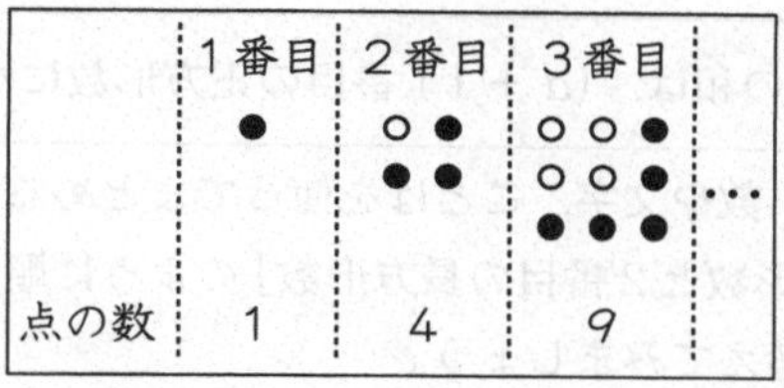

	１番目	２番目	３番目	…
点の数	1	4	9	

【図３】

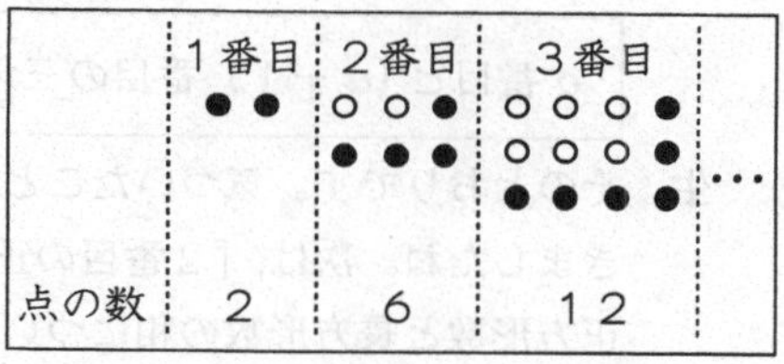

	１番目	２番目	３番目	…
点の数	2	6	12	

みなみさん：【図２】では，正方形ができています。【図３】では，横の長さが縦（たて）の長さより長い長方形ができています。【図２】では，正方形をつくることができたので，１，４，９，…という点の数を正方形数としていいですか。
先　　　生：そうですね。ここでは，正方形数と呼（よ）ぶことにしましょう。同じように，【図３】のような長方形をつくるときの２，６，12，…の点の数を，長方形数としますね。
みなみさん：４番目までの三角数，正方形数，長方形数をまとめると，【表１】のようになりました。

【表１】

	１番目	２番目	３番目	４番目
三角数	1	3	6	10
正方形数	1	4	9	16
長方形数	2	6	12	20

先　　生：【表１】から，何か気づいたことはありますか。

みなみさん：はい。「となり合う三角数の和は，正方形数になる」ということがいえそうです。具体的な数で確かめてみると，次のようになります。

１番目の三角数は「１」，２番目の三角数は「３」　その和は，１＋３＝４
２番目の三角数は「３」，３番目の三角数は「６」　その和は，３＋６＝９

先　　生：そうですね。このことを，次の【図４】のように表すことができます。

【図４】

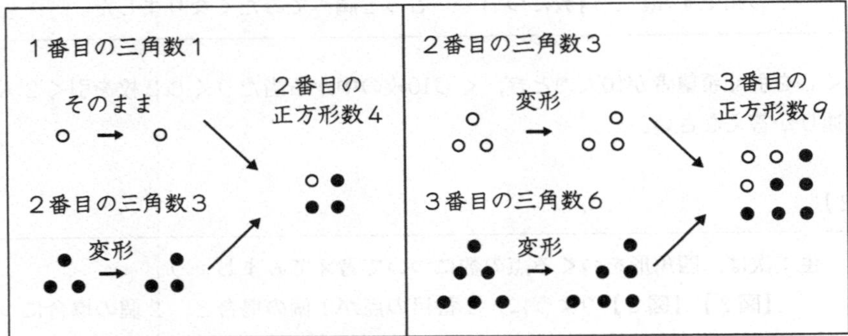

みなみさん：【図４】の「４」は２番目の正方形数，「９」は３番目の正方形数なので，次のことがいえそうです。

a 番目と（a＋１）番目の三角数の和は，（a＋１）番目の正方形数になる。

先　　生：そのとおりです。気づいたことを，数や文字，ことばを使ってまとめることができましたね。次は，「２番目の正方形数と２番目の長方形数」のように順番が同じ正方形数と長方形数の和について考えてみましょう。

みなみさん：２番目の正方形数「４」と２番目の長方形数「６」の場合，その和は「10」になります。３番目どうしの場合，和は「21」です。何もきまりがないように見えます。

先　　生：では，【表１】の続きをまとめた【表２】を見てみましょう。【表２】の中に，「10」や「21」はありませんか。

【表２】

	１番目	２番目	３番目	４番目	５番目	６番目	…
三角数	１	３	６	１０	１５	２１	…
正方形数	１	４	９	１６	２５	３６	…
長方形数	２	６	１２	２０	３０	４２	…

みなみさん：４番目，６番目の三角数のところにあります。あっ。【図４】と同じように，図を使って表すことができそうです。

【みなみさんの考え】

２番目の正方形数「４」の正方形の点と，２番目の長方形数「６」の長方形の点を組み合わせて，４番目の三角数「10」をつくります。

３番目，４番目，…でも成り立つように，次のように考えました。

２番目の正方形数４

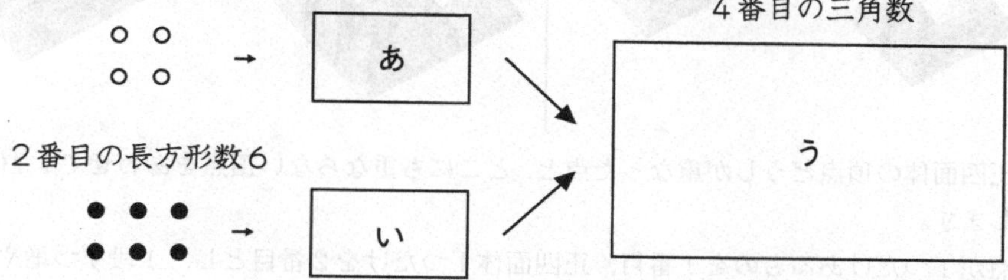

このように組み合わせることによって，４番目の三角数を表す三角形ができました。この考え方を使って，３番目，４番目も同じように組み合わせてできることから，次のことがわかりました。

【わかったこと】

a 番目の正方形数と a 番目の長方形数の和は，[え] 番目の ［　　］ になる。

先　　生：そのとおりです。気づいたことを，数や文字，ことばを使ってまとめることができましたね。

問題２　**【みなみさんの考え】**の ［あ］ ～ ［う］ にあてはまる図を，**【図４】**と同じように，○と●を使って解答欄(らん)にかきなさい。

また，**【わかったこと】**の [え] 番目の ［　　］ にあてはまるものを，数や文字，ことばを使って答えなさい。

【会話文３】

みなみさん：三角形や四角形のように平面の図形に関係する数があるということは，立体の図形でも同じような数があるのでしょうか。

先　　生：いいところに気づきましたね。では，次の**【資料１】**を見てください。

【資料１】

右のような立体を，正四面体といいます。正四面体は，４つの合同な正三角形を組み合わせてできる立体です。

同じ正四面体を使って，次のページの図のように下に１段(だん)ずつ増やし，立体を順につくっていきます。

正四面体

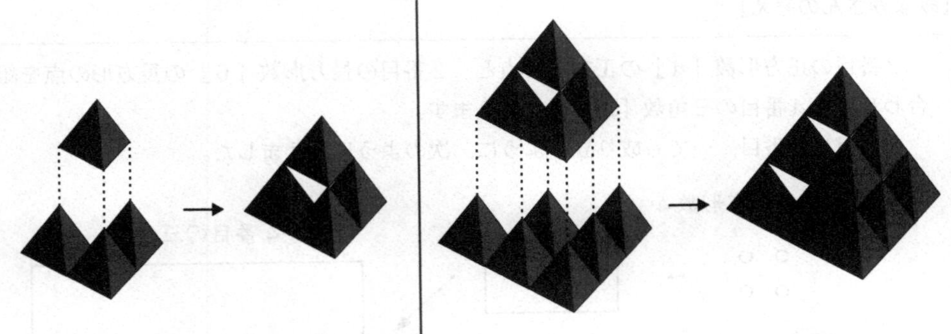

正四面体の頂点どうしが重なった点と，どこにも重ならない頂点をあわせて「立体の点」とします。

点が１つだけあるものを１番目，正四面体１つだけを２番目とし，１段ずつ増やしてできる立体を３番目，４番目，…とすると，「立体の点」とその数は次のようになります。

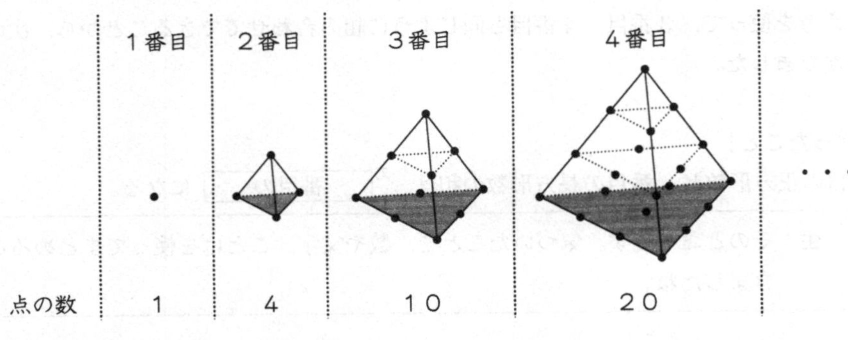

先　　　生：このような１，４，10，20，…という点の数を，正四面体数といいます。正四面体数はある数の和で表せるのですが，どんな数だと思いますか。

みなみさん：えっと。わかりました。

例えば，８番目の正四面体数は，次の式で求められますね。

１＋［あ］＋［い］＋［う］＋［え］＋［お］＋［か］＋［き］＝［く］

先　　　生：よくわかりましたね。ところで，先ほどのくじ引きですが，当たりくじが３枚のときは，当たりくじを引く人の組み合わせはどのようになりますか。

みなみさん：希望者が３人のときは１通り，４人のときは…，あっ。組み合わせと図形の関係って面白いですね。

問題３　【会話文３】の［あ］～［き］にあてはまる数を，小さい順に答えなさい。また，８番目の正四面体数［く］を答えなさい。

１＋［あ］＋［い］＋［う］＋［え］＋［お］＋［か］＋［き］＝［く］

4　みなみさんは，ＣＤプレイヤーの音の大きさが変化するしくみについて先生と話しています。次の【会話文１】，【会話文２】を読んで，あとの問題に答えなさい。

【会話文１】

みなみさん：【図１】のようなＣＤプレイヤーは，なぜつまみを回しただけで音が大きくなったり小さくなったりするのでしょうか。どういうしくみなのか，気になりました。

【図１】

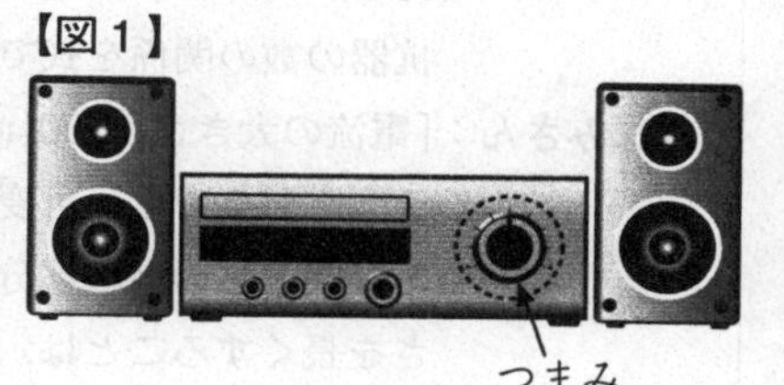

先　　　生：可変抵抗器という電子部品を使って，音の大きさを調節しています。抵抗器とは電流の大きさを変化させる部品のことで，多くの電子機器に使用されています。

みなみさん：そうなのですね。抵抗器のはたらきについて調べてみたいです。

先　　　生：それでは電池と抵抗器を用いて実験をしてみましょう。まずは【回路図１】のように電池を２個直列につなぎ，抵抗器を１個にしたときの電流計を流れる電流の大きさを調べてみましょう。

【回路図１】

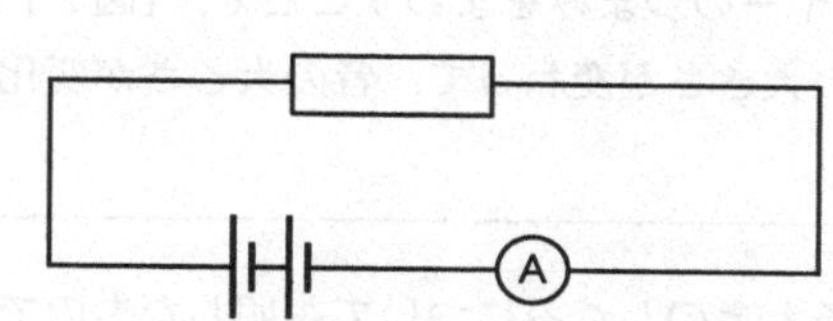

電池２個(直列つなぎ)：

抵抗器：

電流計：

みなみさん：電流計は300mA（ミリアンペア）を示しました。抵抗器の数を増やしたら，回路を流れる電流の大きさはどうなるのでしょうか。

先　　　生：それでは，同じ種類の抵抗器と電池を用いて，【回路図２】，【回路図３】のように，回路の中の抵抗器を直列つなぎで１つずつ増やして調べてみましょう。

【回路図２】　　【回路図３】

抵抗器を1つ増やす

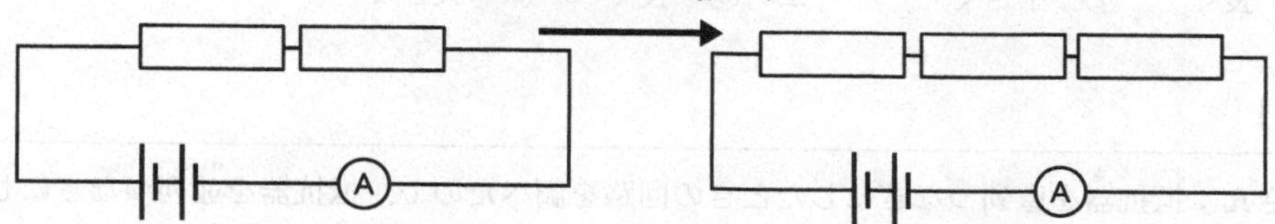

みなみさん：結果は【表１】のようになりました。

【表１】

抵抗器の数（個）	１	２	３
電流の大きさ（ｍＡ）	３００	１５０	１００

先　　生：電流の大きさと抵抗器の数について，何か気がつくことはありますか。
みなみさん：抵抗器の数が多いほど，電流の大きさが小さくなっています。
先　　生：そうですね。電流の流れにくさのことを電気抵抗といいます。電流が小さくなったということは，電気抵抗が大きくなったことを意味します。電流の大きさと抵抗器の数の関係を式で表すとどのようになりますか。
みなみさん：「電流の大きさ＝300(mA)÷抵抗器の数」という式で表せそうです。
先　　生：そのとおりです。可変抵抗器は【図２】のようになっていて，Ｘの部分を回すと，Ｙ(【図２】の点線部分）の長さが変わります。Ｙは抵抗器にあたるので，Ｙの長さを長くすることは，抵抗器の数を直列つなぎで増やすことと同じはたらきがあります。

【図２】

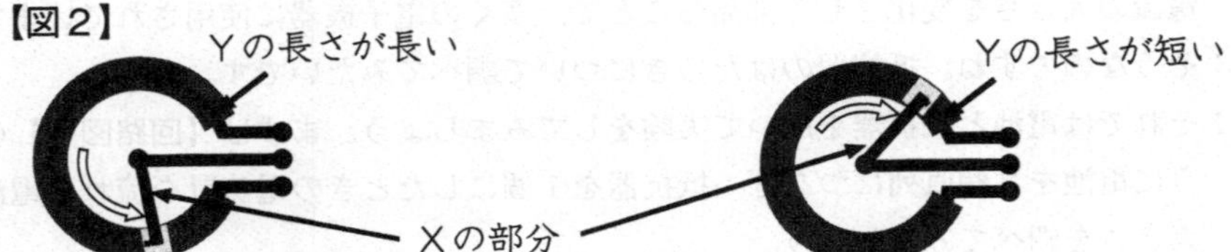

みなみさん：電流の大きさが小さくなると，音も小さくなるのですか。
先　　生：そのとおりです。【図１】のＣＤプレイヤーのつまみをまわすことで，【図２】の可変抵抗器のＸの部分が回転し，電流の大きさが変わって，音の大きさが変化するのです。

問題１　次の文章は，ＣＤプレイヤーの音を大きくするときのしくみについて説明したものです。（①），（②）にあてはまることばの組み合わせとして最も適切なものを，次の**ア**～**エ**から１つ選び，記号を書きなさい。

【図２】のＹの長さを（　①　）して，電気抵抗を（　②　）することで，電流の大きさが変わり，音が大きくなる。

ア　①　短く　　②　小さく　　**イ**　①　短く　　②　大きく
ウ　①　長く　　②　小さく　　**エ**　①　長く　　②　大きく

【会話文２】

みなみさん：抵抗器(ていこうき)を直列つなぎにしたときの回路を調べたので，抵抗器を並列(へいれつ)つなぎにしたときについても調べてみたいです。
先　　生：では，今度は【回路図１】と同じ種類の抵抗器と電池を用いて次のページの【回路図４】，【回路図５】のように回路の中の抵抗器を並列つなぎで１つずつ増やしていったときの電流の大きさを調べてみましょう。

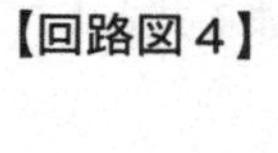

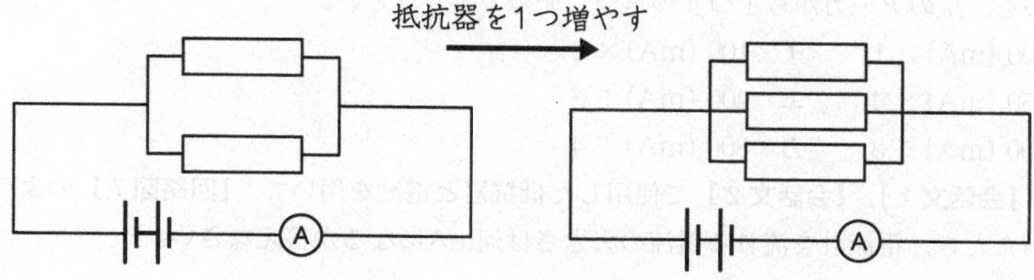

みなみさん：結果は【表２】のようになりました。

【表２】

抵抗器の数（個）	１	２	３
電流の大きさ（mA）	３００	６００	９００

先　　　生：並列つなぎのときは，直列つなぎのときとは違（ちが）った結果になりましたね。並列つなぎの場合には，どのような関係があるか気がつきましたか。

みなみさん：はい，並列つなぎでは「電流の大きさ＝300(mA)×抵抗器の数」という式が成り立ちそうです。ところで，抵抗器の直列つなぎと並列つなぎを合わせてみたら，どうなるのですか。

先　　　生：それでは，【回路図６】のように，直列つなぎと並列つなぎを組み合わせた回路について調べてみましょう。

【回路図６】

みなみさん：電流計は200mAを示しました。

先　　　生：なぜ200mAになったのか，【表１】，【表２】の結果を参考にして考えてみましょう。

みなみさん：「抵抗器３個を直列つなぎにしたものが，２つ並列つなぎになっている」と考えてみます。抵抗器３個を直列つなぎにした場合には，100mAの電流が流れることが分かっています。それらが２つ並列つなぎになっているので，［　あ　］の式で求められると思います。

先　　　生：そのとおりです。では，今度は「電流の通り道が２つに分かれていて，それぞれの通り道について抵抗器３個が直列つなぎになっている」と考えると，200mAはどのようにして求められますか。

みなみさん：その場合には，［　い　］の式で求められると思います。

先　　　生：そうですね。直列つなぎと並列つなぎを組み合わせた回路では，それぞれの性質を組み合わせて，電流の大きさを求めることができます。

問題２　**【会話文１】**, **【会話文２】**の内容をふまえて，［あ］，［い］にあてはまる式として最も適切なものを，次の**ア〜カ**から１つずつ選び，記号で書きなさい。

ア　200 (mA) × 1　　**イ**　100 (mA) × 2

ウ　 50 (mA) × 4　　**エ**　400 (mA) ÷ 2

オ　600 (mA) ÷ 3　　**カ**　800 (mA) ÷ 4

問題３　**【会話文１】**, **【会話文２】**で使用した抵抗器と電池を用いて，**【回路図７】**のような回路をつくったとき，電流計を流れる電流の大きさは何mAになるか答えなさい。

【回路図７】

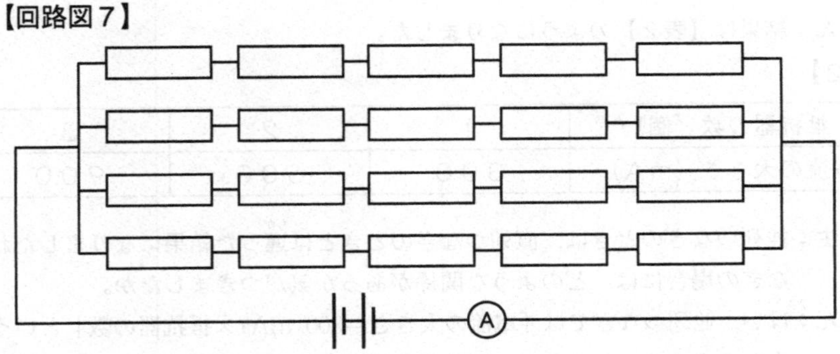

2023 年 度

解 答 と 解 説

《2023年度の配点は解答欄に掲載してあります。》

＜適性検査Ⅰ解答例＞

1 問題1 ア，ウ，オ

問題2 都市とは，四角で囲まれ，自然の排除という原則が貫徹されており，人が意識的に置いた人工物によってつくり上げられた空間である。このような人工空間は，世界中どこでもまったく同じ性質を持っている。

この，すべてが意識化された世界では，意識的に置かれた人工物以外はあってはならないため，予期せずゴキブリのような自然のものが出てくると，それは不祥事として対処される。

人工空間の中はすべてが人の意識でコントロールしうる世界だが，その外に行くと次第にコントロールできない部分が増えていき，最終的には完全に我々がコントロールできない世界，すなわち自然が出現する。

2 問題1 1，4，6

問題2

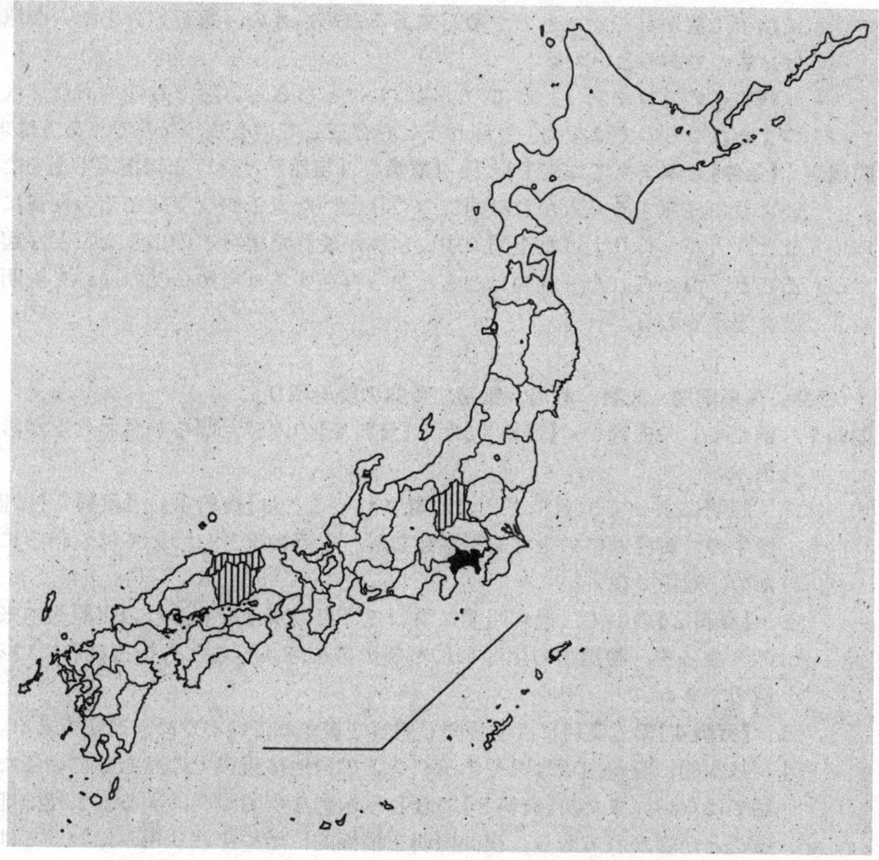

問題3　夜間の人の安全と光害から星空を守る(ため。)

問題4　1

問題5　1×　2×　3○　4×

○配点○

1　**問題1**　15点　**問題2**　105点

2　**問題1・4・5**　各10点×3　**問題2**　20点　**問題3**　30点

計200点

＜適性検査Ⅰ解説＞

1　**(国語：文章の読み取り，条件作文)**

問題1　**【資料1】**の5段落目を見ると，建物や空間など，設計してつくられたものが「人が完全に意識的につくり上げたもの」であるとわかる。「横浜も大きな都市でして，そしてこの空間がそうである」という部分から，都市という空間自体も人がつくり上げたものだとわかるため，**ア**の「ホール」，**ウ**の「都市」は問いの条件にあてはまる。また，2段落目を見ると，道の舗装に関しての説明があり，「コンクリートで舗装しているわけじゃないんで，敷石です」と書かれている。さらに，4段落目には「この中に置かれるものは基本的に人工物です」と書かれており，この中というのは都市の中を表している。よって，道の舗装をするために都市に置かれていたものが敷石であるため，**オ**の「敷石」もまた人が意識的につくり上げたものであるといえる。

残る**イ**の「ゴキブリ」と**エ**の「自然」はどちらも自然のものであり，人の意識によってつくられるものではなく，意識せずとも存在しているものなので，あてはまらない。

問題2　**【条件】**をふまえて作文を書く。「意識」，「自然」という語句指定もあるため，入れ忘れないように注意する。人が意識的につくり上げた人工的な空間とその性質について説明すること，人がつくり上げた空間の中に自然が現れた場合どのようなことが起こるかを説明すること，つくられた「空間」ともとから存在する「自然」との違いを説明すること，が必要な要素である。

2　**(社会：環境問題，光害，栽培，養殖，資料の読み取り)**

問題1　選たくしの内容を，**【資料1】**から**【資料4】**の内容と照らし合わせながら適切でないものを選ぶ。

1　照明によってエネルギーが浪費されることは**【資料1】**，**【資料2】**に書かれているが，後半の「資源価格の上昇を引き起こし」以降の部分については資料中に書かれていないため，適切でない。

2　**【資料2】**の中で，過剰照明について「夜の安全を守るという照明本来の目的に反するのみならず，動植物の生態系にも悪影響を与えることも指摘されている」とあるため，適切である。

3　**【資料4】**の3文目に，全く同じ内容が書かれているため，適切である。

4　基本的に資料内では県や市町村などの自治体規模での話をしているため，全国規模の話ではない。また，**【資料3】**でむしろ過剰な夜間照明による人工光の抑制を目指していることが書かれており，夜間照明を積極的に増やす取り組みについてはどの資料にも書かれていないため，適切でない。

5 【資料2】に，星空をはじめとした宇宙の神秘をかいま見ることができる環境について「全人類にとってかけがえのない財産となっている」とあるため，適切である。

6 【資料1】を見ると，光害の防止に関しては「村，村民等及び事業者それぞれの責務を明らかにする」とあり，特定の事業者だけに光害防止に関する責務があるわけではないため，適切でない。

よって，資料から読み取れないものは1，4，6の3つである。

基本 **問題2** それぞれの県の人口密度を求め，【記入例】を参考に白地図にかきこむ。人口密度(人口÷面積)の計算をすると，

群馬県　：1980000÷6362＝311.2…(人/km²)
鳥取県　：560000÷3507＝159.6…(人/km²)
岡山県　：1910000÷7114＝268.4…(人/km²)
神奈川県：9180000÷2416＝3799.6…(人/km²)

となる。よって，群馬県・鳥取県・岡山県は「1～1000人/km²」を示す縦しま模様，神奈川県は「3001～4000人/km²」を示す黒色で，白地図内のそれぞれの県にかきあわせばよい。

問題3 【資料1】を見ると，(目的)の部分に「村民等の生活及び事業者の事業に必要な夜間照明を確保しつつ，光害から美しい星空を守ることを目的とする」とある。つまり，過剰に照明をつけて星空の景観を害することも，照明を完全に消して村で過ごす人の生活安全がおびやかされることもないようにすることが，最も重要であるといえる。**図1**～**図3**を見ると，過剰に明るい照明(**図1**)を，消す(**図2**)のではなく，向きを変え最低限の照明(**図3**)にしたことがわかるため，人の安全も星空の景観も守るという目的がわかるように文章をまとめればよい。

問題4 【会話2】を見ると，秋菊は「日照時間が短くなると花芽が付」くことがわかる。ビニルハウス内を明るくするということは，照明を用いて夜であっても明るい状態をつくりだしているということになるため，人工的に日照時間が長くなるように工夫をしているといえる。そして，日照時間が長くなるということは，花芽が付かないように工夫をしている，つまり菊の出荷数が少ない時期に出荷するために，あえて開花時期が遅れるよう調整をしているといえる。よって，選たくしの中で適切な組み合わせは1である。

問題5 【文章】，【資料8】の内容と選たくしを照らし合わせながら，適切かどうかを考える。

1 【資料8】を見ると，青色のLEDライトを当てたほうが，赤色のLEDライトを当てたほうよりもヒラメの体重が増加しており，短い期間でより成長しているといえるので，これは適切でない。

2 【文章】の中で，LEDライトは設置費用も電気代もそれほど高額ではないこと，出荷までにかかる総費用も削減が見込めることが書かれている。また，白熱電球の金額についてはそもそも文章中に書かれていない。よって，適切でない。

3 【文章】に書かれている内容をまとめた文になっており，内容もすべて適切である。

4 【文章】，【資料8】のどちらを見ても，光がヒラメ以外の魚に与える成長効果については書かれていないため，適切でない。

★ワンポイントアドバイス★

作文問題は，要点を順序立てて並(なら)べたうえで，文と文のつながりを意識して書くことが大切である。
資料の読み取り問題については，複数ある資料を適切に読み取り，選たくしが適切かどうかを１つずつ正確に判断できるように注意しよう。

＜適性検査Ⅱ解答例＞

1 問題１　20

問題２　3

問題３　$\left(\frac{7}{8}=\right)\frac{1}{2}+\frac{1}{4}+\frac{1}{8}$

問題４　$\left(\frac{3}{7}=\right)\frac{1}{3}+\frac{1}{11}+\frac{1}{231}$

$\left(\frac{3}{7}=\right)\frac{1}{3}+\frac{1}{14}+\frac{1}{42}$

$\left(\frac{3}{7}=\right)\frac{1}{3}+\frac{1}{15}+\frac{1}{35}$

2 問題１　水：180(g)　　塩：20(g)

問題２　（１）　ウ

（２）　31(本)

問題３　（１）　あ：イ　　い：ウ

（２）　冷や麦：イ　　白龍：エ

問題４　ア，ウ，カ

3 問題１　45(通り)

問題２　あ：

○
○ ○
○

い：

● ●
● ● ● ●

う：

○
○ ○
● ○ ●
● ● ● ●

え：(2×a)番目の三角数

問題３　あ：3　　い：6　　う：10　　え：15　　お：21　　か：28　　き：36

く：120

4 問題1 ア

問題2 あ：イ い：オ

問題3 240(mA)

○配点○

1 問題1・2 各5点×2 問題3 10点 問題4 30点

2 問題1 10点 問題2・4 各15点×2 問題3 20点

3 問題1 5点 問題2・3 各25点×2

4 問題1 5点 問題2 12点 問題3 18点

計200点

＜適性検査Ⅱ解説＞

1 （算数：単位分数）

問題1 問題文を式で表すと，

$$\frac{4}{5}=\frac{1}{2}+\frac{1}{4}+\frac{1}{\text{ア}}$$

となる。式を変形すると，

$$\frac{1}{\text{ア}}=\frac{4}{5}-\frac{1}{2}-\frac{1}{4}=\frac{1}{20}$$

したがって，20が答えである。

問題2 7枚のピザを同じ形で8人に配ることのできる一番大きな一切れは，2等分した$\frac{1}{2}$枚のピザなので，最初に$\frac{1}{2}$枚のピザを8人に配る。残りを計算すると，

$$7-\frac{1}{2}\times 8=3(\text{枚})$$

より，3枚残ることがわかる。

問題3 残った3枚分のピザを4等分にして8人に1枚ずつ配ると，

$$3-\left(\frac{1}{4}\times 8\right)=1(\text{枚})$$

より1枚分残る。最後に残った1枚分のピザを8等分すれば，単位分数の和で表すことができるので，

$$\frac{7}{8}=\frac{1}{2}+\frac{1}{4}+\frac{1}{8}$$

となる。

やや難 **問題4** 【会話文2】のみなみさんの2回目の発言のように，$\frac{2}{3}$から様々な単位分数を7つとり，その余りを7等分して単位分数になれば，$\frac{3}{7}$を異なる単位分数の和で表せる。

（試行1） $\frac{2}{3}$から$\frac{1}{11}$を7つとると余りは $\frac{2}{3}-\frac{7}{11}=\frac{1}{33}$ となり，これを7等分すれば単

位分数の和で表すことができるので，$\frac{3}{7}=\frac{1}{3}+\frac{1}{11}+\frac{1}{231}$ が答えの一つになる。

（試行２） $\frac{2}{3}$から$\frac{1}{13}$を７つとると余りは $\frac{2}{3}-\frac{7}{13}=\frac{5}{39}$ となり，これを７等分しても単位分数にならないので適切でない。

（試行３） $\frac{2}{3}$から$\frac{1}{14}$を７つとると余りは $\frac{2}{3}-\frac{7}{14}=\frac{7}{42}=\frac{1}{6}$ となり，これを７等分すれば単位分数の和で表すことができるので，$\frac{3}{7}=\frac{1}{3}+\frac{1}{14}+\frac{1}{42}$ が答えの一つになる。

（試行４） $\frac{2}{3}$から$\frac{1}{15}$を７つとると余りは $\frac{2}{3}-\frac{7}{15}=\frac{3}{15}=\frac{1}{5}$ となり，これを７等分すれば単位分数の和で表すことができるので，$\frac{3}{7}=\frac{1}{3}+\frac{1}{15}+\frac{1}{35}$ が最後の答えになる。

以上より，求める３つの式は，$\frac{1}{3}+\frac{1}{11}+\frac{1}{231}$，$\frac{1}{3}+\frac{1}{14}+\frac{1}{42}$，$\frac{1}{3}+\frac{1}{15}+\frac{1}{35}$である。

2 **（算数・理科・家庭科：比の計算，体積，タンパク質，小麦粉）**

問題１ 薄力粉と強力粉を1：1で混ぜてできるだけ多くのうどんをつくるとき，薄力粉200gと強力粉200gのあわせて400gを使うことになる。**【レシピ】**は中力粉が100gの場合がかかれているので，必要な水は45×4＝180(g)であり，必要な塩は400×0.05＝20(g)である。

問題２（１） のばす前とのばした後の生地の体積は等しい。のばす前の生地は半径３cmの球なので，体積は3×3×3×4÷3×3.14＝113.04(cm^3)である。のばした後の生地の体積は，24×［★］×0.3＝113.04(cm^3)なので，［★］＝113.04÷0.3÷24＝15.7(cm)である。よって，答えは**ウ**である。

（２） **【レシピ】《作り方》⑧**より，生地を５mm幅に切るので，15.7÷0.5＝31.4(本)となる。幅が足りていないものは数えないので，答えは31本である。

問題３（１）あ： 半径１cmの麺と半径２cmの麺の比表面積を比べる。それぞれの麺を高さ１cmの円柱とみなして計算すると，半径１cmの麺は，底面積が1×1×3.14＝3.14(cm^2)，側面積が2×3.14×1＝6.28(cm^2)より，表面積は2×3.14＋6.28＝12.56(cm^2)，体積は1×1×3.14×1＝3.14(cm^3)なので，比表面積は12.56÷3.14＝4(cm^2/cm^3)である。半径２cmの麺は，底面積が2×2×3.14＝12.56(cm^2)，側面積が4×3.14×1＝12.56(cm^2)より，表面積は2×12.56＋12.56＝37.68(cm^2)，体積は2×2×3.14×1＝12.56(cm^3)なので，比表面積は37.68÷12.56＝3(cm^2/cm^3)である。よって，半径２cmの麺の方が半径１cmの麺よりも比表面積が小さいので，麺の比表面積は麺が太いほど小さくなることがわかる。したがって，**イ**が答えである。

い： あより，比表面積が大きいということは，ほかの麺に比べて細い麺だということがわかる。**【資料３】**より，ゆきやぎは0.4mm，一般的なそうめんは0.9mm程度とあるので，答えは**ウ**のゆきやぎである。

（２） **【資料１】**と見比べることで1.7mmのうどんが絡むつゆの量が5.8g，0.9mmの一般的なそうめんが絡むつゆの量が11.4g，0.4mmのゆきやぎが絡むつゆの量が24.5gだとわかる。したがって，冷や麦はうどんより細くそうめんより太いので**イ**が答えであり，白龍はそうめんより細くゆきやぎよりも太いので**エ**が答えだとわかる。

問題４　**ア**：【**資料４**】に「アミロペクチンが多いデンプンが糊化すると，モチモチした食感になる」と書いてあるため，正しい。

イ：【**資料６**】の【**表１**】において，グロブリンは操作２の食塩水から抽出できるようになっているため，誤り。

ウ：【**資料４**】に「グルコースが一本につながったものをアミロース」，「枝分かれしてつながったものをアミロペクチンとよぶ」と書いてあるため，正しい。

エ：【**資料６**】より，弾性を示すのはグルテニンであり，グリアジンは粘り気のもとであるため，誤り。

オ：【**資料５**】より，生地をこねるのは空間効果を高めるためであり，生地をねかせるのは時間効果を高めるためであると考えられるため，誤り。

カ：【**資料６**】より，食塩水は水よりもタンパク質を溶かす性質が強いため，抽出されるタンパク質の量は，水だけで抽出されるタンパク質の量と合わせて，15+3=18(g)なので，正しい。

よって正答は，**ア**，**ウ**，**カ**である。

3　（算数：三角数，規則性）

問題１　くじを引く希望者が２人のときの組み合わせの数は１番目の三角数と等しくなり，希望者が３人のときの組み合わせの数は２番目の三角数と等しくなるので，希望者が10人のときの組み合わせの数は９番目の三角数と等しくなる。よって，９番目の三角数を求めればよい。1+2+3+4+5+6+7+8+9=45(通り)より，45通りである。

問題２　**あいう**：　○と●で４番目の三角数をつくる。３番目の正方形数と長方形数の組み合わせでも同じ形になることを確認する。

え：　２番目の正方形数と長方形数の和が４番目の三角数になり，３番目の正方形数と長方形数の和が６番目の三角数になることから，ａ番目の正方形数とａ番目の長方形数の和は，(2×a)番目の三角数になることがわかる。

問題３　ためしに４番目の正四面体数を段ごとに足してみると，1+3+6+10=20となり，これは1+(1+2)+(1+2+3)+(1+2+3+4)=20という規則がなりたっていることがわかる。したがって，８番目の正四面体数を求めると，1+3+6+10+15+21+28+36=120となる。

4　（理科：抵抗）

問題１　抵抗器の数を増やすと電気抵抗が大きくなり，電流の大きさが小さくなる。電流の大きさが小さくなると音も小さくなる。【**会話文１**】の**先生**の６回目の発言から，Ｙは抵抗器であり，Ｙを長くすると電気抵抗が大きくなるとわかる。よって，Ｙの長さを短くすると電気抵抗が小さくなり，電流が大きくなる。電流が大きくなると音も大きくなるので，答えは**ア**だとわかる。

問題２　**あ**：　【**会話文２**】の**みなみさん**の発言の「電流の大きさ＝300(mA)×抵抗器の数」の式より，並列つなぎでつないだ抵抗器の数と電流の大きさは比例していることがわかる。抵抗器を３個直列につないで100mAが流れているものを，２つ並列つなぎにしているので，「100(mA)×2」より**イ**が答えとなる。

い：　電流の通り道が２つに分かれているとき，【**表２**】より600mAの電流が流れることがわかっている。また，**【会話文２】**のみなみさんの発言の「電流の大きさ＝300(mA)÷抵抗器の数」の式より，直列つなぎでつないだ抵抗器の数と電流の大きさは反比例していることがわかる。電流の通り道が２つに分かれて600mAが流れているところに，抵抗器が３個直列つなぎになっているので，「600(mA)÷3」より**オ**が答えとなる。

問題３　１つの電流の通り道に抵抗器が５個直列につながれているから，300(mA)÷5＝60(mA)が流れる。それらが４つ並列つなぎになっているので，60(mA)×4＝240(mA)が流れていることがわかる。

他の解き方として，電流の通り道が４つに分かれていることから，300(mA)×4＝1200(mA)が１つの通り道に流れている。その通り道において５個の抵抗器が直列つなぎにされているから，1200(mA)÷5＝240(mA)が流れていることがわかる。

★ワンポイントアドバイス★

資料から読み取って計算する問題がほとんどである。小学校で習わない計算方法が示されていることもあるので，注意して資料を読み取ることが必要となる。
短い時間設定ながら複雑な計算が要求されることもあるので，日ごろの学習からミスなく素早く計算できるように練習しておこう。

2022年度

★★★★★★★★★★★★★★★★★★★★★★★★

入　試　問　題

2022年度

横浜市立南高等学校附属中学校入試問題

【適性検査Ⅰ】　(45分)　＜満点：200点＞

みなみさんとりかさんは，調べ学習で横浜について書かれたある本を見つけました。次の**【文章】**やあとの**【会話】**を読み，問題に答えなさい。

【文章】

都市の一般的な形成過程はなかなか複雑で，それぞれの地理的，歴史的な条件にも大きく左右されます。ここでちょっとおもしろいシミュレーションゲームソフト「シムシティ」というのを紹介しましょう。これはバージョンアップされるに従って複雑になってきましたが，最初のバージョンは，自分が市長になったつもりで，何もない土地に都市を建設するというものなのです。市長にはわずかな資金が渡されますが，その資金でまず発電所をつくります。そして，道路と住宅，その次には働く場である工場や買い物のための商業施設をというように，つぎつぎと都市の生活に必要な施設をつくっていくのです。資金は税金で，工場や商業施設が増えると税収が増えていきます。

このソフトでおもしろいのは，都市が大きくなるにつれて都市生活に必要な機能の種類や量が増え，それが相互に影響してさまざまな問題を引き起こして，解決を迫られていくことでした。たとえば，人口が増えると交通渋滞も増える，工場が多いと公害が発生する，大きな都市になると港湾，空港，レジャー施設が必要になる，というようにです。

横浜の場合には，日本経済の発展によって大きな課題を背負うことになりました。それは，東京に政治，経済，文化の機能が急速に集中していったことでした。

じつは，横浜にとって，高度経済成長による東京一極集中は，関東大震災や災害に匹敵するほどの大きな試練だったのです。戦争直後に横浜の中心部は連合国軍に接収※1されたのですが，それが解除されたのは1950年代に入ってからでした。1955年ごろから日本の経済成長は年間成長率10パーセントを超えるときもあり，高度経済成長期に移行しましたが，その当時の横浜の中心部は接収解除がようやく行われたものの，「関内牧場」といわれるほどに，何もない荒れた空地状態にあったのです。

都市機能として，道路や鉄道が十分に整備されていないところに，東京への機能集中がはじまり，横浜は，東京に通勤・通学する人たちのベッドタウンとしての役割が重くなりました。市内のいたるところに，虫食い的に宅地造成が行われるスプロール現象といわれる開発が進み，人口は年間10万人も増える時期もありました。人口が増えることは，都市にとっては活気をもたらし歓迎されることもありますが，当時の横浜市役所は人口増にともなう小中学校の整備，水道や下水の整備，消防やバス路線確保のための道路建設など，多忙をきわめていました。

仮設のプレハブ校舎で，午前と午後に分けた二部授業，雨が降ればひざまでの水たまりができてしまう道路，1時間に1本しか来ないバスなど，当時は，市民にとって，あこがれのまち「ミナトヨコハマ」のイメージとはほど遠い生活環境でした。人口急増にともなう都市基盤の整備は緊急の課題だったのです。

横浜市役所では，このような状況への対処をすすめる一方で，将来に向けて，バランスのとれた都市の骨格をつくるために，1965年に「六大事業」と呼ばれる大改造計画を発表しました。

それは，横浜駅と関内地区に分断されている都市中心部機能の強化，良好な住宅環境を確保するニュータウン建設，工業団地と住宅を組み合わせた大規模な埋立て，市内の高速道路網，地下鉄建設，ベイブリッジ建設の６つの事業でした。これらの事業は，横浜市全体の中で，住宅，工場，オフィスなどを適切に配置し，高速道路や地下鉄で効果的に結ぶという戦略性をもっていました。埋立てや交通網は30年以上かけてほぼ計画どおりに実現しましたが，ニュータウンの形成は進行中ですし，都市部機能の強化はみなとみらい21計画へと具体化し，計画から約40年を経過した現在も進行中です。多くの人や企業，組織が集まっている都市はそう簡単に計画し，短期間に計画を達成できるものではありません。それでも横浜は，港を軸として発展してきた歴史を大事にすること，無秩序な開発を規制して快適な住みやすい環境を確保すること，そして，時代の変化に対応できるように新しい機能を呼び込むこと，という基本的な戦略を生かしてまちづくりを進めているのです。

とくに，横浜都心を再生するみなとみらい21計画は，大きな注目を集めながら着実に進行しています。この計画は，港の機能と※2官公庁や企業などのビジネス機能が集まり，都市としての発展の基礎となった関内地区と，東海道線をはじめ，いくつもの私鉄やバス路線のターミナルとなり，交通や商業を中心にした機能が集まっている横浜駅地区の両方を，一体化しようとする計画です。みなとみらい地区には，かつて三菱重工の造船所や，旧国鉄（現在のJR）の貨物ターミナルであった高島ヤードがあり，一般市民が立ち入ることはできませんでした。

関内地区と横浜駅地区が分断されたままでは，横浜市の中心部に，都市にふさわしい業務や商業などの機能を十分に※3誘致することができません。働き，学び，買い物をする機能はますます東京に流出する可能性がありました。そこで，貨物ターミナルの廃止と造船所の本牧地区への移転を働きかけ，その跡地を中心に大規模な埋立てを行って，関内地区と横浜駅地区を結びつける新しい都市中心部をつくることになりました。「みなとみらい」という名称は，市民からの公募で決まったものです。その名のとおり，港としての歴史を軸にして未来に向かって発展するまちづくりをスタートさせたのです。

横浜ランドマークタワーの地下部分に，石造りのドックを残して活用したことも横浜としてのこだわりでした。みなとみらい地区という新しい都市計画のシンボルが横浜ランドマークタワーなのですが，建設の際にいったんは埋められた石造りのドックを，横浜港の歴史財産として保存するように，横浜市が，土地の所有者であり開発者でもある三菱地所を説得したのです。

この石造りのドックは日本で最初のものです。１号ドックは，日本丸を※4係留して公園の一部にそのままの形で保存し，２号ドックは，一度解体したあとに，中をレストランにして，再度大きな石を使って復元しました。そして全体をイベント広場「ドックヤードガーデン」として活用したのです。これによって，いつまでもこの場所が日本で最初に開かれた港であり，多くの船を建造した地であるという歴史の記憶が残ることになりました。

みなとみらい地区の先端のパシフィコ横浜は，国際都市として必要な国際会議場，展示場，ホテルを一体化したものです。海に開かれた横浜の伝統を示す国際コンベンション施設として，設計にも大きな工夫をしました。ホテルは帆を，国立横浜国際会議場は貝を，そして展示場は波をイメージしています。

また，前にお話ししたとおり，ランドマークタワーから海に向かって徐々に低くなるように，ビルの高さを規制して美しいスカイラインをつくりあげています。双眼鏡があったら，海に面して建てられている帆の形のホテルの最上部を見てください。女神像が海を見つめている姿を見ることができます。

はじめは，企業を集めることを基本に考えられたみなとみらい地区の建設計画でしたが，現在では，企業だけでなく，美術館やコンサートホールを軸に，シネマコンプレックス，映像スタジオなどの文化芸術機能の誘致も計画されています。ホテルやレストランなどの商業施設も集まり，今ではつぎつぎと新しい機能を生み出す横浜の，未来に向けた「顔」として，多くの観光客をも呼び，高層住宅に数千人が生活するまちとなっています。

2004年２月に開通した地下鉄みなとみらい線は，東京の渋谷駅と横浜駅を結ぶ東急東横線と相互乗り入れで，横浜駅から元町・中華街駅までの横浜都心部をつなぐ便利な路線となりました。各駅のデザインは，その地区の個性や歴史を反映させており，従来の地下鉄の駅のイメージを大幅に変えるユニークなものとなって注目を集めています。

パシフィコ横浜の横にある大観覧車（コスモクロック21）は，1989年に横浜市政100周年を記念して開催された横浜博覧会のときに造られたものです。博覧会の終了とともに取り壊される予定でしたが，非常に人気があったのと，港周辺の雰囲気に合っていたことから，その周辺の遊園地よこはまコスモワールドと一緒に楽しめるアミューズメント施設として位置を移して残されることになりました。すぐ横にある横浜ワールドポーターズは，輸入品を中心に扱っている商店や，シネマコンプレックス，スーパーマーケットなどの入った複合ビルで，若者に人気のあるスポットになっています。

1997年に行った横浜市民の意識調査によると，横浜のイメージは港であり，色で表すとブルーと答えた人が７割以上にのぼりました。自分の家から港が見えなくても，港周辺に出かけるのが年に１，２回でも，横浜市民は「ミナトヨコハマ」に住んでいるという意識をもっているというのです。1960年代に，そのミナト周辺に高速道路が高架※5で建設されるという動きがありました。横浜駅から桜木町，関内を経由して石川町の駅あたりまで，JR根岸線よりも高い位置に高速道路が建設されるという計画でした。経済的に見れば高架のほうが建設費は安いのですが，それでは横浜にとって最も大事なミナト周辺の景観が壊れてしまいます。そこで，国や首都高速道路公団に交渉して，桜木町から石川町にかけては，高速道路を地下に通すことにしたのです。この結果，みなとみらいから関内，石川町の中華街の入り口までは景観が保たれることになりました。

そして，それぞれの駅から山下公園までは，わかりやすいサイン（道案内標識）を取り付け，歩道には絵タイルを張って，それをたどって歩けば歴史的な建造物を見ながらミナトまで行けるような工夫をしたのです。

中華街では電信柱を赤く塗って，中華街らしいイメージをかもしだし，山下公園の向かいの狭い歩道は，ゆったりと歩けるように，建物を壁面後退させて広げました。県民ホールに沿ったいちょう並木の広い歩道を歩くときは，歩道の真ん中にある３センチ角くらいの小さな金属板を注意して見てください。道路と建物の敷地の境界線がしるしてあります。また，県民ホールと隣の産業貿易センタービルの広場は，同じようなデザインでペア広場として大きな空間をつくっています。

（南学「横浜　交流と発展のまちガイド」より。一部省略や表記を改める，ふりがなをつけるなどの変更があります。）

［注］ ※1 接収……権力をもって強制的に取り上げること。
※2 官公庁……国や市区町村の仕事をする役所。
※3 誘致……学校や工場などの施設をその場所に設けるように誘い寄せること。
※4 係留……船などをつなぎ止めること。
※5 高架……橋や電線，鉄道などを高く架け渡すこと。

【会話1】

りかさん：横浜は，今も発展し続けている都市であることが分かる文章でした。ところで，横浜はいつから発展したのでしょうか。

みなみさん：歴史の授業で，ペリーが来航したことをきっかけにして，1858年に結ばれた日米修好通商条約によって，横浜が開港したと学習しましたね。では，日米修好通商条約をもっと詳しく見てみましょう。

【資料1】日米修好通商条約の一部

第3条
下田・箱館に加え、以下の港を開港する。
神奈川：１８５９年7月4日
長崎　：同上
新潟　：１８６０年1月1日
兵庫　：１８６３年1月1日

りかさん：あれっ。横浜を開港するとは書かれていません。

みなみさん：そうなんです。この条約には神奈川を開港すると書いてありますが，実際に開港したのは横浜でした。当時，神奈川とは，東海道の宿場※6である神奈川宿の周辺のことを意味していました。アメリカは神奈川宿を開港場にするように求めてきたのですが，江戸幕府は，開港場を神奈川宿ではなく，まだ小さな漁村だった横浜村にしたのです。

りかさん：そのようなことをしてアメリカと対立しなかったのですか。

みなみさん：もちろん対立しました。しかし幕府は，横浜も神奈川の一部だから条約違反ではないという考えを押し通して，結局開港場は横浜になりました。

りかさん：なぜ幕府はそこまでして，神奈川宿を開港場にしたくなかったのでしょうか。

みなみさん：それは，その当時の地図を見てみるとわかります。次のページの【資料2】は，1855年に描かれた神奈川宿と横浜村周辺の地図です。

みなみさん：この地図を見ると幕府が神奈川宿を開港場にしたくなかった理由がわかってきます。

りかさん：そういえば，ペリーが最初に浦賀に来航したときに，
「泰平の　眠りを覚ます　上喜撰　たった四杯で　夜も眠れず」
という歌がはやったというのを聞いたことがあります。たった4隻の蒸気船でペ

【資料２】１８５５年に描かれた地図

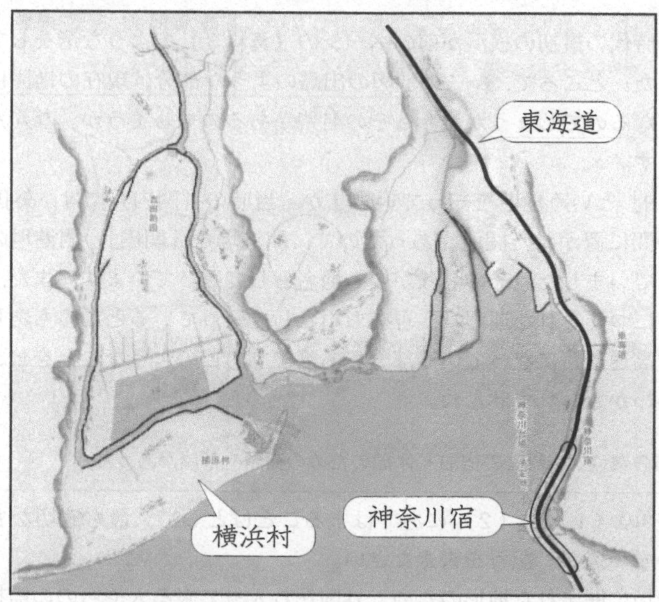

（岡田直　吉崎雅規　武田周一郎「地図で楽しむ横浜の近代」をもとに作成）

リーが来ただけで，幕府はとても混乱したという内容でした。その歌のことを思い出しました。

みなみさん：幕府が神奈川宿を開港場にしたくなかったのは（　１　）と考えたからなのです。

みなみさん：さらに幕府には開港場を神奈川宿ではなく横浜にしたかった理由があります。次の【資料３】の地図を見てください。この地図は，1868年に作られた地図なので，日米修好通商条約から10年後の横浜を描いています。何かに似ていませんか。

りかさん：陸地と川で切り離されているので，まるで長崎の出島みたいに見えますね。

【資料３】１８６８年に発行された横浜の地図

（「横濱明細全図」をもとに作成）

みなみさん：そうなのです。幕府が横浜を開港場にしたかったのは（　2　）と考えたからなのです。

りかさん：明治時代の最初の横浜が前のページの【資料3】のような形をしていたのには驚き（おどろ）ました。ところで，①この地図の出島のような部分は現在の地図に当てはめるとどこになるのでしょうか。今もその名残（なごり）があるのでしょうか。なんだかとても気になります。

みなみさん：「関内（かんない）」という地名を知っていますか。当時の「関内」には，外国人が住む開港場との間に置かれた関所があったので，開港場を「関内」，開港場の外を「関外」と呼（よ）んでいました。その名残が今も地名として残っています。また，横浜を取り囲むようにつくられた運河は，現在も川として残っているところもありますが，埋（う）められて高速道路になっている部分もあります。このようなことをヒントに探（さが）してみるといいかもしれませんね。

※6　宿場…街道の拠点（きょてん）。旅行者の宿泊（しゅくはく）・休憩（きゅうけい）のための宿屋や茶屋があった。

問題1　【会話1】中の（1）と（2）にあてはまることばとして，最も適切なものを，次のア～カからそれぞれ一つずつ選び，記号を書きなさい。

ア　周りを海や川に囲まれた地形のため，外国から入って来る人やものの監視（かんし）がしやすい
イ　オランダとだけ貿易するため，キリスト教が国内に広がるのを防ぐことができる
ウ　川に囲まれている場所だったため，外国の船が攻（せ）めてきたときに守るのが難（むずか）しい
エ　入り江が多い地形のため，外国から入ってくるものを船に乗せて運びやすい
オ　東海道の宿場だったため，日本人と外国人とのかかわりが増え，大きな混乱（こんらん）が予想される
カ　神奈川の海岸沿（ぞ）いは，たくさんの海産物がとれたため，漁民が開港に反対する

問題2　【会話1】中の①＿＿線について，次の【地図1】（【資料3】と同じ地図）の太線で囲った地域（ちいき）は，現在の地図に当てはめると，どの地域になるか。解答用紙の地図に当てはまる地域を線で囲いなさい。ただし，次の【地図1】と解答用紙の現在の地図が表している方位は同じとは限らない。

【地図1】

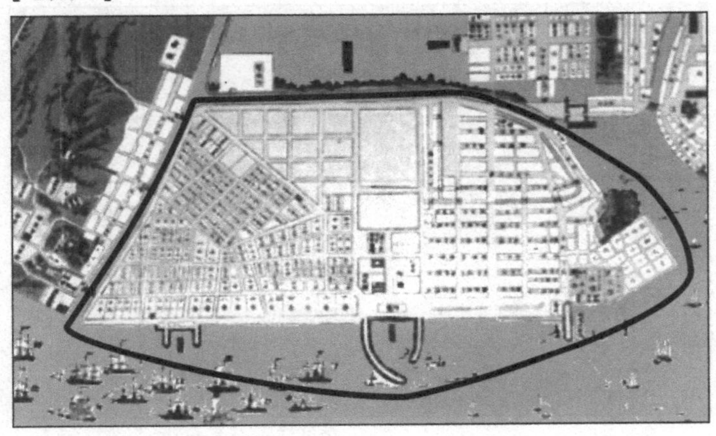

【会話２】

りかさん：【文章】に書いてあった「みなとみらい地区」は，私も家族と一緒に買い物に行ったことがあります。ランドマークタワーで買い物ができたり，臨港パークの芝生で遊んだりしました。その「みなとみらい地区」がしっかりと考えられた計画に基づいてつくられたとは知りませんでした。

みなみさん：実は，「みなとみらい地区」には，目に見えないところにも工夫が隠されているのですよ。

りかさん：それはいったいどのような工夫なのですか。

みなみさん：「共同溝」という言葉を聞いたことはありますか。「共同溝」とは，電話，電気，ガス，上下水道などの管や線を道路の下にまとめて収容するためにつくられたトンネルのことです。その「共同溝」が「みなとみらい地区」には張り巡らされているのです。

りかさん：ちょっとイメージができないので，教室にあるタブレット端末を使ってインターネットで調べてみます。

りかさん：とあるホームページを調べたところ，イラストが載っていました。なるほど，これが「共同溝」なのですね。

【資料４】りかさんがみつけた「共同溝」のイラスト

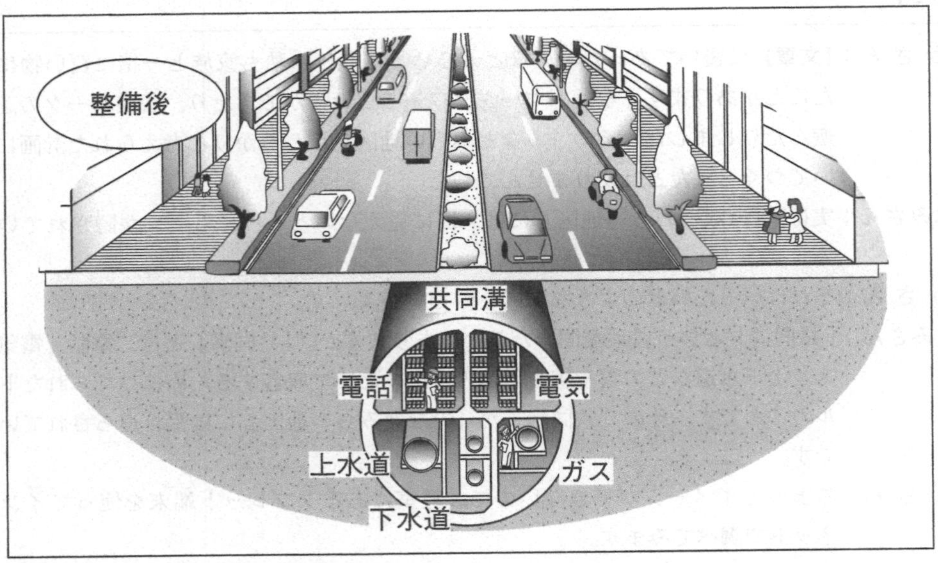

（国土交通省関東地方整備局横浜国道事務所ホームページをもとに作成）

みなみさん：前のページの【資料４】を見て，共同溝にするとどのような利点があると考えられますか。

りかさん：【資料４】からは，（　３　）ということが利点として考えられると思います。

みなみさん：それ以外にも，地震(じしん)などの災害にも強いという利点があります。

りかさん：「みなとみらい地区」は，地面の下という目に見えないところにも工夫がされているのですね。

問題３　【会話２】中の（３）にあてはまるものとして，最も適切なものを，次のア～エから一つ選び，記号を書きなさい。

ア　整備後は水道水がきれいになって環境(かんきょう)にやさしくなる
イ　どのような町にでもすぐに整備することができる
ウ　整備後は水を貯(た)められるので，大雨の時に洪水(こうずい)を防げる
エ　整備後は道路を掘(ほ)りおこして工事する必要がなくなる

【会話３】

りかさん：私(わたし)は，以前からベイブリッジが大好きだったのですが，【文章】を読んで，はじめて「六大事業」の一つとしてベイブリッジが建設されたことを知りました。

みなみさん：なぜベイブリッジが好きなのですか。

りかさん：あのアルファベットのＨに見えるかたちがとても気に入っているからです。私は，いろいろな場所から撮(と)ったベイブリッジの写真をもっているので，見てください。

【資料5】りかさんがいろいろな場所から撮ったベイブリッジの写真

みなみさん：どの写真もとてもよく撮れていますね。ベイブリッジは，見る角度によってずいぶん違う(ちが)ように見えるのですね。

りかさん：はい。それがベイブリッジの魅力(みりょく)だと思います。

問題4　【資料5】中の１～４の写真は，次のページの【地図２】中のＡ～Ｆのそれぞれどの場所で撮ったものですか。写真と場所の組み合わせとして，最も適切なものを，次のア～クから一つ選び，記号を書きなさい。

ア　１とＢ　２とＡ　３とＦ　４とＣ
イ　１とＢ　２とＦ　３とＡ　４とＣ
ウ　１とＢ　２とＡ　３とＦ　４とＥ
エ　１とＢ　２とＦ　３とＡ　４とＥ
オ　１とＤ　２とＡ　３とＦ　４とＣ
カ　１とＤ　２とＦ　３とＡ　４とＣ
キ　１とＤ　２とＡ　３とＦ　４とＥ
ク　１とＤ　２とＦ　３とＡ　４とＥ

【地図２】

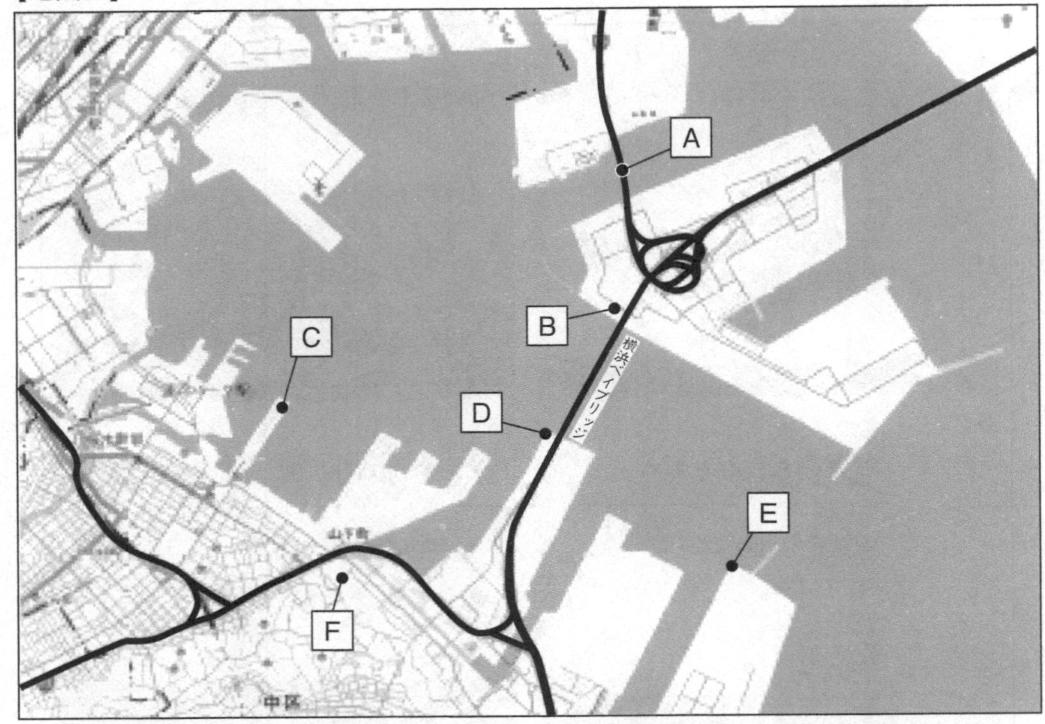

（国土地理院　地理院地図をもとに作成）

【会話４】

りかさん：私の友だちに，センター南駅の近くに住んでいる人がいます。その人の家に遊びに行ったときに市営地下鉄ブルーラインに乗りました。このことも**【文章】**に書いてあった「六大事業」に関わりがあることに気がつきました。

みなみさん：そうですね。そう考えると「六大事業」は，いろいろなところで私たちの生活と関わっていますね。

「六大事業」を調べていたら，次のページの**【資料６】**を見つけました。この資料は，「六大事業」の中の（　４　）について，イメージ図を使って説明したものです。

りかさん：確かに現在は，このイメージ図のように開発が進んでいますね。「六大事業」は，今も続いているのですね。

【資料６】みなみさんが見つけたイメージ図

以前の中心地区の形態

横浜駅周辺地区

港

関内　伊勢佐木町

統合一体化された中心地区

横浜駅周辺地区

新業務地区

港

関内　伊勢佐木町

（横浜市教育委員会編「Yokohama Express 第５版」をもとに作成）

問題５　【会話４】中の（４）にあてはよる言葉を，【文章】の中から26字で見つけ，その最初の３字と最後の３字を書きなさい。

問題６　次の写真①，②の成り立ちや特徴（とくちょう）を，**【文章】**をもとに，それぞれ横浜のまちづくりの「基本的な戦略」と関連させて，あとの**【条件】**にしたがって説明しなさい。

写真①
ドックヤードガーデン

写真②
桜木町から石川町にかけての高速道路

【条件】

- **１枚（まい）の写真につき次のページの【語群】からキーワードを２つずつ文中に使うこと。ただし一度使ったキーワードは他の写真で使えないこととする。**
- **それぞれ125字以上150字以内で書くこと。**
- **段落（だんらく）はつくらずに，１行目，１マス目から書くこと。**

【語群】キーワード

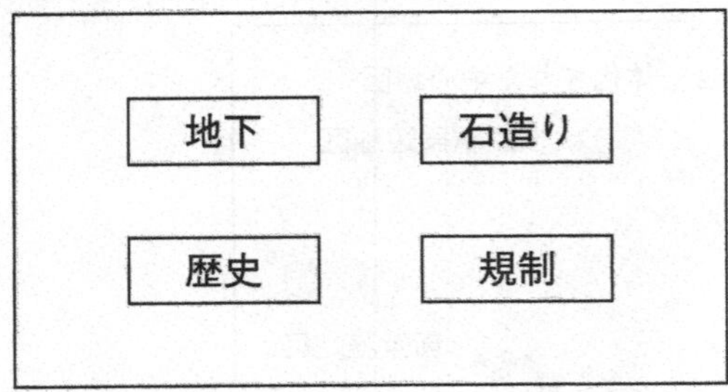

問題7　次の【資料7】は，りかさんが見つけた本の一部です。【文章】と【資料7】に共通する考え方を，あとの【条件】にしたがって書きなさい。

【資料7】

コスタリカは，カリブ海と太平洋に挟まれた，四国と九州を合わせたくらいの中央アメリカの小国ですが，ほかの熱帯林をもつ国（コスタリカには，雨林，乾燥林，雲霧林などのさまざまな熱帯林のバラエティがあるため総称して「熱帯林」という）と同じく1980年代までは，[※7]プランテーションやそのほかの開発のために森林をさかんに破壊してきました。しかし90年代に入り，熱帯林やその[※8]生物多様性こそ自国の戦略的資源であるとの再認識のもと，保全を重視した政策に転換をはかりました。地球の0.03パーセントという狭い国土ながら，地球上の生物の5パーセント以上を占めるという，きわめて生物多様性の高い自然の貴重さに気づいたからです。

その[※9]施策の一つは，国家事業としてのエコツアー（ツーリズム）の推進でした。エコツアーとはいうまでもなく，すぐれた自然を資源に，自然や生態系に負荷をかけることのない観光事業で旅行客を呼び込み，経済的自立をはかるとともに，その[※10]収益を通じて地域の自然や文化の維持に再投資しようとするものです。エコツアーを売り物にしようとすれば，自然を壊してしまっては元も子もありません。国土の25パーセントが保護区に指定され，自然が積極的に保全されています。

今日では，バナナやコーヒーなどの物産の貿易額を抜いて，外資収入の第一位がエコツアー収入だということです。

もう一つの国家戦略が，「コスタリカ国立生物多様性研究所」による生物資源の探査です。植物，昆虫，菌類をはじめ，すべての生物を[※11]網羅的に収集，分類し，その生物資源としての可能性を探査しているのです。現在，欧米の製薬会社などの数社と契約を結び，化学物質とＤＮＡの探査，[※12]スクリーニングを行っています。すでに[※13]ヘルペスに有効な物質などいくつかの成分がスクリーニングされているということです。

（豊島　襄「ビジネスマンのためのエコロジー基礎講座　森林入門」より。一部省略やふりがなをつける，表記を改めるなどの変更があります。）

【条件】

・30字以上40字以内で書くこと。
・段落はつくらずに，１行目，１マス目から書くこと。

［注］ ※7　プランテーション……熱帯・亜熱帯地域で綿花・ゴム・コーヒーなどの一種だけを大量に栽培する経営形態。

※8　生物多様性……いろいろな生物が存在している様子。

※9　施策……行政機関などが，計画を実行すること。またその計画。

※10　収益……もうけを手に入れること。

※11　網羅……かかわりのあるものすべてを残らず集めて取り入れること。

※12　スクリーニング……ふるいにかけること。選抜。選別。

※13　ヘルペス……皮膚や粘膜に感染して引き起こされる病気。

【適性検査Ⅱ】（45分） ＜満点：200点＞

1　みなみさんと先生は温度について話しています。次の【会話文１】，【会話文２】を読んで，あとの問題に答えなさい。

【会話文１】

みなみさん：今日はとても寒いですね。ニュースでは，最低気温が氷点下になると言っていました。気温が氷点下になるとは，どういうことですか。

先　　　生：【図１】を見てください。一般的（いっぱんてき）に使われている温度計です。理科の授業でも，気温をはかるときに使いましたね。ところで，【図１】の矢印がさしている温度は何℃ですか。

【図１】

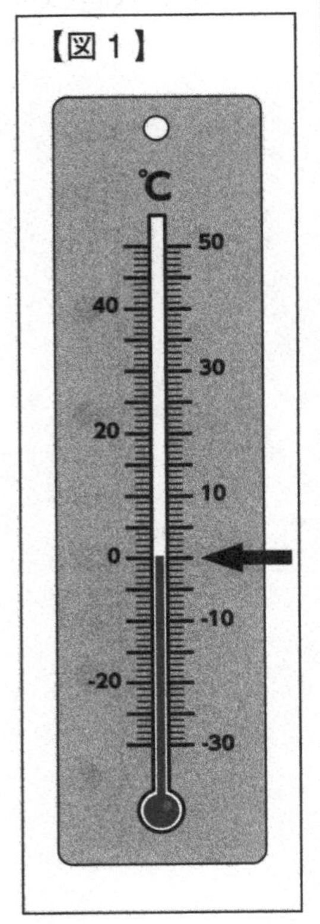

みなみさん：０℃です。水が氷になる温度です。

先　　　生：そうですね。したがって０℃のことを「氷点」とよぶことがあります。０は一番小さい数と思われますが，温度は０℃よりも低くなることがあります。

みなみさん：それが氷点下なのですね。

先　　　生：はい。０より小さい数を表すときには「－（マイナス）」を数字の前につけます。たとえば，0℃から１℃下がった温度を－１℃，0℃から２℃下がった温度を－２℃というように表します。

みなみさん：なるほど。では，－５℃と－15℃とでは，－15℃のほうが温度が低いのですね。

先　　　生：そういうことになります。ところで，10℃から何℃下がると－２℃になりますか。

みなみさん：【図１】から考えると，（　あ　）℃下がると－２℃になると思います。

先　　　生：そのとおりです。

問題１　（あ）にあてはまる数を答えなさい。

【会話文２】

みなみさん：温度について調べ，次の【資料１】～次のページの【資料３】を見つけました。

【資料１】

セルシウス度（℃）

- 1742年にスウェーデンのセルシウスが提案したものをもとにした温度の表し方。
- 液体の水が固体になる温度を０℃，水が気体になる温度を100℃とし，その間を100等分して１℃とする。

【資料2】

ファーレンハイト度（℉）
- 1724年にドイツのファーレンハイトが提案した温度の表し方。
- 液体の水が固体になる温度を32℉，水が気体になる温度を212℉とし，その間を180等分して1℉とする。

【資料3】

絶対温度：ケルビン（K）
- 理論(りろん)上，最も低い温度（－273℃）を0ケルビンとした温度の表し方。
- 1ケルビンの間隔(かんかく)はセルシウス度と同じ。

みなみさん：温度の単位は，セルシウス度（℃）の1種類だけではないのですね。

先　　生：そうですね。世界で多く使われているのはセルシウス度ですが，ファーレンハイト度を用いている国もあります。また，高等学校や大学の授業では，絶対温度のケルビンを使うことも多いですね。どれも温度の単位なので，セルシウス度からファーレンハイト度など，別の単位に変えることもできます。たとえば，23℃をケルビンで表すとどうなるでしょう。

みなみさん：えーと，23℃をケルビンで表すと，（　い　）ケルビンになります。

先　　生：正解です。それでは，40℃をファーレンハイト度で表すとどうなりますか。

みなみさん：うーん，よくわかりません。

先　　生：ではヒントを出します。まず，水が固体になる温度から気体になる温度について考えましょう。セルシウス度では，この間は100℃ですが，ファーレンハイト度では180℉ですね。このことから，1℃の間隔は（　う　）℉の間隔と等しいことがわかります。40℃は0℃から40℃上昇(じょうしょう)した温度なので，ファーレンハイト度で考えると，40×（　う　）＝（　え　）℉上がったことになります。さらに，水が固体になる温度が（　お　）℉であることを合わせて考えると…。

みなみさん：わかりました。40℃をファーレンハイト度で表すと（　か　）℉ですね。

先　　生：よくできました。ではもう1問。ファーレンハイト度では，塩化アンモニウムという物質を氷と混ぜることによって得られる最も低い温度を0℉としていますが，この温度はセルシウス度で表すと何℃でしょう。

みなみさん：（　き　）だと思います。

先　　生：正解です。もう単位を変えられるようになりましたね。

みなみさん：はい。たくさん練習ができました。

先　　生：ところで，新しい温度の表し方は考えられませんか。

みなみさん：水以外のものでセルシウス度と同じように考えるのはどうでしょうか。

先　　生：よい考えですね。では※水銀を使って考えてみましょう。水銀はHgという記号で表すので，この単位を「°Hg」としましょう。

みなみさん：液体の水銀が固体になる温度が0°Hg，気体になる温度が100°Hgですね。面白そうです。

※　水銀…銀白色をした，常温で液体の金属。

問題２　【会話文２】の（い）～（か）にあてはまる数をそれぞれ答えなさい。

問題３　【会話文２】の（き）にあてはまる温度として最も適切なものを，次の**ア**～**オ**から１つ選び，記号を書きなさい。

ア　0℃　**イ**　−17.8℃　**ウ**　−32℃　**エ**　−57.6℃　**オ**　−273℃

問題４　みなみさんは，水銀が固体になる温度と水銀が気体になる温度を調べたところ，−39℃で固体になり，357℃で気体になることがわかりました。次の⑴，⑵の問いに答えなさい。

⑴　「°Hg」では，1°Hgの間隔は何℃になりますか。小数第２位まで答えなさい。

⑵　11℃は何°Hgですか。小数第２位を四捨五入して，小数第１位まで答えなさい。

2　みなみさんは，正多面体とよばれる立体について調べています。次の【資料】を読んで，あとの問題に答えなさい。

【資料】

平らな面だけでできた立体を，多面体という。その中でも，次のような特徴をすべてみたす多面体を，正多面体という。

- すべての面が合同な正多角形である。
- それぞれの頂点に集まる正多角形の数が等しい。
- へこみがない。

たとえば，立方体は，すべての面が合同な正方形で，それぞれの頂点に３つの正方形が集まっていて，へこみもないので，正多面体である。この場合，面の数が６なので正六面体とよぶ。

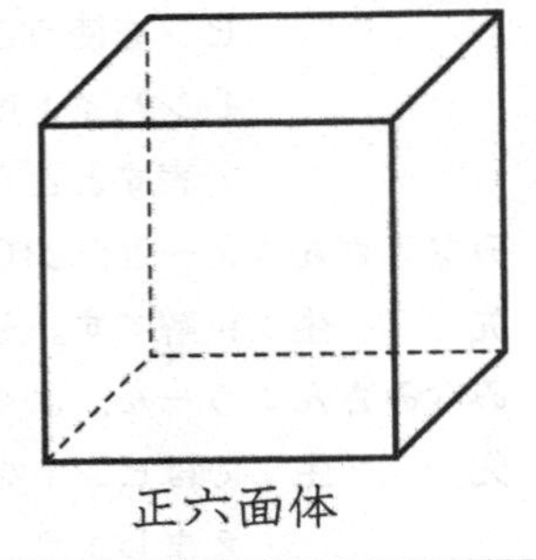

正六面体

問題１　【図１】の立体は，正八面体です。正八面体の頂点の数と辺の数を，それぞれ答えなさい。

【図１】

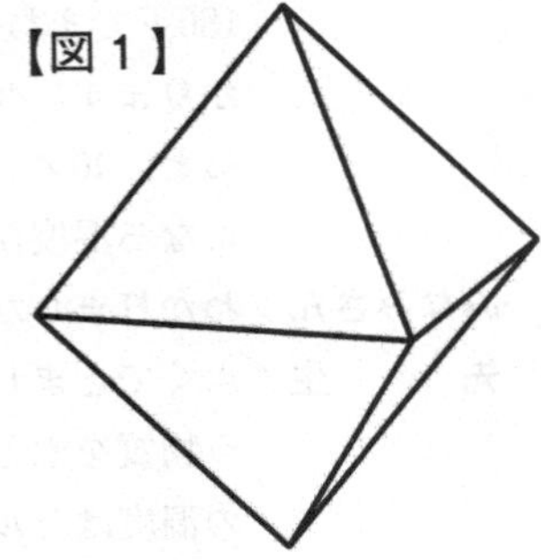

問題２　【図２】は，正三角形を組み合わせてできる立体の展開図です。この展開図を組み立ててできる立体は，正多面体であるといえますか。解答らんの「いえる」または「いえない」のどちらかに○をしなさい。また，そのように考えた理由を，正多面体の特徴を，ふまえて具体的に書きなさい。

【図２】

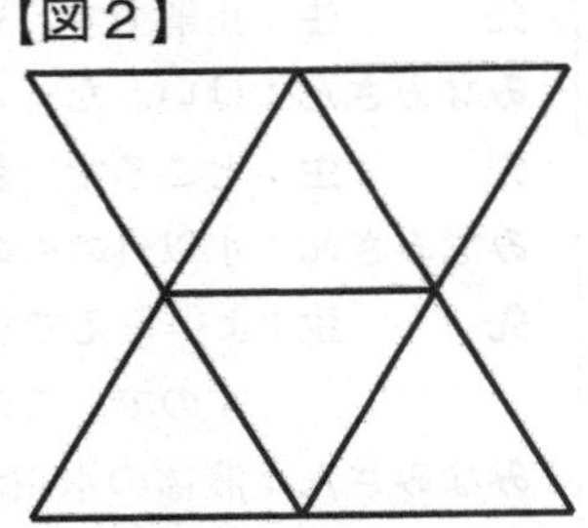

みなみさんは，正四面体の頂点の数を計算によって求める方法を考え，次の【メモ】をつくりました。

【メモ】

正四面体は，正三角形を４つ組み合わせた立体なので，【図３】のように分解できる。このとき，４つの正三角形の頂点の数の合計は，３×４＝12と求められる。また，正四面体の１つの頂点に注目すると，正三角形が３つ集まっている。これらのことから，正四面体の頂点の数を計算によって求めることができるのではないか。

【図３】

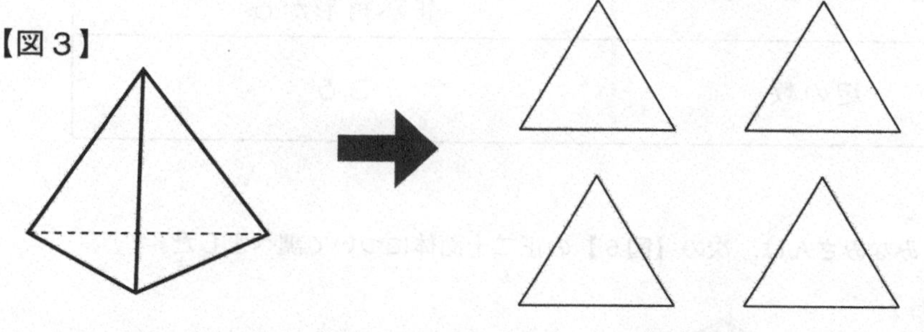

問題３　【図４】は，正五角形を12個組み合わせてできた正十二面体です。【メモ】の考え方をもとに，この立体の頂点の数を求める式を書き，頂点の数を答えなさい。

【図４】

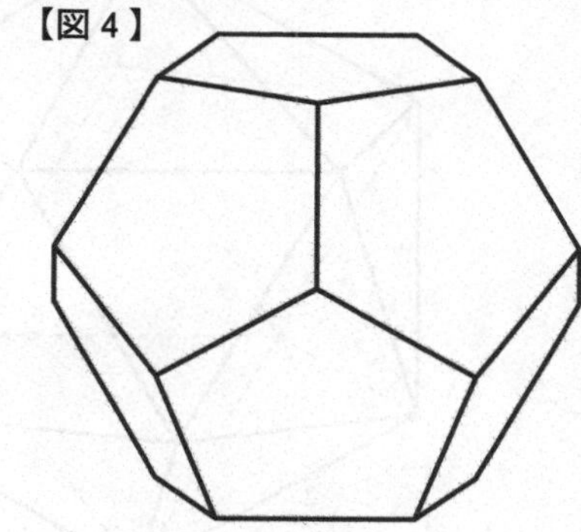

みなみさんは，次の【図５】のように，正多面体のそれぞれの頂点(ちょうてん)を，あとの【きまり】にしたがってすべて取りのぞくように切り，残った立体について調べました。

【図５】

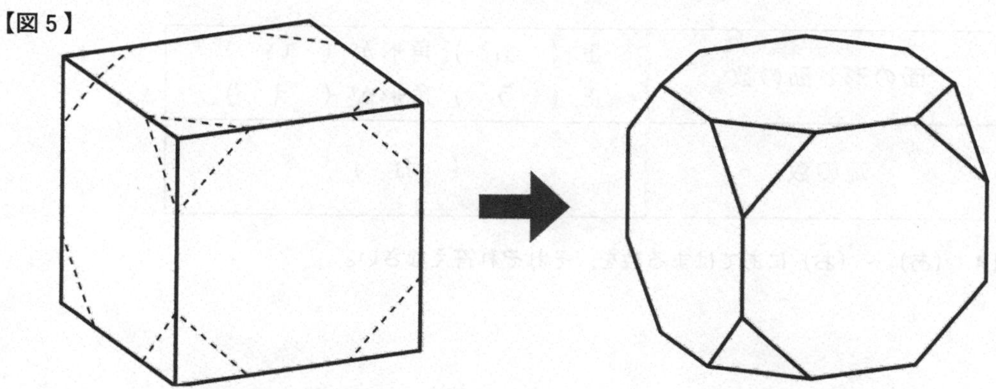

【きまり】

- 取りのぞく頂点に集まる辺をすべて通るように切る。ただし，辺の真ん中よりも取りのぞく頂点に近い位置を通るように切る。
- 残った立体の面が，すべて正多角形になるように切る。

正六面体を【きまり】にしたがって切り，残った立体の面の形と面の数，辺の数を調べると，次のようになりました。

面の形と面の数	正三角形が８ 正八角形が６
辺の数	３６

続いで，みなみさんは，次の【図６】の正二十面体について調べました。

【図６】

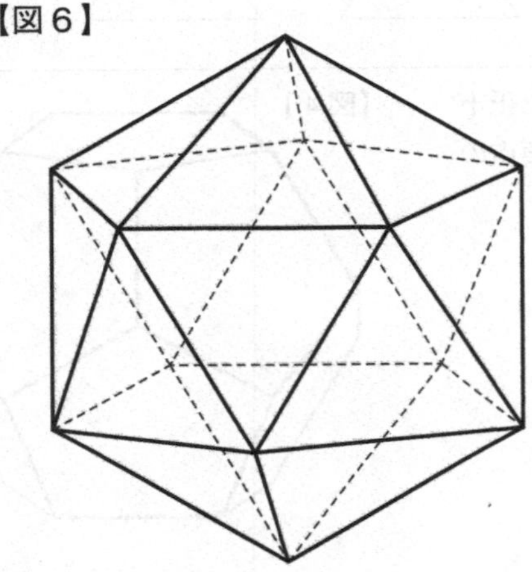

正二十面体を【きまり】にしたがって切り，残った立体の面の形と面の数，辺の数を調べると，次のようになりました。

面の形と面の数	正（　あ　）角形が（　い　） 正（　う　）角形が（　え　）
辺の数	（　お　）

問題４　（あ）～（お）にあてはまる数を，それぞれ答えなさい。

3　**みなみさん**は，円周率について調べています。**みなみさん**が見つけた資料を読んで，あとの問題に答えなさい。

【資料１】

円周率は，昔から人類が興味をもち，科学的に考えてきた数です。円周率とは，円周の長さが直径の長さの何倍になっているかを表す数で，どんな直径の円をかいても，つねに一定であることが知られていました。また，「**半径×半径×円周率**」で円の面積を求めることができます。

①円周率のおよその値(あたい)は，円形のものの長さや重さをはかることで調べることができます。しかし，円周率の正確な値は，この方法では得られませんでした。そこで，古代ギリシアの数学者アルキメデスは，②円の内側にぴったりおさまるような正多角形を用いて，円周率の正確な値を計算しようとしました。アルキメデスは，正96角形を用いて，円周率の値の小数第２位までが，3.14であることを確定させました。

③その後，数学の発展(はってん)により，さらに正確な円周率の値が解明されていきました。

問題１　**【資料１】**の①＿＿について，**みなみさん**は，さまざまな方法で円周率のおよその値を調べることにしました。次の**(1)**，**(2)**の計測の結果から，円周率はいくつであるといえますか。それぞれ，小数第３位を四捨五入(ししゃごにゅう)して小数第２位まで答えなさい。

(1)　円柱の形の缶(かん)を用いて，円周の長さと直径をはかると，次のような値でした。

- 円周の長さ……174mm
- 直径　　　……53mm

(2)　厚さが均一な厚紙を，直径20cmの円と，一辺20cmの正方形の形に切り取り，それぞれの重さをはかると，次のような値でした。

- 円形の厚紙　……7.3g
- 正方形の厚紙……9.6g

【資料１】の②＿＿について，**みなみさん**は，次の**【資料２】**のように，円の内側にぴったりおさまる正六角形を用いて，円周率が３より大きいことが説明できることを知りました。

【資料２】

半径１mの円の内側にぴったりおさまる正六角形の一辺の長さは１mで，辺は６つだから，周の長さは６mである。円周の長さは正六角形の周の長さよりも長いから，

６＜（直径）×（円周率）

したがって，

３＜（円周率）

つまり，円周率は３より大きい。

次の【表１】は，半径１mの円の内側にぴったりおさまる，さまざまな正多角形の一辺の長さをまとめたものです。

【表１】

正多角形	一辺の長さ（m）
正７角形	0.867
正８角形	0.765
正９角形	0.684
正10角形	0.618
正11角形	0.563
正12角形	0.517
正13角形	0.478
正14角形	0.445
正15角形	0.415
正16角形	0.390
正17角形	0.367
正18角形	0.347
正19角形	0.329
正20角形	0.312

問題２　みなみさんは【表１】の値を使い，円周率の値を求めようと考えました。【表１】の，どの正多角形を使えば，円周率が3.1より大きいことが説明できますか。**最も頂点（ちょうてん）の数が少ないもの**を答えなさい。

【資料１】の③＿＿について，みなみさんは，次の【円周率を求める式】があることを知りました。次の【会話文】を読んで，あとの問題に答えなさい。

【円周率を求める式】

$$円周率 = 2 \times \frac{2\times2}{1\times3} \times \frac{4\times4}{3\times5} \times \frac{6\times6}{5\times7} \times \cdots$$

【会話文】

みなみさん：円周率を求めることができる式があるのですね。この式の続きは，どのようになっているのでしょうか。

先　　生：この式は，きまりにしたがって，終わることなく，どこまでも続きます。どんなきまりがあるか，わかりますか。

みなみさん：分子は，2×2，4×4，6×6……と，同じ偶数(ぐうすう)どうしを2回ずつかけたものになっていて，分母は，1×3，3×5，5×7……と，2つの続いた奇数(きすう)をかけたものになっています。どちらも順番に大きくなっています。

先　　　生：その通りです。上の式の，$\frac{2\times2}{1\times3}$を1番目の分数，$\frac{4\times4}{3\times5}$を2番目の分数とすると，何番目の分数が何であるか，求めることができそうですね。

みなみさん：はい，できそうです。

先　　　生：ところで，1番目の分数までの部分を計算し小数で表すと，2.66……となりますね。2番目の分数までの部分，3番目の分数までの部分……と計算していくと，どのようになっていくでしょうか。

みなみさん：すごい。だんだんと，私の知っている円周率の値(あたい)に近づいていきます。

先　　　生：そうです。円周率を求める式は，この式以外にも，さまざまなものがありますよ。

みなみさん：調べてみたくなりました。

問題3　**【円周率を求める式】**について正しく説明しているものを，次の**ア～エ**から**すべて**選び，記号を書きなさい。

ア　1番目の分数，2番目の分数，3番目の分数……と番号をふやしていくと，どの分数においても，分母は分子よりも必ず1小さくなり，分数は1に近づいていく。

イ　10番目の分数は，$\frac{20\times20}{19\times21}$である。

ウ　3番目の分数までの部分を計算すると，円周率が3より大きいことがわかる。

エ　1番目の分数までの部分，2番目の分数までの部分…と計算をしていくと，値は一定の割合(わりあい)で大きくなり続ける。

4　みなみさんと先生は，水の中にあるものにはたらく力について話しています。次の**【会話文】**を読んで，あとの問題に答えなさい。

【会話文】

みなみさん：週末に海辺の公園に行ったとき，大きな船を見ました。大きくて重たい船が海に浮(う)かんでいられるのは，なぜなのでしょう。

先　　　生：それは，船に浮力(ふりょく)がはたらいているからです。

みなみさん：浮力とは何ですか。

先　　　生：浮力がどのようなものか，かんたんな実験で確かめてみましょう。

先　　　生：ここに，立方体のおもりとばねがあります。次のページの**【写真1】**のように，ばねにおもりをつるすと，おもりの重さによってばねに下向きの力がはたらき，ばねが伸(の)びます。

次に，水を入れた水そうを用意し，次のページの**【写真2】**のように，ばねにつるしたおもりを水中にしずめます。ばねの変化に注目すると……。

みなみさん：すごい！おもりを水中にしずめると，ばねの伸び方が変わりました。どうしてばね

【写真１】

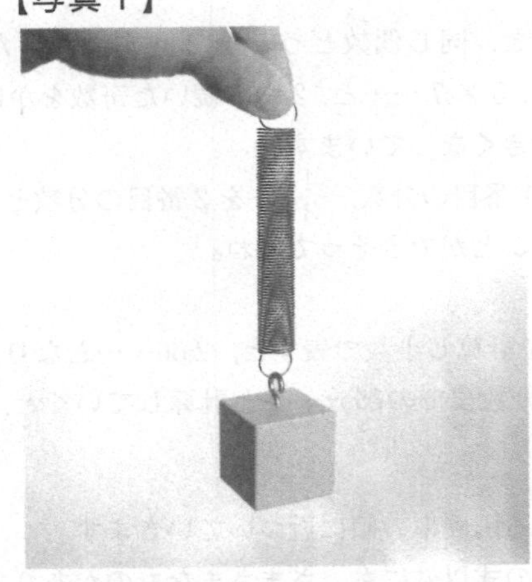

【写真２】

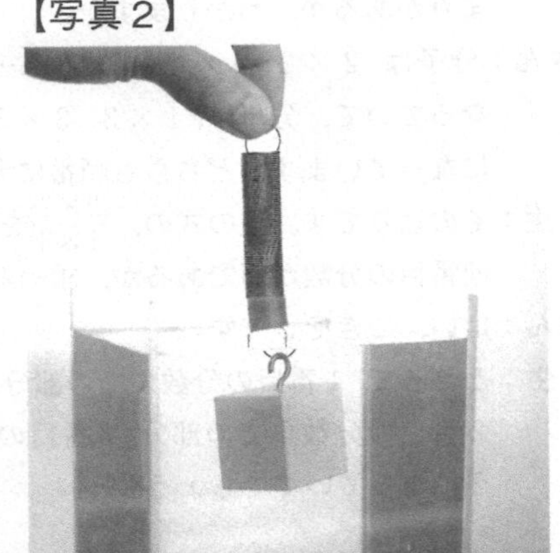

の伸びが小さくなったのですか。

先　　生：水中でおもりに上向きの力がはたらき，その分，ばねにはたらく力が小さくなったからです。この上向きの力が，浮力です。

みなみさん：船が海に浮かぶのは，水中で船に上向きの大きな力がはたらくからなのですね。

先　　生：その通りです。

みなみさん：ところで，おもりと船とでは，はたらく浮力の大きさがちがうと思うのですが，浮力の大きさは，何によって決まるのでしょう。

先　　生：よい疑問（ぎもん）ですね。どんな実験をしたら，この疑問を解決できそうですか。

みなみさん：えーと……。たとえば，おもりの重さや大きさなどを変えて，浮力の大きさがどうなるかを実験してみたいです。

先　　生：それはよい考えですね。

みなみさん：でも，おもりにはたらく浮力の大きさを，どうやって調べたらよいかがわかりません。

先　　生：【写真１】と【写真２】のばねの伸びた長さをそれぞれはかり，その長さの差から，浮力の大きさを求めることができます。

みなみさん：どうして，ばねの伸びた長さで，力の大きさがわかるのですか。

先　　生：ばねの伸びた長さは，ばねにはたらいた力の大きさに比例するからです。ちなみに，【写真１】と【写真２】のばねは，１ニュートンの力を加えるごとに，4.0㎝ずつ伸びます。

みなみさん：１ニュートンとは何でしょう。

先　　生：ニュートンは，力の大きさを表す単位です。100ｇのおもりをばねにつるしたときに，ばねにはたらく下向きの力の大きさを，１ニュートンとして考えます。

みなみさん：なるほど。もしも，ばねに200ｇのおもりをつるせば，下向きに２ニュートンの力がはたらくということですね。

先　　生：その通りです。

問題１　みなみさんが，前のページの【写真１】と【写真２】のばねの伸びた長さをそれぞれはかったところ，【写真１】のばねの伸びた長さは5.2㎝で，【写真２】のばねの伸びた長さは2.8㎝でした。次の(1)，(2)の問いに答えなさい。

(1)　【写真１】のおもりの重さは何ｇですか。

(2)　【写真２】のおもりにはたらく浮力の大ささは何ニュートンですか。小数第１位まで答えなさい。

みなみさんは，浮力について科学的に探究し，次の【レポート】を作成しました。

【レポート】

浮力の大きさは何によって決まるのだろう

予想１

浮力の大きさは，ものの「重さ」と関係があると思う。

＜実験の方法＞

①　体積が同じ（50㎤）で，重さがことなる３つの立方体Ａ，Ｂ，Ｃを用意する。
　　Ａ：重さ100ｇ，Ｂ：重さ200ｇ，Ｃ：重さ300ｇ

②　立方体Ａ，Ｂ，Ｃを，【図１】のように，スタンドに固定したばねにそれぞれつるして，ばねの伸びた長さをはかる。

③　ばねにつるした立方体Ａ，Ｂ，Ｃを，【図２】のように，それぞれ水中に完全にしずめて，ばねの伸びた長さをはかる。

【図１】　　　【図２】

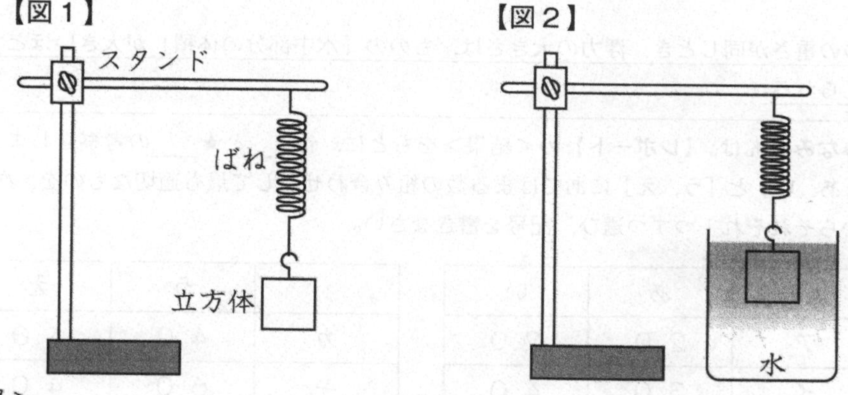

＜結果＞

	立方体Ａ	立方体Ｂ	立方体Ｃ
＜実験の方法＞の②のばねの伸びた長さ［cm］	4.0	8.0	12.0
＜実験の方法＞の③のばねの伸びた長さ［cm］	2.0	あ	い

<考察>

☆ものの体積が同じとき，浮力の大きさは，ものの「重さ」とは関係がなく一定であると考えられる。

予想２

浮力の大きさは，ものの「水中部分の体積」と関係があると思う。

<実験の方法>

① 重さが同じ（300ｇ）で，体積がことなる３つの立方体Ｄ，Ｅ，Ｆを用意する。
Ｄ：体積100㎤，Ｅ：体積150㎤，Ｆ：体積200㎤

② 立方体Ｄ，Ｅ，Ｆを，前のページの【図１】のように，スタンドに固定したばねにそれぞれつるして，ばねの伸びた長さをはかる。

③ ばねにつるした立方体Ｄ，Ｅ，Ｆを，前のページの【図２】のように，それぞれ水中に完全にしずめて，ばねの伸びた長さをはかる。

<結果>

	立方体Ｄ	立方体Ｅ	立方体Ｆ
<実験の方法>の②のばねの伸びた長さ［cm］	12.0	12.0	12.0
<実験の方法>の③のばねの伸びた長さ［cm］	8.0	う	え

<考察>

★ものの重さが同じとき，浮力の大きさは，ものの「水中部分の体積」が大きいほど大きいと考えられる。

問題２　みなみさんは，【レポート】の<結果>をもとに，☆＿＿と★＿＿の考察をしました。<結果>の「あ，い」と「う，え」にあてはまる数の組み合わせとして最も適切なものを，次の**ア**～**オ**，**カ**～**コ**からそれぞれ１つずつ選び，記号を書きなさい。

	あ	い
ア	2.0	2.0
イ	3.0	4.0
ウ	4.0	6.0
エ	5.0	8.0
オ	6.0	10.0

	う	え
カ	4.0	4.0
キ	6.0	4.0
ク	6.0	6.0
ケ	8.0	8.0
コ	10.0	12.0

【レポート】の続き

予想３

浮力の大きさは，「水面からの深さ」と関係があると思う。

<実験の方法>

①　１辺の長さが６cmの水にしずむ立方体を用意し，**【図３】**のように，立方体の底面が水平になるようにばねにつるす。

②　**【図４】**のように，水面と立方体の底面の間の長さを「水面からの深さ」として，水面からの深さが０cm（水にしずんでいない状態），２cm，４cm，６cm，８cm，10cmのときの，ばねの伸びた長さをそれぞれはかる。

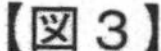

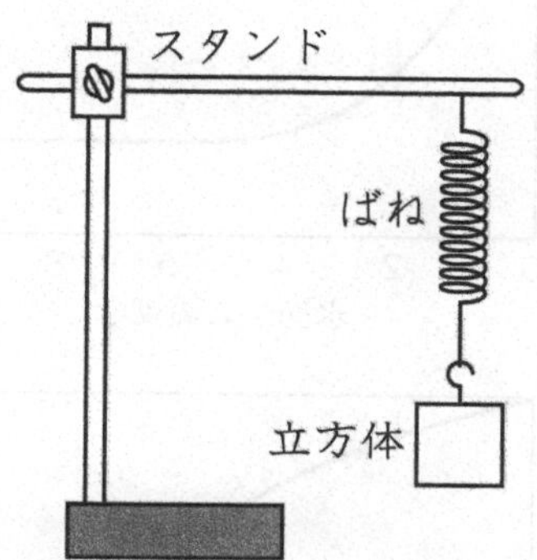

【図４】

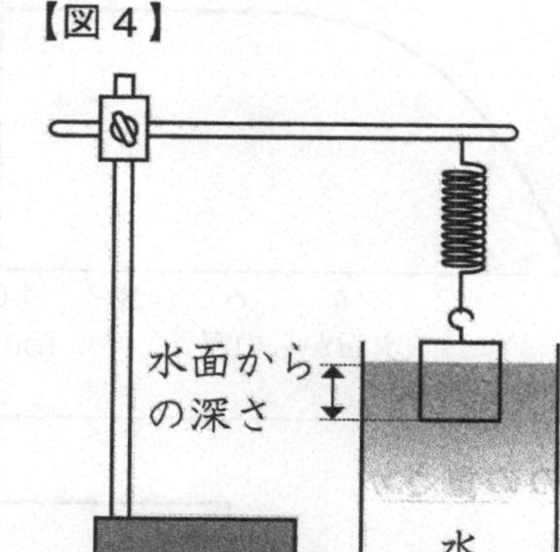

<結果>

水面からの深さ [cm]	０	２	４	６	８	１０
ばねの伸びた長さ [cm]	１０.５	７.６	４.７	１.８	１.８	１.８

問題３　みなみさんは，**【図４】**の立方体を，右の図のように，高さが６cmの水にしずむ円すい形のおもりにかえて，「水面からの深さ」と，円すい形のおもりにはたらく浮力の大きさの関係を調べました。

これらの関係を表したグラフとして最も適切なものを，次ページの**ア**～**カ**から１つ選び，記号を書きなさい。なお，グラフに書かれている［N］は，力の大きさを表す単位（ニュートン）の記号です。

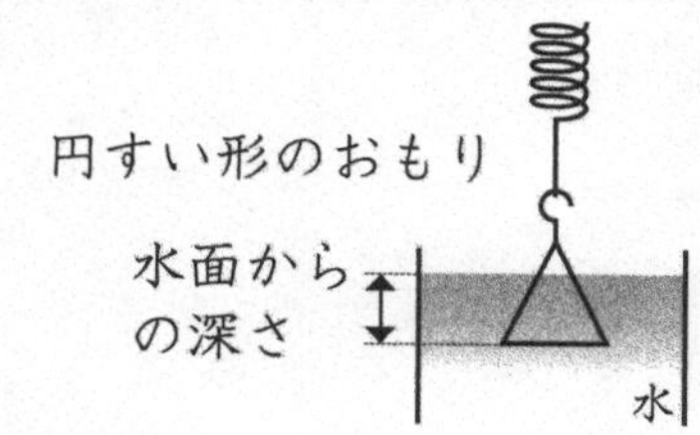

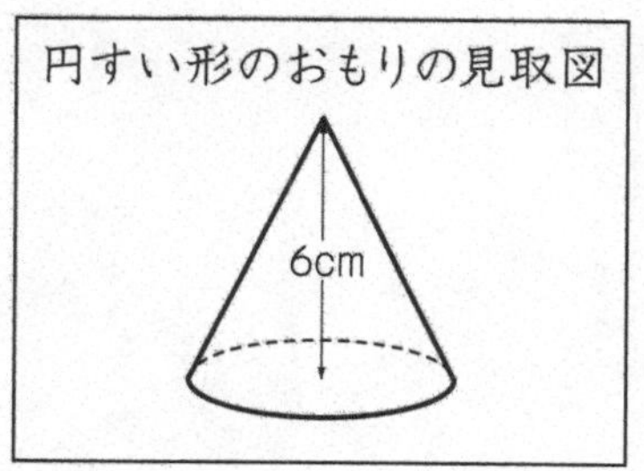

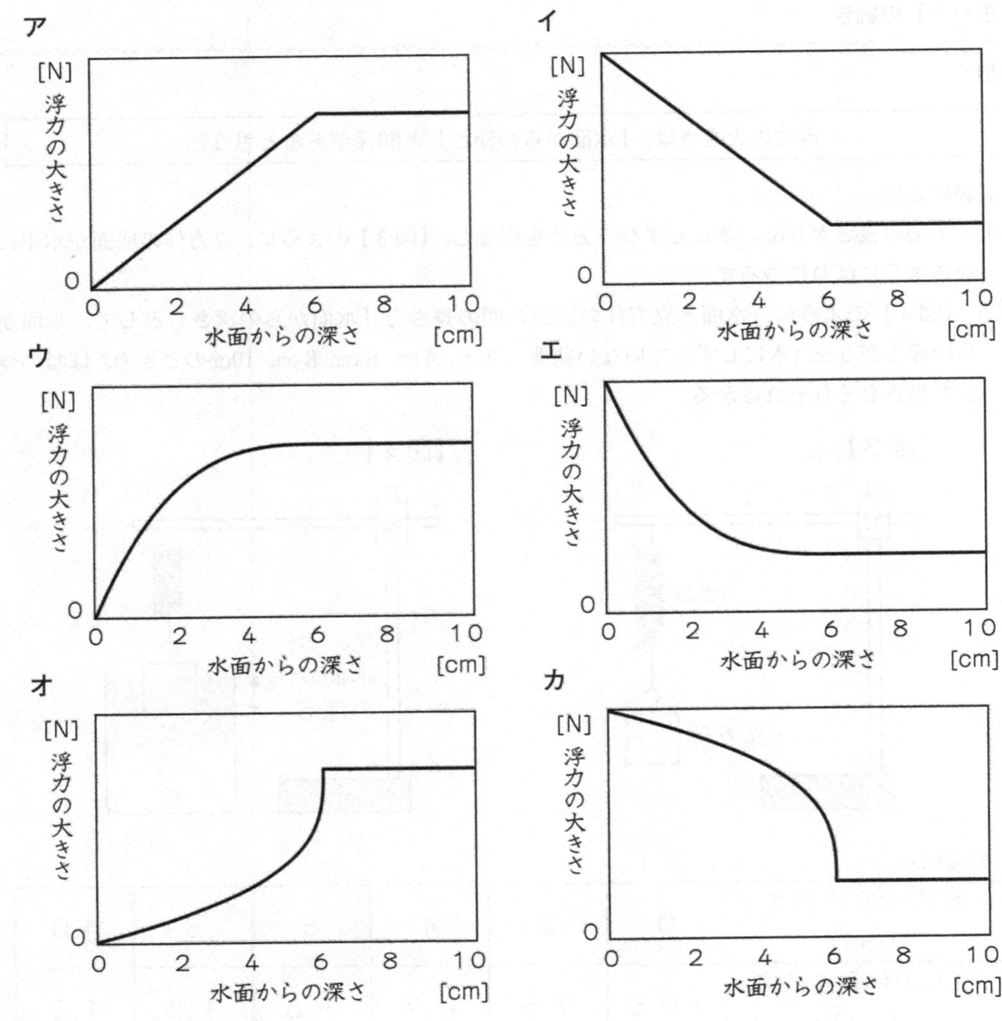
ア
[N]
浮力の大きさ
0
0 2 4 6 8 10
水面からの深さ [cm]
イ
[N]
浮力の大きさ
0
0 2 4 6 8 10
水面からの深さ [cm]
ウ
[N]
浮力の大きさ
0
0 2 4 6 8 10
水面からの深さ [cm]
エ
[N]
浮力の大きさ
0
0 2 4 6 8 10
水面からの深さ [cm]
オ
[N]
浮力の大きさ
0
0 2 4 6 8 10
水面からの深さ [cm]
カ
[N]
浮力の大きさ
0
0 2 4 6 8 10
水面からの深さ [cm]

2022 年 度

解 答 と 解 説

《2022年度の配点は解答欄に掲載してあります。》

＜適性検査Ⅰ解答例＞

問題１　⑴　オ　　⑵　ア

問題２

（国土地理院　地理院地図をもとに作成）

問題３　エ

問題４　イ

問題５　（最初の３字）横浜駅～（最後の３字）の強化

問題６　写真①：

ドックヤードガーデンは，「港を軸として発展してきた歴史を大事にする」戦略にもとづいて，日本で最初の石造りのドックを活用して造られたイベント広場である。いったんは埋められたドックを保存することで，横浜が日本で最初に開かれた港であり，多くの船を建造した地であるという歴史の記おくが残ることになった。

写真②：

桜木町から石川町にかけての高速道路は，はじめは建設費の安い高架で建設される予定であった。しかし，「無秩序な開発を規制して快適な住みやすい環境を確保する」戦略にもとづいてこの区間は地下に通されることになり，その結果，横浜にとって最も大事なミナト周辺の景観が保たれることになった。

問題７　特有の資源を保存しつつ，それらを活用して都市や国家を発展させていく考え方。

○配点○

問題１　各14点×２　**問題２**　16点　**問題３・問題４・問題５**　各12点×３

問題６・問題７　各40点×３　計200点

＜適性検査Ⅰ解説＞

（社会：都市開発，横浜の歴史，資料の読み取り，国語：条件作文）

問題１　⑴　幕府が神奈川宿を開港場にしたくなかった理由を選ぶ問題。神奈川宿を開港場にすることでどのようなデメリットがあるかを考える。**【会話１】**の内容と**【資料２】**の地図から，神奈川宿は東海道の宿場であることがわかる。また，⑴の直前に「船が４隻来航しただけで幕府が混乱した」という内容のりかさんの発言があり，開港による混乱を防ぎたかったのではないかと考えられる。

⑵　幕府が横浜村を開港場にしたかった理由を選ぶ問題。横浜を開港場にすることでどのようなメリットがあるかを考える。【会話１】の内容と【資料３】の地図から，横浜は海や川に囲まれ，陸地と切り離されていることがわかる。このことから，開港場にするのに都合の良い地形だったということが考えられる。

問題２　①＿＿＿線の直後のみなみさんの発言をヒントにして考える。「関内駅」周辺の川や高速道路，海の位置を目印にするとよい。

問題３　【資料４】の整備後のイラストでは，共同溝の中に人が入って作業をしているのがポイント。整備前に比べて工事がしやすいということが読み取れる。

問題４　橋の写っている向きに注目する。１の写真は左手前から右奥に向かっているように見えるためＢの場所，２の写真はベイブリッジの前に道路が見えるためＦの場所，３の写真は手前に建物が写っているためＡの場所，４の写真は手前に海があり，奥に建物が見えるためＣの場所から撮った，とそれぞれ判断できる。

問題５　【文章】中で,「六大事業」とは「横浜駅と関内地区に分断されている都市中心部機能の強化」,「良好な住宅環境を確保するニュータウン建設」,「工業団地と住宅を組み合わせた大規模な埋立て」,「市内の高速道路網」,「地下鉄建設」,「ベイブリッジ建設」であると述べられている（第８段落）。【資料６】のイメージ図では横浜駅周辺地区と関内を統合一体化しているので，先に挙げた６つのうち，１つ目の事業が当てはまると考えられる。

問題６　【文章】中の第８段落最後の文に，「横浜は，港を軸として発展してきた歴史を大事にすること，無秩序な開発を規制して快適な住みやすい環境を確保すること，そして，時代の変化に対応できるように新しい機能を呼び込むこと，という基本的な戦略を生かしてまちづくりを進めているのです。」とある。問題文中の「『基本的な戦略』と関連させて」という指示から，この文章を見つけられるとよい。【条件】にしたがって，それぞれの成り立ちと特徴についてまとめる。

写真①：【語群】からキーワードとして「石造り」と「歴史」を選び，【文章】中の第11～12段落の内容をまとめる。関連する「基本的な戦略」は，「港を軸として発展してきた歴史を大事にすること」。

写真②：【語群】からキーワードとして「地下」と「規制」を選び，【文章】中の第18段落の内容をまとめる。関連する「基本的な戦略」は，「無秩序な開発を規制して快適な住みやすい環境を確保すること」。

やや難 **問題７**　【文章】は「港としての歴史を軸にして未来に向かって発展するまちづくり」（第10段落第５文）について，【資料７】は「熱帯林やその生物多様性こそ自国の戦略的資源であるとの再認識のもと，保全を重視した政策」（第１段落第２文）についての文章である。どちらの文章も，開発が進むうちに起こる課題を，もともとあった資源や環境を保存・活用し，将来も見据えた戦略で解決していく方法にまつわる内容であった。共通して使われている「開発」「戦略」「事業」などの言葉に着目し，両者に通ずる考え方を簡潔にまとめる。

★ワンポイントアドバイス★

会話や文章の流れをおさえ，答えのヒントとなる情報を適切に読み取れるようにしよう。記述問題は，できるだけ本文中の言葉を借りながら，文と文のつながりを意識して書くことがポイント。

＜適性検査Ⅱ解答例＞

1 問題1　12
問題2　い：296　う：1.8　え：72　お：32　か：104
問題3　イ
問題4　⑴　3.96(℃)
⑵　12.6(°Hg)

2 問題1　(頂点の数)6　(辺の数)12
問題2　いえない
(理由)それぞれの頂点に集まる正三角形の数が等しくないから。
問題3　(式)5×12÷3　(頂点の数)20
問題4　あ：五　い：12　う：六　え：20　お：90

3 問題1　⑴　3.28
⑵　3.04
問題2　(正)12(角形)
問題3　ア，イ

4 問題1　⑴　130(g)
⑵　0.6(ニュートン)
問題2　あ，い：オ　う，え：キ
問題3　ウ

○配点○
1 問題1　5点　問題2　い・う・か　各4点×3　え　3点　お　2点
問題3　10点　問題4　⑴　10点　⑵　15点
2 問題1　7点　問題2　15点　問題3　10点　(それぞれ完答)
問題4　各4点×5
3 問題1　⑴　7点　⑵　10点　問題2・問題3　各15点×2
4 問題1　各7点×2　問題2・問題3　各10点×3　計200点

<適性検査Ⅱ解説>

1 （算数・理科：温度，四則演算，単位換算）

問題１　10℃から10℃下がると０℃になり，さらに２℃下がると－2℃になる。

問題２　い：　－273℃＝0ケルビンだから，セルシウス度(℃)を絶対温度で表すときは273をたせばよい。

　23＋273＝296(ケルビン)

う：　100℃の間隔が180°Fであるから，１℃の間隔は，

　180÷100＝1.8(°F)

え：　40×1.8＝72(°F)

お：　**【資料２】**から，水が固体になる温度は32°F。

か：　32°F(＝０℃)から72°F(40℃)上昇した温度なので，

　32＋72＝104(°F)

やや難

問題３　100℃の間隔が180°Fであるから，１°Fの間隔は，

$100 \div 180 = \frac{100}{180} = \frac{5}{9}$(℃)

の間隔と等しいことがわかる。０°Fは32°Fから32°F下降した温度なので，セルシウス度で考えると，

$32 \times \frac{5}{9} = \frac{160}{9} = 17.77\cdots$(℃)

下がったことになる。32°F＝０℃であるから，０°Fをセルシウス度で表すとおよそ－17.8℃とわかる。

問題４　(1)　必要な情報を表にまとめると，下のようになる。

	°Hg	℃
水銀が固体になる温度	0°Hg	－39℃
水銀が気体になる温度	100°Hg	357℃

「°Hg」では，これらの温度の間隔は100°Hgである。セルシウス度では，－39℃と０℃の間隔が39℃，０℃と357℃の間隔が357℃であることから，－39℃と357℃の間隔は，

　39＋357＝396(℃)

と求められる。したがって，１°Hgの間隔は，

　396÷100＝3.96(℃)

(2)　０°Hg(－39℃)を基準にして考える。11℃は－39℃から39＋11＝50℃上昇した温度なので，50℃の間隔が「°Hg」で表すといくらになるのかを求めればよい。1°Hgの間隔が3.96℃であるから，50℃の間隔は，

　50÷3.96＝12.62…(°Hg)

と求められ，小数第２位を四捨五入すると12.6°Hgとなる。

2 （算数：正多面体，正多角形）

問題１　正八面体は，すべての面が合同な正三角形で，それぞれの頂点に４つの正三角形が集まった，へこみのない立体である。

問題２　**【資料】**にある正多面体の特徴をみたすかどうか考える。**【図２】**の立体の面はすべて合同な正三角形であるから，１つ目の特徴はみたしている。しかし，下の図において，点Aに

は面①，②，③の３面が集まるのに対し，点Ｂには面①，②，④，⑤の４面が集まっており，２つ目の特徴をみたしていない。したがって，【図２】の展開図を組み立ててできる立体は，正多面体であるとはいえない。

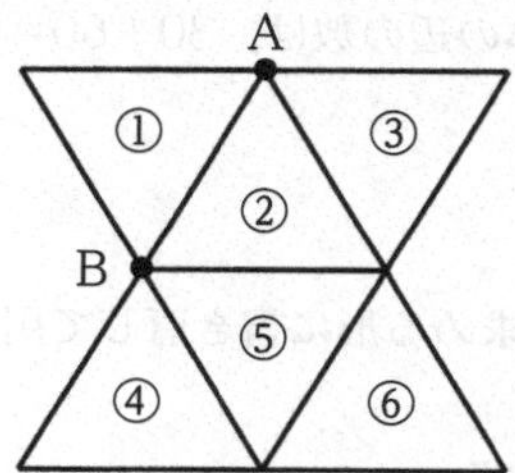

問題３　【メモ】の考え方から，正多面体の頂点の数を求める式を導く。「正四面体の１つの頂点に注目すると，正三角形が３つ集まっている」ことから，４つの正三角形の頂点の数の合計＝12を，１つの頂点に集まる正三角形の数＝３でわることで，正四面体の頂点の数＝４を導くことができると考えられる。この計算方法を言葉で表すと，次のようになる。

(面となる正多角形の頂点の数)×(正多面体の面の数)
÷(１つの頂点に集まる面の数)＝(正多面体の頂点の数)

したがって，この計算方法を【図４】の正十二面体に用いて，

$5\times12\div3=20$

と求めることができる。

問題４　【きまり】にしたがって切ったとき，面の形と面の数，辺の数がどのような法則で決まるかを考える。

① 「取りのぞく頂点に集まる辺をすべて通るように切る」ことから，断面の正多角形の頂点の数は，その頂点に集まる辺の数と等しくなる。(【図５】の正六面体の場合，１つの頂点に集まる辺の数は３であるから，正三角形ができる。)

②　頂点をすべて取りのぞくように切ることから，①で考えた正多角形の数は，もとの正多面体の頂点の数と等しくなる。(【図５】の正六面体の場合，頂点の数は８であるから，正三角形が８個できる。)

③　もとの正多面体の１つの面に注目すると，１つの頂点が切り取られて２つになっているため，残った正多角形の頂点の数は，もとの正多角形の頂点の数の２倍になる。(【図５】の正六面体の場合，もとの正方形(＝正四角形)から四隅が切り取られ，正八角形ができる。)

④　③で考えた正多角形の数は，もとの正多面体の面の数に等しい。(【図５】の正六面体の場合，面の数は６であるから，正八角形が６個できる。)

⑤　辺の数は，もともとあった辺の数に，切り取って増えた分の辺の数をたすことによって求められる。(【図５】の正六面体の場合，もとの辺の数は12である。切り取って増えた分の辺の数は，新しく増えた正三角形８個分の辺の数なので，3×8＝24(本)。したがって，残った立体の辺の数は，12＋24＝36本と求められる。)

以上のことから，【図６】の正二十面体について同様に考える。

①　正二十面体の１つの頂点に集まる辺の数は５であるから，切り取ってできる正多角形は正五角形。

②　正二十面体の頂点の数は12であるから，正五角形は12個できる。

③　正二十面体の１つの面は正三角形であるから，切り取られてできる正多角形は正六角

形である。

④　正二十面体の面の数は20であるから，正六角形は20個できる。

⑤　正二十面体の辺の数は30。切り取って増える辺の数は，正五角形12個分の辺の数なので，5×12＝60(本)となる。したがって，残った立体の辺の数は，30＋60＝90(本)である。

3　**(算数：円周率，単位量あたりの大きさ，規則性)**

問題１　⑴「円周の長さ＝直径×円周率」の式を，円周率を求める形に書き直して用いる。

円周率＝円周の長さ÷直径＝174÷53＝3.283…

⑵ 同じ厚紙を使っているので，重さは面積に比例する。

一辺20cmの正方形の面積は20×20＝400(cm²)である。正方形の厚紙の重さが9.6g，円形の厚紙の重さが7.6gだから，円形の厚紙の円の面積は，400(cm²)×$\frac{7.3(g)}{9.6(g)}$＝304.1…(cm²)。円の面積は，「半径×半径×円周率」で求められるので，円周率を□とすると，10×10×□＝304.1…より，□＝3.041…

問題２　半径１m(＝直径２m)の円の内側にぴったりおさまる正多角形を用いて3.1＜(円周率)であることを説明するためには，6.2＜(直径)×(円周率)であることがわかればよい。すなわち，正多角形の周の長さが6.2mをこえればよい。**【表１】**のそれぞれの正多角形の周の長さを順に計算していくと下の表のようになり，正12角形で周の長さがはじめて6.2mをこえることがわかる。

正多角形	一辺の長さ(m)	周の長さ(m)
正７角形	0.867	0.867×7＝6.069
正８角形	0.765	0.765×8＝6.12
正９角形	0.684	0.684×9＝6.156
正10角形	0.618	0.618×10＝6.18
正11角形	0.563	0.563×11＝6.193
正12角形	0.517	0.517×12＝6.204

問題３　**ア**：　１番目の分数は$\frac{4}{3}$，２番目の分数は$\frac{16}{15}$，３番目の分数は$\frac{36}{35}$，４番目の分数は$\frac{8\times8}{7\times9}=\frac{64}{63}$，…というように，どの分数においても分母は分子よりも１小さくなっている。また，分母の数が大きくなることで１との差が縮まっていくので，分数は１に近づいていく。したがって，アは正しい。

イ：　分子の偶数に注目すると，１番目は２，２番目は４，３番目は６，…というように，「何番目」にあたる数字を２倍した数になっていることがわかる。また，分母の２つの数字は，分子が２のときに１と３，分子が４のときに３と５，分子が６のときに５と７，…というように，分子の偶数をはさんだ奇数の組み合わせになっていることがわかる。以上から，10番目の分数の分子は20，分母は19×21であることがわかるため，イは正しい。

ウ：　３番目の分数までの部分を計算すると，次のようになる。

$$2\times\frac{2\times2}{1\times3}\times\frac{4\times4}{3\times5}\times\frac{6\times6}{5\times7}=\frac{4608}{1575}=2.925\cdots$$

よって，**ウ**は誤り。

エ：　異なる分数をかけあわせていくので，「一定の割合で大きくなり続ける」が誤り。

4　**（理科：ばね，浮力，資料の読み取り）**

問題１　⑴　ばねは１ニュートンの力を加えるごとに4.0cmずつ伸びるので，ばねが5.2cm伸びたときにはたらいた下向きの力の大きさは，

5.2÷4.0＝1.3(ニュートン)

とわかる。100gのおもりをばねにつるしたときに，ばねにはたらく下向きの力の大きさが１ニュートンであるから，1.3ニュートンの力がはたらいたときのおもりの重さは，

1.3×100＝130(g)

⑵　**【写真１】**と**【写真２】**のばねの伸びた長さの差は5.2－2.8＝2.4(cm)である。この分だけ浮力がはたらいたということだから，その大きさは⑴と同様に考えて，

2.4÷4.0＝0.6(ニュートン)

問題２　あ，い：　☆浮力の大きさは，ものの「重さ」とは関係がなく一定であるということは，すべての立方体でばねの伸びた長さの差が等しくなったということである。立方体Ａではその差が4.0－2.0＝2.0(cm)であるから，立方体Ｂ，Ｃでも差が2.0cmになっていればよい。

う，え：　★浮力の大きさは，ものの「水中部分の体積」が大きいほど大きいということは，立方体Ｄ，Ｅ，Ｆの順にばねの伸びた長さの差が大きくなったということである。立方体Ｄではその差が12.0－8.0＝4.0(cm)であるから，立方体Ｅ，Ｆの順に差が大きくなっている。すなわち，順に8.0cmより小さくなっているものを選べばよい。

問題３　**【レポート】**の予想３の<結果>から，ばねの伸びた長さは水面からの深さが６cmのとき，すなわち立方体が完全に水につかったときまでは小さくなっていくが，そこから先では変化しないということが読み取れる。すなわち，浮力の大きさは立方体が完全に水につかるまで大きくなっていき，そこから先は変化しないということがわかる。したがって，水面からの深さと浮力の大きさの関係は，はじめははたらかない状態からだんだんと大きくなっていき，最後に一定になるようなグラフになるから，**ア・ウ・オ**のいずれかである。ここで，**【レポート】**の★＿＿＿の考察において，浮力の大きさは水中部分の体積が大きいほど大きくなることがわかっている。円すい形のおもりを水にしずめていくとき，水中部分の体積は増えていくが，先端がとがっているため，深くしずめていくほど増える水中部分の体積は少なくなっていくはずである。したがって，**ウ**のグラフが適切であると考えられる。

★ワンポイントアドバイス★

資料をよく読み，決まりや計算のルールなどを注意深く確かめよう。会話文や問題文に考え方のヒントが書かれていることが多いので，小さな情報も見落とさないようにしたい。
短い時間で多くの問題を解かなければいけないので，少しなやんでもわからない問題に出会ったら次の問題に進み，最後に残った時間で考えるといった作戦も大事である。

2021年度

★★★★★★★★★★★★★★★★★★★★★★★★

入　試　問　題

2021年度

横浜市立南高等学校附属中学校入試問題

【適性検査Ⅰ】 （23ページから始まります。）
【適性検査Ⅱ】 （45分）　＜満点：200点＞

1　みなみさんは，等間隔(とうかんかく)に点がかかれた紙を使って，次のような**【きまり】**をもとにかかれた多角形について調べています。あとの問題に答えなさい。

【きまり】

○　頂点(ちょうてん)が，紙にかかれている点と必ず重なるような多角形を１つかく。へこみのある図形も多角形として考える。
○　できた多角形の頂点と辺上の点の数の合計を，「多角形の点の数」とする。
○　できた多角形の内部の点の数を「内部の点の数」とする。
○　合同な多角形は同一の種類と考える。

【図１】

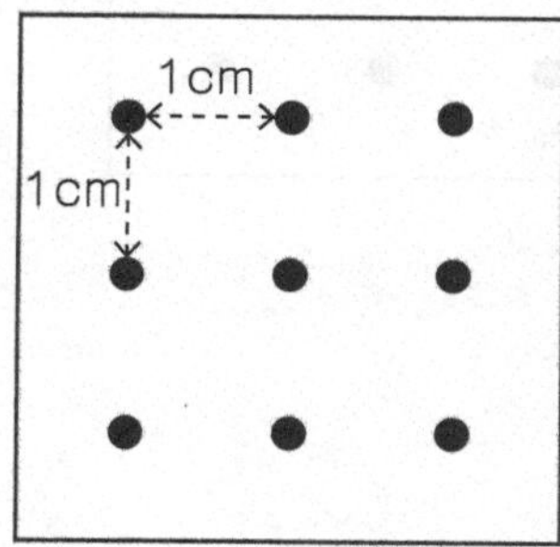

たとえば，**【図１】**の紙を使ってかいた，下の図のようなへこみのある２つの図形は，多角形として考えます。「多角形の点の数」は７個で，「内部の点の数」は０個です。また，２つの多角形は合同な多角形になるので，同一の種類として考えます。

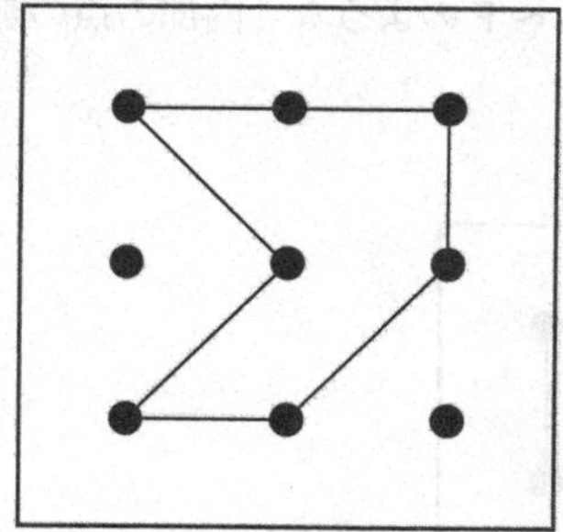

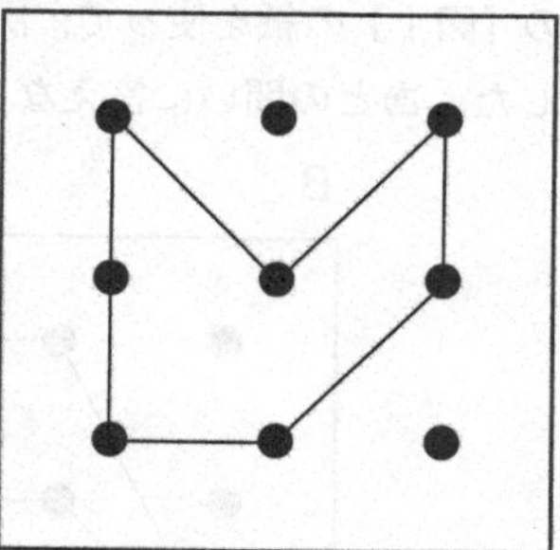

みなみさんは，**【図１】**の紙を使って，「多角形の点の数」が３個になる多角形をかきました。すると，次のページの図のように全部で３種類あり，そのうち「内部の点の数」が１個の多角形は１種類でした。

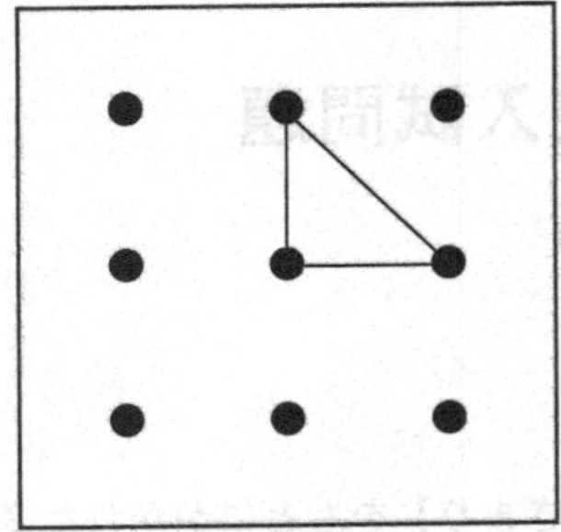
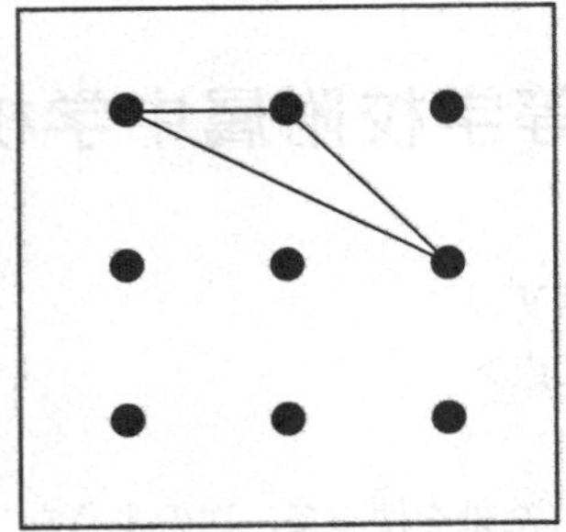
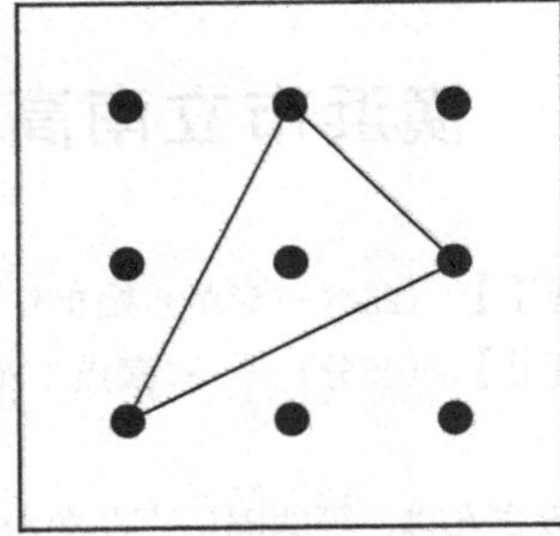

次に，「多角形の点の数」が４個の多角形をかくと，「内部の点の数」が１個の多角形は５種類ありました。

問題１　５種類の多角形を解答用紙に**すべて**かきなさい。

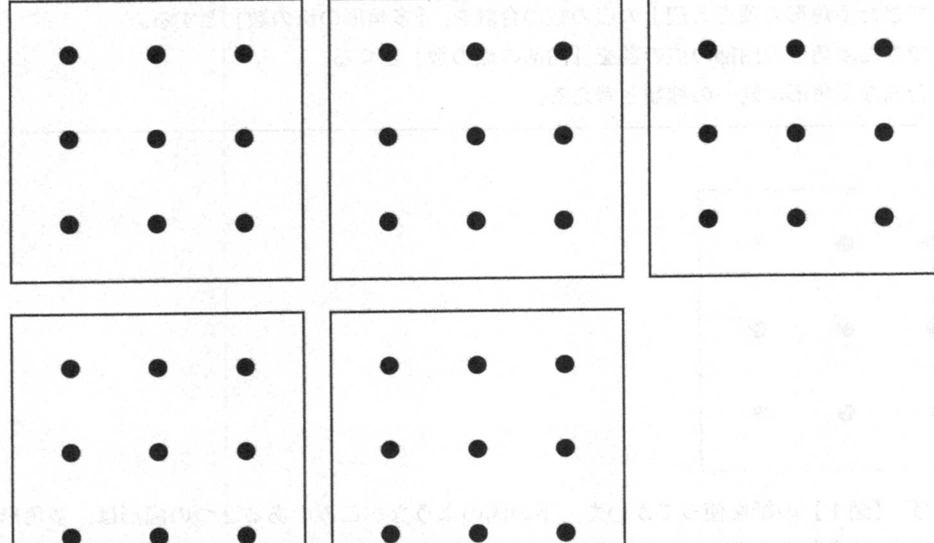

問題２　みなみさんは，前のページの【図１】の紙を使って，次の**Ａ～Ｆ**のような「内部の点の数」が０個の多角形をいくつかかきました。あとの問いに答えなさい。

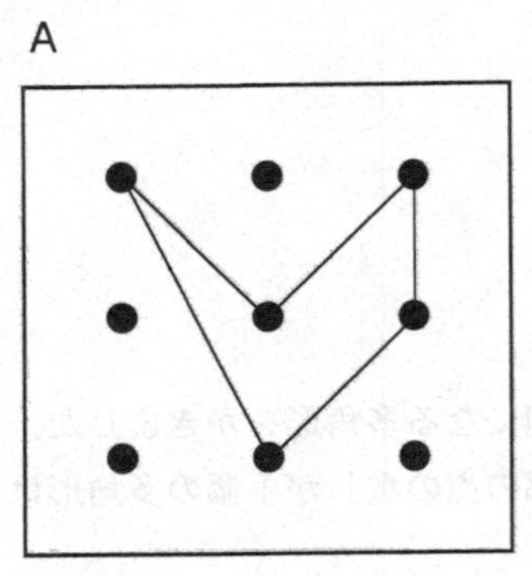

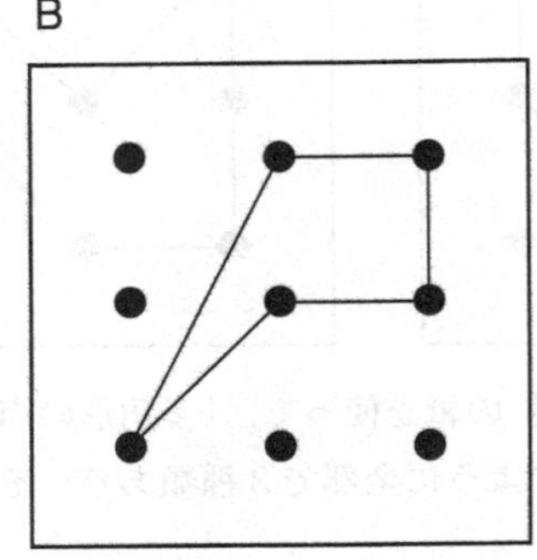

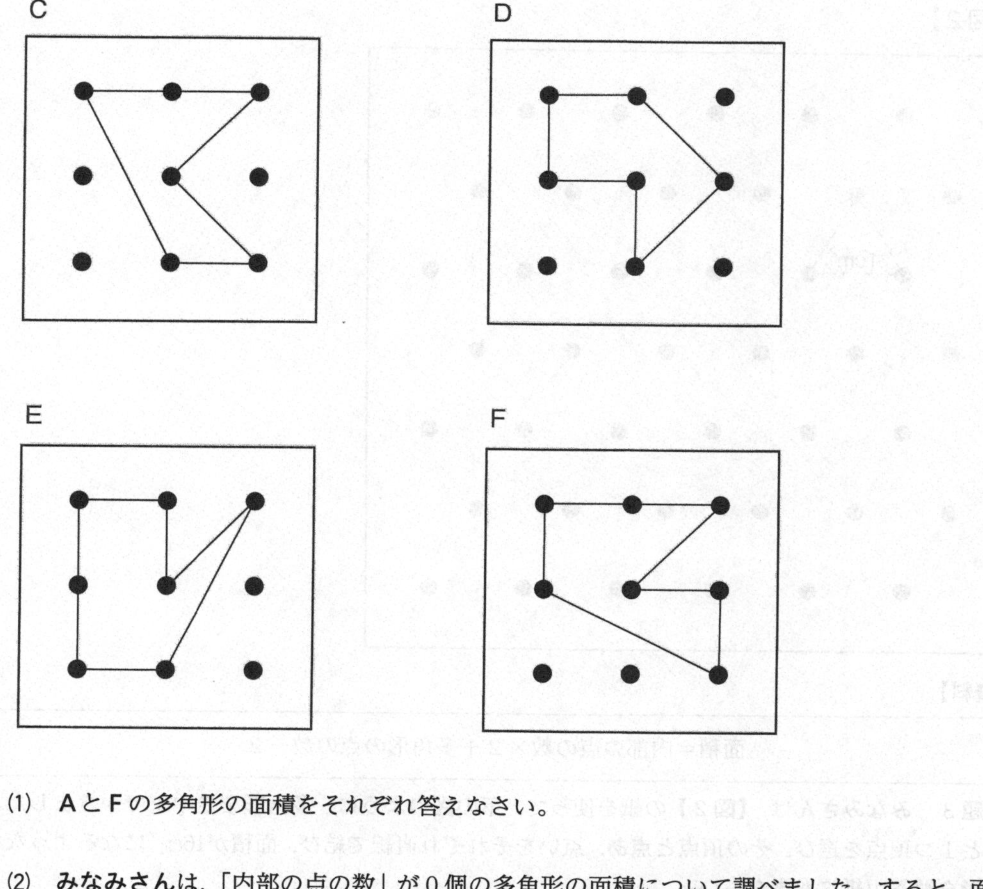

⑴　**AとFの多角形の面積をそれぞれ答えなさい。**

⑵　**みなみさん**は，「内部の点の数」が０個の多角形の面積について調べました。すると，面積は「多角形の点の数」によって決まることに気づきました。次の**【面積を求める方法】**の□にあてはまることばを，**「多角形の点の数」**ということばを用いて，**30字以内で書きなさい。**

【面積を求める方法】

「内部の点の数」が０個の多角形の面積は，□と求められる。

みなみさんは，次のページの**【図２】**の等間隔（とうかんかく）に点がかかれた紙を使って多角形をかいた場合でも，「多角形の点の数」と面積の関係に法則があるのか調べることにしました。
すると，「多角形の点の数」と「内部の点の数」を使って面積を求める**【資料】**をみつけました。

【図２】

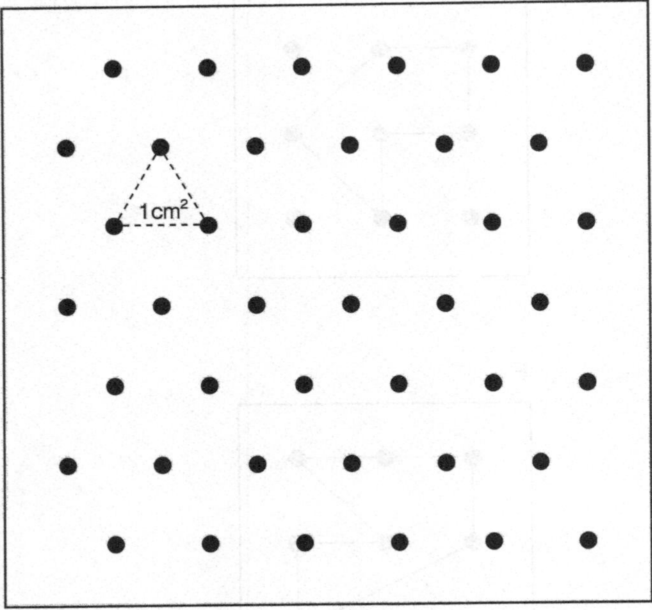

【資料】

面積＝内部の点の数×２＋多角形の点の数－２

問題３　みなみさんは，【図２】の紙を使って，下の図のように，多角形を途中(とちゅう)までかきました。あと１つ頂点(ちょうてん)を選び，その頂点と**点あ**，**点い**をそれぞれ直線で結び，面積が16㎠になるような多角形を解答用紙にかきなさい。

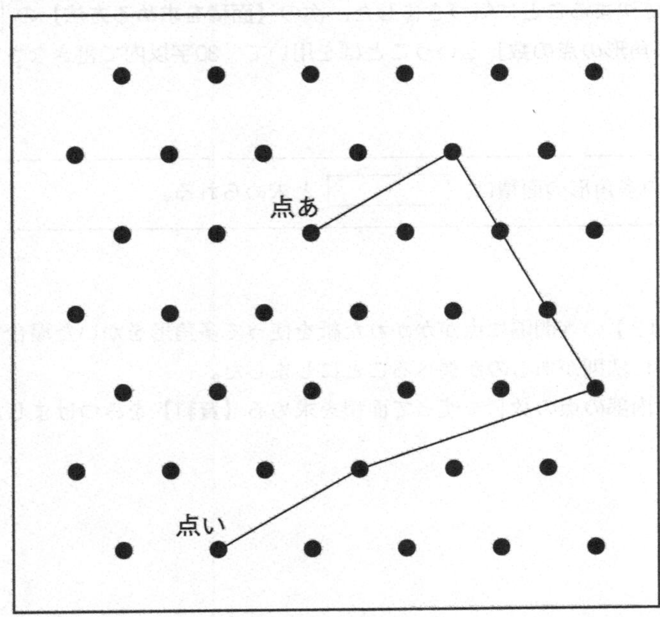

2 みなみさんは，うるう年について興味をもち，調べています。【みなみさんと先生の会話文】を読み，あとの問題に答えなさい。

【みなみさんと先生の会話文Ⅰ】

みなみさん：①わたしが生まれた西暦(せいれき)2008年はうるう年で，１年が366日でした。そもそも，うるう年は何のためにあるのでしょうか。

先　　生：もし１年をつねに365日にしてしまうと，カレンダー上での日付，つまり暦(こよみ)と実際の季節に，毎年少しずつずれが生まれてしまいます。そのため，うるう年で暦を調整する必要があるのです。

みなみさん：どうしてずれが生まれるのですか。

先　　生：地球が太陽のまわりを回って１周するのにかかる時間が，ちょうど365日ではないからです。この日数を調べると，平均でおよそ365.2422日ということがわかっていて，この日数を「１太陽年」とよんでいます。

みなみさん：そうなんですね。暦と季節のずれを調整しないと，どうなるのですか。

先　　生：古代エジプトを例に考えてみましょう。古代エジプトで用いていた暦では，１年をつねに365日としていました。すると，農業をするうえで大きな問題が起こりました。たとえば，毎年５月１日に種をまくという農業のスケジュールを組んでいたとしましょう。300年後には，どのようなことが起こるでしょうか。

みなみさん：②初めに決めた５月１日と，300年後の５月１日では，季節に大きなずれが生まれてしまいます。これでは，種をまいても作物が育たないかもしれません。

先　　生：こういった問題を解決するために，人類は暦をできるだけ１太陽年に近づける必要があったのです。古代ローマでは，紀元前46年ごろから「ユリウス暦(れき)」という暦が使われていて，１年を365日として，４年に１度うるう年をもうけました。

みなみさん：③１年の平均日数は，(365＋365＋365＋366)÷４と計算できるので，ユリウス暦での１年の平均日数は，365.25日であるといえそうですね。それでもまだ，１太陽年の365.2422日と比べるとほんの少しずれがあります。

先　　生：現在はこのずれをさらに小さくするために，「グレゴリオ暦」という暦が広く用いられており，次の【資料】のしくみでうるう年が決められています。

【資料】

> 平年を365日，うるう年を366日とする。
> ⑴　西暦の年が４でわり切れる年はうるう年とする。
> ⑵　ただし，⑴のうち，100でわり切れる年はうるう年とせず，平年とする。
> ⑶　ただし，⑵のうち，400でわり切れる年はうるう年とする。

みなみさん：去年の西暦2020年は，４でわり切れるからうるう年ですね。西暦2000年は，100でわり切れますが400でもわり切れるので，うるう年です。このグレゴリオ暦は，いったいどのようにして決められたのでしょうか。

先　　生：ローマ教皇(きょうこう)のグレゴリウス13世が，当時の学者たちを集めて，覚えやすく，暦と季節のずれができるだけ生まれにくいものを定めたようです。

みなみさん：暦を定めるのにも，きっと大変な苦労があったのでしょうね。

問題1　①＿＿について，西暦(せいれき)2008年を１回目のうるう年とします。現在のグレゴリオ暦(れき)を使い続けたとき，20回目のうるう年は西暦何年になるか答えなさい。

問題2　②＿＿について，１年をつねに365日とした場合，初めに決めた５月１日と300年後の５月１日では，およそ何日分，暦と季節のずれが生まれますか。１太陽年を365.2422日とし，小数第１位を四捨五入(ししゃごにゅう)して答えなさい。

問題3　③＿＿について，ユリウス暦(れき)の１年の平均日数は365.25日ですが，前のページの【資料】から，グレゴリオ暦の１年の平均日数は何日といえますか。小数第４位まで答えなさい。

問題4　みなみさんは，暦(こよみ)のしくみに興味をもち，自分でも考えたいと思いました。次の【みなみさんと先生の会話文Ⅱ】を読み，［あ］，［い］にあてはまる整数を答えなさい。

【みなみさんと先生の会話文Ⅱ】

みなみさん：グレゴリオ暦でも，実際には暦と季節のずれがありそうですね。もっとずれの小さい暦を作ることはできないのでしょうか。

先　　生：暦のしくみを複雑にすれば，さらに暦と季節のずれを小さくすることはできるでしょう。しかし，複雑になればなるほど，現実の社会で用いるのがむずかしくなっていきます。ですから，400年以上たった今でも，このグレゴリオ暦が使われているのでしょうね。

みなみさん：なるほど。グレゴリオ暦は，しくみの単純(たんじゅん)さと，季節とのずれのバランスがとてもよくできているのですね。わたしも暦のしくみを考えてみたくなりました。

先　　生：いいですね。それでは，わたしからひとつ問題を出しましょう。１年の平均日数が365.3日になるような暦のしくみを定めてください。

みなみさん：［あ］年に１度うるう年にすれば，１年の平均日数は365.3333……日になりそうです。

先　　生：そうですね。しかしこれでは，１年の平均日数が0.0333……日分多いですね。これをうまく調整する方法はないでしょうか。

みなみさん：［い］年に１度うるう年を平年にすればよさそうですね。

みなみさんの考えた暦のしくみ

平年を365日，うるう年を366日とする。 ⑴　西暦の年が［あ］でわり切れる年はうるう年とする。 ⑵　ただし，⑴のうち，［い］でわり切れる年はうるう年とせず，平年とする。

3 みなみさんが書いた【自由研究のレポート】の一部を読み，あとの問題に答えなさい。

【自由研究のレポート】

手作り電池の研究

○ 研究の動機

食塩水と金属板を使って電池を作ることができることを知り，実際に作って，電流が流れるかどうか調べてみたいと思った。

実験１　食塩水と金属板で本当に電池ができ，電流が流れるか調べる。

<方法>

① 右の図のように，２枚(まい)の金属板（鉄板と銅板）を，切れこみを入れたダンボールで固定して食塩水にひたす。

② 金属板に検流計をつなぎ，電流が流れるかどうか調べる。

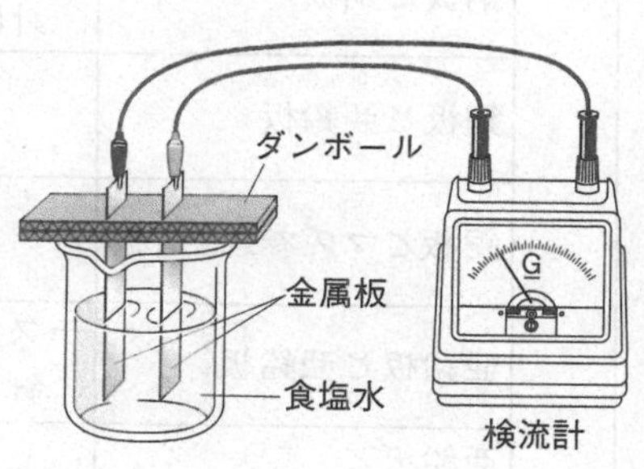

<結果>

● 電流が流れた。

実験２　液体の種類を変えて電流が流れるかどうか調べる。

<方法>

① 砂糖(さとう)水，しょうゆ，酢(す)，食用油，レモン果汁(かじゅう)，アルコールの６種類の液体と２枚の金属板（鉄板と銅板）を用意する。

② 実験１と同じ方法で，金属板（鉄板と銅板）は変えず，液体の種類を変えて電流が流れるかどうか調べる。

<結果>

● 砂糖水　…電流が流れなかった。
● しょうゆ…電流が流れた。
● 酢　　　…電流が流れた。
● 食用油　…電流が流れなかった。
● レモン果汁…電流が流れた。
● アルコール…電流が流れなかった。

実験３　金属板の組み合わせを変えて電流の流れ方がどう変わるか調べる。

<方法>

① 鉄板，銅板，亜鉛(あえん)板，マグネシウム板の４種類の金属板と食塩水を用意する。

② 実験１と同じ方法で，液体の種類（食塩水）は変えず，金属板の組み合わせを変えて※電圧の大きさを調べる。また，金属板のどちらが＋極でどちらが－極になっているか調べる。なお，電圧の大ささは，テスターという器具を使って調べる。

<結果>

金属板の組み合わせ	電圧（V）	＋極の金属板	－極の金属板
鉄板と鉄板	テスターの針（はり）はふれなかった		
鉄板と銅板	0.12	銅板	鉄板
鉄板と亜鉛板	0.45	鉄板	亜鉛板
鉄板とマグネシウム板	1.14	鉄板	マグネシウム板
銅板と銅板	テスターの針はふれなかった		
銅板と亜鉛板	0.59	銅板	亜鉛板
銅板とマグネシウム板	1.23	銅板	マグネシウム板
亜鉛板と亜鉛板	テスターの針はふれなかった		
亜鉛板とマグネシウム板	0.68	亜鉛板	マグネシウム板
マグネシウム板とマグネシウム板	テスターの針はふれなかった		

※　電圧……電流を流そうとするはたらきの大きさを表す量。電圧の単位にはボルト（V）を使う。

問題１　【自由研究のレポート】からわかることを，次の**ア～エ**から**すべて**選び，記号を書きなさい。

ア　実験１の食塩水の代わりに，砂糖（さとう）水やアルコールを使っても電池を作ることができる。

イ　実験１の鉄板の代わりに亜鉛（あえん）板を使うと，電池の電圧を大きくすることができる。

ウ　食塩水を使って電池を作るためには，ことなる種類の金属板を組み合わせなければならない。

エ　食塩水をこくしたり，金属板を大きくしたりすると，電池の電圧を大きくすることができる。

問題２　みなみさんは，金属板の組み合わせを変えて電池を作ったとき，＋極になりやすい金属板や，逆に－極になりやすい金属板があることに気がつき，次の【**表１**】を作成しました。【**表１**】の**あ～え**にあてはまる金属板の組み合わせとして最も適切なものを，次のページの**ア～ク**から１つ選び，記号を書きなさい。

【表１】

＋極になりやすい ⟵⟶ －極になりやすい			
あ	い	う	え

	あ	い	う	え
ア	鉄板	銅板	マグネシウム板	亜鉛板
イ	鉄板	マグネシウム板	銅板	亜鉛板
ウ	銅板	鉄板	亜鉛板	マグネシウム板
エ	銅板	亜鉛板	鉄板	マグネシウム板
オ	亜鉛板	銅板	マグネシウム板	鉄板
カ	亜鉛板	マグネシウム板	銅板	鉄板
キ	マグネシウム板	鉄板	亜鉛板	銅板
ク	マグネシウム板	亜鉛板	鉄板	銅板

問題3　みなみさんは，食塩水と４枚(まい)の金属板（鉄板，銅板，亜鉛板，マグネシウム板が１枚ずつ）を使って電池を２つ作り，**【図１】**のように直列につないで，発光ダイオードを光らせることができるかどうか実験することにしました。次の**【条件】**をみたすように実験装置(そうち)を組み立てるとき，**【図１】**の**金属板Ａ～Ｄ**にあてはまる金属板の名称(めいしょう)をそれぞれ答えなさい。

なお，発光ダイオードは電流の向きによって光ったり光らなかったりする性質があるため，電池を使って確認したところ，**【図２】**のような結果になりました。

【条件】

① 鉄板，銅板，亜鉛板，マグネシウム板を１枚ずつ使う。
② 発光ダイオードが光る向きに電流が流れるようにする。
③ ２つの電池のそれぞれの電圧の値(あたい)の合計が最も大きくなるようにする。電圧の値は**【自由研究のレポート】**の結果をもとに考える。

【図１】

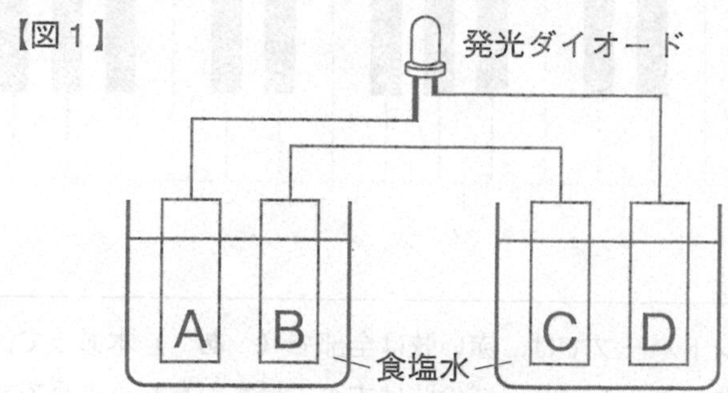

【図２】

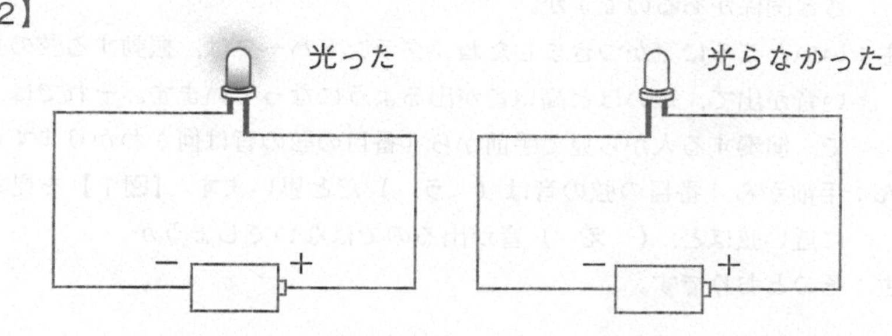

4 みなみさんと先生がハープと音について話しています。**【みなみさんと先生の会話文】**を読み，あとの問題に答えなさい。

【みなみさんと先生の会話文Ⅰ】

【図１】

先　　生：みなみさんは【図１】の楽器を知っていますか。

みなみさん：ハープですね。クラシックのコンサートで演奏されている様子をテレビで見たことがあります。

先　　生：ハープがどのように演奏されていたか覚えていますか。

みなみさん：演奏する人は，両手で糸のようなものにさわっていました。

先　　生：そうですね。ハープは弦楽器のなかまで，楽器に張られた糸（弦）を指ではじいて振動させることで音を出します。一本一本の弦が，それぞれことなる高さの音を出すようになっています。

みなみさん：たくさんの弦があるようですが，全部で何本あるのですか。

先　　生：種類によってさまざまですが，オーケストラなどで使われるグランドハープには，47本の弦があります。【図２】を見てください。これはピアノの鍵盤ですが，この「白い鍵盤」のド，レ，ミ，ファ，ソ，ラ，シ，……の音に対応するように，グランドハープには弦が張られています。一番低い音は，ドの音が出るようになっています。また，ドの音が出る弦だけ赤い色がつけられています。

【図２】

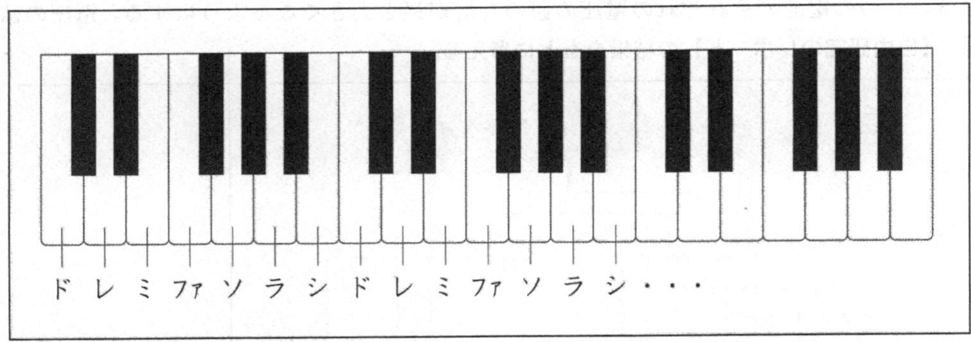

みなみさん：そうすると，グランドハープでは，赤い弦は全部で（　あ　）本あって，一番高い音は（　い　）ですね。グランドハープの弦はすべて長さがちがうようですが，音の高さと関係があるのですか。

先　　生：いいところに気がつきましたね。グランドハープは，振動する弦の長さが長いほど低い音が出て，短いほど高い音が出るようになっています。それでは，グランドハープで，演奏する人から見て手前から４番目の弦の音は何かわかりますか。

みなみさん：手前から４番目の弦の音は（　う　）だと思います。【図１】を見ると，演奏する人に近い弦ほど，（　え　）音が出るのではないでしょうか。

先　　生：そのとおりです。

問題１　（あ）にあてはまる数を答えなさい。

問題２　（い）～（え）にあてはまるものとして最も適切なものを，次の選択肢からそれぞれ選び，記号を書きなさい。

（い）　ア　ド　　イ　レ　　ウ　ミ　　エ　ファ　　オ　ソ　　カ　ラ　　キ　シ
（う）　ア　ド　　イ　レ　　ウ　ミ　　エ　ファ　　オ　ソ　　カ　ラ　　キ　シ
（え）　ア　高い　　イ　低い

【みなみさんと先生の会話文Ⅱ】

みなみさん：弦の長さ以外にも，音の高さを決めているものはありますか。

先　　生：弦を引っ張る力の大きさや，弦の１ｍあたりの重さによっても音の高さは変わります。弦の１ｍあたりの重さは，弦の材質が同じであれば太さのちがいで変えられます。次の**【実験】**で確かめてみましょう。

【実験】

○　同じ材質の太い弦と細い弦を１本ずつと，100ｇのおもりを３個用意する。
○　**【図３】**のような装置を作り，条件１～５の状態にして，支え１と支え２の間の弦をはじき，音の高さを比べる。

【図３】

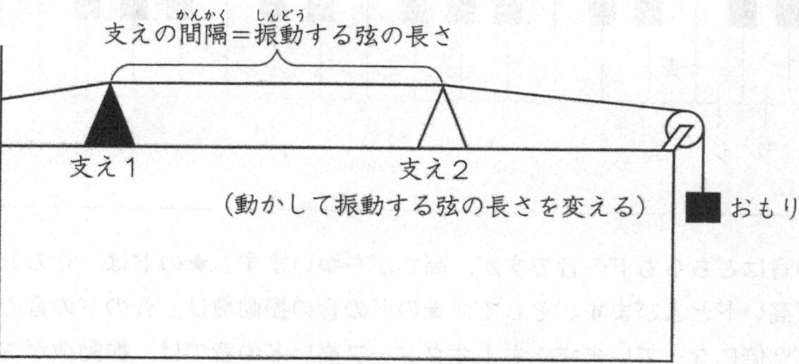

● 条件１　支えの間隔を80㎝にして，太い弦におもりを１個つける。
● 条件２　支えの間隔を50㎝にして，太い弦におもりを２個つける。
● 条件３　支えの間隔を80㎝にして，細い弦におもりを２個つける。
● 条件４　支えの間隔を50㎝にして，細い弦におもりを２個つける。
● 条件５　支えの間隔を80㎝にして，太い弦におもりを３個つける。

結果
○　音が高いものから順に，条件４，条件３，条件２，条件５，条件１となった。

みなみさん：（　お　）と（　か　）を比べると，弦を引っ張るおもりが多いほうが高い音になるとわかります。また，（　き　）と（　く　）を比べると，太い弦のほうが低い音になることがわかります。

先　　　生：そうですね。弦の長さだけで音の高さを変えようとすると，楽器がとても大きくなってしまうので，弦の太さや弦を張る力の大きさを変えることで，音の高さを調節しているのです。また，弦の材質を変えて音の高さを調節しているものもあります。

みなみさん：ハープの複雑な形には，そのような理由があったのですね。

問題３　（お）～（く）にあてはまるものとして最も適切なものを，次の**ア～オ**からそれぞれ選び，記号を書きなさい。

ア　条件１　　**イ**　条件２　　**ウ**　条件３　　**エ**　条件４　　**オ**　条件５

【みなみさんと先生の会話文Ⅲ】

先　　　生：音について，もう少しくわしく考えてみましょう。弦(げん)が振動(しんどう)することでまわりの空気が振動し，音となります。１秒間に振動する回数を「振動数」とよび，Ｈｚ（ヘルツ）という単位で表します。次の**【図４】**を見てください。

【図４】

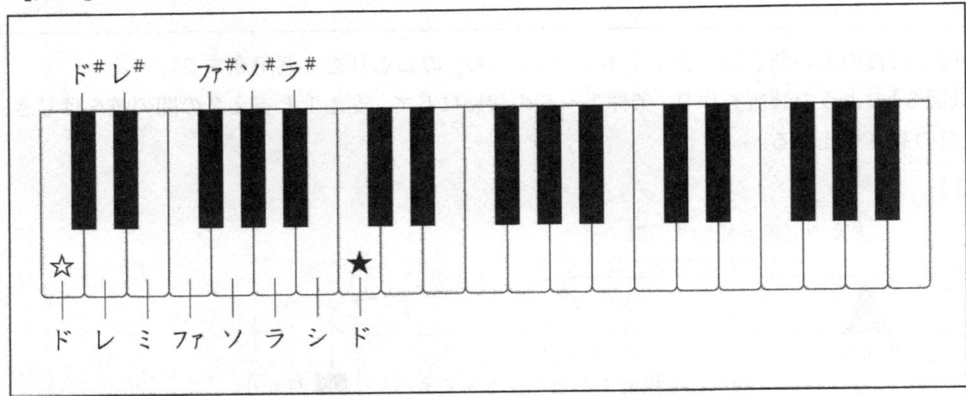

先　　　生：☆と★の音はどちらもドの音ですが，高さがちがいます。★のドは，☆のドより１オクターブ高いドとよびます。そして，★のドの音の振動数は，☆のドの音の振動数のちょうど２倍になっています。も１オクターブ高いドの音では，振動数がさらに２倍になります。

みなみさん：★のドの白い鍵盤(けんばん)は，☆のドの白い鍵盤の７つ右にあるので，振動数の値(あたい)の間隔(かんかく)は７等分されるのですか。

先　　　生：いいえ。まず，ピアノには「黒い鍵盤」もありますよね。したがって，★のドの鍵盤は，☆のドの鍵盤の12個右にあることになります。

みなみさん：では，振動数の値の間隔は，12等分されるのですか。

先　　　生：そうでもないのです。たとえば，振動数が120Ｈｚの音を音①として，音①より１オクターブ高い音を音②とします。すると，音②の振動数は（　け　）Ｈｚになりますよね。この間を単純(たんじゅん)に12等分すると，1つ分の間隔は（　こ　）Ｈｚになります。同じようにたしていくと，音②のさらに１オクターブ高い音③の振動数はいくつになりますか。

みなみさん：360Ｈｚになります。音③は音①より２オクターブ高いので，（　さ　）Ｈｚになるはずなのに，計算が合いません。

先　　生：そうです。じつは，振動数は，鍵盤１つ分音が高くなるたびに，同じ数をたしていくのではなく，同じ数をかけていくことで，求められるようになっているのです。

みなみさん：どういうことでしょうか。

先　　生：もとの振動数に「ある数」を12回かけたとき，振動数が２倍になるようにするのです。

みなみさん：この方法なら，さらに１オクターブ高くなっても振動数は２倍になるし，基準の音の振動数がわかれば，ちょうど１オクターブ分でなくても，音が高くなったり低くなったりしたときに振動数を求められそうです。

問題４　（け）～（さ）にあてはまる数を答えなさい。

問題５　みなみさんは，＿＿線部の「ある数」の値を調べたところ，約1.06でした。440Ｈｚのラの音を基準としたとき，このラの次のド（鍵盤で基準のラよりも右側にあり，基準のラに最も近いド）の音の振動数に最も近いものを，次の**ア**～**カ**から１つ選び，記号を書きなさい。

ア　460Ｈｚ　　**イ**　470Ｈｚ　　**ウ**　494Ｈｚ　　**エ**　513Ｈｚ　　**オ**　524Ｈｚ　　**カ**　550Ｈｚ

F　器用に

イ　A　芸術　　B　技術　　C　芸　　D　技　　E　器用に
　　F　賢く

ウ　A　技術　　B　芸術　　C　技　　D　芸　　E　賢く
　　F　器用に

エ　A　技術　　B　芸術　　C　技　　D　芸　　E　器用に
　　F　賢く

問題2　みなみさんが見つけた**【資料】**の《①》と《②》についてりかさんは次のようにまとめました。ア～カの文章が**【資料】**の《①》と《②》のいずれも又はいずれかの内容に合致していれば→○を、**【資料】**の《①》と《②》のいずれの内容にも合致していない場合には→×をそれぞれ書きなさい。

ア　技の基本にとって最も大事なことは、早く精確に作る方法だ。

イ　人間の文明は全てのジャンルでまちがいなくどんどん発展している。

ウ　人間では到底真似ができないように見えるロボットの動きは、設定された数値がわかれば誰にでも再現できる。

エ　素人にはできないことを簡単にやってのける達人の技というのは、洗練され、技術が進んだ分野である。

オ　歯車で動くような絡繰りものの設計は、今は全てデジタルになってコンピュータが行っている。

カ　電子制御によって目的が比較的たやすく高精度に達成されるようになったのは、電子技術の台頭によるものだ。

その後は、電子技術が台頭してくる。これによって、複雑な機械を設計しなくても、電子制御によって目的が比較的簡単に、しかも高精度に達成されるようになった。たとえば、かつては、レジスタという機械があって、商店などで使われていた。機械というのは、つまり歯車で動くような絡繰りである。その仕掛けを設計した頭脳は、実に素晴らしいもので、天才的だと思える。これが、今はすべてデジタルになって、コンピュータが肩代わりしている。多くのメカが※4淘汰され消えてしまった。

こういった技術を※5傍観すると、かつては※6幾何学的な発想から生まれたアイデアが、今ではすべて※7代数的に解決するようになったかに見える。数学でこれを経験した人は多いだろう。幾何の問題を解くには、ちょっとしたセンスというか※8インスピレーションが必要だが、それを※9座標に置き換え、代数的に解けば、誰でもただ計算をするだけで解決に至る。現在のコンピュータを使った設計というのは、こういった「発想いらずの簡単さ」「ごり押しで計算させれば良い」といった思想に基づいている。かつては、「そんな面倒な計算を」と消極的だったものも、どんどんコンピュータの処理能力が高まり、記憶容量が爆発的に大きくなったおかげで、なんの問題もなくなってしまった。

つまり、**現在の技術というのは、少々洗練されていなくても、最適ではなくても、答が出れば良い、といった「醜さ」を抱えているのだ。**それを抱えていても動く、という点が「力づく」なのである。理論がなくても、※10収束計算で※11近似解が得られる、みたいな。

はたして、人間は［E］なっているのだろうか?

百年くらいまえの機械技術は、今ではもう誰も理解できないくらい難しく、既にそれを再現できなくなっている。簡単なおもちゃも、もう作れない。計算器も計測器も、もうあの頃の水準には戻れない。たとえば、歯車式の時計を直せる人も少なくなっている。

はたして、人間は［F］なっているのだろうか?

（森　博嗣『素直に生きる100の講義』より。
一部省略やふりがなをつけるなどの変更があります。）

［注］

※1　認識……ある物事を知り、その本質・意義などを理解すること。
※2　パフォーマンス……人目を引くためにする行為。
※3　需要……あるものを必要として求めること。
※4　淘汰……不必要なもの、不適当なものを除き去ること。
※5　傍観……その物事に関係のない立場で見ていること。
※6　幾何学的……図形や空間の性質を研究する数学の一部門に関連があるさま。
※7　代数……数の代わりに文字を用い、計算の法則・方程式の解法などを主に研究する数学の一部門。
※8　インスピレーション……創作・思考の過程で瞬間的に浮かぶ考え。ひらめき。
※9　座標……点の位置を表す数、または数の組。
※10　収束……変数の値が、ある数に限りなく近づくこと。
※11　近似解……よく似ている答え。

問題1　みなみさんが見つけた【資料】《①》と《②》について、［A］～［F］にあてはまる言葉の組み合わせとして適切なものを次のア～エから一つ選び、記号を書きなさい。

ア　A　芸術　B　技術　C　芸　D　技　E　賢く

2 **みなみさんは、「ものごとが〝進歩すること〟や〝発展すること〟」について興味を持ち、ある本を読みました。みなみさんが集めた次の【資料】《①》《②》の資料を読んで、あとの問題に答えなさい。**

【資料】

《①》

技術とは、テクノロジィである。ほかの日本語でいうと、「工学」になる。普通の人は、この技術というものを、難しいことに挑むものだと※1認識しているが、実はまったく反対で、できるかぎり簡単に、失敗がないように、誰にでもできる工夫をすることなのだ。

技術を手に持っている人を「達人」などと言ったりする。素人にはできないことをいとも簡単にやってのける。それが「技の冴え」だとみんなは信じてしまう。しかし、実はそれはほんの一部の、いうなれば、マスコミ向け、取材向け、一般客向けのパフォーマンス※2であって、本当の技の基本はそこにあるわけではない。

技の基本というのは、そういった綱渡り的な「離れ技」ではない。まったくその反対で、非常に回り道をして、確実で精確で、何度やっても同じ結果が出るという、安全な道の選択にある。したがって、「技術を磨く」というのは、そういったより安全な道を模索することなのだ。

ある少数の人にだけ可能な作業というのは、つまりは技が洗練されていない、技術が遅れている分野だともいえる。技術が遅れるのは、新しい簡単な方法を模索していないからだが、それは需要※3が小さく、競争相手もなく、そんなに売れない商品だから、作る人間も減り、進歩をしない伝統工芸に留まってしまった、ともいえる。

一方で、それに需要があって、競争が激しくなれば、どんどん簡単な方法を編み出さなければ生き残れない。早く精確に作ることも重要だが、最も大事なことは、誰がやっても同じ結果が出る方法だ。その技が編み出されれば、大勢で大量生産ができる。そのうち人間がいなくても機械で作ることが可能になる。こうしたときに、その技術が成熟する。

たしかに、見た目には、ロボットが作っていて、人間では到底真似ができないような方法に見えるのだが、ロボットは、数値で設定されて動いているわけで、その数値は人が教えたものだ。数値でやり方が表せる、数値さえわかれば誰にでも再現できる。ここが「簡単だ」といっている部分であって、技術はそれを目指しているのである。

危なっかしい方法で、ちょっと気を許すと失敗してしまう、精神統一し、息を止めてやらないとできない、といった作業、これは［A］ではなく、［B］の世界になる。

機械に数値では教えられないもの、それは［C］ではなく［D］である。

《②》

人間の文明をざっと眺めてみると、もちろん技術がどんどん発展していることはまちがいないのだが、個別のジャンルに目を向けると、ある時期に最盛期を迎え、その後は勢いがなくなって、ついには技術そのものが失われている、という場合がある。

大まかな見方をすると、機械的なものの設計は、二十世紀前半にピークがあったように見える。いわゆる「メカ」の時代である。さらに百年くらいまえに現在ある乗り物や各種の機械類のほとんどが発想され、それが洗練され、成熟した時代だったと思う。

【資料８】初等教育における非就学児の割合（２０１１～２０１６＊）

単位：％

	男子	女子
アメリカ合衆国	６	５
イエメン	８	２２
オーストラリア	３	３
ギニア	１６	２８
キューバ	８	８
コロンビア	７	７
スペイン	１	０
チャド	１１	３１

	男子	女子
デンマーク	１	１
ニジェール	３２	４２
日本	０	０
ブラジル	６	５
ブルキナファソ	２９	３２
マリ	３６	４３
モザンビーク	９	１３
ロシア連邦	３	２
世界全体	８	９

＊指定されている期間内に入手できたデータの中で直近の年次のものであることを示す。

（「世界子供白書２０１７」をもとに作成）

【資料９】識字率[※4]（国際比較）（２０１５）

単位：％

順位	国	男性	女性
１	ニジェール	２７．３	１１．０
２	ギニア	３８．１	２２．８
３	ブルキナファソ	４３．０	２９．３
４	マリ	４８．２	２９．２
５	チャド	４８．５	３１．９

男性の識字率下位５か国

※４　識字率・・・文字の読み書きができる人の割合

（総務省「世界の統計２０１６」をもとに作成）

【資料10】

ユニセフは，ブルキナファソ政府とともに，2021年までにすべての子どもが小学校に通い，初等教育を修了できることを目指しています。ユニセフのこれまでの支援や，ブルキナファソ政府が3歳から16歳の公立学校の費用を無償化したことで，子どもたちの就学状況には着実に成果が出ています。小学校の就学率は2000年の44%から2019年には89.5%にまで大きく改善され，女子の就学率（89.9%）が男子の就学率（89.1%）を超えるなど，男女の教育格差の解消に向けた前進も見られます。

（日本ユニセフ協会ウェブページより一部引用）

エ　サブサハラ・アフリカ

問題5　【会話文】中の（う）にあてはまる文を次のア～エから一つ選び、記号を書きなさい。

ア　すべての地域で、達成しています

イ　すべての地域で、達成していません

ウ　世界全体の割合では、達成していませんが、東南アジアでは達成しています

エ　サブサハラ・アフリカのみ、達成していません

問題6　【会話文】中の（え）にあてはまる文を次のア～エから一つ選び、記号を書きなさい。

ア「達成している」　イ「課題が残っている」

ウ「重要課題」　エ「最大の課題」

問題7　【会話文】の A ～ C にあてはまる国の組み合わせとして最も適切なものを次のア～カから一つ選び、記号を書きなさい。

ア　A：日本　B：韓国　C：アメリカ合衆国

イ　A：韓国　B：デンマーク　C：アメリカ合衆国

ウ　A：日本　B：アメリカ合衆国　C：韓国

エ　A：韓国　B：デンマーク　C：日本

オ　A：日本　B：アメリカ合衆国　C：デンマーク

カ　A：韓国　B：アメリカ合衆国　C：デンマーク

問題8　次の【条件】に従い、「地球規模の課題」について文章を書きなさい。

【条件】

・**300字以上360字以内で書くこと。**

・**次の【構成】でそれぞれ一つずつ段落をつくること。**

【構成】

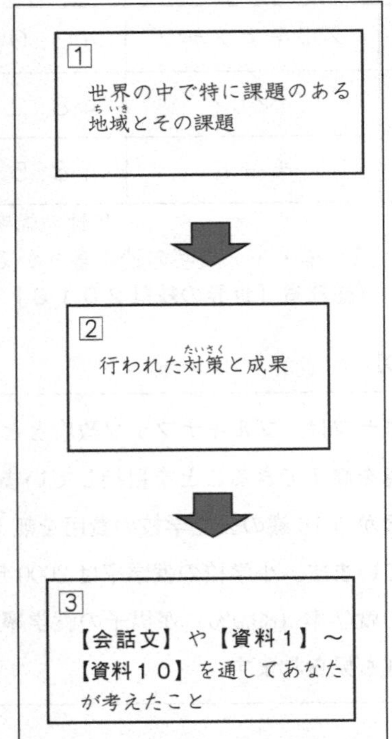

・【構成】1と【構成】2は次のページの【資料8】～【資料10】をもとにまとめること。【構成】3は、【会話文】や【資料1】～【資料10】をもとにまとめること。

・一マスに書き入れることのできる文字は、一文字のみとする。（数字やアルファベットも同様とする。句読点が次の行の一マス目にくる場合は、前の行の文末に句読点を書き入れることとする。）

＜書き方の例＞

2	0	2	1	年
M	D	G	s	を
8	3	.	5	%
調	べ	ま	し	た。

【資料7】ＳＤＧｓの目標とその達成度（２０１９年）

	1 貧困をなくそう	2 飢餓をゼロに	3 すべての人に健康と福祉を	4 質の高い教育をみんなに	5 ジェンダー平等を実現しよう	6 安全な水とトイレを世界中に	7 エネルギーをみんなにそしてクリーンに	8 働きがいも経済成長も	9 産業と技術革新の基盤をつくろう	10 人や国の不平等をなくそう	11 住み続けられるまちづくりを	12 つくる責任つかう責任	13 気候変動に具体的な対策を	14 海の豊かさを守ろう	15 陸の豊かさも守ろう	16 平和と公正をすべての人に	17 パートナーシップで目標を達成しよう
日本	△	▼	△	○	×	△	▼	△	○	▼	▼	×	×	▼	▼	△	×
韓国	△	▼	▼	△	×	▼	▼	△	△	▼	△	▼	×	▼	▼	△	×
アメリカ合衆国	▼	×	▼	△	×	△	▼	△	▼	×	▼	×	×	△	△	×	×
デンマーク	○	▼	△	△	△	△	△	△	△	○	▼	×	▼	×	△	○	△

※○△▼×…○が「達成している」△は「課題が残っている」▼は「重要課題」×は「最大の課題」

（「サステナブル・ディベロップメント・レポート２０１９」をもとに作成）

問題１　**【会話文】**中の①——線にあてはまる国を次の**ア～ク**からすべて選び、記号を書きなさい。

ア　韓国　　**イ**　キューバ
ウ　オーストラリア　　**エ**　コロンビア
オ　ドミニカ共和国　　**カ**　セネガル
キ　スペイン　　**ク**　モザンビーク

問題２　**【会話文】**中の②——線にあてはまる国を次の**ア～ク**からすべて選び、記号を書きなさい。

ア　日本　　**イ**　ブルキナファソ
ウ　スウェーデン　　**エ**　エチオピア
オ　ブラジル　　**カ**　カンボジア
キ　ニュージーランド　　**ク**　イエメン

問題３　**【会話文】**中の**（あ）**にあてはまる国を次の**ア～ク**から一つ選び、記号を書きなさい。

ア　日本　　**イ**　ブルキナファソ
ウ　スウェーデン　　**エ**　エチオピア
オ　ブラジル　　**カ**　カンボジア
キ　ニュージーランド　　**ク**　イエメン

問題４　**【会話文】**中の**（い）**にあてはまるものの組み合わせとして最も適切なものを次の**ア～エ**から一つ選び、記号を書きなさい。

ア　サブサハラ・アフリカ、南アジア、東南アジア
イ　南アジア、東南アジア
ウ　南アジア

【資料４】 青年海外協力隊が活動している地域（国際協力機構　２０１７年１２月）

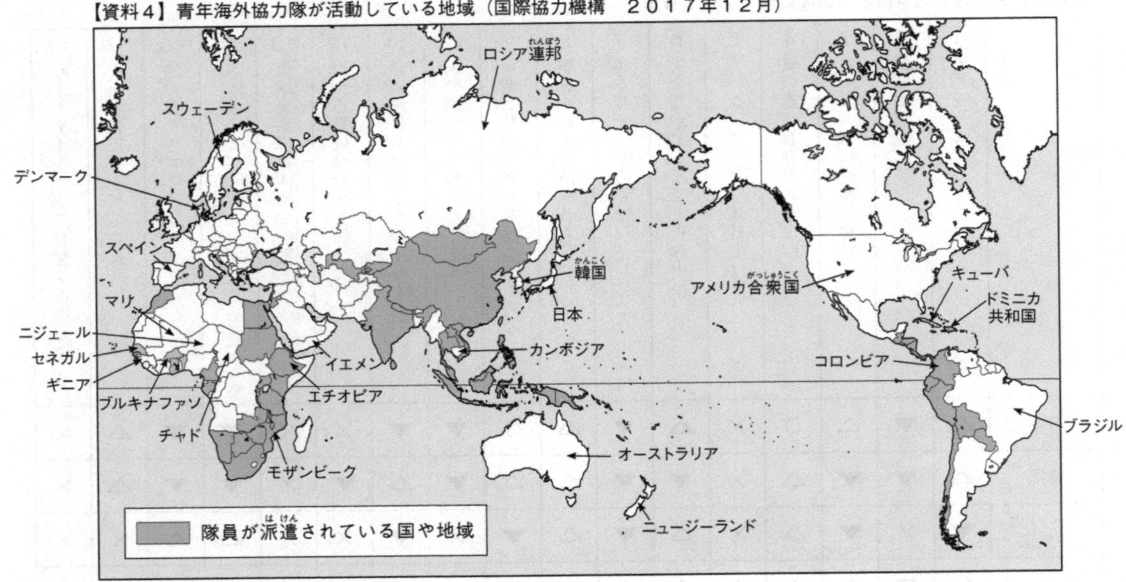

【資料５】 １日１ドル未満で過ごす人の割合

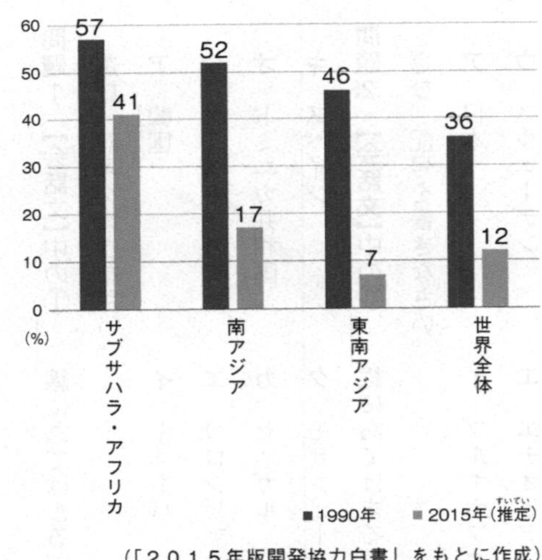

（「２０１５年版開発協力白書」をもとに作成）

【資料６】 ５歳未満児死亡数

（生まれた子ども1，０００人に対しての乳幼児の死亡数）

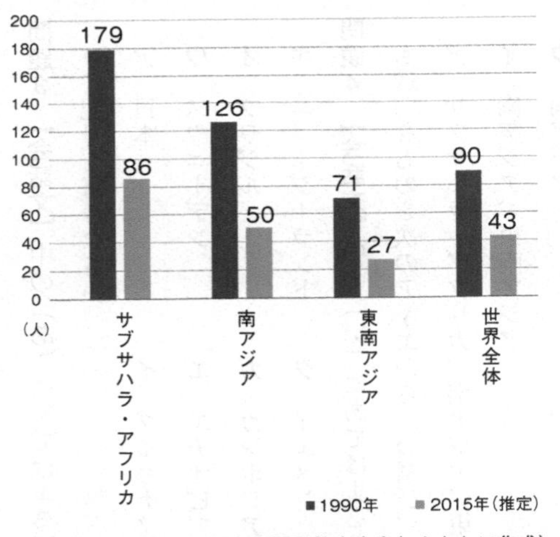

（「２０１５年版開発協力白書」をもとに作成）

【資料１】ＭＤＧｓの目標とターゲット（抜粋）

目標	ターゲット
目標１ 極度の貧困と飢餓の撲滅	ターゲット１-Ａ ２０１５年までに１日１ドル未満で生活する人口の割合を１９９０年の水準の半数に減少させる
目標２ 普遍的な初等教育[※1]の達成	ターゲット２-Ａ ２０１５年までに、すべての子どもが男女の区別なく初等教育の全課程を修了できるようにする
目標３ ジェンダー[※2]の平等の推進と女性の地位向上	ターゲット３-Ａ ２００５年までに、初等・中等教育[※3]で男女格差の解消を達成し、２０１５年までにすべての教育レベルで男女格差を解消する
目標４ 乳幼児死亡率の削減	ターゲット４-Ａ ２０１５年までに５歳未満児の死亡率を１９９０年の水準の３分の１にまで引き下げる
目標７ 環境の持続可能性を確保	ターゲット７-Ｃ ２０１５年までに安全な飲料水と衛生施設を継続的に利用できない人々の割合を半減する

※１初等教育…日本では小学校での教育
※２ジェンダー…性別
※３中等教育…日本では中学校・高等学校での教育

（「国連開発計画駐日代表事務所ウェブページ」をもとに作成）

【資料２】初等教育の学校の就学率（％）

	２０００年	２０１０年	２０１２年	２０１５年
韓国	９９．６	９８．２	９８．９	９８．２
キューバ	９６．７	９９．２	９６．９	９２．２
オーストラリア	９４．０	９７．０	９７．５	９７．０
コロンビア	９４．６	９３．６	９１．５	９０．６
ドミニカ共和国	８３．５	８９．３	８６．８	８６．９
セネガル	５７．４	６９．８	７１．７	７１．４
スペイン	９９．８	９９．６	９９．６	９９．４
モザンビーク	５５．２	８６．９	８５．４	８９．１
世界全体	８３．６	８８．９	８９．４	８９．６

（「ワールドデータアトラス」をもとに作成）

【資料３】初等教育の学校の男女別就学率（％）

年代	１９９７～２０００＊		２０００～２００４＊		２０００～２００７＊		２０１１～２０１６＊	
性別	男	女	男	女	男	女	男	女
日本	１００	１００	１００	１００	１００	１００	１００	１００
ブルキナファソ	４２	２９	４２	３１	５２	４２	７１	６７
スウェーデン	１００	１００	１００	９９	９５	９５	９９	９９
エチオピア	５３	４１	５５	４７	７４	６９	８９	８２
ブラジル	１００	９４	９８	９１	９４	９５	９２	９３
カンボジア	１００	９０	９６	９１	９１	８９	９４	９６
ニュージーランド	９９	９９	１００	９９	９９	９９	９９	９９
イエメン	８４	４９	８４	５９	８５	６５	９２	７８
世界全体	８５	７８	８５	７９	９０	８６	９０	８９

＊…指定されている期間内に入手できたデータの中で直近の年次のものであることを示す。

（「世界子供白書」をもとに作成）

ね。そう考えるとMDGsで示された「目標」や「ターゲット」は発展途上国の課題を対象にしているという見方ができますね。

りかさん　その他の「目標」や「ターゲット」に関する資料はありますか。

みなみさん　【資料5】と【資料6】があります。

りかさん　これらの資料を見ると「ターゲット1－A」について、世界全体の割合では達成されていますが、（　い　）の地域では達成されていません。「ターゲット4－A」については、（　う　）。

みなみさん　MDGsは、達成された目標も未達成の目標もある中で、2015年を迎えました。

りかさん　その後、MDGsの結果や新たな課題をふまえて設定された国際社会共通の目標が、SDGsですね。

みなみさん　SDGsは、MDGsに代わって2015年の9月に国際連合本部で開催された「国連持続可能な開発サミット」でまとめられた「持続可能な開発のための2030アジェンダ」に書かれたものです。そこには、国際連合の193か国の加盟国が、2030年までに達成を目指す目標が提示されています。

みなみさん　【資料7】は2019年の6月に発表されたもので、SDGsで掲げられた目標とそれぞれの国の達成度が表されています。

りかさん　興味深いですね。それぞれの国の達成度を見ると日本は4つ、韓国は3つ、アメリカ合衆国は7つ、デンマークは2つが（　え　）になっていますね。

みなみさん　目標別にみて興味深いものはありますか。

りかさん　「4　質の高い教育をみんなに」の最も達成度の高い国は［A］で、「14　海の豊かさを守ろう」では［B］です。目標によって、各国の達成度には違いが出ていますね。この資料全体を見ると最も達成度の高い国は［C］だといえますね。

みなみさん　そうですね。世界それぞれの国でさまざまな課題があるのですね。SDGsは、MDGsで期限までに解決できなかった課題を、対象や範囲を広めつつ置き換えたものです。その課題を2030年までには達成し、世界の人々がともに豊かに暮らせるようになれたらいいですね。

りかさん　SDGsをもっと学習し、わたしたちができることは何かを考え行動していきたいです。

【適性検査Ⅰ】（四五分）〈満点：二〇〇点〉

1 「地球規模の課題」というテーマの学習をしているみなみさんとりかさんが、会話をしています。次の【会話文】を読んで、あとの問題に答えなさい。

（【資料1】～【資料3】は21ページ、【資料4】～【資料6】は20ページ、【資料7】は19ページにあります。）

【会話文】

みなみさん　先日、先生から課題として出された、MDGs（エム・ディー・ジーズ）という言葉について調べてきました。

りかさん　SDGs（エス・ディー・ジーズ）ではなくMDGsですか。

みなみさん　そうです。MDGsは、開発分野における国際社会共通の目標です。これは2000年の9月にニューヨークで開催された「国連ミレニアム・サミット」で採択された「国連ミレニアム宣言」を基にまとめられたものです。これに参加したのは世界で189の国に及びました。【資料1】を見てください。MDGsは【資料1】のような「目標」や「ターゲット」が設定されていて、これらの達成期限は2015年まででした。

りかさん　MDGsが【資料1】のような内容になったのはどうしてなのでしょうか。

みなみさん　MDGsで示された「目標」や「ターゲット」は、「一部の国や地域の課題を対象としている」といわれています。まず【資料1】の「ターゲット2－A」とそれに関係のある【資料2】をみて、【資料2】の①すべての年代で、世界全体の割合を下回っている国を読み取ってみましょう。

りかさん　複数国あるのですね。

みなみさん　次に【資料1】の「ターゲット3－A」とそれに関係のある【資料3】をみてください。表の中から②すべての年代で、就学率の男女差が世界全体のそれより大きくなっている国を探してみましょう。

りかさん　これらの国々は、男女の間で学校に通っている割合に差があるのですね。しかし、1997年以降、この男女の就学率の差が縮まってきている様子も読み取れます。1997年～2016年までの間に初等教育の学校の男女別就学率の差が最も縮まっている国は【資料3】によると（　あ　）です。

みなみさん　ではここで【資料2】と【資料3】から読み取った国々を【資料4】で確認してみましょう。【資料4】は青年海外協力隊が活動している地域です。青年海外協力隊は農林水産業や土木、教育、保健衛生などの分野で、主に発展途上国の人々を支援しています。

りかさん　ほとんどが、青年海外協力隊が活動している国々です

大切なことはメモしておこうネ！

T・G

2021年 度

解 答 と 解 説

《2021年度の配点は解答欄に掲載してあります。》

＜適性検査Ⅰ解答例＞

1 問題1 カ・ク

問題2 イ・エ・ク

問題3 ク

問題4 エ

問題5 イ

問題6 エ

問題7 オ

問題8 アフリカには，就学率，識字率の低さなど，子どもが質の高い教育を十分に受けることができていないという課題がある。

ブルキナファソでは，ユニセフによる支援や政府による公立学校の費用無償化という対策により，小学校の就学率は５割未満から９割近くに改善され，就学率の男女格差も解消されてきた。

私は，国際協力では教育の支援が最も重要だと考える。なぜなら，教育によって読み書きの能力や様々な知識，技術を得ることができれば，人々がよりよい仕事について貧困から抜け出すことができるだけでなく，国全体の医療や産業，経済の発展にもつながるからだ。より多くの子どもが学校で学び，より豊かな生活を送れるように，もっと世界の教育について調べ，ぼ金活動を行うなど，私たちにもできる取り組みを行っていきたいと思う。

2 問題1 ウ

問題2 ア × イ × ウ ○ エ × オ ○ カ ○

○配点○

1 問題1～問題7 各10点×7 問題8 100点

2 問題1 6点 問題2 各4点×6 計200点

＜適性検査Ⅰ解説＞

重要 1 （社会：地球規模の課題，国際社会共通の目標，資料の読み取り，国語：条件作文）

問題1 【資料２】の各年代について世界全体の割合(わりあい)を読み取ると，2000年から順に83.6％，88.9％，89.4％，89.6％となっている。各年代での国ごとの割合をこれと比べると，セネガルとモザンビークの２か国が，すべての年代で世界全体の割合より低くなっている。

問題2 【資料３】の表から年代・国ごとに男女別の割合を読み取り，差を計算して求める。

1997～2000年の世界全体の男女差は，85－78より7ポイントである。国ごとの男女差を求めると，ブルキナファソで42－29より13，エチオピアで53－41より12，カンボジアで100－90より10，イエメンで84－49より35ポイントの男女差があり，世界全体より大きくなっている。ほかの年代も同様にして探す。

2000～2004年の世界全体の男女差は，85－79より６ポイントである。国ごとの男女差を求めると，ブルキナファソで11，エチオピアで８，ブラジルで７，イエメンで25ポイントの男女差があり，世界全体より大きくなっている。

2000～2007年の世界全体の男女差は，90－86より４ポイントである。国ごとの男女差を求めると，ブルキナファソで10，エチオピアで５，イエメンで20ポイントの男女差があり，世界全体より大きくなっている。

2011～2016年の世界全体の男女差は，90－89より１ポイントである。国ごとの男女差を求めると，ブルキナファソで４，エチオピアで７，カンボジアで２，イエメンで14ポイントの男女差があり，世界全体より大きくなっている。

以上より，すべての年代で世界全体より大きくなっているのは，ブルキナファソ，エチオピア，イエメンの３か国である。

問題３　**問題２**で年代・国ごとの男女差を求めているので，それを利用する。「差が最も縮まっている国」を求めるので，1997～2000年と2011～2016年の２つの年代での男女差を比べ，２つの年代での差が最も大きい国を選べばよい。男女差が1997～2000年に35ポイント，2011～2016年に14ポイントで，差が21ポイントであるイエメンがあてはまる。

問題４　**「ターゲット１‒A」**の内容は「2015年までに１日１ドル未満で生活する人口の割合を1990年の水準の半数に減少させる」ことだから，**【資料５】**を読み取る。2015年の割合（推定）が1990年の割合の半分以下となっていないのは，サブサハラ・アフリカである。他の地域ではすべて**「ターゲット１‒A」**が達成されている。

問題５　**「ターゲット４‒A」**の内容は「2015年までに５歳未満児の死亡率を1990年の水準の３分の１にまで引き下げる」ことだから，**【資料６】**を読み取る。**【資料６】**に示されたすべての地域で，2015年の５歳未満児死亡数は1990年の３分の１を上回っていることがわかるので，すべての地域で達成されていないといえる。なお，**【資料６】**における「５歳未満児死亡数」は「生まれた子ども1,000人に対しての乳幼児の死亡数」を表すので，これは死亡率を表しているのと同じことである。

問題６　**【資料７】**の表において，○△▼×のうち，デンマークで２つになっているものは×である。×は**「最大の課題」**を表す。同じ表で×は日本に４つ，韓国に３つ，アメリカ合衆国に７つある。

問題７　「４ 質の高い教育をみんなに」の達成度は，日本が○**「達成している」**，日本以外の３か国が△**「課題が残っている」**となっているので，最も達成度の高い国は日本である。したがって，A には日本があてはまる。「14 海の豊かさを守ろう」の達成度は，日本・韓国が▼**「重要課題」**，アメリカ合衆国が△**「課題が残っている」**，デンマークが×**「最大の課題」**となっているので，最も達成度の高い国はアメリカ合衆国である。したがって，B にはアメリカ合衆国があてはまる。資料全体では○△の数が多く，▼×の数が少ないほど達成度が高いと考えられるので，全体で最も達成度の高い国はデンマークである。

問題８　**【条件】**を整理して段落の構成や内容を組み立てて書くこと。**【構成】**で一つずつ段落をつくるので，三段落構成で書く。各段落の内容は次のようになる。

第一段落…世界の中で特に課題のある地域とその課題。**【資料８】**・**【資料９】**から，特にアフリカの国々で，非就学率が高く，識字率が低いなどの教育における課題があることがわかる。それを簡潔にまとめる。

第二段落…第一段落で示した課題について，行われた対策とその成果。【資料10】から，ブルキナファソでの対策と成果が読み取れるので，それを簡潔にまとめる。

第三段落…【会話文】や【資料１】～【資料10】を通して考えたこと。大問前半で読み取ったMDGsのターゲットや，SDGsの他の目標の内容も参考にするとよい。「地球規模の課題」は自分にとって無関係ではないので，自分なりに行える取り組みや，将来の目標などとからめて書くと内容面でのまとまりが良くなる。

2　**（国語：説明文の読み取り）**

問題１　**ＡＢ**　文章中では「技術というもの…(略)…できるかぎり簡単に，失敗がないように，誰にでもできる工夫をすること」と述べられている。これに対して，「危なっかしい方法…(略)…といった作業」は，《①》の文章中の「綱渡り的な『離れ技』」「ある少数の人にだけ可能な作業」と同じ内容を指しており，これについて，文章中で「本当の技の基本ではない」「伝統工芸」と述べられている。これらのことから，「危なっかしい方法…(略)…といった作業」は「技術」ではなく，「芸術」だと読み取れる。

ＣＤ　《①》の６段落目に「数値でやり方が表せる…(略)…技術はそれを目指している」という記述があるので，機械に数値では教えられるものが「技」であり，教えられないものは「芸」であるとわかる。

ＥＦ　《②》のＥの直前の段落で，「理論がなく」「力づく」という記述がある。これに対応するのは「賢さ」である。Ｅの直後，Ｆの直前の段落で，「簡単なおもちゃも，もう作れない」「歯車式の時計も直せる」という記述がある。これらに対応するのは「器用さ」である。ここでは，「～なっているのだろうか？」という疑問形は「～ではないのではないか」という反語的な使い方をされていることに注意する。

問題２　**ア**　《①》の５段落目に「早く精確に作ることも重要だが，最も大事なことは，誰がやっても同じ結果が出る方法だ」とあり，《②》では技の基本について述べられている部分がない。したがって，×を選ぶ。

イ　《②》の１段落目に「人間の文明をざっと眺めてみると，…(略)…ある時期に最盛期を迎え，その後は勢いがなくなって，ついにはその技術そのものが失われている，という場合がある」とあり，《①》では文明の発展について述べられている部分がない。したがって，×を選ぶ。

ウ　《①》の６段落目の「ロボットが作っていて，人間では到底真似ができないような方法に見える…(略)…数値さえわかれば誰にでも再現できる」という内容にあうので，○を選ぶ。

エ　《①》の２，４段落目に「素人にはできないこといとも簡単にやってのける」「ある少数の人にだけ可能な作業というのは，つまりは技が洗練されていない，技術が遅れている分野だともいえる」とあり，《②》ではこれについて述べられている部分がない。したがって，×を選ぶ。

オ　《②》の３段落目の「歯車で動くような絡繰り…(略)…これが，今ではすべてデジタルになって，コンピュータが肩代わりしている」という内容にあうので，○を選ぶ。

カ　《②》の３段落目の「電子技術…(略)…によって，複雑な機械を設計しなくても，電子制御によって目的が比較的簡単に，しかも高精度に達成されるようになった」という内容にあうので，○を選ぶ。

★ワンポイントアドバイス★

複数の資料や文章の内容を素早く正確に読み取ることが求められる。資料を読んで答える問題の難易度はそれほど高くないので，短時間で正確に処理することを意識しよう。作文問題は与えられた資料をもとに条件にしたがって書く必要がある。問題を解きながら，あらかじめ各資料の内容を理解し，その内容についての意見を考えておくと良いだろう。

＜適性検査Ⅱ解答例＞

1 問題１

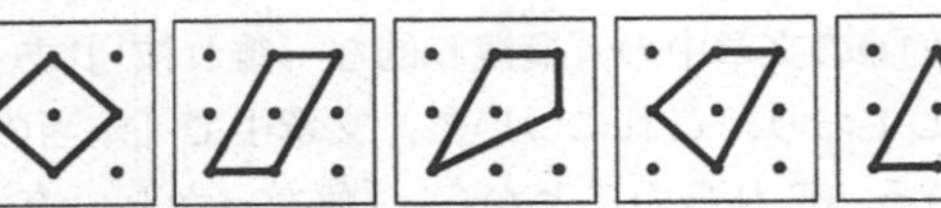

問題２ (1) A 1.5(cm²) F 2.5(cm²)

(2) (「内部の点の数」が０個の多角形の面積は,)「多角形の点の数」を２でわった数から１をひく(と求められる。)

問題３

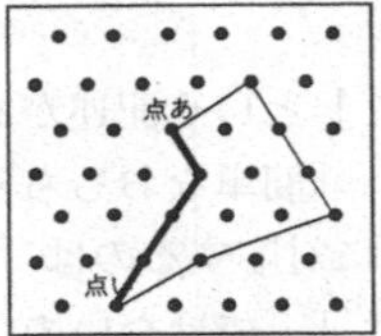

2 問題１ (西暦)2084(年)

問題２ (およそ)73(日分)

問題３ 365.2425(日)

問題４ あ 3 い 30

3 問題１ イ，ウ

問題２ ウ

問題３ A 鉄(板) B マグネシウム(板) C 銅(板) D 亜鉛(板)

4 問題１ 7

問題２ い オ う イ え ア

問題３ お ア か オ き イ く エ (おとか，きとくは順不同)

問題４ け 240 こ 10 さ 480

問題５ オ

○配点○

1 問題１ 15点 問題２ (1) 10点 (2) 15点 問題３ 15点

2 問題１ 10点 問題２ 10点 問題３ 15点 問題４ 15点

3 問題１ 10点 問題２ 10点 問題３ 15点

4 問題１ 5点 問題２ 15点 問題３ 10点 問題４ 15点 問題５ 15点

計200点

<適性検査Ⅱ解説>

やや難 1 (算数：規則性，平面図形の面積)

問題１　「多角形の点の数」が４個の多角形は，三角形または四角形である。「多角形の点の数」が４個の四角形は，頂点(ちょうてん)の数が４個なので，辺上の点の数は０である。辺上に１つも点がなく，解答用紙の９つの点のうち中央の点を囲むような四角形は，以下の①～④の４種類ある。

①
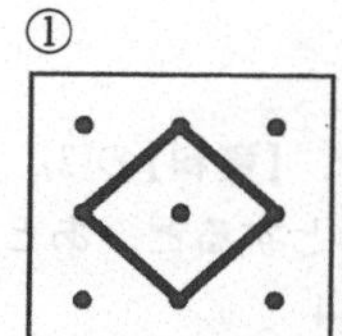
②
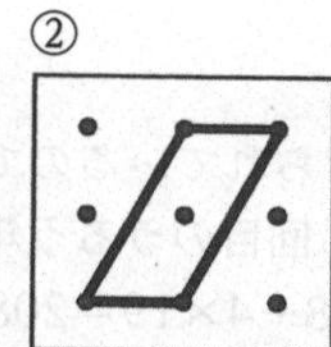
③
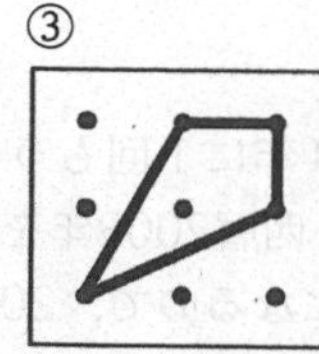
④
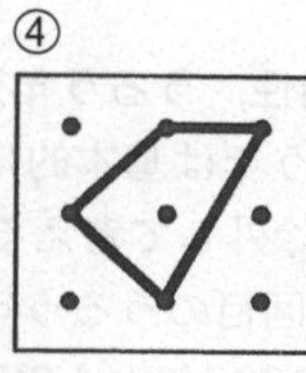

「多角形の点の数」が４つの三角形は，頂点の数が３個なので，辺上の点が１個ある。したがって３本の辺のうち，１本の辺上に点が１個あり，中央の点を囲むような三角形を考えればよく，そのような三角形は右の⑤の１種類である。

⑤
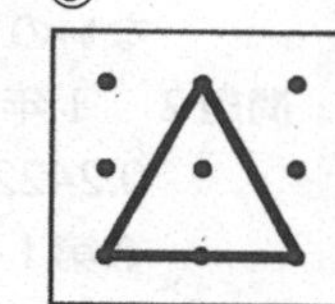

問題２　**(1)**　A　三角形と平行四辺形に分けて求めると，

$1\times1\div2+1\times1=1.5(\mathrm{cm}^2)$

B　2cm×2cmの正方形から２つの三角形の面積をひいて求めると，

$2\times2-(1\times1\div2+1\times2\div2)=2.5(\mathrm{cm}^2)$

(2)　A，Bはどちらも「多角形の点の数」が５個であり，面積は1.5cm^{2}である。C，Dはどちらも「多角形の点の数」が６個であり，面積は2cm^{2}である。E，Fはどちらも「多角形の点の数」が７個であり，面積は2.5cm^{2}である。ここから，「多角形の点の数」が１個増えると面積が0.5cm^{2}大きくなることがわかる。「多角形の点の数」に0.5をかけた(２でわった)数を考えると，５個の場合は2.5，６個の場合は３，７個の場合は3.5となって求めた面積の値より必ず１大きくなっている。したがって，「内部の点の数」が０個の多角形の面積は，「多角形の点の数」を２でわった数から１をひくことで求められるとわかる。

問題３　**【資料】**の式に，面積が16cm^{2}であることをあてはめると，
16＝(内部の点の数)×2＋(多角形の点の数)－2となるので，
18＝(内部の点の数)×2＋(多角形の点の数)である。ここで，
【図２】で**点あ**と**点い**を直線で結んでできる五角形の「多角形の点の数」は７個なので，あと１つ頂点を結んでできる多角形の「多角形の点の数」は必ず７より多くなる。また，**点あ**と**点い**を結んでできる五角形の面積を**【資料】**の式から求めると19cm^{2}になり，求める多角形より3cm^{2}大きいので，あと１つの頂点はこの五角形の内部の点であり，**線分あい**に近い点から①～⑥とする。⑤の右となりの点は多角形の内部にあるが，**点あ**，**点い**と結ぶことができないので除(のぞ)く。①～⑥の場合の多角形の点の数，内部の点の数，面積を表にすると次のようになる。

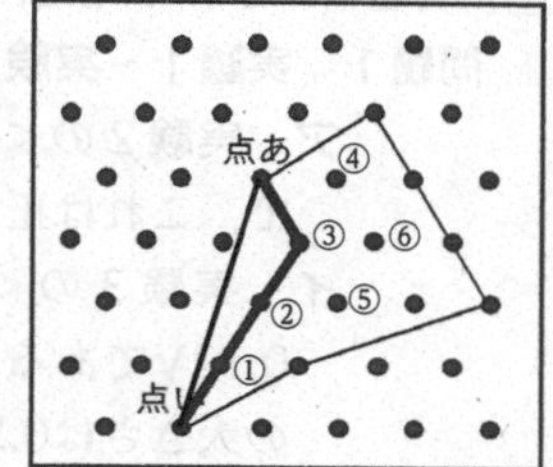

	多角形の点の数	内部の点の数	面積
①	8	6	18
②	9	5	17
③	10	4	16
④	11	3	15
⑤	9	3	13
⑥	8	3	12

表より，③を点あ，点いと結べばよい。

2（算数：規則性，うるう年）

問題１　うるう年は基本的に４年に１回もうけられているので，**【資料】**の(2)，(3)にあてはまる年をまず除外して考える。西暦2008年を１回目のうるう年とすると，あと19回うるう年が来ると20回目のうるう年になるので，2008＋4×19＝2084

西暦2008年から2084年までの間，100でわりきれる年と400でわりきれる年はいずれもないので，20回目のうるう年は西暦2084年になる。

問題２　１年をつねに365日とすると，１年で生まれる暦と季節のずれは365.2422－365より，0.2422日分である。これが300年続くと，0.2422×300＝72.66(日)分のずれになる。小数第１位を四捨五入すると，およそ73日分。

問題３　**【資料】**から，400年を１まとまりとして考えるとよい。400年のうち，４でわりきれる年は400÷4＝100(年)，４でわりきれない年は400－100＝300(年)ある。４でわりきれる年のうち，100でわりきれる年は４年，400でわりきれる年は１年あるので，うるう年は100－4＋1＝97(年)，平年は400－97＝303(年)あることがわかる。これをもとに１年の平均日数を求めると，(366×97＋365×303)÷400＝365.2425(日)となり，ちょうど小数第４位までわりきれる。

問題４　１年の平均日数が365.3333…日になるとき，１年の実際の日数と平均日数で0.3333…日の差が生まれる。日数が１日多い年を１つもうけてこの差をなくせばよいから，1÷0.3333…＝3より，３年に１度うるう年にすればよい。同じように，0.0333…日分の差をなくすには，1÷0.0333…30より，30年に１度うるう年を平年にすればよい。

3（理科：手作り電池，金属の性質）

問題１　**実験１～実験３の＜方法＞と＜結果＞から，正しいと読み取れるものを選ぶ。**

ア　**実験２**の＜結果＞より，砂糖水やアルコールを使ったときには電流が流れなかったので，これは正しくない。

イ　**実験３**の＜結果＞より，**実験１**と同じ鉄板と銅板を使ったときの電圧の大きさは0.12Vである。鉄板の代わりに亜鉛板を使い，銅板と亜鉛板の組み合わせにすると電圧の大きさは0.59Vだったので，これは正しい。

ウ　**実験３**の＜結果＞より，同じ種類の金属板どうしを組み合わせたときにはテスターの針がふれていないので，電流が発生していない。ことなる種類の金属板どうしを組み合わせたときには電流が発生しているので，これは正しい。

エ　食塩水のこさや金属板の大きさを変えた実験は行っていないので，これは読み取れない。

問題２　**実験３の＜結果＞**において，銅板は必ず＋極，マグネシウム板は必ず－極になっているので，最も＋極になりやすい**あ**に銅板，最も－極になりやすい**え**にマグネシウム板があてはまる。残った鉄板と亜鉛板の組み合わせでは，鉄板が＋極，亜鉛板が－極になっているので，鉄と亜鉛では鉄の方が＋極になりやすい。したがって，**い**に鉄板，**う**に亜鉛板があてはまる。

問題３　【図２】の結果より，発光ダイオードを光らせるためには，発光ダイオードの長い方の端子に電池の＋極をつなげる必要がある。このことと，【図１】において２つの電池が直列つなぎであることに注意すると，Ａ，Ｃは＋極，Ｂ，Ｄは－極となるとわかる。**【条件】**③より，２つの電池の電圧の値の合計が最も大きくなるようにするので，**実験３の＜結果＞**から電圧が大きくなった金属板の組み合わせを読み取ると，鉄板とマグネシウム板，銅板とマグネシウム板の２通りある。**【条件】**①より，どの金属板も１枚しか使えないので，残った２つの金属板でつくった電池の電圧を読み取り，合計を比べる。

ＡとＢの電池	ＡとＢの電池の電圧	ＣとＤの電池	ＣとＤの電池の電圧	電圧の値の合計
鉄板とマグネシウム板	1.14V	銅板と亜鉛板	0.59V	1.73V
銅板とマグネシウム板	1.23V	鉄板と亜鉛板	0.45V	1.68V

鉄板とマグネシウム板，銅板と亜鉛板の組み合わせのときに電圧の値の合計が最大になる。

４　**（理科：ハープの弦が出す音の高さ，振動数，算数：計算）**

問題１　ドからシまで７本の弦（げん）があるから，47÷7＝6…5より，ドからシまでの７本のまとまりが６つと，残りのドからソまでの５つの弦で47本になっている。よって，赤い弦すなわちドの弦は，6＋1＝7(本)ある。

問題２　**い**　**問題１**の説明より，一番高い音はソである。

うえ　【図１】より，ハープの手前側に張られているのは短い弦である。先生の「グランドハープは，振動（しんどう）する弦の長さが長いほど低い音が出て，短いほど高い音が出るようになっています」という発言とあわせると，ハープの手前側には高い音の弦が張られていることになる。したがって，「演奏する人から見て手前から４番目の弦の音」は，「４番目に高い音」のことである。一番高い音はソなので，４番目に高い音はレである。

問題３　条件の異なる実験結果を比べるときは，条件が１つだけちがうものどうしで比べる。

おか　**条件１**～**条件５**のうち，支えの間隔と弦の太さは同じで，おもりの数だけがちがう条件の組み合わせを選ぶ。

きく　**条件１**～**条件５**のうち，支えの間隔とおもりの数は同じで，弦の太さだけがちがう条件の組み合わせを選ぶ。

問題４　会話文の誘導にしたがって計算する。

け　「★のドは，☆のドより１オクターブ高いドとよびます。そして，★のドの音の振動数は，☆のドの音の振動数のちょうど２倍になっています」という先生の発言から，音が１オクターブ高くなると，振動数は２倍になることがわかるので，振動数が120Hzである音①より１オクターブ高い音②の振動数は，120×2＝240(Hz)になる。

こ　音①の振動数は120Hz，音②の振動数は240Hzで，振動数の差は120Hzある。これを単純に12等分すると，1つ分の間隔は120÷12＝10(Hz)となる。

さ　音③は振動数が240Hzである音②より1オクターブ高い音だから，その振動数は，240×2＝480(Hz)となる。

問題5　基準のラの次のドは，基準のラより鍵盤3つ分高い音であるから，この音の振動数は，440×1.06×1.06×1.06＝524.0…より，約524Hz。したがって最も近いのはオ。

★ワンポイントアドバイス★

短時間で多くの問題を処理する力が要求される。問われている内容は基本的なものから難易度の高いものまで様々なので，時間の配分を意識しつつ比較的解きやすい問題を見極めながら解き進めよう。複数の資料から情報を選び活用する必要がある。問題文をていねいに，かつ早く読み取り，解答に必要な情報は何か考える習慣をつけておこう。

2020年度

★★★★★★★★★★★★★★★★★★★★★★★★★★

入　試　問　題

2020年度

横浜市立南高等学校附属中学校入試問題

【適性検査Ⅰ】（26ページから始まります。）

【適性検査Ⅱ】（45分）　＜満点：200点＞

1 みなみさんは，植物が水をすい上げるはたらきについて興味をもち，研究したことをまとめました。あとの問題に答えなさい。

【実験レポートⅠ】

疑問（ぎもん）に思ったこと

●庭からアジサイの枝をとって水が入った花びんにさすと，枝は水をすい上げた。植物の体のどの部分に水をすい上げるはたらきがあるのだろう。

調べたいこと

●水をすい上げるはたらきは葉にあると予想して，葉があるときと葉がないときの，枝がすい上げる水の量の変化を調べる。

実験

① チューブ内に空気の泡（あわ）が入らないように水を入れ，【図１】の装置（そうち）を組み立てる。アジサイの枝は水が入った花びんに１時間ほどさしておいたものを使う。

【図１】

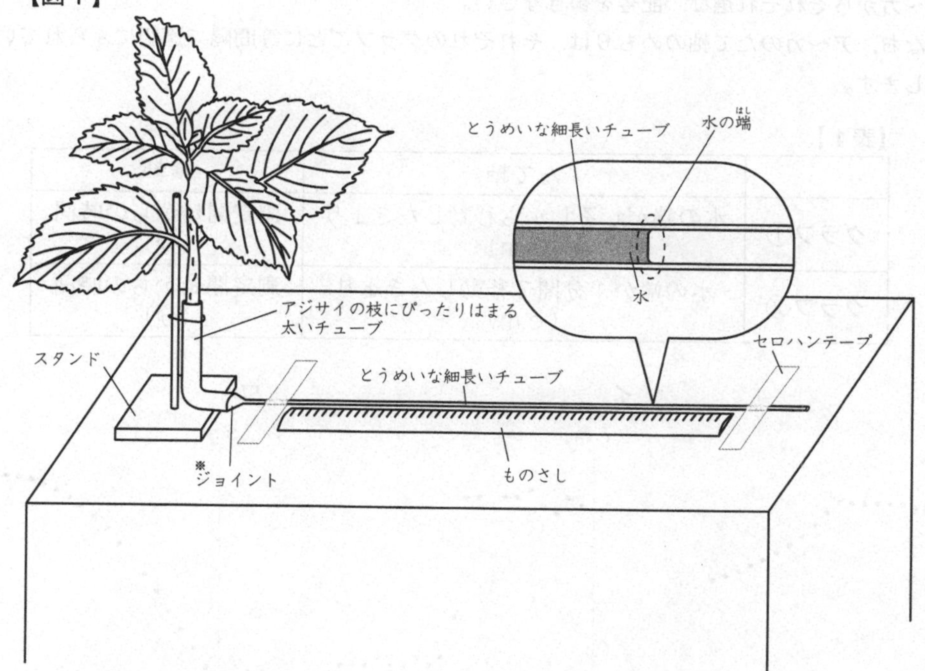

※ジョイント…チューブとチューブをつなぐ部品

② 測定開始時の水の端(はし)の位置がわかるように，しるしをつける。

③ 水の端がしるしから移動したきょりを１分ごとに記録する。このとき，水の端が移動したきょりを，枝がすい上げた水の量として考える。

④ 測定開始から10分後に枝についた葉をすべて切りとり，さらに10分間測定を行う。

結果

●測定開始からの時間と水の端がしるしから移動したきょり

時 間（分）	0	1	2	3	4	5	6
きょり（cm）	0	2.3	4.7	6.9	9.2	11.7	14.1

7	8	9	10	11	12	13
16.5	18.8	21.2	23.6	24.5	24.9	25.2

14	15	16	17	18	19	20
25.6	25.9	26.2	26.6	26.9	27.2	27.5

考察

●葉には水をすい上げるはたらきがある。

理由…

問題１ みなみさんは【実験レポートⅠ】の結果をもとに，【表１】のように，たて軸(じく)と横軸を決めて，グラフ①とグラフ②を作成しました。グラフ①とグラフ②にあてはまるグラフを，あとのア～カからそれぞれ選び，記号を書きなさい。

なお，ア～カのたて軸のめもりは，それぞれのグラフごとに等間隔(とうかんかく)で適切にふられているものとします。

【表１】

	たて軸	横軸
グラフ①	水の端がしるしから移動したきょり（cm）	測定開始からの時間（分）
グラフ②	水の端が１分間で移動したきょり（cm）	測定開始からの時間（分）

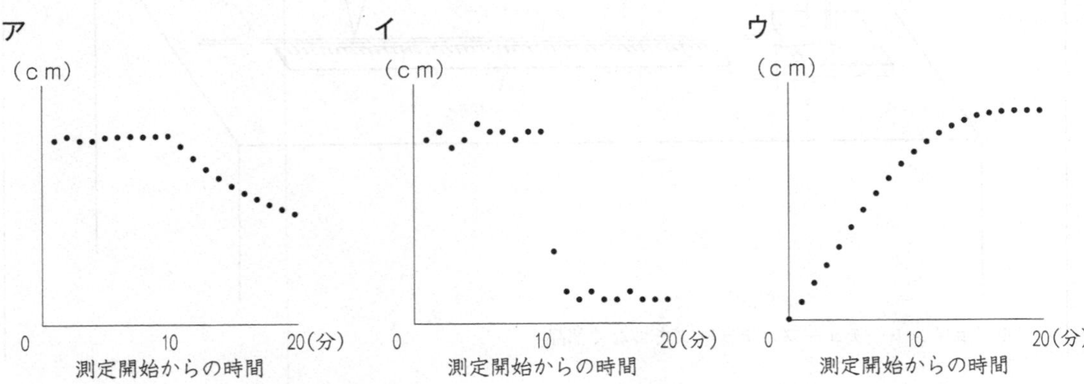

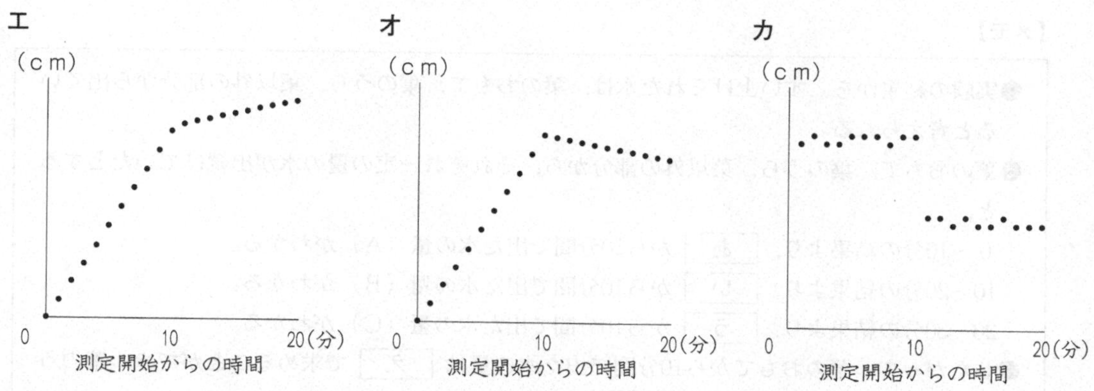

問題2　【実験レポートⅠ】の考察の［　　］にあてはまる文章を，「きょり」という言葉を使って，句読点を含み，45字以内で書きなさい。

【実験レポートⅡ】

新たな疑問

●葉には水をすい上げるはたらきがあることがわかった。また，さらに調べると，すい上げられた水は，植物の体から外に出ていることがわかった。では，すい上げられた水は，植物の体のどの部分から外に出ているのだろう。

調べたいこと

●すい上げられた水は，葉のおもて，葉のうら，葉以外の部分から出ていると予想して，それぞれの部分から出ている水の量を調べる。

実験

1　アジサイの枝を新たに用意して，**【実験レポートⅠ】**の実験②までと同じように準備する。

2　水の端がしるしから移動したきょりを10分ごとに記録する。このとき，水の端が移動したきょりを，葉や葉以外の部分から出ている水の量として考える。

3　測定開始から10分後に，水の端が移動したきょりの１回目の測定を行う。その後，すべての葉のおもてにクリームをぬり，葉のおもてから水が出ていかないようにする。

4　測定開始から20分後に，２回目の測定を行う。その後，すべての葉を切りとり，切り口にクリームをぬり，切り口から水が出ていかないようにする。

5　測定開始から30分後に，３回目の測定を行う。

結果

●測定開始からの時間と水の端がしるしから移動したきょり

時間（分）	0	10	20	30
きょり（cm）	0	21.9	39.5	42.3

問題3　みなみさんは【実験レポートⅡ】についての考えを整理するために，次のページの【メモ】をつくりました。あとの問いに答えなさい。

【メモ】

●実験の結果から，すい上げられた水は，葉のおもて，葉のうら，葉以外の部分から出ていると考えられる。
●葉のおもて，葉のうら，葉以外の部分から，それぞれ一定の量の水が出続けていたとすると，
0～10分の結果より，［あ］から10分間で出た水の量（A）がわかる。
10～20分の結果より，［い］から10分間で出た水の量（B）がわかる。
20～30分の結果より，［う］から10分間で出た水の量（C）がわかる。
●したがって，葉のおもてから10分間で出た水の量は［え］で求めることができ，葉のうらから10分間で出た水の量は［お］で求めることができる。

(1) 【メモ】の［あ］～［お］にあてはまるものを，次のア～タからそれぞれ１つずつ選び，記号を書きなさい。

ア　葉のおもて
イ　葉のうら
ウ　葉以外の部分
エ　葉のおもて・葉のうら
オ　葉のおもて・葉以外の部分
カ　葉のうら・葉以外の部分
キ　葉のおもて・葉のうら・葉以外の部分

ク　A＋B
ケ　A＋C
コ　B＋C
サ　A－B
シ　A－C
ス　B－A
セ　B－C
ソ　C－A
タ　C－B

(2) 測定開始から10分間で枝から出た水の量のうち，葉のうらから出た水の量の割合（わりあい）を，実験の結果をもとに計算し，百分率で答えなさい。ただし，答えは小数第１位を四捨五入（ししゃごにゅう）して，整数で書きなさい。

2　みなみさんは，対角線の入った方眼紙を使って，図形の形やその面積について考えています。次の問題に答えなさい。

問題１　みなみさんは，【図１】の図形と，同じ形で大きさの異（こと）なる図形をつくりました。あとの問いに答えなさい。

【図１】

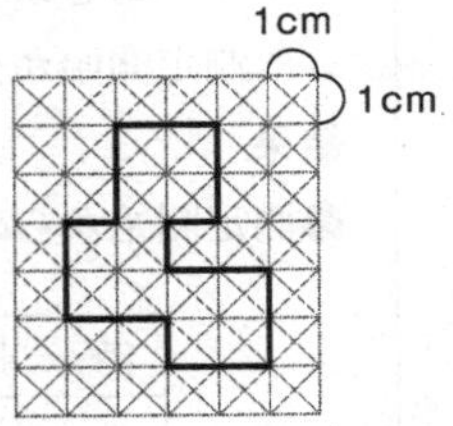

1cm
1cm

(1) 【図１】の図形と同じ形で大きさの異なる図形を，次のページのア～オから**すべて**選び，記号を書きなさい。

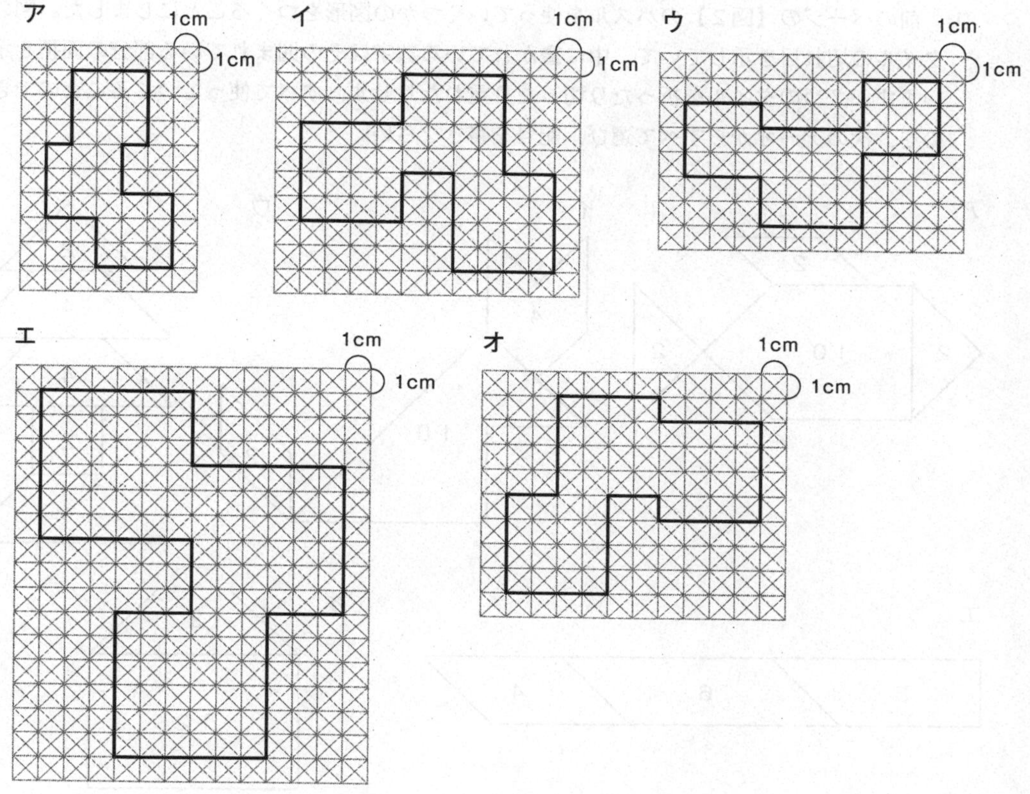

(2) 前のページの【図１】の図形と同じ形で，面積が２倍になるような図をかきなさい。ただし，じょうぎは使わず，解答用紙の点線を利用してかきなさい。

問題２　みなみさんは【図２】のような，**清少納言知恵の板**（せいしょうなごんちえのいた）というパズルを見つけました。そのパズルは，１辺が４cmの正方形を３つの三角形と４つの四角形に分割（ぶんかつ）したタイルでつくられているものでした。あとの問いに答えなさい。

【図２】　清少納言知恵の板

・タイルの中に書かれている数字は分割したタイルのそれぞれの面積（cm²）を示している。

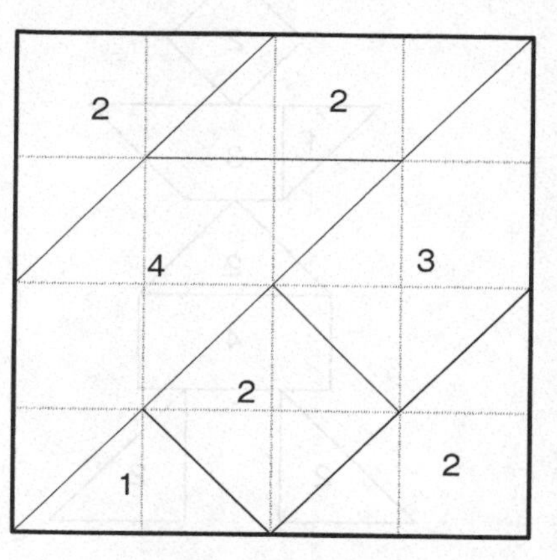

(1) 前のページの【図２】のパズルを使っていくつかの図形をつくることにしました。図の線はタイルの切れ目を示していて，中に書かれている数字はその囲まれている部分の面積を示しています。７つのタイルを折ったり切ったり重ねたりせず，すべて使ってつくることのできるものを，次の**ア～オ**から**すべて**選び，記号を書きなさい。

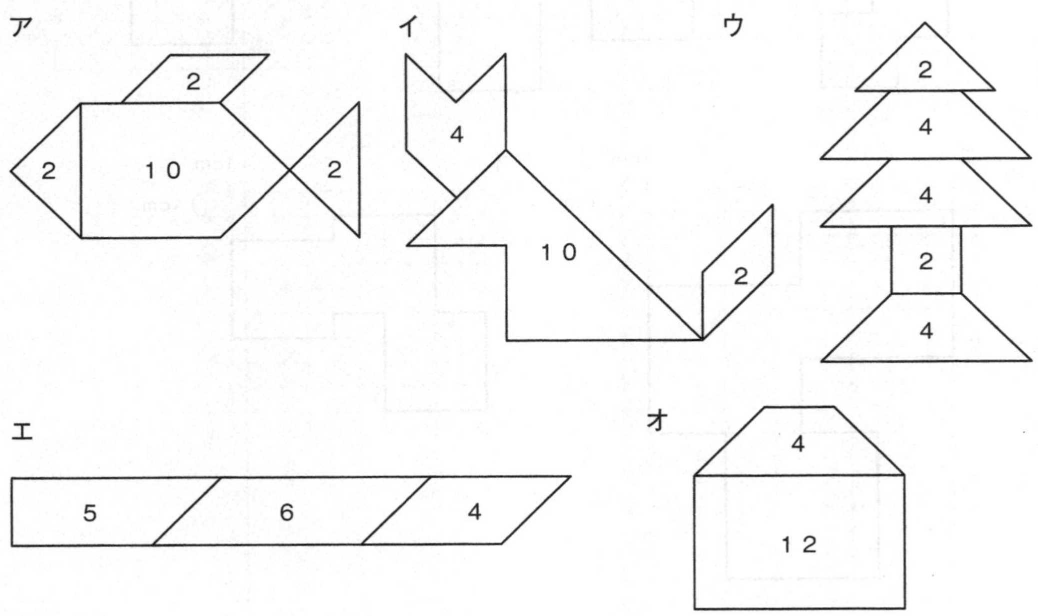

(2) **みなみさんは**【図２】のようなパズルで**分割の仕方の違う**７つのタイルを使って，【図３】のような図形をつくりました。タイルの中に書かれている数字は面積(㎠)を示しています。【図３】の図形をつくるには，どのように分割すればよいか，分割した図をかきなさい。ただし，じょうぎは使わず，解答用紙の点線を利用してかきなさい。

【図３】

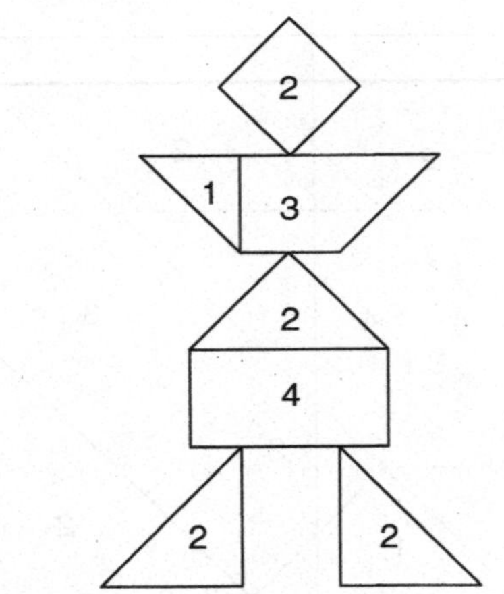

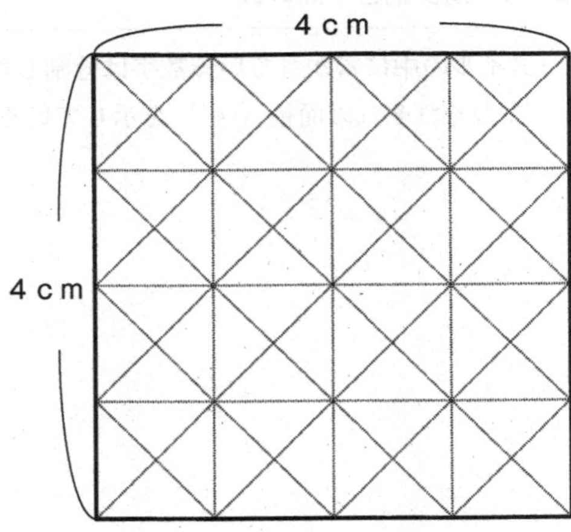

(3)　**みなみさん**は木でできている１辺が４cmの立方体の１つの面に，５ページの**【図２】**のパズルと同じ図を，**【図４】**のようにかきました。その立方体を**【図５】**のように，かいた線から底面に垂直になるようにまっすぐに切って，７つの積み木をつくって遊びました。

【図６】はつくった７つの積み木のうち，１つだけ使わずに積み重ねてできたものを真横と真上から見た図です。図の線はできたものを１つの立体として考えたときの，立体の辺を表しています。

つくった７つの積み木のうち，使われていない積み木はどれか，次のページの**【図７】**のア～キから１つ選び，記号を書きなさい。

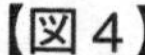

【図４】

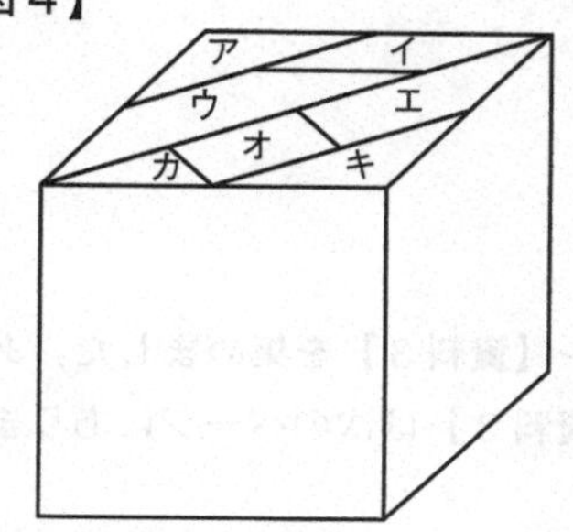

【図５】

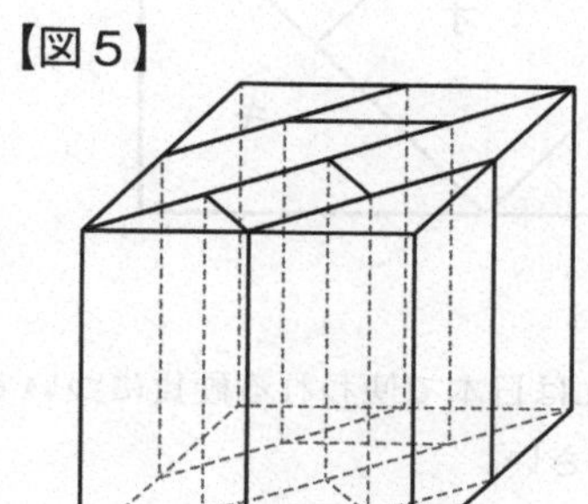

【図６】

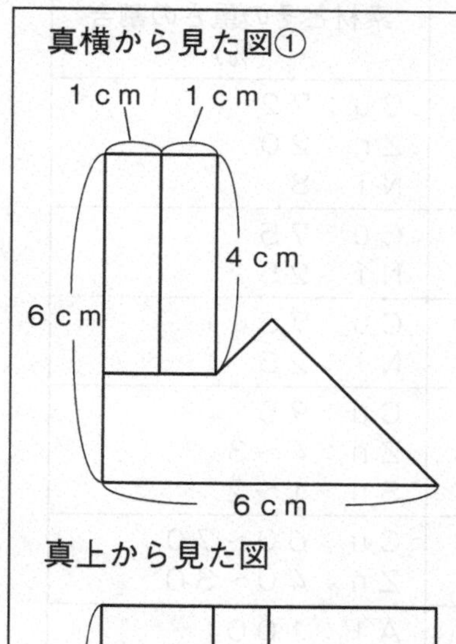

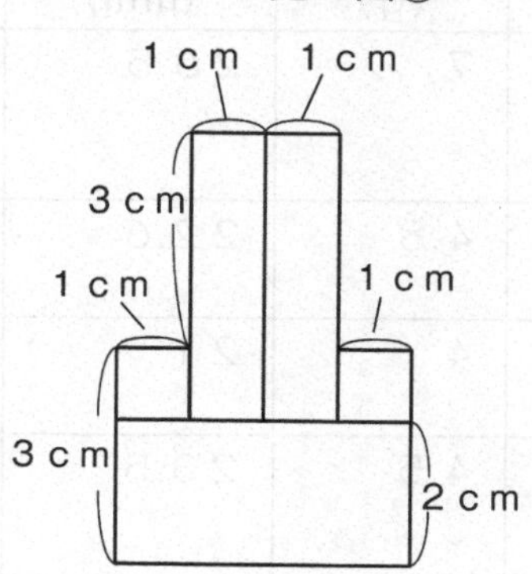

【図7】　【図4】を真上から見た図

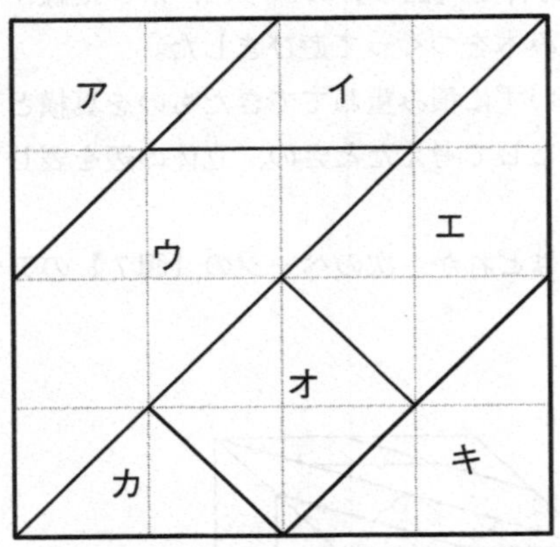

3　みなみさんは日本で使われる硬貨（こうか）について調べ，【資料1】～【資料3】を集めました。あとの問題に答えなさい。
（【資料3】は次のページにあります。）

【資料1】日本で現在製造されている硬貨

種類	重さ（g）	硬貨の直径（mm）	穴（あな）の直径（mm）	素材とその重さの割合（わりあい）（%）
５００円玉	7	26.5	なし	Cu：72 Zn：20 Ni：8
１００円玉	4.8	22.6	なし	Cu：75 Ni：25
５０円玉	4	21	4	Cu：75 Ni：25
１０円玉	4.5	23.5	なし	Cu：95 Zn：4～3 Sn：1～2
５円玉	3.75	22	5	Cu：60～70 Zn：40～30
１円玉	1	20	なし	Al：100

（造幣局のホームページをもとに作成）

【資料2】　金属の種類を表す記号

記号	Al	Cu	Ni	Sn	Zn
種類	アルミニウム	銅	ニッケル	スズ	亜鉛（あえん）

【資料３】 ※合金の種類と特徴

青銅	スズを含む銅の合金で、ブロンズとも呼ばれる。
白銅	銅とニッケルの合金。銀のような色をしている。
黄銅	銅と亜鉛の合金で亜鉛の重さの割合が３０％以上のもの。 真ちゅうとも呼ばれる。
ニッケル黄銅	銅、亜鉛、ニッケルを混ぜた合金で、洋白、洋銀とも呼ばれる。

※合金……２つ以上の金属を溶かして混ぜ合わせた金属

問題１ みなみさんは，硬貨のほかにどのような金属製のものがあるかを調べ，**【メモ】**にまとめました。＿＿＿線①～＿＿＿線③ はそれぞれどの硬貨と同じ種類の金属でできていますか。前のページの**【資料１】**～**【資料３】**と**【メモ】**をもとに，最も適切なものをあとのア～オからそれぞれ選び，記号を書きなさい。

【メモ】

学校にある①トランペットやトロンボーンなどの金管楽器は真ちゅうでできている。真ちゅうはブラスとも呼ばれ，ブラスバンドという言葉はこのことに由来する。

仏像は木で作られたものが多いが，鎌倉や奈良の②大仏は青銅でできている。弥生時代には青銅でできた祭りの道具が用いられていた。

飲み物の缶には，鉄でできているスチール缶と，アルミニウムでできている③アルミ缶の２種類がある。

トランペット

大仏

アルミ缶

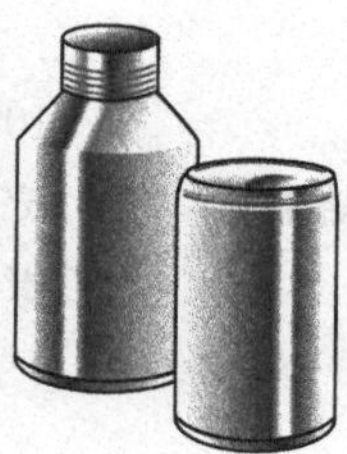

ア 500円玉　**イ** 100円玉　**ウ** 10円玉　**エ** ５円玉　**オ** １円玉

問題２ みなみさんは，**【資料１】**，**【資料２】**から分かることを次のようにまとめました。あとの問いに答えなさい。

・５円玉と50円玉の硬貨の直径に対する穴の直径の割合を比べると（　あ　）。
・50円玉１枚に含まれるニッケルの重さと１円玉１枚に含まれるアルミニウムの重さは（　い　）。
・穴の空いていない４種類の硬貨を１枚ずつ，合計４枚つくるためには，少なくとも（　う　）ｇの銅が必要である。

(1) （あ），（い）にあてはまる言葉として最も適切なものを，次のア～オからそれぞれ選び，記号を書きなさい。

ア　50円玉の方が穴の直径の割合が大きい

イ　50円玉の方が穴の直径の割合が小さい

ウ　どちらも同じである

エ　50円玉に含まれるニッケルの方が重い

オ　50円玉に含まれるニッケルの方が軽い

(2) （う）にあてはまる数として最も適切なものを，次のア～オから選び，記号を書きなさい。

ア　12　　イ　13　　ウ　18　　エ　19　　オ　26

問題３　みなみさんは，今は製造されなくなった**硬貨Ａ**を見つけました。みなみさんは，同じ種類の金属であれば，１cm^3あたりの重さが同じになることを利用して，**硬貨Ａ**の素材を確かめるために，次の【実験１】～【実験３】を行いました。

【実験１】　硬貨Ａを１枚，上皿てんびんの一方の皿にのせ，もう一方の皿にてんびんがつり合うまで分銅をのせた。

【結果１】　皿にのせた分銅の数は次の表のようになった。

分銅の重さ	0.1ｇ	0.2ｇ	0.5ｇ	1.0ｇ	2.0ｇ	5.0ｇ
のせた数	0	1	0	0	1	1

【実験２】　水が50.0mL入ったメスシリンダーに硬貨Ａを10枚，静かに沈めた。

【結果２】　水面を真横から見ると，【図１】のようになった。

【図１】

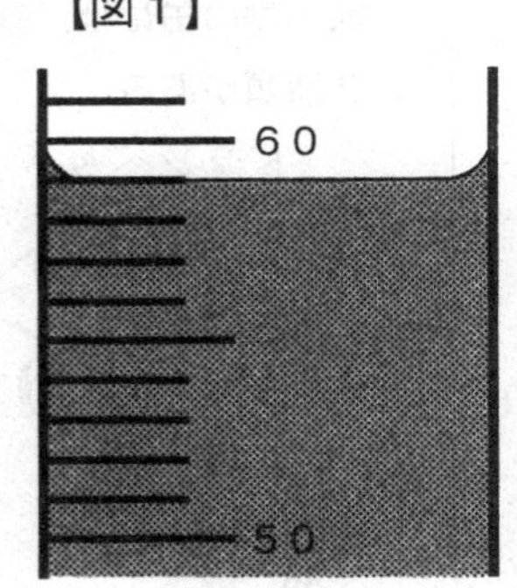

【実験３】　水が50.0mL入ったメスシリンダーに，１円玉，５円玉，10円玉，100円玉，500円玉の５種類の硬貨を，10枚ずつ静かに沈めた。

【結果３】　それぞれの硬貨を10枚沈めたときの水面の位置は次の表のようになった。

硬貨	１円玉	５円玉	１０円玉	１００円玉	５００円玉
水面の位置（mL）	53.8	54.2	55.5	56.0	59.0

みなみさんが見つけた**硬貨Ａ**の素材は，どの硬貨の素材と同じであると考えられるか，最も適切なものを次のア～オから選び，記号を書きなさい。

ア　１円玉　　イ　５円玉　　ウ　10円玉　　エ　100円玉　　オ　500円玉

問題４　みなみさんは，**硬貨**(こうか)**１**～**硬貨６**を上皿てんびんにのせ，重さを比べました。次のページの【図２】はその結果を表しています。**硬貨１**～**硬貨６**は１円玉から500円玉までの６種類の硬貨で，すべて種類は異なります。**硬貨１**～**硬貨６**はそれぞれ何円玉か答えなさい。

【図２】

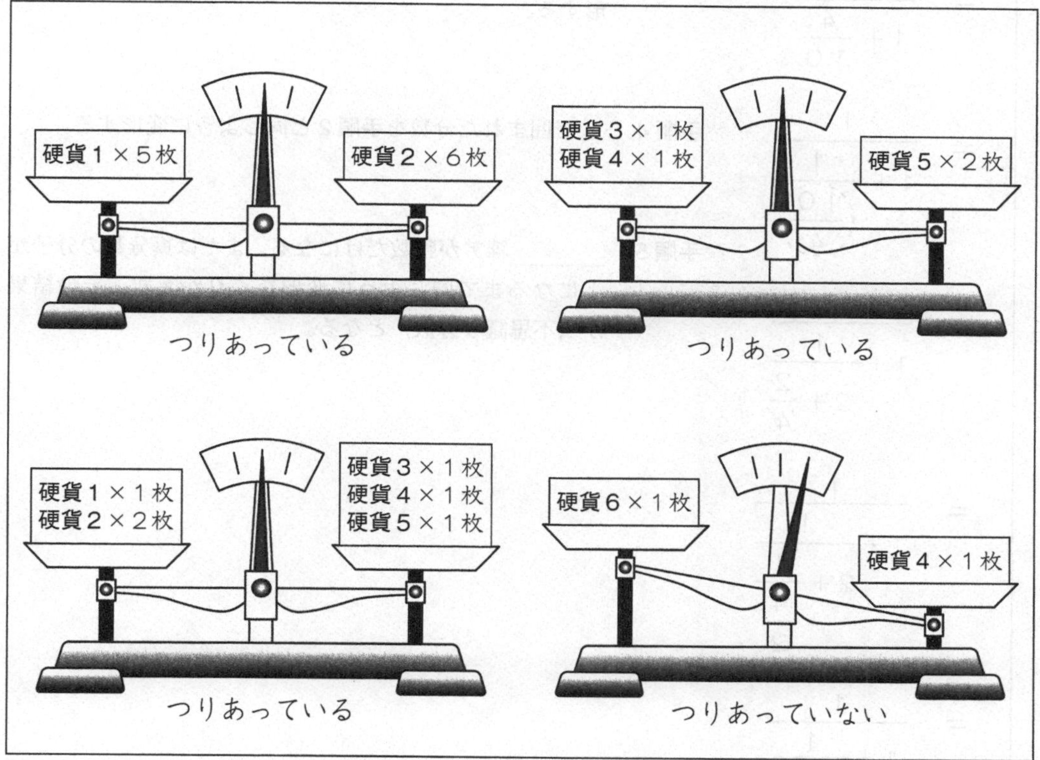

4 みなみさんは約分のしかたについて調べ，【メモ】にまとめました。あとの問題に答えなさい。

【メモ】

① 分母と分子の公約数を見つけることができれば約分ができる。
② 簡単（かんたん）に公約数が見つからない分数でも，その分数を〈不思議な分数〉に変形したものを利用すれば約分ができる。

問題１ 【メモ】の①について，$\frac{630}{819}$の分母と分子の最大公約数を答えなさい。

問題２ 【メモ】の〈不思議な分数〉のつくり方を説明した【資料１】を見て，あとの問いに答えなさい。

【資料１】

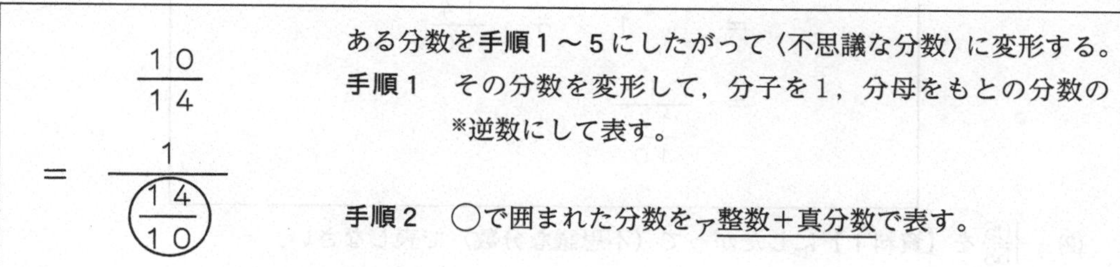

$$\frac{10}{14}$$

$$=\frac{1}{\frac{14}{10}}$$

ある分数を手順１～５にしたがって〈不思議な分数〉に変形する。

手順１　その分数を変形して，分子を１，分母をもとの分数の※逆数にして表す。

手順２　○で囲まれた分数を$_ア$整数＋真分数で表す。

$$= \frac{1}{1+\frac{4}{10}}$$

手順３　＿＿＿線アの真分数の部分を手順１と同じように変形する。

$$= \frac{1}{1+\frac{1}{\frac{10}{4}}}$$

手順４　◌で囲まれた分数を手順２と同じように変形する。

$$= \frac{1}{1+\frac{1}{2+\frac{2}{4}}}$$

手順５　＿＿＿線アが整数だけになる，または真分数の分子が１になるまで同じように変形をくりかえす。その結果が〈不思議な分数〉となる。

$$= \frac{1}{1+\frac{1}{2+\frac{1}{\frac{4}{2}}}}$$

$$= \frac{1}{1+\frac{1}{2+\frac{1}{2}}}$$

※逆数……もとの分数の分母と分子をいれかえた分数

(1)　みなみさんは，前のページの【資料１】の手順１のように分数を変形できる理由を，【みなみさんの考え】のように式を用いて説明しました。

【みなみさんの考え】の あ ， い にあてはまる式を書きなさい。

【みなみさんの考え】

$$\frac{10}{14} = 10 \div 14$$

$$= (\boxed{\quad あ \quad}) \div (\boxed{\quad い \quad})$$

$$= 1 \div \frac{14}{10}$$

$$= \frac{1}{\frac{14}{10}}$$

(2)　$\frac{105}{153}$を【資料１】にしたがって〈不思議な分数〉で表しなさい。

【みなみさんとたかしさんの会話文】

みなみさん：$\frac{39}{91}$を，11ページの**【資料１】**の手順にしたがって〈不思議な分数〉で表すと，

$\frac{1}{2+\frac{1}{3}}$になるよ。この〈不思議な分数〉を計算して，ふつうの分数に直すと，

$\frac{3}{7}$になるよ。

たかしさん：$\frac{3}{7}$は$\frac{39}{91}$を約分したものだね。〈不思議な分数〉をつかって約分ができたよ。

みなみさん：では，$\frac{4715}{14789}$を約分してみよう。

たかしさん：$\frac{4715}{14789}$を〈不思議な分数〉で表すと，$\frac{1}{3+\frac{1}{7+\frac{1}{3+\frac{1}{9}}}}$になるよ。

問題３　**【メモ】**の②についての**【みなみさんとたかしさんの会話文】**を読んで，$\frac{4715}{14789}$を約分しなさい。

それについて語りあい、必要ならば談話の形をつくっていくという役割は、私たちひとりひとりが担っているわけです。私にとって、人と人とのかかわりをフィールドワークすることの魅力は、たがいに育みあい、支えあって生きていく可能性をなるだけ豊かに広げるようなやりとりのあり方を、考えさせてくれることにあるのだと思います。

（當眞千賀子『談話と文化的学びのかかわりを見つける』より。
一部省略やふりがなをつけるなどの変更があります。）

［注］
※3　母胎……ものごとが生まれる、もとになるもの。
※4　折りあい……おたがいにゆずり合って、解決すること。
※5　網羅……関係するものを、のこらず集めること。
※6　談話……話。会話。
※7　発話……ことばにして口に出すこと。発言。
※8　発意……自分で考えを出すこと。
※9　フィールドワーク……実際に現地へ行って調査や研究を行うこと。
※10　三段論法……すでにわかっている二つのことから、三つ目の新しい判断を導く方法。
※11　極北…地球上で最も北にある地域。
※12　命題……あることがらについて「これはこうである」などとことばで表したもの。
※13　駆使……使いこなすこと。
※14　戒める……用心する。注意する。
※15　虐げる……ひどいあつかいをして苦しめる。

にして、相手を過小評価したり、拒否したり、否定したりしがちです。でも、やりとりを通した相手の発言の一貫性にしっかり目を向けると、それを支えている意味や、価値観、世界観に触れることができるかもしれません。そうすると、やりとりで生じる食いちがいは、立ち止まり、わが身を振りかえるきっかけになり得るし、学びへの扉をひらいてくれる可能性をも秘めているのです。

《中略》

私たちが、日々の生活を送る中で体験する、さまざまな活動場面には、それぞれ歴史的に培われてきた特徴的な談話パターンがあります。私たちは、このような談話の特徴をかならずしも意識的に生み出しているわけではありません。いつのまにか身につけた談話パターンを「当然」または「自然」なやりとりの形として使っていくことのほうが多いでしょう。

人と人とのやりとりをフィールドワークする役割のひとつは、知らず知らずのうちに使われている、このようなパターンを浮き彫りにすることです。談話のパターンは、私たちがそれを用いることで、維持されていきます。それで問題のないこともありますが、立ち止まって考え直したほうがいいことも少なくないかもしれません。

活動を形づくる談話パターンは、かならずしも固定的なものではありません。大切なのは、やりとりの担い手である私たちが、そのあり方を見つめ、対話し、必要に応じて、談話パターンのレパートリーを広げたり、新たな談話の形をつくっていったり、すでにあるパターンの魅力に気づいたりしていくことだと思います。

私は、日本とアメリカのいくつかの大学で授業をしてきましたが、その際、これまでの、やりとりに関するフィールドワークの経験をもとにして、学生たちといっしょに、大学ではめずらしい談話パターンで構成される授業を試みてきました。大学では、各研究室のゼミを除くと、先生が講義をして学生がそれを聞くという形式の授業が多いようです。中学校や高校もそうかもしれませんね。

私はまず、学生たちに、授業で暗黙の前提となっている講義中心の知識伝達型の談話パターンに気づいてもらいました。そして、そのかわりに、学生どうしが、たがいに安心して考えを述べあい、問いを投げかけあったり、テーマへの理解を深めあったり、議論したりするようなやりとりがふんだんに織りこまれた授業をつくってみたのです。すると、不思議なことに、学生のあいだにたがいの学びを支えあうような関係が生まれ、授業が単に教師から知識を受け取るだけの場ではなくなっていきました。授業が終わった後にも、受講生が集まって、たがいの学びを支えあうサポートグループをつくった大学もありました。

どんな談話のパターンも、万能ではありません。それぞれのパターンが、何を可能にして何を不可能にしているのか、何を大切にして何をおろそかにしているのかを考えてみることが大切です。また、意図していなくても、やりとりを通して誰かをいつのまにか軽んじたり、※15虐げたりしてしまっていないか、立ち止まって見つめてみることも必要ですね。

人間という種は、ひとりでは生きていくことが不可能なようにできています。だからこそ、他者とのやりとりは誰にとっても大きな意味をもつのでしょう。さまざまな場面でのやりとりのあり方を見つめ、

を見たことがないんだよ。だから話すことはできないんだ。私の言うことはそこにつきる。見たことのある者は話せるが、見たことのない者は何も話すことはできないんだよ！

（ルリヤ『認識の史的発達』一五七ページより）

どうですか。おそらく、想像していなかったようなやりとりが展開していたのではないでしょうか。

調査者は、なんとか答えてもらおうと、このやりとりのあいだに二回も三段論法の問いをくりかえし、手を変え、品を変え、アブドゥフラムさんから三段論法への答えを引き出そうとしています。しかし、彼は、とうとう最後まで「白い」とは答えませんでした。

この談話を見ていて、アブドゥフラムさんは「機嫌が悪くてわざとはぐらかしているのでは」とか、「ふざけているのでは」と感じた人は少なくないと思います。

でも、もう一度、よく見てみましょう。アブドゥフラムさんは、行き当たりばったりで「誤った」答えを返しているのではありませんね。彼は、終始一貫して、「見たことのないもの、知らないものについて、語ることはできない」と主張しています。じつは、当時、ウズベキスタンの人たちの中には彼と同じような答え方をした人が多かったのだそうです。

「アブドゥフラムさん（たち）はなぜ答えられないのだろう」と問うかわりに、「私たちは、なぜ、すぐに「白い」と答えてしまうのだろう」と問うてみたらどうでしょう。極北に行ってみたこともなければ、ノーバヤ・ゼムリヤーなどという地名を聞いたこともない。それにもかかわらず、平気で「白い」と言ってしまう。これって、どういうことでしょう。

三段論法では、具体的な経験があるかないかにかかわらず、設定された※12命題の関係から、論理的に推論して結論を導き出すことになっています。これは、人類がつくり出したひじょうに強力な思考の道具のひとつです。三段論法的思考を※13駆使して、まだ誰も経験したことのないことについても推論にもとづく結論を出し、それにしたがって行動するということで、人類は未知の領域での活動範囲を広げてきました。確かに、それによって、さまざまな恩恵を受けてきたことは否定できませんね。

しかし、そこから生まれてきたものは、いいことばかりだったでしょうか。

こう考えると、調査者がくりかえし投げかける三段論法の問いに対して、「見たことのないことは、しゃべらない」と、答えることをかたくなに拒みつづけたアブドゥフラムさんの発話が、最初の印象とはちがったものに見えてきませんか。当時、ウズベキスタンの人々のあいだには、見たことも聞いたこともない、知らないことについて、あれこれと推測でものを言う（判断する）ことを※14戒め、その危険性をわきまえる知恵と価値観が、しっかり根づいていたのではないでしょうか。見たこともないことについて、いとも簡単に推論してものを言うようになっている私たちは、アブドゥフラムさんたちから学ぶべきことがないでしょうか。

自分には理解に苦しむようなやりとりに出会ったとき、人は、往々

どうやら、授業は、それ以外の日常場面とは異なるやりとりの形式をもった活動になっているようですね。それが、授業で学んだり教えたりすることとどんな関係があるのか、考えてみるとおもしろいですね。また、授業以外の場面で学んだり教わったりするときはどうか、比較してみると興味深いちがいが見えてくるかもしれません。

つぎに見ていくのは、ソビエトの発達心理学者ヴィゴツキーの※8発意にもとづき、ルリヤを中心として、一九三一年から三二年にかけて、ウズベキスタンで行われた※9フィールドワークの記録から引用してきた談話です。

論理推論過程についての調査の一環として、ウズベキスタンの人々に投げかけられた※10三段論法のひとつです。

> **三段論法**
>
> 雪の降る※11極北では熊はすべて白い。
> ノーバヤ・ゼムリヤーは極北にあってそこにはいつも雪がある。
> そこの熊は何色をしているか？

この問いを投げかけられたら、あなたはどう答えますか。これも、大学の授業で学生にたずねると、ほぼ全員が、即座にひとつの答えを返してきます。それは、「白い」という返答です。みなさんの多くがやはり「白い」と答えたのではないでしょうか。そうですね、それが「正解」です。

以下は、調査者が、ウズベキスタン、カシュガル村のアブドゥフラムさん（三七歳）に、この問いを投げかけた際のやりとりの記録です（A：アブドゥフラム）。

A　いろいろな獣がいる。

（三段論法がくりかえされる）

A　わからないな。黒い熊なら見たことがあるが、ほかのは見たことがないし……。
それぞれの土地にはそれぞれの動物がいるよ。白い土地であれば白い動物、黄色い土地には黄色い動物が。

調査者　ところで、ノーバヤ・ゼムリヤーにはどんな熊がいますか？

A　われわれは見たことだけを話す。見たこともないものについてはしゃべらないのだ。

調査者　さっきの話からはどうなりますか？

（三段論法がくりかえされる）

A　どういうことなんだろう。われわれのツアーは君たちのツアーとは似ていないし、君たちのツアーはわれわれのツアーとは似ていない。君の話に答えられるのは、見たことのある者だけだね。見たことのない者は、君の話を聞いても何も言うことはできないよ。

調査者　いつも雪のある北方では熊は白いと私は言いましたが、そこからノーバヤ・ゼムリヤーの熊はどのようだと結論づけられますか？

A　六〇歳とか八〇歳の人で、その人が白熊を見たことがあってしゃべるなら信用してもよいだろうが、私は白熊

人々だけでなく、私たちが生まれる前に生きた人々や、死んだ後に生きる（であろう）人々の営みとも絡みながら、「いま、ここ」を生きているわけです。そうだとすると、私たちが「育つ」「育む」「学ぶ」「発達する」ということを理解するには、人が現実の生活の場（フィールド）で生きる過程をしっかり見据える必要がある、と私は考えているのです。

この母胎となる問いから紡ぎだされた研究を、すべてここで※5網羅するというわけにはいきませんので、今回は、ことばを用いた人と人とのかかわり、「※6談話」に焦点をあててみたいと思います。私たちは毎日、いろんな活動の中で、ことばを通して他者とかかわりあっています。ここでは、談話を通してどんなことが見えてくるか、考えてみることにしましょう。

つぎのやりとりを見てください。

A　「神奈川県の県庁所在地はどこかわかる人、手を挙げてみて。
　　それでは、香織さんどうぞ」

香織　「はい、横浜です」

A　「そうですね」

さて、このやりとりを見て、あなたは、心の中に、どんな場面での、誰と誰とのあいだのやりとりが浮かびましたか。

おそらく、学校の教室での授業中（たぶん小学校の社会科の授業）、教師（A）が生徒たちに質問し、挙手をした生徒のひとりである香織さんが指名されて質問に答え、教師がそれを評価しているという場面を思い浮かべた人が多いのではないでしょうか。

私はこれまで、大学での授業や講演で、同じ質問をしたことがありますが、ほぼ全員が、このような学校での授業場面を想像すると答えます。やりとりが起こった場面についての情報を何も提供していないにもかかわらず、みんなが授業場面を思い浮かべるというのは不思議ではありませんか。談話を見ただけで特定の場面が想像されるのですから、私たちの日常を構成する活動場面には、それぞれ特有の談話のパターンがありそうですね。

実際、授業を録音・録画して、※7発話を文字化して分析した多くの研究が、このような談話のパターンを報告しており、学校の授業ではごく一般的に見られることがわかっています。またこのパターンは、日本だけでなく多くの国々の学校で広く使われていて、「質問（開始）－応答－評価の連鎖」と呼ばれています。

ところで、このパターンには、ある奇妙な特徴があるのですが、それが、何かわかりますか。あなたが、ふつう、誰かに質問するのはどんなときか、ちょっと考えてみてください。

そう。ふだん、私たちが誰かに何かを質問するのは、何かを知りたいけど、知らないときです。その場合、当然のことながら、なるべくそれを知っていそうな人にたずねるというのが真っ当な選択ということになりますね。ところが、授業でよく見られるこのやりとりでは、これがまったく逆さまになっているのです。授業では、質問者である教師はすでに「知っている」ことを質問します。しかも、質問を投げかけられる生徒たちは、質問者よりも知っている可能性の低い人たちです。

てくれるのは有り難い。日本でもあちこち旅行しているが、このようなサービスを経験したのは初めてだった。

日本の大半のホテルでは浴衣、歯ブラシ、髭剃りが置いてある。荷物を少なくできるので便利だ。しかし、ドイツの大半のホテルではこういったアメニティーはない。宿泊料金が1泊100※1ユーロ（1万3000円）以下のホテルでは、ヘアドライヤーやスリッパもない。客が自分で持って行かなくてはならないので、荷物がかさむ。

日本では、小包や郵便をめぐるストレスもドイツに比べるとはるかに少ない。宅配便の配達時間の指定はドイツよりもはるかに※2緻密である。

ある時、ドイツに日本で買った書籍や食料品などの小包を10個以上送ることになった。すると近くの郵便局の局員が夜9時ごろ家にまで小包を引き取りに来てくれた。もちろん、料金も家で払うことができた。消費者の利便性を考えた、日本ならではのきめ細かなサービスである。ドイツには、郵便局員が自宅まで小包を取りに来てくれるようなサービスはない。

ただ私は、玄関で大汗をかきながら荷物の重さを量っている郵便局員の姿を見ながら、「この人は今日何時に自宅でくつろげるのだろうか。明日の朝には、何時にまた仕事に出なくてはならないのだろうか」と一瞬思ってしまった。

コインに表面と裏面があるように、あらゆるものには光と影、長所と短所がある。私は毎年日本とドイツを行き来する間に、「日本のおもてなしは客にとっては素晴らしいことだが、サービスを提供する側にとっては、過重な負担になっているのではないか」という思いも持つようになってきた。

（熊谷徹『ドイツ人はなぜ、年290万円でも生活が「豊か」なのか』より。
一部省略やふりがなをつけるなどの変更があります。）

［注］※1　ユーロ……お金の単位。
※2　緻密……きめ細やかであること。

問題7　りかさんは図書館で、【資料10】を見つけました。【資料10】で筆者が述べていることを、あとの［条件］にしたがってまとめなさい。

［条件］
○複数の段落をつくって、三百字以上三百五十字以内で書くこと。
○題名は書かずに一行目、一マス下げたところから、原稿用紙の適切な使い方にしたがって書くこと。

【資料10】

学問領域にかかわらず、研究という営みは、たいていの場合、大きな問いと小さな問いに導かれています。個々の研究論文があつかうのは、的を絞った小さな問いですが、小さな問いの背後には、それらを生み出す※3母胎のような大きな問いがあります。

私の研究の母胎となる問いは、「生身の人間が、さまざまな、社会的、文化的、歴史的現実の中に生まれ落ち、世界と※4折りあいをつけながら生きて命を全うする――それがいかにして可能になっているのか、そこにはどういう課題（問題、困難、苦難）や支えがあり、それとどうつきあったり、折りあったり、乗り越えたり、生かしたりしていくことができるのか」というふうに表現できると思います。

私たちは、この世に生を受けてから死に至るまでのあいだ、じつに多くの人々とかかわりあいながら生きていきます。同じ時を生きる

問題１　**【会話文】**中の（あ）にあてはまる国名として最も適切なものを**【資料１】**の地図の**Ａ～Ｄ**の中から一つ選び、記号を書きなさい。

問題２　（い）にあてはまる、**【資料４】**からわかることとして最も適切なものを次の**ア～エ**から一つ選び、記号を書きなさい。

ア　ドイツの方が日本よりも１㎢あたりの人口が多い

イ　ドイツの自動車の輸出額は、日本の機械類の輸出額よりも大きい

ウ　ドイツも日本も機械類、自動車、精密機械の輸出額に占める割合を合計すると50％以上になる

エ　ドイツも日本も2050年に予測される人口は、2018年の人口よりも10％以上少ない

問題３　**【会話文】**中の（う）にあてはまるものとして最も適切なものを**【資料１】**の地図の□の**１～６**から一つ選び、番号を書きなさい。

問題４　**【会話文】**中の（え）にあてはまる言葉として最も適切なものを次の**ア～エ**から一つ選び、記号を書きなさい。

ア　日本海　**イ**　太平洋　**ウ**　大西洋　**エ**　インド洋

問題５　**【会話文】**中の（お）にあてはまる言葉として最も適切なものを次の**ア～エ**から一つ選び、記号を書きなさい。

ア　北極を中心とした北半球の地図

イ　北極を中心とした世界地図

ウ　南極を中心とした南半球の地図

エ　南極を中心とした世界地図

問題６　**【資料９】**は、**みなみさん**が図書館で見つけた本の一部分です。これまでの**みなみさんとりかさん**の**【会話文】**で**みなみさんが気づいたこと**と、**【資料９】**で筆者が述べていることに**共通する考え方**を**三十字以上四十字以内**で書きなさい。ただし題名は書かずに**一行目、一番上から**書くこと。

【資料９】

日本の書店で本を買うと、店員から「紙のカバーをおかけしますか」と必ず聞かれる。紙カバーをかけるだけではなく、ビニール袋にも入れてくれる。

本に紙カバーをかけるのは、なぜだろう。電車の中で何の本を読んでいるかを他の乗客から見られないようにするためだろうか。それとも本の表紙がカバンの中で折れたり、食堂のテーブルの上で汚れたりするのを防ぐためだろうか。いずれにしてもドイツでは本に紙カバーをかけるサービスは存在しない。

ある時、東京のホテル滞在中にズボンのファスナーが壊れたので、フロントに電話して「どこか近くに洋服の修理をしてくれる店はないでしょうか」と尋ねたら、従業員が部屋までズボンを引き取りに来て、その後無料で修理してくれた。とてもありがたかった。

九州のある旅館に泊まったら、「夜中にお腹が空いたら自由にお召し上がりください」と廊下におにぎりが置いてあった。どちらも、ドイツならば絶対にお金を取られるサービスだ。

２０１７年に沖縄県の小浜島に滞在した。この島にはバスなどの公共交通機関がない。小浜島のレストランや喫茶店に電話をすると、泊まっているホテルまで車で迎えに来てくれるほか、食事が終わったらホテルまで車で送ってくれる。店の従業員にとっては大変な手間だと思うが、客にとっては安心して酒も飲めるので便利なサービスである。コーヒーを飲むだけ、ラーメン１杯を食べるだけでも車で送迎し

【資料７】

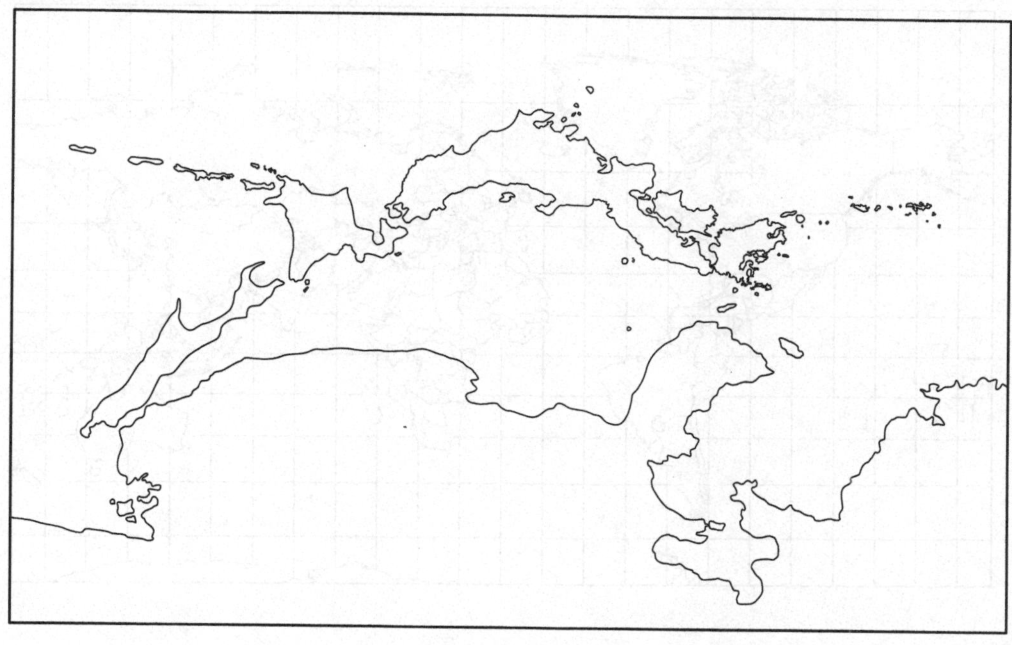

【資料８】

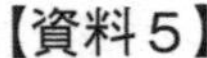

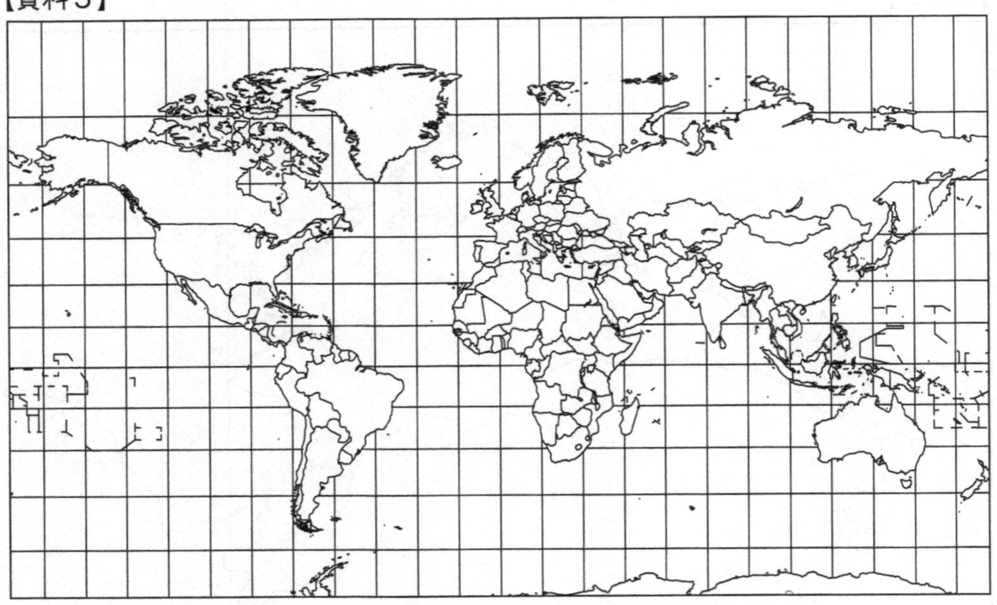

【資料6】

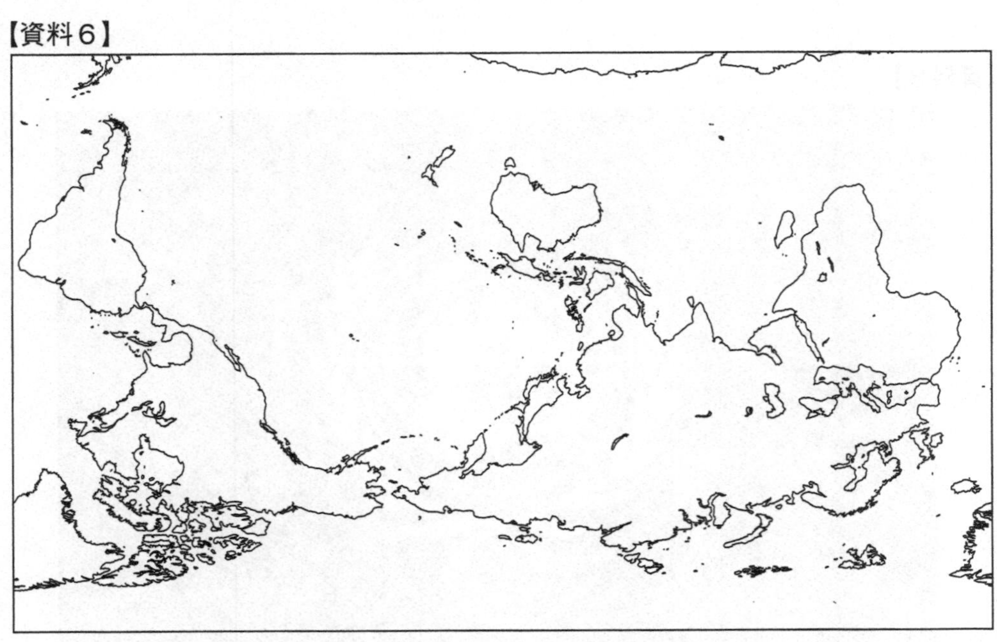

【資料３】

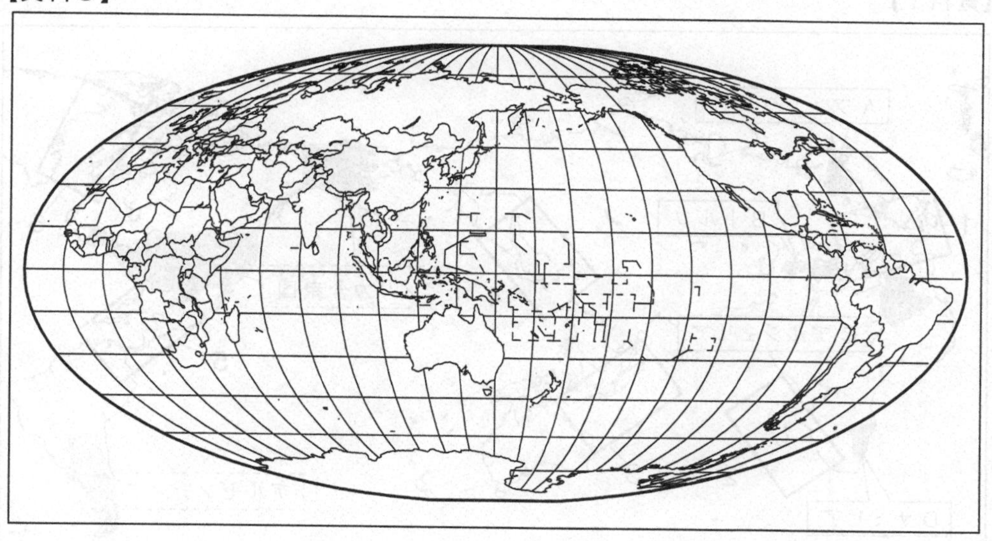

【資料４】日本とドイツの比較

		日本	ドイツ
面積（千 km²）		378	357
人口（千人）	2018 年	127185	82293
人口予測（千人）	2030 年	121581	82187
	2050 年	108794	79238
輸出額（百万ドル）		644932	1340752
輸入額（百万ドル）		606924	1060672
主要な輸出品（輸出額に占める割合：％）	機械類	35.0	26.5
	自動車	21.8	17.8
	精密機械	5.1	4.0

（『世界国勢図会（2018/2019）』をもとに作成）

【資料１】

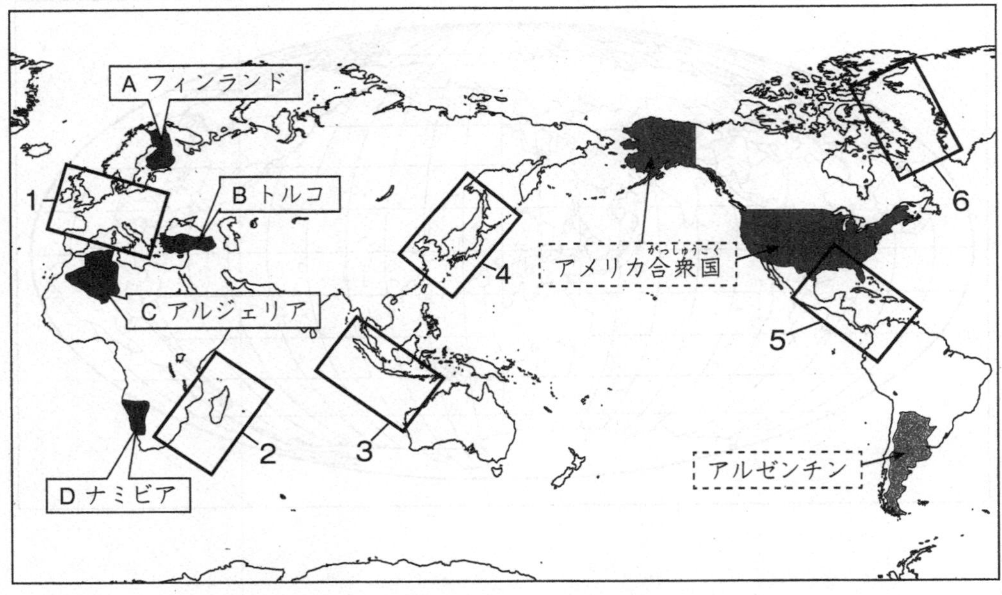

【資料２】

りかさん 【資料5】(22ページ)の地図を見てください。これは、わたしがドイツへ旅行した時に、よく目にしたものです。

みなみさん ヨーロッパが中心になっている地図ですか。

りかさん そうです。【資料1】(24ページ)のような日本でよく見る地図とはちがいますね。

みなみさん はい。【資料5】の地図では、日本が東のはしにあるように感じます。

りかさん ヨーロッパではこのような地図が広く使われているそうです。

みなみさん それは知りませんでした。中心が変わると、印象がちがいますね。

りかさん もう一つ、【資料6】(22ページ)のように南北が逆転している地図も見つけました。

みなみさん すごいですね。南北が逆転すると、世界が別のものに見えてきますね。

りかさん みなみさん、【資料7】(21ページ)の地図は、【資料1】の地図の中のある地域(ちいき)を、別の向きから見た地図です。

みなみさん これは【資料1】の地図の(う)の地域を、別の向きから見た地図ですか。

りかさん そうです。こう見ると、(え)が瀬戸内海(せとないかい)のような内海(うちうみ)に見えてきませんか。

みなみさん 本当ですね。見る向きを変えると、印象が変わりますね。

みなみさん りかさん、わたしは、地図がえがかれた旗を見つけました。

りかさん それはどのような旗ですか。

みなみさん 【資料8】(21ページ)の旗です。(お)が旗の真ん中にあり、その両わきにオリーブの葉がえがかれています。

りかさん めずらしい旗ですね。このオリーブの葉にはどのような意味があるのですか。

みなみさん これは地図と合わせて、世界の平和を表しているそうです。

りかさん いろいろな地図や資料から多くのことが分かりましたね。

みなみさん はい。今日は新しい発見が多くできて、楽しかったです。

りかさん また、地図で見るだけではなく、実際に現地に行って調べるのもいいかもしれませんね。

みなみさん そうですね。どんどん新しい知識を開拓(かいたく)したいと思います。いっしょにがんばりましょう。

【適性検査Ⅰ】（四五分）〈満点：二〇〇点〉

みなみさんとりかさんが社会科資料室で地球儀（ちきゅうぎ）や世界地図を見ながら話をしています。次の**【会話文】**を読んで、あとの問題に答えなさい。

【会話文】

りかさん　球体の地球を、平面の世界地図で正確に表すことはできるのでしょうか。

みなみさん　球体の地球を平面の世界地図で表すと、必ず正確ではないところができてしまいます。

りかさん　どのようなところが正確ではなくなるのですか。

みなみさん　**【資料1】**（24ページ）の地図を見てください。**【資料1】**の地図では、方位は正確に表されていません。

りかさん　方位ですか。**【資料1】**の地図では、東京から見て真東と考えられる方向には、アメリカ合衆国（がっしゅうこく）がありますね。

みなみさん　はい。しかし、実際は、東京から見て真東の方向には、アルゼンチンがあります。

りかさん　そうなのですね。どのようにして調べるのですか。

みなみさん　**【資料2】**（24ページ）のように、地球儀上の東京を通るように南北にまっすぐひもをはります。その南北にはったひもの東京の位置に、そのひもに対して90度になるように東西にまっすぐひもをはります。そうすると東京から見た東西南北の方向が分かります。

りかさん　その方法で調べると、東京から見て、実際に真西にある国は、（　あ　）だということが分かりますね。つまり**【資料1】**の地図で見るのとずいぶんちがいます。**【資料1】**の地図の方位は正確ではないということですね。

みなみさん　そうです。このように、球体である地球を平面の世界地図に正確に表すことはできません。

りかさん　世界地図は面積やきょり、方位などの全てを、同時に正確に表すことができないということですね。

みなみさん　では**【資料3】**（23ページ）の地図を見てください。**【資料3】**は面積を正確に表している地図です。

りかさん　これを見ると、**【資料1】**の地図とはちがった印象を受けますね。

みなみさん　そうですね。**【資料3】**の地図を見ると、いろいろな国の大きさが比べられますね。では、日本と同じくらいの面積の国はどのような国があるか、統計資料で調べてみましょう。

りかさん　日本と同じくらいの面積の国には、ドイツがあります。日本とドイツを比べた**【資料4】**（23ページ）もありました。

みなみさん　**【資料4】**からはどのようなことが分かりますか。

りかさん　ドイツと日本を比べると（　い　）ことが分かります。

みなみさん　そうですね。統計資料からもいろいろなことが分かりますね。

2020 年 度

解 答 と 解 説

《2020年度の配点は解答欄に掲載してあります。》

＜適性検査Ⅰ解答例＞

問題1 D
問題2 イ
問題3 4
問題4 ア
問題5 イ
問題6 物事をいつもと違う目線で見ることで，新しい発見や印象を得るということ。
問題7 筆者の研究のうち，ことばを用いた人と人との関わりについて述べられている。

日常を構成する活動場面にはそれぞれ特有の談話のパターンがあると筆者は述べる。例えば示された会話を私たちは授業の中での会話だと推論することが出来る。

これに対し，三段論法で答えを引き出そうとしても「知らないことについてものを言うことは出来ない」という男性とのやりとりが示される。これは三段論法で簡単に答えを推測する私たちにとっては，我が身をふり返るきっかけとなる。

談話のパターンは歴史的に培われ，無意識に用いられるが，必ずしも固定的なものではない。ひとりひとりが場面ごとの談話パターンについて再考し，その魅力に気付くべきだ。また，私たちは必要ならば談話の形をつくるという役割を担っているのである。

○配点○
問題1・問題2 各20点×2　**問題3・4** 各8点×2　**問題5** 14点
問題6・7 130点　計200点

＜適性検査Ⅰ解説＞

問題1 【資料２】のひもが地球儀のどこを通過するか見ると，中華人民共和国をななめに横切るようにかかっている。この線を【資料１】上で延長すると，Dのナミビアの方向に向かう。また，真東はアルゼンチンであることを参考にして，東京から見て左右対しょうの似た位置にあると考えることもできる。

問題2 ドイツの輸出額は1340752百万ドル，そのうち自動車が占める割合は17.8%。よってドイツの自動車輸出額は，

1340752×0.178＝238653.8…(百万ドル)

日本の輸出額は644932百万ドル，そのうち機械類が占める割合は35%。よって日本の機械類輸出額は，

644932×0.35＝225726.2(百万ドル)

したがってドイツの自動車の輸出額は日本の機械類の輸出額よりも大きく，イが正しい答えとなる。

ほか，1km²あたりの人口は

日本　127185÷378＝336.46…(人)

ドイツ　82293÷357＝230.51…(人)

機械類，自動車，精密機械の輸出額に占める割合の合計は

日本　35.0＋21.8＋5.1＝61.9(%)

ドイツ　26.5＋17.8＋4.0＝48.3(%)

2018年の人口に対する2050年の予測人口は，

日本　108794÷127185＝0.855…

ドイツ　79238÷82293＝0.962…

となる。計算の手間がかかるので，ある程度答えの見当をつけてから計算する。

基本

問題3　【資料７】の地図の中に上下逆さまになった日本列島が入っていることに注目する。

問題4　瀬戸内海のような内海に見えるということは，陸と陸の間にはさまれている海を指しているということである。この地図が日本列島とユーラシア大陸の東岸を指しているとわかるので，ここで内海のように見えるのは二つの陸にはさまれた日本海である。

問題5　【資料８】の地図には５つの大陸が見えることからこれは世界地図であるとわかり，さらに大陸の形からこれが北半球から見た地図であると判断する。地図の上側から時計まわりにオーストラリア大陸，ユーラシア大陸，アフリカ大陸，南アメリカ大陸，北アメリカ大陸が示されている。南極に近づくほど面積が大きく表されていることに注意する。

問題6　みなみさんは会話文のなかで「中心が変わると，印象がちがいますね。」「南北が逆転すると，世界が別のものに見えてきますね。」「見る向きを変えると，印象が変わりますね。」などの発言をしている。また【資料９】の文章では，筆者が日本で受けるサービスの素晴らしさをつづる一方，最後に「コインに表面と裏面があるように…(中略)…「日本のおもてなしは客にとっては素晴らしいことだが，サービスを提供する側にとっては，過重な負担になっているのではないか」」と意見を述べている。これらの共通点は，ある目線で見たときに受ける印象と，ちがった目線で見たときに受ける印象は大きく異なる，ということである。このことを文字数内でまとめる。

問題7　文章の要点がどこに設定されているのかを読み取る。文章中では大きく二つの例が示されているので，その二つの例が本文の中でどんな意見や事実を述べるために用いられているのかを考える。授業の例，フィールドワークでのやりとりの例から，各文化や場面でのやりとりのパターンの多様性が分かり，その後私たちに日常的な談話パターンの見つめなおしを提案している。これらを文字数以内でまとめる。導入，結論は段落を分け，３～４段落の構成で書くとよいだろう。

★ワンポイントアドバイス★

設問回答のために，複数の資料や長い文章を読む必要がある。作文にしっかりと時間を配分したいので，それほど難易度の高くない資料問題に関しては素早く正確に処理していこう。作文は，日ごろから筆者がどのような構成で物事を伝えようとしているのか意識して文章を読む力をつけておくと，解きやすくなる。

＜適性検査Ⅱ解答例＞

1 **問題1** ① エ　② イ

問題2 葉を切りとると，水のはしが1分間で移動したきょりが，切りとる前より短くなったから。(41文字)

問題3 ⑴ あ キ　い カ　う ウ　え サ　お セ

⑵ 68%

2 **問題1** ⑴ イ エ

⑵

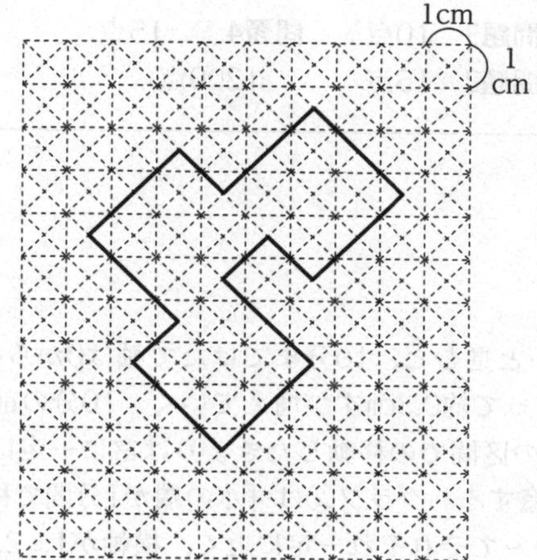

問題2 ⑴ ア ウ オ

⑵

⑶ エ

3 **問題1** ① エ　② ウ　③ オ

問題2 ⑴ あ イ　い ウ

⑵ イ

問題3 エ

問題4 硬貨1　10円玉　硬貨2　5円玉

硬貨3　1円玉　硬貨4　500円玉

硬貨5　50円玉　硬貨6　100円玉

4 **問題1** 63

問題2 ⑴ あ 10÷10　い 14÷10

(2) $$\cfrac{1}{1+\cfrac{1}{2+\cfrac{1}{5\frac{1}{3}}}}$$

問題3 $\frac{205}{643}$

○配点○

[1] **問題1** 10点 **問題2** 12点 **問題3** 18点
[2] **問題1** 20点 **問題2** 35点
[3] **問題1** 12点 **問題2** 18点 **問題3** 10点 **問題4** 15点
[4] **問題1** 8点 **問題2** 27点 **問題3** 15点 計200点

＜適性検査Ⅱ解説＞

[1] (理科：植物のはたらき)

問題1 グラフ①は横軸が1，2，3，…と進むと，10分まではたて軸は0から約2.3㎝ずつ増えていき，10分からは増え方が小さくなって約0.3㎝ずつ増えていく。10分の前後ではっきりとグラフのかたむきが変化し，それぞれの区間での移動したきょりは常に一定に近いので，グラフの点は直線に近い形で並ぶことに注意する。グラフ②は「水の端が1分間で移動したきょり」のグラフなので，数値は～10分と10分～でそれぞれ一定に近く，横軸が1，2，3，…と進んでも横ばいの様子のグラフになる。似た形のグラフはイとカがあるが，10分→11分のみ0.9㎝とそれ以降よりも数値が高いことと，～10分では約2.3㎝，10分～では約0.3㎝というように数値の差が大きいことを参考にしてイを選ぶ。

問題2 葉がある状態と無い状態では何が異なっていたか，それがなぜ葉には水をすい上げるはたらきがあるという結論につながるのかを意識して書く。葉があるときと無いときでは，1分間での水の端が移動したきょりが異なること，これは葉の水をすい上げるはたらきによるものであることを指定文字数以内にまとめる。

問題3(1) アジサイの枝は，そのままの状態であれば葉のおもて・葉のうら・葉以外の部分からすい上げられた水を外に出している。0～10分のあいだはアジサイの枝がそのままの状態で，10分～20分では葉のおもてにクリームをぬっているので葉のうら・葉以外の部分から水を外に出す。20分～30分ではすべての葉を切りとりさらに水が葉のあった方に行かないようにしているので，葉以外の部分のみから水を外に出す。これらのことから[あ]・[い]・[う]がわかる。葉のおもてから10分間で出た水の量はA(葉のおもて・葉のうら・葉以外の部分)－B(葉のうら・葉以外の部分)で求められ，葉のうらから10分間で出た水の量はB(葉のうら・葉以外の部分)－C(葉以外の部分)で求められる。

(2) 各部位から常に一定の量の水を外に出しているとすると，葉のうらから10分間で出た水の量は，(1)より

$$\mathrm{B}-\mathrm{C}=(39.5-21.9)-(42.3-39.5)=17.6-2.8=14.8$$

測定開始から10分後の水の端からしるしが移動したきょり21.9㎝より，葉のうらから出た水の量の割合は，

$$14.8\div21.9\times100=6\cancel{7}^{8}.5\cdots$$

よって　68%。

2 （算数：図形，拡大と縮小，面積）

問題1(1)　【図１】は，同じ大きさの正方形３つがたがいに接した図形で，各辺の半分がそれぞれ接している。**ア**は接している部分が各辺の3分の2なので誤り。**イ**は時計回りに90°回転し，各辺の長さが2倍になっている。**ウ**は正方形の大きさが異なるので誤り。**エ**は時計回りに180°回転し，各辺の長さが3倍になっている。**オ**は接している部分が各辺の4分の3なので誤り。

(2)　図のように，しゃ線部に注目すると，しゃ線部の三角形4つ分と正方形１つは面積が等しい。つまり正方形の各辺にしゃ線の三角形をつなげた大きな正方形は，もとの正方形の面積の2倍の面積になっている。あとは各辺の接している部分が半分であることと，図形の重なりの向きに注意して作図する。

問題2(1)　【図２】のそれぞれの面積の和は，

2＋2＋4＋2＋1＋2＋3＋2＝16(㎠)となっている。

エは面積の合計が15㎠となっているので除く。**ア**，**イ**，**ウ**，**オ**のうちあたえられているタイルで作ることができる図形は**ア**，**ウ**，**オ**の３つで，それぞれ配置は次のようになる。

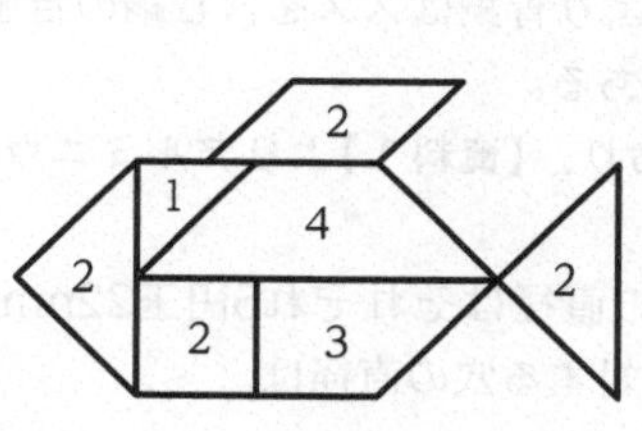

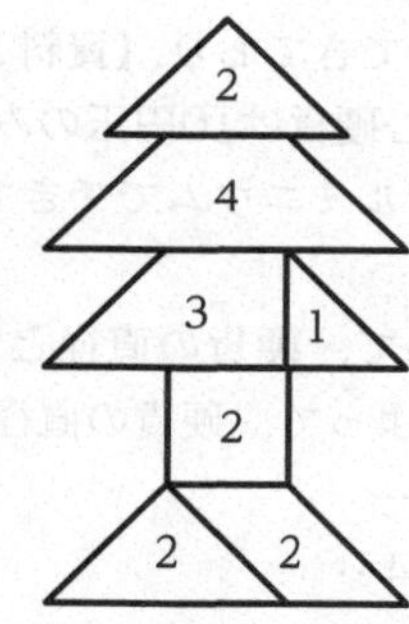

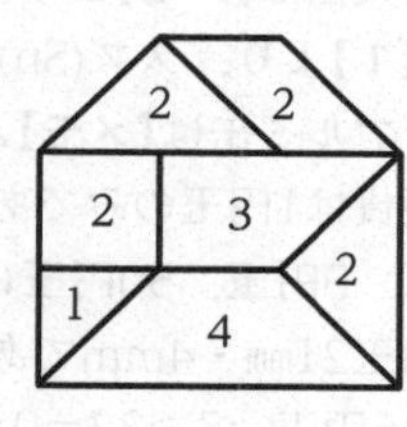

(2)　【図３】の正方形は小さい三角形64こ分に分割されている。よって，同じ縮尺で左の図に線をかきこむと右のようになる。このうち面積が４のブロックと，一番上に乗っている正方形の面積が２のタイルは，どちらも正方形の角に配置することができない形をしているので，先に正方形の中にこの二つのタイルをかきこむ。また，この時点で３のブロックが置ける場所もひとつに決まる。残った三つの角に面積が２の三角形のブロックを置き，すきまに面積が１のブロックを置く。

(3)　【図６】より，立体を上の四角柱と下の立体に分けて見たとき，下の立体の高さは3㎝であり【図５】の積み木の高さ4㎝よりも低い。よって，下の立体はいくつかの立体をねかせて組み合わせたもので，その上に正方形の四角柱を積んだものであるとわかる。

上に乗っている正方形の四角柱について，真上から見た図の長さより，対角線の長さがちょうど2cmである。対角線が2cmの正方形は**オ**を1つ使ったときのみ作ることができるので，上に乗っている図形は**オ**。

下の立体について，真横から見た図①を参考にして底面積を調べると，全部で11cm²。ここで残った積み木**ア**，**イ**，**ウ**，**エ**，**カ**，**キ**はそれぞれ2，2，4，3，1，2cm²である。これらをすべて足し合わせると2＋2＋4＋3＋1＋2＝14(cm²)である。つまり3cm²余分であり，使われていない積み木は１つなので，底面積が3cm²の**エ**の積み木が使われていない積み木であるとわかる。また，真横から見た図①における各積み木の配置は下の図のようになっている。

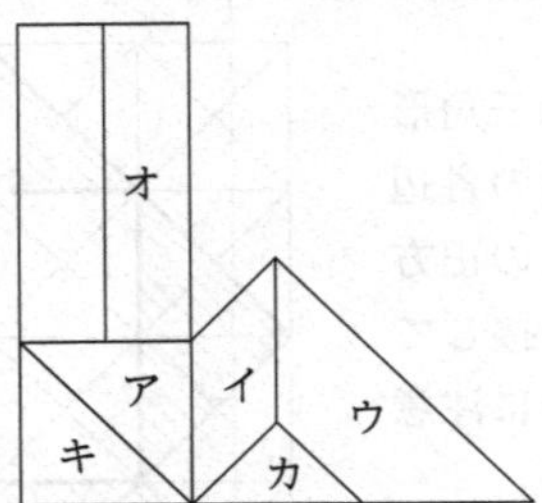

3　**(理科：ものの種類と重さ)**

問題1①　**【メモ】**よりトランペットは真ちゅうでできており，**【資料３】**より真ちゅうと呼(よ)ばれる合金は黄銅である。黄銅は亜鉛(あえん)の重さの割合(わりあい)が30％以上のものと書かれており，亜鉛(Zn)が30％以上の硬貨(こうか)は**【資料１】**より5円玉のみである。

②　大仏は**【メモ】**より青銅でできており，**【資料３】**より青銅はスズを含(ふく)む銅の合金である。**【資料１】**より，スズ(Sn)を含む硬貨は10円玉のみである。

③　アルミ缶(かん)は**【メモ】**よりアルミニウムでできており，**【資料１】**よりアルミニウム(Al)を含む硬貨は1円玉のみである。

問題2(1)　5円玉，50円玉について，硬貨の直径と穴(あな)の直径はそれぞれ5円玉22mm・5mm，50円玉21mm・4mmである。よって，硬貨の直径に対する穴の直径は，

5円玉　5÷22＝0.2272…

50円玉　4÷21＝0.1904…

である。よって50円玉の方が穴の直径の割合が小さい。

また，50円玉1枚に含まれるニッケル(Ni)の重さは

4×0.25＝1(g)

1円玉1枚に含まれるアルミニウム(Al)の重さは

1×1＝1(g)

である。よって重さはどちらも同じである。

(2)　穴の開いていない4種類の硬貨500円玉，100円玉，10円玉，1円玉について，それぞれに含まれる銅(Cu)の重さは，

500円玉　7×0.72＝5.04(g)

100円玉　4.8×0.75＝3.6(g)

10円玉　4.5×0.95＝4.275(g)

1円玉　0g

合計すると　5.04＋3.6＋4.275＝12.915(g)

よって少なくとも13gの銅が必要であることがわかる。

問題3　**【実験１】【結果１】**から硬貨Aの1枚(まい)あたりの重さ，**【実験２】【結果２】**から硬貨Aの10枚あ

たりの体積，**【実験３】【結果３】**から1・5・10・100・500円玉の10枚あたりの体積がわかる。1㎤あたりの重さは，一定の枚数における硬貨の重さ(g)を，体積(㎤)でわることで求められる。各硬貨1枚の重さは**【資料１】**に書いてあるものをつかう。

硬貨Aの1枚当たりの重さは，分銅の数より

0.2＋2.0＋5.0＝7.2(g)

硬貨Aの10枚の体積は，**【図１】**のメスシリンダーのめもりを読んで9㎤。

硬貨Aの10枚の重さは7.2×10＝72(g)であるから，1㎤の重さは，

72÷9＝8(g)

また，**【結果３】【資料１】**より，1円玉，5円玉，10円玉，100円玉の10枚の体積，10枚の重さは次のようになる。

硬貨の種類	10枚の体積(㎤)	10枚の重さ(g)
1円玉	3.8	1×10＝10
5円玉	4.2	3.75×10＝37.5
10円玉	5.5	4.5×10＝45
100円玉	6	4.8×10＝48
500円玉	9	7×10＝70

このうち1㎤の重さ(＝10枚の重さ÷10枚の体積)が8gとなるのは100円玉。

問題4　次のような順序で考える。

①　**【図２】**の左上のてんびんより，6枚と5枚の重さがつりあうのは，

5円玉　3.75×6＝22.5(g)

10円玉　4.5×5＝22.5(g)

より，5円玉と10円玉であり，したがって硬貨１は10円玉，硬貨２は5円玉。

②　左下のてんびんより，左側の皿の重さは①から

4.5＋3.75×2＝12(g)

1円玉，50円玉，100円玉，500円玉のうち，合わせて12gになるのは1円玉，50円玉，500円玉の組み合わせである。これは100円玉のみ重さが小数点以下まであり，残りの三枚の重さは整数であることからすぐに求めることができる。

よって硬貨３，硬貨４，硬貨５はそれぞれ1円玉，50円玉，500円玉のいずれかであり，硬貨６は100円玉である。

③　右下のてんびんより，重さは硬貨６＜硬貨４である。②より硬貨６は100円玉で，重さは4.8g。これよりも重い物は500円玉のみなので，硬貨４は500円玉である。

④　右上のてんびんより，左の皿は硬貨３が1枚と500円玉1枚，右の皿は硬貨５が2枚で，それぞれの重さがつりあっている。硬貨３の重さを○g，硬貨５の重さアを△gとおくと，

7＋○＝△×2

という式が成り立つ。これが○＝１，△＝4のときに成り立つので，硬貨３は1円玉，硬貨５は50円玉である。

4　**（算数：分数，約数）**

問題1　630＝2×3×3×5×7，819＝3×3×7×13より，最大公約数は3×3×7＝63。

問題2⑴　次段で［あ］が1，［い］が$\frac{14}{10}$になっていることに注目する。わる数とわられる数の

両方を同じ数でわってもわり算の答えが変わらないことから，わる数とわられる数両方を10でわると考える。

(2) $\frac{105}{153}=\frac{1}{\frac{153}{105}}=\frac{1}{1+\frac{48}{105}}=\frac{1}{1+\frac{1}{\frac{105}{48}}}=\frac{1}{1+\frac{1}{2+\frac{9}{48}}}=\frac{1}{1+\frac{1}{2+\frac{1}{\frac{48}{9}}}}=\frac{1}{1+\frac{1}{2+\frac{1}{5+\frac{3}{9}}}}=\frac{1}{1+\frac{1}{2+\frac{1}{5+\frac{1}{\frac{9}{3}}}}}=\frac{1}{1+\frac{1}{2+\frac{1}{5+\frac{1}{3}}}}$

問題3　問題2(2)の逆の計算をすると考える。つまり，分子の計算をし，逆数をもとの分数になおすという作業をくり返す。

$$\frac{1}{3+\frac{1}{7+\frac{1}{3+\frac{1}{9}}}}=\frac{1}{3+\frac{1}{7+\frac{1}{\frac{28}{9}}}}=\frac{1}{3+\frac{1}{7+\frac{9}{28}}}=\frac{1}{3+\frac{1}{\frac{205}{28}}}=\frac{1}{3+\frac{28}{205}}=\frac{1}{\frac{643}{205}}=\frac{205}{643}$$

★ワンポイントアドバイス★

時間に対して難易度・問題量ともにレベルが高く，各問題でも資料・条件から適切な順番で考えて解く必要があり，そこにたどり着かないとむだな計算をしてかなりの時間を取られてしまう。数値は複雑ではないので，とにかくメモをとり解法への筋道を考えてから計算をしなければならない。また，短時間で解ける問題を見つける能力も必要だ。

2019年度

★★★★★★★★★★★★★★★★★★★★★★★★★★

入　試　問　題

2019年度

横浜市立南高等学校附属中学校入試問題

【適性検査Ⅰ】 （21ページから始まります。）
【適性検査Ⅱ】 （45分）　＜満点：200点＞

1　みなみさんは，時間の表し方について調べています。次の問題に答えなさい。

問題１　みなみさんは秒だけで時間を表すタイマーを見つけました。１月１日の午前０時ちょうどに０秒から動き始めたそのタイマーが，815334秒を示しているときの日時を答えなさい。

問題２　みなみさんは，**【図１】**のような時計を見つけました。その時計は，１～８までのめもりが等間隔でかかれていて，**【資料１】**のようなしくみで動いている時計でした。

その時計の長針と短針が，どちらも８のめもりを指しているところからスタートして，短針が２回目の３を指したあとに，長針が初めて５のめもりを指したとき，スタートしてから何時間何分たったのか答えなさい。

【図１】

【資料１】

- 長針と短針が１本ずつあり，長針も短針も右回りに動く。
- 長針は一定の速さで動き，１周するのに48分かかる。
- 長針が１周するごとに，短針は１～８までのめもりを，１めもりずつ動く。

問題３　みなみさんが江戸時代の時刻制度について調べた**【資料２】**，**【資料３】**（次のページ）を見て，あとの問いに答えなさい。

【資料２】

１日の長さを等分する時刻制度を**定時法**といい，現在は24等分した方法が使われている。それに対して，江戸時代は１日を昼と夜にわけ，それぞれを等分する**不定時法**といわれる方法で時刻を表していた。

江戸時代の時刻制度では

- 日の出の30分前を明け六つ，日の入りの30分後を暮れ六つとして，明け六つ，暮れ六つの間の昼と夜をそれぞれ６等分して，その１単位を一刻として呼んでいた。
- 一刻の長さは昼と夜，また季節によっても違っていた。
- 時の呼び方は，真夜中の刻を子の刻として，子，丑，寅，卯，辰，巳，午，未，申，酉，戌，亥の十二支を**【資料３】**のように，昼夜12の刻にあてはめていた。
- 一刻の真ん中を正刻といい，子の刻から，正子，正丑，正寅……とよんでいた。正午は午の刻の真ん中で，午の刻が11時から13時のとき，正午はちょうど12時にあたる。今もその名残で昼の12時のことを正午とよんでいる。

【資料3】ある年の夏至(げし)の頃(ころ)の時を表したもの

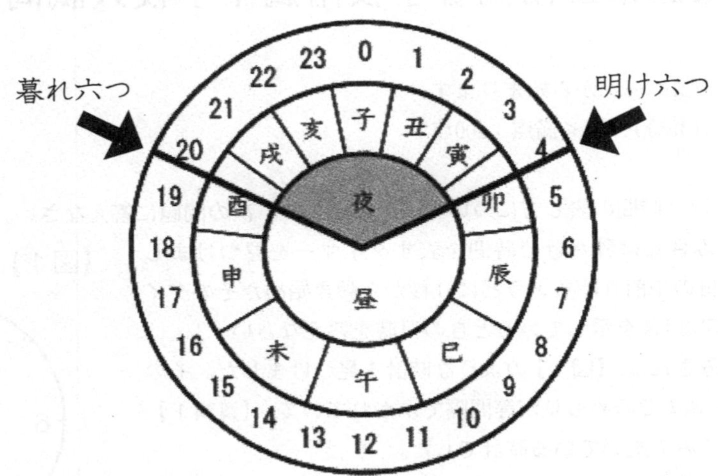

(1) ある年の夏至の頃の昼の一刻の長さが2時間40分で，冬至(とうじ)の頃の昼の一刻の長さが1時間50分であった。この年の夏至の頃と冬至の頃の，昼の長さは何分違うのか，答えなさい。

(2) ある日のある場所の日の出は6時45分で，日の入りは17時15分であった。正午(しょうご)が12時ちょうどであるとき，この日のこの場所の正辰(しょうたつ)の時刻を答えなさい。

2 **【みなみさんと先生の会話文】**を読んで，あとの問題に答えなさい。

【みなみさんと先生の会話文】

先　　生：ここに，重さのわからないコインが1枚(まい)と，いくつかのおもりと，長さが30㎝のまっすぐな棒(ぼう)の中央にひもをつけてつり下げたてんびんがあります。これらを使って，コインの重さを調べるにはどうしたらよいでしょう。

みなみさん：㋐てんびんのはしにコインをつるし　もう片方のはしに，てんびんが水平につり合うように，いくつかのおもりをつるして，おもりの重さの合計を求めればよいと思います。

先　　生：そうですね。では，おもりを1個しか使うことができないとしたらどうでしょう。

みなみさん：コインの重さを調べることはできないと思います。

先　　生：7ｇのおもりを1個使って，実験してみましょう。棒の両はしから，それぞれ1㎝の位置にコインとおもりをつるします。

先　　生：次のページの**【図1】**のような結果になりました。

みなみさん：コインの重さは7ｇより軽いことがわかりますが，正確な重さはわかりません。

先　　生：このてんびんは，おもりをつるす位置を自由に変えることができます。てんびんが水平につり合うように，おもりをつるす位置を変えてみましょう。

みなみさん：できました。

先　　生：次のページの**【図2】**の結果をもとに，てんびんが水平につり合うときの**【きまり】**を使って，コインの重さを考えてみましょう。

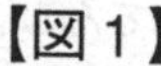

【図１】

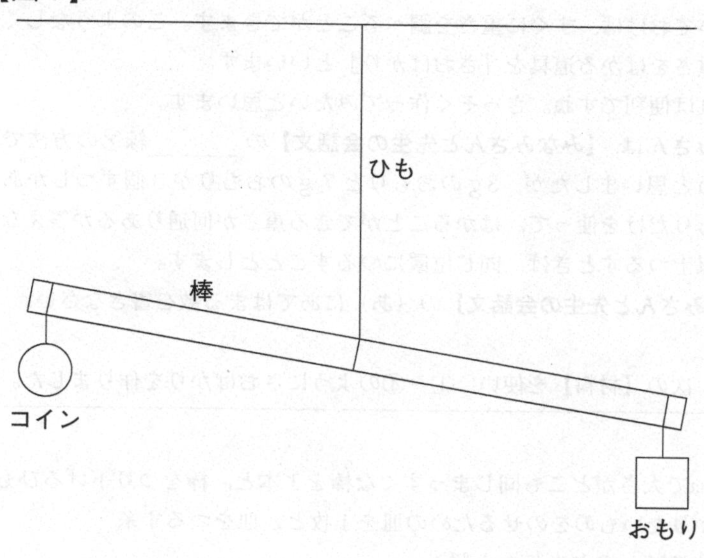

【図２】

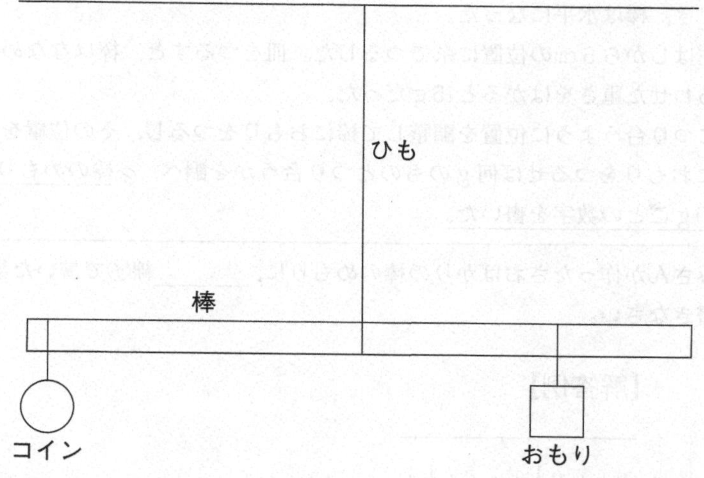

【きまり】

てんびんが水平につり合うとき，支点を中心として，左右の「おもりの重さ×支点からのきょり」が等しくなる。

みなみさん：【図２】で，棒のはしからおもりまでの棒の長さをはかると，ちょうど６㎝だったので，コインの重さを計算すると，（　あ　）ｇになります。

先　　生：このように，おもりをつるす位置を変えれば，１個のおもりで，ものの重さを正確に調べることができます。

みなみさん：たった１個のおもりで，ものの重さを調べることができるとは驚（おどろ）きました。でも，実際に使うことを考えると，長さをはかって重さを計算するのは，少し面倒（めんどう）かもしれません。

先　　　生：どの位置におもりをつるせば何ｇのものとつり合うかを調べ，てんびんの棒にめもりをかいておけば，すぐに重さを調べることができます。このようなしくみで作った，ものの重さをはかる道具を「さおばかり」といいます。

みなみさん：それは便利ですね。さっそく作ってみたいと思います。

問題１　**みなみさん**は，**【みなみさんと先生の会話文】**の＿＿＿＿線㋐の方法で，ものの重さをはかってみようと思いましたが，３ｇのおもりと７ｇのおもりが３個ずつしかありませんでした。これらのおもりだけを使って，はかることができる重さが何通りあるか答えなさい。ただし，おもりを２個以上つるすときは，同じ位置につるすこととします。

問題２　**【みなみさんと先生の会話文】**の（**あ**）にあてはまる数を書きなさい。

みなみさんは，次の**【材料】**を使い，①～④のようにさおばかりを作りました。

【材料】
・長さが50㎝で太さがどこも同じまっすぐな棒（ぼう）を１本と，棒をつり下げるひも
・重さをはかりたいものをのせるための皿を１枚（まい）と，皿をつるす糸
・糸と合わせて50ｇのおもりを１個
①棒のはしから１㎝ごとにめもりをかき，棒のちょうど真ん中にひもをつけて，棒をつり下げた。このとき，棒は水平になった。
②皿を棒の左はしから５㎝の位置に糸でつるした。皿をつるすと，棒はななめにかたむいた。皿と糸をあわせた重さをはかると15ｇだった。
③棒が水平につり合うように位置を調整して棒におもりをつるし，その位置を「０」とした。
④どの位置におもりをつるせば何ｇのものとつり合うかを調べ，㋑棒のめもりに，０，10，20……と，10ｇごとの数字を書いた。

問題３　**みなみさん**が作ったさおばかりの棒のめもりに，＿＿＿＿線㋑で書いた数字を，**【解答例】**にならって書きなさい。

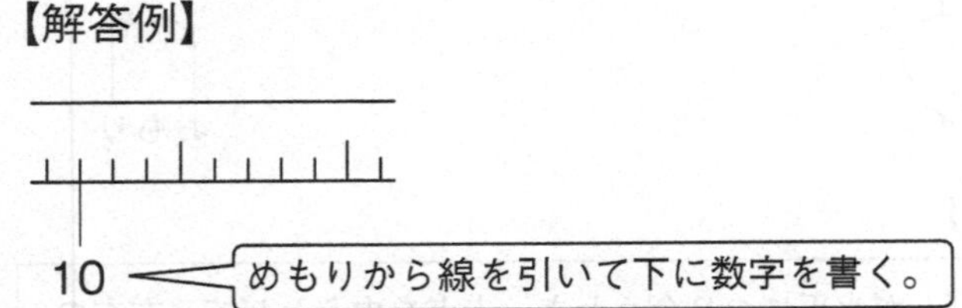

問題４　**みなみさん**は作ったさおばかりで，いろいろなものの重さをはかりました。すると，いくつかのものは，はかることができる最大の重さよりも重かったため，はかることができませんでした。同じ**【材料】**だけをそのまま使って，もっと重いものをはかることができるさおばかりを作るには，もとのさおばかりの**どの部分をどのように**変えたらよいですか。**７字～20字**で書きなさい。

3 **みなみさんは**，ある面の目の数と，その面の反対の面の目の数を足すと7になるいくつかのさいころを，**【図1】**のように台の上に縦横そろえて並べました。真上を向いている面について，あとの問題に答えなさい。

【図1】

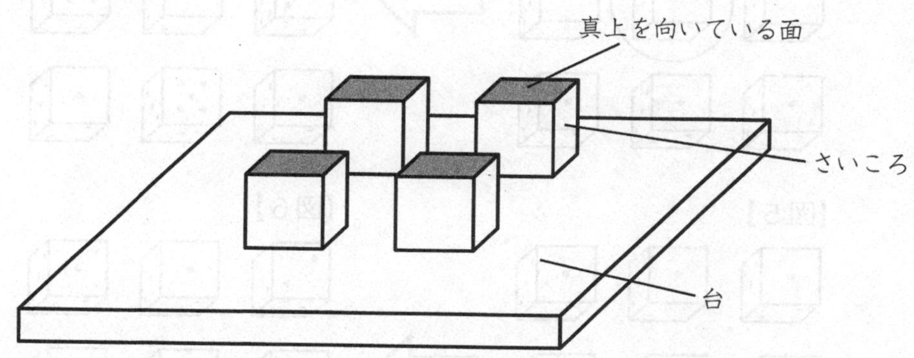

問題1　**みなみさんは**，4つのさいころを台に並べました。真上を向いている面の目の数の合計が，8になる組み合わせは全部で何通りあるか答えなさい。ただし**【図2】**の**あ**，**い**のように目の数の組み合わせが同じものは，1通りとします。

【図2】

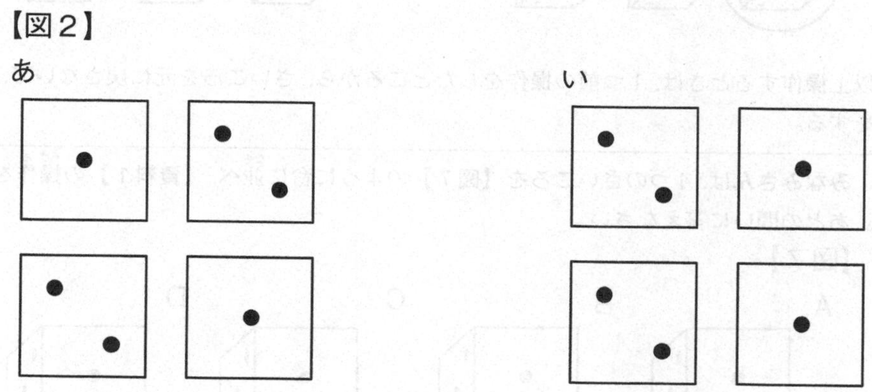

みなみさんは，**【資料1】**のようなさいころを回転させる操作を考えました。

【資料1】

操作　並べたさいころの中から1つのさいころを選ぶ。選んださいころを含む縦列と横列のさいころを次のように回転させる。

・選んださいころの方を向いている面が真上を向くように1面分回転させる。

・選んださいころは回転させない。

たとえば，**【図3】**において丸で囲んださいころを選ぶと**【図4】**のようになり，**【図5】**において丸で囲んださいころを選ぶと**【図6】**のようになる。（図3～6は次ページです）

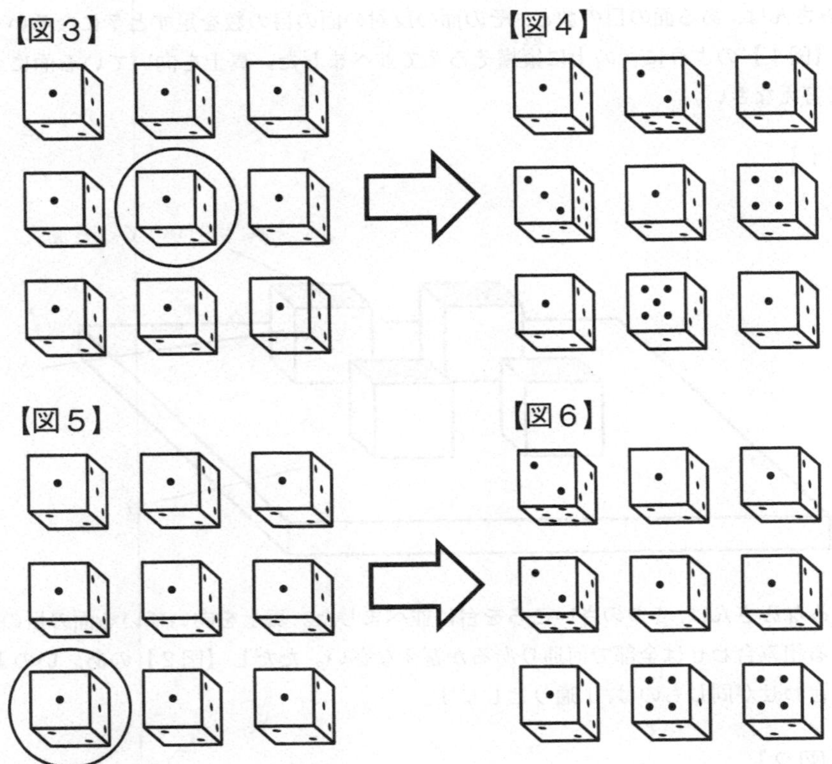

２回以上**操作**するときは，１つ前の**操作**をしたところから，さいころを元に戻(もど)さないで，続けて**操作**をする。

問題２　みなみさんは，４つのさいころを【図７】のように台に並(なら)べ，【**資料１**】の**操作**(そうさ)を２回しました。あとの問いに答えなさい。

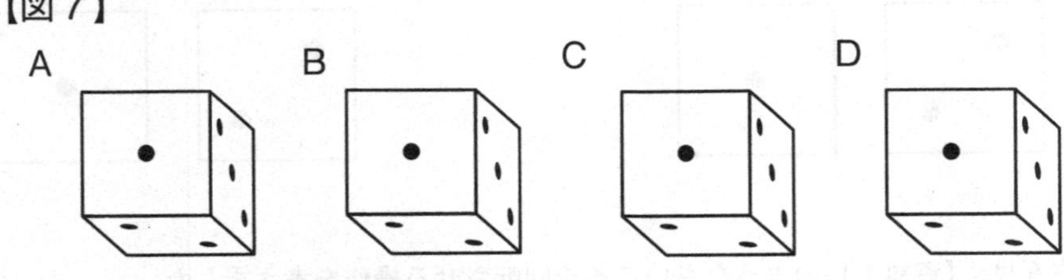

(1)　１回目は**A**のさいころを選び，２回目は**C**のさいころを選びました。このとき，真上を向いている面の目の数の合計を答えなさい。

(2)　【**図７**】のようにさいころを並べなおし，１回目は**B**のさいころを選び，２回目は**C**のさいころを選びました。【**図８**】は２回目の**操作**の後の**D**のさいころの展開図(てんかいず)です。

【**図８**】の**ウ**の面が真上を向いていた面で，**ア**の面が

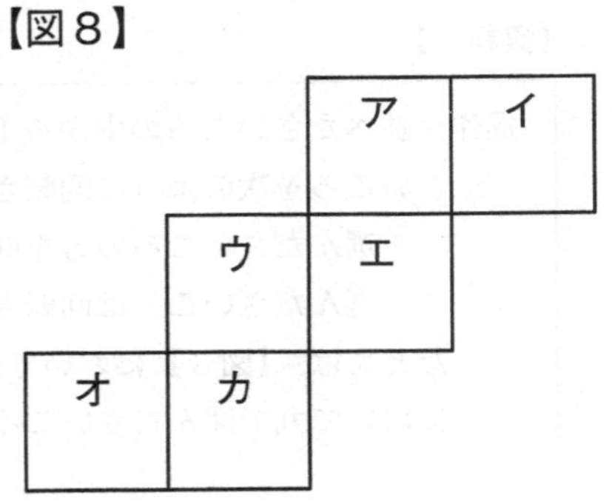

Bのさいころの方を向いていた面であるとき，ア～カにあてはまる面の目の数をそれぞれ書きなさい。

問題３　みなみさんは，６つのさいころを【図９】のように並べました。真上を向いている面の目の数が最小のさいころをつねに選ぶようにしながら，【資料１】の操作を４回しました。４回目の操作の後，真上を向いている面の目の数の合計を答えなさい。ただし，真上を向いている面の目の数が最小のさいころが２つ以上あるときは，①～⑥の番号がもっとも小さいものを選ぶこととします。

【図９】

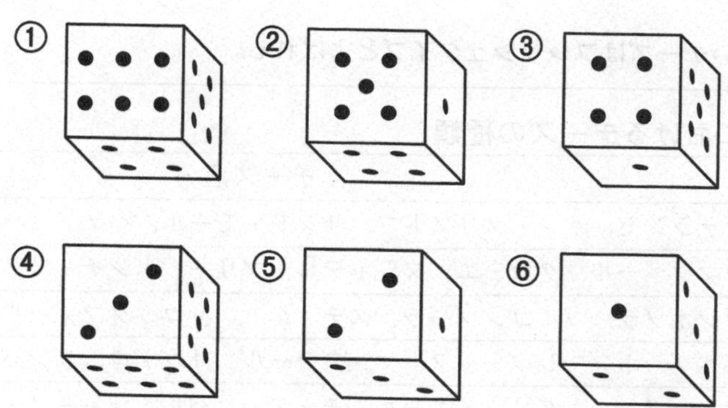

4　みなみさんは，チーズのつくり方や種類について調べ，次の【資料１】～【資料３】を集めました。あとの問題に答えなさい。

【資料１】チーズのつくり方

チーズは，ウシや水牛，ヒツジ，ヤギなどの乳(ちち)を原料とした食品である。ヤギの乳でつくられるチーズは**シェーブルタイプ**とよばれている。

チーズは原料乳(げんりょうにゅう)に含(ふく)まれるたんぱく質を固め，水分を取り除(のぞ)くことでつくられる。そのつくり方は主に次の①～⑤の５段階(だんかい)である。

①原料乳を加熱して殺菌(さっきん)する。
　低温で殺菌した乳か，高温で殺菌した乳を使用する。超高温(ちょうこうおん)で殺菌した乳ではたんぱく質が固まらないため，チーズをつくることができない。
②原料乳を固める。
　乳酸菌を加えて原料乳を発酵(はっこう)させ，さらに子牛の胃からとれるレンネットを加えて固める。固めたものをカードとよぶ。
③水分を取り除く。
　カードを細かく切り，圧力をかけて水分を取り除く。
④食塩を加える。
　濃(こ)い食塩水の中に入れたり，表面に食塩をすりこんだりする。
　食塩には，殺菌をしたり，水分をさらに取り除いたりする効果がある。
⑤熟成(じゅくせい)させる。

温度や湿度を管理して長期間熟成させる。熟成により，たんぱく質が分解されてアミノ酸になり，うま味が増したりやわらかくなったりする。

・表面に白カビを生やすと**白カビタイプ**，内部に青カビを生やすと**青カビタイプ**のチーズになる。

・表面に特定の菌を増殖させ，他の雑菌が増えないように食塩水や酒で洗ったチーズもあり，**ウォッシュタイプ**とよばれる。

・カビや特定の菌を用いずに熟成させるチーズのうち，③で水分を取り除くときに45℃以上に加熱したものは**ハードタイプ**，45℃未満の場合は**セミハードタイプ**のチーズになる。

熟成させないチーズは**フレッシュタイプ**とよばれる。

【資料２】日本におけるチーズの種類

タイプ名	チーズ名
シェーブル	ヴァランセ、サン・クリストフ、サント・モール、バノン、ハロウミ
白カビ	カマンベール、クロミエ、ヌシャテル、ブリー、ボンチェスター
青カビ	カンボゾラ、ゴルゴンゾーラ、スティルトン、ロックフォール
ウォッシュ	ベルグ、ポン・レヴェック、マンステール、リヴァロ、リンバーガー
ハード	エメンタール、グリュイエール、チェダー、パルミジャーノ・レッジャーノ
セミハード	エダム、カチョカヴァッロ、カンタル、ゴーダ、フォンティーナ
フレッシュ	カッテージ、クリーム、フロマージュ・ブラン、マスカルポーネ、モッツァレラ

【資料３】さまざまなチーズの熟成温度と熟成期間

チーズ名	熟成温度（℃）	熟成期間
カマンベール	１２～１３	３～４週間
グリュイエール	１５～２０	６～１０か月
ゴーダ	１０～１３	４～５か月
サント・モール	１２～１４	２～３週間
パルミジャーノ・レッジャーノ	１２～１８	１年以上
ポン・レヴェック	８～１０	５～８週間
リンバーガー	１０～１６	２か月
ロックフォール	８～１０	３～４か月

（齋藤忠夫「チーズの科学」をもとに作成）

問題１　次のア～オのうち，**【資料１】～【資料３】**について正しく述べているものを**すべて選び**，記号を書きなさい。

ア　ゴーダは水分を取り除くときに45℃以上に加熱されるチーズである。

イ　ポン・レヴェックの熟成温度は，グリュイエールの熟成温度よりも低く，熟成温度の範囲もせまい。

ウ　サント・モールの熟成期間はリンバーガーの熟成期間の６分の１以下である。

エ　前のページの【資料３】のチーズでは，ヤギ乳でつくられたものを除くと，白カビによって熟成するものよりも，青カビによって熟成するものの方が，熟成温度が低い。

オ　【資料３】のチーズでは，ヤギ乳でつくられたものを除くと，カビを生やしたり特定の菌を増殖させたりしないチーズの熟成期間は４か月以上である。

問題２　みなみさんは，【資料１】の原料乳（げんりょうにゅう）が固まるための条件を確かめるために，牛乳を使って次の１～６の６種類の【実験】を行い，分かったことをまとめました。

【実験で分かったこと】の（あ）～（う）に当てはまるものは，【実験】の１～６のうちどれですか。その組み合わせとして適切なものを，あとのア～コからすべて選び，記号を書きなさい。

【実験】

１　低温で殺菌（さっきん）された牛乳に，乳酸菌とレンネットを加えて固まるか調べる。
２　高温で殺菌された牛乳に，乳酸菌とレンネットを加えて固まるか調べる。
３　超高温（ちょうこうおん）で殺菌された牛乳に，乳酸菌とレンネットを加えて固まるか調べる。
４　低温で殺菌された牛乳に，乳酸菌とレンネットを加えずに固まるか調べる。
５　高温で殺菌された牛乳に，乳酸菌とレンネットを加えずに固まるか調べる。
６　超高温で殺菌された牛乳に，乳酸菌とレンネットを加えずに固まるか調べる。

【実験で分かったこと】

（あ）と（い）の結果を比べると，牛乳が固まるためには乳酸菌とレンネットが必要であることが分かりました。また，（う）の結果から，超高温で殺菌された牛乳では固まらないことが分かりました。

ア　（あ）１　（い）２　（う）５　　イ　（あ）２　（い）３　（う）４
ウ　（あ）１　（い）４　（う）３　　エ　（あ）２　（い）５　（う）４
オ　（あ）３　（い）４　（う）６　　カ　（あ）２　（い）５　（う）３
キ　（あ）５　（い）６　（う）１　　ク　（あ）４　（い）５　（う）１
ケ　（あ）２　（い）６　（う）３　　コ　（あ）１　（い）４　（う）２

問題３　みなみさんは，たんぱく質が分解されてできるアミノ酸について調べ，【資料４】，【資料５】（次のページ）を見つけました。あとの問いに答えなさい。

【資料４】

・アミノ酸は，主に【部品１】～【部品４】の４種類の部品を複数組み合わせて作られている。

【部品１】　【部品２】　【部品３】　【部品４】

1　2　3　4

・【部品１】～【部品４】には他の部品とつながるための棒（ぼう）がある。
・棒の数は決められていて，【部品１】は１本，【部品２】は２本，【部品３】は３本，【部品４】は４本である。
・棒は必ず他の部品の棒とつながっていなければならない。
・１本の棒に２本以上の棒をつなげることはできない。
・棒の位置は変えることができる。

【資料５】部品のつながり方の例

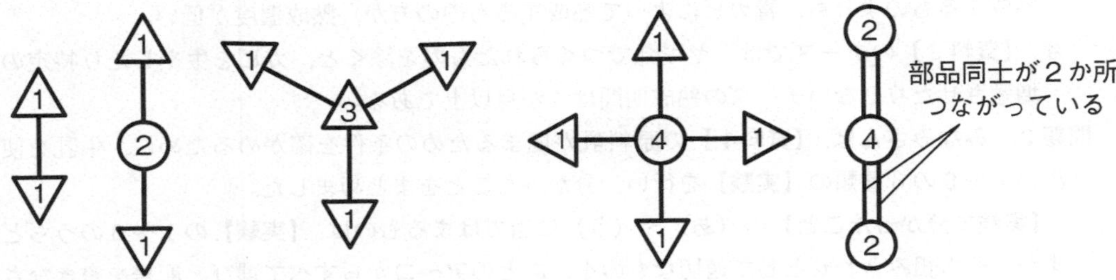

(1)　**みなみさんは，うま味のもとになるグルタミン酸がアミノ酸の一種であることを知りました。グルタミン酸について次のことが分かっているとき，【部品１】と【部品４】はそれぞれ何個必要か，その数を書きなさい。**

・部品は【部品１】～【部品４】の４種類すべてが必要で，その数は合計で19個である。
・【部品２】の数は【部品３】の数の４倍である。
・19個の部品の，つながるための棒の数を合計すると40本である。
・【部品４】の数は【部品１】～【部品４】の中で２番目に多い。

(2)　**みなみさんは，甘味（かんみ）のもとになるアラニンもアミノ酸の一種であることを知り，そのつながり方について考えてみることにしました。アラニンについて次のことが分かっているとき，そのつながり方はどのようになるか，【資料５】にならってかきなさい。ただし数字の向きはすべてそろえること。**

・部品は【部品１】～【部品４】の４種類すべてが必要で，それぞれの部品の数は，【部品１】が７個，【部品２】が２個，【部品３】が１個，【部品４】が３個である。
・【部品４】のうち１個は，１個の【部品３】と２個の【部品４】とつながっている。
・【部品３】には２個の【部品１】がつながっている。
・２個の【部品２】は共通する１個の部品につながっている。
・【部品２】と【部品１】がつながっているところは１か所だけである。
・部品同士が２か所つながっている（「＝」になる）ところは１か所だけである。

質化の完成と同時に、ことばの新たな多様化の時代がはじまったのである。そして、逆に方言を惜しむ声が各地で出はじめた。

近代的コミュニケーションのために、方言はいわば障害物(しょうがいぶつ)とされ、切り開くべきジャングルでもあったが、その自然を開拓し征服(せいふく)したとき、人々は、はじめて失ったものの大きいことに気づいたのであった。そして、絶滅(ぜつめつ)の危機(きき)に瀕(ひん)した自然と同じように方言を大切に保存(ほぞん)しようという時代になった。方言による暮(く)らしのなかには、人々が自然と共存して暮らしていける知恵がしみこんでいる。その伝統、文化の継承(けいしょう)をささえてきたことばを失うことは、自然の貴重(きちょう)な教科書を失うことに等しい、というわけである。

(真田信治『方言は絶滅するのか』より。一部省略やふりがなをつけるなどの変更(へんこう)があります。)

[注]

※12 均質……ものの、どの部分をとってみてもむらがなくて、同じ性質や状態であること。

※13 爛熟……文化などが、極度に発達すること。

ねらう文章は横組みにすると微妙な変化を受ける。

同じ文章でも、組み方が変わり、読み方が変われば、その感じさせるスタイルにも差が生じる。だとすれば、スタイルは文章に内存しているばかりでなくて、読み方いかんにも関係があるわけで、表現形式の意味として注目に値しよう。

縦に読んでいたことばを、横にして読むとするならば、縦でも横でも同じであるということには決してならない。文学に関心のあるものにとって、ことに、日本語が横書きされ、横に読まれるとき、どの程度に、どういう性質の文体的影響があるのか、それは縦書き、縦読みのときと、どのようにちがうかということは大きな問題でなければならない。

また、一般の読書人は、元来が縦に書き、縦に読むことばとして発達して来た日本の文字を、横に並べて、横に読むということが、実は、固有の性質を一部分崩すほどの力を文字に対して加えているという事実に着目する必要がある。

それは決して縦のものを横にするだけのことではない。質的変化を伴う。

日本語とその文字の固有の性質を考えると、縦から横への移行はかならずしも「合理化」の一環とはならないことを認めなくてはならない。なんでもないようで、日本語の横組み、横読みは、新かな遣い、※10当用漢字、あるいは※11常用漢字以上に根本的な国語の改編を意味するのである。

（外山滋比古『ものの見方、考え方』より。一部省略やふりがなをつけるなどの変更があります。）

［注］

※1 滔々たる……たくさんの水がいきおいよく流れるさま。また、そのようなようす。

※2 機微……人の心や人間関係などのおくにひそむ微妙な動き。

※3 吟味……こまかいところまで、念入りにしらべること。

※4 端的に…はっきりしているようす。　※5 刺戟……「刺激」に同じ。

※6 緊密……ものごとのむすびつきがしっかりしていて、くいちがいがないようす。

※7 弁別……それぞれの特徴のちがいを見きわめて、区別すること。

※8 排他的……自分の仲間以外の人や、ちがう考えかたを受け入れようとしないようす。

※9 イメジ……「イメージ」に同じ。

※10 当用漢字……国民が日常使用するとして示された漢字。

※11 常用漢字……当用漢字にかわって、一般の社会生活における使用の目安として定められている漢字。

問題8　次の**【資料7】はりかさん**が見つけた本の一部分です。**【資料7】**と**【資料6】**を読み比べて、**二つの資料に共通する考え方**を読み取って**四十字以上五十字以内**で書きなさい。ただし題名は書かずに**一行目、一番上から書く**こと。

【資料7】

近年、方言の消滅を惜しみ、これを尊重し保護しようとする運動が盛んになってきた。明治以降、日本語はひたすら※12均質化される方向に進んできたのであった。この均質化は１９８０年代におけるテレビメディア※13爛熟期に、ほぼ完成の域に達したといっていい。しかし、均

ということが、どういう結果をもたらすか。読む側のことだけを言っても、その転換によって生ずる、生理的、心理的負担の増大は明らかである。一二三というような文字を横に並べて読めば、視線の走る方向と文字の線は平行をなすから、眼の受ける抵抗感がすくなすぎて、読みにくい。それが心理的な負担増大ということの意味である。眼の走る方向に交叉する線が多ければ多いほど、文字を読みとるのに要するエネルギーはすくなくてすむ。

このように、リーディングの慣習と文字の関係は想像以上に※6緊密であると言ってよく、縦読みのことばとして発達して来た文字を急に横読み用に変えるということは、文字に対する一種の破壊的行為であり、他方ではまた、読みの作業がいちじるしく負担の大きなものになることを認識すべきである。

日本の文字は上から下へ読まれるものとして発達して来た。文字を組み立てているのも、縦より横の線が優勢である。文字の※7弁別には上から下への視線がはたらかなくてはならない。

そういう文字が横に並んでいると、読者はこれをなだらかに横に読んで行くことができないので、一字一字を、ホウチョウでものを切るように垂直に読みながら横にすすむ。それが横組みの日本語の読みづらさとして感じられる。

このホウチョウ刻み式の読み方だと、読んでも、ことばに流れが生じにくい。別なことばで言えば、一字一字が切れ切れになりすぎてほどよい結合をつくらないのである。また、漢字や仮名は上と下は他のものと結合しようとする接着力が強いけれども、字体の左右の部分はどちらかと言うと、※8排他的な力を蔵しているように思われる。そういう日本字を横に並べると、前の字の右と後の字の左とが反撥し合う。その反撥が字と字をバラバラにさせ、ことばの流れを失わせる。流れがないから、ますますホウチョウ読みを助長することになり、ホウチョウ読みだと、字と字の左右はいっそうくっつきにくくなって、ことばの自然な群化ができにくい。

漢字、仮名は、長い間、縦読みされてきたために、字の両側が視線に洗われることにならされている。それが横読みをされると、その大切な両側は行の中にかくされて、左右の弁別の要素が隣同士で相殺されてしまい、それに代わって、縦読みではつよくは視線にさらされることのなかった上と下の部分が強調されることになる。

このように考えてみると、読み方が変れば、ことばの性質自体が変ってくることが了解されるはずである。

そのことは、同じ文章を、縦組みと横組みとで読み比べてみるとよくわかる。縦組みか横組みかで同じ文章のスタイルがちがって感じられるのである。

俳句などは、それがもっとはっきりする。俳句はことばの響き合いの詩で、前のことばは次のことば、前の句は下の句へと、※9イメジを重ねて全体的雰囲気を出す。そういう俳句が横組みになると、やはりイメジのつながり方に変化があらわれて、句の感じも変る。俳句は横組みを嫌う。逆に、横組みの日本語の中からは、おそらく俳句のような詩は生れないであろう。生れるとすればおそらくそれは別種の詩になる。

俳句ばかりでなく、和歌も横組みには弱い。一般に、芸術的効果を

人間の眼は左右に並んでいるから、横に読む方が自然であるという説が一部にはあるが、この筆法で行くと、世の中のすべての縦のものは不自然なものだということになりかねない。読むのがいかなる文字であるかも※3吟味しないで、縦がよい、横がよいと言ってみてもしかたがない。

横がよいか、縦がよいかを決める前に、まず、リーディングと文字の構造との関係について考えなくてはならない。

横組みに印刷されたことばを読むとき、一つ一つの文字の識別にあたって、もっとも大切なのは、活字の上の方と、下の方へつき出している縦線である。まん中の部分はもっとも無性格で、字の個性をあらわす度合いが低い。

他方、縦に書かれることばでは、横のことばの場合から推しても、読みにあたっては、左右に突出した部分によって、文字の区別がなされていると想像される。多くの漢字が、左の突出部である扁と、右への張り出し部である「つくり」から成っていることは、縦読みにおいては、そういう左右の分化、複雑化が自然に進んだであろうことを思わせるもので、英語で上と下の出入りが大切であったように、縦書きのことばでは左右が大切である。

日本語のように古来、縦読みをしている言語では、左右の文様によって字の区別が行われており、文字の構造では縦よりも横の線が主力をなしている。英語とはちょうど九十度だけ向きが変っている。これは、文字の構造が、読まれ方に対して、ある共通の原理の上に立っていることを暗示する。

英語のような横のことばと、日本語のような縦のことばの両者の文字としての性格を※4端的に示しているものに、数字がある。

横のことばの数字はⅠⅡⅢのように縦線を並べることを基本にしている。一方の縦のことばでは、一二三と横の線で書きあらわす。

横に読んで行くときには、眼の進行方向に対して直角に交わる線が多い方が効果的である。文字は元来視覚に与える※5刺戟として認識されるもので、視覚に有効な抵抗感を与える字は読みやすいのである。横読みには垂直の縦の線がもっとも有効な抵抗を与える。ⅠⅡⅢがそうであり、mnuvilなどを見れば、アルファベットの一つ一つが、いかに縦の線に依存しているかがよくわかる。

それに対して、一二三という数字をもつ漢字では、視線の流れが上から下へ走ることを予想している。一二三を横に並べると実に読みにくい。その読みにくさの理由は、すでに述べたように、眼の動きに平行する線は充分な抵抗を与え得ないからである。十木本未末来日月旦など、いずれも横線の基調をはっきりさせている。こういう漢字を横に並べて横から読ませることが、読みの能率上からも決して得策ではないことは明らかである。

読むには、眼に充分強い刺激を感じさせる線があった方がよいから、文字は、読むときの視線の流れに対して直角に交わる線を軸にして発達すると考えてよい。縦か横かのどちらかの読み方がある程度固まってから、それに適合するように文字は進化したと想像される。そして、読み方によく適合した文字の形が定まる。今日見られる多くの言語における文字は、その言語の読みの慣習に対して、安定した構造を確立させていると考えられる。

日本語の文字を急に九十度方向転換して横に並べて書き、かつ読む

問題7　言葉について興味をもったみなみさんは、【資料6】を見つけました。**【資料6】を読んで、三百字以上三百五十字以内で【資料6】が伝えていることを複数の段落をつくってまとめなさい。**ただし題名は書かずに**一行目、一マス下げたところから、**原稿用紙の適切な使い方にしたがって書くこと。

【資料6】

近年、日本語の横書きが目立つようになった。印刷されたはがきの案内状などでも横組みはそれほどめずらしくないし、普通のはがきを横書きにしている人もある。国文学の学生にも卒業論文の横書きが増えているそうである。横書きや横組みの印刷は、事務合理化の一環として、よく考えることもなく採用しているところが多い。そのせいか、横書きの方が何か高級のような感じを一般に与えていることは見のがすことができない。

すこし楽天的な人は、これからの世の中は、もう横書き、横組みでなくてはだめだときめてしまっているようで、こういう※1滔々たる天下の勢いを向うにまわして、横書き慎重論を述べるのはこっけいかもしれない。しかし、横組みや横書きが、一般に信じられているように果して「合理的」なものかどうか、という点を文字の構造と関係づけて考えてみることは、必ずしも無意味なことではあるまい。

縦に印書していたものを横に変えるという改革は、日本語では容易である。というのも、日本語の活字は、もともと、すべて全角の大きさだからである。すなわち、一本一本の活字の占める面は正方形であるから、縦に並べていたものを横に並べても、寸法にくるいがない。活字を替える必要なしに縦組みを横組みに変えることができるが、これは日本語の活字の特色で、便利といえば便利なところである。しかし、一方では、この便利さのために、印刷上の抵抗を受けずに、かんたんに横組みへの移行がはじまったとも言えるのである。

英語だと、こういう縦横自在ということはとうてい考えられない。英語の活字は一本一本で幅が違う。もっとも幅のひろいのが全角で、これは日本語活字とおなじく、正方形である。そしてたとえば、ｎの字はｍの活字の半分の幅しかない。さらにｉはその半分、つまり、ｍの字の四分の一である。こういうように一本一本、字によって活字の幅がちがっている。そういう活字で縦組みをしようとすると、一行の幅が不揃いに出入りしてたいへんおかしいものになる。だから、英語の縦組み印刷は実行不可能である。活字を根本的に改造でもしない限り、英語の縦組みは考えることもできない。

日本語の印刷では、このように容易に縦のものを横に寝させることができるが、手で書くときはどうであろうか。

横書きは書きにくいと言う人もないではない。原稿を横書きにすると、自分の文章のような気がしない、思ったことがすらすら書けないという文筆家もある。ところが、一般には、自分の書く文章について、そういうスタイルの※2機微にふれる意識がはじめからないためか、横書きが縦書きとちがうという感じがあまりないようである。縦に書くのも横に書くのとちがわないと思っている人は意外に多い。結果的に言えば、筆記の場合も印刷の場合と同じように、縦と横の転換ができるように漠然と考えられている。

それでは、読む者の側から見て、横組みの文章と縦組みと、どちらが合理的であろうか。

ウ

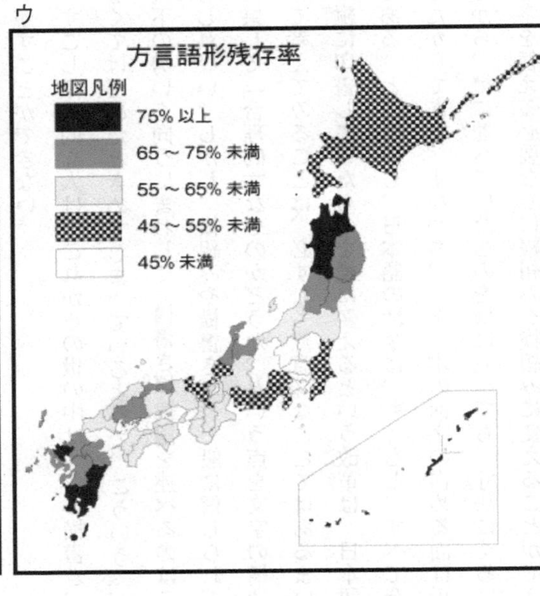

エ

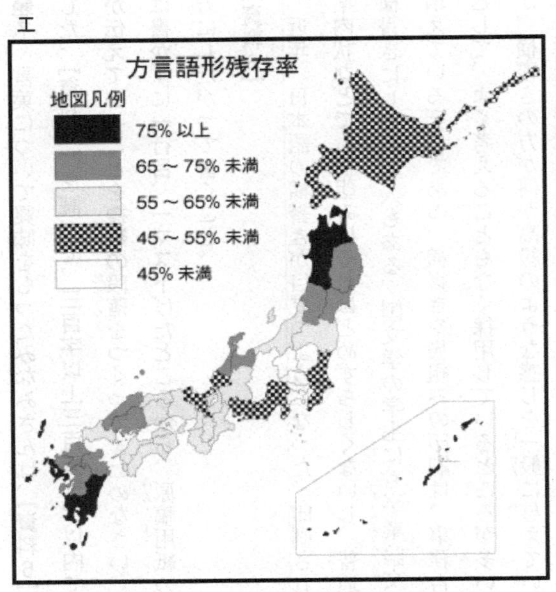

問題４　**【会話文】**中の（い）にあてはまる県名を**ひらがな**で書きなさい。

問題５　**【会話文】**中の A ～ C にあてはまるものとして最も適切なものを、次の**ア**～**カ**からそれぞれ一つ選び、記号を書きなさい。

ア　京都や奈良周辺の地域には「でんでんむし」など、長野や富山周辺の地域や四国の太平洋側には「かたつむり」「かさつむり」など、青森県北部や熊本や宮崎周辺の地域には「なめくじ」「まめくじ」などというように、京都や奈良などを中心としていろいろな表現が周りに分布していっている

イ　岐阜周辺の地域には「でんでんむし」など、秋田や山形周辺の地域や四国の太平洋側には「かたつむり」「かさつむり」など、青森県北部や熊本や宮崎周辺の地域には「なめくじ」「まめくじ」などというように、岐阜を中心としていろいろな表現が周りに分布していっている

ウ　山地に「ゆきやけ」などが、平地に「しもやけ」などが多く分布していて、山地と平地とで表現が異なっている

エ　日本海側に「ゆきやけ」などが、太平洋側に「しもやけ」などが多く分布していて、日本海側と太平洋側とで表現が異なっている

オ　日本の北側に「おる」などが、南側に「いる」などが多く分布していて、北側と南側とで表現が異なっている

カ　日本の東側に「いる」や「える」などが、西側に「おる」などが多く分布していて、東側と西側とで表現が異なっている

問題６　**【会話文】**中の（う）にあてはまる語句として最も適切なものを、次の**ア**～**ウ**から一つ選び、記号を書きなさい。

ア　「東西分布」　**イ**　「周圏分布」　**ウ**　「日本海太平洋型分布」

布」「周圏分布」といいます。「東西分布」は、日本アルプスなどの山々が境界となって、その東西で言葉が変化することによって起こったことだといわれています。「周圏分布」は、文化の中心地に新しい表現が生まれ、それがだんだん周囲に広がったことで生じたものだといわれています。「日本海太平洋型分布」は、日本海側と太平洋側の気候の違いが言葉に影響を及ぼしたものだといわれています。では、**【資料5】**（18ページ）は、どのパターンにあてはまるでしょうか。

みなみさん　（　う　）ですね。

りかさん　その背景や事情によって分布の仕方が異なってくるのですね。

先　　生　何事も「なぜそうなっているんだろう」と興味をもつことが大事ですね。

問題１　**【会話文】**中の——線①について、この地域の出身で、明治天皇を中心とした新政府をつくった人物として適切なものを次のア～オから二つ選び、記号を書きなさい。

ア　勝海舟　　**イ**　西郷隆盛　　**ウ**　陸奥宗光　　**エ**　大久保利通

オ　木戸孝允

問題２　**【会話文】**中の（あ）にあてはまる数を書きなさい。

問題３　**【会話文】**中の——線②として最も適切なものを次のア～エから一つ選び、記号を書きなさい。

ア

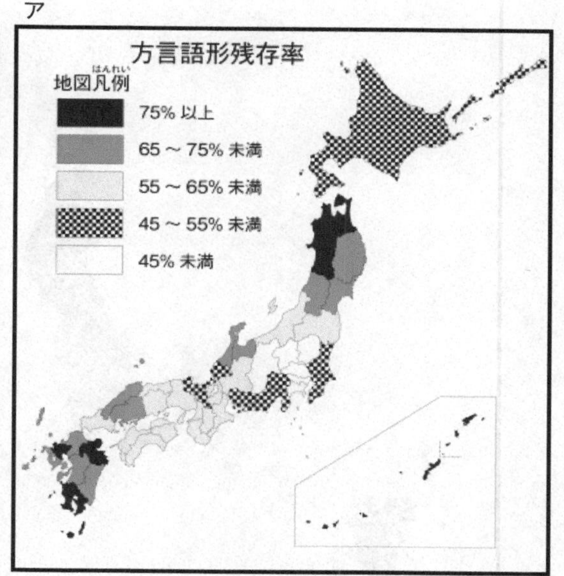

イ

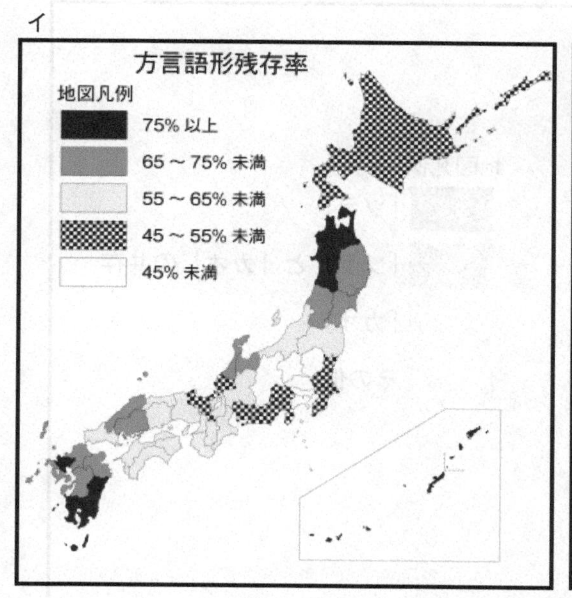

【資料４】「しもやけ」の方言分布

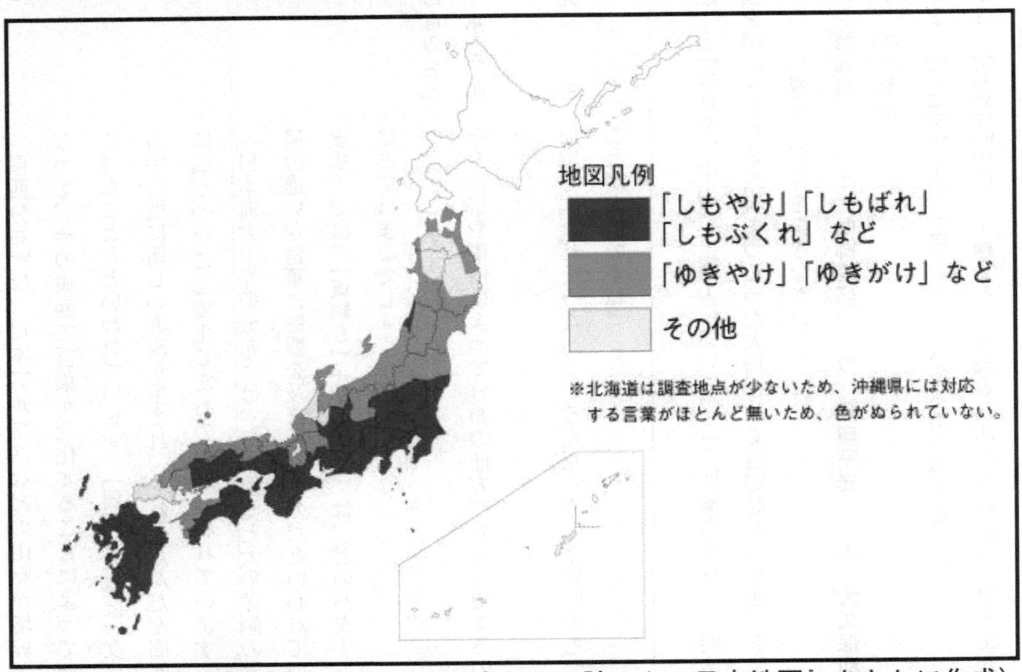

（『なるほど地図帳2018 ニュースと合わせて読みたい日本地図』をもとに作成）

【資料５】「顔」の方言分布

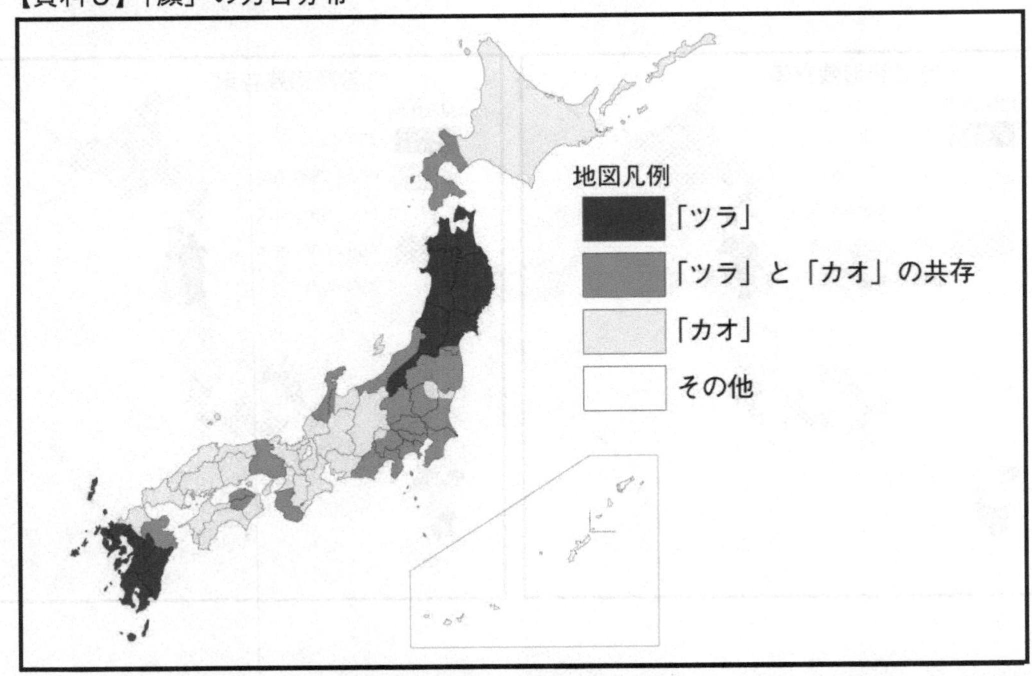

（「共同体社会と人類婚姻史」ホームページをもとに作成）

【資料2】「居る」の方言分布

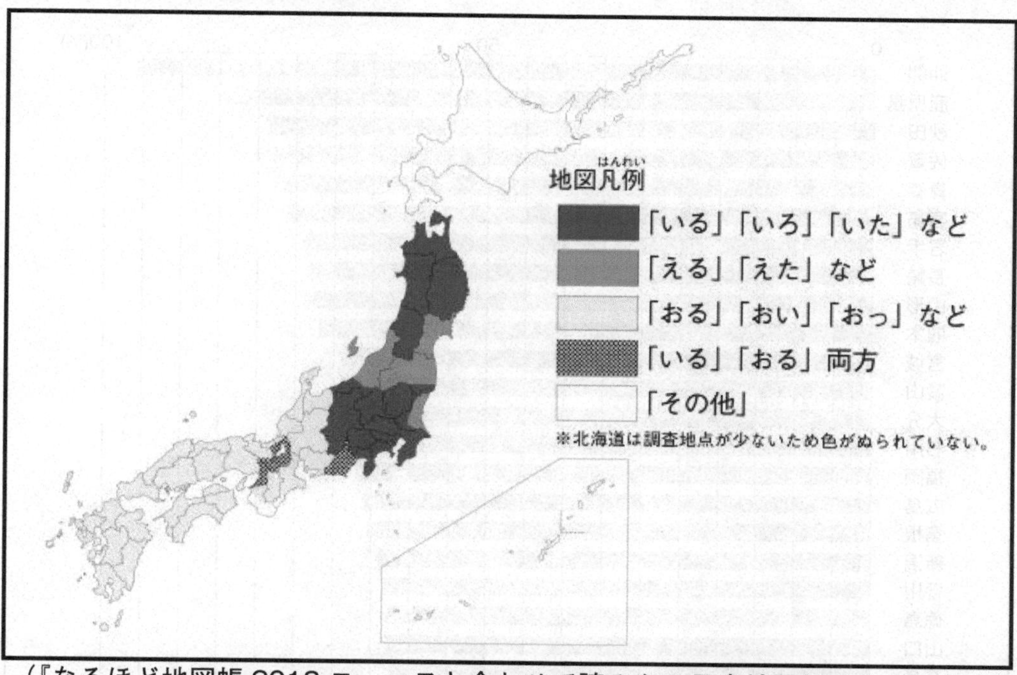

（『なるほど地図帳 2018 ニュースと合わせて読みたい日本地図』をもとに作成）

【資料3】「かたつむり」の方言分布

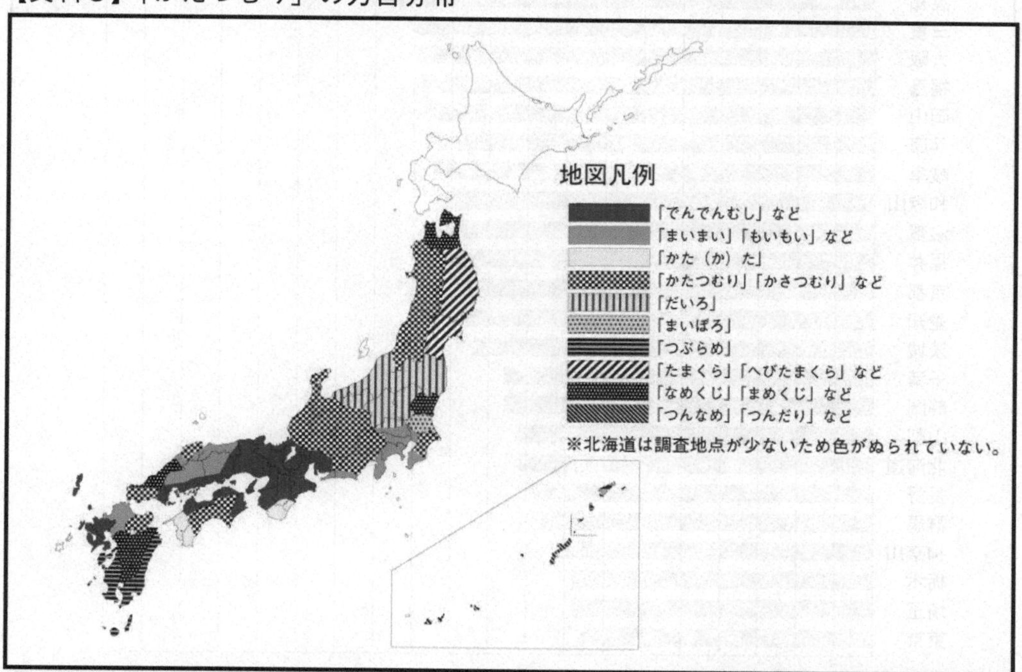

（『なるほど地図帳 2018 ニュースと合わせて読みたい日本地図』をもとに作成）

【資料1】方言語形残存率

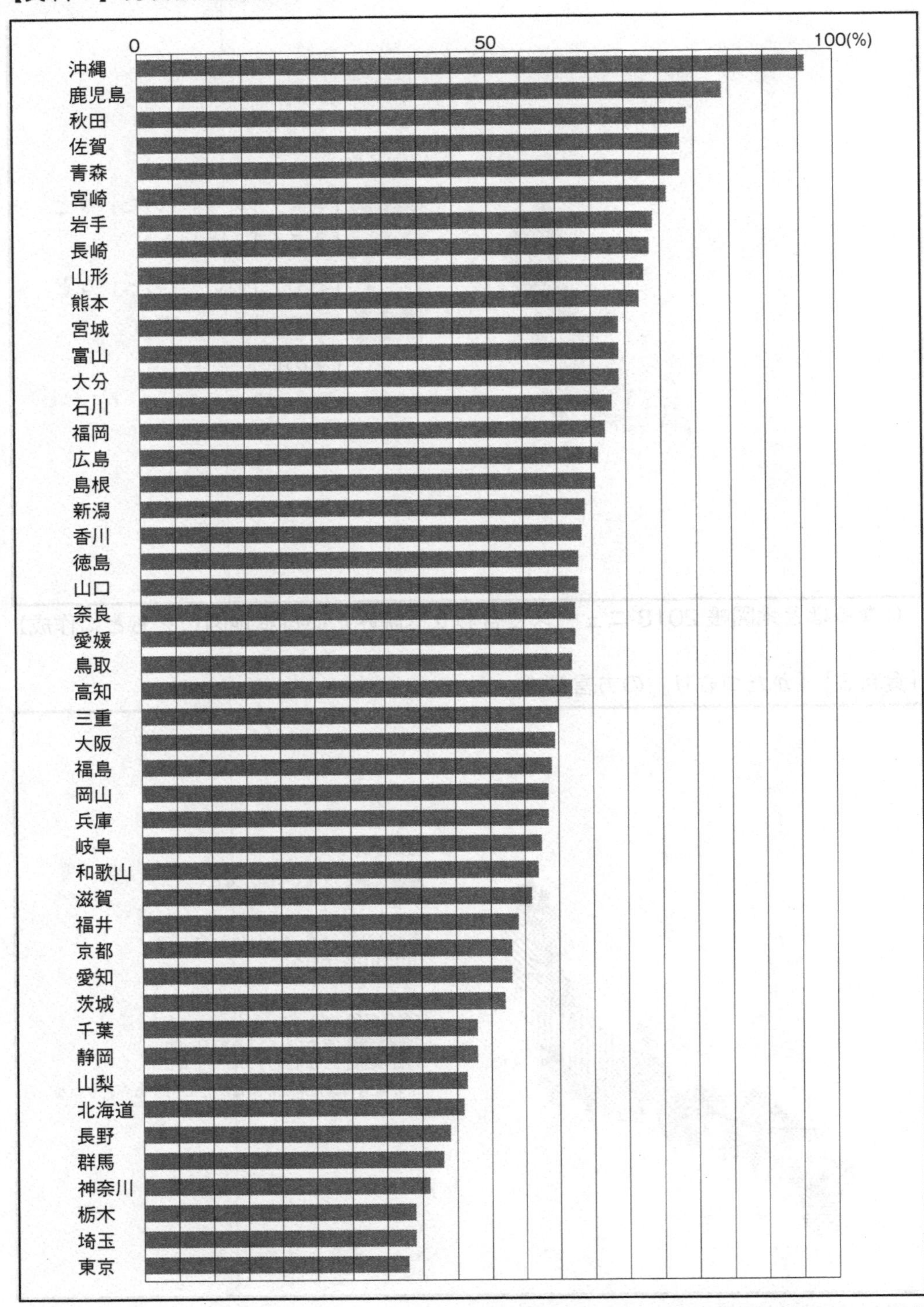

（真田信治『方言の日本地図』をもとに作成）

【適性検査Ⅰ】（四五分）〈満点：二〇〇点〉

次の【会話文】を読んで、あとの問題に答えなさい。

【会話文】

みなみさん　冬休みに祖母の家へ行きました。そのとき親戚の人たちが聞きなれない言葉を使っていて興味をもちました。たぶん方言だと思うのですが。

りかさん　おばあさんの家はどこにあるのですか。

みなみさん　①鹿児島県です。

りかさん　今でも鹿児島県には多くの方言の形が残っているのでしょうか。

みなみさん　【資料1】（20ページ）を見てください。これは、都道府県を方言の形が残っている割合の高い順に上から並べたものです。

りかさん　鹿児島県の値は80％を超えていますね。これは全国で（　あ　）番目に高い値だから、鹿児島県には多くの方言の形が残っているといえそうです。鹿児島県以外に沖縄県や秋田県なども方言の形が多く残っているようですが、地域による傾向が何かあるのでしょうか。この表からは読み取ることが難しいのですが。

先　生　②方言の形が残っている割合に応じて、都道府県をぬり分けた地図を作ってみると分かりやすいと思いますよ。

みなみさん　作ってみましょう。

りかさん　作成した地図をみると、関東地方から距離が離れるほど、方言の形が残っている割合が高くなっているようです。

みなみさん　でも、北海道は東北地方と比べて方言の形が残っていないようです。東北地方より北海道の方が関東地方から離れているのになぜでしょうか。

先　生　北海道は、明治以降に開拓のため日本の各地から人々が移り住んだことによって、共通語が多く話されるようになったと言われています。

みなみさん　歴史と関係があったのですね。

先　生　（　い　）県は、長野県に接する都道府県の中で方言の形が残っている割合が最も高くなっています。これは、2つの県の間に高い山脈があることが一因だといわれています。

みなみさん　地形も関係があるのですね。

先　生　方言の形が残っている割合にも地域差がありますが、方言の形の分布にも地域差があります。【資料2】（19ページ）～【資料4】（18ページ）を見てください。どのようなことが分かりますか。

りかさん　「居る」は［A］、「かたつむり」は［B］、「しもやけ」は［C］ということがわかります。

先　生　そうですね。それぞれの分布のパターンを、「東西分

大切なことはメモしておこうネ！

2019 年 度

解 答 と 解 説

《2019年度の配点は解答欄に掲載してあります。》

＜適性検査Ⅰ解答例＞

問題1 イ・エ
問題2 2
問題3 イ
問題4 とやま
問題5 (A) カ (B) ア (C) エ
問題6 イ
問題7 近年，日本語の横書きが増えている。日本語の活字はすべて全角の大きさだから，横組みへの移行が容易だ。筆記の場合も同じで，縦と横の転換ができると考えられている。
しかし，読む者の側からみて，日本語の横書きは合理的とは言えない。文字を読むには，目に充分強い刺激を感じさせる線があった方がよく，多くの言語における文字は，その言語の読みの慣習に対して安定した構造を確立させている。そのため，古来から縦読みをしている日本語を横読みに変えることは文字に対する一種の破壊行為であり，読みの作業がいちじるしく負担の大きなものになる。
だから，縦に読むことばとして発達して来た日本の文字を横に読むということは，ことばの質的変化を伴い，かならずしも「合理化」の一環とはならないと認めるべきだ。
問題8 合理化や均質化を求めて日本語の持つ特徴や固有の性質を変えることは，失うものが大きいという考え方。

○配点○
問題1 完答8点 問題2・問題3・問題4・問題6 各8点×4 問題5 完答20点
問題7 40点 問題8 100点 計200点

＜適性検査Ⅰ解説＞

(国語，社会：方言，資料の読み取り，自由作文，文章の読み取り)

基本

問題1 問題文から導き出される答えは，イの西郷隆盛とエの大久保利通である。鹿児島県出身ということから，薩摩藩の人物を2人選べるとよい。アの勝海舟は江戸生まれである。ウの陸奥宗光は第二次伊藤内閣のときに条約改正などに尽力(じんりょく)した人物で明治天皇の新政府とはあまり関係がない。オの木戸孝允は長州(現在の山口県)の人である。

問題2 【資料1】をみると，鹿児島県は沖縄県のつぎに割合が高くなっている。よって入る数字は2となる。

問題3 【資料1】と照らしあわせながら考えよう。ア，イ，ウ，エの地図を見比べて違っている部分を【資料1】で確認し，消去法で答えを選んでいくようにすると早く解くことができる。4つの地図を比べたときに違いがある島根県，佐賀県，宮崎県の3つの県について，【資料1】で確認していく。**ウ**は，**【資料1】**で65%以上の残存率である島根県が55～65%未満となっているのであやまり。**エ**は，**【資料1】**で75%以上の残存率である佐賀県が65～75%未満となっているのであやまり。**ア**は，**【資料1】**で75%以上の残存率である宮崎県が65～75%未満となっているのであやまり。よって，答えは**イ**。

問題4　問題3の地図**イ**をみて解いていく。長野県に接する都道府県は，群馬県，埼玉県，新潟県，富山県，山梨県，岐阜県，愛知県，静岡県の8つの県である。その中で方言が残っている割合が最も高くなっている県は富山県なので，答えはとやまとなる。ひらがなで書くという指示があることに気をつけて解答する。

問題5　まず選択しを読み，表からどんなことを読み取ればいいのか理解できると，解答時間がぐっと短くなる。

(A)　本州を長野県のあたりで東側と西側にわけて考えると，東側に「いる」や「える」などが，西側に「おる」などが分布しているといえる。よって，答えは**カ**。

(B)　**【資料3】**から，「でんでんむし」などが主に分布しているのは近畿地方である。よって答えは**ア**。

(C)　**【資料4】**をみると，日本海側に「ゆきやけ」が，太平洋側に「しもやけ」が多く分布しているといえる。よって，答えは**エ**。

問題6　(う)の前にある先生の説明をよく読んで解答する。**【資料5】**の分布の仕方は東西には分けにくく，太平洋側と日本海側で分かれているともいいにくい。よって，答えは**イ**。

問題7　「日本語の横書きは合理的ではない」という筆者の主張を読み取り，文章中にあげられた根拠をまとめながら文字数以内におさめるようにする。また，複数の段落をつくってまとめるとあるので，段落ごとのテーマをもってまとめていく。

問題8　共通する考え方を読み取るために，それぞれの資料で筆者の考えが述べられた部分に線を引くなどして，よく読み比べることができるようにしていくとよい。

★ワンポイントアドバイス★

45分という短い時間で作文を含む問題を解く必要がある。いかに作文に時間をかけられるかがポイントになるだろう。資料問題は決して難しくないので，正確に・速く解くようにしよう。作文も，日ごろから書く練習をしておいたほうがよい。

＜適性検査Ⅱ解答例＞

1

問題1　1(月)10(日)10(時)28(分)54(秒)

問題2　9(時間)18(分)

問題3　(1)　300(分)　　(2)　8(時)10(分)

2

問題1　15(通り)

問題2　4.5

問題3

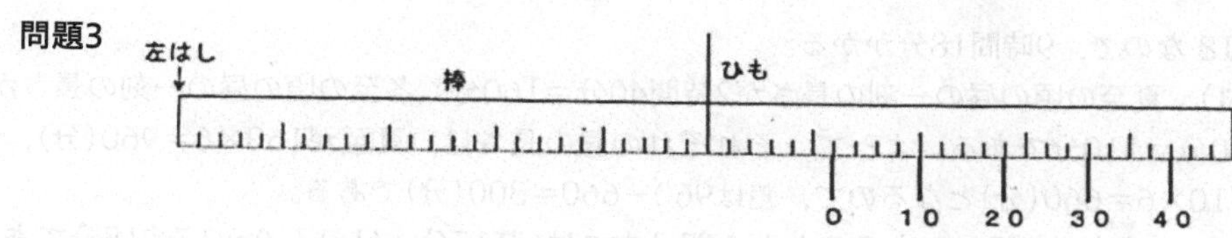

問題4　ひもを棒の真ん中と皿の間につける

3　問題1　5(通り)

問題2　(1)　15

(2)　ア　6　イ　3　ウ　4　エ　5　オ　2　カ　1

問題3　22

4　問題1　イ　エ　オ

問題2　ウ　カ

問題3　(1)　【部品1】　9(個)　【部品4】　5(個)

(2)

○配点○

1　問題1　10点　問題2　12点　問題3　完答27点

2　問題1・問題4　各12点×2　問題2　10点　問題3　15点

3　問題1　10点　問題2　27点　問題3　15点

4　問題1・問題2　各完答10点×2　問題3　30点　計200点

＜適性検査Ⅱ解説＞

1　（算数：時間の表し方）

問題1　1分＝60秒，1時間＝60×60＝3600秒，1日＝3600×24＝86400秒であることから計算する。815334÷86400＝9あまり37734。9日間とあまりの秒数があるので，日付は1月10日であることがわかる。1月9日と間違えないよう注意すること。

あまりの37734秒についても計算をしていく。37734÷3600＝10あまり1734，これで10時台であることがわかる。最後に1734÷60＝28あまり54より，28分54秒であるとわかる。

問題2　短針が2回目の3を指すとき，短針はスタートから1周と3めもり，つまり11めもり進んでいる。短針が1めもり進む間に長針が1回転するので，短針が11めもり進むには48×11＝528(分)かかる。そして528分に，長針が5めもり進む時間を加える。1周8めもりで48分なので5めもり進むのに必要な時間は，48÷8×5＝30(分)。全部で528＋30＝558(分)，558÷60＝9あまり18 なので，9時間18分かかる。

問題3(1)　夏至の頃の昼の一刻の長さが2時間40分＝160分，冬至の頃の昼の一刻の長さが1時間50分＝110分である。よって，それぞれの昼の長さは，夏至が160×6＝960(分)，冬至が110×6＝660(分)となるので，差は960－660＝300(分)である。

(2)　日の出が6時45分であることから明け六つは6時15分，日の入りが17時15分であることから暮れ六つは17時45分である。昼に六刻あるので，一刻の長さを求めるために，6時15分から17時45分の間の11時間30分を6等分すると1時間55分とわかる。正午が12時ちょうどとの指定があるので，正辰は明け六つから数えて，卯の半分と辰の半分が過ぎた頃の時刻であると考えてよい。卯の半分と辰の半分は合わせるとちょうど一刻ぶんなので，正辰の時刻は明け六つ(6時15分)から一刻(1時間55分)過ぎた時刻の8時10分である。

2　(理科：てんびん)

問題1　3gのおもりを0個，1個，2個，3個つるす場合に分けて考える。3gのおもりが1，2，3個のとき，同時につるす7gのおもりは0個，1個，2個，3個のそれぞれ4通り。3gのおもりが0個のときは，7gのおもりを最低でも1つつるさないといけないので，7gが0個の場合をのぞく。よって，3×4＋3×1＝15(通り)。

問題2　【きまり】より，「コインの重さ×支点からのきょり＝おもりの重さ×支点からのきょり」になればいい。棒の長さが30cmなので，コインの支点からのきょりは30÷2－1＝14(cm)，おもりの支点からのきょりは30÷2－6＝9(cm)である。これらを式にあてはめて答えを出すと，「コインの重さ×14＝7×9」より，コインの重さは4.5gとなる。

問題3　【材料】より，棒の長さは50cm，はしから5cmの位置に皿がつるされているので，皿の支点からのきょりは50÷2－5＝20(cm)。【材料】③よりまず0の位置を決める。皿とおもりがつり合うとき，「皿の重さ×支点からのきょり＝おもりの重さ×支点からのきょり」なので，これにあてはめると「15×20＝50×支点からのきょり」となる。よって，支点からのきょりは6cmなので支点から6めもりのところに0を記入する。続いて＿＿＿線㋑を読むと，おもりは重さを変えずに位置を動かし，皿は位置を動かさずに重さを変えることが求められているとわかる。それぞれの場合の値をまとめると下の表のようにある。

めもりの数字	ものの重さ	ものの重さ ×支点からのきょり(a)	おもりの重さ ×支点からのきょり(b)
0	15g	15×20	50×6
10	15＋10g	(15＋10)×20	50×1
20	15＋20g	(15＋20)×20	50×2
30	15＋30g	(15＋30)×20	50×3
40	15＋40g	(15＋40)×20	50×4

ここで【きまり】を適用すると，例えばめもりに書く数字が10のとき，その位置は(a)＝(b)になるように1を計算した値なので，(15＋10)×20＝50×1より1＝10である。よって，10という数字を支点から10めもり分はなれたところにふる。同じように2，3，…を求めていくと，2＝14，3＝18，4＝22となる。

問題4　支点から皿の位置までのきょりと支点からおもりの位置までのきょりが等しいとき，皿とものの重さの合計とおもりの重さが等しくなる。皿とものの重さの合計よりも軽いおもりでつり合わせるためには，支点から皿の位置までのきょりよりも支点からおもりの位置までのきょりを大きくする必要がある。よって，支点を皿のほうに動かして支点から皿の位置までのきょりをできるだけ小さくすることで，支点から皿の位置までのきょりよりも支点からおもりの位置までの距離を大きくすることができる。このことで，おもりの重さよりも重いものもはかることができるようになる。

やや難 3 （算数：組み合わせ）

問題1 組み合わせは，(5，1，1，1)，(4，2，1，1)，(3，3，1，1)，(3，2，2，1)，(2，2，2，2)の5通りとなる。組み合わせを(A，B，C，D)として，Aに大きい数をあてはめて，残り三つのサイコロにどのような数字を入れられるかを考えるとスムーズに解くことができる。Aが6のとき，合計は必ず8を超えるので6は入れられない。Aが5のとき，B，C，Dは1，1，1の1通り。Aが4のときB，C，Dは2，1，1の1通り。Aが3のとき，B，C，Dは3，1，1と2，2，1の2通り。Aが2のとき，B，C，Dは2，2，2の1通り。

問題2(1) 1回目の操作と2回目の操作で，さいころの向きは次の図のようになる。

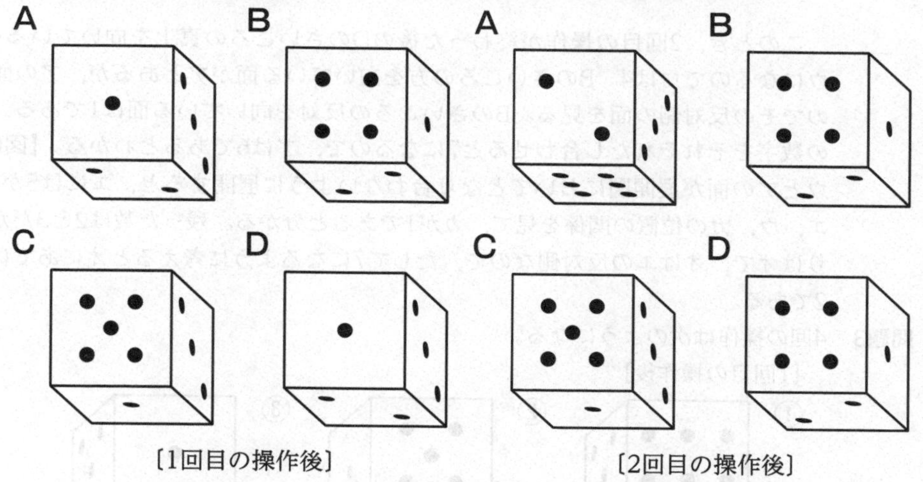

［1回目の操作後］　［2回目の操作後］

2回目の操作が終わった後，真上を向いている面の目の数の合計は，2+4+5+4=15である。

(2) 1回目の操作と2回目の操作で，さいころの向きは次のページの図のようになる。

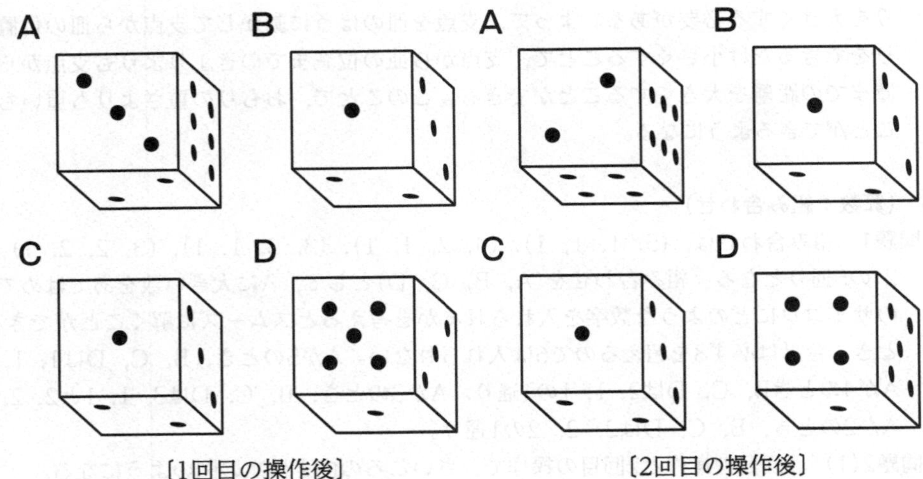

［1回目の操作後］　　　　　　　　　　［2回目の操作後］

このとき，2回目の操作が終わった後のDのさいころの真上を向いている面が【図8】のウになるのでウは4。Bのさいころの方を向いている面がアとあるが，アの面は見えないのでその反対側の面を見る。Bのさいころの反対を向いている面は1である。反対側の面の数字をそれぞれたし合わせると7になるので，アは6であるとわかる。【図8】のように，ウとアの面が展開図においてとなり合わないように展開すると，エには5がくる。また，エ，ウ，カの位置の関係を見て，カが1であると分かる。残った数は2と3だが，カのとなりはオで，オはエの反対側なので，たして7になるように考えるとオにあてはまる数字は2である。

問題3　4回の操作は次のようになる。

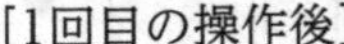
［1回目の操作後］

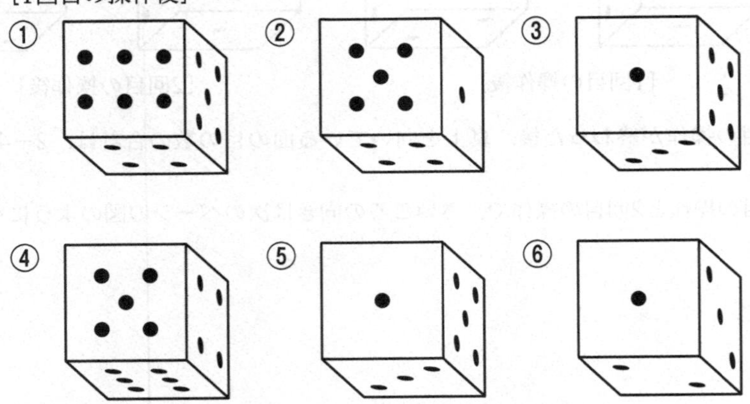

1回目は⑥のさいころを選ぶので③，④，⑤が回転する。

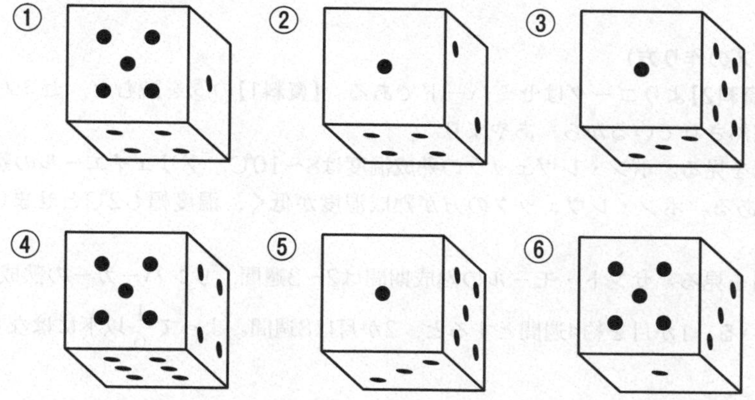

2回目は③，⑤，⑥で真上に1がくるので，さいころの番号が最も小さい③を選ぶ。①，②，⑥が回転する。

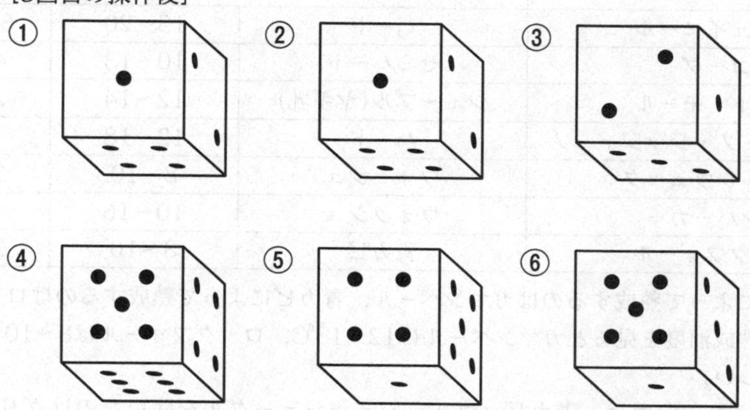

3回目は②，③，⑤で真上に1がくるので，同じように②を選ぶ。①，③，⑤が回転する。

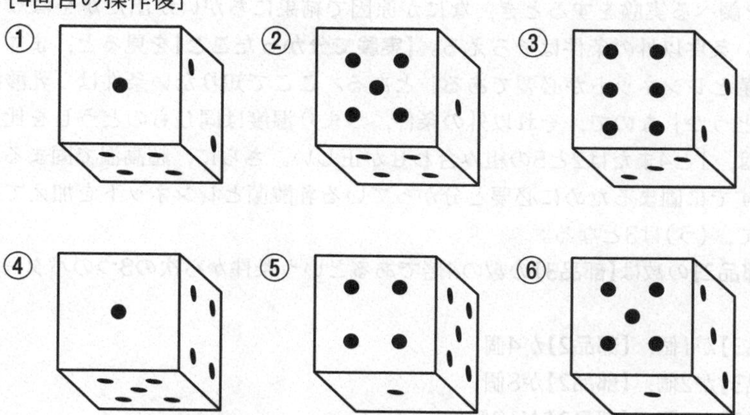

4回目は①と②が真上に1がくるので，同じように①を選ぶ。②，③，④が回転する。
4回操作が終わった後の真上を向いている面の数の合計は，1+5+6+1+4+5=22と

なる。

4 （理科：チーズの作り方）

問題1 ア 【資料2】よりゴーダはセミハードである。【資料1】の⑤を読むと，セミハードは45℃未満で加熱されているから，あやまり。

イ 【資料3】を見る。ポン・レヴェックの熟成温度は8～10℃，グリュイエールの熟成温度は15～20℃である。ポン・レヴェックの方が熟成温度が低く，温度幅も2℃とせまいので，正しい。

ウ 【資料3】を見る。サント・モールの熟成期間は2～3週間，リンバーガーの熟成期間は2か月となっている。1か月を約4週間とすると，2か月は8週間。よって$\frac{1}{6}$以下にはならず，あやまり。

エ 下の表は，【資料3】にそれぞれのチーズの種類を加えたものである。

チーズ名	種類	熟成温度(℃)	熟成期間
カマンベール	白カビ	12～13	3～4週間
グリュイエール	ハード	15～20	6～10か月
ゴーダ	セミハード	10～13	4～5か月
サント・モール	シェーブル(ヤギ乳)	12～14	2～3週間
パルミジャーノ・レッジャーノ	ハード	12～18	1年以上
ポン・レヴェック	ウォッシュ	8～10	5～8週間
リンバーガー	ウォッシュ	10～16	2か月
ロックフォール	青カビ	8～10	3～4か月

白カビによって熟成するのはカマンベール，青カビによって熟成するのはロックフォールである。熟成温度を見るとカマンベールは12～13℃，ロックフォールは8～10℃となっているので正しい。

オ 上の表より，白カビ，青カビ，ウォッシュ，シェーグルを除いたのはグリュイエール，ゴーダ，パルミジャーノ・レッジャーノである。三つとも熟成期間は4か月を超えているので正しい。

問題2 何かを調べる実験をするとき，なにが原因で結果にちがいが出たかをはっきりさせるため，知りたい条件以外の条件はそろえる。【実験で分かったこと】を見ると，まず(あ)(い)を比べて「乳酸菌とレンネットが必要である」とある。ここで知りたい条件は「乳酸菌とレンネットは必要かどうか」なので，それ以外の条件，つまり温度は同じものどうしを比べる。よって(あ)と(い)は，1と4または2と5の組み合わせが正しい。さらに，超高温で固まるかどうかを調べるとき，すでに固まるために必要と分かっている乳酸菌とレンネットを加えている選択肢を選ぶ。よって，(う)は3となる。

問題3(1) 【部品2】の数は【部品3】の数の4倍であるという条件から次の3つのパターンが考えられる。

A 【部品3】が1個，【部品2】が4個

B 【部品3】が2個，【部品2】が8個

C 【部品3】が3個，【部品2】が12個

【部品3】が4個以上の場合については，【部品2】【部品3】をたした数が19を超えてしまうので

ちがう。次に【部品4】の数は【部品1】～【部品4】の中で2番目に多いという条件を考える。Aは残りの部品が14個。【部品4】を2番目に多くしたいとき，【部品1】が最も多く，【部品4】が【部品2】の数よりも多ければ実現する。Bは残りの部品が9個。【部品2】が最も多く，【部品4】が【部品1】の数よりも多ければ実現する。Cは残りの部品が4個。このとき，【部品4】が2番目に多いという条件を実現することはできない。よってA，Bにおいて，あり得る部品の数の組み合わせを下の表にまとめる。

	部品2	部品3	部品1	部品4	
A	4	1	9	5	…①
			8	6	…②
B	8	2	2	7	…③
			3	6	…④
			4	5	…⑤

この中で，「19個の部品の，つながるための棒の数を合計すると40本である」という条件を実現する組み合わせは①である。

(2)　条件を上から順に満たすように作図していく。「【部品4】のうち1個は，1個の【部品3】と2個の【部品4】とつながっている」という条件から右の図①ようにかける。

図①

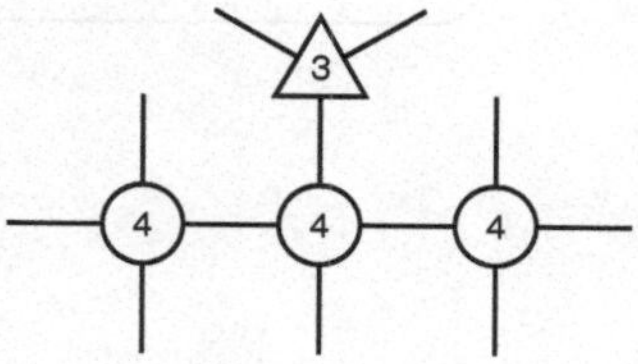

次に，【部品3】には2個の【部品1】がつながっている」という条件から右の図②のように【部品3】に2個の【部品1】をかきたすことができる。

図②

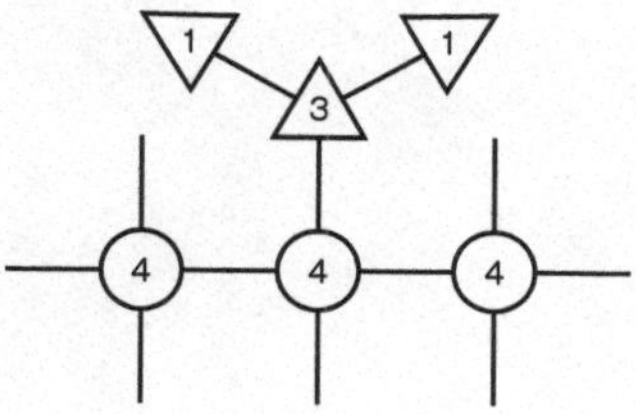

そして，【部品2】をかきたす。このとき，「2個の【部品2】は共通する1個の部品につながっている」という条件から，【部品4】のうち中央のものは，1つの部品とつながる棒しか残されていないので，右端か左端どちらかの【部品4】に2個の【部品2】がつながることが分かる。また，【部品1】が7個であること，「＝」でつながっている部分が1か所あることから，2つの【部品2】のうち片方は「＝」で【部品4】とつながらなければならない。これらをふまえて【部品2】をかきたすと右の図③ようになる。

図③

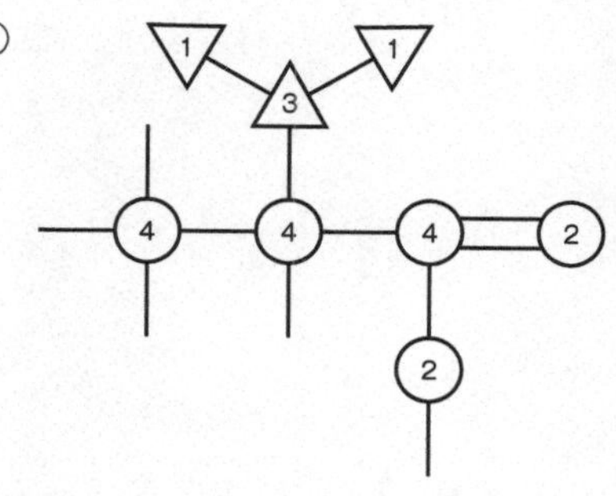

最後に，残った棒の先に【部品1】をつなぐ。

図④

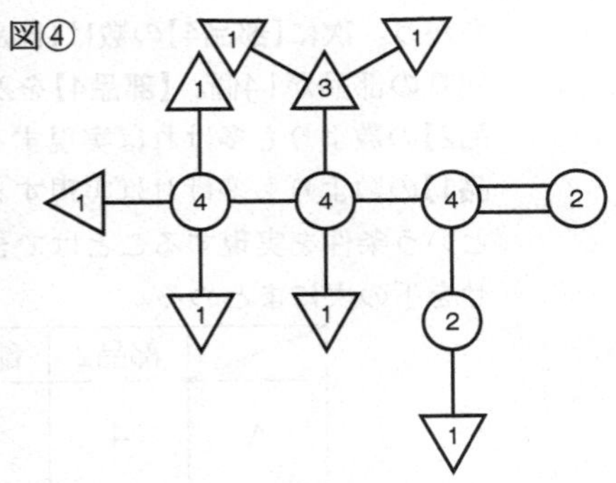

—★ワンポイントアドバイス★—

時間に対する問題量が非常に多く，45分という限られた時間の中で解ける問題を見極める必要がある。様々な場合を想像する能力を問われる問題が多く，とにかく手を動かして解法にたどり着くことが大切だ。

平成30年度

★★★★★★★★★★★★★★★★★★★★★★★★★★★★

入 試 問 題

平成30年度

横浜市立南高等学校附属中学校入試問題

【適性検査Ⅰ】　(24ページから始まります。)
【適性検査Ⅱ】　(45分)　　＜満点：200点＞

1　**みなみさん**は自転車の歴史やしくみについて調べ，次の**【資料１】**，**【資料２】**を集めました。あとの問題に答えなさい。

【資料１】　自転車の歴史

最初に発明された自転車は，200年ほど前に作られた①ドライジーネであるといわれている。この自転車にはペダルがなく，人は２つの車輪を前後に並べたものにまたがり，地面を足でけることで進んでいた。前輪にはハンドルが取り付けられ，進む方向を変えることができた。

やがてドライジーネの前輪にクランクとペダルが取り付けられ，ペダルをこぐことによってクランクを回し，車輪を回転させて進む自転車に発展した。しかし，乗り心地は悪く，②ボーンシェーカー（骨ゆすり）と呼ばれていた。

ボーンシェーカーは，ペダルをこぐことで直接車輪を回転させていたため，進む速さは，ペダルをこぐ速さと，ペダルがつけられた車輪の直径によって決まっていた。そこで，同じ大きさであった２つの車輪のうち，ペダルがつけられた車輪をもう一方の車輪に比べて大きくした自転車が作られた。この自転車は③ペニー・ファージングと呼ばれた。この自転車は，それまでのものよりも高速で走ることができたが，座る位置が高く危険であった。

【写真１】

やがて，**【写真１】**のようなギヤ（歯車）とチェーンを組み合わせて車輪を回転させるしくみが開発され，車輪を大きくしなくても速く走行できるようになり，安全で便利な現在の自転車の形になった。

【資料２】　現在の自転車のしくみ

現在の自転車はペダルをこぐことで，クランクを回して**【図１】**の前ギヤを回転させ，その回転をチェーンによって後ギヤに伝え，車軸を回すことで後輪を回転させて走る。

現在の自転車のなかには，※歯数が異なる複数のギヤがついているものがある。前ギヤ，後ギヤの組合せを変えることで，水平な道を速く走ったり，上り坂を小さな力で上ったりできる。

【図１】

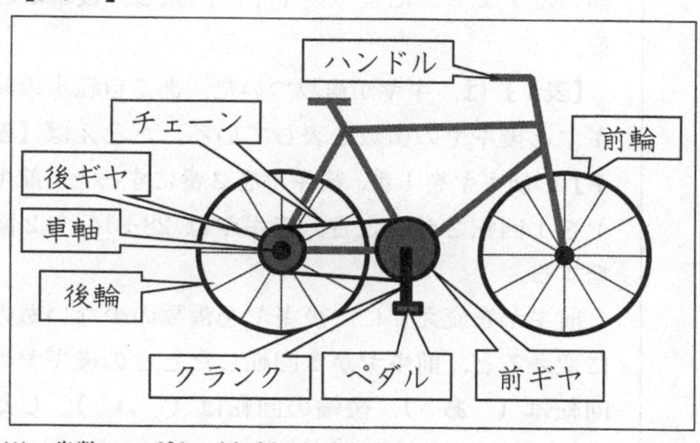

※　歯数……ギヤ（歯車）の歯の数

問題１　前のページの【**資料１**】の＿＿＿線①～③のイラストとして最も適切なものを，次の**ア**～**キ**から一つずつ選び，記号を書きなさい。

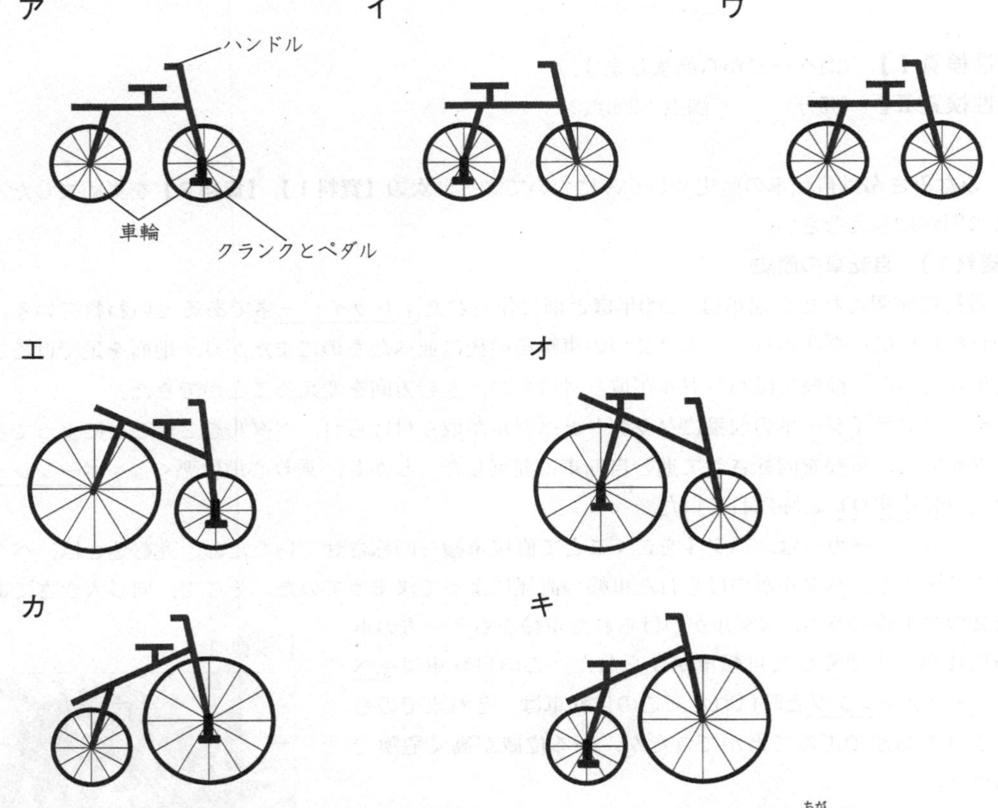

問題２　みなみさんは，前のページの【**資料２**】から，ギヤを変えたときの違い（ちが）についてさらに調べ，次のようにまとめました。あとの問いに答えなさい。

ペダルをこいでクランクを１回転させると，前ギヤが１回転し，歯数の分だけチェーンが動く。動いたチェーンにより後ギヤが回転し，後輪が回る。

【**表１**】は，ギヤが複数ついた，ある自転車の前ギヤと後ギヤの歯数を表している。たとえば【**表１**】の前ギヤを１番，後ギヤを２番にすると，前ギヤを１回転させたとき，後ギヤは 28÷14 で２回転する。

前ギヤを変えずに，後ギヤを歯数の少ないものに変えると，前ギヤが１回転したときの後ギヤの回転は（　あ　），後輪の回転は（　い　）。したがって，ペダルをこいでクランクを１回転させた

【**表１**】ある自転車のギヤの歯数

前ギヤ		後ギヤ	
番号	歯数	番号	歯数
1	28	1	12
2	38	2	14
3	48	3	16
		4	18
		5	21
		6	26
		7	32

とき，自転車が進む距離（きょり）は（　う　）。このとき，後輪を１回転させるために必要なクランクの回転は（　え　）が，ペダルをこぐためには大きな力が必要になる。そのため，ペダルをこぐ人はペダルを重く感じる。

反対に，後ギヤを歯数の多いものに変えると，ペダルをこいでクランクを１回転させたときの後輪の回転が（　お　），自転車が進む距離は（　か　）。このとき，ペダルをこぐために必要な力は小さくなる。そのため，こぐ人はペダルを軽く感じ，小さい力で坂を上ることができる。

⑴　文章中の（あ）～（か）にあてはまるものとして適切なものを，次のア，イから一つずつ選び，記号を書きなさい。

（あ）　ア　増え　　イ　減り　　　（い）　ア　増える　　イ　減る
（う）　ア　増える　イ　減る　　　（え）　ア　増える　　イ　減る
（お）　ア　増え　　イ　減り　　　（か）　ア　増える　　イ　減る

⑵　前のページの【表１】のようなギヤがついた自転車で，前ギヤを２番，後ギヤを３番にして，後ギヤの歯の１つに印をつけました。ペダルをこいでクランクを１回転させたとき，後ギヤの印をつけた歯は，最初の位置から回転する方向に何度の位置にくるか，０度以上360度未満の角度で書きなさい。

問題３　みなみさんは，次の【条件１】でＡ地点からＨ地点まで自転車で移動する計画を立てました。あとの問いに答えなさい。

【条件１】

・Ａ地点からＨ地点までは，上空から見るとＡＢＣＤＥＦＧＨの順に一直線上に並（なら）ぶ。
・Ａ地点からＨ地点までの道の※傾斜（けいしゃ）と道のりは，下の【表２】のようになっている。
・水平な道，下り坂，上り坂でそれぞれ異（こと）なる速さで走る。
・同じ傾斜の道では，最初から最後まで一定のペースで走る。
・水平な道では時速18kmで走り，下り坂ではブレーキをかけて分速360ｍで走る。
・上り坂では傾斜１％のときに秒速４ｍで走り，傾斜が２倍，３倍…となると，速さは２分の１，３分の１…となる。

※傾斜……かたむきの程度。傾斜10%の坂とは【図２】のようなかたむきの坂のことである。

【図２】

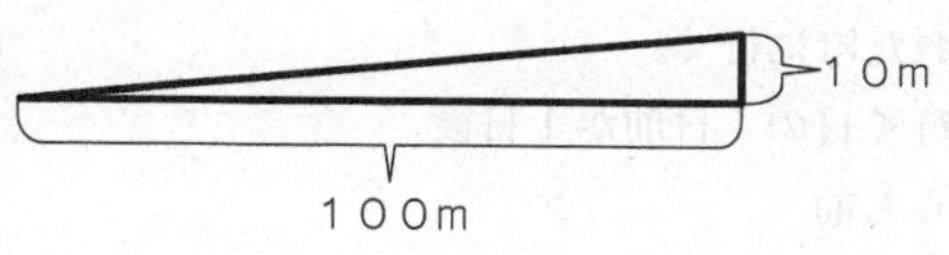

【表２】

区間	傾斜	道のり
Ａ地点～Ｂ地点	水平	１５００m
Ｂ地点～Ｃ地点	上り４％	１２００m
Ｃ地点～Ｄ地点	下り２％	９００m
Ｄ地点～Ｅ地点	上り８％	９００m
Ｅ地点～Ｆ地点	水平	６００m
Ｆ地点～Ｇ地点	下り５％	１８００m
Ｇ地点～Ｈ地点	水平	３００m

(1)　**みなみさん**の計画では，Ａ地点を出発して，Ｈ地点に到着するまでに何分何秒かかることになるか，かかる時間を書きなさい。

(2)　**【資料３】**は傾斜ごとの斜面の長さと水平方向の距離，垂直方向の距離をまとめたものです。Ａ地点からＨ地点までの水平方向，垂直方向の距離を書きなさい。水平方向は小数第１位まで，垂直方向は小数第２位まで書きなさい。

【資料３】

傾斜（%）	道のり１００ｍあたりの水平方向の距離（ｍ）	道のり１００ｍあたりの垂直方向の距離（ｍ）
１	100.0	1.00
２	100.0	2.00
３	100.0	3.00
４	99.9	4.00
５	99.9	4.99
６	99.8	5.99
７	99.8	6.98
８	99.7	7.97
９	99.6	8.96
１０	99.5	9.95

斜面の長さ＝道のり
垂直方向の距離
水平方向の距離

問題４　**みなみさん**は，ある週の平日（月曜日から金曜日）に，５つの町へ自転車で出かけることにしました。そのために，次の**【条件２】**にしたがって計画を立てました。次のページの**【表３】**をつかって，あとの問いに答えなさい。

【条件２】

・同じ日に，複数の町には行かず，複数のものを食べず，複数の施設に行かない。
・次の①～⑫のすべてを満たす計画を立てる。

①　**ラーメン**を食べるのは，**映画館**に行く日の３日前か３日後。
②　**なずな町**に行くのは，家から３㎞離れた町に行く日の翌日。
③　**ドリア**を食べる日は，**金曜日**。
④　**アイスクリーム**を食べる日は，**美術館**に行く。
⑤　**博物館**に行くのは，**ケーキ**を食べる日の２日前か２日後。
⑥　**展望台**に行く日は，家から1.5㎞離れた町に行く。
⑦　**つくし町**は，家から2.5㎞離れている。
⑧　**美術館**に行く日は，**月曜日**か**金曜日**。
⑨　**かえで町**に行くのは，**すみれ町**に行く日よりも後。
⑩　**スパゲッティ**を食べる日は，家から１㎞離れた町に行く。
⑪　家から２㎞離れた町に行くのは，**動物園**に行く日の１日前か１日後。
⑫　**さくら町**に行くのは，**すみれ町**に行く日よりも前。

【表3】

	月曜日	火曜日	水曜日	木曜日	金曜日

⑴　**さくら町**に行く曜日を書きなさい。

⑵　**かえで町**で食べるものを，**【条件２】**からぬき出して書きなさい。

⑶　**すみれ町**で行く施設を，**【条件２】**からぬき出して書きなさい。

2　**みなみさん**は，正多角形や，正多角形を組み合わせてできる立体について考えることにしました。次の問題に答えなさい。

問題１　**みなみさん**は，正八角形に対角線をひいて，正八角形の中にいくつかの三角形を見つけました。次の問いに答えなさい。

⑴　正八角形にひくことができる対角線の本数を書きなさい。

⑵　正八角形に対角線をすべてひいたときにできる三角形のうち，次の**【条件】**を満たす三角形の個数を書きなさい。

【条件】

・２つ以上の辺の長さが等しい。
・３つの辺はすべて対角線である。
・３つの頂点（ちょうてん）が正八角形の頂点と重なっている。

問題２　**みなみさん**は，辺の長さが１cmの正三角形と，辺の長さが１cmの正方形を組み合わせてすき間なく並（なら）べ，**【図１】**のような辺の長さが１cmの正十二角形をつくりました。

【図１】の正十二角形の周りに，さらに辺の長さが１cmの正三角形と，辺の長さが１cmの正方形を組み合わせてすき間なく並べると，**辺の長さが３cmの正十二角形**をつくることができました。そのとき，**【図１】**の正十二角形の周りにさらに並べた正三角形の個数と正方形の個数を，それぞれ書きなさい。

【図１】

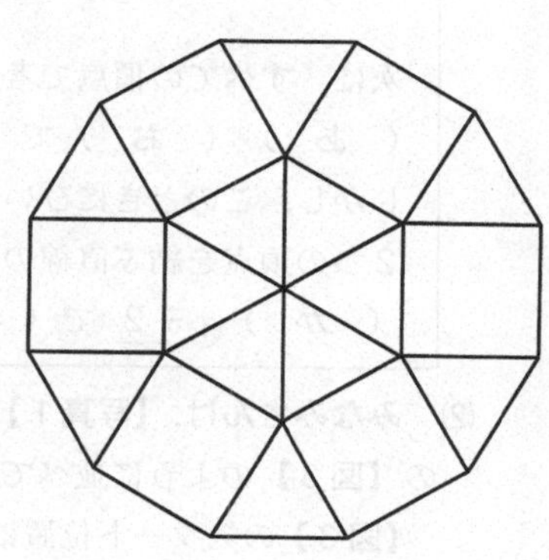

問題３　**みなみさんは**，一辺の長さが同じ正三角形８個と正方形６個を組み合わせて，**【写真１】**のような向かい合う面が平行で，へこみのない立体をつくりました。各面には１から14までの数が書かれていて，向かい合う面の数の合計はすべて同じになります。**【写真１】**では，１，４，８，９，10，12，13が見えています。**【図２】**はこの立体の展開図（てんかいず）です。あとの問いに答えなさい。

【写真１】

【図２】

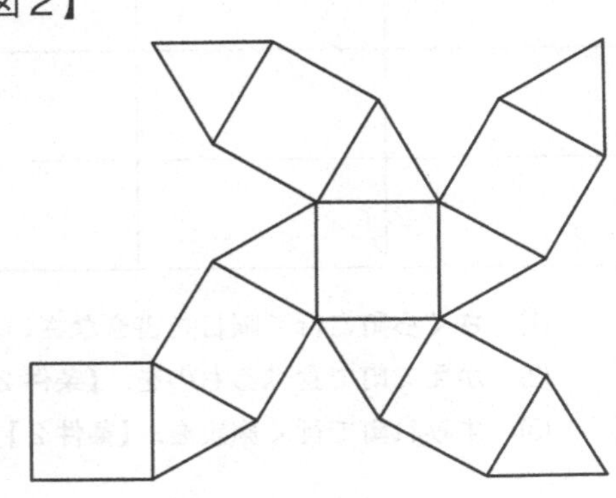

⑴　**みなみさんは**，**【写真１】**の立体に，２つの頂点（ちょうてん）を結ぶ直線のうち，立体の表面上にあるものを除（のぞ）いた直線が何本あるのかを，次のように考えました。**（あ）～（き）**にあてはまる数を書きなさい。また，［　　］には，＿＿＿線①の計算をした理由としてあてはまる言葉を，**15字以内**で書きなさい。

> まずは，１つの頂点からほかの頂点へひくことができる直線について考える。
> **【写真１】**の立体の頂点の数は全部で（　**あ**　）個ある。
> １つの頂点からほかの頂点へひくことができる直線の数は，その頂点自身を除いた数だけあるから（　**い**　）本である。
> そのうち，立体の表面上にあるものは，立体の辺となっている直線が（　**う**　）本と，正方形の対角線である直線が（　**え**　）本である。
> よって，１つの頂点からほかの頂点へひくことができる直線のうち，立体の表面上にあるものを除く直線は（　**お**　）本になる。
>
> 次に，すべての頂点で考えると，どの頂点からも同じ数だけ直線はひくことができ，
> （　**あ**　）×（　**お**　）で（　**か**　）本となる。
> しかし，このときにひいた直線は，［　　　　　］から，
> ２つの頂点を結ぶ直線のうち，立体の表面上にあるものを除いた直線は，
> （　**か**　）①$\underline{\div 2}$ で（　**き**　）本となる。

⑵　**みなみさんは**，**【写真１】**の立体の面と同じ大きさの正三角形，正方形をつかい，次のページの**【図３】**のように並（なら）べてコースをつくりました。

【図３】のスタート位置に**【写真１】**の立体を，**10と書かれた面が下になるように置き**，コー

スとぴったり重なるようにゴールの位置まで転がしました。１マス進むごとに前のページの【写真１】の立体に書かれている数を，コースに記録しました。【図４】は２マス進んだときの結果です。このままコースに沿って転がし続けたとき，ＡとＢに入る数を書きなさい。

【図３】

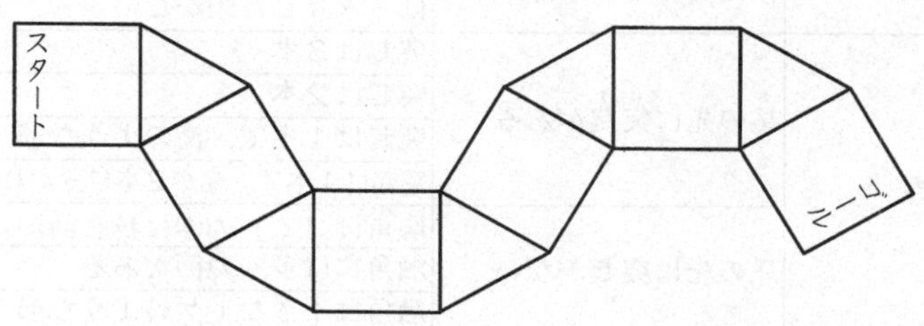

【図４】

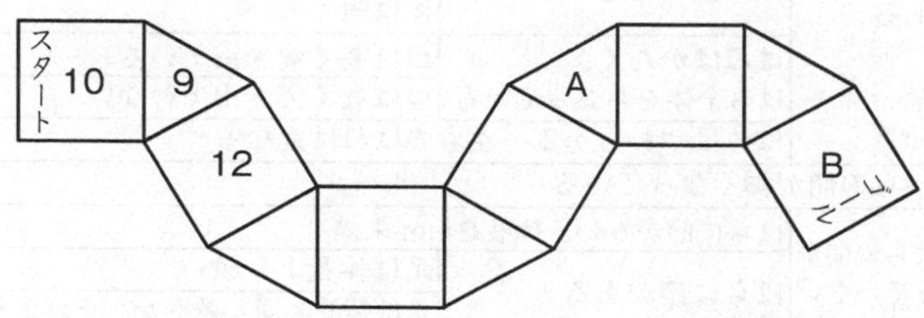

(3)　みなみさんが【図３】とは別のコースで前のページの【写真１】の立体を転がして，コースに記録された数を，小さい順に並べかえたところ，【図５】のようになりました。この並び順のまま，いろいろな計算をしてみると，全ての数をたしたときの結果が，１か所かけ算にして，残りをたしたときの結果の半分になりました。Ｃにあてはまる数を書きなさい。同じ数が２回記録されることもあります。

【図５】

2	C	9	11	12	13

3　【みなみさんと先生の会話文】を読んで，あとの問題に答えなさい。

【みなみさんと先生の会話文】

先　　生：今ここに，森から運んできた落ち葉が混ざった土があります。土の中で生活している動物を土壌動物といいますが，この土の中にどのような土壌動物がいるのかを調べてみましょう。じっと目をこらして観察してください。

みなみさん：ダンゴムシ，アリ，ミミズを見つけました。名前がわからない土壌動物もいます。

先　　生：次のページの【表１】を使えば，土壌動物の特徴から分類名を調べることができます。

【表１】

特徴				分類名
足がない	殻に入っている			陸貝
	殻に入っていない	体はヒモのような形	体長３cm 以上、ピンク色～赤茶色	ミミズ
			体長 1.5cm 以下、白色	ヒメミミズ
		体は筒のような形	はっきりした頭がある	甲虫の幼虫
			はっきりした頭がない	ハエ・アブの幼虫
足は６本	はねがない	尾の先に※突起がある	突起は３本	イシノミ
			突起は２本	ナガコムシ
			突起は１本で、筒のような形	アザミウマ
			突起は１本で、先が２本に分かれている	トビムシ
		尾の先に突起がない	触角は「く」の字に折れ曲がる	アリ
			触角には多くの節がある	シロアリ
			触角は小さなトゲのような形	甲虫の幼虫
	はねがある	はねは羽毛のような形		アザミウマ
		はねはかたく、はらよりも短い	体は細長く、尾にはさみがある	ハサミムシ
			体は細長く、尾にはさみがない	ハネカクシ
			体は短く太い	アリヅカムシ
		はねはかたく、はら全体をおおっている	口は長く突き出ている	ゾウムシ
			口は長く突き出ていない	甲虫
		はねはやわらかく、左右のはねは重なる		カメムシ
足は８本	むねとはらの間が細くなっている			クモ
	むねとはらの間が細くなっていない	はらに節がない、体長２mm 未満		ダニ
		はらに節がある	足は体長より短い	カニムシ
			足は体長と同じ長さか、それより長い	ザトウムシ

（青木淳一「だれでもできるやさしい土壌動物のしらべかた」をもとに作成）

※突起……まわりよりも長く突き出ているもの。

みなみさん：土の中には，いろいろな土壌動物がいるのですね。

先　　生：土壌動物学の専門家である青木淳一先生は，自然の環境が異なるいろいろな場所で土壌動物の調査を行い，自然の環境が良好に保たれているところで共通してみられる土壌動物や，幅広い自然の環境に適応している土壌動物がいることを発見しました。このことから，青木先生は，土の中にどのような種類の土壌動物がいるのかを調べれば，自然の環境がどのくらい良好に保たれているのかがわかると考え，「自然の豊かさ」をはかる方法を考案しました。

みなみさん：それはどんな方法なのですか。

先　　生：次のページの**【表２】**を見てください。

先　　生：青木先生は，「自然の豊かさ」をはかるのに適した32種類の土壌動物を選び，［　あ　］をＡグループ，［　い　］をＣグループ，中間をＢグループとして，３つのグループに分けました。そして，Ａグループには１種類につき５点，Ｂグループには１種類につき３点，Ｃグループには１種類につき１点の点数をつけました。

みなみさん：具体的には，どのようにして「自然の豊かさ」をはかるのですか。

先　　生：たとえば，ある場所で，どのような種類の土壌動物がいるのかを調査し，ミミズ，ワラジムシ，ダンゴムシ，アリの４種類を発見したとします。**【表２】**より，ミミズは３点，ワラジムシは３点，ダンゴムシは１点，アリは１点なので，合計点は，３＋３＋１＋１　で８点になります。この合計点で，その場所の「自然の豊かさ」を表しているのです。

みなみさん：合計点が高いほど，その場所の「自然の豊かさ」が高いということになるのですね。

先　　　生：そうです。では，もしも【**表２**】のすべての土壌（どじょう）動物が発見されたとすれば，合計点は何点になるでしょう。

みなみさん：Ａグループは10種類なので　５×10　で50点，Ｂグループは14種類なので　３×14　で42点，Ｃグループは８種類なので　１×８　で８点。すべてたすと，ちょうど100点になります。

先　　　生：正解です。青木先生は，「自然の豊かさ」を100点満点ではかることができるように，この方法を考えたのです。

みなみさん：土壌動物で「自然の豊かさ」をはかるなんておもしろいです。いろいろな場所で土壌動物を調べて，結果を比べてみたいです。ところで，「自然の豊かさ」をはかるとき，土壌動物の数は調べなくてよいのですか。

先　　　生：はい。土壌動物の種類だけを調べればよいです。けれども，**みなみさん**の言うとおり，土壌動物の数も調べれば，何か別の発見があるかもしれませんね。

みなみさん：興味がわいてきました。土壌動物を調査するときのポイントがあれば教えてください。

先　　　生：ほとんどの土壌動物は，地面の浅いところにいます。地面を深く掘（ほ）らずに，表面の土やしめった落ち葉を集めて調べるとよいでしょう。

みなみさん：わかりました。さっそく調べてみます。

【表２】

Ａグループ	Ｂグループ	Ｃグループ
ザトウムシ	カニムシ	トビムシ
オオムカデ	ミミズ	ダニ
陸貝	ナガコムシ	クモ
ヤスデ	アザミウマ	ダンゴムシ
ジムカデ	イシムカデ	ハエ・アブの幼虫
アリヅカムシ	シロアリ	ヒメミミズ
コムカデ	ハサミムシ	アリ
ヨコエビ	ガの幼虫	ハネカクシ
イシノミ	ワラジムシ	
ヒメフナムシ	ゴミムシ	
	ゾウムシ	
	甲虫の幼虫	
	カメムシ	
	甲虫	

（青木淳一「だれでもできるやさしい土壌動物のしらべかた」をもとに作成）

問題1　**みなみさん**が見つけた，次の**【土壌動物Ｘ】**と**【土壌動物Ｙ】**の分類名を８ページの**【表１】**の分類名から一つずつ選び，それぞれ書きなさい。

【土壌動物Ｘ】

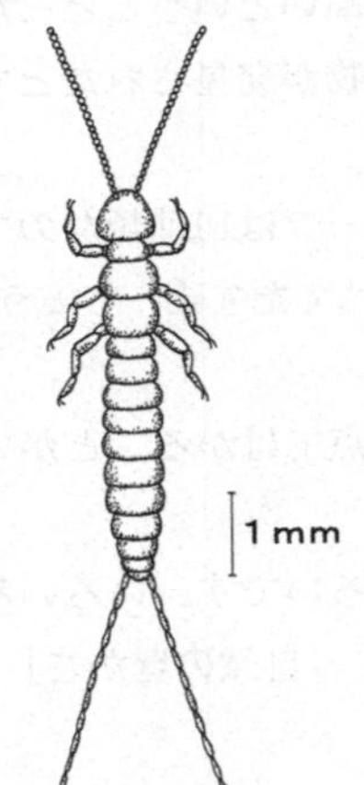

【土壌動物Ｙ】

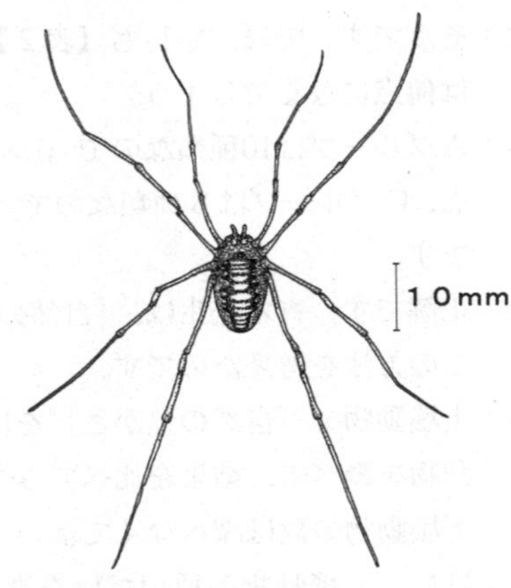

問題２　**【みなみさんと先生の会話文】**の［あ］と［い］にあてはまることばとして最も適切なものを，次の**ア～オ**から一つずつ選び，記号を書きなさい。

ア　自然の環境（かんきょう）の良い悪いにかかわらず，いる数が少ない土壌（どじょう）動物

イ　自然の環境が良好に保たれているところには，あまりいない土壌動物

ウ　自然の環境がかなり悪化しても，生きていくことができる土壌動物

エ　自然の環境が悪化すると，大きく成長する土壌動物

オ　自然の環境が悪化すると，すぐにいなくなってしまう土壌動物

問題３　**みなみさん**は，ある公園の雑木林で，土壌動物の調査を行うことにしました。次の**【調査の目的Ⅰ】**と**【調査の目的Ⅱ】**にふさわしい調査の方法として最も適切なものを，あとの**ア～オ**から一つずつ選び，記号を書きなさい。同じ記号を２回選んではいけません。

【調査の目的Ⅰ】　雑木林全体で，できるだけ多くの種類の土壌動物を見つける。

【調査の目的Ⅱ】　雑木林の中のいくつかの地点で，土壌動物の数を調べ，その結果を比較（ひかく）する。

ア　落ち葉が厚く積もっているところや倒（たお）れた木の下などのいろいろな地点の地面から，土や落ち葉をとって調査する。

イ　調査する時間と地点を決め，毎日同じ時間に，同じ地点からくり返し土や落ち葉をとって調査する。

ウ　いくつかの地点で地面を同じ深さまで深く掘（ほ）り，掘った穴の底からそれぞれ土をとって調査する。

エ　ある大きさの枠（わく）をつくっていくつかの地点に置き，枠で囲まれた範囲（はんい）からそれぞれ同じ量の土や落ち葉をとって調査する。

オ　アリの巣があるところなど，土壌動物の数が多いと考えられる地点を探（さが）し，そこから土や落ち葉をとって調査する。

問題４　次の**【表３】**は，**みなみさん**が３つの公園の雑木林Ⅰ～Ⅲを調査をした結果，見つけた土壌（どじょう）動物の種類と数をまとめたものです。

【表３】

	雑木林Ⅰ		雑木林Ⅱ		雑木林Ⅲ	
	種類	数	種類	数	種類	数
Aグループ	ザトウムシ 陸貝 ジムカデ ヨコエビ イシノミ	1 3 1 2 1	ヤスデ アリヅカムシ コムカデ ヒメフナムシ	2 3 3 3	陸貝 ヤスデ コムカデ ヨコエビ	2 4 1 2
Bグループ	カニムシ ミミズ ナガコムシ イシムカデ シロアリ ワラジムシ	1 7 2 1 3 3	ミミズ アザミウマ ハサミムシ ゾウムシ 甲虫（こうちゅう）	4 1 2 2 3	ミミズ ナガコムシ アザミウマ イシムカデ ハサミムシ ガの幼虫 ワラジムシ 甲虫の幼虫 カメムシ	3 1 2 2 1 2 4 3 1
Cグループ	トビムシ ダニ クモ ダンゴムシ ハエ・アブの幼虫（ようちゅう） ヒメミミズ アリ ハネカクシ	11 27 2 4 2 13 5 2	トビムシ ダニ クモ ハエ・アブの幼虫 ヒメミミズ アリ	19 43 3 6 25 9	トビムシ ダニ ダンゴムシ ハエ・アブの幼虫 ヒメミミズ	16 37 3 5 18

次の**【メモ】**の①～④にあてはまるものを，あとの**ア～カ**から一つずつ選び，記号を書きなさい。同じ記号を何度選んでもかまいません。

【メモ】

○　**【表３】**の雑木林Ⅰ～Ⅲを，土壌動物の数の合計が多い順に並べると，［　①　］になる。

○　土壌動物の数に注目して**【表３】**の雑木林Ⅰ～Ⅲを比べたとき，Aグループの土壌動物の数がしめる割合（わりあい）が大きい順に並べると，［　②　］になる。

○　土壌動物の種類に注目して**【表３】**の雑木林Ⅰ～Ⅲを比べたとき，Aグループの土壌動物の種類の数がしめる割合が大きい順に並べると，［　③　］になる。

○　**【表３】**の雑木林Ⅰ～Ⅲを，「自然の豊かさ」の点数が高い順に並べると，［　④　］になる。

ア　雑木林Ⅰ，雑木林Ⅱ，雑木林Ⅲ　　**イ**　雑木林Ⅰ，雑木林Ⅲ，雑木林Ⅱ

ウ　雑木林Ⅱ，雑木林Ⅰ，雑木林Ⅲ　　**エ**　雑木林Ⅱ，雑木林Ⅲ，雑木林Ⅰ

オ　雑木林Ⅲ，雑木林Ⅰ，雑木林Ⅱ　　**カ**　雑木林Ⅲ，雑木林Ⅱ，雑木林Ⅰ

C

利用時間については家族で話し合い、決めたルールを守って使うようにしましょう。ルールが合わなくなってきたと感じたら、家族と一緒に見直しをしましょう。会話中や、食事中などにスマートフォンを使っていないか、利用の仕方について振(ふ)り返ることも大切です。

D

イラストや写真、文章、音楽など、どのようなものにも制作者の権利があります。これらをインターネット上に載せるには制作者の許可が必要です。自分以外の人の制作物であるという意識をもち、それらを尊重(そんちょう)した行動を心掛けましょう。

【資料4】と【小中学生が常に心掛けたいこと】の組み合わせ

ア ①とB　イ ①とC　ウ ②とA
エ ②とD　オ ③とB　カ ③とD
キ ④とA　ク ④とC　ケ ⑤とB
コ ⑤とC　サ ⑥とA　シ ⑥とD

う

Rさんは、話題の映画のデータが手に入ったので、学校の友だちが見られるようにしようと思い、動画共有サイトに映画のデータを載せました。	→	警察は、映画のデータを動画共有サイトに載せたのはRさんと特定。Rさんは制作者の権利を侵した疑いをかけられました。

え

複数の友人と楽しめるグループトーク機能。Sさんは、ほとんど発言をせずに友人たちの会話を見て楽しんでいました。		友人たちは、Sさんがあまり発言をしないことに疑問をもち始めました。Sさん以外のメンバーで「Sさんは友だちではないのではないか。」とインターネット上で話すようになりました。

【小中学生が常に心掛けたいこと】

A

何気なく書いたことで友人を傷付けてしまったり、文字だけのやり取りなので意味を取り違えて誤解をまねいたりすることがないように、送る前には相手の気持ちになって読み返し、内容を確認しましょう。また、すぐに返信が来ないことで不満をもたないようにしましょう。

B

インターネット上に個人情報をあげるのは、街中で自分の名前や学校名を言い広めていることと同じです。また、位置情報入りの写真を公開すると、撮影場所がわかります。インターネット上で個人が特定できそうな話はしないように心掛けましょう。

問題2　**みなみさん**は、インターネットの利用について、17ページの**【資料1】**～16ページの**【資料4】**を読んで、**メモ1**～**メモ4**をとりました。次の**メモ1**～**メモ4**を読み、**【資料1】**～**【資料4】**から読み取れるものには〇を、読み取れないものには×を書きなさい。

メモ1
資料を見ると、スマートフォンを利用している青少年のうち、９３％以上はスマートフォンでインターネットを利用していることが読み取れる。

メモ2
資料を見ると、この調査に回答した小学生から高校生のうち、ゲームでのインターネットの利用人数が一番多いのは、高校生であることが読み取れる。

メモ3
資料を見ると、中学生と高校生の５０％以上が平日１日あたりインターネットを２時間以上利用していることが読み取れる。

メモ4
資料を見ると、この調査に回答した２５人以下の小学生低学年の保護者が子どもにインターネットを利用させる上で不適切な情報発信に不安を感じていることが読み取れる。

問題3　**みなみさん**は、16ページの**【資料4】**を読んで、小中学生がインターネットを利用するうえで気を付けるべきことを調べたところ、総務省のホームページで「インターネットトラブル事例集」を見つけました。次の**【事例】**と**【小中学生が常に心掛けたいこと】**は「インターネットトラブル事例集」に載っていたものです。

【事例】あ～**え**は、**【資料4】**①～⑥のいずれかの不安に当てはまります。また、**【事例】あ**～**え**を防ぐために13ページの**【小中学生が常に心掛けたいこと】**としてあとの**A**～**D**のいずれかが当てはまります。**【資料4】**と**【小中学生が常に心掛けたいこと】**の組み合わせとして最も適切なものを、12ページの**ア**～**シ**から一つずつ選び、記号を書きなさい。

【事例】

あ

メールが大好きなＰさん。毎回友だちとのメールを終わらせるタイミングが分からず、夜遅くまでインターネットを使う日々が続きました。

→

Ｐさんは、睡眠不足で午前中の授業に集中できなくなりました。体調や成績に悪影響がでているのに、友だちとのメールはやめられません。

い

友だちと海に行ったＱさん。スマートフォンで友だちに撮ってもらった写真を気に入り、インターネット上に写真を載せました。

→

数日後から、Ｑさんは下校時に後をつけられている気配を感じるようになりました。インターネット上に載せた写真で個人が特定されてしまったことが原因でした。

問題1　みなみさんとまなぶさんは、みなみさんが集めた17ページの**【資料1】**～16ページの**【資料4】**を見ながら、インターネットの利用について**【会話】**をしています。次の**【会話】**を読み、**(1)**～**(5)**にあてはまる数字や語句として最も適切なものを、あとの**ア**～**エ**から一つずつ選び、記号を書きなさい。

【会話】

みなみさん　私は中学生になって、小学生の時よりもインターネットを利用する時間が増えました。**まなぶさん**はどうですか。

まなぶさん　私も、中学生になってからインターネットを利用する時間が増えました。資料でも、小学生よりも中学生の方が平日一日あたりの平均利用時間は（　**1**　）分多いですね。

みなみさん　私は、何かを調べる際にインターネットを利用することが多くなりました。資料によると、インターネットで情報検索を行う割合が一番高いのは、（　**2**　）です。

まなぶさん　多くの人が便利に使っている一方で、気をつけなければならないこともあります。資料を見ると、小学生低学年の保護者の（　**3**　）％が、子どもにインターネットを利用させる上で、「不適切な情報に触れること、またその影響」を不安に思っています。他にも、小学生の保護者の半数以上が、子どもにインターネットを利用させるうえで（　**4**　）を不安に思っているようですね。

みなみさん　**まなぶさん**の家の方は、どのようなことを心配されていますか。

まなぶさん　私は最近、インターネットを利用してゲームをすることに夢中になっています。ゲームに費す時間が長くなることで、勉強がおろそかになって、叱られてしまうことがあります。

みなみさん　資料を見ると、ゲーム機でインターネットを利用している青少年の割合は、ゲーム機利用者数の約（　**5**　）％となっています。

まなぶさん　**みなみさん**は、情報検索以外の目的でインターネットを利用しますか。

みなみさん　私はインターネットを通して友達とよくメールをします。先日、友人に送ったメールの内容で誤解をまねいてしまったことがありました。

まなぶさん　インターネットは便利ですが、使い方に気を付けた方が良さそうですね。

(1)　**ア**　7.6　**イ**　42.5　**ウ**　65.1　**エ**　212.1

(2)　**ア**　小学生　**イ**　中学生　**ウ**　高校生　**エ**　保護者

(3)　**ア**　12　**イ**　28　**ウ**　42　**エ**　54

(4)　**ア**　対面コミュニケーション不足　**イ**　不適切な情報発信　**ウ**　ネットいじめ被害／加害　**エ**　ネット依存

(5)　**ア**　33　**イ**　49　**ウ**　51　**エ**　73.4

【資料２】青少年のインターネットの利用内容

利用内容	コミュニケーション	ニュース	情報検索	動画視聴	電子書籍	ゲーム
小学生（６５０人）	30.6%	7.4%	42.5%	56.8%	5.5%	75.1%
中学生（１０８３人）	62.9%	23.8%	60.3%	70.5%	10.9%	71.1%
高校生（９９５人）	89.9%	40.9%	76.2%	81.5%	19.3%	73.9%

（内閣府ホームページをもとに作成）

【資料３】青少年のインターネットの利用時間（平日１日あたり）

利用時間	わからない	使っていない	３０分未満	３０分以上１時間未満	１時間以上２時間未満	２時間以上３時間未満	３時間以上４時間未満	４時間以上５時間未満	５時間以上	平均利用時間（分）
小学生（650人）	4.8%	5.8%	13.7%	19.7%	28.8%	13.2%	7.2%	4.0%	2.8%	84.8分
中学生（1083人）	2.1%	3.0%	5.8%	12.7%	30.2%	18.6%	12.7%	6.2%	8.7%	127.3分
高校生（995人）	1.4%	0.8%	1.8%	5.9%	19.8%	21.8%	17.4%	11.3%	19.8%	192.4分

（内閣府ホームページをもとに作成）

【資料４】小学生低学年の保護者が子どもにインターネットを利用させるうえで不安に思っていること（小学校１～３年生の保護者１８８人を対象）

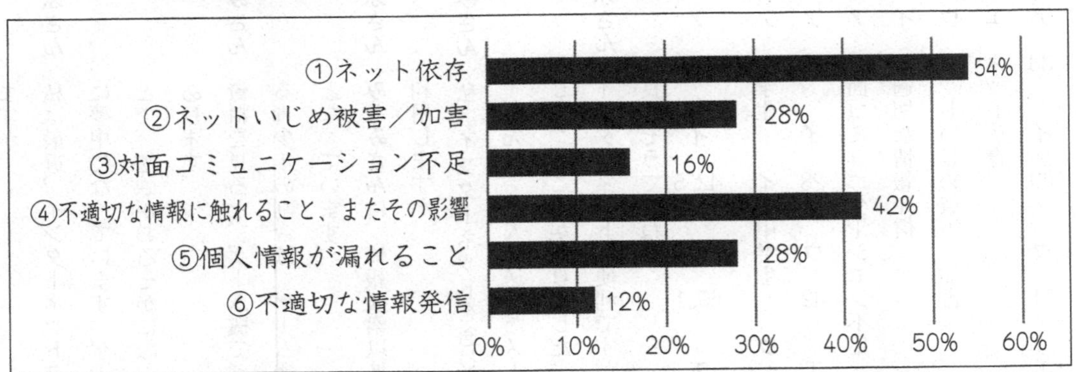

（安心ネットづくり促進協議会ホームページをもとに作成）

［注意事項］
○題名は書きません。一行目、一マス下げたところから書くこと。
○原稿(げんこう)用紙の適切な使い方にしたがって書くこと。（ただし、解答用紙は一行二十マスではありません。）
○文字やかなづかいなどに気をつけて、漢字を適切に使い、丁寧(ていねい)に書くこと。

2 みなみさんは、「インターネットの利用」に関する資料を集めました。みなみさんが集めた【資料1】～16ページの【資料4】を見て、あとの問題に答えなさい。

※【資料1】～【資料3】は、満10歳(さい)から満17歳までの青少年5000人（うち回収できたのは3442人分）を対象として行った調査の結果を整理したものです。

【資料1】青少年のインターネットの利用状況

	機器の利用者数	それぞれの機器でのインターネット利用者数
スマートフォン	1886人	1762人
携帯電話	599人	134人
ノートパソコン	754人	699人
デスクトップパソコン	365人	330人
タブレット	809人	699人
携帯音楽プレイヤー	740人	299人
ゲーム機	2285人	1119人
インターネット接続テレビ	124人	69人

（内閣府ホームページをもとに作成）

インタビューには聞き手の恣意性が働く。ところが、聞き手は黒柳徹子や田原総一朗のように、いつも読み手の前に姿をさらしているとは限らない。それが雑誌や書籍であれ、テレビやラジオであれ、通常、インタビューが公表されるときは、聞き手の名前よりも話し手の名前のほうが大きく※27クレジットされるし、聞き手の名前が出ないこともある。その意味で、インタビュアーは限りなく匿名的存在だ。

しかし、そうやって社会に出た話し手の言葉は、聞き手が恣意的に発した質問によって引き出されたものであり、実際のインタビュー中に発せられた言葉から聞き手（あるいは編集者やディレクター）が恣意的に選び出したものであり、そしてときには聞き手（あるいは編集者やディレクター）が恣意的に並べ替えたものである。

私たちがインタビュー記事を読んだり、テレビやラジオのインタビュー番組を見たり聞いたりするとき、それはインタビューの肉声ではないことに注意しなければならない。インタビュー記事は事実を伝えているけれども、それは常に事実の一部であり、けっして事実の全体ではない。

インタビュー記事を読むときは、それがインタビュアーや編集者によって切り取られたものであることを忘れてはならない。

（永江朗『インタビュー術！』より。一部省略やふりがなをつけるなどの変更があります。）

［注］※19 捏造……事実をねじまげて、好きなように話をつくってしまうこと。
※20 郵政民営化……国が行っている郵便事業を、民間で経営できるようにすること。
※21 巧妙……おもわず感心するほど、たくみなこと。
※22 追認……過去にさかのぼってその事実を認めること。
※23 フェア……公正で、礼儀正しいこと。
※24 旗色……戦争や試合などの、勝ち負けのなりゆきのこと。
※25 虚構……いかにも事実のようにつくりあげること。
※26 恣意……自分の勝手気ままにふるまう心。
※27 クレジット……映画やテレビ番組の、出演者やスタッフなどの表示のこと。

問題 【ア】【イ】の資料をもとに二つの文章を書きなさい。一つは①**【資料が伝えていることを短くまとめる文章】**、もう一つは②**【資料の内容について自分が考えたことをまとめる文章】**です。ただし、①**【資料が伝えていることを短くまとめる文章】**と②**【資料の内容について自分が考えたことをまとめる文章】**の両方に同じ記号の資料を選んではいけません。次の［条件］と［注意事項］にしたがって書きなさい。

［条件］

○選んだ資料の記号ア、イをそれぞれ解答用紙の【　】に書くこと。

○**【資料が伝えていることを短くまとめる文章】**は、三百字以上三百五十字以内で書くこと。

○**【資料の内容について自分が考えたことをまとめる文章】**は、自分がこれまで学習したことや体験したことと関連させて二百字以上二百五十字以内で書くこと。

○**複数の段落**をつくって、文章全体を構成すること。

誘導尋問のようでもあり、インタビューとしては※23フェアなものではないのかもしれない。しかし、※24旗色を鮮明に、ということは、インタビューの重要な要素でもある。そのインタビューが何を伝えようというものなのか、インタビュイーの人柄なのか、それとも特定のテーマについての意見なのか、後者ならば田原流のいささか強引なスタイルも有効なのだ。

田原と対照的なのが黒柳徹子の『徹子の部屋』だ。

『徹子の部屋』はインタビューのお手本である。事前によくゲストのことを調べている。少し低めのティーテーブルを挟んで、黒柳徹子とゲストとが対座するのだが、ときどきカメラの角度によってテーブルの上に資料やメモがたくさん置かれているのが映る。たぶん、何を聞くのか、そこに書いてあるのだろう。

勘のいいゲスト、場慣れしたゲストは、黒柳から話題を振られなくても、「こんど、こういうことをしようと思っているんですよ」と話を持っていくのだが、勘の鈍い人や素人だとそうはいかない。そこで黒柳が巧みな話術を発揮するのである。巧みな話術といっても特別なことではない。「なんでもあなたは××なんですって」と黒柳はきっかけを出す。そこで「そうなんですよ、じつは～」とゲストがその話を進めていけばいいが、「そうなんです」で終わってしまうと、重ねて「そのときあなたは××したっていうじゃないですか。ほんとにねぇ」と黒柳は話を進める。なんだ、黒柳徹子はわざわざ聞かなくても、みんな知ってるんじゃないかと思うのだが、しかし、自分が知っていることも、あえてゲスト自身の言葉で視聴者に披露すべく誘導していくのが役割である。

黒柳や田原のテレビ番組は、事実そのもののように見える。しかし、本当にそうだろうか。録画番組はカットされた部分があるかもしれないし、生番組だからってカメラの向け方や照明の当て方が違えば、別の印象があったかもしれない。

インタビューとは※25虚構である。現実をありのままに伝えているかのように見えるテレビやラジオのインタビューでも、収録された会話の中から取捨選択して放送するのだから、やっぱり虚構だ。

話し言葉から書き言葉への変換、日常の言葉から放送される公共の言葉への変換を「編集」と言いかえることもできる。文章そのものの順番を入れ替える（たとえば実際のインタビューでは最初のほうに発言した文章を、あとのほうに持っていく）ことなどは「構成」といったほうがいいかもしれない。

編集や構成は※26恣意的に行われる。その恣意性は、「切り口」とか「視点」などと呼ばれる。そこでは語り手の意図（こう思ってもらいたい。自分をこう見てもらいたい。こう読んでもらいたい）と、インタビュアーの意図（この人のここを引き出したい。世の中をこう見たい）と、編集者やディレクターの意図（このインタビューそのものをこう見せたい）とがせめぎ合う。

インタビューは事実をありのままに提示しない。三者がそれぞれ見せたいものを見せたいように見せる。しかし、虚構のほうがより真実に近い場合もある。いや、虚構のほうが真実に近いことのほうが多い。事実はいつも真実を覆い隠す役割を果たす。その意味では、インタビューにおける編集や構成は、事実から虚構の部分をはぎ取り、真実に一歩近づくことだともいえる。

いう記事はよく見かける。しかし、実際のインタビュー現場でこうしたやりとりがあるとは限らない。「五年前の奇妙な体験」を語ってもらうまでに、インタビュアー（聞き手）は悪戦苦闘したかもしれない。インタビューの裏側は、できあがった記事からだけでは見えないことがたくさんある。

「取材」と「インタビュー」は、ほとんど同義語のように使われる。とくに、取材を受ける側、インタビューを受ける側にとってはそうだ。

でも、話を聞く側にとっては、取材とインタビューは違う。

どこがどう違うのだろう。ひと言でいうなら、インタビューの主役はインタビュイー（話し手）の言葉である。それに対して取材は、インタビュイーが話す内容や意味が主役となる。言葉が主役だからこそ、インタビューの重要な部分は、できるだけ話し手自身の言葉で語ってほしいとインタビュアーは思っている。

新聞や雑誌に載るインタビューでは、インタビュアーがどのように話し手の言葉を引き出していたのかまでは分からないことが多い。いわゆるQ&Aスタイルの文章になっていても、実際にそのインタビューの現場でインタビュアーがそのように質問したとは限らないからだ。その点、テレビのトーク番組や討論番組はインタビューの参考になる。

テレビのインタビューには田原総一朗型と黒柳徹子型の二種類がある。とりあえずそう大別してみたい。

『サンデープロジェクト』や『朝まで生テレビ!』における田原総一朗は、司会者であると同時にインタビュアーでもある。生番組を仕切りながら、たくみにゲストから言葉を引き出していく。

まずは何がテーマなのか、視聴者やゲストに向かって明らかにする。次に、なぜいまこのテーマなのか、状況を整理して説明する。そしてゲストが話し始める前に、ゲストの立場をなかなか断定的に決めてしまう。たとえば※20郵政民営化というテーマであれば、ゲストはそのテーマについて賛成なのか反対なのかという立場を振ってしまう。これをわずか数分でやる。これはじつに※21巧妙だ。ゲストはカメラの前で意識的／無意識的に、賛成の役割、反対の役割を演じてしまう。視聴者のほうも、はなから「この人は賛成派なんだ」「この人は反対派だ」と色分けして見ることになる。

ほんとうはそのゲストは、郵政民営化に百パーセント賛成ではないのかもしれない。条件付きの賛成かもしれないし、民営化のプロセスにいろいろ意見があるかもしれない。民営化反対の人も、現状の郵便行政や特定郵便局の問題には批判的かもしれない。よくよく話を聞くと、民営化賛成の人も民営化反対の人も、意見に大差ない場合もある。だけどそれぞれ賛成／反対の役割を与えることで、問題点が見えやすくなってくる。

田原総一朗は相手にどんどん斬り込んでいく。「あなたはこういいましたね」「あなたはこうしましたね」「なぜですか」「あなたがやったことに対して、こういっている人がいますよ」と、追いつめるように、質問を投げかけていく。曖昧な答えは許さない。条件付き賛成／条件付き反対という回答は、田原のフィルターを通ることで条件がそぎ落とされ、よりシンプルでわかりやすい賛成／反対として田原からゲストに投げ返され、ゲストはそれを※22追認させられる。冷静に見ればそれは

い。私はそう願ってきたのかもしれない。辺見庸さんはさきほど引用した文章の続きで、「もっと人々に反復的に思索せざるをえない状況というものを作れないものなのか」とテレビへの課題を投げかけている。

ＮＨＫと民放には、放送法に基づいて設けられた「放送番組審議会」という放送番組に意見を言える唯一の組織がある。ＮＨＫのホームページで公開されている中央放送番組審議会の議事録のなかに、ある委員が次のような意見を述べているのが目に留まった。それは、ＮＨＫニュースのあり方、中立性を意識した並列的な報道のあり方に疑問を投げかけるものだった。「ほとんどの問題は、単純な二項対立で描いてみてもその核心に迫るのは難しい。何についても賛成と反対の間には、無限の※17グラデーションがある。そして多くの視聴者の考えも、そのグラデーションの中で揺れ動いていると思う。問題の視点を※18二元化することは、解決策をさぐるための議論を深めるよりも、むしろ最も距離の離れた賛否のグループの陣地取りゲームに付き合わされることになり（中略）問題の解決に向けて議論を豊かにするということには必ずしもつながらない」。白か黒かの単純さをどう排除するのか、テレビ報道の難しい課題だ。

（国谷裕子『キャスターという仕事』より。一部省略やふりがなをつけるなどの変更があります。）

[注]

※1 ジャーナリスト……新聞・雑誌・テレビ・ラジオなどの記者・編集者のこと。

※2 ベトナム戦争……一九六〇～七〇年代に、ベトナムで行われた戦争のこと。

※3 ホワイトハウス……アメリカ合衆国政府のこと。（本文の場合）

※4 飢餓……食べ物がなくうえること。

※5 ネガティブ……消極的・否定的なこと。

※6 既存……すでに存在していること。

※7 時々刻々……しだいに。

※8 凌駕……他のものを上回ること。

※9 イラク戦争……二〇〇三年、イラクで行われた戦争のこと。

※10 拮抗……互いに同じような力で張り合うこと。

※11 俯瞰……高いところから広く見わたすこと。

※12 洞察……ふつうの人が見抜けない点までを、直感やすぐれた観察力で見抜くこと。

※13 喚起……意識されずにあったことを、きっかけを与えて呼び起こすこと。

※14 収れん……集めて一つにまとめること。

※15 往々にして……そうなることが、しばしばあるということ。

※16 プロセス……ものごとが進行・変化していく一連のみちすじのこと。

※17 グラデーション……段階的な変化のこと。

※18 二元化……二つの対立する立場から、ものごとを見ること。

【イ】フリーライターがインタビューについて書いた文章

――今回の作品はどういうきっかけで書かれたんですか。

「じつは五年前に奇妙な体験をしましてね。ある嵐の夜だったのですが、イノシシを背負った男が、私の家にやってきまして。それが……」

とここに書いたのは、いま私が※19捏造したインタビュー記事。こう

実の豊かさを、そぎ落としてしまう危険性があるのだ。とりわけ報道番組では、このことは致命的な危うさになる。

鋭い批評家である作家の辺見庸さんが、ご自身、テレビ番組に関わったときの経験に触れて、「わかりやすいメッセージだけを探ろうとし、物事を単純化する。テレビの作業はほとんどそうです」と述べている。厳しい指摘だ。しかし、この言葉から受ける痛みを忘れては、テレビ報道に関わる人間として失格だろう。私自身も、とかく「わかりやすさ」を求められるテレビ報道のなかで、どうやって事実の持つ豊かさをそぎ落とすことなく伝えられるか、どうすれば物事を単純化し、わかりやすいものだけに※14収れんさせるのではなく、できるだけその事象の持つ深さと全体像を俯瞰して伝えられるか、模索してきたつもりだ。しかし、言うは易く、行うは難しなのだ。

ＮＨＫでは入社時の研修で、ニュース原稿や番組は中学生でもわかるように書け、作れと言われたものだ、と職員の方から聞いたことがある。日々、ＮＨＫの放送を観ている方にはわかるように、その実践がいかに難しいかは明白だ。しかし、このところの「わかりやすくなければテレビじゃない」とでもいうような風潮には、やはり危うさを感じる。

最近のテレビ報道は、図や模型、そして漫画、場合によっては再現ドラマも取りいれて、とにかく「わかりやすく」する。しかし、それは※15往々にして、物事の単純化、イエスかノーかといった結論ありきの展開になりがちだ。そして、一番の危うさは、そういう伝え方に慣れてしまうと、視聴者は「わかりやすい」ものだけにしか興味を持てなくなることだ。

もちろん、わかりやすく伝えてほしいとの要請は視聴者からのものだ。そのことを無視して、わからなくても、と考えるのは伝えるほうの自己満足だと指摘されるだろう。しかし、視聴者の求めるとおりに「わかりやすく」伝えることは、本当に視聴者のためになるのだろうか。難しい問題は、やはり難しい問題として受け止めてもらうことも必要ではないだろうか。わかったと思った瞬間、そこで人は思考を、考えることをやめてしまうように思える。

後年、とある新聞紙面で、映画監督、またテレビドキュメンタリー作家でもある是枝裕和さんがテレビについて書いている文章に出会った。

「わかりにくいことを、わかりやすくするのではなく、わかりやすいと思われていることの背景に潜むわかりにくさを描くことの先に知は芽生える」

これこそ、〈クローズアップ現代〉が目指し、そして私自身がキャスターとして目指し実践してこようとしてきたことではないだろうか。是枝さんの文章に触れたとき、私は即座にそう思った。物事を「わかりやすく」して伝えるだけでなく、一見「わかりやすい」ことの裏側にある難しさ、課題の大きさを明らかにして視聴者に伝えること。それこそが〈クローズアップ現代〉の役割なのではないかと思えた。

結論をすぐ求めるのではなく、出来れば課題の提起、そしてその課題解決へ向けた多角的な思考の※16プロセス、課題の持つ深さの理解、解決の方向性の検討、といった流れを一緒に追体験してほしい。そんな思いで私は、番組に、そして視聴者に向き合ってきた気がする。

この思いは、たぶんに視聴者にある種の「もどかしさ」を与えてしまうだろう。しかし、それでもいいのではないかと思ってきた。視聴者の一人ひとりは、その「もどかしさ」を消化する力を持っているに違いな

レビをいかに賢く使うかを毎日考えるべきなのです。

（「テレビはアメリカ社会をどう変えてきたか～デイビッド・ハルバースタム氏講演会より」放送研究と調査、一九九三年八月、NHK放送文化研究所より）

現代は、様々な情報があらゆるメディアから氾濫し、毎日流される膨大な情報が、視聴者に立ち止まることを許さない。人々の考える時間を奪っているとさえ言える。とりわけテレビは、映像の持つ力をフルに生かし、※7時々刻々と起きていることを即時に伝えることが出来るという点で、他のメディアを圧倒的に※8凌駕してきた。しかし、その特性に頼れば頼るほど、人々のコミュニケーションの重要な要素である想像力を奪ってしまうという負の特性も持っている。

例えば、※9イラク戦争が始まった二〇〇三年、メディアの取材者はアメリカ軍に同行して最新の中継機材によってリポートを続け、アメリカ軍が砂漠のなかを進軍してバグダッドを陥落させるという衝撃的な映像を同時進行という形で世界中に流すことができた。しかしその一方で、イラクのテレビ局はアメリカ軍による最初の空爆で破壊されて、その機能を奪われている。その結果、アメリカ軍の進攻の映像がテレビに溢れる一方で、空爆下のバグダッドの人々はどうなっているのかという情報や映像は欠落してしまいがちだった。映像は想像力を奪ってしまうほどパワフルだ。これらの映像によって、イラク戦争は果たして正しく伝えることができたと言えるのだろうか。その欠落部分を私たちメディアは補えていたのだろうか。

イラク戦争は象徴的な例だが、映像に映しだされていることが、その事象の全体像を表しているわけでは決してない。映像の一面性に報道番組はどう向き合うのか。それは難しい問題だ。〈クローズアップ現代〉はこの課題に対して、「スタジオを重視する」という手法で向き合うことを選択した。映像を主体とするリポートに※10拮抗する形で、スタジオでのキャスターとゲストの対話を配した。

そして、キャスターである私には、言葉しかなかった。「言葉の持つ力」を信じることがすべての始まりであり、結論だった。テレビの特性とは対極の「言葉の持つ力」を大事にすることで、その映像がいかなる意味を持つのか、その映像の背景に何があるのかを言葉で探ろうとしたのだ。

私はキャスターとして、「想像力」「常に全体を※11俯瞰する力」「ものごとの後ろに隠れている事実を※12洞察する力」、そうした力を持つことの大切さ、映像では見えない部分への想像力を言葉の力で※13喚起することを大事にしながら、日々番組を伝え続けることになった。

〈クローズアップ現代〉のキャスターを二三年間続けてきて、私はテレビの報道番組で伝えることの難しさを日々実感してきた。その難しさを語るには、これまで私が様々な局面で感じてきた、テレビ報道の番組の持つ危うさというものを語る必要がある。

テレビ番組は、その番組内容のすべてが視聴者に伝わるよう、わかるように作られるが、一歩間違えれば、「わかりやすいだけの番組づくり」になってしまう危険性がある。メッセージがシンプルな番組のほうが視聴者を取りやすい、などと言われる傾向があるなかで、「わかりやすく」することでかえって、事象や事実の、深さ、複雑さ、多面性、つまり事

【適性検査Ⅰ】（四五分）〈満点：二〇〇点〉

1 **みなみさんは、「メディアを通じて得られる情報」**に興味を持って、何冊か本を読みました。**みなみさんが集めた次の【ア】【イ】**の資料を読んで、あとの問題に答えなさい。

【ア】ニュースキャスター（報道・解説をする人）が言葉の力について考えたことを書いた文章

アメリカの一人の※1ジャーナリストが、テレビについて、報道番組のあり方について警告を発していた。

デイビッド・ハルバースタム。ニューヨークタイムズ紙の記者として※2ベトナム戦争を取材、そのリポートによりピューリッツァー賞を受賞したアメリカの著名なジャーナリストだ。その後も※3ホワイトハウスの権力者たちを描いた『ベスト・アンド・ブライテスト』などの著作で、アメリカのみならず日本でも多くの読者と信頼を得ていた。

NHK放送文化研究所は、一九九三年四月一五日、テレビ放送開始四〇周年を記念して、そのハルバースタムを東京に招き、講演会を開いた。

「問題は、テレビが私たちの知性を高め、私たちをより賢くするものなのか、それとも、派手なアクションを好み、娯楽に適しているというその特性ゆえに、真実を歪めてしまうものなのか、ということなのです」

ハルバースタムはそう語り始めた。国連平和維持軍が派遣されることになったソマリアやボスニア・ヘルツェゴビナの例を引きながら、「テレビというのは、人々を動かす力と真実を伝える力を持つ強力な箱です」と語りかける。そして、ベトナム戦争報道を振り返りながら、「時に、たった一人の記者でも、政府だけが善悪を判断する唯一の審判でないことを示すことができるのです」とも語る。しかし、ハルバースタムは、こうも指摘するのだ。「ここで重要なのは、テレビが伝える真実は映像であって、言葉ではないということです。テレビが伝える内容は単純で、複雑なことは伝えません。苦痛や※4飢餓を映し出して世界中に伝えることはできますが、複雑な政治問題や思想、様々な行為の重要性について伝えることはできないのです」。

その理由としてハルバースタムは、テレビでは、話の内容がどんなに大切でも映像のインパクトのほうが優先されること、テレビニュースは移り気なこと、複雑なことを好まず、討論番組は抵抗を受ける、視聴者を退屈させないことが大切などと、テレビの持つ※5ネガティブな特性を一つひとつ挙げていく。そして最後に、テレビに携わる人へ向けて、こう問いを投げかけた。

テレビによってより深く国際社会を理解できるようになるのでしょうか。複雑な出来事の説明はされているでしょうか。テレビによって、私たちは世界をより深く理解するというよりも、恐怖心をあおられるのでしょうか。私たちが既に持っている偏見によって違った習慣を持つ人たちを見るのではなく、ありのままの姿を見ることはできるのでしょうか。そうでなければ、私たちが今まで持っている偏見を認めることになってしまいます。視聴者はそれを望んでいます。※6既存の偏見を認めることは、偏見を取り除くためにより深く考えることよりもはるかに楽だからです。しかし、私たちのようにジャーナリズムに携わる人間は、テ

平成30年度
解答と解説

《平成30年度の配点は解答欄に掲載してあります。》

＜適性検査Ⅰ解答例＞

1 問題

① 選んだ資料の記号【ア】

テレビは今起きていることを即時に伝えることができるが，その映像は事象の一部を表しているにすぎず，全てを正しく伝えることは難しい。そこで，「言葉の持つ力」を信じて，映像の意味合いや背景に存在するものを言葉で探り，視聴者の想像力を喚起する番組作りを目指した。

テレビの報道番組では「わかりやすく」作ることを求めるあまり，事実の豊かさをそぎ落とす危険性がある。しかし，そのような伝え方に慣れてしまうと，視聴者は考えることを止めて，「わかりやすい」もの以外に興味を持てなくなるかもしれない。

物事を単純化して二項対立で描き，「わかりやすく」伝えるだけでなく，一見「わかりやすい」ことの裏側にある難しさを伝え，その問題の解決策を探るための議論を深めることにつなげなければならない。

② 選んだ資料の記号【イ】

私は資料を読んで，テレビや新聞，雑誌に書かれている記事をすべて事実だと思うことの危険性について考えた。

資料ではインタビュー記事や番組などは，聞き手，話し手，編集者などの意図が関わりながら作られていると述べられていた。

私は新聞係で，クラスの人にインタビューをしたが，私の言葉でまとめるときに，すべてが真実ではまとめられないことに気がついた。この経験から，すべてが真実ではないことを実感し，テレビや雑誌を読むときに気をつける必要があると思った。

（別解答例）

① 選んだ資料の記号【イ】

インタビュー記事からはわからないインタビューの裏側がある。インタビューは取材と異なり，話し手の言葉が主役になる。

聞き手のようすがわかるテレビのインタビューを大別すると，インタビュアーを通して話の重要な点を鮮明化する型とインタビュアーが知っていることもゲストが自身の言葉で語るように誘導する型がある。しかし，どんなインタビューも語り手，インタビュアー，編集者やディレクター等の意図が含まれた虚構である。事実は真実を覆い隠す役割をもつため，事実とは異なる虚構が真実に近い場合も多い。

私たちはインタビューの記事や番組に触れるとき，それは事実の一部を伝えてはいるが，事実の全体を伝えているのではなく，そこには恣意性があることを忘れてはならない。

② 選んだ資料の記号【ア】

私は資料を読んで，ものごとを一つの側面のみから考えることの危険性と，課題の複雑さに向き合うことの大切さについて考えた。

イラクの戦争は，報道がかたよると考え方もかたよるという例だった。クラスで課題を解決するときに，悪い面の情報ばかりでは公平な議論はできないため，良い面と悪い面両方の情報をみて，考えることを意識していたい。

筆者は，課題を白黒つけて解決することは危険だと述べました。クラス全体で意見をまとめるときに，一人ひとりの意見を取り入れてまとめることが大切だと考えます。

2 問題1 (1) イ (2) ウ (3) ウ (4) エ (5) イ

問題2 メモ1 ○ メモ2 × メモ3 × メモ4 ○

問題3 あ イ い ケ う シ え ウ

○推定配点○

1 ① 80点 ② 60点 2 問題1 各4点×5 問題2・問題3 各5点×8

計200点

＜適性検査Ⅰ解説＞

1 （国語：文章理解，作文など）

① 文章を要約する場合は，文章中にでてくる具体例や細かい紹介などは省き，各段落で何を伝えようとしているのかをまとめるようにする。段落の最後の方にまとめの文があることが多いので，それを参考に書いていくとよい。しかし，ただ文章中のまとめの文をつなげるのではなく，かみ砕いて自分の表現で書くことで，充実した要約にすることができる。

② 字数が限られる中で，資料の内容をふまえ，「自分がこれまで学習したことや体験したこと」も関連させなければならないので，資料の内容や体験の説明は長くしすぎないように注意する。また説明だけでなく，自分がどう思ったか，考えたか，をしっかり書くことが大切である。

2 （算数，社会：平均，割合，資料の読み取り）

基本

問題1

(1) 【資料3】の「平均利用時間(分)」を見ると，小学生が84.8分で中学生が127.3分なので，127.3－84.8＝42.5(分)

(2) 【資料2】の「情報検索」の欄を見ると，小学生が42.5％，中学生が60.3％，高校生が76.2％なので，割合が一番高いのは高校生である。

(3) 【資料4】から，42％が「不適切な情報に触れること，またその影響」を不安に思っていることがわかる。

(4) 「小学生の保護者の半数以上が」とあるので，【資料4】から50％を超えている項目を探せばよい。

(5) 【資料1】を見ると，ゲーム機を利用しているのは2285人，そのうちゲーム機でインターネットを利用しているのは1119人であることがわかる。よって，インターネット利用者の割合は，1119÷2285×100＝48.9…(％)となり，約49％である。

問題2

メモ1 【資料1】を見ると，スマートフォンを利用しているのは1886人，そのうちスマートフォンでインターネットを利用しているのは1762人であることがわかる。よって，インターネット利用者の割合は，1762÷1886×100＝93.42…(％)となり，93％以上である。

メモ2 【資料2】のゲームの列を見ると小学生は650人のうち75.1％となっているので，ゲームでインターネットを利用するのは650×0.751＝488.15(人)である。同様に中学生は1083人のうち71.1％となっているので，1083×0.711＝770.013(人)。高校生は995人のうち73.9％なので，995×0.739＝735.305(人)。よって，利用人数が一番多いのは中学生である。

メモ3 【資料3】の中学生を見ると，2時間以上利用している割合は，18.6＋12.7＋6.2＋8.7＝46.2(％)であり，50％以下である。また，高校生は21.8＋17.4＋11.3＋19.8＝70.3(％)である。

メモ4 【資料4】を見ると，「⑥不適切な情報発信」は188人のうち12％であるので，188×0.12＝22.56(人)。よって25人以下である。

問題3

まず，【事例】と【資料4】の番号を対応させる。あは「メールをやめられない」とあるので，①ネット依存であるとわかる。いは「インターネット上に載せた写真で個人が特定されてしまった」ということから，⑤個人情報が漏れることだとわかる。うは，映画のデータを載せたことで製作者の権利を侵した疑いをかけられたので，⑥不適切な情報発信である。えは，ネット上で仲間はずれにされているので，②ネットいじめ被害/加害である。

次に，【事例】【小中学生が常に心掛けたいこと】を対応させる。Aは，「友人を傷付けてしまったり」「誤解をまねいたり」することがないようにとあるので，え。Bは，個人情報についてなので，い。Cは利用時間や利用の仕方についてなので，あ。Dは，製作者の権利を尊重した行動を促しているので，う。

したがって，3つの資料を対応させると，あ：①とC，い：⑤とB，う：⑥とD，え：②とAとなる。

★ワンポイントアドバイス★

素早く文章を読んで理解する力が必要。文章を読み始める前に何が求められているのか問題をチェックすることが重要。資料と照らし合わせる問題では，何を表した資料かを丁寧に確認し，単位などを間違えないようにしよう。

＜適性検査Ⅱ解答例＞

1 問題1

① ウ ② ア ③ カ

問題2

(1) (あ) ア (い) ア (う) ア (え) イ (お) イ (か) イ

(2) 135(度)

問題3

(1) 65(分)30(秒)

(2) 水平方向の距離：7194.3(m) 垂直方向の距離：11.91(m)

問題4

(1) 月(曜日)

(2) ケーキ

(3) 動物園

2 問題1

(1) 20(本)

(2) 16(個)

問題2

正三角形：96(個)　正方形：48(個)

問題3

(1) (あ) 12　(い) 11　(う) 4　(え) 2　(お) 5　(か) 60　(き) 30

同じ所に2回ずつひかれている(から)

(2) A 9　B 3

(3) 8

3 問題1

土壌動物X：ナガコムシ　土壌動物Y：ザトウムシ

問題2

あ オ　い ウ

問題3

調査の目的Ⅰ ア　調査の目的Ⅱ エ

問題4

① エ　② ア　③ ウ　④ オ

○配点○

1 問題1 5点　問題2 18点　問題3 26点　問題4 15点

2 問題1 15点　問題2 15点　問題3 46点

3 問題1 8点　問題2 10点　問題3 10点　問題4 32点　計200点

＜適性検査Ⅱ解説＞

1 (理科・算数：自転車の歴史やしくみ)

問題1　①はドライジーネとして適切な絵を選ぶ。2つの車輪にペダルがないものは**ウ**のみである。②はボーンシェーカーとして適切な絵を選ぶ。前輪にクランクとペダルがついたものは**ア**である。①と②の2つの車輪の大きさは同じであると書いてあることからも，**ア**，**イ**，**ウ**のどれかであるとわかる。③はペニー・ファージングとして適切な絵を選ぶ。ペダルがつけられた車輪がもう一方に比べて大きくなっているものは**カ**である。

問題2　(1)　歯数の分だけ回転することに注目すると良い。「動いた歯数の数」である「前ギヤの歯数×回転数」と「後ギヤの歯数×回転数」は一致する。

(あ)，(い)，(う)，(え)では前ギヤの歯数をそのままにして後ギヤの歯数を少ないものにしたときのことを考えている。よって前ギヤが一回転したとき，歯数の少なくなった後ギヤの回転数が増えていなければ「動いた歯数の数」は一致しないので，(あ)の答えは**ア**である。後ギヤの回転数が増えれば後輪の回転も増えるので，(い)の答えは**ア**となる。回転数が増えれば進む距離は増えるので，(う)の答えは**ア**である。(あ)の考えとは逆に，歯数の少なくなった後ギヤが一回転したとき，前ギヤの回転数が減っていなければ「動いた歯数の数」は一致しないので，(え)の答えは**イ**である。

(お)，(か)では前ギヤの歯数をそのままにして後ギヤの歯数を多いものにしたときのことを考えている。クランクを1回転させたとき，すなわち前ギヤが1回転したとき，歯数の多くなった後ギヤの回転数が減っていなければ「動いた歯数の数」は一致しないので，(お)の答えは**イ**である。回転数が減れば進む距離は減るので(か)の答えは**イ**である。

(2)「動いた歯数の数」である「前ギヤの歯数×回転数」と「後ギヤの歯数×回転数」は一致する。
後ギヤの回転数を□とすると，

$38\times1=16\times\square$

$\square=38\div16=2\frac{3}{8}=2\frac{135}{360}$

よって，後ギヤは2回転したあと135度のところで止まったことがわかる。

問題3 (1) 【条件1】，【表2】からそれぞれの区間の速さを求める。

A地点からH地点までに何分何秒かかるかを求めるので，速さは分速にまとめておく。

A地点～B地点の傾斜は水平なので，速さは時速18km。分速に直すと，18000m÷60＝300mより分速300m。

B地点～C地点の傾斜は上り4％なので，速さは秒速4mの$\frac{1}{4}$で，秒速1m。分速に直すと，1m×60＝60mより分速60m。

C地点～D地点は下りなので，速さは分速360m。D地点～E地点は上り8％なので，速さは秒速4mの$\frac{1}{8}$で，秒速0.5m。分速に直すと，0.5m×60＝30mより分速30m。

E地点～F地点の傾斜は水平なので，速さは時速18kmで分速300m。

F地点～G地点は下りなので，速さは分速360m。

G地点～H地点の傾斜は水平なので，速さは時速18kmで分速300m。

距離，速さ，時間の関係から，

$1500\div300+1200\div60+900\div360+900\div30+600\div300+1800\div360+300\div300$

$=5+20+2.5+30+2+5+1$

$=65.5$

よって，65分30秒かかったことがわかる。

(2) 水平方向の距離は，

$1500\text{m}+1200\text{m}\times0.999+900\text{m}\times1+900\text{m}\times0.997+600\text{m}+1800\text{m}\times0.999+300\text{m}$

$=1500+1198.8+900+897.3+600+1798.2+300$

$=7194.3$

よって，7194.3mとわかる。

垂直方向の距離は，

$1200\text{m}\times0.04-900\text{m}\times0.02+900\text{m}\times0.0797-1800\text{m}\times0.0499$

$=48-18+71.73-89.82$

$=11.91$

よって，11.91mとわかる。

問題4 【表3】の縦列は，町・食べ物・施設・距離の項目が入る。確実にわかる事項から，表の空らんをうめていく。

まず，③から，金曜日の食べ物のらんにはドリアが入るとわかる。④と⑧から，月曜日の食べ物と施設にそれぞれ，アイスクリームと美術館が入るとわかる。①から，ラーメンを食べる日と映画館に行く日は3日空けないといけないが，ラーメンが映画の3日後とすると月曜日に映画・木曜日にラ

	月曜日	火曜日	水曜日	木曜日	金曜日
町					
食べ物	2 アイスクリーム	3 ラーメン	5 スパゲッティ	4 ケーキ	1 ドリア
施設	2 美術館	4 博物館			3 映画
距離					

ーメン，火曜日に**映画**・金曜日に**ラーメン**にしなければならなくなる。しかし，どちらもすでに空らんがないので不可能。つまり，**ラーメン**が**映画**の3日前ということになり，月曜日に**ラーメン**・木曜日に**映画**，火曜日に**ラーメン**・金曜日に**映画**のどちらかとなる。月曜日の食べ物は**アイスクリーム**なので，火曜日に**ラーメン**・金曜日に**映画**とわかる。⑤から，**ケーキ**を水曜日の食べ物とすると，月曜日か金曜日の施設が**博物館**となるが，月曜日と金曜日の施設はすでに決まっている。よって，**ケーキ**は木曜日の食べ物であり，**博物館**は火曜日の施設とわかる。以上から，残りの水曜日の食べ物は**スパゲティ**と決まる。

⑩から，**スパゲティ**を食べる水曜日は**1km**離れた町に行くことがわかる。さらに，⑥から，**展望台**に行く日は**1.5km**離れた町に行くので，木曜日の施設と距離にそれぞれ**展望台**と**1.5km**が入るとわかる。つまり，残りの水曜日の施設は**動物園**とわかる。⑪から，**動物園**に行く日の1日前か1日後に**2km**離れた町に行くので，木曜日の距離はすでに**1.5km**とわかっている。よって，火曜日の距離が**2km**とわかる。②から，**なずな町**に行く日は前日に**3km**離れた町へ行っているため，月曜日と金曜日のどちらに**3km**が入るかと言えば，次の日が存在する月曜日ということになる。すると，自動的に火曜日の町が**なずな町**ということになる。以上から，残りの金曜日の距離が**2.5km**とわかる。また，⑦から，**つくし町**が金曜日の町である。⑨と⑫から，**さくら町**，**すみれ町**，**かえで町**の順にいったことがわかり，これを**【表3】**にあてはめると，月曜日が**さくら町**，水曜日が**すみれ町**，木曜日が**かえで町**ということになる。以上のことをまとめたのが右の表である。ただし，表の中の数字は，表をうめていく順番を表している。

	月曜日	火曜日	水曜日	木曜日	金曜日
町	12 さくら	10 なずな	12 すみれ	12 かえで	11 つくし
食べ物	アイスクリーム	ラーメン	スパゲッティ	ケーキ	ドリア
施設	美術館	博物館	8 動物園	7 展望台	映画
距離	10 3km	9 2km	6 1km	7 1.5km	11 2.5km

やや難 2 (算数：正多角形)

問題1 (1) 1つの頂点から対角線は5本引ける。正八角形の頂点は8個だから，$5\times8=40$ 重複しているものが2組ずつあるので，$40\div2=20$(本)となる。

(2) 1つの頂点から2つの辺の長さが等しい二等辺三角形は2個できる。正八角形の頂点は8個だから，$2\times8=16$(個) この場合は重複はないので，求める数は16個となる。

問題2 **【図1】**の正十二角形の一辺は1cmであるが，これからつくろうとしている正十二角形の一辺は3cmである。右の図で，一辺が3cmの正十二角形とすると，辺の長さが3cmである正方形の中に，辺の長さが1cmである正方形は9つしきつめることができる。同じく，辺の長さが3cmである正三角形の中には，辺の長さが1cmである正三角形は9つしきつめることができる。よって，**【図1】**の正方形と三角形の数の9倍の数の正方形と三角形があれば，求める図形を完成させることができる。このとき使う正三角形は$12\times9=108$(個)，正方形は$6\times9=54$(個)。ここから，もともと作られている図1の正三角形12個，正方形6個をひけばよいので，正三角形は$108-12=96$(個)，正方形は$54-6=48$(個)となる。

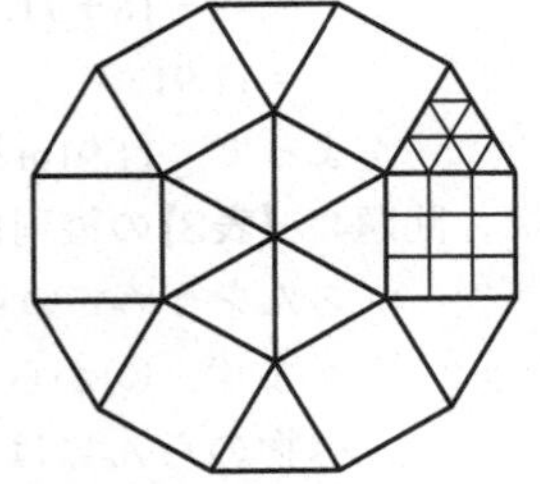

問題3 (1) 正三角形が8個，正方形が6個の角の数は，$3\times8+4\times6=48$(個)となる。立体は，1つの頂点に4つの角が集まっているから，(あ)に入る立体の頂点の数は，$48\div4=12$(個)となる。「1つの頂点からほかの頂点へひくことのできる直線の数は，その頂点自身を除いた数」と

あるので，(あ)で求めた頂点の数から1をひけばよい。よって，(い)に入るのは，12－1＝11(本)となる。

1つの頂点から他の頂点へひくことのできる直線のうち立体の表面上にあって，立体の辺になっているのは4本，正方形の対角線となっているのは，2本とわかる。よって，(う)に入るのは4(本)，(え)に入るのは2(本)となる。

以上から，1つの頂点からほかの頂点へひくことのできる直線の数から，立体の表面上にあるものをひくと，11－(4＋2)＝5(本)とわかり，(お)に入るのは5(本)となる。

(か)は(あ)×(お)をしたものが入るので，12×5＝60(本)となる。

(か)で求めた本数は，同じ直線を2度計算に入れているので，その分を除かないといけないため，□に入る言葉は「同じ所に2回ずつひかれている」が適切である。

(き)は(か)÷2をしたものが入るので，60÷2＝30(本)となる。

(2) 【写真1】で見えている1，4，8，9，10，12，13の数を【図2】に書き込むと右の図のようになる。

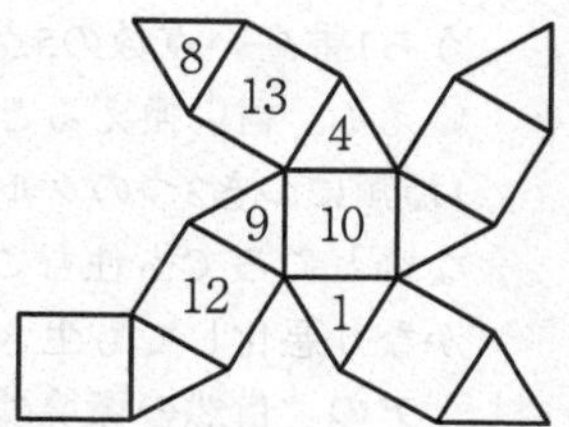

各面には1～14の数が書かれていて，7組の向かい合う面の数の合計はすべて同じになることから，すべての数をたして7でわればよい。

(1＋2＋3＋…＋13＋14)÷7＝15

よって，向かい合う面の数の合計は15となり，向かい合う面は，(1，14)，(2，13)，(3，12)，(4，11)，(5，10)，(6，9)，(7，8)の組み合わせになる。このことから，展開図にすべての数を書き込むと右の図のようになる。

この立体を【図4】の上で転がすと，そのマスで下になっている面に書かれた数は，右の図のようになる。

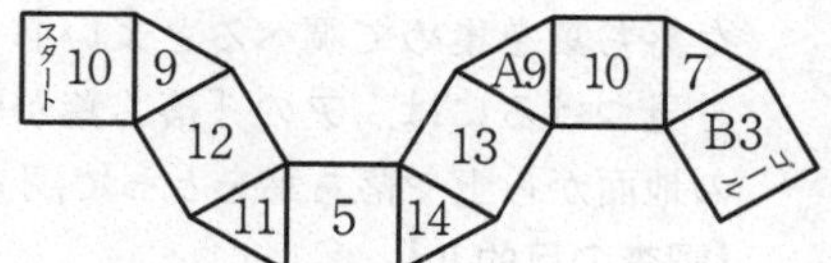

以上のことから，AとBに入る数はそれぞれ9と3であると分かる。

(3) 小さい順に並べており，かつ同じ数が2回入る可能性もあるので，Cに入る数は2～9のうちのいずれかの数である。C以外の数を足してみると，47である。Cに入る数は2～9なので，6つの数の合計は最大でも47＋9＝56，最小でも47＋2＝49となる。この合計が，並び順のまま1か所をかけ算し，その他の数の合計と足した数の半分になるということは，後者の合計は49×2＝98から56×2＝112の間にあることがわかる。では，並び順のまま1か所かけ算するのはどこかを考える。11と12，12と13の組み合わせだと，かけ算をしたときに，すでに112を超えてしまうので不適当である。9と11の組み合わせも，12，13を足し合わせた時点で112を超えてしまうので不適当である。よって，2とC，Cと9のいずれかの組み合わせが適当であるとわかる。先に11と12と13を足しておくと，36である。Cと9を組み合わせのかけ算を考えてみる。この場合，その他の数の合計は，36＋2＝38となる。Cに2～9をあてはめていき，前者のたし算の合計が，後者のたし算の合計の半分になるものを探していく。すると，Cが8のとき，前者の合計は47＋8＝55，後者の合計は38＋8×9＝110となり，前者が後者の半分になっている。よって，答えは8である。

3 （理科：昆虫）

問題1

【土壌動物X】

足が6本あり，はねはなく，尾の先に2本の突起がある動物はナガコムシである。

【土壌動物Y】

足が8本あり，むねとはらの間は細くなっておらず平坦で，はらに節があり，足は体長より長い動物はザトウムシである。

問題2

点数が高いほどその場所の「自然の豊かさ」が高いということになるので，1種類につき3つのうち1番高い点数の5点であるAグループは自然の環境が豊かなところに住んでいる動物であるといえる。言い換えるとオの「自然の環境が悪化するとすぐにいなくなってしまう土壌動物」になる。1種類につき3つのグループのうち，1番低い点数の1点であるAグループは，自然の環境が豊かではないところでも住むことができる動物であると言える。これも言い換えるとウの「自然の環境がかなり悪化しても生きていくことができる土壌動物」になる。

アの「自然の環境の良い悪いにかかわらずいる数が少ない土壌動物」であるが，1種類につき点数を与える方法なので，数は関係ない。イの「自然の環境が良好に保たれているところにはあまりいない土壌動物」は一見 い に当てはまるように思えるが，Cグループは自然が豊かであるところでも豊かではないところでも住むことができる動物であるので該当しない。エの「自然の環境が悪化すると大きく成長する土壌動物」であるが，成長するかどうかはどこにも記述されていない。

問題3

【調査の目的Ⅰ】

先生は，「ほとんどの土壌動物は地面の浅いところにいて，地面を深く掘らずに表面の土や湿った落ち葉を集めて調べるとよい」と言っている。雑木林全体でできるだけ多くの種類の土壌動物を見つけるには，アの「落ち葉が厚く積もっているところや倒れた木の下などのいろいろな地点の地面から土や落ち葉をとって調査する。」が正解である。

【調査の目的Ⅱ】

雑木林の中のいくつかの地点で調べて数を比較するので，土や落ち葉の量が同じであるものを比べる必要がある。よってエの「ある大きさの枠をつくっていくつかの地点に置き，枠で囲まれた範囲からそれぞれ同じ量の土や落ち葉をとって調査する。」が正解である。

問題4 ① 雑木林Ⅰの土壌動物の数の合計は，

$1+3+1+2+1+1+7+2+1+3+3+11+27+2+4+2+13+5+2=91$

雑木林Ⅱの土壌動物の数の合計は，

$2+3+3+3+4+1+2+2+3+19+43+3+6+25+9=128$

雑木林Ⅲの土壌動物の数の合計は，

$2+4+1+2+3+1+2+2+1+2+4+3+1+16+37+3+5+18=107$

土壌動物の数の合計が多い順に並べると，エの雑木林Ⅱ，雑木林Ⅲ，雑木林Ⅰとなる。

② 雑木林ⅠのAグループの土壌動物の数は，$1+3+1+2+1=8$なので，

$8\div91\times100=8.79\cdots\fallingdotseq8.8\%$

雑木林ⅡのAグループの土壌動物の数は，$2+3+3+3=11$なので，

11÷128×100＝8.59…≒8.6％

雑木林Ⅲのグループの土壌動物の数は，2＋4＋1＋2＝9なので，

9÷107×100=8.41…≒8.4％

Aグループの土壌動物の数がしめる割合が大きい順に並べると，**ア**の雑木林Ⅰ，雑木林Ⅱ，雑木林Ⅲとなる。

③ 雑木林ⅠにいるAグループの土壌動物の種類の割合は，

5÷19×100＝26.31…≒26.3％

雑木林ⅡにいるAグループの土壌動物の種類の割合は，

4÷15×100＝26.66…≒26.7％

雑木林ⅢにいるAグループの土壌動物の種類の割合は，

4÷18×100＝22.22…≒22.2％

Aグループの土壌動物の種類の数がしめる割合が大きい順に並べると，**ウ**の雑木林Ⅱ，雑木林Ⅰ，雑木林Ⅲとなる。

④ 雑木林Ⅰの点数は，

5点×5＋3点×6＋1点×8＝25＋18＋8＝51(点)

雑木林Ⅱの点数は，

5点×4＋3点×5＋1点×6=20＋15＋6=41(点)

雑木林Ⅲの点数は，

5点×4＋3点×9＋1点×5=20＋27＋5=52(点)

「自然の豊かさ」の点数が高い順に並べると，**オ**の雑木林Ⅲ，雑木林Ⅰ，雑木林Ⅱとなる。

★ワンポイントアドバイス★

解答時間は45分であるが，時間内に全てを解き終わるのは難しい。解ける問題を確実にこなしていくことが必要だ。簡単な計算問題は落ち着いて解き，小数点の位置や単位などに気をつけてみよう。文章を読み取って答える問題，算数の計算を行う問題，図形の問題，理科の問題と幅広く出題されているので，全てに対応できるように勉強していくことを心がけよう。

大切なことはメモしておこうネ！

データ対応

収録から外れてしまった年度の
解答解説・解答用紙を弊社ホームページで公開しております。
巻頭ページ＜収録内容＞下方のＱＲコードからアクセス可。

※都合によりホームページでの公開ができない問題については，
　次ページ以降に収録しております。

平成29年度

横浜市立南高等学校附属中学校入試問題

【適性検査Ⅰ】　(32ページから始まります。)
【適性検査Ⅱ】　(45分)　　＜満点：200点＞

1　**みなみさんとたかしさんとまなぶさんがボールの投げ方や玉の飛ばし方について話しています。次の【会話1】～【会話6】を読んで，あとの問題に答えなさい。**

【会話1】

みなみさん： スポーツテストでソフトボール投げをしたけれど，うまく投げられなかったんだ。どうやって投げればいいかな。

たかしさん： 【図1】のように，ある程度高く上がるように投げればいいと思うよ。そうすれば地面に着くまでの時間が長くなるから，そのぶんたくさん進めるよ。

まなぶさん： ぼくは【図2】のように，なるべく水平に近くなるように投げたほうがいいと思うな。そのほうが前に速く進むでしょ。

みなみさん： 高く投げるほうがいいのか，水平に近くなるように投げるほうがいいのか。どちらがいいのか，それぞれ投げて，比べてみようよ。

【図1】

【図2】

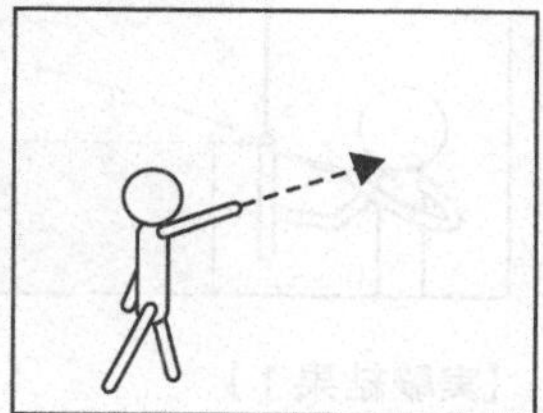

【たかしさんの結果】

回数（回目）	1	2	3	4	5	6	7
距離（m）	15.9	8.6	12.1	10.2	13.4	12.5	15.3

【まなぶさんの結果】

回数（回目）	1	2	3	4	5	6	7	8	9
距離（m）	12.9	12.6	11.7	14.8	13.5	12.1	13.8	9.3	14.4

問題1　**みなみさんは【たかしさんの結果】と【まなぶさんの結果】を次の表にまとめました。たかしさんとまなぶさんの最高記録，最高記録から最低記録をひいた数，平均をそれぞれ求め，表にあてはまる数を書きなさい。計算結果がわりきれないときには小数第二位を四捨五入して答えなさい。**

	たかしさん	まなぶさん
最高記録	m	m
最高記録から最低記録をひいた数	m	m
平均	m	m

【会話２】

たかしさん：２人の身長や投げる力が違うのに，比べていいのかな。

まなぶさん：回数や角度も毎回違っているし，どうすればいいかな。

みなみさん：２人とも【図３】の道具を見て。**ぱちんこ**というんだって。これを使ってみようよ。

たかしさん：ゴムの力で飛ばすのか。ゴムを引っぱった方向と正反対の方向に玉が飛び出すんだね。ゴムののびをそろえれば，同じ力で飛ばせるね。ソフトボールは大きすぎるから，このかたくて小さい玉で実験してみよう。

みなみさん：分度器を使って角度をはかりながら，５回ずつ飛ばして比べよう。

まなぶさん：水平方向に玉を飛ばしたときの飛ばす角度を０度として，飛ばす角度を10度から80度まで，10度ごとに実験したら，一番よく飛ぶ角度を調べられるね。

たかしさん：玉を飛ばすときの高さが影響しないように，【図４】のようにして測定しよう。一緒に台に着くまでの時間も調べてみようよ。

【図３】

ゴム

持ち手

【図４】

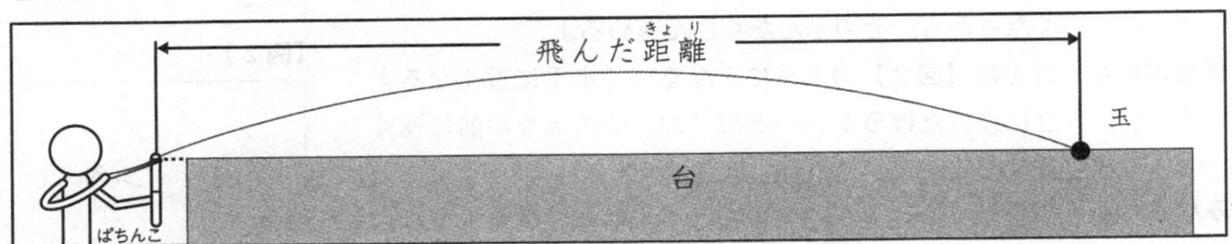

【実験結果１】

※角度		１回目	２回目	３回目	４回目	５回目
１０度	距離（ｍ）	4.3	4.4	4.5	4.7	4.6
	時間（秒）	0.4	0.4	0.4	0.4	0.4
２０度	距離（ｍ）	8.5	8.4	8.3	8.3	8.5
	時間（秒）	0.8	0.8	0.8	0.8	0.8
３０度	距離（ｍ）	11.6	11.2	11.4	11.7	11.0
	時間（秒）	1.2	1.1	1.2	1.2	1.1
４０度	距離（ｍ）	13.0	12.5	12.9	13.3	12.8
	時間（秒）	1.5	1.4	1.5	1.5	1.5
５０度	距離（ｍ）	13.1	12.4	12.7	13.4	12.9
	時間（秒）	1.8	1.7	1.7	1.8	1.8
６０度	距離（ｍ）	11.5	11.3	11.6	11.4	11.1
	時間（秒）	2.0	2.0	2.0	2.0	2.0
７０度	距離（ｍ）	8.4	8.6	8.1	8.4	8.5
	時間（秒）	2.2	2.2	2.1	2.2	2.2
８０度	距離（ｍ）	4.4	4.5	4.3	4.6	4.7
	時間（秒）	2.2	2.3	2.2	2.3	2.4

※水平方向と玉を飛ばす方向の間の角度

たかしさん：高く上げれば上げるほど，遠くまで飛ぶわけでもないんだね。

まなぶさん：でも水平に近ければいいというわけでもなさそうだよ。

問題２　次の１～６のうち，**【実験結果１】**について正しく述べているものには○，あやまって述べているものには×を，それぞれ書きなさい。

１　40回の実験の中で最も遠くまで飛んだのは，40度で飛ばしたときである。

２　どの角度でも，角度を２倍にすると，着地までの時間の平均はおよそ２倍になる。

３　１秒あたりに水平方向に進む距離は，角度が大きくなるほど小さくなる。

４　角度を10度ずつ大きくしていくと，飛んだ距離も同じ数ずつ大きくなっていく。

５　ある角度で５回飛ばしたときの距離の平均と，その角度を90度からひいた角度で５回飛ばしたときの距離の平均は，どの角度の場合でも，ほぼ一致している。

６　80度で飛ばした５回について，距離の平均を時間の平均でわった値は2.0よりも大きい。

問題３　次の**ア～カ**は，**【会話２】**で実験をしたときの**ぱちんこ**を横から見た図です。**ア～カ**のうち，玉を飛ばす角度が40度になっているものを**すべて**選び，記号を書きなさい。

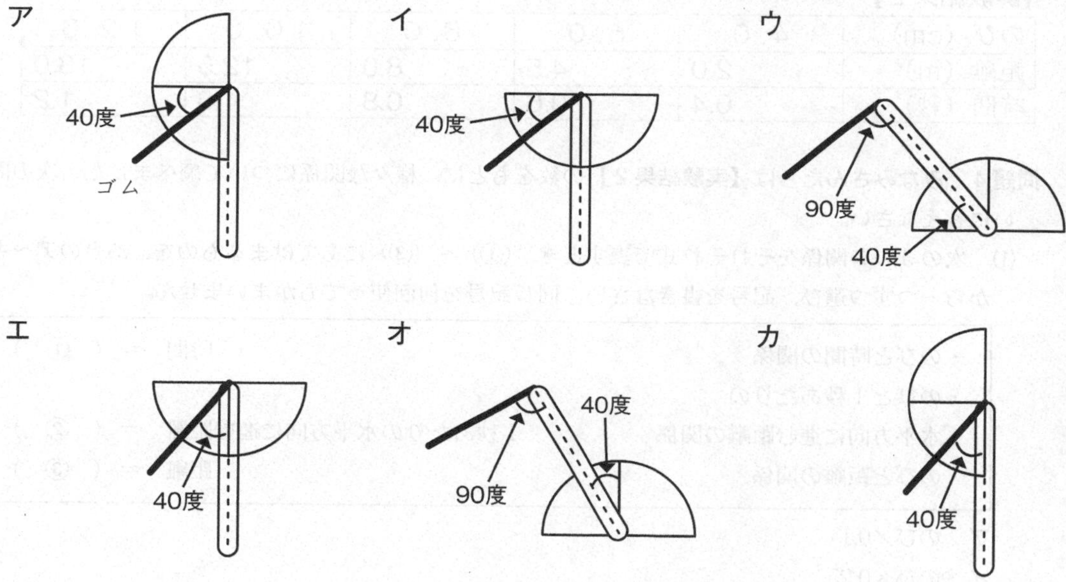

【会話３】

みなみさん：角度を変えること以外で，距離（きょり）を変えることはできないかな。

たかしさん：ゴムののびを変えてみたらどうだろう。ゴムをたくさんのばしたほうが遠くまで飛びそうだね。

まなぶさん：今度はさっきのものよりも強力なゴムを使った**ぱちんこ**で，実験しよう。この**ぱちんこ**のゴムの全体の長さは6.0㎝だね。引っぱってのばしたゴムの全体の長さから，のばす前のゴムの全体の長さをひいたものをゴムののびとしよう。

みなみさん：のばす前は次のページの**【図５】**の**Ａ**の部分が3.0㎝，ゴム全体は6.0㎝だね。のばした後は**Ａ**の部分が5.0㎝になったから，ゴム全体は10.0㎝，ゴムののびは4.0㎝ということだね。

【図５】

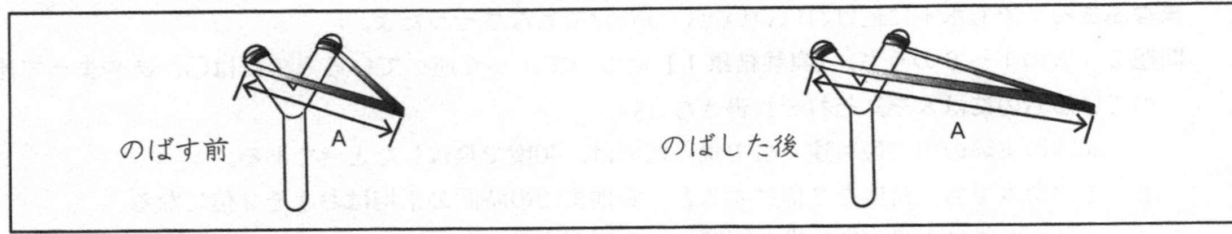

まなぶさん：Ａの部分をはかればゴムののびが求められるね。

たかしさん：角度を一定にして，ゴムののびを少しずつ変えながら実験したら，ゴムののびと飛んだ距離の関係を調べられるんじゃないかな。一秒あたりに水平方向に進む距離や，着地までの時間についても調べられそうだよ。

まなぶさん：【図４】と同じように測定して，５回の実験結果の平均で考えてみよう。

【実験結果２】

のび（cm）	４．０	６．０	８．０	１０．０	１２．０
距離（m）	2.0	4.5	8.0	12.5	18.0
時間（秒）	0.4	0.6	0.8	1.0	1.2

問題４　みなみさんたちは【実験結果２】の数をもとに，様々な関係について調べました。次の問いに答えなさい。

(1)　次の３つの関係をそれぞれ式で表すとき，（①）～（③）にあてはまるものを，あとの**ア**～**キ**から一つずつ選び，記号を書きなさい。同じ記号を何回使ってもかまいません。

・のびと時間の関係	時間　＝（　①　）
・のびと１秒あたりの水平方向に進む距離の関係	１秒あたりの水平方向に進む距離　＝（　②　）
・のびと距離の関係	距離　＝（　③　）

ア　のび×0.1
イ　のび×0.25
ウ　のび×0.5
エ　のび×1.25
オ　のび×のび÷２
カ　のび×のび÷４
キ　のび×のび÷８

(2)　10.0m先に玉を着地させるには，【図５】のＡの長さを何cmにすればよいですか。答えは小数第二位を四捨五入(ししゃごにゅう)して答えなさい。

みなみさんたちは，ねらったところに玉を落とすことができるということがわかったので，ぱちんこをつかって，的当てをして遊ぶことにしました。

９枚(まい)の絵を，床(ゆか)に次のページの【図６】のように，たて，よこにそれぞれ３枚ずつ並(なら)べ，【ルール】にしたがって，順番に玉を飛ばしていきます。

【図６】

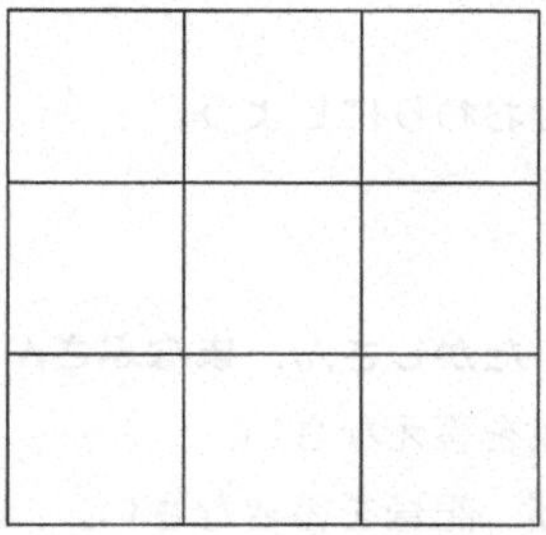

【ルール】

- ・３人で，順番に**ぱちんこ**で玉を飛ばしていく。
- ・的が並べられている外側のどの方向からねらってもかまわない。
- ・どこをねらうか宣言してから，玉を飛ばす。
- ・他の人がねらって当てた的は，ねらえない。
- ・ねらったとおりの的に当たったら２点もらえる。
- ・的に玉が当たらなかったら０点。
- ・ねらった的と違う的に当たったら１点減点。

【会話４】

みなみさん：わたしからやってみるね。ここから見て右奥にある，車の絵をねらうよ。この絵は真ん中の絵と同じ向きに置いてあるね。

たかしさん：当たったよ。ねらったとおりに当てることができたから，**みなみさん**は２点もらえるね。

次はぼくがやるよ。招き猫の絵がある側に立って，ウサギの絵をねらってみるね。ウサギの耳が手前にあって，違う絵のように見えておもしろいよ。

まなぶさん：残念。はずれてしまったので，得点なしだね。

ぼくの番だ。９枚中，４枚の絵が正しい向きで見える側に立ってみるね。

一番遠くの，正しい向きに見えている絵をねらってみるよ。

みなみさん：当たったね。次にわたしは，**まなぶさん**と同じ位置から，ななめ右の方向に玉を飛ばして，あの，鳥がいる木の絵をねらうね。

たかしさん：隣の山の絵に当たってしまったね。さっき，**まなぶさん**が当てたし，ねらったところと違うから，**みなみさん**は１点減点だね。

ぼくは，この角から対角線上の反対側にある絵をねらってみようかな。

みなみさん：それは，最初にわたしが当てたよ。

たかしさん：じゃあ，その隣の絵をねらうよ。

当たったよ。

まなぶさん：今**たかしさん**が当てた絵の近くから，招き猫の絵をねらうね。

みなみさん：当たったね。次は手前にある，りんごの絵をねらうよ。

また，違う絵に当たっちゃった。

たかしさん：ぼくも**みなみさん**と同じ絵をねらうよ。

成功。

まなぶさん：残りも少なくなってきたね。次は真ん中の絵をねらうよ。

みなみさん：また当たったね。わたしはもう一度，木の左上に鳥がいる絵をねらうね。

当たった。

たかしさん：あと残っているのは，車とりんごの間にあるタワーの絵と，山の隣の絵だね。じゃあタワーの絵をねらうよ。

まなぶさん：当たった。では，最後の１枚をねらっていくよ。
あっ。隣のウサギの絵に当たっちゃった。

みなみさん：残念。最後は，わたしがねらって当てるよ。
やった。当たったよ。すべての的に当たったから，これでおわりにしよう。
今度はどんな的当てをして遊ぼうか。

問題５　**【会話４】**について，次の問いに答えなさい。

(1)　**【ルール】**にしたがって，3人の得点をつけたとき，**みなみさん**，**たかしさん**，**まなぶさん**のうち，一番得点の高かった人を答えなさい。また，そのときの得点を答えなさい。

(2)　９枚の絵の並び方として正しいものを，次の**ア～ク**から一つ選び，記号を書きなさい。

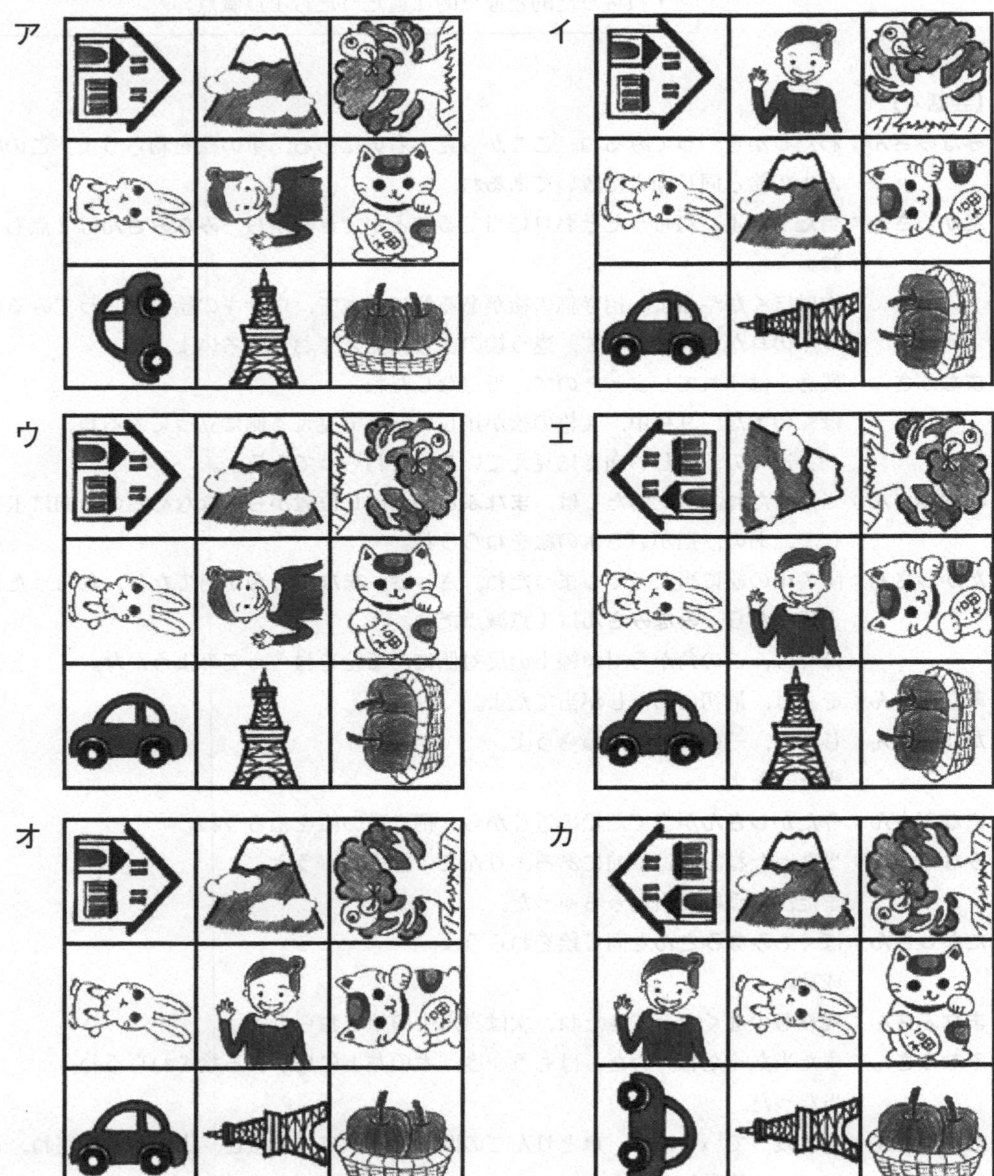

キ

ク

次にみなみさんたちは，ねらう的を立てて，玉を飛ばし，的を落としていくことにしました。的には，１～９までの９個の数がそれぞれひとつずつ書かれていて，たて，よこ，ななめにそれぞれ並んでいる数をたすと，すべて同じ数になるようになっています。

【会話５】

みなみさん：この的に，１人４回ずつ玉を飛ばして，みんなで協力して全部の的を落とそうよ。わたしからやってみるね。

たかしさん：１と４の２枚の的が残っちゃったね。**まなぶさん**が**【図７】**の（　**あ**　）（　**い**　）（　**う**　）の３枚の的を落として，ぼくと**みなみさん**が２枚ずつ，全部で７枚の的を落としたよ。

【図７】

4		（う）
（あ）		1
	（い）	

みなみさん：的を元に戻して，今度は１人でどれだけ落とせるか，やってみようよ。

まなぶさん：ぼく，やってみたい。10回玉を飛ばして，的を何枚落とせるかな。
４枚しか落とせなかった。なかなか難しいね。

みなみさん：**まなぶさん**が落とした的の４個の数を小さい順に（　**え**　）（　**お**　）（　**か**　）（　**き**　）と並べてみたら，こんな**【関係１】**を見つけたよ。

【関係１】

- 小さい３個の数をたすと，一番大きい数と同じになる。
- 小さい３個の数をすべてかけた数から一番大きい数をひくと，小さいほうから３番目の数と同じになる。

まなぶさん：本当だ。おもしろいね。

みなみさん：他にも落とした的の数で，いろいろな関係を見つけることができるかもしれないね。

たかしさん：次はぼくがやってみるから，その数で考えてみようよ。どんな関係が見つかるかな。

まなぶさん：５枚の的が落ちたね。落とした的の５個の数を小さい順に並べてみよう。

たかしさん：こんな**【関係２】**（次のページ）はどうかな。

【関係２】

・５個の数を全部たした数と，並べたとき真ん中にくる数を５倍した数が同じになる。
・５個の数を全部かけると，９と12の公倍数になる。
・ある数を２倍した数と別のある数を３倍した数，残りの３個の数を全部たした数は，35になる。
・ある２個の数を２倍した数と残りの３個の数を全部たした数は，40になる。

まなぶさん：【関係２】で考えると，落とした５枚の的の数は，小さい順に（　く　）（　け　）（　こ　）（　さ　）（　し　）に，ちゃんとなったね。

問題６　【会話５】中の，（あ）～（し）にあてはまる数を書きなさい。

【会話６】

みなみさん：９個の数だけではなくて，もっと多くの数をつかって，同じように，たて，よこ，ななめにそれぞれ並（なら）んでいる数をたすと，すべて同じ数になるような的を考えてみようよ。

たかしさん：こんな【方法】があったよ。【方法】のとおりに数を書いていくと，１～121までの121個の数をつかっても，つくれるんじゃないかな。

【方法】

①１から順番に数を入れていく。
②一番上の段（だん）の真ん中に１を入れる。
③一つ前に入れたところの右上に次の数を入れていく。
　【図８】のように，
　一番上の段に入れたときは，次の数を一つ右の列の一番下の段に入れる。
　一番右の列に入れたときは，次の数を一つ上の段の一番左の列に入れる。
　数を入れたいところにすでに数が入っていたり，入れるところがないときは，一つ前に入れたところの，一つ下に次の数を入れて，続きは右上に入れていく。
④すべての数が入るまで続ける。

【図８】

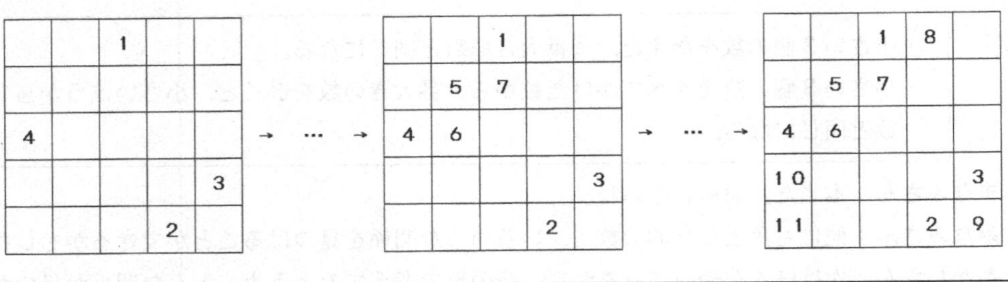

まなぶさん：【方法】のとおりに１～121までの121個の数を，次のページの【図９】に入れてみよう。

【図９】

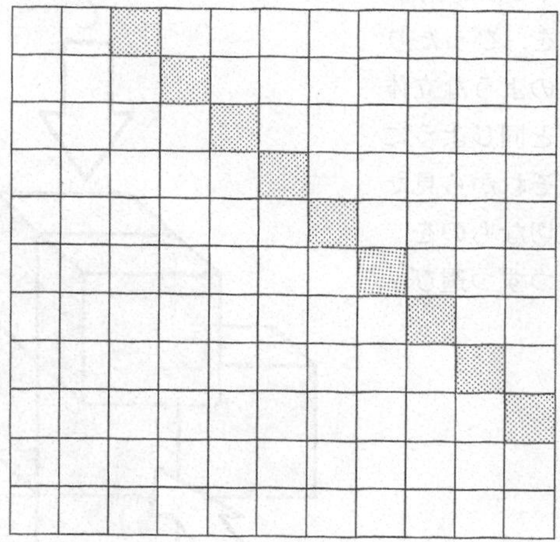

みなみさん：どこもちゃんと，たて，よこ，ななめにそれぞれ並んでいる数をたしたら同じ数になったよ。じゃあ，今度はこの的をつかって，的当てゲームをしてみようよ。

問題７　**みなみさんたち**は**【会話６】**中の**【方法】**のとおりに，1～121までの数をつかって，たて，よこ，ななめにそれぞれ並んでいる数をたすと，すべて同じ数になるように，**【図９】**を完成させました。色のついている的に書かれている数を，すべてたした数を答えなさい。

2　**みなみさん**は，いくつかの同じ大きさの立方体の面と面を，ぴったりと貼(は)り合わせて立体をつくり，つくった立体をＡ側，Ｂ側，Ｃ側のそれぞれから見たときについて，考えることにしました。

【図１】のように立方体を４個貼り合わせてつくった立体を，Ａ側，Ｂ側，Ｃ側のそれぞれから見ると，**【図２】**のように見えます。あとの問題に答えなさい。

【図１】

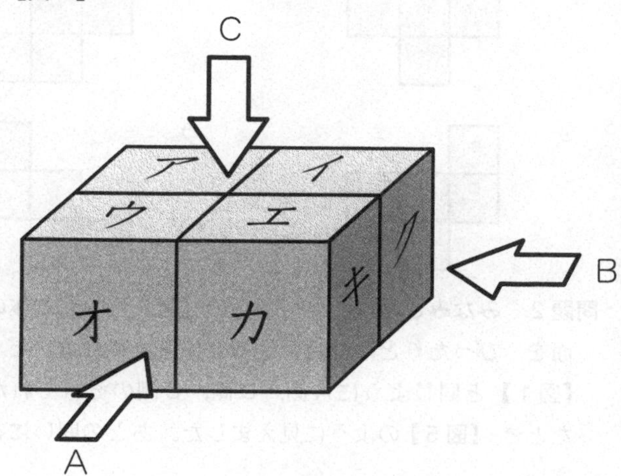

【図２】

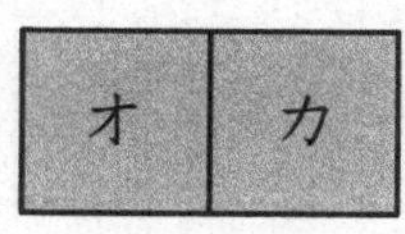

Ａ側から見た図

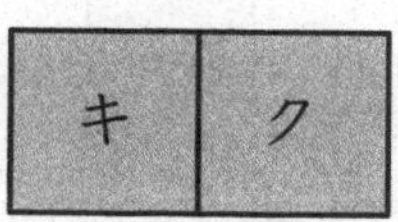

Ｂ側から見た図

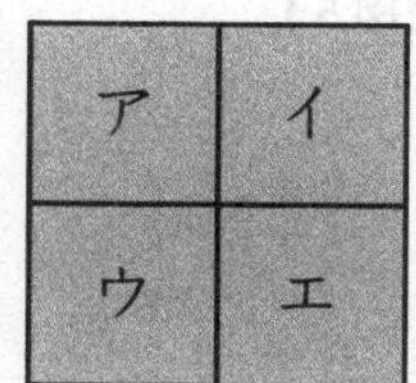

Ｃ側から見た図

問題1　**みなみさん**は，いくつかの同じ大きさの立方体の面と面を，ぴったりと貼り合わせて，**【図3】**のような立体をつくりました。**【図1】**と同じようにA側，B側，C側のそれぞれから見たときの図として，最も適切なものを，あとの**ア～ケ**の中から一つずつ選び，記号を書きなさい。

【図3】

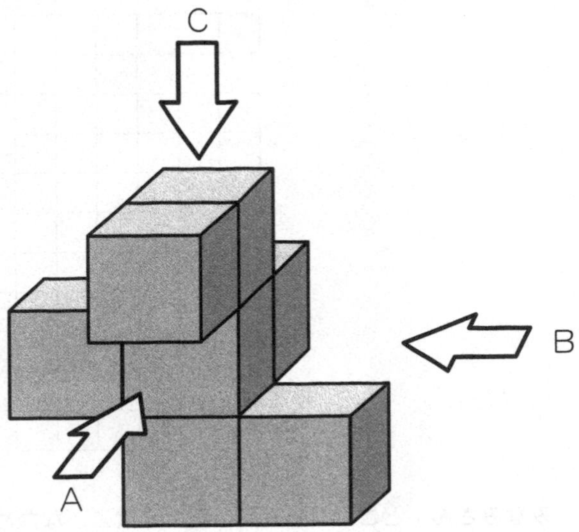

C

B

A

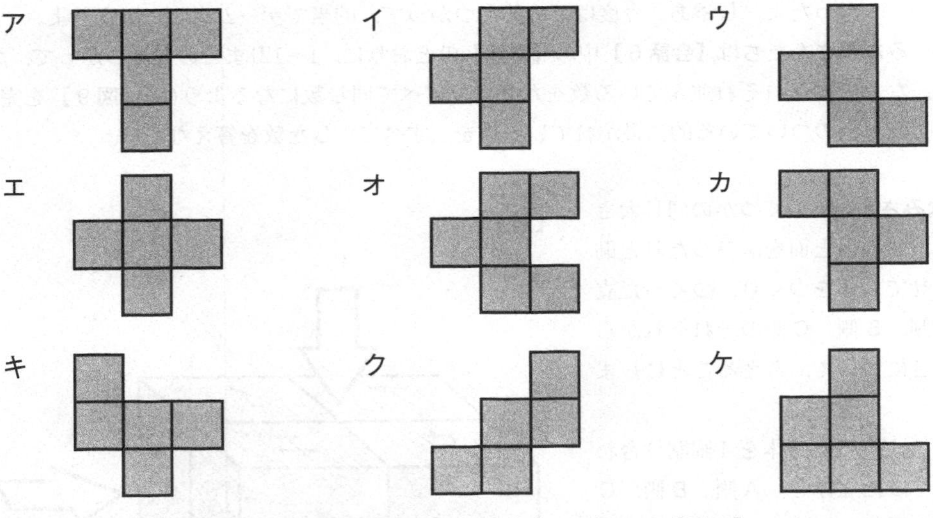

ア　イ　ウ

エ　オ　カ

キ　ク　ケ

問題2　**みなみさん**は，いくつかの**【図4】**の立方体の面と面を，ぴったりと貼り合わせて立体をつくりました。**【図1】**と同じようにA側，B側，C側のそれぞれから見たとき，**【図5】**のように見えました。あとの問いに答えなさい。

【図4】

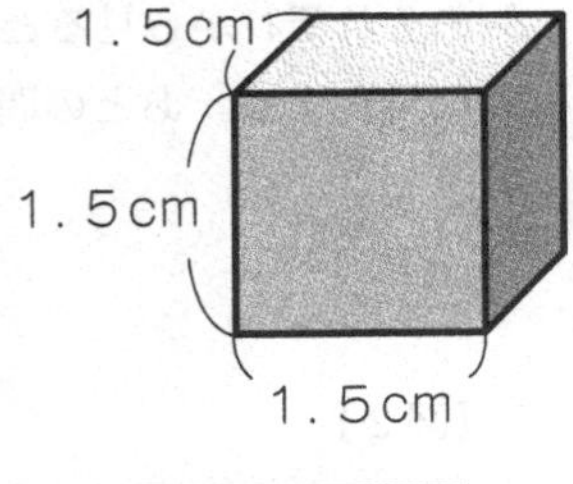

1.5cm

1.5cm

1.5cm

【図5】

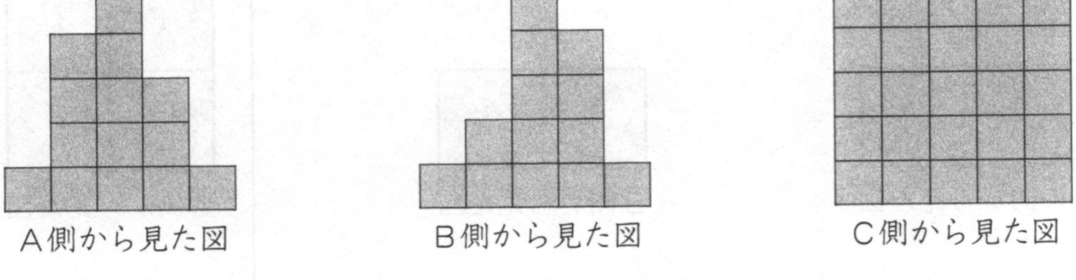

A側から見た図　B側から見た図　C側から見た図

(1) **できるだけ多く**【図４】の立方体をつかって，【図５】のように見える立体をつくりました。つかう立方体の数が最大になるときの，立方体の個数を答えなさい。また，そのときの面と面がぴったりと貼(は)り合わされている部分の面積の合計を答えなさい。

(2) **できるだけ少なく**【図４】の立方体をつかって，【図５】のように見える立体をつくりました。つかう立方体の数が最小になるときの，立方体の個数を答えなさい。また，そのときの面と面がぴったりと貼り合わされている部分の面積の合計が，最も小さくなるときの面積を答えなさい。

問題３　**みなみさん**は，次の**【資料】**を見つけました。あとの問題に答えなさい。

【資料】

【図６】のように，1番目の正方形の一辺をそれぞれ三等分して９個の正方形をつくります。できた９個の正方形のうち，真ん中の正方形の部分を取りのぞいて，２番目のような形をつくります。さらに，残った８個の正方形の一辺を同じようにそれぞれ三等分して，真ん中の正方形の部分を取りのぞいて，３番目のような形をつくります。

【図６】

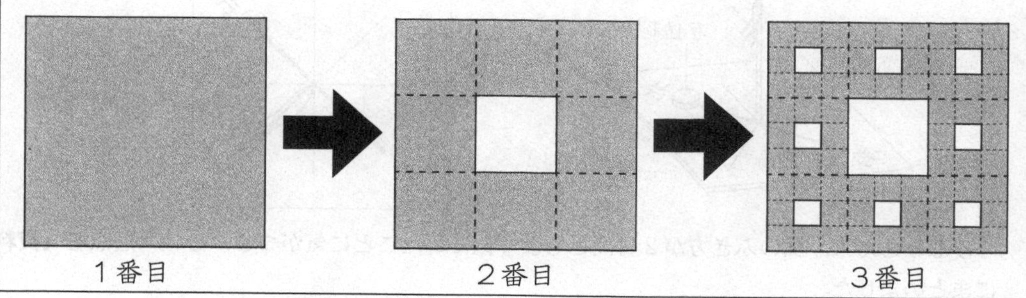

正方形で行った**【資料】**のような操作(そうさ)を，**みなみさん**は立方体をつかってやってみたいと思いました。

㋐立方体の１つの面の正方形を**【資料】**と同じように三等分していき，取りのぞく正方形の部分を，まっすぐに反対側の面までつきぬけるように取りのぞきます。この操作を，**【図１】**と同じようにＡ側，Ｂ側，Ｃ側のそれぞれから見たときの，３つの面ですることにしました。

(1) **みなみさん**は一辺が１cmの立方体を，729個貼り合わせて，一辺が９cmの立方体をつくりました。この立方体に，＿＿＿＿線㋐のような操作を行い，**【図１】**と同じようにＡ側，Ｂ側，Ｃ側のそれぞれどこから見ても**【図６】**の３番目のように見える立体をつくりました。このとき，できた立体につかわれている，一辺が１cmの立方体の個数を答えなさい。

(2) **みなみさん**は，一辺が１cmの立方体の面と面を，ぴったりと貼り合わせてつくった，**【部品１】**～**【部品４】**をつかって，(1)と同じ立体をつくりました。つかう部品の合計の数が最も少なくなるように組み合わせてつくるときの，部品の合計の個数を答えなさい。

（**【部品３】**，**【部品４】**は次のページにあります。）

【部品１】

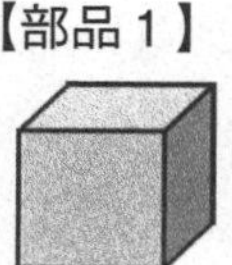

【部品２】

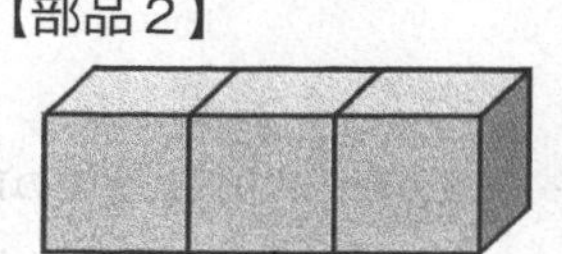

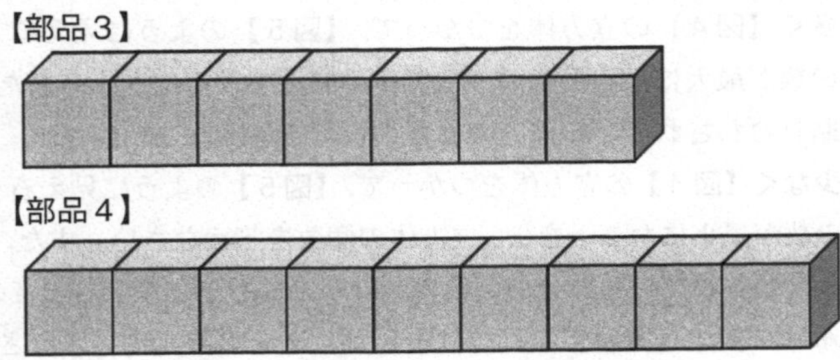

3 **みなみさん**は，晴れたおだやかな日が続いた週末に，海岸近くのある場所で２日間にわたって気象観測をしました。**【図１】**は，**みなみさん**が風の向きを調べるためにつくった装置（そうち）で，**【図２】**はその装置を真上から見た図です。

【図１】

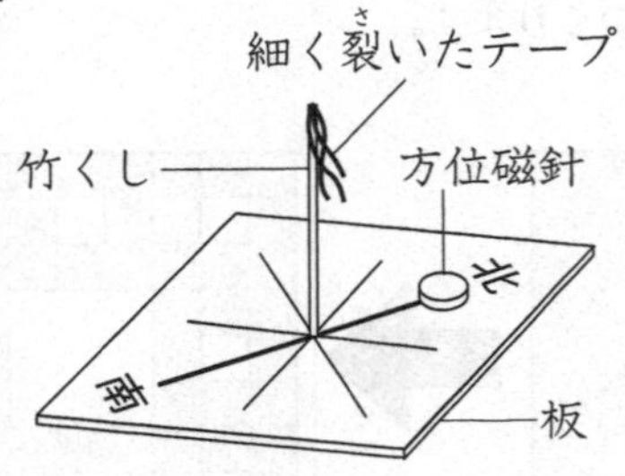

【図２】

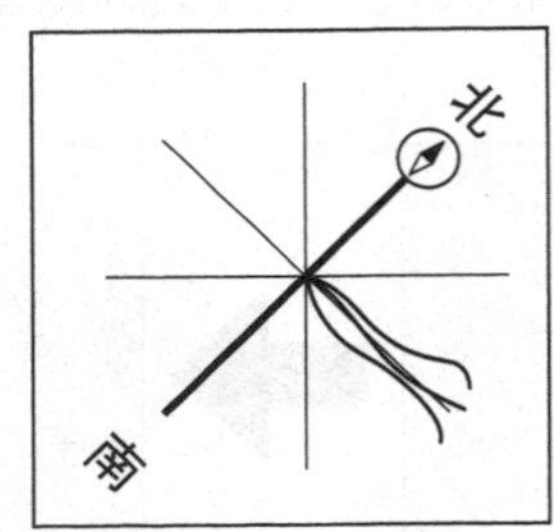

みなみさんは，風のふき方が２日間ともよく似ていたことに気がつき，その共通点を**【資料１】**にまとめました。

【資料１】

・明け方は北のほうから海へ向かって風がふいた。
・朝の９時ごろになると風がやんだ。
・正午ころから夕方にかけては，海がある南のほうから風がふいた。

風のふき方に興味をもった**みなみさん**は，気象観測をした海岸の近くにある気象台で，この２日間に記録されたデータを調べ，**【図３】**のようにまとめました。

【図３】

	１日目								２日目							
(時)	3	6	9	12	15	18	21	24	3	6	9	12	15	18	21	24
風力※1	4	5	0	4	4	4	0	2	3	2	0	2	4	0	2	4
風向※2	北	北西	−	南東	南	南東	−	北	北東	北東	−	南東	南東	−	西	北西

気温（℃）：10，15，20

※１　風力……風の強さ。０～12までの13段階（だんかい）に分けて表す。

※２　風向……風がふいてくる方向。−は風がふいていないことを表す。

前のページの【図３】から，気象観測をした２日間とも，昼と夜で風の向きが逆になっていることに疑問(ぎもん)をもった**みなみさん**は，さらに調査をしました。その結果，海岸で風がふく理由の１つに，海上と陸上の気温の差が関係していることを知りました。そこで，**みなみさん**は，気温の差によってどのように風がふくかを調べるために，次の**【実験】**をしました。

【実験】

◎調べたいこと

気温の差によってどのように風がふくかを調べ，昼と夜で風の向きが逆になった理由を考える。

◎実験の方法

・水そうと※３発泡(はっぽう)ポリスチレンのトレイで**【図４】**の装置(そうち)をつくり，右のトレイにはお湯，左のトレイには氷を入れる。

・お湯の上の空気の温度と，氷の上の空気の温度をそれぞれはかり，温度に差があることを確かめる。

・２つのトレイの間に長さ10㎝の線香(せんこう)を立て，火をつけてけむりの動きを観察する。

・観察が終わったら，左右のトレイの位置を入れかえて，同じように実験する。

【図４】

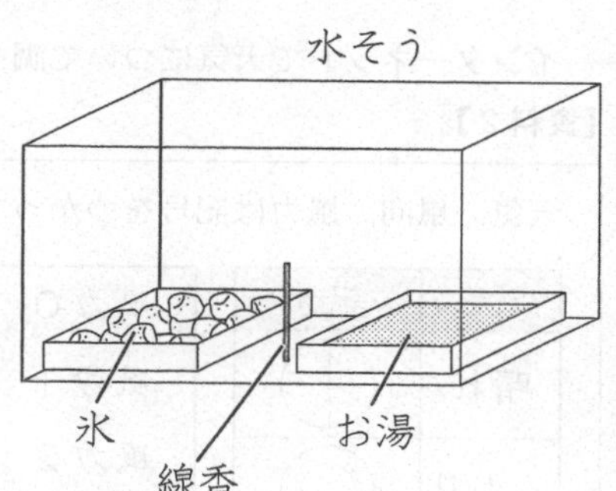

◎結果

お湯が右，氷が左のとき，線香のけむりは右のほうへ流れた。次に，氷を右，お湯を左にすると，けむりは左のほうへ流れた。

◎考察

※３　発泡ポリスチレン……プラスチックの一種。温かさや冷たさを保つはたらきにすぐれている。

問題１　気象観測１日目の６時に**【図１】**の装置(そうち)で風の向きを調べたときのようすとして最も適切なものを，次の**ア～カ**から一つ選び，記号を書きなさい。

ア

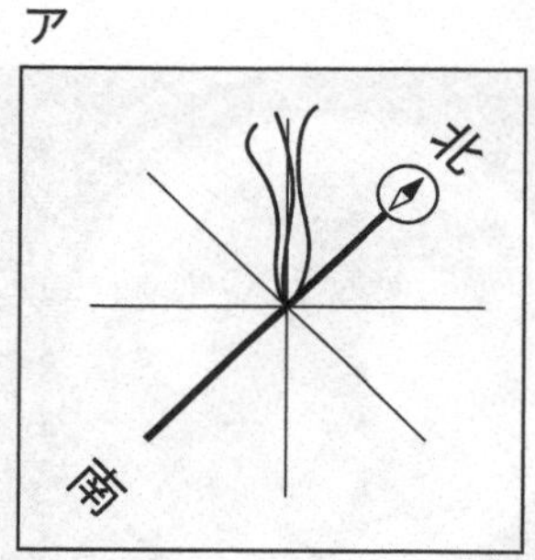

イ

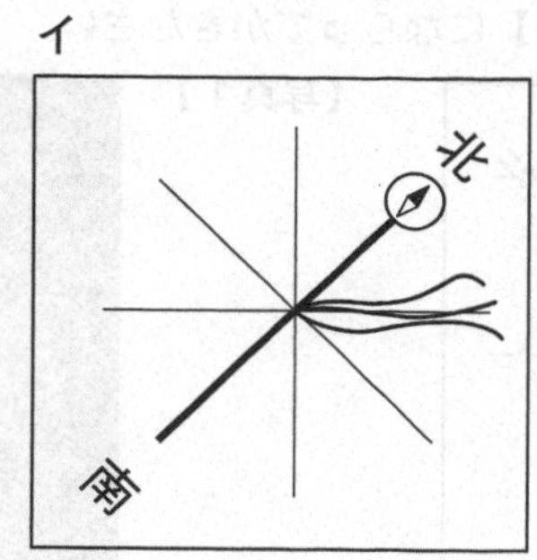

ウ

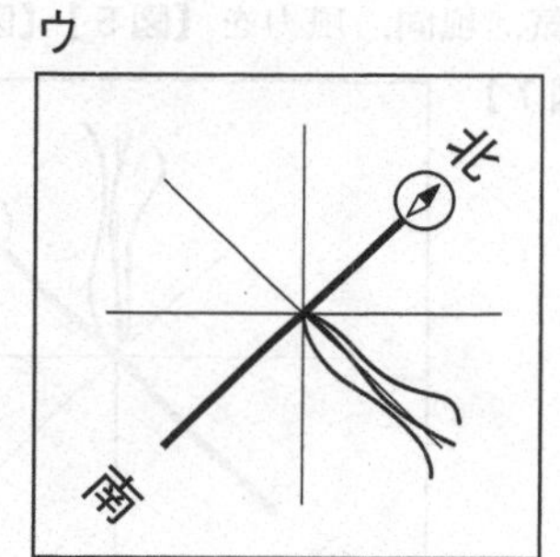

エ

北

南

オ

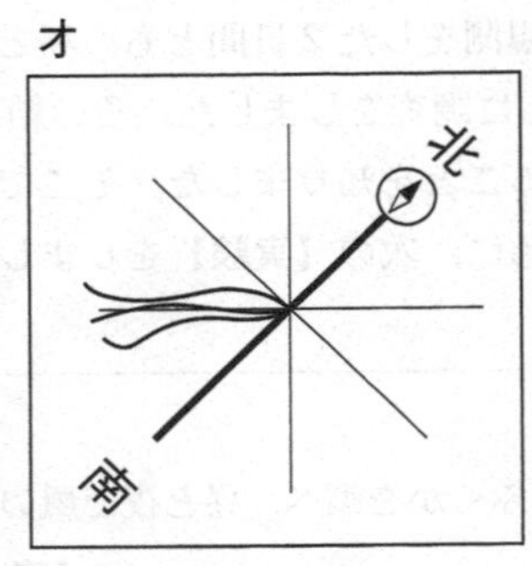

カ

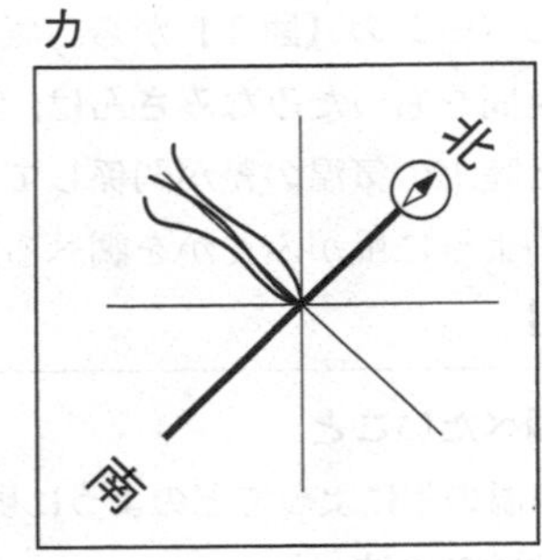

インターネットで天気について調べていたみなみさんは，【資料２】を見つけました。

【資料２】

天気，風向，風力は記号をつかって表すことができます。

天気	記号
晴れ	◑
くもり	◎
雨	●

風力０
風力１
風力２
風力３
風力４
風力５
風力６
風力７
風力８
風力９
風力１０
風力１１
風力１２

たとえば，天気がくもり，風向が西，風力が２のときは【図５】のように表し，天気が晴れ，風向が東，風力が５のときは【図６】のように表します。

【図５】

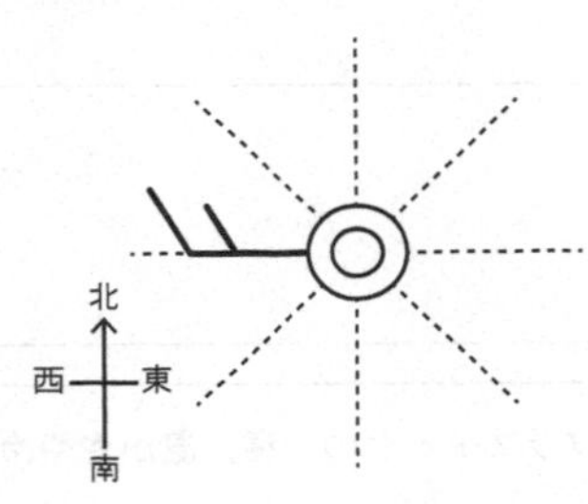

【図６】

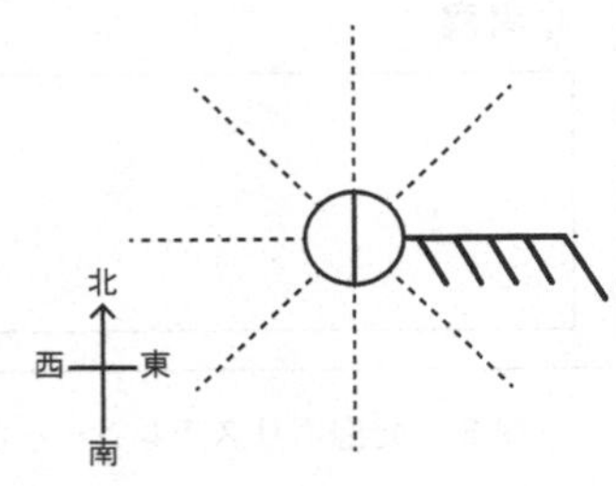

問題２　みなみさんがある時刻(じこく)に気象観測をすると，風は【図７】のようにふいていて，風力は３でした。また，特別なレンズで空全体をうつすと，【写真１】のように見えました。このときの天気，風向，風力を【図５】【図６】にならってかきなさい。

【図７】

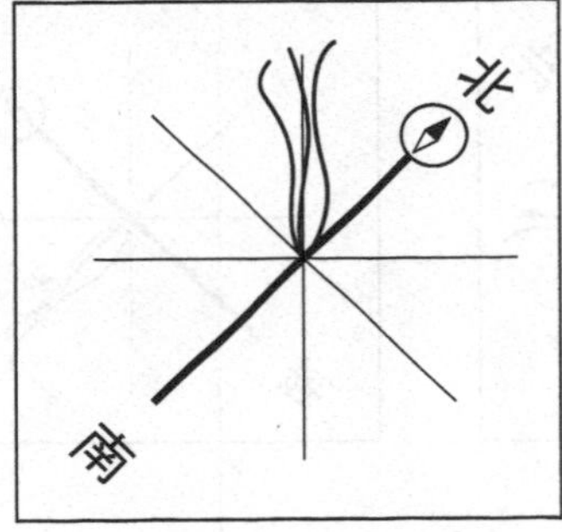

【写真１】

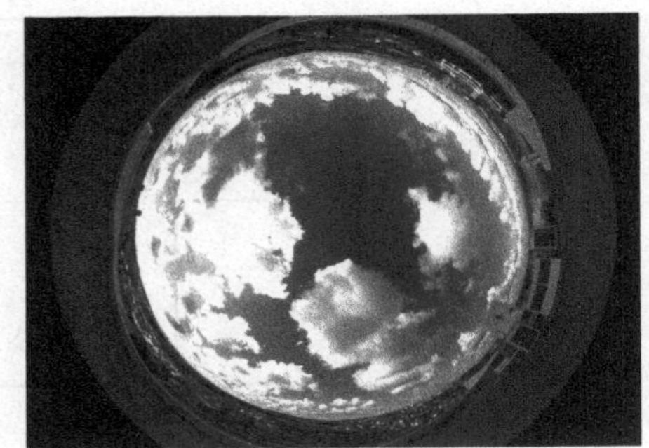

問題3　**みなみさん**は，**【実験】**中の**考察**を次のようにまとめました。

> 　お湯と氷のトレイを入れかえても，けむりは（　①　）のほうに流れたことから，風は気温の（　②　）へふくことがわかった。
> 　では，なぜ昼と夜で風の向きが逆になったのか。
> 　海上と陸上の気温の差に注目すると，昼は（　③　）のほうが気温が高くなり，夜はそれが逆になったと考えられる。これは陸のほうが海よりも（　④　）からである。したがって，昼は（　⑤　）に向かって風がふき，夜はその逆向きに風がふく。
> 　気象観測１日目の（　⑥　）時と（　⑦　）時に風がやんだのは，［　**あ**　］ためだと考えられる。

⑴　**考察**の①～⑤にあてはまる言葉を，それぞれ次の**ア**，**イ**から一つずつ選び，記号を書きなさい。また，⑥，⑦にあてはまる数を答えなさい。

①**ア**	お湯	**イ**	氷
②**ア**	高いほうから低いほう	**イ**	低いほうから高いほう
③**ア**	海上	**イ**	陸上
④**ア**	あたたまりやすく冷めやすい	**イ**	あたたまりにくく冷めにくい
⑤**ア**	海から陸	**イ**	陸から海

⑵　**考察**の［　**あ**　］にあてはまる言葉を，**15字～20字**で書きなさい。ただし，「**気温**」という言葉を必ずつかって書きなさい。

問題4　**みなみさん**が気象観測をした場所の近くには工場があり，煙突（えんとつ）から出るけむりが見えました。１日目のある時刻（じこく），けむりは**【図８】**のように，**みなみさん**から見て真横の方向へ流れていました。**【図３】**の観測記録をもとに，**みなみさん**がけむりを見た時刻と，工場の位置の組合わせとして考えられるものを，あとの**ア**～**ク**から**すべて**選び，記号を書きなさい。（**【図９】**は次のページにあります。）

【図８】

ア　けむりを見た時刻は**６時**で，工場の位置は**【図９】**の１である。
イ　けむりを見た時刻は**６時**で，工場の位置は**【図９】**の２である。
ウ　けむりを見た時刻は**６時**で，工場の位置は**【図９】**の３である。
エ　けむりを見た時刻は**６時**で，工場の位置は**【図９】**の４である。
オ　けむりを見た時刻は**12時**で，工場の位置は**【図９】**の１である。
カ　けむりを見た時刻は**12時**で，工場の位置は**【図９】**の２である。
キ　けむりを見た時刻は**12時**で，工場の位置は**【図９】**の３である。
ク　けむりを見た時刻は**12時**で，工場の位置は**【図９】**の４である。

【図９】

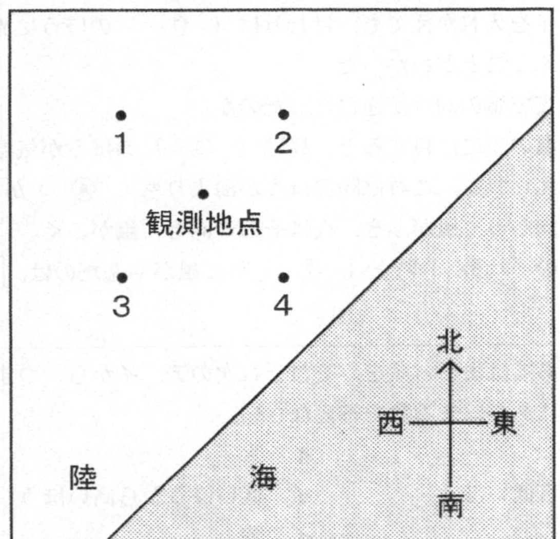

が全然異（こと）なるんですね。

（1）**【会話】**中の ア と イ にあてはまる地域を、**【資料7】**の中からそれぞれ一つ選び、**地域の番号**を書きなさい。

（2）**【会話】**中の（A）～（C）にあてはまる**ことば**を、それぞれ**ひらがな**で答えなさい。

（3）**【会話】**中の ① と ② にあてはまる**ことば**を、それぞれ**6字以内**で答えなさい。

【会話】

みなみさん 月の模様について調べていたら、おもしろいことがわかったよ。**【資料6】**によると、月の黒い部分には名前があるんだね。**【資料7】**を見ると、日本では、月の模様といえば、うさぎが餅をついているイメージだけど、ほかの地域では、違ったものに見えていることがわかるよね。

まなぶさん 本当だ。動物に見えている地域や人間に見えている地域があるんだね。そもそも地球から見える月の模様っていつでも同じなのかなあ。

先　　生 そうですよ。月は地球に対して、いつも同じ面を見せてまわっているので、地球から見える月の面はいつも同じ側です。ただし、時間や方角によって月の傾きがちがうので、見え方が変わるのです。

みなみさん なるほど。**【資料7】**を見ると**地域**1の人たちや**地域** ア の人たちは、**日本**と同じくらい傾いた月を見て、模様を何かに見立てたようだね。

まなぶさん **【資料6】**を見ると、うさぎの耳は、月の中で豊かの海と（　A　）の海と呼ばれている部分なんだね。**地域**3の人たちは、同じ場所を、カニの（　B　）に見立てているよ。

みなみさん **地域**6ではライオンの脚に見えるみたいだし、**地域**5や**地域** イ では、同じ部分が人間の脚に見えているんだね。おもしろいなあ。

まなぶさん **地域**5では、右の人の脚がその部分にあたるけど、この絵はずいぶん細かい場面を描写しているんだね。

先　　生 人が模様を何かに見立てるときには、その土地に語り継がれた伝説や神話の人物に見立てる場合が多いようですよ。水おけをかつぐ男女は、**地域**5の伝説と関係があると言われています。その地域では、男の子と女の子が地球から月に水を運び、その水の量と月の満ち欠けが関係していると思われていたそうです。

みなみさん そういえば、うさぎの餅つきも、日本の風習に関係があるよね。

まなぶさん うさぎがいない地域だと、他の動物に見えるのかもしれないね。ちょっと、ここを見て。**地域**6では、ほえているライオンの（　C　）の先のところが、この**【資料6】**の中の、危難の海の部分だよ。こんな小さい部分をとらえているなんて、**地域**6の人は目がいいのかもしれないね。

先　　生 もう一つおもしろいことがありますよ。この資料の中で、**地域**4の人だけが、月の模様を何かの形に見立てるときに、模様の ① ではなくて、 ② に注目しているのです。

みなみさん えっ。ああ、本当ですね。いくつかの海に囲まれている部分が顔になっているんだ。

まなぶさん わあすごい。同じ模様でも、人の文化や背景で見え方

【資料７】 いろいろな地域（ちいき）の人が見た月の模様のイメージ例

<table>
<tr><td>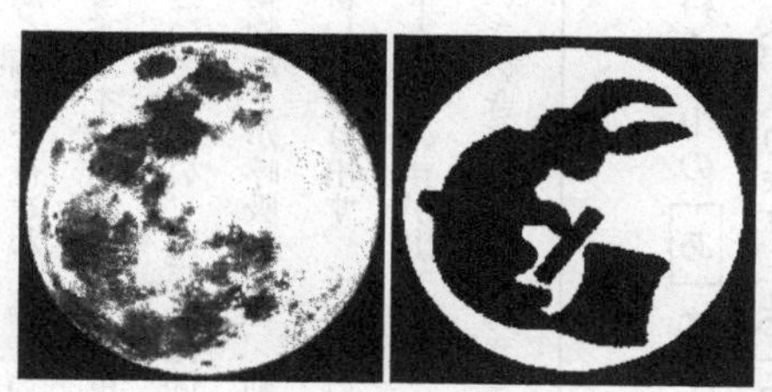
日本　餅（もち）をつくうさぎ</td><td>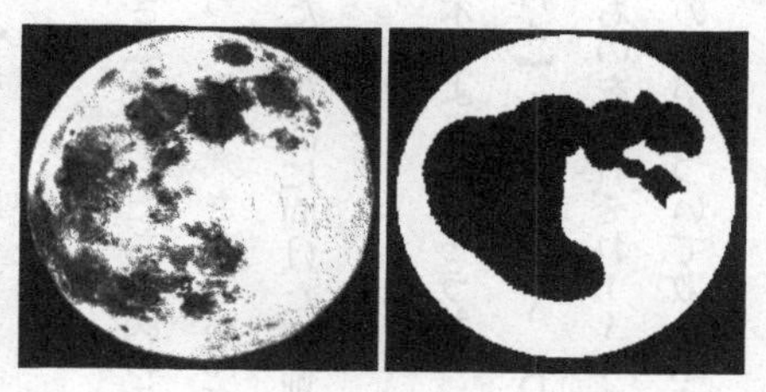
地域１　本を読むおばあさん</td></tr>
<tr><td>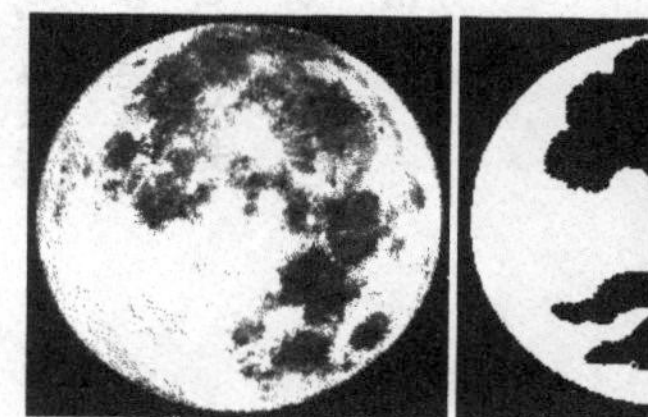
地域２　薪（たきぎ）をかつぐ男</td><td>
地域３　大きなはさみのカニ</td></tr>
<tr><td>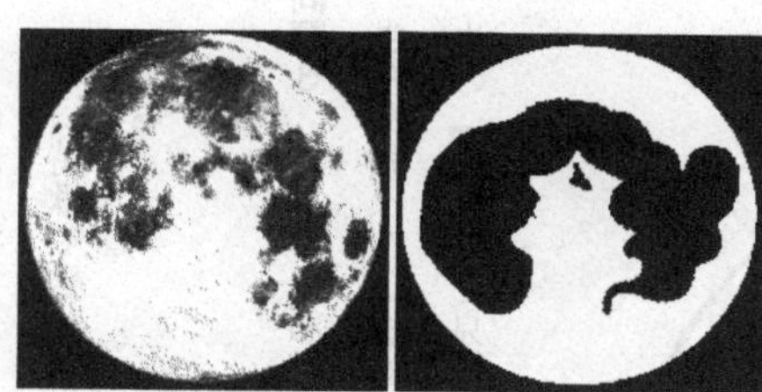
地域４　横向きの女性</td><td>
地域５　水おけをかつぐ男女</td></tr>
<tr><td>
地域６　ほえているライオン</td><td>
地域７　バケツを運ぶ少女</td></tr>
</table>

（ホームページ「暦と星のお話」をもとに作成）

【資料5】漢字の説明

「弥」…①広く端まで行きわたっているさま。すみずみまで。
②ますます。いつまでも程度がおとろえないさま。
③遠い。久しい。関係や時間が遠い端まで及ぶさま。

「生」…①動物などが呼吸したり、動いたりできる状態にあるさま。
②新しく作り出す。子をうむ。物を作り出す。
③草木などの芽が出てくる。発生する。
④いきいきとして新しいさま。なま。

（『学研　漢和大字典』をもとに作成）

（1）【資料4】中の あ には「弥」と「生」の両方の漢字の意味を満たす文が入ります。あ に入る文として最もふさわしいものを、【資料5】を参考にして、1～4の中から一つ選び、番号を書きなさい。

1　小さな子どもたちに関わる行事が多いことに由来する。
2　ゆっくりと寒さがゆるんでくるという意味に由来する。
3　新たな生活に向けた準備を進める時期だという意味に由来する。
4　草木がよりいっそうおいしげってくるという意味に由来する。

（2）【資料4】中の（A）～（D）にあてはまる由来として最もふさわしいものをそれぞれ1～4の中から選び、番号を書きなさい。

1　木の葉が色づいて散り始めることや、稲穂がみのることに由来する。
2　朝晩の冷え込みが強くなり、霜がおりることに由来する。
3　家族や友人、知人があいさつを交わし、仲むつまじくすることに由来する。
4　詩歌や書物を供える月の意味。文字の上達を願うことに由来する。

問題3　みなみさんは、月の模様に関心を持って、調べました。みなみさんが調べた【資料6】【資料7】と、みなみさんとまなぶさんと先生の【会話】を見て、あとの問題に答えなさい。

【資料6】　地球から見える月の表面のようす

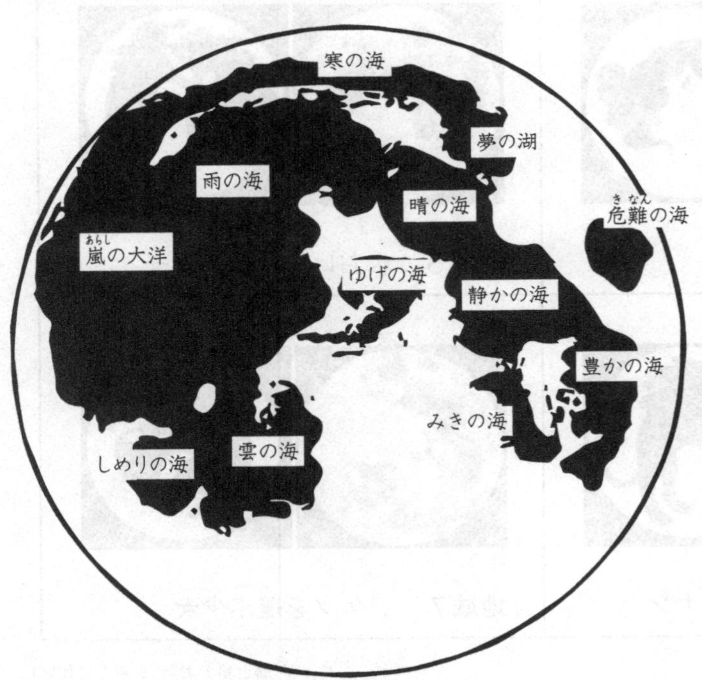

（愛知県総合教育センターホームページをもとに作成）

問題２　みなみさんは、一月から十二月の違う呼び方（異名（いみょう））について本やインターネットで調べたところ、さまざまな説があることを知り、その中のいくつかを**【資料４】**にまとめました。あとの問題に答えなさい。

【資料４】　みなみさんが調べたこと

月	月の異名	調べたこと
一月	睦月（むつき）	（　　A　　）
二月	如月（きさらぎ）	「生更ぎ」と書いて、草木が蘇る（よみがえる）ことに由来する説がある。
三月	弥生（やよい）	あ
四月	卯月（うづき）	卯（う）の花が咲く時期に由来するという説や、稲（いね）の種を植える「植月」に由来するという説がある。
五月	皐月（さつき）	「皐」には沢（さわ）・水辺・水田の意味がある。早苗（さなえ）を田に植える月という意味に由来する。
六月	水無月（みなづき）	「な」は「の」の意味。田んぼに多くの水をひく月という意味だといわれている。
七月	文月（ふみづき）	（　　B　　）
八月	葉月（はづき）	（　　C　　）
九月	長月（ながつき）	「夜長月」の意味というが、長雨の季節なので、「ながめ月」に由来するともいう。
十月	神無月（かんなづき）	「な」は「の」の意味。本来は「神の月」だったといわれている。また、全国の神が出雲（いずも）の国（今の島根県）に集まるという伝説にも由来する。
十一月	霜月（しもつき）	（　　D　　）
十二月	師走（しわす）	法師が東西をかけ回る月だという説とは別に、年が果てる意味の「年果つ（としはつ）」や、「四季が果てる」という意味の「四極（しはつ）」に由来するという説もある。

カード１　パラオ

オーストラリアの北に位置する島国で、人口が【資料３】の中で最も少ない。現在の国旗は、１９７９年の新国旗コンテストにおいて１０００以上の応募作品から選ばれたものが１９８０年に議会で承認されたものである。青地に黄色の円は夜空にのぼる満月をえがいたもので、満月は愛と平和などを表している。

カード２　トルクメニスタン

カスピ海の東側に面する国で、※2人口密度は【資料３】の中では最も低い。この国旗は複雑さでは世界一といわれている。左側にかかれている５種類のじゅうたん模様と、三日月の横にかかれている５つの星はトルクメニスタンを構成している５つの州と５つの主要民族を表している。

カード３　アゼルバイジャン

カスピ海の西側に面し、トルコの東に位置する国で、面積が【資料３】の中で２番目に小さい。国旗は上から青赤緑に区切られており、中心にえがかれている三日月と星は、イスラム教徒の国であることを示し、星は国内に住んでいるトルコ諸語系の８つの部族を表している。

カード４　チュニジア

アフリカ大陸に位置し、地中海に面する国で、人口密度が約６７人／ｋ㎡である。国旗の三日月・星・赤は古くはオスマン帝国に見られた特徴的なシンボルであり、現在のトルコの国旗にもよく似ている。真ん中の白い円は太陽、三日月は美の女神タニス、星はイスラム教徒が実行すべき五つの行為を表している。

（『徹底図解　世界の国旗』をもとに作成）

［注］
※１　国名、国旗は２０１５年のものである。
※２　人口密度……１㎢の中に何人住んでいるかを表したもの。人口を面積でわって求められる。

2 みなみさんは、「月」に興味を持って、資料を集めました。次の問題に答えなさい。

問題1 みなみさんは、国旗に月が含(ふく)まれている**パラオ、トルクメニスタン、アゼルバイジャン、チュニジア、マレーシア、トルコの国旗、位置、基本情報**を調べ、**【資料1】**～**【資料3】**にまとめました。※1 22ページあとの**カード1～4**を読み、**パラオ、トルクメニスタン、アゼルバイジャン、チュニジア**のそれぞれの国について、**国旗**を**【資料1】**の**ア～カ**、**位置**を**【資料2】**の**1～6**、**基本情報**を**【資料3】**のあ～かの中から一つずつ選び、記号を書きなさい。

【資料1】 国旗

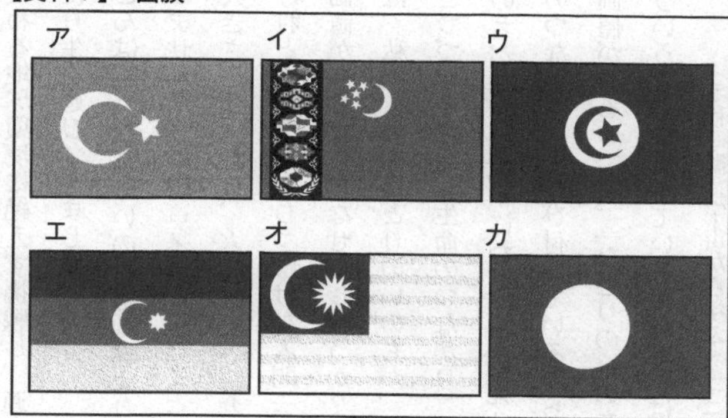

【資料2】 位置

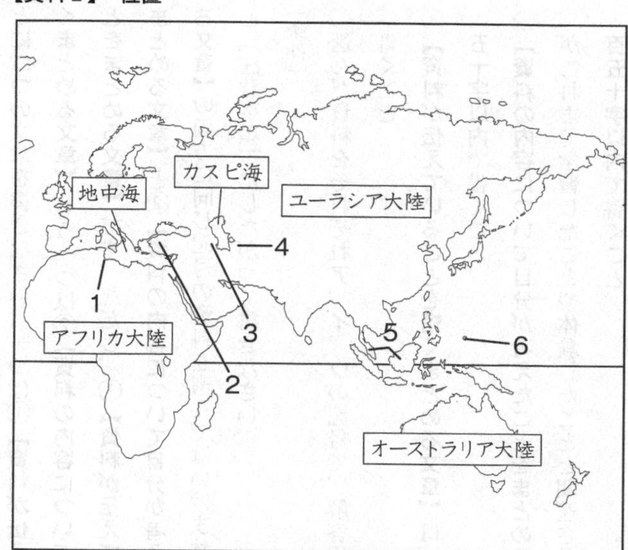

【資料3】 基本情報

	あ	い	う	え	お	か
面積(千k㎡)	784	164	331	87	488	0.5
人口(千人)	74933	10997	29717	9413	5240	21

(『世界国勢図会　２０１４／１５』をもとに作成)

していきます。いつまでも同じ環境ではありえません。生命は、そうして移り変わる地球環境に絶えず挑戦し、適応することによって、四〇億年にわたり生き延びてきました。

みなさんは、「ひとりのいのちは地球より重い」という言葉を聞いたことがありませんか。この言葉はどんなことを言っているのでしょうか。地球の大きさと比べたら、人間など※22芥子粒のようなちっぽけな存在です。けれども、そんなちっぽけな人間一人ひとりに、他の何にもかえがたい価値があります。なぜでしょうか？

それは、私たち一人ひとりのいのちが、四〇億年もの間、この地球上で連綿とつづいてきた「生命のつながり」を宿しているからです。私たちのいのちが、四〇億年にわたって絶えることなく受け継がれてきた「生命のつながり」と結び付いているからこそ、私たち一人ひとりのいのちに価値があるのです。「ひとりのいのちは地球より重い」という言葉は、そういうことを言っているのだと私は思います。

（毛利　衛『宇宙から学ぶ　ユニバソロジのすすめ』より。
一部省略やふりがなをつけるなどの変更があります。）

[注]
※18　常駐……ある役目の人が、ある場所にいつも配置されていること。
※19　連綿……きれることなくつづいているようす。
※20　ミッシングリンク……失われた環。生物の進化・系統において、その存在が予測されるのに未発見のためにできているすきま。
※21　知見……実際に見て知ること。
※22　芥子粒……ケシの種。また、とても小さくこまかいもののたとえ。

問題　**【ア】【イ】【ウ】**から二つの資料を選んで、それぞれの資料をもとに二つの文章を書きなさい。一つは①**【資料が伝えていることを短くまとめる文章】**、もう一つは②**【資料の内容について自分が考えたことをまとめる文章】**です。ただし、①**【資料が伝えていることを短くまとめる文章】**と②**【資料の内容について自分が考えたことをまとめる文章】**の両方に同じ記号の資料を選んではいけません。次の［条件］と［注意事項］にしたがって書きなさい。

［条件］
○選んだ資料をそれぞれ**ア、イ、ウ**の記号で、解答用紙の**【　】**に書くこと。
○**【資料が伝えていることを短くまとめる文章】**は、**三百字以上三百五十字以内**で書くこと。
○**【資料の内容について自分が考えたことをまとめる文章】**は、自分がこれまで学習したことや体験したことと関連させて**二百字以上二百五十字以内**で書くこと。
○**複数の段落**をつくって、文章全体を構成すること。

［注意事項］
○題名は書きません。一行目、一マス下げたところから書くこと。
○原稿用紙の適切な書き方にしたがって書くこと。（ただし、解答用紙は一行二十マスではありません。）
○文字やかなづかいなどに気をつけて、漢字を適切に使い、丁寧に書くこと。

うな時間のなかでくり返されてきた、進化と絶滅による産物であるといえます。これは言い換えると、地球の生命は四〇億年もの間ずっと、自らの可能性と限界に挑んできたということです。その挑戦に敗れ、消えていった生命も数多くいたでしょう。しかし、いま現に私たちがここにいるということは、その挑戦に成功し、自らを進化させ生き延びてきた生命が存在したことの証です。厳しい環境のなかを生き抜き、※19連綿とつづいてきた「生命のつながり」があったからこそ、私たちはいまここにいるのです。番組では最新の研究成果をとり入れ、そうした生命四〇億年の壮大なドラマを描きました。

いずれの回も興味の尽きない内容でしたが、なかでも私の印象に残っているのが、一九九四年九月に放送した第五回「大空への挑戦者」です。この回の放送では、ドイツで発見された一億五〇〇〇万年前の始祖鳥の化石を手がかりに、鳥類が誕生した謎に迫りました。

「鳥は恐竜から進化したのではないか」という仮説は、かなり以前から提起されていました。ただし、その仮説を立証する、恐竜が羽を獲得していく途中段階の化石が見つからず、長らく※20ミッシングリンクになっていました。それが、中国で鳥類に進化する途中段階と見られる羽毛をもった恐竜の化石が発見されたことで、仮説の真実性が高まりました。恐竜が絶滅する一方、その一部は空を飛ぶ鳥類となったことで生き延びたのではないかと考えられています。

私はこの番組を通して、地球生命がどれだけ危険を冒して生き延び、種を広げて現在の多様性を獲得したかを学びました。番組制作にあたっては最新の研究論文などを読み、何が事実として確認されているかを把握するよう努めました。しかし、そうした科学的な※21知見とは別に、恐竜から鳥への進化について私はこんなことも考えました。

飛ぼうという「意志」があったからこそ、恐竜は鳥へと進化したのではないか。「飛ぶ」というそれまでなかった能力を獲得するためには、そこに「意志」がなくては無理なのではないか。

およそ非科学的な考え方なので、もしかすると「毛利さん、大丈夫かな?」と思われるかも知れません。でも、私はあえて、そう考えてみたいと思うのです。そう考えたとき初めて、「ああ、そうか。生命とはそういうものだ。そうやって生き延びてきたのだ」と私なりに納得できるからです。そして、空を飛ぶようになった恐竜の姿が、宇宙へ行こうと試みた私自身の挑戦と、まさに重なって見えるのです。

最初に空へ飛び立った恐竜が、生きるか死ぬかの瀬戸際にあったかどうかはわかりません。私自身、べつに宇宙へ行かなくても、生きていくうえで困ることは何もありませんでした。それなのになぜ、まるで何かに取り憑かれたように宇宙へ行きたいと思ったのか。いまふり返っても、われながら不思議です。けれども、直感的に思うのです。私の中にあった「必ず宇宙へ行く」という意志は、最初に空を飛んだ恐竜たちの中にあった「意志」とまさに同じだったのではないか。私はここに、生命が四〇億年もの長きにわたって生き延びてきた秘密のようなものを感じます。「飛ぼう」という意志は「生き延びる」ということに通じているのです。

宇宙から地球を見たら、「人間がいようがいまいが、地球は存在する」「地球はあるようにある」と実感できます。これまで四六億年にわたって存在しつづけてきたように、太陽に飲みこまれる五〇億年後まで、地球は存在するでしょう。しかし、その間に地球の環境はさまざまに変化

※10 長幼の序……年齢の上下によるけじめ。
※11 稼働率……生産設備の総数に対する実際に動いている設備の割合。
※12 盲従……いいか悪いかをよく考えもしないで、従うこと。
※13 興隆……勢いが盛んになり栄えること。また、物事をおこして盛んにすること。
※14 腑に落ちる……納得できる。合点がいく。
※15 JAXA……宇宙航空研究開発機構。
Japan Aerospace Exploration Agency
※16 研鑽……学問や技術、芸などを高めようと努力すること。
※17 科挙……むかし、中国で行なわれた役人の採用試験。

【ウ】宇宙飛行士が宇宙から学んだことについて書いた文章

二〇〇三年一月二七日のことでした。ウィリアム・マッコールというスペースシャトルのパイロットが、「とてもきれいだから君に送るよ」と言って、インターネット経由で一枚の写真を送ってきてくれました。飛行中のコロンビア号から撮影した富士山の写真です。

惨事が起きたのは、その五日後でした。地上に帰還するため大気圏に突入した際、機体にトラブルが発生、コロンビア号は一瞬にして空中分解し、ウィリアムをはじめ乗組員七人全員が亡くなりました。

いかに宇宙飛行士がつねに死と背中合わせだとはいえ、仲間の死は本当に辛いものです。しかし、そのとき私は同時に、「人類にとって宇宙という場所はまだ、「行っては死に、死んでは行き」という挑戦が必要な新しい環境なのだ」ということも思い知らされました。

NASAの宇宙飛行士はスペースシャトルに搭乗する前、遺言状を書くことになっています。死亡事故が起きた場合、裁判になるからです。遺族は気が動転して事態に対処できないかも知れないので、何をどうすべきか遺言状にすべて記しておきます。そして、宇宙飛行士の同僚で一番信頼できる人をNASAでの世話役として指名し、後を託します。

遺言状を書くということは、自分の死を客観的に見つめ、自分がいなくなった後のことを想像し、自分の意思を後の世代に伝え残すことだと思います。

コロンビア号の事故から二年後に、国際宇宙ステーションの建設が再開されました。ステーションには現在、六人の宇宙飛行士が※18常駐することができます。国際宇宙ステーションは、遺言状を書いてまで挑戦する宇宙飛行士たちが築いた、人類の新たな生存空間です。この新たな生存空間を未来の世代につなげていくことが、人類がこれから生き延びるための重要な手がかりになると私は考えています。

NASAでの死と背中合わせの訓練を通して私の中に育っていったのは、その「生き延びる」という感覚です。自分が宇宙飛行士として困難な状況に挑戦し、それを乗り越えることは、人類が生き延びるということに結びついている。大それたことかも知れませんが、二度目の宇宙飛行に臨んだとき、私の中にはそういう意識がありました。

もうひとつ、私が「生き延びる」ということを強く意識しはじめたのは、NHKスペシャル「生命 四〇億年はるかな旅」の進行役を担当してからのことです。このテレビ番組は、一回目の宇宙飛行から一年半後の一九九四年四月、全一〇回のシリーズとしてスタートしました。

いま地球上に存在する生命はすべて、四〇億年という気の遠くなるよ

ります。

なぜ、こうした勘違いが起こるかと言えば、やはり教育方法の問題に突き当たります。日本人の多くは義務教育九年、高校大学七年、都合一六年間、テストを受け続けます。出題されるのは、答えのわかっている問題。つまり過去をどれだけ記憶したかが問われるわけです。

このやり方は、学生たちに強烈な暗示を刷り込みます。「過去は正しい」「答えは必ず過去の中にある」「過去にないものは間違いである」――。学びのプロに育つこと、それは、自己の技量だけを見る演奏家に育つことなのです。

減点法によるテストの起源は※17科挙に遡ります。四書五経をどれだけ正確に記憶したか、減点の少ない者から高級官僚に採用するという制度です。隋の文帝に始まって清朝末期まで、実に一三〇〇年間、中国はこれを実施しました。もちろん、近隣の国にも伝播して、東アジア一帯は「科挙文化」に染まっていきます。

日本は比較的その影響が少なかったと言われますが、明治以降の学制の整備にともない、どんどん科挙的になりました。減点法のテストと学歴で人材を評価し、ふるい分けるようになったのです。志ある者は、ふるい落とされたくないので、懸命に勉強します。学ぶべきは教科書です。しかし、そこには過去しか記されていません。そして、懸命に勉強を続けるうちに「学ぶこと自体が目標だ」という錯覚に陥ります。これが「学びのプロ」の誕生です。

大学院生から「研究のためにどんな文献を読んだらいいでしょうか」という質問を受けることがあります。「次に何を学ぶべきか教えてほしい」と言うわけです。自分なりの興味、意志、意気込みがあったら、そういう質問が出てくるでしょうか。「学びのプロ」の方向に向かっているのだなと感じます。

「学びのプロ」は、学び続けていないと不安でたまらなくなります。大学を卒業して大学院に行って、さらにどこかに留学してと、学び続けます。留学すると「学びのプロ」に磨きがかかったような気がして、その間は不安が和らぎます。しかし、ゴールがわからない。何を目的にして勉強しているのかわからないから、留学を終えるとまた途方にくれる――。

そういう人がたくさんいます。もちろん、何か目的があって学び続ける人もいますが、多くはある種の「勉強病」です。

学んでいる限り「俺はその分野のプロだ」という意識は持っていられます。しかし、満たされることはありません。過去何百年、何千年の歴史を全部ひもとかないと終わらないのですから、永遠に達成感は味わえません。それは有限な人生で取り組むべきことではないと思います。

(川口淳一郎『はやぶさ式思考法 創造的仕事のための24章』より。一部省略やふりがなをつけるなどの変更があります。)

[注] ※3 文言……文章中の語句。

※4 醸成……あるふんいきや気分をだんだんにつくり出すこと。

※5 イノベーション……革新。技術革新。

※6 稀……めずらしいほど、少ない。

※7 模倣……ほかのもののまねをしたり、それに似せたりすること。

※8 堅持……いちど決めたことをかたく守ること。

※9 信奉……宗教・思想・教えを心から信じ、それをたいせつに守ること。

とに同じ時期に田植えをし、同じ時期に刈り取るのが収穫を安定させる最もいい方法だからです。作業の最適期をよく知っているのは村の長老ですから、※10長幼の序が重んじられることになりました。

工業の時代になると、勤勉や時間厳守が重視されます。欠勤者や遅刻者が多いと工場の※11稼働率が下がるので、同じ時間に出社し、同じ時間まで働くことが大切。国家は子供たちに「時間を守ることが美徳だ」と教育しました。

少なからぬ日本人が中東の人びとに対して「時間にルーズだ」と批判的に言います。しかし、彼らは羊を追って暮らしてきたのですから、時間どおりには動けません。約束の時間を守ることより羊を迷子にしないことのほうが大切です。だから「時間に遅れるな」とは教えていません。

教育に限らず、国家が税金を投じて行なうことはすべて国策です。そこには、国家が期待している目的があります。国策に携わる人間は、その期待に応えることを意識する必要があるでしょう。言うまでもなく、宇宙開発もこの例外ではありません。国に※12盲従するわけではありません。個人の意志、目的を堅持したうえで、何がゴールなのか、それも意識しなくてはいけないと思うわけです。

「はやぶさ」が投下したカプセルからはイトカワ起源の微粒子が回収されましたが、その後、カプセルをどうするかで話し合いがありました。私の意見は「第一に国民に見せるべきだ」でした。

私たち研究者を育て、「はやぶさ」プロジェクトに多額の税金を投じた国の目的は何かと考えてみればわかります。当然、日本という国を※13興隆させるためです。国民が誇りを感じ、元気を出し、活発に活動するようになること、科学技術政策は、それを目的としているわけです。ならば、感動の冷めないうちに、より多くの国民に見てもらうべきでしょう。そうしなければ、国家プロジェクトとしての意味が失われます。

ところが、別の考え方をする人もいました。「カプセルは研究材料だから、国民に見せるよりも、研究者が手許に置いて分析・解析に力を注ぐべきで、見せるのは後でいい」と――。研究活動に打ち込むこと、これも重要にちがいありません。個人の研究目的は、しっかりと堅持されるべきです。しかし、小規模の自由な発想にもとづく実験はともかく、おおがかりな事業の成果を、ごく少数の研究者の研究目的にとどめてしまうことは、国としてみれば、育てたはずの人材に裏切られたということにもなりかねません。

順番がいわば逆なのですね。研究優先を言う人は、自分が研究者として国家に「教育」されてきた、ということを自覚できていません。あるいは、教え込まれたはずの「国の役に立つように」が※14腑に落ちていないのです。そして、研究すること自体が目的だと思い込んでいます。だから、研究材料であるカプセルを手許に置き、早く論文を書こう、という話になってしまうのでしょう。とくにカプセルの場合には、どこにも競争相手はいませんし、なくなるわけでもない。ですから、国民こそがスポンサーである、その点を認識して進めてよいわけです。

宇宙開発プロジェクトには、一つのコンサートのような側面があります。興行主は日本という国家、演奏家は※15ＪＡＸＡ、観客は国民です。演奏家は、※16研鑽を積み、優れた演奏をしようとしますが、同時に興業を成功させることにも気を配るべきです。それを忘れて、自分が納得する演奏ができればいいという姿勢だと、コンサートは成り立たなくな

日本は、本当に禁止事項の多い、というか禁止の看板、案内が非常に多い国です。そういった禁止事項がやたら多いことを尊ぶという妙な国民性があることはたしかです。注意書きがないと逆になにかきちんとしていない気がして落ち着かない、そんな気性の国民性なのだと思います。飛行機に乗ると、海外のエアラインでは、洗面所の煙探知機はさわらないでください、程度のアナウンスだけですが、日本のエアラインでは、冒頭から、これはしてはいけない、あれはしてはいけない、のかたまりが延々と流されます。自然と規制されるのを求めてしまう、危険な習慣が根付いています。

そして、似たようなことは、「お手本へのあこがれ」という面にもみることができます。

大学院生の頃、長友信人先生から「今見えている物はみな過去の物である」とアドバイスを受けました。教科書や論文をどれだけ読んでも、そこに書かれているのは過去に過ぎず、新たな発想を提供する物ではないということです。言われてみれば、その通りだなと思います。振り返れば、小学校入学以来、ずっと過去のことを学んできたわけです。どなたもそうです。

助手をされていた塚本茂樹先生には「あなたがこれまでやってきたことは、練習問題だよ」という指摘を受けました。教科書に載っていること、つまり、すでに答えの用意されている問題を解くことが勉強で、それをしていればいいと思っていないか——。研究も同様な見方で捉えてしまう大学院生はたくさんいます。「何を読めばよいですか」これは、研究ではないのです。

世の中のたいていの親は、子どもに「勉強しなさい」と言います。そう言われずに育った人は※6稀でしょう。しかし、それはいわば「過去の※7模倣をしなさい」と言っているのと同じです。ある期間、模倣に励む時期があってもムダにはならないのですが、人間には現状を肯定する保守性があるので、往々にして「過去の模倣」主義に留まってしまいます。

そうしたことに気づかず、練習問題だけを解き続けていると、教科書の世界から抜け出せず、その外にあるまったく別の世界が見えてきません。私自身も、大学の四年間を終えるまでは、教科書や過去の文献から学ぶのが当たり前だと思っていました。

ところが、世の中の現実と向き合い、新たな課題に直面してみると、それを解決してくれる教科書が用意されているわけではないことに気づきます。答えの有無すらわからないことがゴロゴロしているわけです。それらには「誰かが教えてくれる」「教育を受ける」「過去の模倣をする」という発想を捨ててかからないと対処できないのです。教育は、いくら受けても研究にはなりません。学びのプロは、あるレベルまでは早く到達しますが、そこまでです。何か、日本が抱えている社会状況もこれと似ていませんか。

そもそも、教育とは、国家がその国に貢献する人材を育てるための活動です。この点をわかったうえで、個人の意志を明確に※8堅持しつつ行動することが必要です。学びのプロとなることを、※9信奉、追求する人が出てきてしまうのは、ある意味で、混迷の極みであるともいえます。

そういう意味では、日本は教育によって成功した国です。稲作農耕社会だった時代「みんなと同じに」という教えが徹底されました。地域ご

いのです。こういう経緯があって、私たちは、自分が暮らしている地面が丸いと信じるに至ったのです。これまで意識的に使うのを避けてきましたが、これ以後、「大地」のことを安心して「地球」と呼ぶことにしましょう。

今お話ししたことは、「理」を読み解く上でとても大切な示唆を含んでいます。それは、「自分の感覚に頼るだけでは正しい理解には辿り着けない」ということです。もし、「地面はどう見たって平らじゃないか！」という考えに固執していたら、地球という存在には永遠に気付けないでしょう。確かに感覚的には地面は平らです。ですが、仮に私たちが見ている地面が巨大な球面の一部だったとしても、私たちは同じように地面を平らだと感じます。ですから、冷静に考えれば、「地面が平らに感じる事」というのは「地面が本当に平らである事」の証拠にはならないのです。

私たちは、感覚は一度脇に置いて、様々な現象を客観的に観察して、その全てをすっきりと理解する方法を考えることで理を得てきました。ちょっと大げさかも知れませんが、地球は丸いことを理解しているということは、感覚だけに頼らずに、根拠を総合して現象を判断する、という理性を発揮している証拠と言えるでしょう。

地球が丸いという認識は、自分たちが暮らす地球という存在が決して特別な物ではないと考える第一歩でもあります。

太陽や月が丸いのは一目瞭然です。それにもかかわらず地球に特別な形を想像するということは、無意識に、自分が住んでいるところは太陽や月とは違う特別な場所なんだ、という意識が働くからでしょう。ですが、地球もまた月や太陽と同じように球体であると分かると、ごく自然に、地球も月も太陽も、空に浮かんでいるとは言え、ありふれた物体に過ぎないのではないか、という発想が生まれます。

天体のように手の届かない物は現実感を失いがちで、ともすれば神格化されます。そういう思考停止を乗り越えて、天体にも物体としての運動があるという考えが生まれて初めて天文学が始まるのです。

（松浦　壮『宇宙を動かす力は何か　日常から観る物理の話』より。
一部省略やふりがなをつけるなどの変更があります。）

［注］※1　捏造……事実をねじまげて、好きなように話をつくってしまうこと。
※2　示唆する……はっきりとはしめさないで、それとなく教えること。

【イ】宇宙工学者がはやぶさプロジェクトから学んだことについて書いた文章

組織や集団が出来上がると、必ず規制や制限が生まれます。また、※3文言にはなっていない独特の「空気」も※4醸成されます。どちらも、ごく自然な成り行きなのですが、それらには「自由な発言が封じられていく」という副作用がともないます。

もちろん、みんながルールに従って行動する、全体のことを考えて行動するのは、基本的に悪いことではありません。「信号を守る」というルールを無視するようになれば交通事故が続発するでしょう。

しかし、一方で、三〇〇キロで走ってもいいサーキットがない国からは、高性能の自動車は生まれないことも事実です。※5イノベーションを求め、発展していきたいなら、それが生まれやすい土壌も用意すべきでしょう。

からです。ですが、「なぜ私はこれを信じているのだろう?」と、自分自身を掘り下げるためには、やはりこの区別をしっかりしておく必要があります。

実は、地面が丸いことを理解するための、現代ならではの簡単な方法があります。衛星写真を見ることです。インターネット上を検索すれば、衛星写真どころか、ロケットが打ち上げられてから衛星軌道に乗るまでの映像や連続写真が見付けられるでしょう。最初は平らに見えていた地面が丸みを帯び、最後には球形の天体が見えてくる様子がわかります。この映像を信じるなら、私たちが球形の星の上に住んでいるのは一目瞭然です。

ただ、疑い深くある事も大切です。衛星写真は、多くの場合、自分で撮影したものではないので、証拠としては間接的です。しかも、その程度の動画や写真なら画像処理技術で簡単に作れますから、徹底的に疑うのであれば、大規模な※1捏造だと主張することも(かなり苦しいですが)出来なくはないでしょう。

そして何より、私たちが住むこの地面が丸いことが一般常識になったのは人工衛星が発明される遥か以前の話です。さらに言うなら、もっと昔には、大地は平らだと信じられていましたし、むしろそのように信じられていた時代の方が長いのです。その時代には、親は子供に「地面は平らでずっと遠くまで続いているんだよ」と教えていたことでしょう。日常生活の体感を信じるなら、その方が納得の行く説に思えますが、その認識がある時代を境にがらりと変わったのです。人工衛星の技術に頼ることなく、人々の認識を変えるだけの証拠を得る方法があるということです。

地面が丸いことを納得する現象の一つは月食です。月食は満月の夜にしか起こりません。丸く見えていた月が円形に欠けて行き、条件が整えば完全に隠れてしまいます。この状態の月は何とも言えない不思議な赤色で、皆既月食と呼ばれます。そして時間が経つと、再び円形の欠けが回復しながら元の満月に戻って行きます。注意深く空を眺めると、満月の時の月は日没と同時に東の空に現れ、夜明けと同時に西の空に沈んでいくことが分かります。つまり、太陽とちょうど反対方向にあることになります。

地面が何者かは分かりませんが、地面と太陽と月は互いに遠く離れていることだけは分かります。そして、太陽が明るく輝く光源であることも明らかです。光が物に当たると光源と反対方向に影ができます。当然、太陽の光が「地面を作っている何か」(しばらくの間「大地」と呼びましょう)に当たれば、太陽と反対側に影を作るはずです。

・満月の時の月は、「大地」から見て太陽と反対側にある
・月食は満月の時しか起こらない
・光が「大地」に当たると太陽と反対側に影が出来る

この条件から、

「月食は『大地』の影が月を隠す現象である」

と結論するのはとても自然なことです。

他にも、「船は、マストの先から水平線に現れる」など、「大地」が丸いことを※2示唆する現象はたくさんあります。確かに感覚としては「地面は平らでどこまでも続いている」と言う方がしっくり来るかも知れませんが、それだと月食や影の長さを説明し切れません。むしろ、「大地」は巨大な球体であると考えた方が、他の事実や現象との整合性が良

【適性検査Ⅰ】（四五分）〈満点：二〇〇点〉

1 みなみさんは、「宇宙」に興味を持って、何冊か本を読みました。みなみさんが集めた次の【ア】【イ】【ウ】の資料を読んで、あとの問題に答えなさい。

【ア】 物理学者が地球の形について考えたことを書いた文章

当たり前ですが、私たちは地面の上に暮らしています。

「地面とは何だろう?」

これは子供が素直に大人に聞いてくる疑問の一つです。なんの知識もない状態なら、これは当然の疑問です。自分は間違いなく「地面」と呼ばれている固い何かの上に立っているのだけど、見渡す限りその地面は続いていて、歩いても歩いても果てがある様子は見えません。ある程度歩くと海に行き当たりますが、大雑把に言って海も大地の一部と考えると、果てがあったとしても、ものすごく遠いところにあるのでしょう。そうかと思って穴を掘ってみても、どこまでもどこまでも土や砂が続いています。

「地面に底はあるのだろうか?」というのも同じくもっともな疑問ですが、たとえ底があったとしても、それはとてつもなく深いところにあるはずです。また、仮に地面の果てや地面の底があったとして、その先はどうなっているのだろう?疑問は尽きません。

もし子供にこの疑問を投げかけられたら、あなたは何と答えますか?現代の教育を受けてきた皆さんです。おそらくこう答えるでしょう。

「私たちは地球という大きな丸い星の上に暮らしていて、地面というのはその星の表面なんだよ」

きっと私でも同じように答えると思います。私の親もそのように教えてくれましたし、学校でもそう教わりました。知識を次の世代に伝えていくのは大人の大切な役割です。素直な疑問が子供の口から自発的に出ることは私たち大人にとっての喜びですし、その絶好のタイミングで正しい知識を伝えることが出来たとすれば、輪をかけて喜ばしいことです。

ところで、程度の差こそあれ、子供は概ね無邪気です。分からない事には分からないと言います。こう聞かれるかも知れません。

「ほんとう?」

さて、あなたは答えられますか?子供は決して「ウソでしょう?」という意味で聞いているのではありません。

「どうしてそんなことが言えるの?」という意味です。

改めて問います。あなたは、私たちが球形の星の上に暮らしている事を、ただそう教わったから、というだけではなくて、誰でも納得できる証拠と共に、それを子供に説明出来るでしょうか?「みんなそう言っているから」というのはなしです。

これはいつでも言える事ですが、自分の知識が「理解」なのか「信念」なのかをはっきり区別するのは案外大切です。「理解」とは、根拠となる、より根本的な知識や経験を出発点にして、自分の言葉で説明できる状態の知識です。一方「信念」とは、根拠はなくとも正しいと感じている状態の知識です。

例えば先ほど挙げた「地面は丸い」という知識も、もし根拠のない知識なら、それは信念です。私は信念が悪いとは思いません。実際、直感的な感覚というのは案外侮れないもので、本質を捉えていることも多い

平成28年度

横浜市立南高等学校附属中学校入試問題

【適性検査Ⅰ】　(32ページから始まります。)
【適性検査Ⅱ】　(45分)　　＜満点：200点＞

1　**みなみさん**は，図形や立体を使って，いろいろな作業をしました。次の問題に答えなさい。

問題1　**みなみさん**は**【図1】**のように，たてに2個，横に2個，同じ大きさの正方形をすきまなく並(なら)べました。なるべく多くの正方形を通るように直線を1本引くと，**【図2】**のように，直線は3個の正方形を通ることがわかりました。

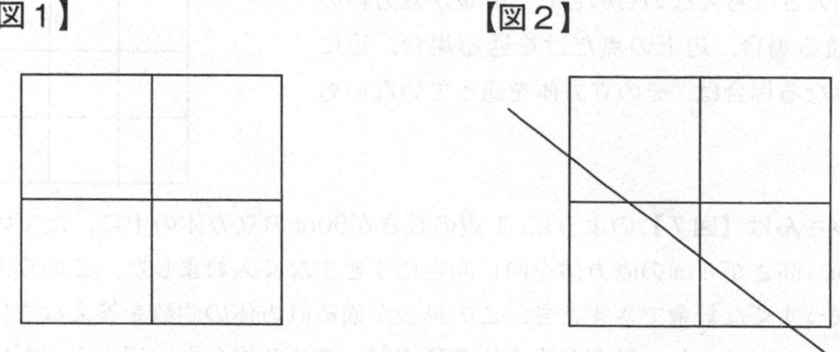

次に**みなみさん**は，たてに3個，横に3個，同じ大きさの正方形をすきまなく並べました。なるべく多くの正方形を通るように直線を1本引くとき，この直線が通る正方形の個数を答えなさい。ただし，直線が正方形の頂点(ちょうてん)だけを通る場合と，直線が辺にぴったりと重なる場合は，その正方形を通っていないものとします。

問題2　**みなみさん**は，たてに4個，横に7個，同じ大きさの正方形をすきまなく並べて，長方形を作りました。この長方形に対角線を1本引くとき，この対角線が通る正方形の個数を答えなさい。ただし，対角線が正方形の頂点だけを通る場合は，その正方形を通っていないものとします。

問題3　**みなみさん**は，同じ大きさの正方形216個をすきまなく並(なら)べて，横に長い長方形を作りました。この長方形に対角線を1本引くと，この対角線が通る正方形は全部で24個になりました。このとき，たてに並べた正方形の個数を答えなさい。ただし，対角線が正方形の頂点(ちょうてん)だけを通る場合は，その正方形を通っていないものとします。

問題4　**みなみさん**は**【図3】**のように，同じ大きさの立方体8個をすきまなく並べたり重ねたりしました。なるべく多くの立方体を通るようにまっすぐな針金(はりがね)をさすと，**【図4】**のように，針金は最大で4個の立方体を通ることがわかりました。

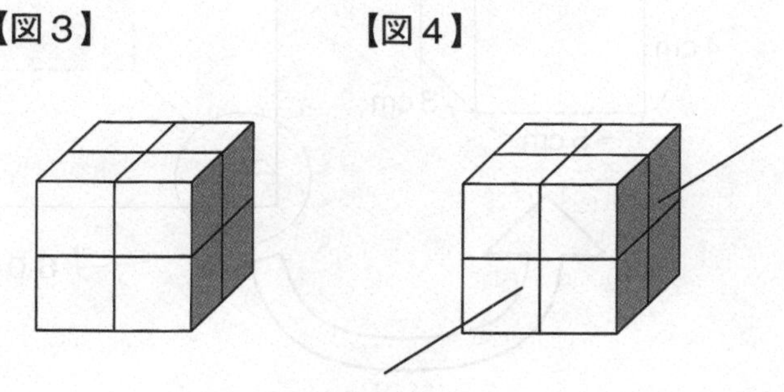

次にみなみさんは【図５】のように，同じ大きさの立方体27個をすきまなく並べたり重ねたりしました。なるべく多くの立方体を通るように，まっすぐな針金をさすとき，この針金が通る立方体の個数を答えなさい。ただし，針金の太さは考えないものとし，針金が立方体の頂点だけを通る場合，辺上の点だけを通る場合，辺にぴったりと重なる場合は，その立方体を通っていないものとします。

【図５】

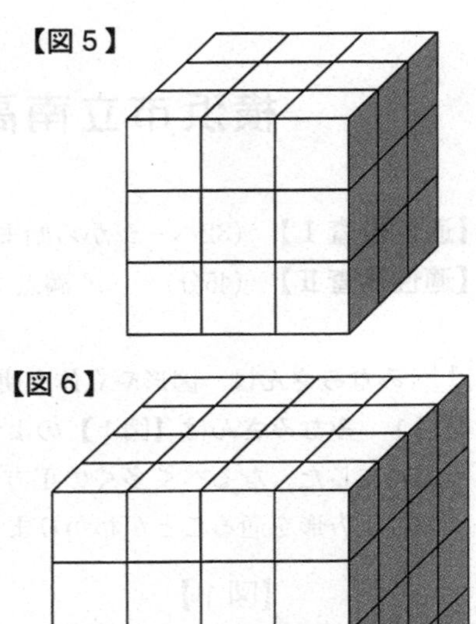

【図６】

問題５　みなみさんは【図６】のように，同じ大きさの立方体64個をすきまなく並べたり重ねたりしました。なるべく多くの立方体を通るようにまっすぐな針金をさすとき，この針金が通る立方体の個数を答えなさい。ただし，針金の太さは考えないものとし，針金が立方体の頂点だけを通る場合，辺上の点だけを通る場合，辺にぴったりと重なる場合は，その立方体を通っていないものとします。

問題６　みなみさんは【図７】のように，１辺の長さが60㎝の立方体の中に，たての長さが３㎝，横の長さが５㎝，高さが４㎝の直方体を同じ向きにすきまなく入れました。この立方体の頂点Ａから頂点Ｂまでまっすぐな針金でさすとき，この針金が通る直方体の個数を答えなさい。ただし，針金の太さは考えないものとし，針金が直方体の頂点だけを通る場合と，辺上の点だけを通る場合は，その直方体を通っていないものとします。

【図７】

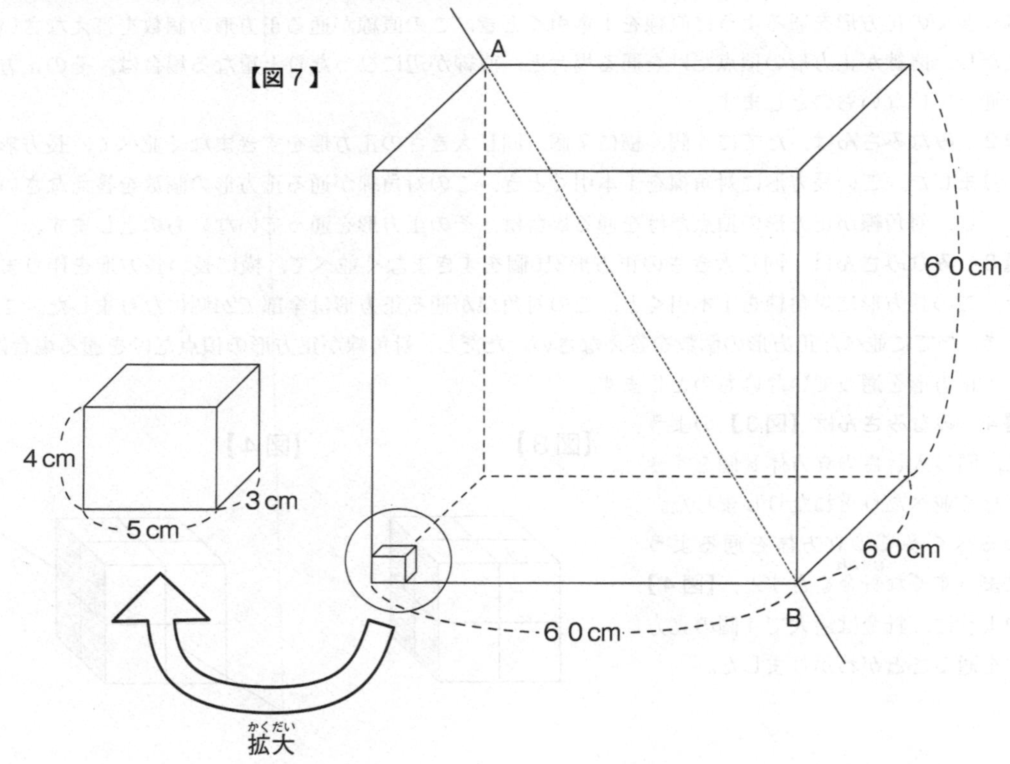

2 みなみさんは紅茶について疑問をもち，いろいろな実験と調査を行い，それを【ポスター】にまとめました。あとの問題に答えなさい。

【ポスター】

紅茶のふしぎ

疑問その１　**温かい紅茶には砂糖を入れることが多いが，冷たい紅茶には※ガムシロップを入れることが多い。なぜ，ちがうものを使うのだろうか。**

※ガムシロップ……砂糖を水にとかしてつくったシロップ

予想Ａ　水の温度のちがいが砂糖のとけ方に関係しているのではないか。

実験Ａ　**方法１，２を行い，どちらの砂糖が早くとけきるかを調べる。**

方法１　20℃ の水100ｇに砂糖10ｇをそのまま加え，混ぜ続ける。

方法２　60℃ の水100ｇに砂糖10ｇをそのまま加え，混ぜ続ける。

結　果　**方法２の方が，砂糖が早くとけきった。**

考　察　水の温度が高い方が，砂糖が早くとけきる。

予想Ｂ　砂糖の粒の様子がとけ方に関係しているのではないか。

実験Ｂ　**方法３，４を行い，どちらの砂糖が早くとけきるかを調べる。**

方法３　［　　　　］

方法４　［　　　　］

結　果　**方法４の方が，砂糖が早くとけきった。**

考　察　粒が細かい方が，砂糖が早くとけきる。

予想Ｃ　混ぜるかどうかがとけ方に関係しているのではないか。

実験Ｃ　**方法５，６を行い，どちらの砂糖が早くとけきるかを調べる。**

方法５　［　　　　］

方法６　［　　　　］

結　果　**方法６の方が，砂糖が早くとけきった。**

考　察　混ぜ続ける方が，砂糖が早くとけきる。

問題１　**方法３～６**にあてはまるものを次の**ア～ク**からそれぞれ一つ選び，記号を書きなさい。ただし，混ぜるときにはどれも同じ速さで混ぜることとします。

ア　20℃ の水100ｇに砂糖10ｇをそのまま加え，混ぜ続ける。

イ　20℃ の水100ｇに砂糖15ｇをそのまま加え，混ぜずに放置する。

ウ　20℃ の水200ｇに砂糖15ｇを細かくすりつぶして加え，混ぜ続ける。

エ　20℃ の水200ｇに砂糖15ｇを細かくすりつぶして加え、混ぜずに放置する。

オ　60℃ の水100ｇに砂糖10ｇをそのまま加え，混ぜ続ける。

カ　60℃ の水200ｇに砂糖15ｇをそのまま加え，混ぜずに放置する。

キ　60℃ の水100ｇに砂糖10ｇを細かくすりつぶして加え，混ぜ続ける。

ク　60℃ の水200ｇに砂糖10ｇを細かくすりつぶして加え，混ぜずに放置する。

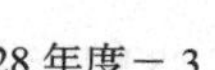

問題２　みなみさんは，水の温度とものののとけ方についてさらに調べたところ，【表１】と，それをもとにつくられた【図１】～【図３】を見つけました。

【表１】水温と１００ｇの水にとける量

水　温	２０℃	４０℃	６０℃	８０℃
食　塩（g）	３５．８	３６．３	３７．１	３８．０
ホウ酸（g）	４．９	８．９	１４．９	２３．５
ミョウバン（g）	１１．４	２３．８	５７．４	３２１．６

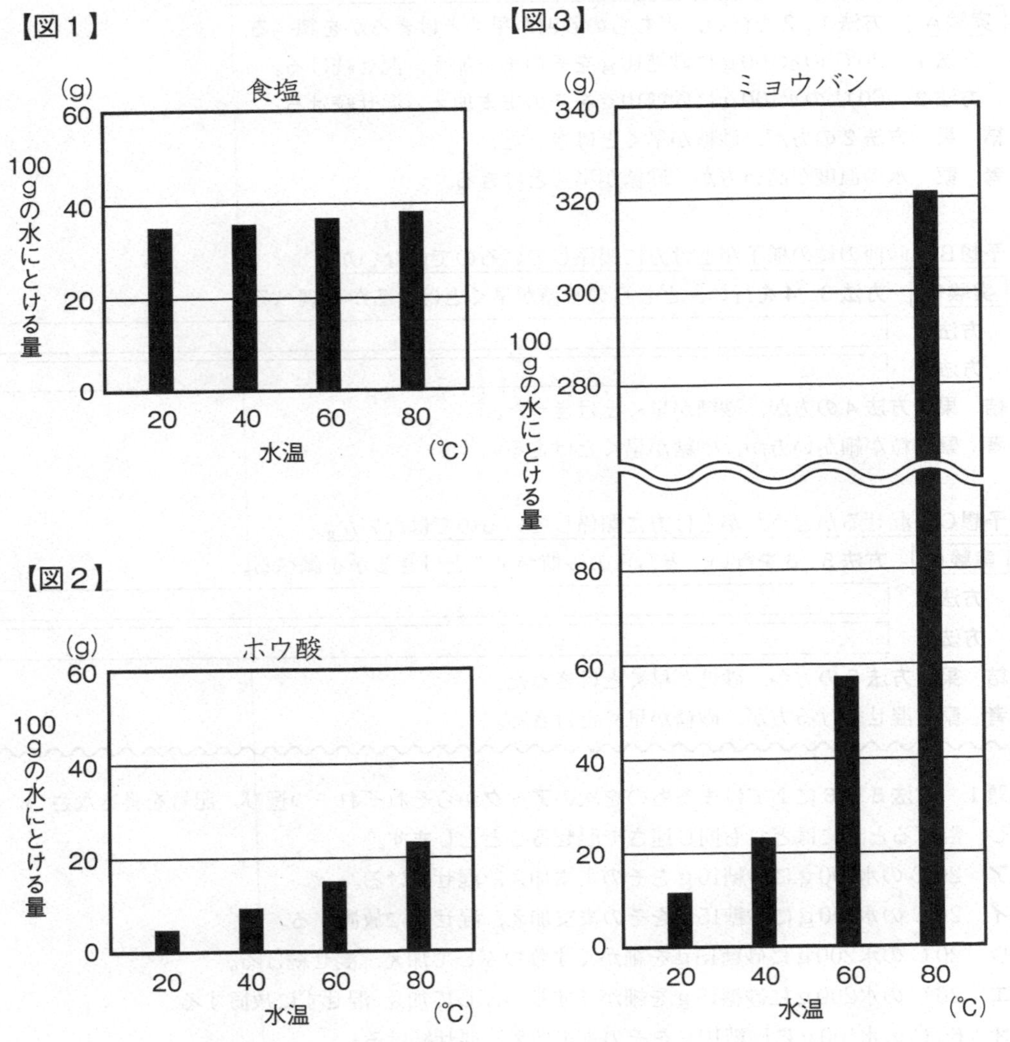

みなみさんは60℃の水100ｇにミョウバンをとかせるだけとかし，その水溶液（すいようえき）を40℃まで冷やしました。すると，とけきれなくなったミョウバンの粒（つぶ）が33.6ｇ出てきました。次のページの問題に答えなさい。

(1) **みなみさん**は60℃の水200ｇにホウ酸をとかせるだけとかし，ふっとうさせて水を50ｇ蒸発させた後，20℃まで冷やしました。このとき，出てきたホウ酸の重さはおよそ何ｇですか。最も近いものを次の**ア～カ**から一つ選び，記号を書きなさい。

ア　10ｇ　　**イ**　15ｇ　　**ウ**　17ｇ　　**エ**　20ｇ　　**オ**　22ｇ　　**カ**　25ｇ

(2) **みなみさん**はホウ酸の水溶液やミョウバンの水溶液のように，食塩の水溶液も冷やしてみましたが，食塩はほとんど出てきませんでした。そのとき，先生が次のように言っていたことを思い出しました。

先生の言葉

海水から食塩をつくる場合には，海水を冷やすのではなく，水を蒸発させて食塩を取り出します。なぜなら，食塩は水の温度を下げても，［あ］からです。

［あ］にあてはまる言葉を，**10～17字**で書きなさい。

問題３　**みなみさん**がつくった**【ポスターの続き】**を読んで，あとの問題に答えなさい。

【ポスターの続き】

疑問その２　紅茶にレモンをしぼると色が薄(うす)くなるのはなぜだろうか。

［調査］　紅茶について，次の**【記事】**を見つけた。

【記事】

紅茶の色は紅茶にふくまれるさまざまな成分によって決まる。そのうちの一つのテアフラビンという成分は，中性・アルカリ性では赤い色を示すが，酸性だと無色に変わる。そのため，レモンをしぼると，レモン果汁(かじゅう)が酸性なので，テアフラビンの色が変化して，紅茶の色が薄くなって見える。

まとめ　紅茶の色の変化はレモン果汁の性質（酸性）に関係している。

みなみさんは水溶液(すいようえき)の性質についてさらに調べ，次のことを知りました。

・酸性の水溶液とアルカリ性の水溶液を混ぜたとき、その性質が打ち消されて，どちらの性質もなくなる場合がある。

・塩酸に水酸化ナトリウム水溶液を少しずつ混ぜていくと，混ぜた液は，「酸性→中性→アルカリ性」と変化する。

そこで，さまざまな水溶液を使って，次の**【実験】**を行いました。

【実験】　レモン果汁と，赤色リトマス紙か青色リトマス紙のどちらかを変化させる水溶液①～⑥を用意し，次の［**操作１**］～［**操作４**］のように混ぜ合わせた。

［**操作１**］　レモン果汁５mLと，水溶液①５mLを混ぜ合わせる。混ぜてできる液の性質を，リトマス紙を使って調べる。

結　果　赤色リトマス紙が変化した。

操作２　レモン果汁５mLと，水溶液①１mLを混ぜ合わせる。混ぜてできる液の性質を，リトマス紙を使って調べる。

結　果　青色リトマス紙が変化した。

操作３　レモン果汁５mLと，水溶液①３mLを混ぜ合わせる。混ぜてできる液の性質を，リトマス紙を使って調べる。

結　果　赤色リトマス紙と青色リトマス紙のどちらも変化しなかった。

操作４　水溶液①～⑥から２つの液を選んで混ぜ合わせ，赤色リトマス紙と青色リトマス紙のどちらも変化しない量を求める。

結　果　下の**組合せ(あ)～(お)**で混ぜ合わせたとき，赤色リトマス紙と青色リトマス紙のどちらも変化しなかった。

組合せ (あ)：水溶液①を７mL　と　水溶液②を６mL
組合せ (い)：水溶液①を３mL　と　水溶液③を８mL
組合せ (う)：水溶液③を５mL　と　水溶液④を４mL
組合せ (え)：水溶液④を４mL　と　水溶液⑥を９mL
組合せ (お)：水溶液⑤を２mL　と　水溶液⑥を３mL

(1)　紅茶に混ぜたときに，紅茶の色が薄くなる水溶液を，次の**ア～カ**から**すべて**選び，記号を書きなさい。

ア　水溶液①　　**イ**　水溶液②　　**ウ**　水溶液③
エ　水溶液④　　**オ**　水溶液⑤　　**カ**　水溶液⑥

(2)　20mLの水溶液①の性質を打ち消して，赤色リトマス紙と青色リトマス紙のどちらも変化しないようにするには，水溶液⑥を何mL加えればよいか書きなさい。

3　**みなみさん**は，決められた数字を使っていろいろな整数を作りました。次の問題に答えなさい。

問題１　**みなみさん**は，１，２，３，４，５，６，７，８，９の数字を１回ずつ使って**【例１】**のように９けたの整数を作りました。

【例１】　２　３　５　７　８　９　１　６　４

(1)　作ることができる９けたの整数の中で，**600000000**に最も近い整数を書きなさい。

(2)　**みなみさん**は倍数に興味をもち，次のように倍数を見分ける方法を調べました。

２の倍数……一の位の数が，０，２，４，６，８のいずれかの数
３の倍数……それぞれの位の数の和が３でわりきれる数
４の倍数……下２けたが４でわりきれる数
５の倍数……一の位の数が，０か５の数

作ることができる９けたの整数のうち，12の倍数は何個あるか書きなさい。

(3)　作ることができる９けたの整数のうち，最も大きい13の倍数を書きなさい。

(4)　作ることができる９けたの整数のうち，２の倍数であるものの平均を書きなさい。

問題２　みなみさんは，１，１，２，２，３，３，４，４，５，５の10個の数字の中から５個の数字を選び、**【例２】**のように５けたの整数を作りました。

【例２】　１　５　４　１　３

⑴　作ることができる５けたの整数は，何個あるか書きなさい。

⑵　作ることができる５けたの整数のうち，３の倍数は何個あるか書きなさい。

4　**【みなみさんと先生の会話文】**を読んで，あとの問題に答えなさい。

【みなみさんと先生の会話文】

みなみさん：昨日，家の近所の自然公園に行ったとき，池の中にたくさんの大きなヒキガエルがいるのを見つけました。あんなにたくさんのヒキガエルがいるのを見たのは初めてだったので，とてもおどろきました。

先　　　生：それはめずらしいものを見ましたね。成長したヒキガエルは，陸上で生活をしますが，毎年決まった季節になると，繁殖（はんしょく）のために水の中に入るすがたが見られます。

みなみさん：卵（たまご）をうむために池に集まっていたのですね。

先　　　生：ところで，サケが卵をうむために自分のうまれた川にもどってくるという話を聞いたことはありますか。

みなみさん：はい，あります。

先　　　生：じつは，ヒキガエルもサケと似たような行動をすることがわかっています。

みなみさん：うまれた池にもどって卵をうむ，ということですか。

先　　　生：そうです。ヒキガエルは，うまれた池がある場所を知っていて，繁殖の季節になると，池の方向を目指して移動するのだそうです。

みなみさん：それはすごいですね。でも，どうしてヒキガエルは，迷子にならないで池までたどり着くことができるのですか。何か目印になるようなものがあるのでしょうか。

先　　　生：良い疑問（ぎもん）ですね。そのなぞを解いた科学者がいます。「カエルの鼻」という本の著者（ちょしゃ）の石居進（いしいすすむ）先生です。

みなみさん：石居先生はどんな研究をしたのですか。

先　　　生：著書（ちょしょ）の「カエルの鼻」には，「ヒキガエルが池の方向を知るてがかり（信号）がどこから来るのか」というなぞを解くために，次の**【３つの仮説】**を立てたことが書かれています。

【３つの仮説】

仮説Ⅰ　天体からの信号	太陽や星座（せいざ）の方向，地球（地磁気（※ちじき））など
仮説Ⅱ　池からの信号	池からの雄（おす）の声，水面の光の反射（はんしゃ）など
仮説Ⅲ　通る道筋（みちすじ）からの信号	目で見る地表の物体，地面のにおいなど

※地磁気……地球のもつ磁石（じしゃく）としての性質。これにより，方位磁針（じしん）は南北をさす。

みなみさん：この**【３つの仮説】**のうち，どの仮説が正しいのかをどうやって確かめたのですか。

先　　生：【図１】を見てください。これは，石居先生がどの仮説が正しいのかを確かめるための実験を行った場所の図です。この場所で，ヒキガエルの繁殖の季節に，次の【実験】を行いました。

【図１】

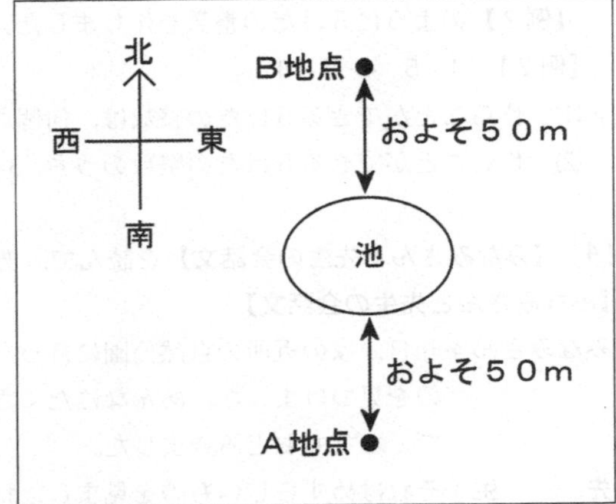

【実験】

実験(あ)
【図１】のA地点で，池に向かって移動しているヒキガエルを見つけ，いっさい手をふれないで観察した。

実験(い)
【図１】のA地点で，池に向かって移動しているヒキガエルをつかまえ，黒い布でおおった箱に入れて急いでB地点に運び，そこで放して，どの方向に移動するかを観察した。

実験(う)
【図１】のA地点で，池に向かって移動しているヒキガエルをつかまえ，黒い布でおおった箱に入れて，実験(い)と同じように運び，途中（とちゅう）で引き返してA地点にもどり，つかまえた場所で放して，どの方向に移動するかを観察した。

＊実験(あ)～(う)を，別々のヒキガエルを用いて，それぞれおよそ50回行った。

みなみさん：おもしろい実験ですね。ところで，実験(う)は何のために行ったのでしょうか。

先　　生：［①］がヒキガエルの行動に影響（えいきょう）をあたえる可能性があるので，それを確かめるために行ったのだと考えられます。実験を計画するときには，こうしたことをしっかりと考えることが大切ですね。

みなみさん：とても勉強になります。

先　　生：では，実験の結果を見てみましょう。

問題１　実験(い)について，それぞれの仮説が正しいとすると，B地点で放したヒキガエルは，どの方向に移動すると考えられますか。次の(1)～(3)について，【予想される結果】と，その【理由】として最も適切なものを，あとの**ア～オ**，**カ～コ**からそれぞれ一つ選び，記号を書きなさい。

(1)　仮説Ⅰ「天体からの信号」が正しいとき。

(2)　仮説Ⅱ「池からの信号」が正しいとき。

(3)　仮説Ⅲ「通る道筋（みちすじ）からの信号」が正しいとき。

【予想される結果】

ア　東の方向に移動する。　　イ　西の方向に移動する。

ウ　南の方向に移動する。　　エ　北の方向に移動する。

オ　どの方向に移動するか予想できない。

【理由】

カ　運ばれた道筋をたどって，Ａ地点にもどろうとするため。

キ　池への道筋をおぼえているため。

ク　池への道筋がわからなくなってしまうため。

ケ　実際に池がある方向ではなく，方位をたよりにして移動するため。

コ　方位とは関係なく，池がある方向に移動するため。

問題２　【みなみさんと先生の会話文】の ① にあてはまる言葉として最も適切なものを，次のア～オから一つ選び，記号を書きなさい。

ア　箱に入れて運ぶこと　　イ　からだの向きを変えること

ウ　Ｂ地点で放すこと　　エ　つかまえた場所で放すこと

オ　手をふれないで観察すること

問題３　石居（いしい）先生は，ヒキガエルが移動した方向を，池の方向を基準（０度）として角度で記録しました。たとえば【図２】のように，Ａ地点から東の方向に移動した場合，移動した角度は「右に90度」になります。【図３】は，実験の結果をもとに，ヒキガエルの数と移動した角度（45度ずつ）の関係を表したものです。あとの問題に答えなさい。

【図２】

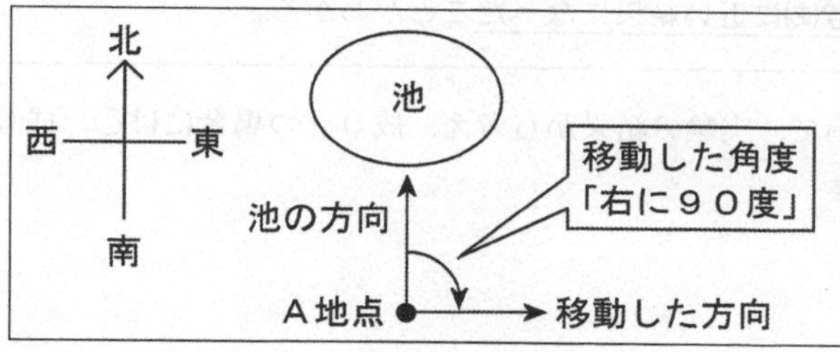

【図３】

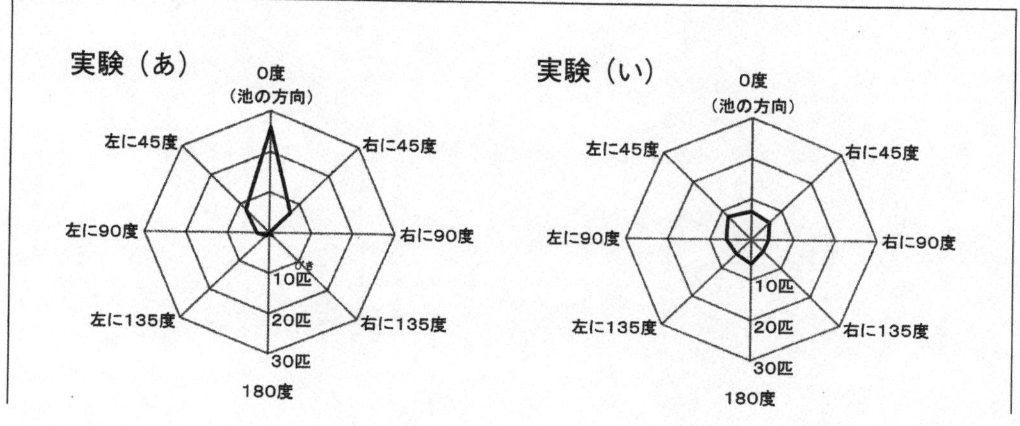

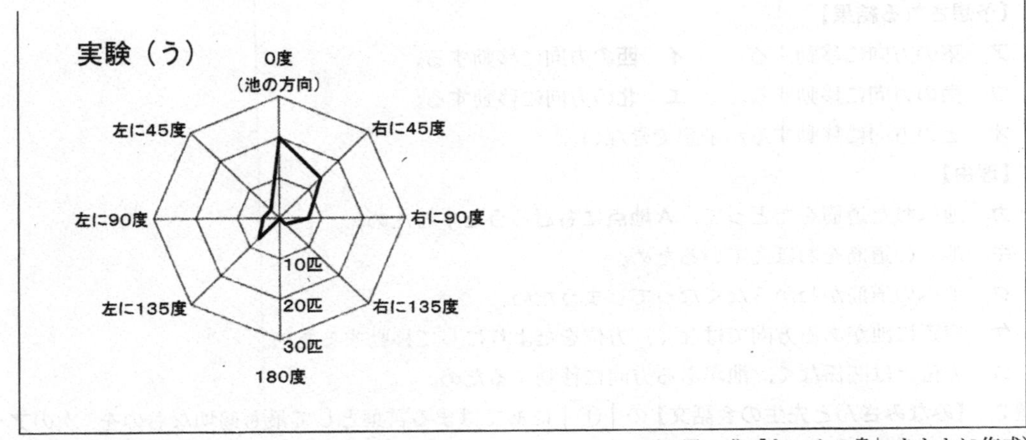

（石居　進「カエルの鼻」をもとに作成）

次の(1)～(3)の文章の____線①～⑥について，**実験とその結果からわかること**として，内容が正しければ○，あやまっていれば×をそれぞれ書きなさい。

(1)　**実験(あ)**の結果から，手をふれないで観察したヒキガエルは，①目や耳を使って池の方向を知る信号を感じ取り，②ほとんどが池がある**北**の方向に移動したことがわかる。

(2)　**実験(い)**の結果から，Ｂ地点で放したヒキガエルは，③それぞれがでたらめな方向に移動したり，④Ｂ地点を中心に円をえがくように行動したりしたことがわかる。

(3)　**実験(う)**の結果から，つかまえた場所で放したヒキガエルは，⑤池がある**北**の方向に移動した数が最も多く，⑥**実験(い)**よりも**実験(あ)**に近い結果になったことがわかる。

問題４　**【３つの仮説】**の仮説Ⅰ～Ⅲについて，実験の結果から考え，成り立つ場合には○，成り立たない場合には×をそれぞれ書きなさい。

【適性検査Ⅲ】　(45分)　　＜満点：200点＞

1　**みなみさん**と**まなぶさん**は調べ学習で江戸時代の文化について調べています。**みなみさん**と**まなぶさん**の**【会話１】【会話２】**を読み、あとの問題に答えなさい。

【会話１】

みなみさん：私は「浮世絵」について興味を持ち資料を探していたところ，（　あ　）のかいた「東海道五十三次」を使って作られたかるたを見つけました。「東海道五十三次」は，江戸と京都方面とを結ぶ重要な交通路であった東海道の風景をかいた作品です。**【資料１】**は岡崎・三条大橋・品川・沼津・箱根の読み札，次のページの**【資料２】**の**ア～オ**は，岡崎・三条大橋・品川・沼津・箱根のいずれかの取り札の絵です。

まなぶさん：岡崎は徳川家康と関係があるのですか。

みなみさん：愛知県に位置する岡崎は，徳川家康の生誕地だそうです。絵の橋の奥には家康の祖父が城主だったこともある岡崎城がかかれています。

まなぶさん：鴨川はどこにあるのですか。

みなみさん：鴨川は京都を流れている川です。

まなぶさん：品川の絵は海がかかれていますね。

みなみさん：東京湾は現在のように埋め立てられていなかったため，当時はこの場所から海を眺めることができました。海に沿って茶店などが建てられていました。

まなぶさん：沼津の絵には天狗の面を背負った人がいますよ。

みなみさん：これは金毘羅参りに行く人です。金毘羅参りには天狗の面を背負って行くという独特の風習がありました。静岡県の沼津から香川県まで行くので，まだまだ遠い道のりですね。

まなぶさん：箱根は東海道一の難所ですね。

みなみさん：箱根の関を歩いて越えるのは大変だったと思います。

問題１　**【会話１】**中の（**あ**）にあてはまる人物名を，次の１～５から一つ選び，番号を書きなさい。

１　近松門左衛門　　２　雪舟　　３　歌川広重　　４　本居宣長　　５　伊能忠敬

問題２　次のページの**【資料２】**の**ア～オ**を，東海道を江戸から出発して東から西に進んだときに通る順に並べ，記号を書きなさい。

【資料１】読み札

岡崎は 家康・義経 日吉丸	鴨川に 三条大橋 寺の鐘	お台場と 沢庵の寺 品川宿	沼津には 千本松原 玉砥石	石畳 芦の湖七湯 箱根の関

（『「東海道五十三次」かるた』パルン舎をもとに作成）

【資料２】取り札

ア

イ

ウ

エ

オ

（『「東海道五十三次」かるた』パルン舎をもとに作成）

【会話２】

まなぶさん：江戸（えど）時代，商業が発展（はってん）したと学習しましたが，当時の人々は電卓（でんたく）を使わずにどのように計算していたのかなと疑問（ぎもん）に思いました。少し調べてみたのですが，「そろばん」や「算木（さんぎ）」を使って計算していたようです。

みなみさん：「算木」とは何ですか。

まなぶさん：「算木」とは次のページの**【資料３】**のように木の数や並（なら）べ方で数をあらわす道具です。次のページの**【資料４】**は 23×17 を，算木を使って計算したときの手順をあらわしたものです。算木ではかけ算だけでなく，たし算やひき算はもちろん，わり算などもできるようなので，もっと調べてみようと思っています。

【資料３】

表す数字	0	1	2	3	4	5	6	7	8	9
並べ方	●	𝍠	𝍡	𝍢	𝍣	𝍤	𝍥	𝍦	𝍧	𝍨

※０の場合は碁石（ごいし）を置（お）く。

【資料４】

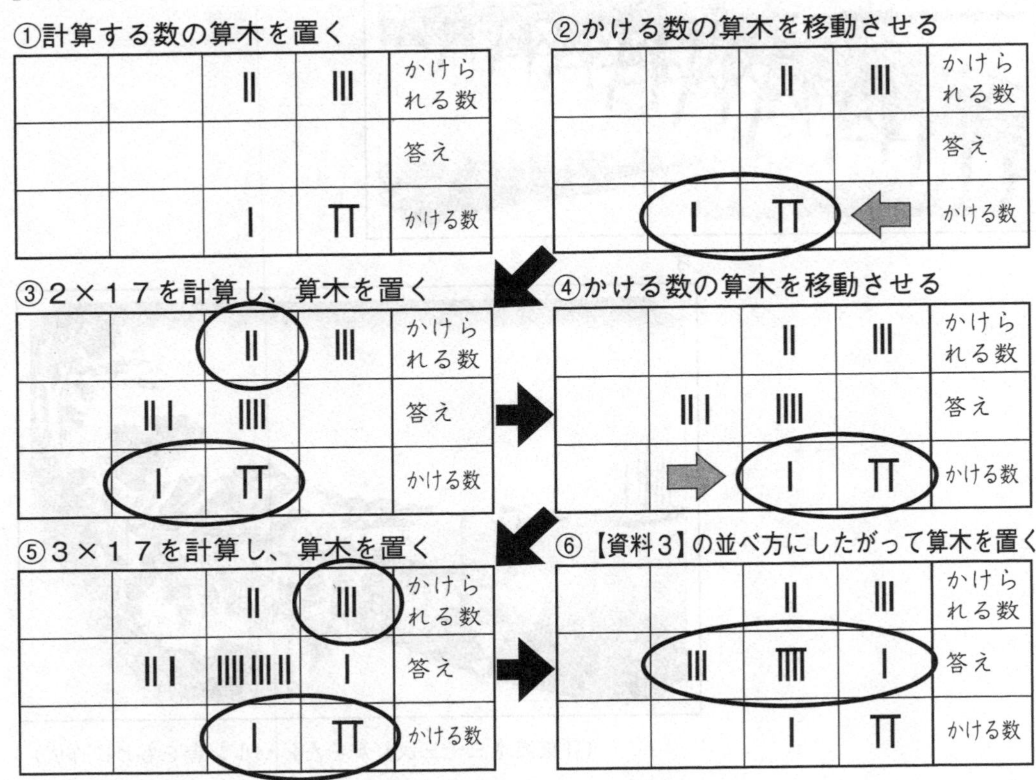

問題３　まなぶさんは算木を使って，**【資料４】**のような手順で計算をしてみることにしました。次の問題に答えなさい。

(1)　**【計算１】**にあらわされた計算の答えを，**【資料３】**の算木の並べ方を使って書きなさい。

【計算１】

		𝍤	𝍦	かけられる数
				答え
		𝍡	𝍨	かける数

(2)　174×14 の計算をしました。次の１～８を手順通りに並べ，番号を書きなさい。

1

	𝍠	𝍦	𝍣	かけられる数
𝍠	𝍣𝍦𝍡	𝍧𝍣𝍠	𝍥	答え
		𝍠	𝍣	かける数

2

	𝍠	𝍦	𝍣	かけられる数
𝍠	𝍣𝍦𝍡	𝍧		答え
	𝍠	𝍣		かける数

3

	𝍠	𝍦	𝍣	かけられる数
𝍠	𝍣			答え
	𝍠	𝍣		かける数

4

	𝍠	𝍦	𝍣	かけられる数
𝍠	𝍣𝍦𝍡	𝍧		答え
		𝍠	𝍣	かける数

5

	𝍠	𝍦	𝍣	かけられる数
				答え
		𝍠	𝍣	かける数

6

	𝍠	𝍦	𝍣	かけられる数
𝍡	𝍣	𝍢	𝍥	答え
		𝍠	𝍣	かける数

7

	𝍠	𝍦	𝍣	かけられる数
				答え
𝍠	𝍣			かける数

8

	𝍠	𝍦	𝍣	かけられる数
𝍠	𝍣			答え
𝍠	𝍣			かける数

(3)　**まなぶさん**はある２けたの数どうしのかけ算をしたところ，計算結果が**【答え】**のようになりました。**まなぶさん**がした計算のかける数とかけられる数を，**【資料３】**の算木の並べ方を使って書きなさい。

【答え】

				かけられる数
𝍣	𝍧	𝍡	𝍢	答え
				かける数

2 みなみさんは日本の牛乳(ぎゅうにゅう)をテーマに調べることになりました。あとの問題に答えなさい。

【資料１】生乳生産量

年	生乳生産量（千ｔ）	年	生乳生産量（千ｔ）
1905	資料なし	1960	1887
1910	48	1965	3221
1915	56	1970	4761
1920	66	1975	4961
1925	132	1980	6504
1930	182	1985	7380
1935	277	1990	8189
1940	384	1995	8382
1945	188	2000	8497
1950	367	2005	8285
1955	1000	2010	7720

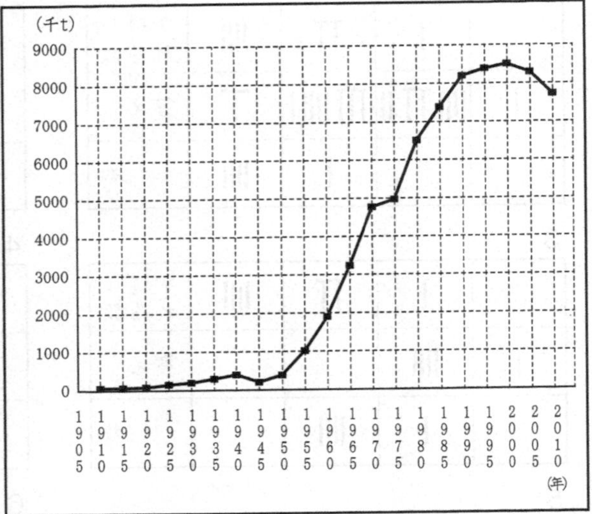

（総務省ホームページをもとに作成）

【資料２】みなみさんのメモ

・【資料１】は，「牛乳」の生産量ではなく，「生乳」の生産量の変化を示している。
・「生乳」とは，人の手を加えていない搾(しぼ)ったままの牛の乳(ちち)のことである。
・2000年をピークに，生乳生産量が減っている。
・1950年～1990年の間で，５年ずつの生乳生産量の増える量が最も少ないときに，石油危機(きき)はおこった。
・関東大震災(しんさい)が起きたころに，生乳の生産量が10万ｔを超(こ)えた。
・高度経済(けいざい)成長の始まりの10年間で，生乳生産量が約3.2倍になった。
・太平洋戦争の始まったころから戦争の終わりにかけて，生乳生産量が減っている。
・太平洋戦争が終わった年から2000年までの間で生乳の生産量は約（　あ　）倍になった。この期間のうち，10年間で生産量が最も増えたのは，（　い　）年からの10年間だった。
・太平洋戦争後に生乳生産量が増えたのは，学校給食の定着により，牛乳消費が広まったことが影響(えいきょう)したと考えられる。

問題１　【資料１】【資料２】を見て，次の問題に答えなさい。

(1)　【資料１】【資料２】を見て，次の１～４の出来事を，起きた順に並(なら)べ，番号を書きなさい。

　１　石油危機　　２　関東大震災　　３　高度経済成長の始まり　　４　太平洋戦争の始まり

(2)　【資料２】中の（あ）にあてはまる数と，（い）にあてはまる年号を答えなさい。ただし，（あ）にあてはまる数がわりきれないときは，小数第一位を四捨五入(ししゃごにゅう)し，整数で答えなさい。

問題２　【資料３】～【資料５】を見て，あとの問題に答えなさい。

【資料３】牛乳（ぎゅうにゅう）・乳製品の製造工程

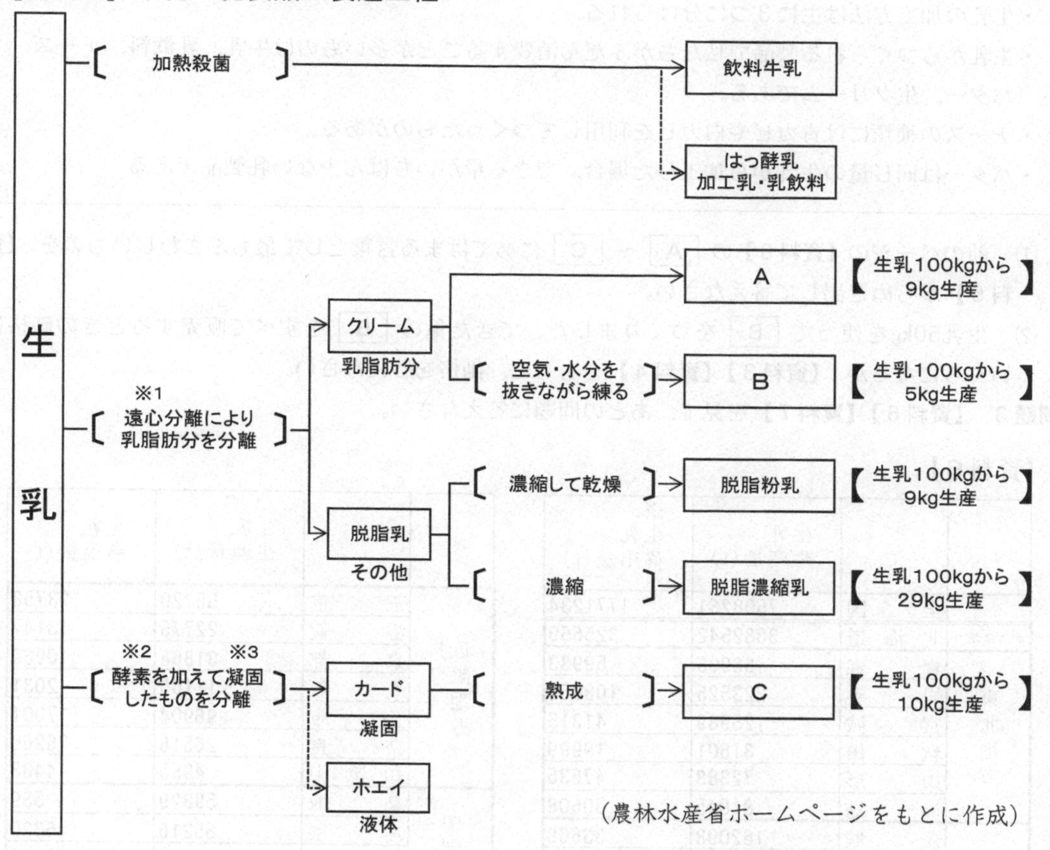

（農林水産省ホームページをもとに作成）

※１　遠心分離（ぶんり）……遠心力（物が円をえがいて回っているとき，中心から遠ざかろうとする力）を利用して，違（ちが）う種類の液体や液体の中にまじる固体をふり分けること

※２　酵素（こうそ）……生物のからだの中でつくられて，体内での化学反応を助けるはたらきをするもの

※３　凝固（ぎょうこ）……液体が固体になること

【資料４】牛乳・乳製品の価格

品目	価格
牛乳	１９８円／１kg
チーズ	１８０円／１００g
バター	３９８円／２００g

【資料５】みなみさんが調べたこと

- 生乳の加工方法は主に３つに分けられる。
- 生乳からつくられる製品で私たちがふだん消費することが多いものは牛乳，乳飲料，チーズ，バター，生クリームである。
- チーズの種類には青カビや白カビを利用してつくったものがある。
- バターは同じ量の生乳から加工した場合，できる量がいちばん少ない乳製品である。

(1)　前のページの【資料３】の A ～ C にあてはまる言葉として最も ふさわしいものを，【資料５】からぬき出して答えなさい。

(2)　生乳50kgを使って B をつくりました。できた量の B をすべて販売（はんばい）するときの価格はいくらになるか，【資料３】【資料４】をもとに，価格を答えなさい。

問題３　【資料６】【資料７】を見て，あとの問題に答えなさい。

【資料６】

		生乳 生産量(t)	※ 生乳 移出量(t)
	全　国	7508261	1771234
北海道地方	北海道	3882542	325659
東北地方	青　森	68905	59933
	岩　手	223525	108055
	宮　城	125989	41315
	秋　田	31601	19999
	山　形	72388	47635
	福　島	81845	30608
関東地方	茨　城	162098	33668
	栃　木	312090	181384
	群　馬	249444	126248
	埼　玉	66809	21549
	千　葉	229149	90421
	東　京	10398	61
	神奈川	44414	103
中部地方	新　潟	55345	13728
	富　山	13881	2749
	石　川	22593	340
	福　井	7038	2898
	山　梨	20251	18777
	長　野	108650	20872
	岐　阜	45623	6799
	静　岡	96838	25477
	愛　知	197298	23950

		生乳 生産量(t)	生乳 移出量(t)
近畿（きんき）地方	三　重	55720	23753
	滋　賀	22775	13147
	京　都	31868	10969
	大　阪	11106	2031
	兵　庫	96904	7001
	奈　良	26516	26265
	和歌山	4955	4488
中国地方	鳥　取	59829	539
	島　根	65216	46320
	岡　山	98078	21184
	広　島	60127	10771
	山　口	19094	67
四国地方	徳　島	35514	30467
	香　川	34832	10536
	愛　媛	38205	3305
	高　知	23423	11594
九州地方	福　岡	87372	26128
	佐　賀	18606	7299
	長　崎	52601	38811
	熊　本	245607	108398
	大　分	82120	35071
	宮　崎	89563	59868
	鹿児島	91235	70895
	沖　縄	28281	99

（総務省ホームページより２０１１年～２０１３年のデータをもとに作成）

※生乳移出量（せいにゅういしゅつりょう）……都道府県外に運び出した生乳の量のこと

【資料7】北海道と都府県の牛乳向け生乳と乳製品向け生乳の割合（２０１３年）

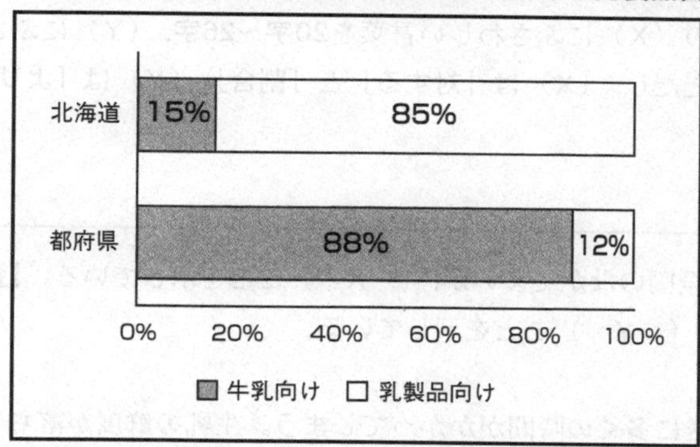

（農林水産省ホームページをもとに作成）

⑴　前のページの【資料6】からわかることとして適切なものを１～５から**すべて**選び，番号を書きなさい。

1　北海道地方の次に生乳生産量が多い地方は，関東地方である。

2　生乳生産量が多ければ多いほど，都道府県外に運び出す生乳の量も多い。

3　和歌山県の生乳生産量のうち，県外に運び出さない生乳の量は，全国で最も少ない。

4　生乳移出量が5000ｔ以下の都道府県は，すべて海に面している。

5　生乳生産量に対する生乳移出量の割合が，80%を超える都道府県は全部で６つある。

⑵　【資料6】を見て，関東地方の都県の生乳生産量に対する生乳移出量の割合について示した地図として，最も適切なものを１～６から一つ選び，番号を書きなさい。

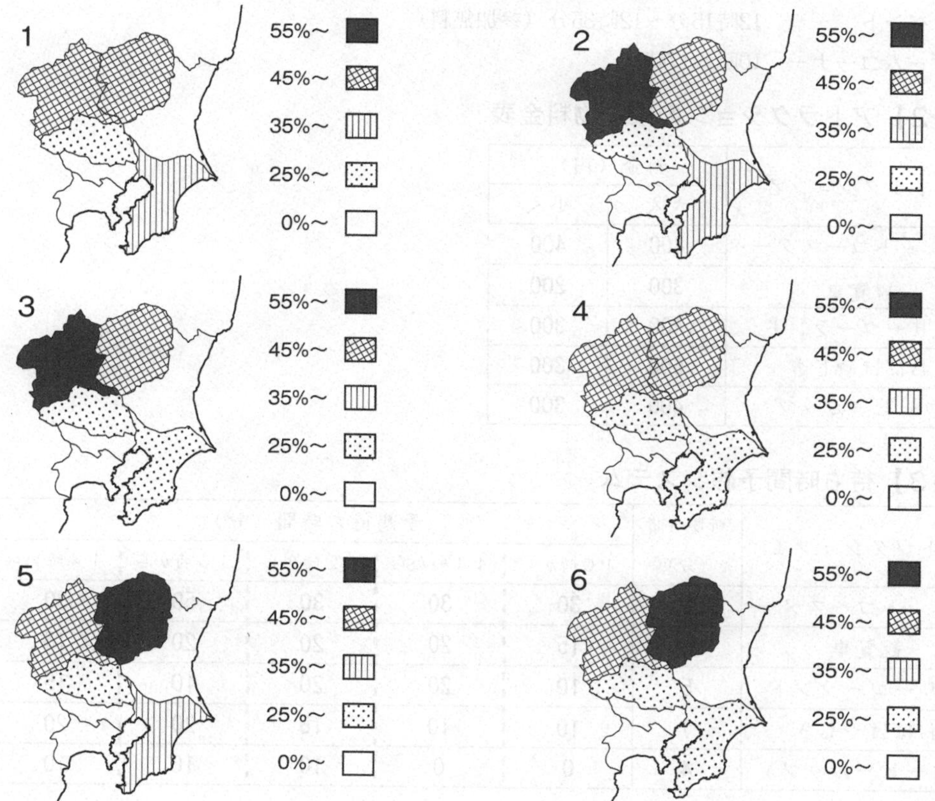

(3)　18ページの【資料６】前のページの【資料７】をもとに，みなみさんは北海道の生乳（せいにゅう）について考えをまとめました。次の【資料８】の（X）にふさわしい言葉を20字～26字，（Y）にふさわしい言葉を15字～20字で書きなさい。ただし，（X）は「対する」と「割合」，（Y）は「よりも」という言葉を必ず使って書きなさい。

【資料８】みなみさんの考え

> 【資料６】では，北海道の生乳生産量は全国のなかで多いが，（　X　）ことを示している。【資料７】では，北海道で生産された生乳は，（　Y　）ことを示している。
>
> 大消費地から遠い北海道は，生乳の輸送に多くの時間がかかってしまう。生乳の鮮度（せんど）が落ちることや費用がかかることから，北海道内で処理（しょり）することが多く，加工方法にも工夫（くふう）をしていることがわかった。

3　みなみさんはお父さん，お母さん，弟の家族４人で遊園地へ出かけることにしました。【資料１】～【資料３】を見て，あとの問題に答えなさい。

【資料１】遊園地情報

- 開園　9時30分
- 閉園　18時
- イベント　12時15分～12時35分（参加無料）
- ゲームコーナー　10時～17時

【資料２】アトラクションの乗り物料金表

アトラクション名	料金（円）	
	大人	小人
ジェットコースター	800	400
観覧車（かんらんしゃ）	300	200
メリーゴーランド	400	300
おばけやしき	600	300
コーヒーカップ	400	300

【資料３】待ち時間予想システム

アトラクション名	所要時間（分）	予想待ち時間（分）				
		１０時から	１１時から	１２時から	１３時から	１４時から
ジェットコースター	2	30	30	30	50	30
観覧車	12	15	20	20	20	15
メリーゴーランド	5	10	20	20	10	15
おばけやしき	7	10	10	15	20	20
コーヒーカップ	4	0	0	10	10	10

問題１　**みなみさん**は出かける前に，**【資料３】**を利用し，10時から15時までの計画を立てることにしました。**【資料１】**～**【資料３】**と次の**【条件１】【条件２】**を見て，あとの問題に答えなさい。

（**資料１**～**資料３**は，前のページにあります。）

【条件１】

・10時ちょうどからアトラクションに乗って，15時ちょうどには乗り終わっているようにする
・移動時間は，場所に関係なく５分として考える
・食事時間は，30分必ずとる（前後の移動も含(ふく)む）
・10時ちょうどに，待ち時間なしでジェットコースターに乗る
・５つすべてのアトラクションに１回は乗る
・連続で同じアトラクションには乗らない
（イベントやゲームコーナーはアトラクションに含まない）

【条件２】

・おばけやしきとジェットコースターは，４人全員で乗る
・観覧車は，**みなみさん**と**お母さん**の２人で乗る
・メリーゴーランドは，**みなみさん**と**弟**の２人で乗る
・コーヒーカップは，**お母さん**以外の３人で乗る

⑴　**みなみさん**はアトラクションに乗る回数が**できるだけ多く**なるように計画を立てることにしました。最初のジェットコースターを含めて，**みなみさん**は何回アトラクションに乗ることができるか，回数を答えなさい。

⑵　**みなみさん**はイベントにも参加することにしました。イベントの時間を考えて，アトラクションに乗る回数が**できるだけ多く**なるように計画を立てます。最も多くの回数アトラクションに乗って，さらに料金が最も安くなるように計画を立てると，アトラクションの乗り物料金の合計はいくらになるか，かかる料金を答えなさい。ただし，**みなみさん**と**弟**は小人料金，**お父さん**と**お母さん**は大人料金で考え，かかる料金はアトラクションの乗り物料金のみとします。

⑶　**みなみさん**は，最初と最後にジェットコースターに乗り，10時から11時30分までの間にゲームコーナーで45分間遊ぶように計画を立てることにしました。そのとき，合計で９回アトラクションに乗って，アトラクションの乗り物料金が合計で11500円であるとすると，どのような順番でいけばよいか，次の１～５の番号を使って答えなさい。ただし，イベントには参加しないこととし，**みなみさん**と**弟**は小人料金，**お父さん**と**お母さん**は大人料金で考え，かかる料金はアトラクションの乗り物料金のみとします。

１　ジェットコースター　　**２**　観覧車(かんらんしゃ)　　**３**　メリーゴーランド
４　おばけやしき　　**５**　コーヒーカップ

問題２　**みなみさん**は**お父さん**と次のページの**【資料４】**のグラフについて話をしています。**【会話】**中の（**あ**）～（**こ**）にあてはまる数を答えなさい。答えがわりきれないときは，小数第二位を四捨五入(ししゃごにゅう)して，小数第一位まで答えなさい。

【会話】

みなみさん：このジェットコースターのスタート地点は**【資料４】**のグラフだと，地上（　**あ**　）mのところにあるんだね。そこからゴールまで，のぼったりおりたりしているよ。最高で（　**い**　）mのところまで上がっているから，一番高いところと一番低いところでは

【資料４】ジェットコースターの走った時間と地上からの高さのグラフ

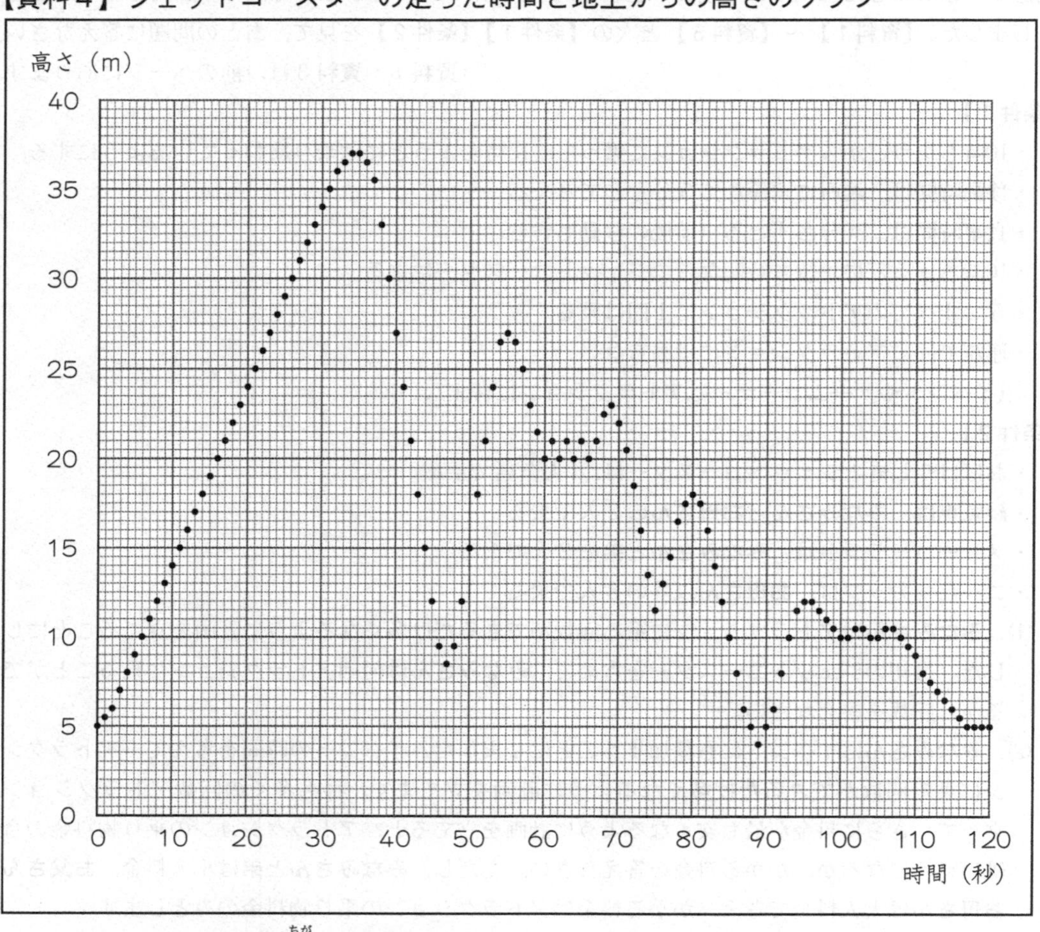

（　う　）mの違い（ちが）いがあるということだね。

お父さん：【資料４】のグラフで，スタートから37秒のところを地点Ａ，45秒のところを地点Ｂとすると，それぞれの高さはいくつになっているかな。

みなみさん：地点Ａの高さは（　え　）mで，地点Ｂの高さは（　お　）mになっているよ。

お父さん：単純（たんじゅん）に高さだけで考えると，地点Ａから地点Ｂへは，１秒間に約2.9m落ちていることになるね。でも，実際のジェットコースターでは真下に落ち続けることはないよね。

みなみさん：この【資料４】のグラフでは，高さはわかるけど，進んだ距離（きょり）や傾（かたむ）きはわからないよね。ジェットコースターの速さを考えるには，どうしたらいいんだろう。

お父さん：走った時間に対しての進んだ距離がわかればその間の平均の速さは出せるよ。このジェットコースターについての別の資料では，スタートから進んだ距離が，地点Ａは93mで，地点Ｂは249mと書いてあったんだ。

みなみさん：それだと，地点Ａから地点Ｂへの速さは秒速（　か　）mになるということだよね。時速に直すと，１時間で（　き　）km走っていることになるよ。これで，地点Ａから地点Ｂまでの平均の速さはわかったね。

お父さん：次は，この【資料４】のグラフだけでわかることをもう少し考えてみようか。スタートから10秒ずつの点を直線で結んでごらん。一番角度が急な直線になるところはどこになるかな。

みなみさん：それは，（　く　）秒から（　け　）秒のところになるよ。10秒ずつの点で見ると，グラフが違う形に見えてくるね。

お父さん：そうだね。では，今度は高さだけに限定してみようか。スタートからゴールまで，5秒ずつの高さを出して，スタート地点を含（ふく）めた高さの平均を求めてごらん。

みなみさん：平均は（　こ　）mになったよ。さらに細かい秒数で高さを出していけば，もっと正確な高さの平均を知ることができるね。

お父さん：グラフからいろいろなことが分かっておもしろかったね。じゃあ，実際にジェットコースターに乗ってみようか。

問題3　みなみさんは観覧車（かんらんしゃ）に乗っています。次の**【資料5】【説明文】**を見て，遊園地内の地図として正しいものを，あとの**1**～**8**から一つ選び，番号を書きなさい。

【資料5】観覧車のイラスト

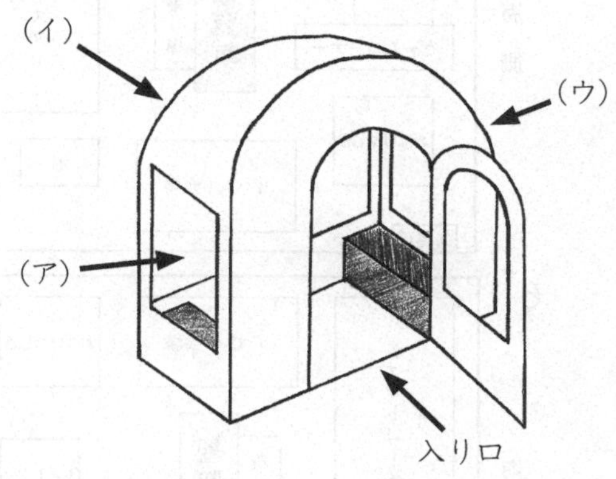

（ア）入り口から見て左側
（イ）入り口の反対側
（ウ）入り口から見て右側

イメージ図

【説明文】

2分後	おばけやしきが（イ）の窓（まど）から見えて，とても怖（こわ）そうでした。
3分後	（ア）の窓からすぐ下を見ると，イベント会場で，イベントの準備をしているのが見えました。
6分後	（イ）の窓から見た遠くの山々や入り口の窓から見た海に映る太陽の光が，とてもきれいでした。
7分後	（ウ）の窓からななめ下を見ると，池にたくさんの鳥がいました。
9分後	観覧車に乗っている別の家族が，仲良く話している姿が（ア）の窓から見えました。
11分後	ゲームコーナーが（イ）の窓から見えて，お母さんとあとで行く約束をしました。
12分後	入り口の窓から観覧車に乗るために並（なら）んでいる人たちが見えてきたところで，観覧車を降りました。

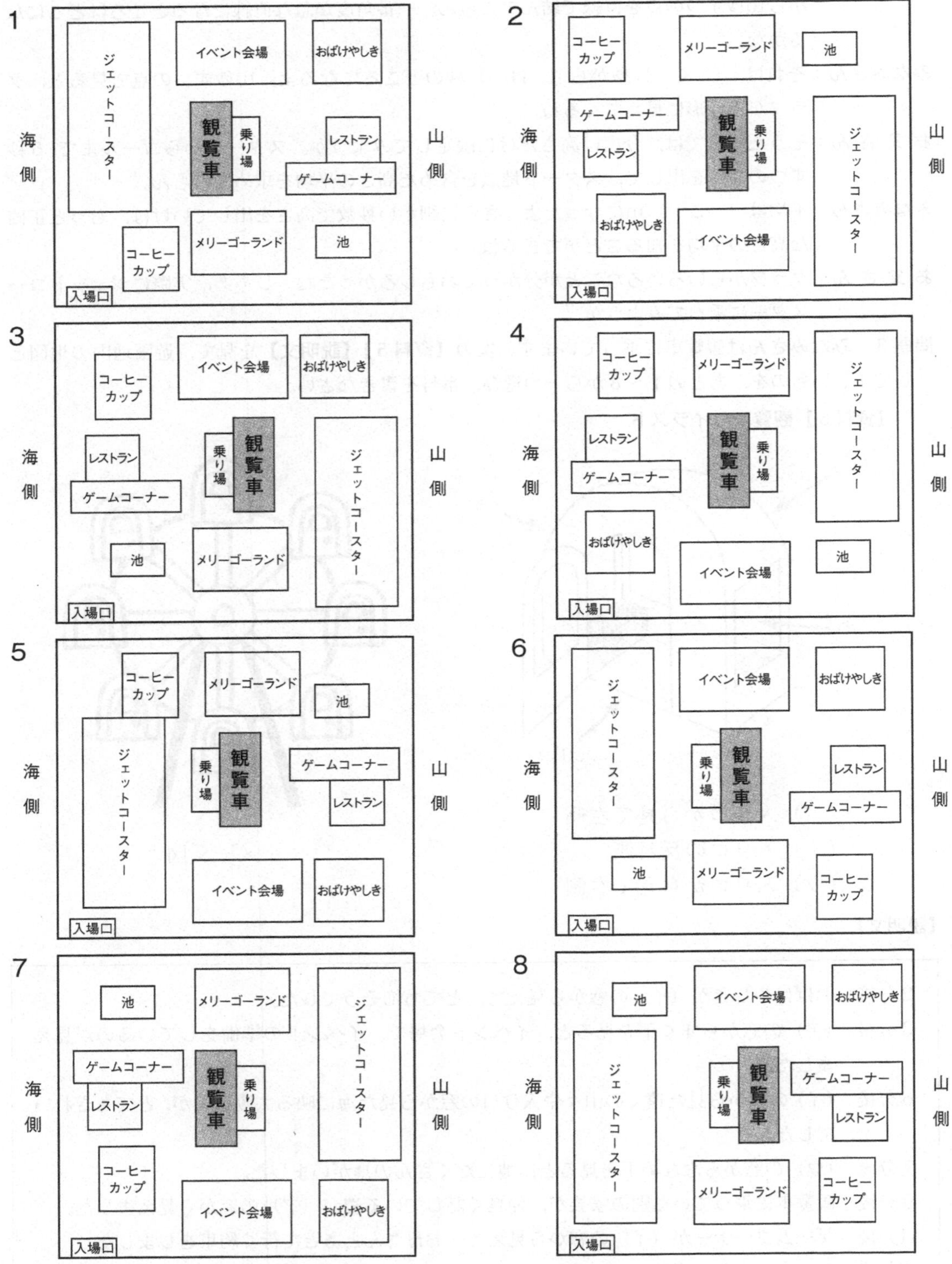
1
海側
山側
ジェットコースター
イベント会場
おばけやしき
観覧車
乗り場
レストラン
ゲームコーナー
コーヒーカップ
メリーゴーランド
池
入場口
2
海側
山側
コーヒーカップ
メリーゴーランド
池
ゲームコーナー
観覧車
乗り場
ジェットコースター
レストラン
おばけやしき
イベント会場
入場口
3
海側
山側
コーヒーカップ
イベント会場
おばけやしき
観覧車
乗り場
ジェットコースター
レストラン
ゲームコーナー
池
メリーゴーランド
入場口
4
海側
山側
コーヒーカップ
メリーゴーランド
ジェットコースター
レストラン
観覧車
乗り場
ゲームコーナー
おばけやしき
池
イベント会場
入場口
5
海側
山側
コーヒーカップ
メリーゴーランド
池
ジェットコースター
観覧車
乗り場
ゲームコーナー
レストラン
イベント会場
おばけやしき
入場口
6
海側
山側
ジェットコースター
イベント会場
おばけやしき
観覧車
乗り場
レストラン
ゲームコーナー
池
メリーゴーランド
コーヒーカップ
入場口
7
海側
山側
池
メリーゴーランド
ジェットコースター
ゲームコーナー
観覧車
乗り場
レストラン
コーヒーカップ
イベント会場
おばけやしき
入場口
8
海側
山側
池
イベント会場
おばけやしき
ジェットコースター
観覧車
乗り場
ゲームコーナー
レストラン
メリーゴーランド
コーヒーカップ
入場口

3　自然界から微生物をとり込んで発酵食品をつくってきた歴史は古く、奈良時代にはすでにカビを利用して酒をつくっていたと述べている。

4　世界の料理人にとって、素材に次々に味付けを重ねて料理していく日本人の美学、美意識との出会いは大きな発見だったと述べている。

5　日本の食文化について、忙しさから解放された祖父母の世代から、子供たちに伝統を継承していくべきだと述べている。

6　世界で認識されている味は、塩味、甘味、酸味、苦味であるが、最近の研究で、「うま味」が加わったと述べている。

7　現在、日本人全体が忙しい生活をしているため、時間をかけて美味しいものを作ったり、正しい食のあり方を考えたりする余裕がないと述べている。

8　カツオ節は油分を徹底的に取り除いた結果、うま味成分が凝縮されて、美味しい出汁が取れるのだと述べている。

9　世界で提供される和食は、その土地の食文化に合わせて工夫されながら、全体的には和食という枠組みから外れていないと述べている。

10　日本人は、高温多湿という気候条件が生み出したカビとうまく共存し、食文化を豊かにしてきたと述べている。

11　元来、日本人は一年の中で最も困難な夏を乗り越えるために、美味しさよりも健康であることを優先して食べるものを選んでいると述べている。

12　ある国の文学が異文化の中で受け入れられるには、それが生まれた国の風土や習慣、考え方や歴史をよく知っている翻訳家の存在が欠かせないと述べている。

問題3　**【ア】【イ】【ウ】**から二つの資料を選んで、それをもとに二つの文章を書きなさい。一つは**【資料が伝えていることを短くまとめる文章】**、もう一つは**【資料の内容について自分が考えたことをまとめる文章】**です。次の［条件］と［注意事項］にしたがって書きなさい。

［条件］

○選んだ資料をア、イ、ウの記号で書くこと。

○**【資料が伝えていることを短くまとめる文章】**は、**三百字以上三百五十字以内**で書くこと。

○**【資料の内容について自分が考えたことをまとめる文章】**は、自分がこれまで学習したことや体験したことと関連させて**二百字以上二百五十字以内**で書くこと。

○**複数の段落**をつくって、文章全体を構成すること。

［注意事項］

○題名は書きません。

○原稿用紙の適切な書き方にしたがって書くこと。（ただし、解答用紙は一行二十マスではありません。）

○文字やかなづかいなどに気をつけて、漢字を適切に使い、丁寧に書くこと。

細谷　一週間、毎日おうちでご飯を食べるという暮らし。かつての日本ではそれが普通だったけど、今は毎日連続して、うちで食べるという人が少なくなっています。

辰巳　そうなのですね。

細谷　だから、食生活にもっと計画性を持てといわれても、現実にはなかなか難しい。そのことも料理の展開法が学ばれない原因でしょうね。忙しく仕事、仕事の時代ですから。

辰巳　忙しければ忙しいほど計画性と段取りがものをいうんだけど、それ以前の食に対する認識が問題なのね。このまま行ったら、日本の食文化はどうなってしまうのか。大いに心配です。

細谷　辰巳先生の教室で、まだ若いこれからの子供たちに直接、教えるのもよろしいんじゃないですか。というのは、今日、お話してきて、今から子供たちに美味しいものを日々作ることが生きる基本であることを教えないと、日本の食文化の崩壊を食い止められない気がしてきたからです。忙しく働いている若い親の世代に、食べることの大切さを一から認識してもらうのも大事なんですけれど、一世代飛ばして、子供に教えたほうが、回り道なようで早いのではないでしょうか。日本の味覚を残し、日本の食の伝統を何とか伝えていくには、忙しすぎる仕事からリタイアしたおじいちゃん、おばあちゃんの世代と、その孫の世代に期待するしかない気がしてきました。子供たちをぜひ教育してください。

（辰巳　芳子「食といのち」より。

一部省略やふりがなをつけるなどの変更があります。）

［注］　※11ようすが……てがかりとなるもの。

※12平素……ふだん。ひごろ。

※13克己心……自分のなまけごころや欲望にうちかとうとする気持ち。

問題1　**みなみさん**が集めた資料**【ア】【イ】【ウ】**を説明したものとして最も適切なものを、次の**1**から**4**の中からそれぞれ一つ選び、番号を書きなさい。

1　この文章は、事実や科学的な根拠にもとづいて話を進めることで、内容に説得力をもたせている。

2　この文章は、アンケートの結果や具体的な数値を用いることで、読み手の興味を引き出している。

3　この文章は、他者と意見を交わすことで、テーマについて互いに考えを広げたり深めたりしている。

4　この文章は、国際的な視野から複数の例を挙げることで、筆者の考えをわかりやすく説明している。

問題2　**みなみさん**は**【ア】【イ】【ウ】**の資料を読みながら、メモを作りました。次の**1**から**12**は、どの資料を読んで書いたものですか。最も適切なものを、それぞれ一つ選び、資料**【ア】**の内容ならば**ア**、**【イ】**の内容ならば**イ**、**【ウ】**の内容ならば**ウ**の記号を書きなさい。ただし、**【ア】【イ】【ウ】**の内容とてらして誤りがある場合は**×**を書きなさい。

1　「日常的に和食を食べたい」という世界的な流れの中で、ニューヨークではラーメンが日本国内と同じように単品料理として人気があると述べている。

2　和食が異文化の中で発展していることに気付かないと、いつか日本国内の和食の方が、世界の流れから置いていかれるのではないかと述べている。

細谷　しかも、健康のためにこれを食べなければというのではなく、この季節には、これが美味しいから食べると思う感覚。それが日本人に備わっていた。それをもっと大事にしたいですね。やっぱり、※12平素から日本人はこういう食べ方をしてきたんだよと、子供たちにちゃんと教えないといけない。

辰巳　このあいだ、私、汐留に行ったんですよ。そうしたらね、エレベーターで五十階から一階まで一分で降りちゃうのですね。一階へ着いたらポーンともう耳が聞こえなくなっちゃうぐらいの速さで。あれをして便利というんだか何だかわかりませんけど、そのとき思った。こういうところで日常暮らしていると、知らず知らずのうちに気配の影響を受けて、感性の質が変わるんじゃないかと。少なくとも、出汁を引いてものを食べていくなんていうことは感覚的にそぐわなくなるのではないかしら。

細谷　うーん、そうですねぇ。

辰巳　リニアモーターカーにしろ、超高速エレベーターにしろ、速さを求める・速さを競う・競いたくなるのはなぜだろう、とは考えないのでしょうか。

細谷　でもね、先生。そういう超高速生活をしている人でも、美味しいものを食べれば美味しいって思うんですよ。ただ、美味しいものを作る時間をどれだけ使うかというと……。みんな、忙しい、忙しいという暮らしが当たり前になってしまって、今の日本人全体が、本当の味とか正しい食のあり方を考えるゆとりがないんですね。

辰巳　そうねえ。だからいっそ五十階を一分で降りる感覚をお料理の世界に持ち込めばいいのよ。その道は段取りでしょう。段取り次第で、一分で到着できるのよ。出汁を引くのだってね。

細谷　先日、先生から煮干しと椎茸のティーバッグみたいなのをいただきましたが……。

辰巳　あれと昆布を鍋に入れて、水入れて、寝る前に冷蔵庫に入れておくと、寝ている間に自然にいい出汁が出てくるわけ。だから、朝起きてそれを火にかければ、顔を洗っている間に出汁は引けるんです。これなら五十階を一分の感覚でございますよ。

細谷　出汁を引くのは手間も時間もかかって大変、とても面倒でやっていられないと思い込んでいる人たちに、こうすれば最高の出汁がこんなに簡単にできるんだという講習会をやらなくちゃいけませんね。

辰巳　三百六十五日、食べるべきものを作るべきように作って、食べるべきように食べていくということは、とっても当たり前なことなんだけど、これを当たり前のようにするには※13克己心が求められるの。今までしなかったことをするにはね。三百六十五日の食事の用意ほど克己心を求められることはないと私は思う。今じゃもう克己心なんて死語に等しいかしら。

細谷　そのためには仕事に追われて忙しすぎる女性も男性も、食事を調えるための時間的余裕を何とかして持ってもらう必要がありますよね。

辰巳　もっと厳しくいえばね、「人は何のために食べるか」を真剣に考えたら、食事を用意する時間がないなんていっていられないはずですよ。

【ウ】料理研究家（辰巳）と小児科医（細谷）による和食についての対談

細谷　辰巳先生は、いつも今の若い人たちの食生活について心配しておられますよね。コーラ飲んで、ポテトチップス食べて、アップルパイ食べてみたいな生活ばっかりしている、と。食べものについて考えるということは、やっぱり生活全体について考えるということなんですね。食べることが生きる基本だと辰巳先生はいつもおっしゃってますけど、本当にそうなんだなと思いました。

辰巳　美味しいっていうことと生きていくということには密接な繋がりがある。その繋がりを大事にし、それを生きる※11よすがにしていくことは、どこまで行っても大事なんです。

細谷　食べることが生活の基本だという感覚が、国全体で薄れてしまっていますからね。

辰巳　それを何とか取り戻してほしい。それにはどうしたらいいのかなと今考えているんです。以前、看護大学の公開講座に呼ばれて話をしたときに、男女合わせて六百人の出席者に、まず質問したの。「自分で出汁引いてる方は?」って。そうしたら、やっと二十人ぐらいですよ。

細谷　うーん。

辰巳　日本の出汁は世界のスープのなかでどういう位置にあるのかを、みんなに考えてほしいですね。日本のような湿度が高い地理的条件のなかで、出汁が負っている使命は、すごく大きいと思うんです。

細谷　日本は周りを海に囲まれ、南北に細長く存在して、四季の変化があって、そこに住む人は昔から土地ごとに四季それぞれの恵みを美味しく食べる知恵を磨いてきました。その味覚の伝統の根本にあるのが出汁ですよね。

辰巳　過不足なく血液の状態を良好に保ってくれる役割を出汁が果たしているのよ。昆布をあのように使って、血管をきれいにしながら、しかも美味しくものを食べさせるって、ほかの国のスープにはないと思います。

細谷　出汁を引かないってことは、日本の気候風土によって育まれてきた特別の食文化の大本を捨てるってことになるわけだ。

辰巳　どうも私たち日本人は、自分たちが持っているものと持っていないものの区別をしっかりと見極めていないような気がするの。外国のスープに比べて、日本の出汁が一番簡単なんですよ。その簡単なことをいやがって、それもしなくなってきたというのは、出汁についての教育が足らないのではないでしょうか。それが私たちの体にいかに必要か、よその国のものと比べてどんなにいいか。ちゃんと認識されていないんです。元来、日本人は食べることについて勘がいいはずなのよ。夏になると麦茶を飲むでしょ。昔は自分で裸麦を煎っていたからビタミンB_1がよく残った。夏はB_1が欠乏してくると体がだるくなる。それを麦茶で補っていたんですね。おやつに「麦焦がし」というものも食べていた。

細谷　食べましたね。

辰巳　それから押し麦を加えたご飯。そういうもので夏場に必要なB_1をちゃんと摂っていました。それから、鰹を五月から六月に食べる。やっぱり困難な夏を迎え撃つための工夫が凝らしてあったと思う。

昨今では、世界的に見ると柔道というスポーツの中心地はフランスのパリになっていると聞く。

和食もそうなる可能性がある。本家だと思っているのは日本人だけで、極端な話だが、外国資本の和食のレストラン・チェーンが逆上陸するなどということはありえないだろうか。子どもの頃からの食習慣の変化で日本人全体の味覚がすっかりかわってしまって、和食の※7老舗が衰退するということはありえないか。せっかくの日本の文化遺産が、日本のものではなくなってしまう。そんな状況が来るかもしれない。※8杞憂かもしれないが、私はそんな※9危惧を抱いてしまうのだ。

和食が異文化で成功するために、絶対に必要なものは何か。

私はそれは「変換力」だと思っている。これがないと、いくら国内で人気の料理でも、この和食ブームにのって世界展開することはできない。どんなに国内で人気のメニューでも、異文化の厚い壁に阻まれてしまう。そんなケースを数多く見てきた。

このことは、何も料理だけに限らない。料理で言う「変換力」とは、たとえば文学で言えば「翻訳」ということになるのだろう。もとより文学は、その国古来の風土や習慣、人々の考え方や歴史に敏感に反応するものだから、英語に訳すときは「日本人の習慣や風土、考え方や歴史を熟知したアメリカ人や英国人の翻訳家」が必要となる。ところがその人が翻訳した英語の文章が正しいかどうかを検証するためには、「アメリカ人や英国人の風土や習慣、考え方や歴史を熟知していて英語をネイティブに話せる（書ける）日本人翻訳家」の存在も不可欠となる。

幾重にも検証を重ね、何人もの翻訳家の手を経ながら文章を「翻訳＝変換」していく。それが異文化に出ていこうとする文学が取るべき当然の流れである。

「変換力」を、食文化の面からみてみよう。

たとえばいま、ニューヨークではラーメンが人気である。

その理由を探っていくと、一つの結論に達した。

それが、「変換力」だ。この店では、日本国内で大人気のラーメンをそのままの味付けで用意しているが、それとは別に、国内の店舗とは違うニューヨークならではの一工夫、つまりある「変換」を行っているのだ。

具体的には、ラーメン店での食事を、他のレストランのコースのようなものに変換しているということである。

この店は、ラーメンを食べる前に、カウンター席で「食前酒」を飲み「※10前菜」を食べるような店のつくり方になっている。つまり、ラーメン屋ではあっても、欧米人の食事に欠かせない「流れ」をつくっているのだ。お客様は、「食前酒」や「オードブル」をカウンターで食べて、それからメインディッシュであるラーメンに向かう。

ラーメンという日本の単品料理を、欧米人の「食文化」の流れの中に入れ込む「変換」作業を施した。その結果、大成功を得たのである。

（辻　芳樹『和食の知られざる世界』より。一部省略やふりがなをつけるなどの変更があります。）

[注]　※6潮流……世の中の動きや、ものごとの進む方向。
※7老舗……昔からその商売を長く続けている有名な店。
※8杞憂……必要のない心配をすること。
※9危惧を抱く……悪い結果になるのではないかと心配する。
※10前菜……食事の最初に出す軽い料理。オードブルともいう。

うま味に合う言葉がないため、日本語の「ＵＭＡＭＩ」（うま味）がそのまま使われている。「うま味」が世界に認識されることによって、和食の国際的な関心がさらに高くなるだろう。

（永山 久夫「なぜ和食は世界一なのか」より。
一部省略やふりがなをつけるなどの変更があります。）

［注］※1モンスーン……日本やアジアなどで夏は海から大陸へ、冬は大陸から海へ向かってふく季節風。
※2嗜好性……飲食物などに対する好みの傾向。
※3酵素……生物のからだの中でつくられ、体内での化学反応を助けるはたらきをする物質。
※4芳醇……かおりが高く、味わい豊かであるようす。
※5魅了する……人の心をひきつけて、すっかりむちゅうにさせる。

【イ】調理師専門学校の先生が和食について書いた文章

現在世界の料理※6潮流のある意味で最先端にあるのは、「どこまで和食と呼べるのか」という試み。つまり、異文化の中で、その民族が好む味や食感にあうような和食を作り出そうとする試みが、各地で行われるようになったのだ。その一つが、ニューヨークの料理店である。

この店では、原則的に食材はニューヨークの市場で普通に集められるものに限っている。一部の加工品（出汁をとる昆布等）や魚は日本から空輸することもあるが、肉や多くの魚、野菜はアメリカ産のもの。メニューも、炊き込みご飯やお椀、焼き魚、お造り、茶碗蒸し等、普通の和食店で出されるものを提供している。けれどそこには、例えば焼き魚一つとっても、「ニューヨーカーに美味しいと思ってもらえる焼き魚」になるような、各種の工夫が施されている。時には和食店では普通は使わないトマトを出汁として使うこともある。つまり、全体的には和食の枠を超えていない。その技術も食材の美味しさの引き出し方も、ギリギリ和食の範囲に収まっている。

ここで大切なのは、料理人の興味のもち方が変わってきたということだけでなく、世界中の大都市を中心として、「日常的に和食を食べたい」という食べ手がいるようになったことだ。世界の人々の中に、「日本に行かなくても地元産の和食を食べたい」という欲望が存在するようになった。だからそこに、どこまでが和食かというチャレンジが日常的に行われるようになったのだ。世界の料理人にとっては、和食との出会いからすでに五〇年以上がたっている。当初はまるで馴染めない料理文化として映ったはずだが、徐々に技術的交流を重ねその料理文化の深みを知る中で、彼らにも、日本の料理文化ならではの良さがわかってきたのである。それは「引き算の美学」である。

料理技術でも食材の扱い方でも味付けの仕方でも、削って削って、削いで削いで。素材をまるで「土の中から生まれてきたもの」のように料理する日本人独特の美学、美意識。それを知ったことが、彼らにとってはものすごい発見だったはずだ。

この大きな潮流を知らないのは、むしろ日本人のほうなのかもしれない、という気がする。私が危機感を持つのは、この流れはあまりに大きな潮流なので、いつの日か日本国内の和食の流れの方が置いていかれてしまうかもしれない、という点である。日本人が井の中のかわず的な発想でちまちまと和食を考えている間に、世界では、もっと大きな「和食潮流」ができてしまっているかもしれない。

瑞穂の国という雨のよく降る湿度の高い風土が生んだ微生物なのである。高温多湿の日本列島は、一方で稲作文化の発展に役立ち、もう一方では、カビを利用したさまざまな発酵食品を育て、種々の※3酵素を生み出して日本人の健康を支えてきた。

《中略》

世界一固い食べ物が日本にある。

固いけれど味は極めてよい。削って食べてもらうと、外国人はまるでビーフジャーキーの味だと言って目を丸くする。

古代から保存食となり、そしてダシの材料になってきた。

よく仕上がったカツオ節を両手に取って叩くと、カーン、カーンとまるで拍子木を叩くような音が響く。澄んだ音だ。よく枯れた上等の本枯節になると、その重さが生のカツオの五分の一になる。煮たり、干したり、いぶしたり、カビ付けしたりして、水分を徹底的に排除するため木片のように固くなる。このためうま味が濃縮されて、味わい※4芳醇なカツオ節になるのだ。

うま味のもとはイノシン酸を主とした三〇種類にも及ぶアミノ酸などで、欧米諸国の油脂系の濃厚な味に対して、さっぱりした天然発酵の味。この味が昆布とともに、海外ではカレーにもラーメン、うどん、おでんにも使われ「和の味」の人気を高めている。

吸い物や煮物、鍋料理にしても、ダシの使い方ひとつで味はずいぶん変わってくる。カツオ節と並ぶダシの代表が昆布。うま味成分の中にはグルタミン酸のおだやかな風味が溶け込んでいて、材料の持ち味を引き立ててくれる。

「うま味」の研究では日本が世界をリードしてきた。明治時代の末に東大の教授が、昆布のうま味成分がグルタミン酸であることを世界で初めて発見した。

このグルタミン酸が、やがて世界中の舌を※5魅了する和食文化の中心的なうま味になっていく。その後、日本人の研究者によってカツオ節のうま味であるイノシン酸や、干しシイタケのグアニル酸などが発見された。動物性でも植物性でも、煮出し汁をとることを「引く」というが、材料からうま味成分を引き出すという意味である。

すまし汁をひと口すすれば、その料理人の腕前の見当がつくと言われるほど重要なのがダシ。確かに、日本料理はダシによって支えられている料理で、その歴史は古く、奈良時代すでに「堅魚煎汁（かつおいろり）」という調味料が用いられている。煮て干したカツオの煮出し汁で、液体調味料である。

昆布やイワシなど小魚類の煮干し、干しキノコも古くから味出しとして用いられている。これらダシの文化は和食独特のもので、肉料理や油脂料理のほとんどなかった日本の場合、どうしても植物系の食材が多く、調味料によって料理にうま味を加える必要があった。

歴史的に見た場合、日本人のふだんの生活で一番よく食べられていたのは、野菜の煮付けと具だくさんの味噌汁である。材料はほとんどが植物性で、カツオ節や煮干しなどでうま味と栄養を加わるようになったのである。

世界で認識されている味は、塩味、甘味、酸味、苦味の四つの基本味である。ところが、最近、海外でも味の研究が進んで、「うま味」も人間の共通味であることが判明し、五番目の味となった。ただ、外国には

【適性検査Ⅰ】（四五分）〈満点：二〇〇点〉

1 **みなみさんは、「和食」に興味を持って調べています。みなみさんが集めた次の【ア】【イ】【ウ】の資料を読んで、あとの問題に答えなさい。**

【ア】食文化史研究家が和食について書いた文章

日本人の挨拶は天気がよい、悪いから始まる場合が少なくない。天気が変わりやすいからだ。雲が多く、それが雨に結びつく。※1モンスーン特有の気候で、このため雨は、古来さまざまな言葉で表現されてきた。

春雨、梅雨、五月雨、こぬか雨、天気雨、にわか雨、小雨、涙雨、長雨、通り雨、狐の嫁入り、みぞれ、氷雨……。

このように、日本の雨は多彩な降り方で大地をうるおしてきた。当然のことながら、日本列島の降雨量は大変に多い。年平均で約一八〇〇ミリ。世界平均は九七〇ミリだからその二倍。地球の穀倉地帯と言われるアメリカでさえも七六〇ミリである。

日本はまさに水資源大国なのだ。この豊富な降雨を活用して、米を得るために大地に構築された生産システムが「水田」であり、「稲作」である。

世界の先進国の中で日本ほど高温多湿の国は少ない。年平均の湿度がだいたい六五パーセント、東京では七〇パーセントもある。

フランスは三〇パーセント台の前半だから、日本の半分。ある民族にとって、主食が何であるかは単なる※2嗜好性を超えている。主食にあわせて副食物や調味料、飲み物のタイプまで決まってくるという点で、大きく見れば民族の体型や頭脳の機能、寿命の長短、文化にまで影響を及ぼす重要な問題である。

日本に牧畜肉食文化が生まれなかったのは、平野が国土全体の一五パーセントしかないという山岳列島であることに加えて、カビが発生しやすいという風土の特徴が大きな理由になっている。雨が多くて湿度が高いということは、カビが発生しやすいことを意味し、日本人はこのカビと実に上手に共存してきた。

一方では、カビの害を少なくするため、通気性を重視した清潔な障子やたたみを多用する生活空間を生み出す。また一方では、そのカビを活用して多彩な発酵食品を作り、脂肪を使用しなくても美味きわまりないダシや調味料、酒、漬物などの食文化を形成してきた。そのダシこそ、カビ付けによってうま味のアミノ酸を増やしたカツオ節である。

「大神の御粮、濡れてかび生えき、即ち、酒をかもさしめて、庭酒をたてまつり、宴しき」。奈良時代の『播磨国風土記』に出てくる古代の酒造りのくだりである。

文中の「かび」は明らかに「麹」で、大神にお供えした飯が、水に濡れてカビが生えたので、そのカビを利用して酒を造り、酒盛りをしたという意味。このカビの利用法を見ても分かるが、日本人ほど器用に自然界から微生物をとり込んで発酵食品を作り、食文化を豊かにし、健康管理に役立ててきた民族も少ない。

和食の味付けでもっとも大事な役割を果たしているのが、菌類を利用した発酵食品の数々。味噌や醤油、みりん、酢、日本酒などで、菌類がなかったらこれら素晴らしい発酵食品は生まれてこなかった。

和食の味を支えてきたこの菌類もカビの一種であり、もとをただせば

平成27年度

横浜市立南高等学校附属中学校入試問題

【適性検査Ⅰ】 （31ページから始まります。）

【適性検査Ⅱ】 （45分）　　＜満点：200点＞

1　**みなみさんは，正三角形について興味を持ち，次のようなことをしました。**

みなみさんは，**【図１】**のような１辺の長さが20㎝の正三角形ＡＢＣを作りました。

【図１】

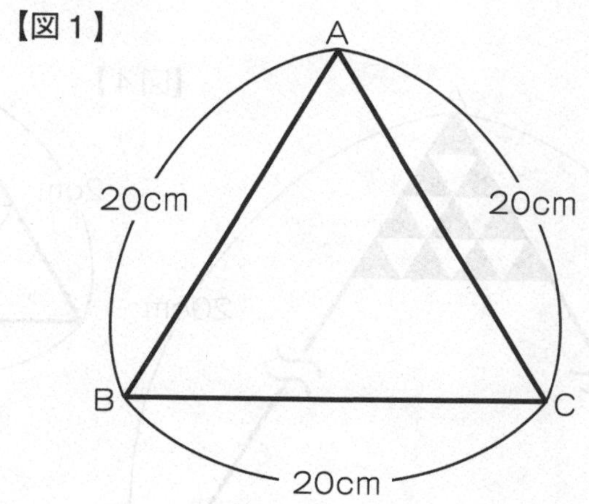

次に，正三角形ＡＢＣを１辺の長さが10㎝の小さな正三角形で分けました。すると，**【図２】**のように全部で４個に分けることができました。このとき，１辺の長さが10㎝の小さな正三角形の頂点（ちょうてん）の個数の合計は，重なっている点を１個として数えると，全部で６個になりました。

【図２】

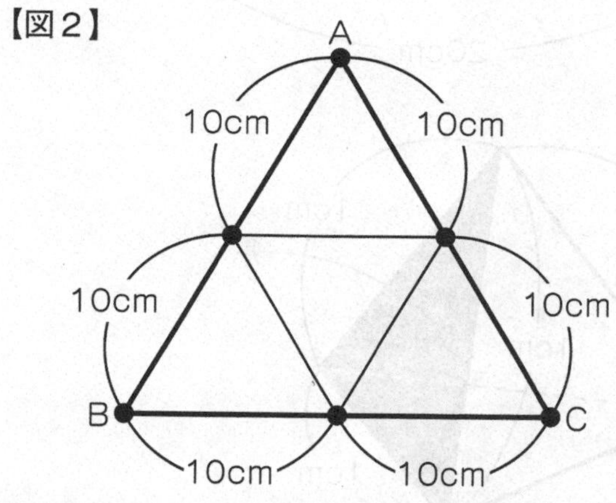

問題１　みなみさんは，【図１】の正三角形ＡＢＣを，1辺の長さが１㎝の小さな正三角形で**【図２】**のように分けました。次の問題に答えなさい。

(1)　１辺の長さが１㎝の小さな正三角形は，全部で何個ありますか。

(2)　１辺の長さが１㎝の小さな正三角形の頂点の個数の合計は，重なっている点を１個として数えると，全部で何個ありますか。

(3)　【図１】の正三角形ＡＢＣを，1回目は１辺の長さが２㎝の小さな正三角形で分けました。２回目は１辺の長さが４㎝の小さな正三角形で分けました。３回目は１辺の長さが５㎝の小さな正三角形で分けました。４回目は１辺の長さが10㎝の小さな正三角形で分けました。４回分の小さな正三角形の個数を合計すると，全部で何個ありますか。

(4)　【図１】の正三角形ＡＢＣを１辺の長さが１㎝の小さな正三角形で分け，【図３】のように黒と白で色を交互（こうご）にぬりました。次に，【図３】の図形を【図４】の形と大きさで，あまりなくすべて切り取りました。その後，切り取った図形で【図５】のような１辺の長さが１㎝の立体を作りました。このとき，【図５】のように面が白，白，白，黒となる立体は全部で何個ありますか。

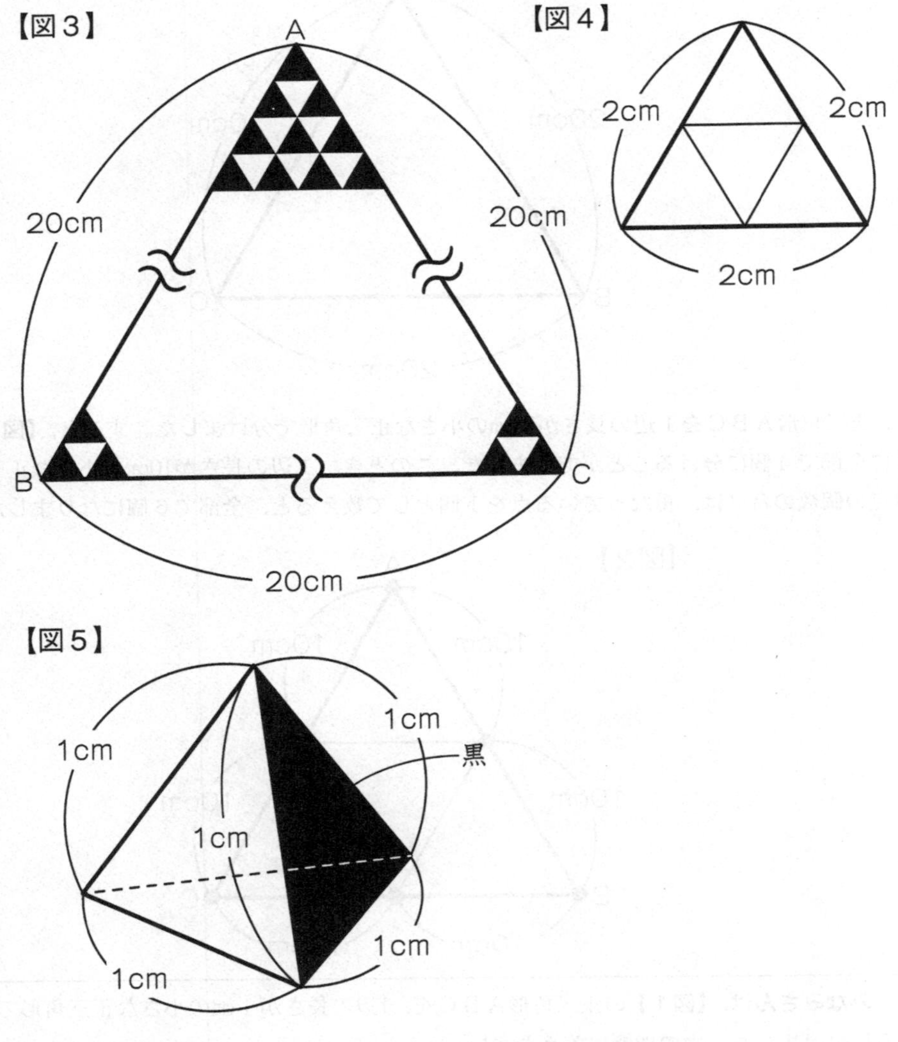

みなみさんは，【図２】の４個の小さな正三角形に分けられた正三角形ＡＢＣの辺ＢＣ上に辺BDの長さが８㎝となる点Ｄをとり，点Ａと点Ｄを直線で結びました。このとき，【図６】のように直線ＡＤが通り，２つに分けられる１辺の長さが10㎝の小さな正三角形は３個ありました。

【図６】

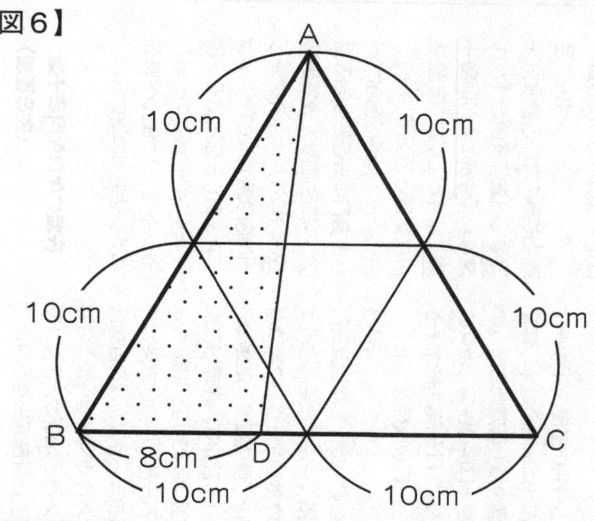

問題２　みなみさんは，【図１】の正三角形ＡＢＣを１辺の長さが２㎝の小さな正三角形で分けました。次の問題に答えなさい。

⑴　正三角形ＡＢＣの辺ＢＣ上に辺ＢＥの長さが４㎝となる点Ｅをとり，点Ａと点Ｅを直線で結びます。直線ＡＥが通り，２つに分けられる１辺の長さが２㎝の小さな正三角形は全部で何個ありますか。

⑵　辺ＡＢ上に辺ＡＰの長さが4.4㎝となる点Ｐを，辺ＢＣ上に辺ＢＱの長さが4.4㎝となる点Ｑを，辺ＣＡ上に辺ＣＲの長さが4.4㎝となる点Ｒをとります。このとき，三角形ＰＱＲの辺が通り，２つ以上に分けられる１辺の長さが２㎝の小さな正三角形は全部で何個ありますか。

2　みなみさんは，【資料１】の新聞記事を読み，「素数ゼミ[※1]」とよばれるセミに興味を持ちました。

【資料１】を読んで，あとの問題に答えなさい。

【資料１】　みなみさんが読んだ新聞記事

大発生！謎の素数ゼミ

十三年あるいは十七年に一度、大発生する不思議なセミがアメリカにいます。周期[※2]は全くずれません。なぜ、そんなに長い間地中にいるの？ どうしてぴったり出てくるの？ そして、十三年と十七年の理由とは？ 今回は「素数ゼミ」の謎に迫ります。

〈南部の州〉数十億匹がことし羽化

ことし四月下旬から六月末まで、ケンタッキーやミズーリなどアメリカ南部・中西部の十三州では、ちょっとした異変が起きていました。セミが庭先の観葉植物[※3]や木を埋め尽くし、抜け殻が山のように積もっているのです。

「十三年周期の素数ゼミが羽化したのです。①数十億匹になります」。「素数ゼミ」の名付け親で、静岡大工学部の吉村仁教授が説明します。

素数ゼミは全長三～四センチ。赤い目と細くたたまれた羽が特徴です。十三年と十七年周期の二種類がいて、主に南部と東部ですみ分けています。

セミの幼虫は植物の「道管[※4]」から水分を吸って大きくなります。アブラゼミなど普通のセミは六～九年で十分成長したら、地上に出ます。長さのばらつきは「気温に影響を受けるため」と吉村教授。気温が高いと植物が育ち、幼虫も栄養を取れて早く成長します。反対に気温が低いと遅くなるのです。

一方、素数ゼミは十三年や十七年も地中にいます。しかも、ばらつきは一切なし。吉村教授は「謎を解く鍵は、大昔のアメリカにあります」と指摘します。

〈祖先〉気温下がり地中に長く

素数ゼミの祖先が現れたのは、三・六億年前の古生代・石炭紀といわれています。吉村教授は「当時は、アブラゼミと変わらない生活でした」と明かします。気温の影響を受けながら六～九年間、地中で暮らしていたのです。

祖先ゼミに変化が訪れたのは、百八十万年前の「氷河期」。気温が下がり、植物は成長できません。幼虫は栄養を取れず、地中の暮らしはどんどん長くなりました。吉村教授は「この寒さが、素数ゼミが地中で長く暮らすようになった始まり」と考えます。

厳しい寒さの中、祖先ゼミの多くは餓死しました。そんな中、氷に覆われず、林などが残った待避地「レフュージア」が現れます。幸運な祖先ゼミはその中で生き延びました。環境が似ているため、幼虫が成長するスピードはほぼ同じ。羽化する年はだんだんそろっていきます。②暖かい南部では十二～十五年、寒い北部では十四～十八年。計七つの周期が現れました。

この周期から外れたセミも最初はいました。でも羽化しても、周りに誰もいないため子どもを残せません。吉村教授は「彼らには、周期をぴったり合わせることが何より大切になりました。気温よりも時間に影響を受けるようになったのです」と説明します。

〈残った年〉素数が持つ不思議な力

では、なぜ十三年と十七年だけが残ったのでしょう。吉村教授が注目したのは、十三と十七がどちらも素数ということです。素数は一とその数以外で割り切れない数。そこに秘密があると考えました。

まず南部の十二年周期のセミで考えてみましょう。彼らは、同じ周期の仲間で子どもを残していました。ところがある年、地上に出ると十五年周期のセミもいます。喜んで子どもをつくりました。

ただ、問題がありました。「違う周期の遺伝子[※5]を持った両親の子どもは、地上に出る周期が狂ってしまうのです」と吉村教授。周期がずれると結婚相手が見つかりません。子どもを残せず、十二年、十五年のどちらも数を減らしました。つまり「違う周期とよく出合うグループほど、数が減る可能性が高い」のです。

③十二年と十五年が出合うのは何年に一度でしょうか。答えは六十年。最小公倍数を求めればよいのです。一方、十三年と十五年では…百九十五年に一度。ここで素数の不思議な力が働きます。

吉村教授は「素数が一つでも入っていると、素数以外の数字同士よりも最小公倍数が大きくなるのです」。つまり、素数の十三年のセミは［　あ　］ため、生き残れたのです。北部の十七年のセミも同じです。

そして、現代。氷河期は終わり、気温は高くなりました。でも素数ゼミは今でも周期を守っています。タイミングがずれると、相手が見つからないからです。吉村教授は「不思議な性質はもう、後戻りできなくなったのです」と話しています。

２０１１年（平成２３年）８月９日東京新聞掲載記事

［注］※１　素数……１とその数自身しか約数がない数。
　　　※２　周期……同じことがくり返し起こるとき，その１回にかかる時間。
　　　※３　観葉植物……葉の形や色を見て楽しむために栽培（さいばい）する植物。
　　　※４　道管……根，くき，葉の内部にある水の通り道。
　　　※５　遺伝子……親の形や性質を，子に伝えるはたらきをするもの。

問題１　――線①について，**みなみさん**はどのようにして数十億匹ものセミを数えたのか疑問（ぎもん）に思いました。調査の方法を調べたところ，次のような方法によって，おおよその数を知ることができると分かりました。あとの問題に答えなさい。

【みなみさんが調べた調査方法】

セミをできるだけ多くつかまえ，すべてのセミの羽にマジックペンで印をつけて放します。数日後に再度，できるだけ多くのセミをつかまえ，その中に印をつけたセミが何匹いたかを数えることで，その調査地全体のセミのおおよその数を知ることができます。

なぜなら，はじめにつかまえて印をつけたセミの数をＡ，数日後につかまえたセミの数をＢ，その中にいる印のついたセミの数をＣ，調査地全体のセミの数をＤとすると，Ｂに対する［ア］の割合（わりあい）は，Ｄに対する［イ］の割合にほぼ等しくなると考えられるからです。

⑴　上の調査方法の［ア］と［イ］にあてはまるものを，Ａ～Ｄからそれぞれ一つ選び，記号で書きなさい。

⑵　この調査方法により，マジックペンで印をつけて放したセミが2000匹，数日後につかまえたセミが1500匹，その中に印をつけたセミが10匹いたとすると，調査地全体のセミの数は何匹になりますか。計算して求めた数を書きなさい。

問題２　右の**【図１】**は，アブラゼミの幼虫（ようちゅう）の頭部です。ただし，**【図１】**には口がかかれていません。あとの問題に答えなさい。

【図１】

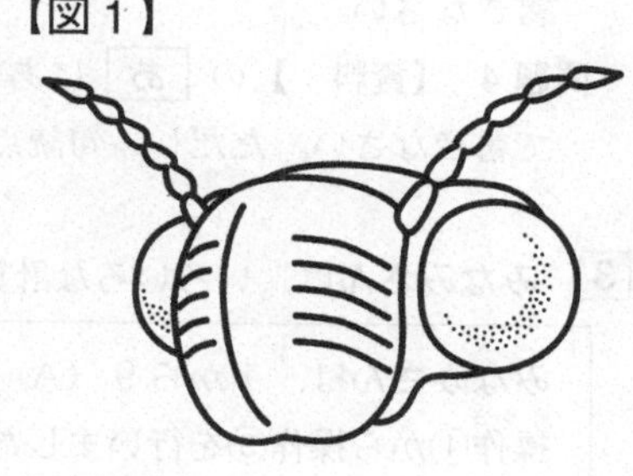

⑴　セミの幼虫の口の形を考える**てがかり**として最も適切な一文を**【資料１】**の中からぬき出して，**はじめの５字**を書きなさい。

⑵　⑴の**てがかり**から考えられる口の形として最も適切なものを，次の**ア～エ**から一つ選び，記号で書きなさい。

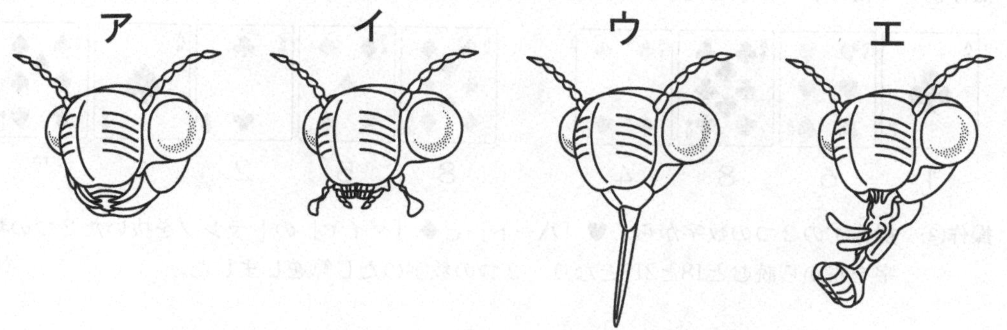

問題３　――線②と――線③について，**みなみさん**は次の**【表１】**をつくり，暖（あたた）かい南部の12年周期～15年周期のセミのすべての組み合わせについて，何年に一度出合うかを調べました。**【表２】**は，**【表１】**の結果をもとに，出合う周期（年）とその組み合わせを，出合う周期が長い順に３つ書き出してまとめたものです。

【表１】

	１２年周期	１３年周期	１４年周期	１５年周期
１２年周期	１２年	１５６年	８４年	６０年
１３年周期	１５６年	１３年	１８２年	１９５年
１４年周期	８４年	１８２年	１４年	２１０年
１５年周期	６０年	１９５年	２１０年	１５年

【表２】

	出合う周期	組み合わせ
出合う周期が最も長い	２１０年	１４年周期と１５年周期
出合う周期が２番目に長い	１９５年	１３年周期と１５年周期
出合う周期が３番目に長い	１８２年	１３年周期と１４年周期

寒い北部の**14年周期～18年周期**のセミのすべての組み合わせについて，何年に一度出合うかを調べ，**【表２】**にならって，出合う周期（年）とその組み合わせを，**出合う周期が長い順に３つ**書きなさい。

問題４　**【資料１】**の あ にあてはまる言葉を，**「周期」という語句を用いて**，**15字以上20字以内**で書きなさい。ただし，句読点も字数にふくめます。

３　**みなみさん**は，いろいろな計算をしました。

みなみさんは，１から９（A「エース」は１とします）までのトランプ36枚から９枚を選び，**操作**（そうさ）**①**から**操作③**を行いました。

操作①　９枚のトランプを使い，下のように何けたかの数字を２つ作りました。

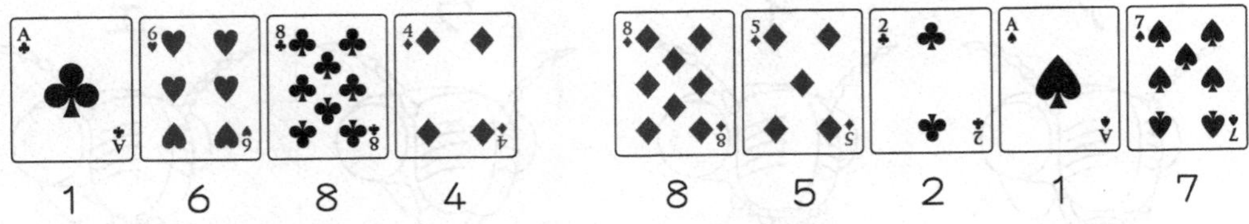

１　６　８　４　　　８　５　２　１　７

操作②　**操作①**の２つの数字から，♥「ハート」と◆「ダイヤ」のトランプを抜（ぬ）いた２つの数字を左から読むと18と217となり，２つの数字のたし算をしました。

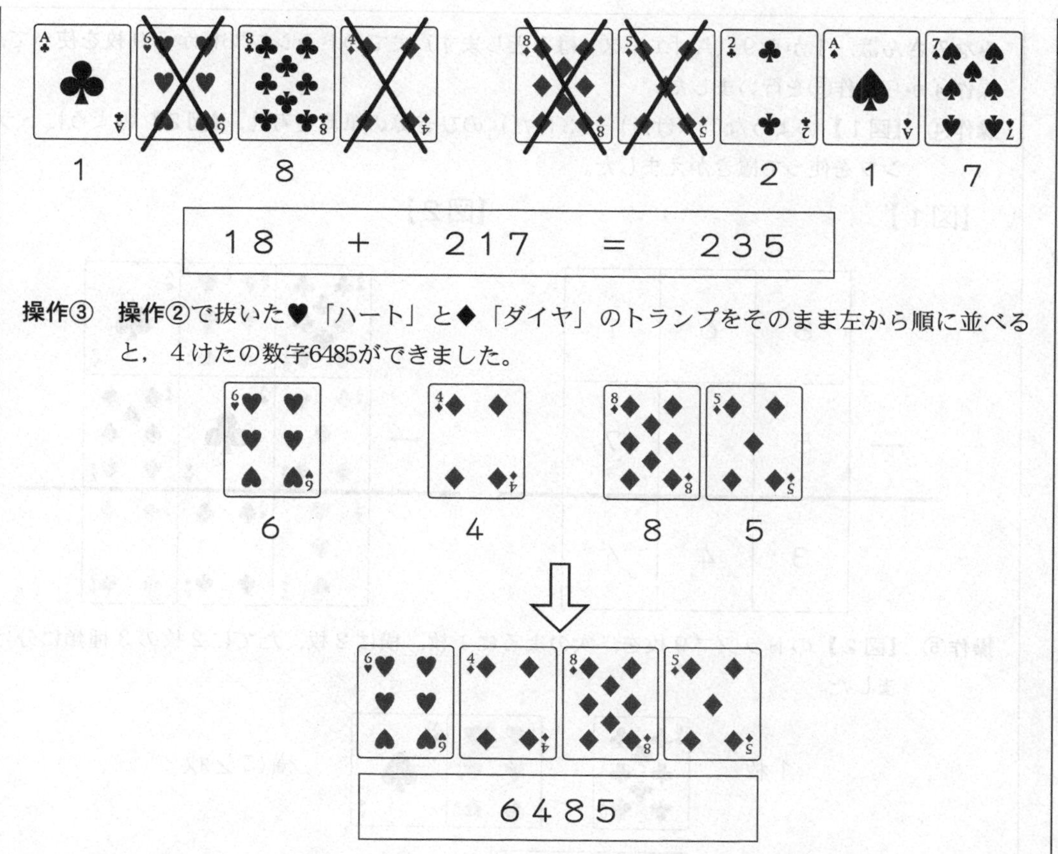

操作③　**操作②**で抜いた♥「ハート」と◆「ダイヤ」のトランプをそのまま左から順に並べると，４けたの数字6485ができました。

問題１　みなみさんは，１から９（A「エース」は１とします）までのトランプ36枚からもう一度９枚を選び，**操作①**のように２つの数字を作りました。その数字は左から17523と4726です。次に，**操作②**のように，♥「ハート」と◆「ダイヤ」のトランプを抜いてできた２つの数字をたすと799になりました。このとき，抜いたトランプを**操作③**のように並べると，どのような数字ができますか。抜いたトランプを左から順に並べてできる数字として最も大きい数字を書きなさい。

みなみさんは，１から９（Ａ「エース」は１とします）までのトランプ36枚から９枚を使って，操作④から操作⑤を行いました。

操作④　【図１】のような（３けた）－（３けた）のひき算の筆算を考え，【図２】のようにトランプを使って置きかえました。

【図１】　　　　【図２】

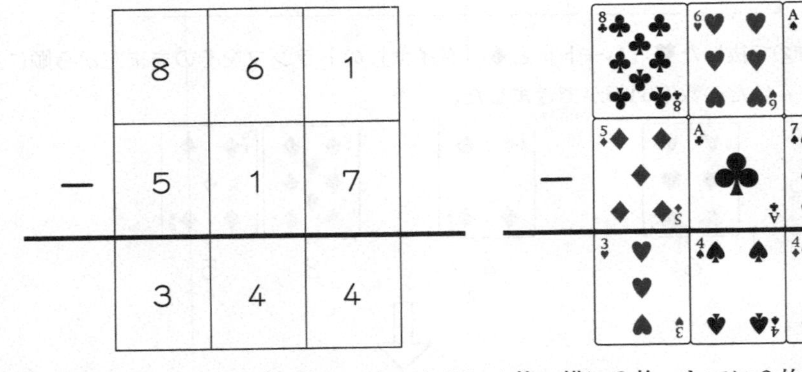

操作⑤　【図２】のトランプ９枚を，次のように１枚，横に２枚，たてに２枚の３種類に分けました。

問題２　みなみさんは，（４けた）－（４けた）のひき算の筆算を，１から９（Ａ「エース」は１とします）までのトランプ36枚から12枚を使って，置きかえました。【図３】のトランプ12枚のひき算の筆算を，１枚，横に２枚，たてに２枚の３種類に分けたものが次のページの【図４】です。【図３】のア～シにあてはまる１から９までの数字を書きなさい。

【図３】

	ア	イ	ウ	エ
－	オ	カ	キ	ク
	ケ	コ	サ	シ

【図４】

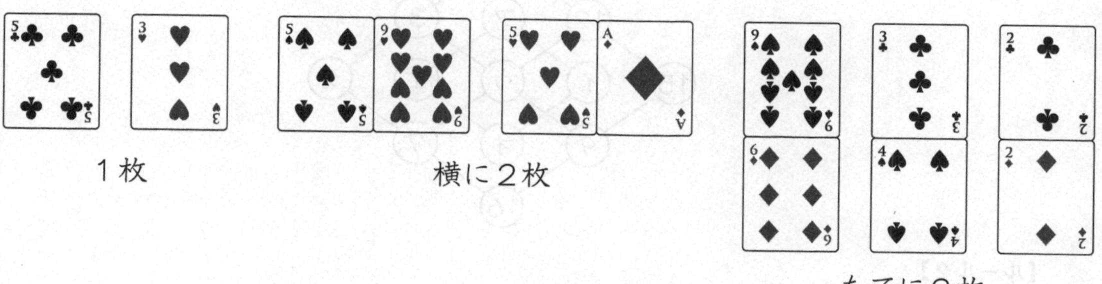

問題３　みなみさんは，いくつかの〇と―を組み合わせた形を作り，ルールにしたがって，〇の中にあてはまる数字（整数）を考えました。

【ルール１】

みなみさんは，**【図５】**のひし形のような形を作りました。

【図５】

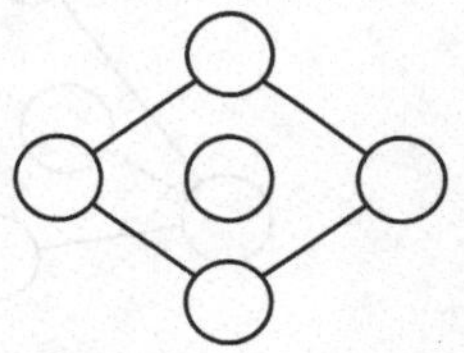

【図５】の真ん中の〇の中の数字は，その形の頂点にある４つの〇の中の数字の平均を表すことにしました。**【例】**は，1と10と３と６の４つの数字の平均が５であることを表します。

【例】

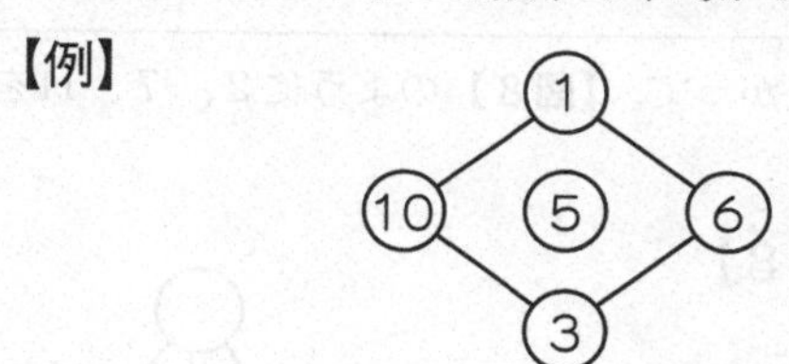

【図５】のような形を５つ組み合わせて，次のような形を作りました。

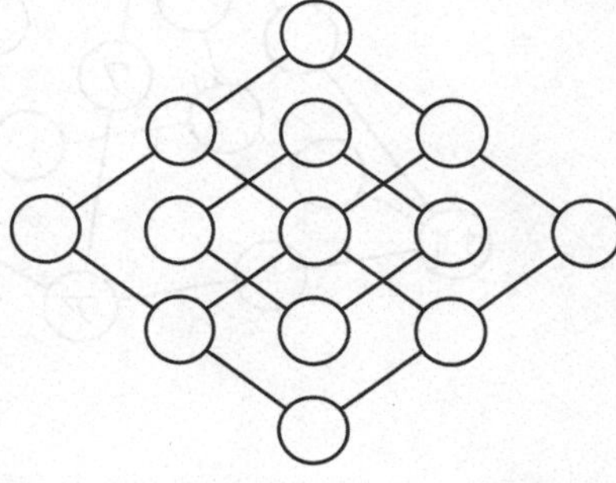

⑴　**【ルール１】**にしたがって，次のページの**【図６】**のように数字を一部あてはめたとき，**ア**～**オ**にあてはまる数字を書きなさい。ただし，**ウ**は１と15と16と２の平均ではなく，**ア**と**イ**と**オ**と**エ**の４つの数字の平均です。

【図6】

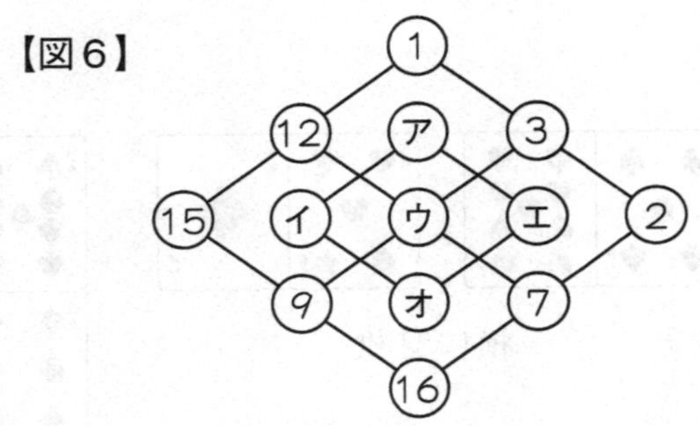

【ルール2】

みなみさんは，【図7】のピラミッドのような形を作りました。

【図7】

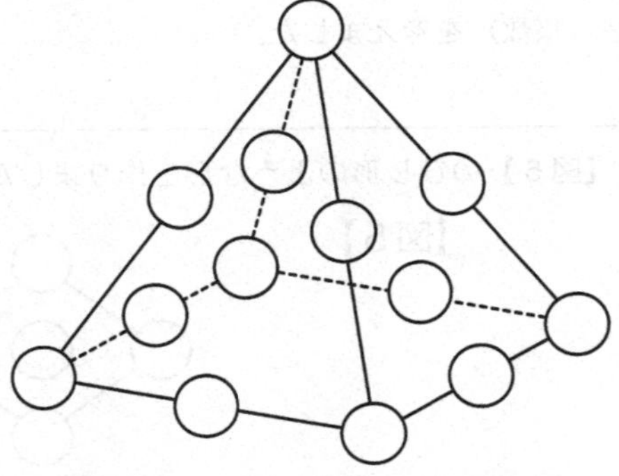

【図7】の○の中に，1から13の数字を1つずつあてはめていきます。このとき，どの辺を見ても3つの○の数字の合計が20になるようにあてはめていきます。

(2)　【ルール2】にしたがって，【図8】のように2，7，11をあてはめたとき，アにあてはまる数字を書きなさい。

【図8】

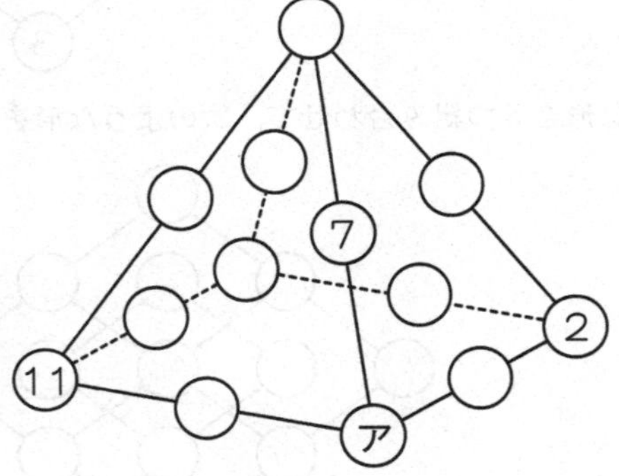

4 みなみさんは，季節によって太陽の高さが違うことに興味を持ち，一日の太陽の動きを調べるために次の観察・実験を行いました。

方法

Ⅰ　右の【図１】のように，厚紙の上に直角に交わる２本の直線を引き，交わった点に棒を垂直に立てた装置をつくりました。

Ⅱ　厚紙に引いた直線を観測地点の東西南北の向きに合わせ，水平な地面に置きました。午前８時から午後４時まで，2時間ごとに棒の影の先端を点として記録し，点をなめらかな線で結びました。

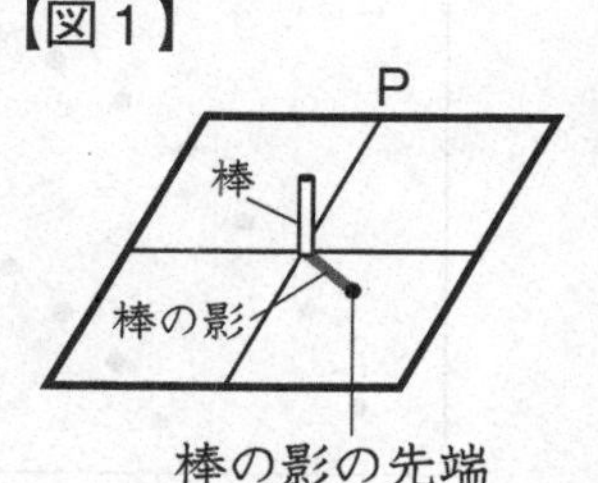

Ⅲ　観察・実験は，学校（横浜市）で行い，夏至の日（６月21日ごろ），秋分の日（９月23日ごろ），冬至の日（12月22日ごろ）の晴れた日に記録をしました。

結果

季節ごとに記録した３回分の結果は，下の【図２】のようになりました。なお，③の観測では，Ｄの点は厚紙の外にあり，厚紙の上には記録できませんでした。

【図２】

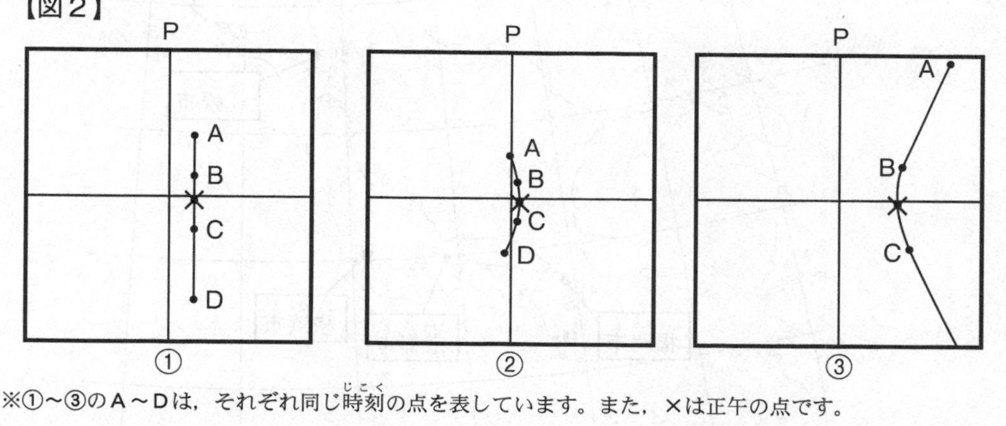

※①～③のＡ～Ｄは，それぞれ同じ時刻の点を表しています。また，×は正午の点です。

問題１　みなみさんが行った観察・実験の結果について，次の問題に答えなさい。

⑴　【図１】と【図２】のＰは同じ方位です。その方位を次のア～エから一つ選び，記号で書きなさい。

ア　東　　イ　西　　ウ　南　　エ　北

⑵　【図２】の①～③のＡ～Ｄの点のうち，**午前８時の記録**を表しているものはどれですか。【図２】のＡ～Ｄから一つ選び，記号で書きなさい。

また，【図２】の①～③のうち，**夏至の日の記録**を表しているものはどれですか。次のページの【図３】を参考にして，【図２】の①～③から一つ選び，記号で書きなさい。

【図3】夏至の日、秋分の日、冬至の日の太陽の動きを表す図

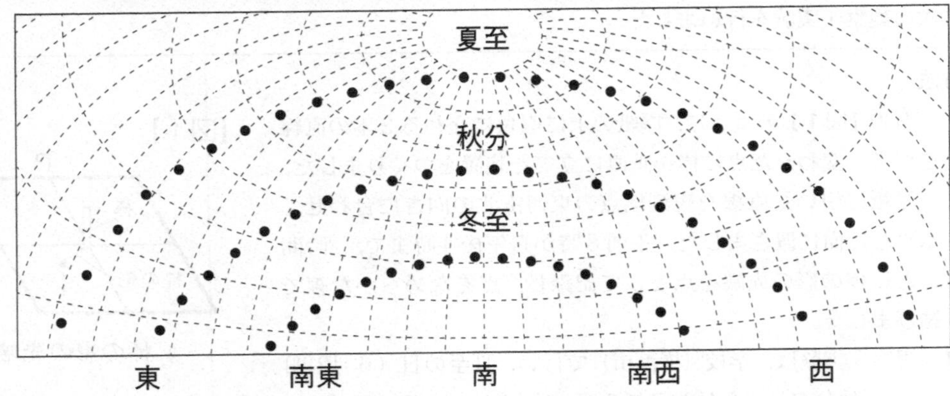

問題2　みなみさんは，日の出と日の入りの時刻や太陽の高さが，場所によってどのように変わるのかを調べました。次の【図4】次のページの【図5】【表1】を見て，あとの問題に答えなさい。

【図4】

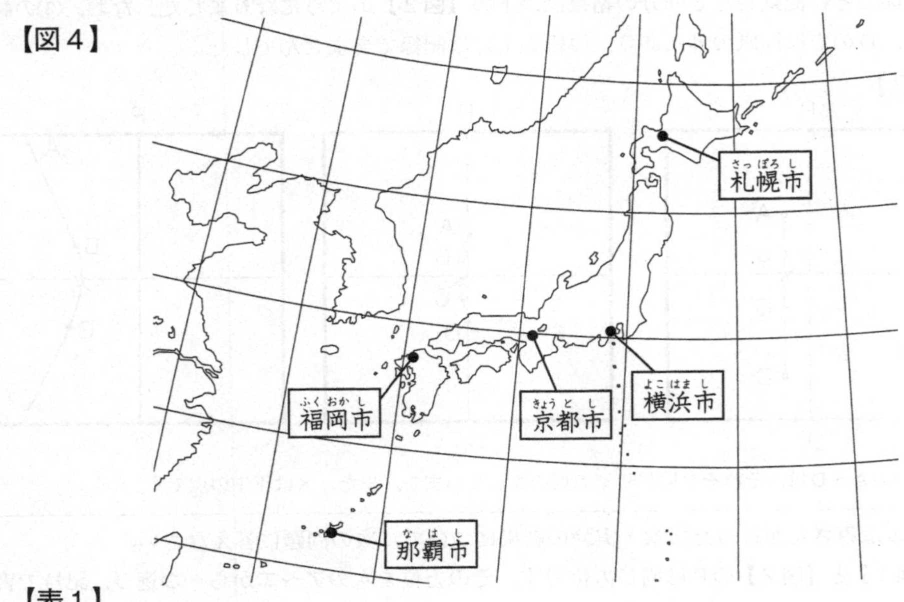

【表1】

平成２６年の秋分の日の各地の日の出・日の入り時刻と南中高度※

	日の出時刻	日の入り時刻	南中高度
札幌市	５時２３分	１７時３１分	４６．７°
横浜市	５時３０分	１７時３８分	５４．６°
京都市	５時４５分	１７時５３分	５５．０°
福岡市	６時０７分	１８時１５分	５６．４°
那覇市	６時１８分	１８時２６分	６３．８°

（理科年表をもとに作成）

※　南中高度……太陽が真南の位置にあるとき，【図５】のように観測地点と太陽を結んだ線と地面でつくられる角度のこと。

【図5】

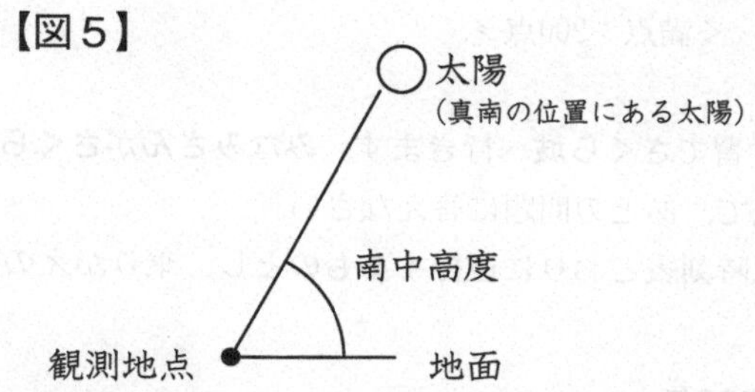

⑴ 【表1】から，札幌市，横浜市，京都市，福岡市，那覇市で，太陽が真南にあるときの時刻を計算して求め，それぞれ書きなさい。

⑵ 【図2】の①の記録をした日に，那覇市で同じ観察・実験を行いました。【図7】をもとにすると，那覇市では，正午に棒(ぼう)の影(かげ)の先端(せんたん)の位置はどこになりますか。解答らんの【図7】の，最も適切な位置に×をかきなさい。ただし，装置(そうち)には横浜市での観察・実験と同じ長さの棒を使ったものとします。

【図6】横浜市での①の観察・実験の記録　【図7】【図6】の▩部分の拡大(かくだい)図

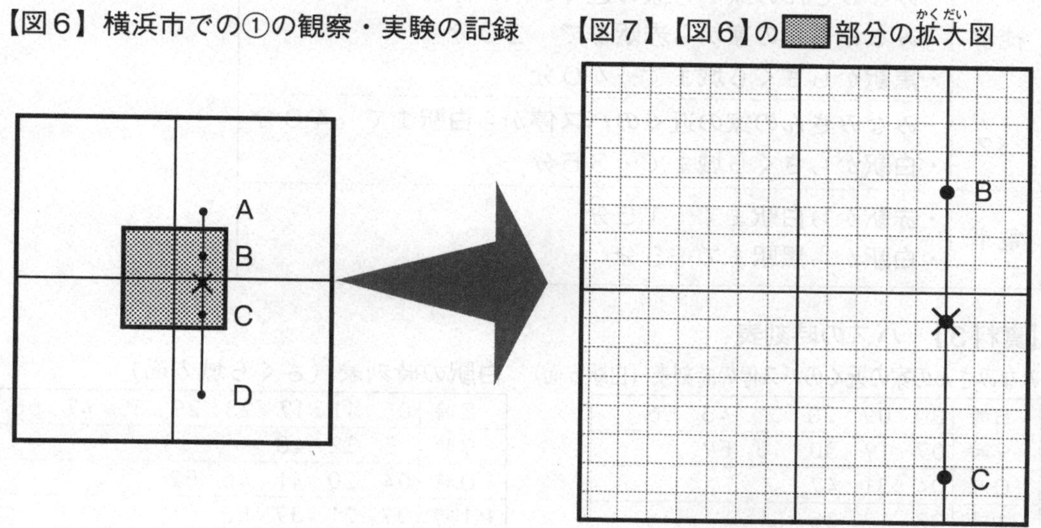

【適性検査Ⅲ】（45分）　＜満点：200点＞

1　**みなみさん**は，調べ学習で**さくら城**へ行きます。**みなみさん**が**さくら城**へ行くために集めた**【資料1】**～**【資料5】**を見て，あとの問題に答えなさい。

ただし，電車やバスは時刻表どおりに運行するものとし，乗りかえの時間や待ち時間は考えないこととします。

【資料1】　各駅の位置関係

- 青駅は赤駅より東にある。
- 黒駅は白駅と茶駅の間にある。
- 白駅は青駅と黒駅の間にある。

【資料2】　各場所間の所要時間

徒歩	・みなみさんの家から家の近くのバス停まで…２分 ・みなみさんの家から赤駅まで…２０分 ・黒駅からさくら城まで…４０分
バス	・みなみさんの家の近くのバス停から白駅まで…４０分 ・白駅からさくら城まで…３５分
電車	・赤駅から白駅まで…１５分 ・白駅から黒駅まで…５分

【資料3】　バスの時刻表

みなみさんの家の近くのバス停の時刻表（白駅方面）

8時	00　09　20　31　43　56
9時	07　19　30　43　59
10時	04　31　47
11時	03　19　35　51

白駅の時刻表（さくら城方面）

8時	05　11　17　23　29　35　47　55
9時	15　32　48
10時	04　20　41　46　52
11時	07　21　39　53

【資料4】　電車の時刻表

赤駅の時刻表（茶駅方面）

8時	05　11　19　28　38　48　58
9時	05　11　19　28　38　48　58
10時	05　11　16　23　31　42　53
11時	05　11　16　23　31　42　53

白駅の時刻表（茶駅方面）

8時	13　20　26　34　43　53
9時	13　20　26　34　43　53
10時	13　20　26　31　38　46　57
11時	08　20　26　31　38　46　57

【資料5】　各交通機関の料金

○バス：一回の乗車ごとに…２２０円

○電車：一駅進むごとに…１５０円

(例) 乗車駅から二つ目の駅で降車…３００円、乗車駅から三つ目の駅で降車…４５０円

問題1　次の**【図】**は，**【資料１】**の各駅の位置関係を表しています。**【図】**の**ア～エ**の駅名として最も適切なものを，あとの**１～４**からそれぞれ一つ選び，番号で書きなさい。

【図】

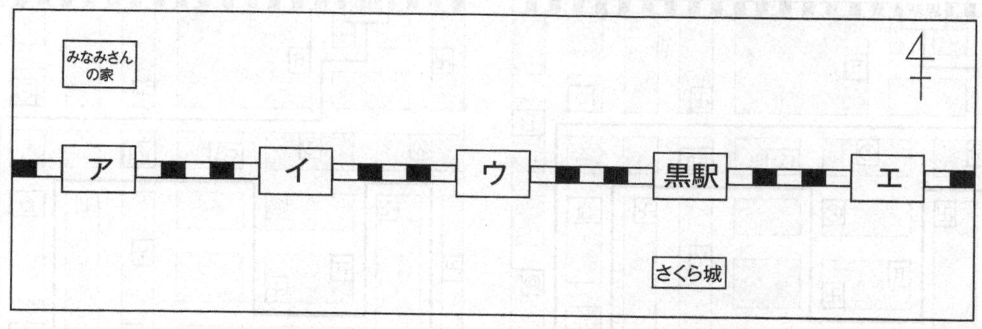

１　茶駅　　２　白駅　　３　赤駅　　４　青駅

問題2　**みなみさん**は**【資料１】～【資料５】**を使って，**さくら城**に行く計画を立てています。次の問題に答えなさい。

(1)　**みなみさん**が家を午前８時ちょうどに出発し，最も早く着く方法で**さくら城**に行くと，何時何分に着くか，時刻を答えなさい。

(2)　**みなみさん**が家を午前10時ちょうどに出発し，**さくら城**に午前11時30分までに着きたい場合，最も料金の安い方法で行くと，いくらで行くことができるか，料金を答えなさい。

問題3　次の**【説明文】**は，**みなみさん**が調べ学習で**黒駅**から**さくら城**（じょう）まで通った道を説明した文章です。**【説明文】【みなみさんが調べた地図記号】**を見て，あとの問題に答えなさい。

【説明文】

　黒駅を出て手紙を出すために郵便局（ゆうびんきょく）へ行き，市役所内の観光案内所へ向かいました。郵便局から市役所までの道には工場，銀行，老人ホームがありました。

　観光案内所に行くと，**さくら城**周辺には有名な寺がいくつかあることが分かりました。そこで，できるだけ多くの寺を見て**さくら城**に行こうと考えました。

　市役所を出て一つ目の寺を目指していると，右手に裁判所（さいばんしょ）があり，目の前に目的の寺がありました。その寺の前を曲がってすぐ次の角をまた曲がり，先ほどの老人ホームがある交差点を曲がりました。

　まっすぐ進むと博物館と図書館があり，図書館のある交差点を曲がってしばらく進むと右手に寺がありました。その寺の角を曲がって，つきあたりを曲がると神社が見えました。神社を通りすぎて寺があったのでその角を曲がり，すぐ次の角を曲がってまっすぐ進むと税務署（ぜいむしょ）が目の前に見えました。税務署の前を曲がって進むと**さくら城**に着きました。

　黒駅から**さくら城**までに合計６つの寺の前を通りました。

【みなみさんが調べた地図記号】

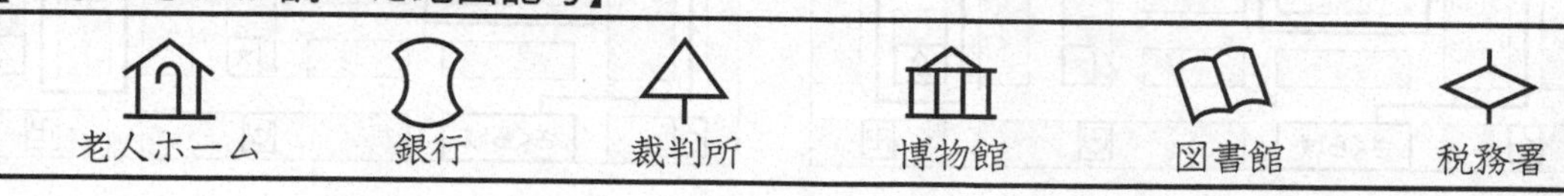

(1) みなみさんが通った道と建物の位置関係として最も適切なものを，次の１～６から一つ選び，番号で書きなさい。

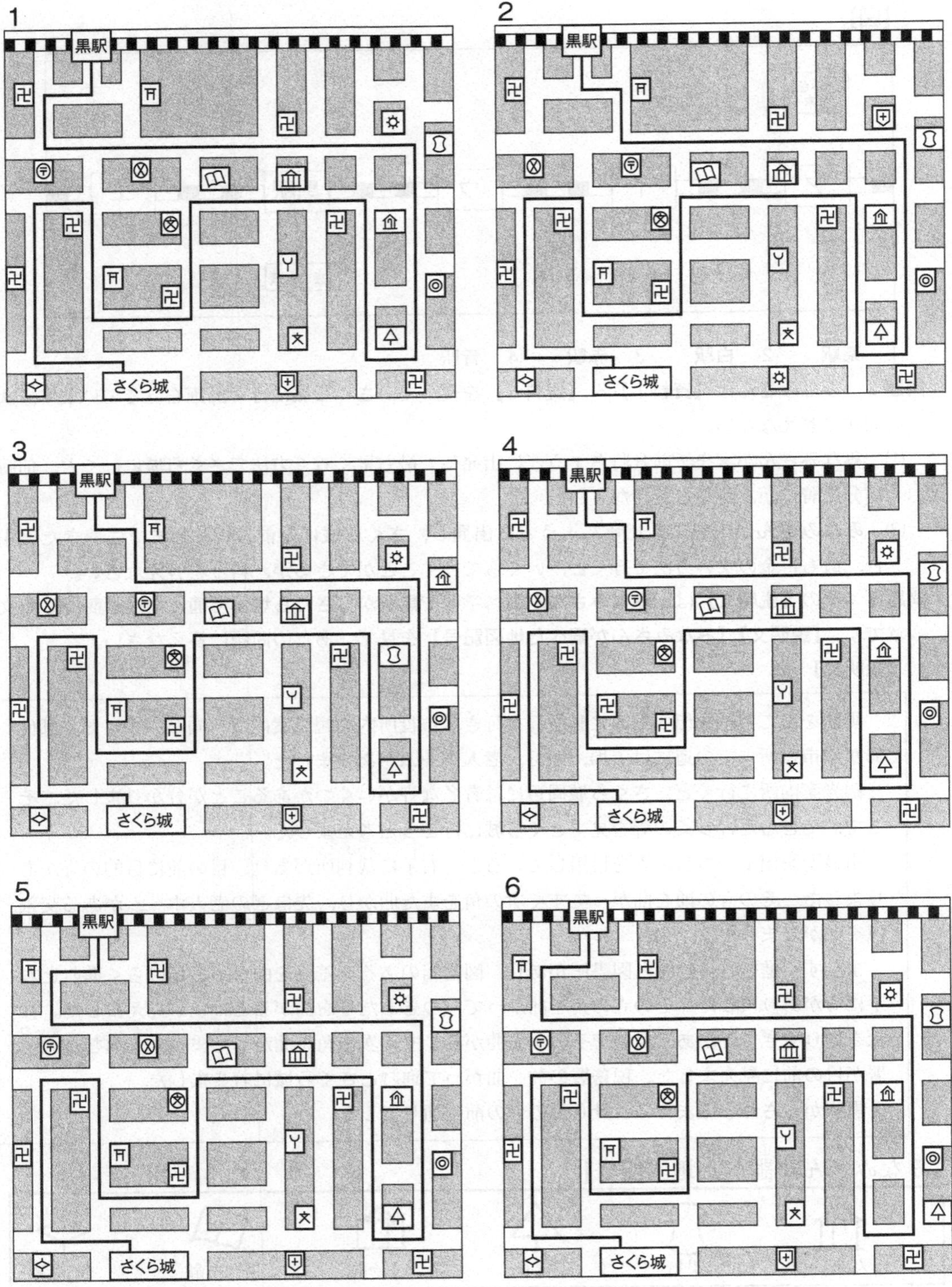

(2)　**みなみさんが黒駅からさくら城に行くまでの間に通っていないものを，次の１～４からすべて選び，番号で書きなさい。**

１　学校　　２　消防署（しょうぼうしょ）　　３　警察署（けいさつしょ）　　４　病院

2　みなみさんは日本の選挙について調べました。**【資料１】**～**【資料４】**を見て，あとの問題に答えなさい。

【資料１】日本の総人口の変化　　（単位：１０００人）

年	総人口	男性人口	女性人口
1889	39473	19940	19533
1900	43847	22051	21796
1919	55033	27602	27431
1925	59737	30013	29724
1945	71998	33894	38104
2012	127515	62029	65486

（総務省ホームページをもとに作成）

【資料２】日本の総人口に対する有権者（ゆうけんしゃ）の割合（わりあい）の変化

年	有権者の条件	有権者の割合
1889	納税額（のうぜい）１５円以上の満２５歳（さい）以上の男性	1.1%
1900	納税額１０円以上の満２５歳以上の男性	2.2%
1919	納税額３円以上の満２５歳以上の男性	5.5%
1925	満２５歳以上の男性	20.0%
1945	満２０歳以上の男女	48.7%

（総務省ホームページをもとに作成）

【資料３】日本の年齢層（ねんれいそう）別人口（2012 年）
（単位：１０００人）

年齢層（歳）	合計
0～9	10680
10～19	11918
20～29	13320
30～39	17253
40～49	17674
50～59	15632
60～69	18450
70～79	13649
80～89	7411
90～99	1477
100～	51
合計	127515

（総務省ホームページをもとに作成）

【資料４】日本の衆議院（しゅうぎいん）議員選挙の年齢層別投票率（2012 年）

年齢層（歳）	投票率
20～29	37.9%
30～39	50.1%
40～49	59.4%
50～59	68.0%
60～69	74.9%
70～	63.3%
全　体	59.3%

（総務省ホームページをもとに作成）

問題１　みなみさんは，**【資料１】【資料２】**をもとに，1889年～1945年の有権者の数をグラフで表しました。**【資料１】【資料２】**のグラフとして最も適切なものを，次の１～４から一つ選び，番号で書きなさい。

1

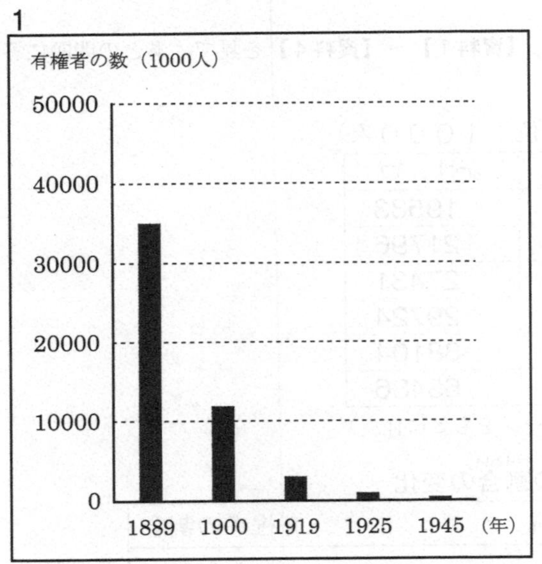

2

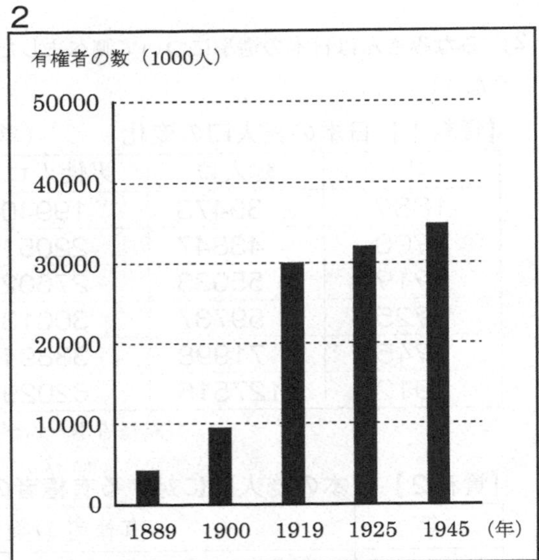

3

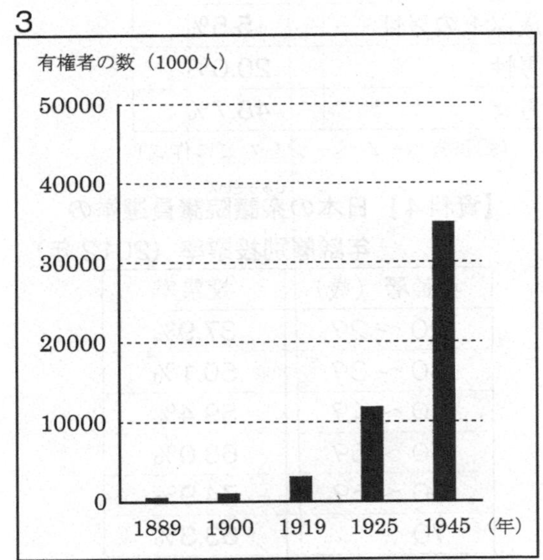

4

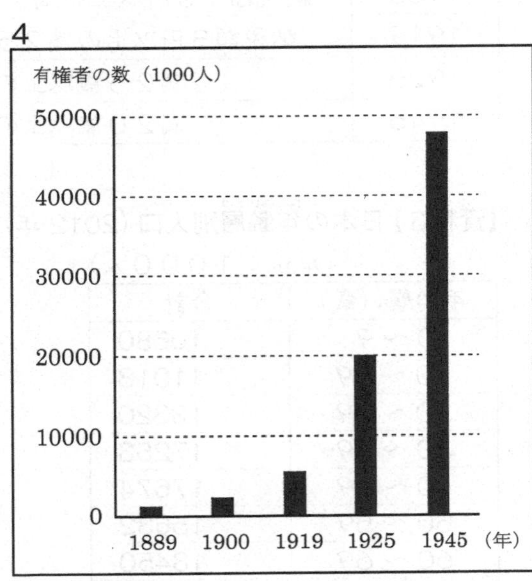

問題２　みなみさんは，**【資料１】**～**【資料４】**を見ながら**先生**と話しています。**【みなみさんと先生の会話】**を見て，あとの問題に答えなさい。

【みなみさんと先生の会話】

みなみさん：これらの資料をもとに計算してみると，2012年の有権者（ゆうけんしゃ）の数は約（　あ　）人となりました。

先　　生：総人口に対する有権者の割合に注目してみましょう。

みなみさん：1945年の有権者の割合は48.7％ですが，2012年は約（　**い**　）％です。

先　　生：これらの割合と**【資料１】**～**【資料４】**からどんなことがわかりますか？

みなみさん：まず，有権者の割合が変化したことがわかります。さらに，1945年よりも2012年のほうが，総人口に対する19歳以下の人口の（　**う**　）ことがわかります。

先　　生：そうですね。そして，近年の選挙では投票率の低さが問題となっています。年齢層別に見ると，2012年の衆議院議員選挙では（　**え**　）歳代の有権者の半数以上の人々は投票しなかったことになります。㋔**自分たちの考えによって政治のあり方が最終的に決められる**のだという自覚を私たちはもたなければいけませんね。

みなみさん：今の先生のお話は，日本国憲法の三つの柱の一つである［　A　］に関わることですね。自分の考えを選挙でしっかり示すため，自分の一票を大切にしていきたいと思います。

(1)　**【みなみさんと先生の会話】**中の（**あ**）～（**え**）にあてはまる数字や言葉として最も適切なものを，次の１～４からそれぞれ一つ選び，番号で書きなさい。

(あ)

１　10万5000　　２　5000万　　３　１億500万　　４　１億2000万

(い)

１　1.3　　２　39.6　　３　59.1　　４　82.3

(う)

１　割合は上昇したが，19歳以下の人口は減少した
２　割合は上昇し，19歳以下の人口も増加した
３　割合は低下したが，19歳以下の人口は増加した
４　割合は低下し，19歳以下の人口も減少した

(え)

１　20　　２　30　　３　40　　４　50

(2)　**【みなみさんと先生の会話】**中の［　A　］にあてはまる言葉を――線㋔を参考にして，**ひらがな８字**で答えなさい。

問題３　選挙についてより深く知りたいと思った**みなみさん**は，1946年～2009年の投票率と有権者の数の変化について調べ，次のページの**【資料５】【資料６】**を集めました。**【みなみさんのメモ】**中で**誤った**内容を述べている文を**１～５**から一つ選び，番号で書きなさい。

【みなみさんのメモ】

１　第二次世界大戦後，最初の衆議院議員選挙では，有権者のうち７割以上の人が投票を行った。

２　1946年から2009年の衆議院議員選挙の中で，一番投票者の数が多かったのは，2009年である。

3　1990年と1996年の投票者の数を比較すると，1990年の投票者の数のほうが多い。

4　1946年から2009年にかけて有権者の数は増え続け，投票者の数も増え続けた。

5　平成になって最初の衆議院議員選挙の投票者の数は，その一つ前の衆議院議員選挙の投票者の数より多い。

【資料5】日本の衆議院議員選挙における投票率の変化

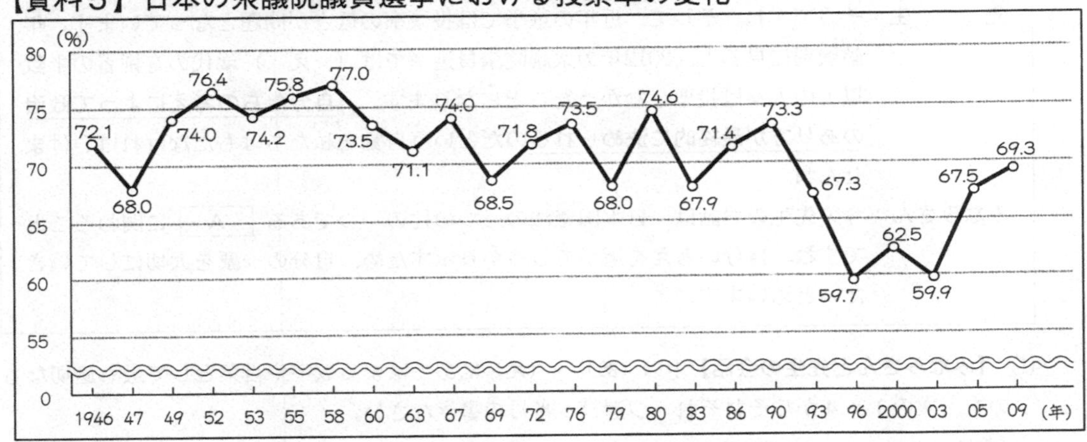

（総務省ホームページをもとに作成）

【資料6】日本の有権者の数の変化　（単位：１０００人）

年	有権者の数
1946	36878
1947	40907
1949	42105
1952	46773
1953	47090
1955	49235
1958	52014
1960	54313
1963	58282
1967	62993
1969	69260
1972	73770

年	有権者の数
1976	77927
1979	80170
1980	80925
1983	84253
1986	86427
1990	90323
1993	94478
1996	97681
2000	100434
2003	102233
2005	102985
2009	103949

（総務省ホームページをもとに作成）

3 みなみさんたちは，あるリモコンについて話をしています。【会話１】【会話２】【資料】を見て，あとの問題に答えなさい。

【会話１】

みなみさん：あれ？そのリモコン，わたしの家のリモコンと少し違うみたいだけど。

たかしさん：このリモコンは，文字を入力するときに使うんだ。

まなぶさん：どんなときに，文字を入力するの？

たかしさん：テレビで見たい番組を探すときなどに，入力するんだ。

みなみさん：この入力方法のボタンは何？

たかしさん：**入力方法Ⅰ**を選ぶと，ボタンを押す回数によって文字が出て，**入力方法Ⅱ**を選ぶと，２回ボタンを押すことで文字が出るようになっているんだ。詳しくは【資料】を見てみよう。

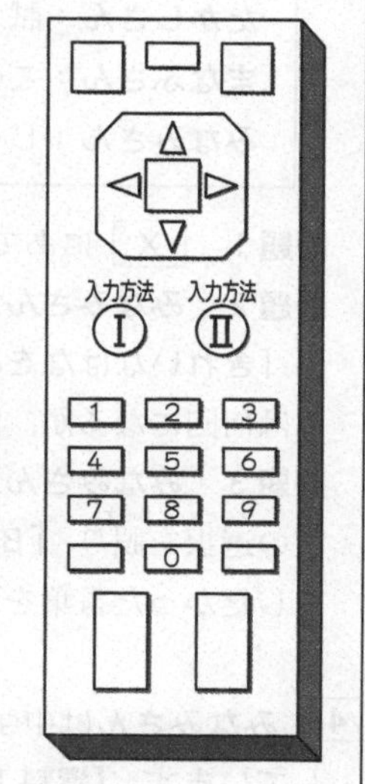

【資料】 リモコンの文字入力方法

入力方法Ⅰ

	ボタンを押す回数									
押すボタン	1	2	3	4	5	6	7	8	9	10
1	あ	い	う	え	お	ぁ	ぃ	ぅ	ぇ	ぉ
2	か	き	く	け	こ	A	B	C	D	E
3	さ	し	す	せ	そ	F	G	H	I	J
4	た	ち	つ	て	と	っ	K	L	M	N
5	な	に	ぬ	ね	の	O	P	Q	R	S
6	は	ひ	ふ	へ	ほ	T	U	V	W	X
7	ま	み	む	め	も	Y	Z	、	。	!
8	や	(	ゆ	)	よ	ゃ	ゅ	ょ	?	#
9	ら	り	る	れ	ろ	／	%	＝	＋	ー
0	わ	を	ん	゛	゜	～	＊	@	・	¥

入力方法Ⅱ

	２回目に押すボタン									
１回目に押すボタン	1	2	3	4	5	6	7	8	9	0
1	あ	い	う	え	お	ぁ	ぃ	ぅ	ぇ	ぉ
2	か	き	く	け	こ	A	B	C	D	E
3	さ	し	す	せ	そ	F	G	H	I	J
4	た	ち	つ	て	と	っ	K	L	M	N
5	な	に	ぬ	ね	の	O	P	Q	R	S
6	は	ひ	ふ	へ	ほ	T	U	V	W	X
7	ま	み	む	め	も	Y	Z	、	。	!
8	や	(	ゆ	)	よ	ゃ	ゅ	ょ	?	#
9	ら	り	る	れ	ろ	／	%	＝	＋	ー
0	わ	を	ん	゛	゜	～	＊	@	・	¥

※濁音「゛」や半濁音「゜」をつけたいときは、つけたい文字を入力した後に入力する。

【会話２】

みなみさん：【資料】の**入力方法Ⅰ**で文字を入力してみましょう。「あめ」と入力したい場合は，「17777」と５回押せばいいってことね。

まなぶさん：**入力方法Ⅱ**で「あめ」と入力したい場合は「1174」と4回押せばいいんだね。
入力方法Ⅱで「 X 」と入力したい場合は，「2503524261」を押せばいいんだね。

たかしさん：試しに何か言葉を入力してみる？

まなぶさん：このボタンを押せば，入力方法を選べるんだね。

みなみさん：じゃあ，さっそく挑戦(ちょうせん)してみよう！

問題1　X にあてはまる言葉を，すべて**ひらがな**で答えなさい。

問題2　**みなみさん**たちは，**入力方法Ⅰ**と**入力方法Ⅱ**のうち，ボタンを押す回数が少ない方法で，「**きれいなはなをみたい**」と入力しようとしています。入力方法を選んだ後にボタンを押す回数は何回になるか，回数を答えなさい。

問題3　**みなみさん**がリモコンを使ってある言葉を入力してみたところ，**入力方法Ⅰ**と**入力方法Ⅱ**の選択(せんたく)を誤(あやま)り，「**BきDああき**」と意味の通じない言葉になってしまいました。**みなみさん**が入力したかった言葉を，**ひらがな6字**で答えなさい。

4　**みなみさん**は中学校で行った新体力テストのクラスの記録からわかることを，発表する準備をしています。**【資料1】**はクラス36人の記録を，男女別の表にしたものです。**【資料1】**次のページの**【資料2】**を見て，あとの問題に答えなさい。

【資料1】みなみさんのクラスの新体力テストの記録（男子２１人、女子１５人）

男子			女子		
出席番号	５０m走（秒）	※ハンドボール投げ（m）	出席番号	５０m走（秒）	ハンドボール投げ（m）
1	7.4	25	2	8.4	14
3	7.8	22	5	9.0	17
4	7.0	32	7	7.9	11
6	8.1	16	11	7.1	5
8	7.9	19	12	9.5	18
9	6.8	36	14	9.2	17
10	7.2	32	15	9.0	17
13	8.7	14	19	8.5	14
16	7.8	20	22	7.8	12
17	6.3	39	23	10.3	19
18	7.3	27	29	7.4	7
20	7.7	23	30	11.6	22
21	9.8	9	33	8.1	14
24	7.6	24	34	8.8	16
25	7.5	26	36	9.4	19
26	8.3	14			
27	6.9	34			
28	6.7	37			
31	9.2	13			
32	8.5	15			
35	7.5	27			

※中学校の新体力テストでは、ソフトボール投げに代わってハンドボール投げになります。

【資料２】中学校の新体力テスト項目別得点表

得点	５０m走（秒）		ハンドボール投げ（m）	
	男子	女子	男子	女子
10	～ 6.6	～ 7.7	37 ～	23～
9	6.7 ～ 6.8	7.8 ～ 8.0	34 ～ 36	20～22
8	6.9 ～ 7.0	8.1 ～ 8.3	31 ～ 33	18～19
7	7.1 ～ 7.2	8.4 ～ 8.6	28 ～ 30	16～17
6	7.3 ～ 7.5	8.7 ～ 8.9	25 ～ 27	14～15
5	7.6 ～ 7.9	9.0 ～ 9.3	22 ～ 24	12～13
4	8.0 ～ 8.4	9.4 ～ 9.8	19 ～ 21	11
3	8.5 ～ 9.0	9.9 ～ 10.3	16 ～ 18	10
2	9.1 ～ 9.7	10.4 ～ 11.2	13 ～ 15	8 ～ 9
1	9.8 ～	11.3 ～	～ 12	～ 7

（文部科学省のホームページをもとに作成）

問題１　みなみさんは【資料２】を使って，【資料１】のクラス全員の記録を得点にし，グラフにまとめることにしました。得点と人数を表したグラフとして最も適切なものを，次の１～６から一つ選び，番号で書きなさい。

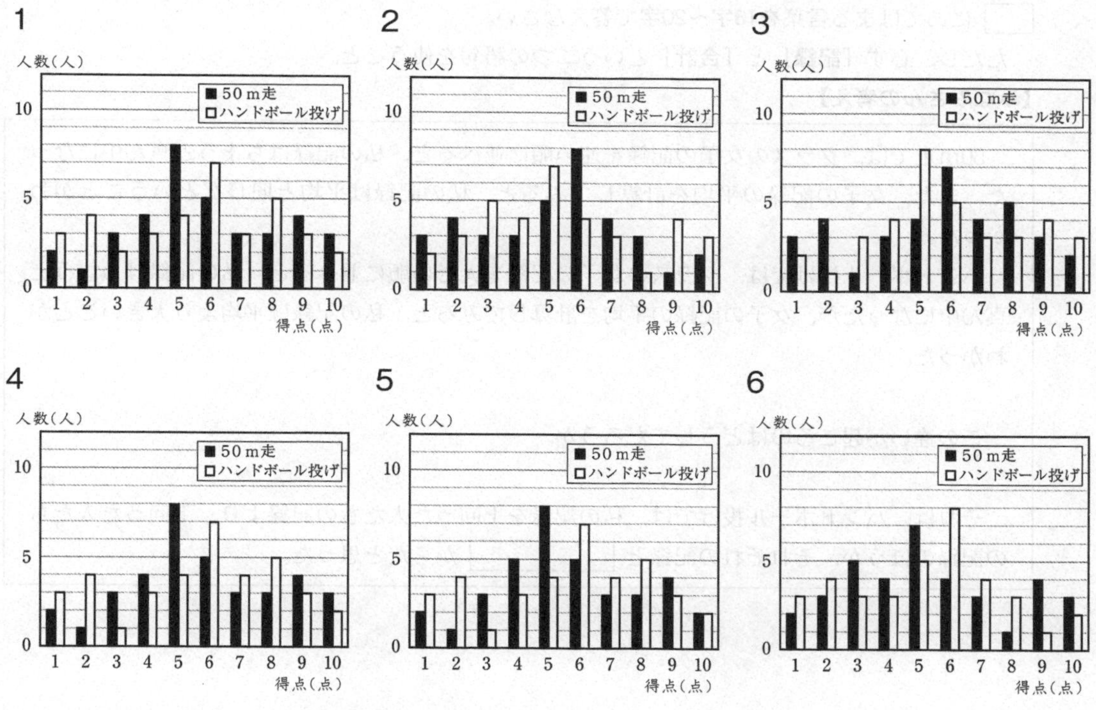

問題２　みなみさんは【資料１】【資料２】からわかることをまとめました。適切なものを次の１～５からすべて選び，番号で書きなさい。

1　男子も女子も足の速い人ほど，ハンドボール投げで遠くまで投げている。

2　ハンドボール投げで最も多い記録は，クラス全体の平均より小さい。

3　50m走の得点の平均は男子よりも女子のほうが高い。

4　クラスの中で，50m走の最も速い人の記録と最も遅い人の記録には，６秒以上の違(ちが)いがある。

5　得点の結果でクラス全体を１～５点までと，６～10点までのグループに分けたとき，50m走もハンドボール投げもそれぞれ同じ人数に分けられる。

問題３　**みなみさん**はクラス全員でリレーのチームを作るとしたら，どのような分け方ができるのかを考えてみました。**【資料１】**の50m走の記録をもとに，次の**【条件】**でチームを作る場合，何チームできるかチームの数を答えなさい。また，そのときの１チームあたりの記録の合計を答えなさい。

【条件】

・どのチームも同じ人数にする。
・全員が一回ずつ走るようにする。
・どのチームも記録の合計がまったく同じになるようにする。
・できるだけチームの数が多くなるようにする。

問題４　**みなみさん**は，50m走とハンドボール投げの自分の記録について，クラスの女子の記録と比較(ひかく)して，どのようなことがわかるのかを考えてみました。次の**【みなみさんの考え】**中の□にあてはまる言葉を**13字～20字**で答えなさい。

ただし，必ず**「記録」**と**「合計」**という二つの語句を使うこと。

【みなみさんの考え】

50m走では，クラスの女子の記録を速い順に並べると，私の記録はちょうど真ん中になった。また，女子の記録の平均を計算してみると，私の記録は平均と同じだということがわかった。

ハンドボール投げでは，クラスの女子の記録を大きい順に並べると，私の記録はちょうど真ん中になったが，女子の記録の平均を計算してみると，私の記録は平均より大きいことがわかった。

この違(ちが)いが起こるのはどうしてだろうか。

それは，ハンドボール投げでは，私の記録を上回った人たちの記録より，下回った人たちの記録のほうが，それぞれの記録と□からだと思った。

【図2】新聞の用紙

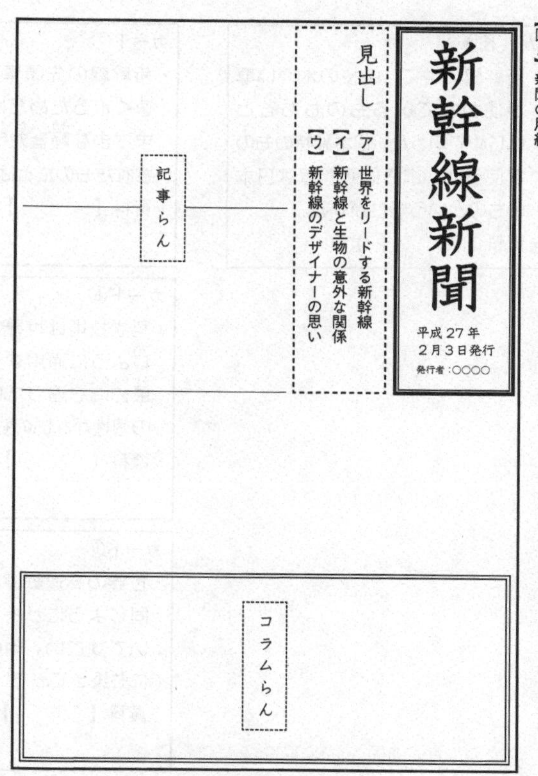
新幹線新聞
平成27年
2月3日発行
発行者：○○○○
見出し
【ア】世界をリードする新幹線
【イ】新幹線と生物の意外な関係
【ウ】新幹線のデザイナーの思い
記事らん
コラムらん

カード④
・新幹線の色のデザインが、カワセミやカツオドリなどの自然界の生物をヒントにつくられているのが面白いと思った。
・資料【　　　】より

カード⑤
・東京駅で、実際にお掃除部隊の人たちを見たことがあるけれど、たった７分間でやっていたなんて知らなかった。サービスのよさも新幹線の長所だ。
・資料【　　　】より

カード⑥
・新幹線のデザインで大切なのが椅子だと知って、びっくりした。背の低い人や子どもでも座りやすいのはいいことだと思う。
・資料【　　　】より

カード⑦
・新幹線の先頭車両の流線形は、速く走るためだけではなく、さまざまな騒音対策にむけて工夫されたものだとはじめて知った。
・資料【　　　】より

カード⑧
・科学技術は世界中どこでも、同じように通用するもの。しかし最先端を追うだけで、地域や国の個性がないのも問題がある。
・資料【　　　】より

カード⑨
・世界の高速鉄道はどれも日本と同じようにサービスが充実していてすごい。他の国の高速鉄道にも乗ってみたい。
・資料【　　　】より

カード⑩
・新幹線の中に、山桜の木やい草が使われているものもあるとはじめて知った。日本独特のものを使うと、まさに新幹線は日本のものという感じがする。
・資料【　　　】より

問題４　みなみさんは**【ア】【イ】【ウ】**の資料の内容を、**【図２】**のような新聞の形で紹介することにしました。新聞には記事やコラムなどがあります。あなたならどのように書きますか。次の［条件］と［注意事項］にしたがって**記事**と**コラム**を書きなさい。

［条件］
○紹介する資料を一つ選び、ア、イ、ウの記号を書くこと。
○記事は、選んだ資料の内容を**三百字以上三百五十字以内**で**要約して書くこと**。その際、次の**〈【ア】【イ】【ウ】それぞれについてみなみさんが考えた見出し〉**の内容がよく伝わるようにまとめること。

〈【ア】【イ】【ウ】それぞれについてみなみさんが考えた見出し〉
【ア】　世界をリードする新幹線
【イ】　新幹線と生物の意外な関係
【ウ】　新幹線のデザイナーの思い

○コラムは、あなたの書いた記事の内容について考えたことを書きなさい。その際、自分がこれまでに学習したことや体験したことと関連させて**二百字以上二百五十字以内**で書くこと。

［注意事項］
○複数の段落をつくって、文章全体を構成すること。
○題名は書きません。一行目、一マス下げたところから書くこと。
○原稿用紙の適切な書き方にしたがって書くこと。（ただし、解答用紙は一行二十マスではありません。）
○文字やかなづかいなどに気をつけて、漢字を適切に使い、丁寧に書くこと。

【図1】図書館の本だなの見取り図

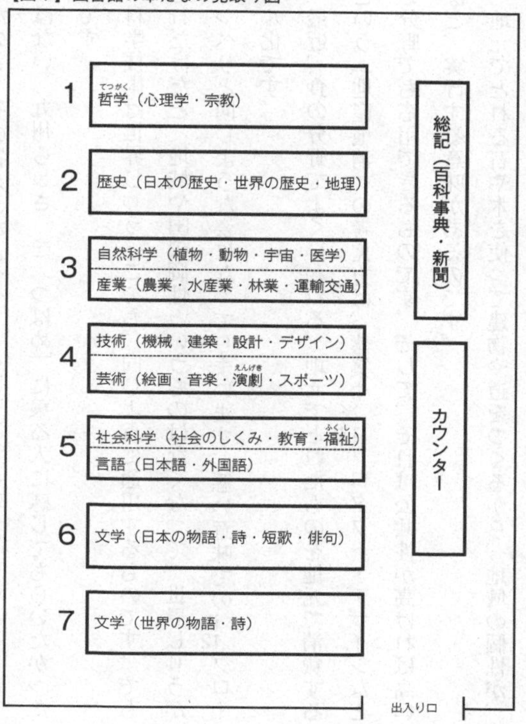

- 総記（百科事典・新聞）
- カウンター
- 1 哲学（心理学・宗教）
- 2 歴史（日本の歴史・世界の歴史・地理）
- 3 自然科学（植物・動物・宇宙・医学）／産業（農業・水産業・林業・運輸交通）
- 4 技術（機械・建築・設計・デザイン）／芸術（絵画・音楽・演劇・スポーツ）
- 5 社会科学（社会のしくみ・教育・福祉）／言語（日本語・外国語）
- 6 文学（日本の物語・詩・短歌・俳句）
- 7 文学（世界の物語・詩）
- 出入り口

問題2　みなみさんは【ア】【イ】【ウ】の資料と合わせて【写真1】【写真2】【写真3】を見るとどのような効果があるか考えました。その説明として適切なものを、次の1から6の中から**すべて**選び、番号を書きなさい。

1　【写真1】は、わずか7分間で椅子の向きや座席のカバーを整え、トイレや洗面所を清掃する時のお掃除部隊の手ぎわのよさを伝える効果がある。

2　【写真1】は、車内清掃を終えて乗車待ちの客に一礼する際の、お掃除部隊の礼儀正しさを伝える効果がある。

3　【写真2】【写真3】を並べることで、新幹線の先頭車両の形とカワセミの頭部の形がよく似ていることが、理解しやすくなる効果がある。

4　【写真2】【写真3】を並べることで、カワセミの頭部の形を研究して、新幹線の先頭車両の形を決定したいきさつが、理解しやすくなる効果がある。

5　【写真1】【写真2】【写真3】を使うと、言葉だけの説明よりも、はじめて知る内容についてイメージを持ちやすくする効果がある。

6　【写真1】【写真2】【写真3】を使うと、言葉だけの説明よりも、そのものの持つにおいや温度が伝わりやすくなる効果がある。

問題3　みなみさんは【ア】【イ】【ウ】の資料を読みながら、カードにメモをとりました。次の**カード①**から**カード⑩**は、どの資料を読んで書いたものですか。最もふさわしいものをそれぞれ**一つ**選び、【ア】ならばア、【イ】ならばイ、【ウ】ならばウの記号を書きなさい。ただし、資料【ア】【イ】【ウ】の内容とてらして誤りがある場合は×を書きなさい。

カード①
・野菜や魚など、地元でとれた食材を地元で消費するのに使うと思っていた言葉が、建築などの分野にも使うのだとはじめて知った。
・資料【　　　】より

カード②
・獲物を目指して頭から急降下し、水中に突入するカワセミの頭部と、新幹線の先頭車両の形とがそっくりだと知って、びっくりした。
・資料【　　　】より

カード③
・「開業以来、一度も乗客が死亡する列車事故は起こしていない」のは本当にすごい。新幹線の技術が台湾に導入されているのも納得できる。
・資料【　　　】より

ていた、みんなに知られていない素材や工法がいろいろあります。

ぼくは、そうした素材を、いまの一般の人たちが使う鉄道車両や公共施設の中に、もっていきたいと思っています。昔の貴族や領主が使っていたものを、今風に※10アレンジすれば、そこに新しい「和」や「贅沢」が感じられるのではないでしょうか。

最先端の技術と伝統的な素材がぶつかったところに、いままでにないデザインが生まれてくると思うのです。

そして、地域の特色―今回は「九州らしさ」―を、洗練された形で表現するためには、素材をどう選べばよいか?と考えて、※11エコロジカルな素材、日本にしかない素材、九州特産の素材を積極的に取り入れるようにしたことは、これまでに書いたとおりです。

八代平野で生産されているい草を縄のれんにして洗面室の入り口にかけたのも、その答えのひとつで、「こまち」や「のぞみ」や「あさま」にはない〝九州らしさ〟を「つばめ」に乗る人に感じてもらいたかったのです。

科学技術は世界じゅうどこでも、同じように通用するものです。でもそれだけだと、地域や国の個性というものはなくなって、世界じゅうがのっぺりと同じような姿になってしまいます。悪い意味での※12グローバル化です。

最近、食の分野でよくいわれる、地元でとれたものを地元で消費するという「地産地消」の考え方は、建築や※13プロダクト・デザインなどの分野でも応用できるものです。そして、それは公共性が高ければ高いほど、実行する意味があるのです。

地元でとれる石や木を使って建物や道をつくるから、地域の個性が、家の形や色に表れる。

土の色、植物の色、そして空の色、水の色。―循環している自然の色なのだから、バランスがいいはずです。そうした地域の自然を表す素材を、いちばん大事な、ベースになる道や橋、建物などに使わないかぎりは、自然にとけこんだ、調和のとれた環境はつくれないのだと思います。それにつけ加える色、アクセントになる色は、どんな色がきてもかまわないわけですが。

そういうふうにデザインされたモノが国際的な力をもって、それが新たに観光客をひきつけたり、ブランドになったりしていくのだと思うのです。ヨーロッパでも、アメリカでも、北海道でも真似のできないことなのですから。

（水戸岡鋭治「ぼくは『つばめ』のデザイナー　九州新幹線８００系誕生物語」より。一部表記を改めた。）

［注］※10　アレンジ……大もとを変えずに全体のようすを別の形に整えなおすこと。

※11　エコロジカル……環境保護を意識した。

※12　グローバル化……地球規模で広がること。

※13　プロダクト・デザイン……製品のデザイン。

問題1　**みなみさん**は、**【ア】【イ】【ウ】**の資料がのった本を学校の図書館で集めました。次のページの**【図1】**は図書館の本だなの見取り図です。**みなみさん**は、どの本だなから**【ア】【イ】【ウ】**の資料を見つけましたか。**【図1】**の1から7の中から**すべて**選び、番号を書きなさい。

【ウ】　新幹線のデザイナーが書いた本の一部

　８００系「つばめ」の〝顔〟には、いちばん最初につくられた新幹線０系のイメージをすこしだけ盛りこみました。

　「０系のイメージを、今度の新幹線の電車に残したい。」というのは、最初からずっと考えていたことのひとつです。最初の新幹線である０系のイメージを取り入れることで、これまでいろいろな人によって築かれてきた、新幹線の栄光の歴史と伝統を８００系で受け継ぐことができると思ったのです。

　それに、新幹線の車両の中では０系のデザインがもっとも優れていると思ったのも理由のひとつです。色さえぬりかえればいまの時代でも十分通用するかわいらしい〝顔〟で、昭和30年代に、よくこれだけのものをつくったと思います。先人がデザインした優れたものは、できるだけ残したかったのです。

　でも、ほんとうのことをいうと、新幹線「つばめ」のデザインでは〝顔〟や外観よりもっと重視していることがありました。

　それは椅子です。

　中に入ってしまえば外観は見えません。直接、乗り心地にかかわってくるのが椅子なのです。

　８００系の椅子では、座席配置が片側2列ずつになったこともあり、ひじかけの幅を十分にとりました。となりの人と、まん中のひじかけで不快な思いをすることはありません。

　つぎは椅子の背もたれを見てください。背もたれが高く、大きくなっています。これは、ハイバックチェアーといって、前にすわっている人の頭が見えないようになっているのです。このおかげでまわりに人がいないように感じます。自分だけの空間のような気がして落ち着くのです。

　また背もたれの厚さも3～4割薄くなっています。その分だけすわる座面に奥行きができ、しっかり深くすわれて、もものところが浮くようなことはありません。そして足もとの空間も広くとれるので十分に足ものばせます。いっぽう、座席の高さはすこし低くしました。こうすれば、背の低い人や、子どもでも足が宙に浮かず、身体を支えられます。

　これは、ほんの一例ですが、小さなところのデザインの工夫で、すわり心地がずいぶんちがってくるのがわかるでしょう?

　つぎに重要だと思うのは、車内のデザインです。

　それも車内に入って、ぱっと見たとき、近づいたとき、そして椅子にすわったとき、その3つのそれぞれの段階で感動がないといけないと思っています。そうでないとほんとうには好きになってもらえません。

　とくに九州新幹線の新八代駅～鹿児島中央駅間は、7割がトンネルです。だから、車内を楽しんでもらうことがたいせつなのです。

　そこで８００系「つばめ」は〝車内が外〟をテーマにしました。

　乗客が手でさわるところはできるかぎり、山桜の無垢の木を使うことにしました。

　天然素材をたくさん使ったのは、なんといっても柔らかいやさしい雰囲気になることと、エコロジーに配慮した列車にしたいということ。それも九州の素材を使うことで、より九州らしい新幹線にしたいという思いがあったからです。

　ここで素材についてのぼくの考え方をまとめておきます。

　日本には、昔のお城とか、神社やお寺、書院などでふんだんに使われ

合、折り返し時間はわずか12分しかない。乗降時間に5分かかるため、車内清掃に使える時間は、わずか7分。その短時間にすべてのテーブルや窓枠を拭き、カバーを交換し、ゴミを集めて出し、トイレの清掃までを完璧に終わらせるのだ。

しかも、車両清掃チームは、新幹線が到着する3分前には

【写真1】

（出典：「日経BP」ホームページ）

ホーム際に整列し、到着する新幹線に深々とお辞儀をして迎え、清掃が終わったあとも再度整列して、乗車待ちの客に「お待たせしました」と一礼する。このスピーディで※4華麗な車内清掃という神業と礼儀正しさは「7分間の新幹線劇場」と呼ばれる。

アメリカのアーノルド・シュワルツェネッガー前州知事や、同国のラフード運輸長官は日本を訪問した際、「7分間の新幹線劇場」をわざわざ視察した。フランスの国鉄総裁に至っては、「これをフランスに輸出してほしい」と述べたという。

日本人の細やかさ、正確さ、生真面目さが支える新幹線の技術とサービス。今後、新幹線は、さらに世界中へと旅立っていくことだろう。

（ロム・インターナショナル「日本のモノづくり力はやっぱり凄い」より。一部表記を改めた。）

[注] ※1 納期……注文品を相手にわたす時期。
※2 検札……車内で乗客の乗車券を調べること。
※3 圧巻……他のものと比べて、はるかにすぐれていること。
※4 華麗な……はなやかで美しいこと。

【イ】小さな生物について書かれた本の一部

※問題に使用された作品の著作権者が二次使用の許可を出していないため、問題を掲載しておりません。

【写真2】

（カワセミの写真）
※写真は都合により掲載できませんでした。

【写真3】

（新幹線の先頭車両の写真）
※写真は都合により掲載できませんでした。

[注] ※5 駆使……自分の思い通りにつかうこと。
※6 酷似……非常によく似ていること。
※7 臨戦態勢……いつでもたたかえるような準備が整った状態。
※8 緩衝装置……二つのものの間にあって両者がぶつかるショックをやわらげるもの。
※9 会得……物事をよく理解して自分のものにすること。

【適性検査Ⅰ】（四五分）〈満点：二〇〇点〉

1 みなみさんは、「新幹線」に興味を持って調べています。みなみさんが集めた次の【ア】【イ】【ウ】の資料を読んで、あとの問題に答えなさい。

【ア】日本のものづくりについて書かれた本の一部

フランスのTGV、スペインのTAV、ドイツのICE、中国のCRHなど、いまは世界各国で高速鉄道が走っている。まだ高速鉄道が整備されていない国のなかにも、その導入を検討している国は多い。

その高速鉄道の原点といえるのが、日本の新幹線だ。新幹線は世界の高速鉄道をリードする存在で、新幹線方式が世界の注目の的になっている。では、日本の誇る高速鉄道・新幹線が、世界から評価される理由はどこにあるのだろうか。

新幹線が開業したのは、1964年10月のこと。東海道新幹線が開通し、東京—大阪間が4時間で結ばれた。1年後には「ひかり」が登場し、一気に3時間10分にまで同区間の所要時間を短縮。1991年には同じく「ひかり」で2時間50分と3時間の壁を破り、2011年のダイヤ改正以降は2時間25分を実現した。

しかし、新幹線は「開業以来、一度も乗客が死亡する列車事故を起こしていない」という抜群の安全性を誇る。これは世界でも類を見ない記録である。

この安全性と正確性が高く評価され、日本の新幹線は世界へと進出することになった。

たとえば台湾では、台北—高雄間を結ぶ高速鉄道プロジェクトに新幹線の技術が導入されている。当初はドイツ高速鉄道のICEが予定されていたが、ICEは1997年に脱線事故を起こし、70人の死者を出した。さらに、99年には台湾中部で大地震が発生。こうしたことから、安全性と耐震性に優れた日本の新幹線が採用されたのだ。

また、2011年9月にはインドのトリベディ鉄道相が、デリーとコルカタ（カルカッタ）間を結ぶ高速鉄道の整備に日本の協力を要請。ベトナムもハノイとホーチミンを結ぶ南北高速鉄道で、日本の新幹線方式を採用することを決定した。

さらに2011年3月には、イギリスのロンドンと中部の主要都市を結ぶ高速鉄道の車両製造を、日立製作所を中心とするグループが受注。運行の正確さ、故障の少なさ、※1納期をきちんと守るなどの点が評価された結果だという。鉄道発祥の地であるイギリスで、日本産の車両が走るという快挙が実現したのである。

新幹線はサービス面でも世界を圧倒している。※2検札に来る車掌は笑顔を絶やさず、各車両で検札終了時に乗客に向けて頭を下げる。これほど丁寧できめ細やかな対応は、他国ではとうてい見られない。

※3圧巻なのは、新幹線の折り返し時に清掃を行なう「お掃除部隊」だ。

新幹線に乗ると、椅子はすべて進行方向に向けて並び、座席のカバーはきれいなものに交換されている。ゴミも落ちていなければ、忘れ物一つない。トイレも洗面所もピカピカだ。ついさっきまで多くの乗客を乗せて走ってきた新幹線が、折り返して出発するときには、まるで始発電車のようにゴミ一つない状況に整えられているのだ。

日本人にとっては、ごく当たり前のように思えるが、これは改めて考えると凄いことである。たとえば東京駅の東北・上越新幹線などの場

平成26年度

横浜市立南高等学校附属中学校入試問題

【適性検査Ⅰ】 (33ページから始まります。)

【適性検査Ⅱ】 (45分)　　＜満点：200点＞

1 **みなみさん**は1から7までの数字を使っていろいろなけたの整数をつくりました。次の問題に答えなさい。

問題1　1から7までの数字を使って2けたの整数をつくりました。

(1)　2けたの整数は全部で何個できますか。ただし，同じ数字を2回使っても構いません。

(2)　(1)でできた2けたの整数の中から，**【例1】**を含めて素数を**小さい順に**，**すべて**書きなさい。素数とは**【例1】**のように1とその数自身しか約数がない数のことをいいます。

【例1】

11

(3)　(2)の素数の中から2つの整数を選び，その2つの整数をかけたら**2747**になりました。2つの整数を**小さい順に**書きなさい。

問題2　**みなみさんが【ルール1】**にしたがって，1から3までの数字を2回使って6けたの整数をつくると「**312132**」という整数になりました。

【ルール1】
① 1と1の間には数字が1つ入るようにする。
② 2と2の間には数字が2つ入るようにする。
③ 3と3の間には数字が3つ入るようにする。

(1)　**みなみさん**は**【ルール2】**にしたがって，1から4までの数字を2回使って8けたの整数をつくりました。8けたの整数を1つ書きなさい。

【ルール2】
① 1と1の間には数字が1つ入るようにする。
② 2と2の間には数字が2つ入るようにする。
③ 3と3の間には数字が3つ入るようにする。
④ 4と4の間には数字が4つ入るようにする。

(2)　**みなみさん**は次のページの**【ルール3】**にしたがって，1から7までの数字を2回使って14けたの整数をつくりました。14けたの整数を1つ書きなさい。

【ルール３】
① １と１の間には数字が１つ入るようにする。
② ２と２の間には数字が２つ入るようにする。
③ ３と３の間には数字が３つ入るようにする。
④ ４と４の間には数字が４つ入るようにする。
⑤ ５と５の間には数字が５つ入るようにする。
⑥ ６と６の間には数字が６つ入るようにする。
⑦ ７と７の間には数字が７つ入るようにする。

2 みなみさんと先生の会話文を読んで，あとの問題に答えなさい。

みなみさん：以前から不思議に思っていたことがあるのですが，ミツバチの巣の部屋の形は，なぜ正六角形に近い形なのでしょうか。

先　　生：それはとても興味深い質問ですね。正六角形はミツバチが巣を作る上で，とても都合の良い形だと考えられています。

みなみさん：なぜ都合が良いのですか。

先　　生：ミツバチは腹部から「蜜ろう」とよばれる物質を出して，それを材料にしながら，正六角形の部屋を作っていきます。ある平面に同じ形の部屋をいくつも作ると考えたとき，平面をすきまなくしきつめることができる正多角形は，正三角形，正方形，正六角形の３種類しかありません。同じ長さのひもを使って，これらの３種類の正多角形をそれぞれ作った場合，面積が最も大きくなるのが正六角形なのです。正三角形の面積と比べると（　ア　）倍になります。

みなみさん：つまり正六角形はミツバチにとって，最も［　A　］で，最も［　B　］を作ることができる都合の良い形なのですね。

先　　生：その通りです。また，正六角柱を組み合わせたつくりは「ハニカム構造」とよばれ，軽くて丈夫であることから，航空機をはじめ，さまざまな建築材料に応用されています。

みなみさん：ミツバチは優秀な建築家だったのですね。

先　　生：ミツバチの優れた能力はほかにもあります。みなみさんはミツバチの「８の字ダンス」ということばを聞いたことはありますか。

みなみさん：はじめて聞きました。それは何ですか。

先　　生：１匹のミツバチが花の蜜や花粉を見つけて巣へもどると，8の字ダンスをして，他のミツバチに花の蜜や花粉がある場所（えさ場）を教えるのです。

みなみさん：ミツバチにはそんなことができるのですか。８の字ダンスについて，くわしく教えてください。

先　　生：あとの【図１】を見てください。これは自然界にあるミツバチの巣を真似て作った，ミツバチを飼育するための巣箱です。巣板が何枚もたてに並んでいますね。 ミツバチは，このたてに並んだ巣板の表面で，真上を太陽の方向と見なして，８の字をえがくようにダンスをします。たとえば【図2】のように，巣から見てえさ場が太陽の方向から右に60°の方向にあったとします。すると，そのえさ場からもどってきたミツバチは，巣板の表面で【図3】のように，真上から右に60°の方向に向かって８の字ダンスを行い，えさ場の方向をなかまに伝えるのです。さらにおどろくことに，8の字をえがく速さがえさ場までの距離(きょり)を表していることや，時間による太陽の位置の変化までもきちんと計算して８の字ダンスをすることが知られています。

みなみさん：ミツバチにそんなすごい能力があったなんて知りませんでした。まるでミツバチどうしが，ダンスをしながらおたがいに会話をしているようですね。とても興味がわいてきたので，図書館へ行ってミツバチのことをもっと調べてみようと思います。

【図１】

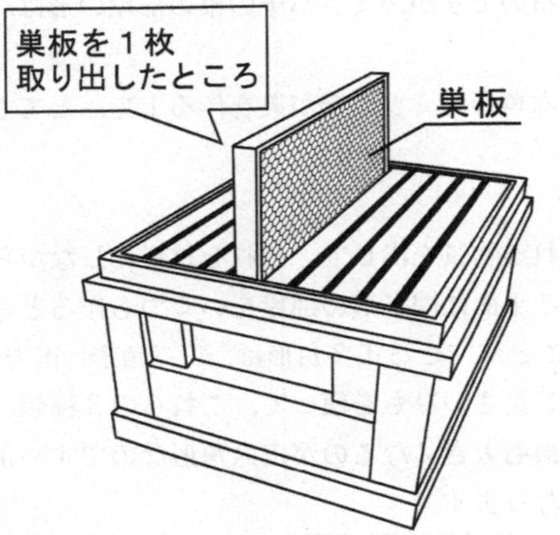

【図２】

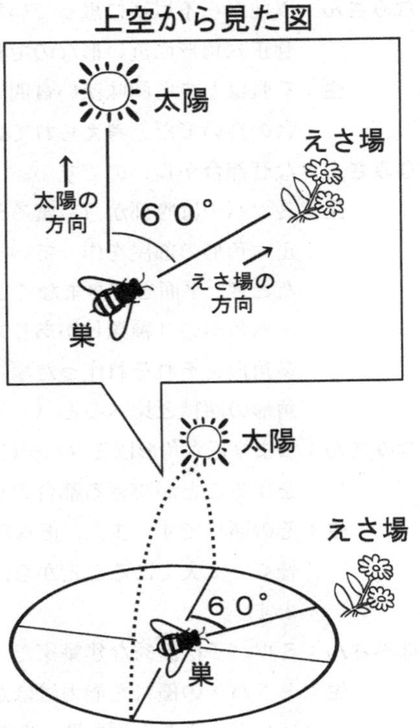

【図３】

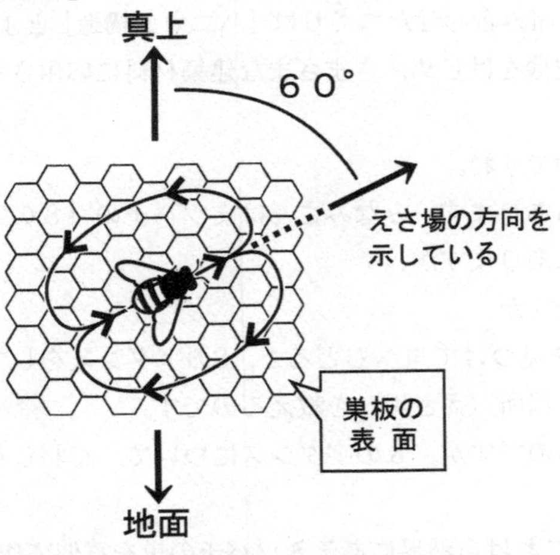

問題１　みなみさんと先生の会話文の（ア）にあてはまる数字を答えなさい。答えがわり切れないときは，小数第二位を四捨五入(ししゃごにゅう)して小数第一位まで求めなさい。

問題２　みなみさんと先生の会話文の A と B にあてはまる語句として最もふさわしいもの

を，次のア～エ，オ～クからそれぞれ１つずつ選び，記号で答えなさい。

A にあてはまる語句

ア　少ない材料　　イ　小さい力　　ウ　短い時間　　エ　安定した姿勢（しせい）

B にあてはまる語句

オ　丈夫（じょうぶ）な部屋　　カ　広い空間をもった部屋

キ　たくさんの数の部屋　　ク　円に近い形の部屋

問題３　ある日の午前中，巣とえさ場と太陽が【図４】のような位置関係にありました。えさ場からもどってきたミツバチは，巣板の表面でどのように８の字ダンスをしますか。【解答例】にならって，８の字の曲線と矢印を解答用紙にかきなさい。

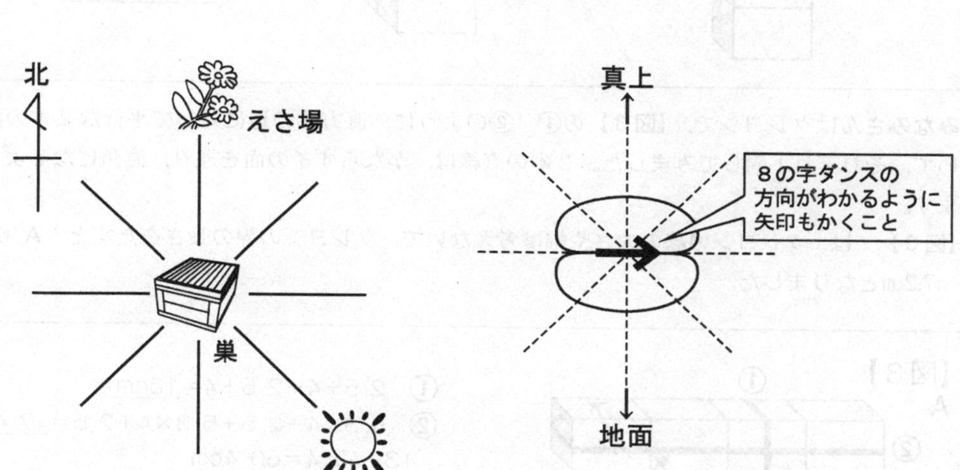

問題４　**問題３**の８の字ダンスをしたミツバチが，同じ日の正午に巣から見て北西の方向にある新しいえさ場を見つけました。巣にもどったとき，どのように８の字ダンスをしますか。**問題３**と同じように，図を解答用紙にかきなさい。

3　みなみさんは【図１】の直方体の積み木を使って，いろいろな立体を作りました。

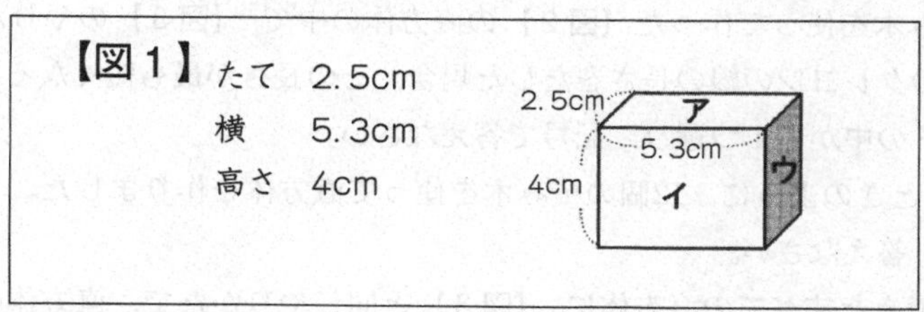

【図１】の積み木を４個使って直方体を作ると，次のページの【図２】のようにA～Fの６種類の直方体ができました。

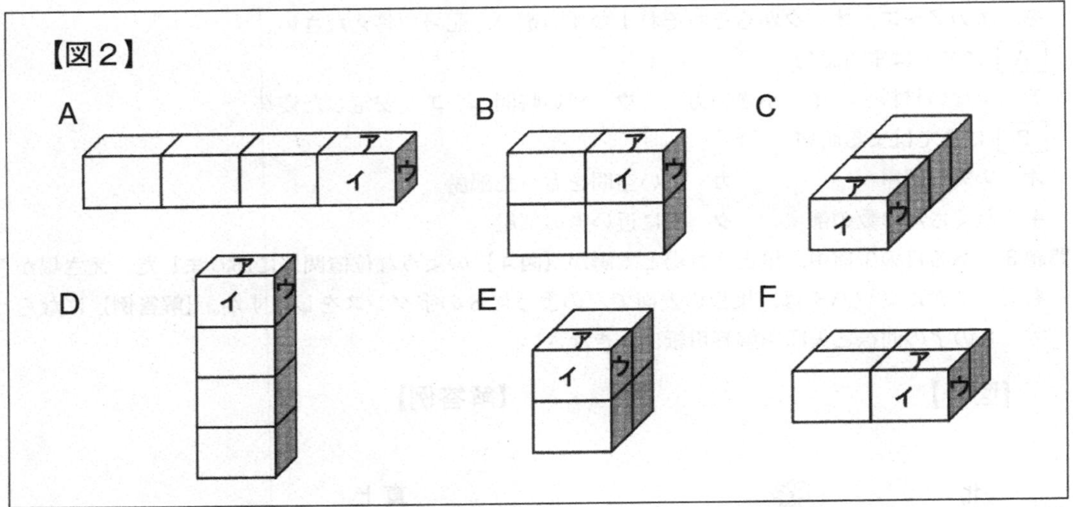

みなみさんはクレヨンで，**【図３】**の①，②のように，直方体の辺に対して平行な２本の直線をひいて，それぞれ１周してみました。２本の直線は，かならず**イ**の面を通り，直角になるようにひきます。

【図３】では，クレヨンの線の太さや幅（はば）は考えないで，クレヨンの線の長さをたすと，A 60.4㎝，B 47.2㎝となりました。

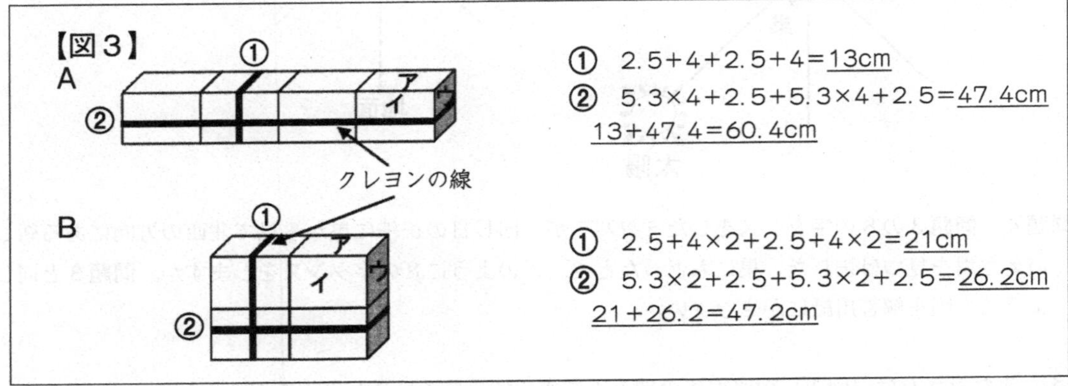

問題１　４個の積み木を使って作った**【図２】**の直方体の中で，**【図３】**のやりかたで直方体のまわりにひいた２本のクレヨンの線の長さをたした場合，その長さが最も短くなるのは，どの直方体でしょうか。A～Fの中から**１つ**選び，記号で答えなさい。

問題２　**【図２】**のときのように，12個の積み木を使って直方体を作りました。このとき，直方体は何種類できるか，答えなさい。

問題３　**問題２**でできたすべての直方体に，**【図３】**と同じやりかたで，直方体のまわりにクレヨンの線をひきました。ひいたクレヨンの線の長さをたした場合，その長さが最も短くなるときの長さを求めなさい。

問題４　**問題３**で選んだ直方体の体積を求めなさい。

みなみさんは，**【図１】**の積み木を４個使って**直方体以外**の立体を作ってみました。ただし，**【図**

4】のように，かならず**ア**の面が上下になるようにし，**ア～ウ**のいずれかの面が３つ，ぴったりと重なるようにして，積み木がくずれないように作ったものとします。

【図４】

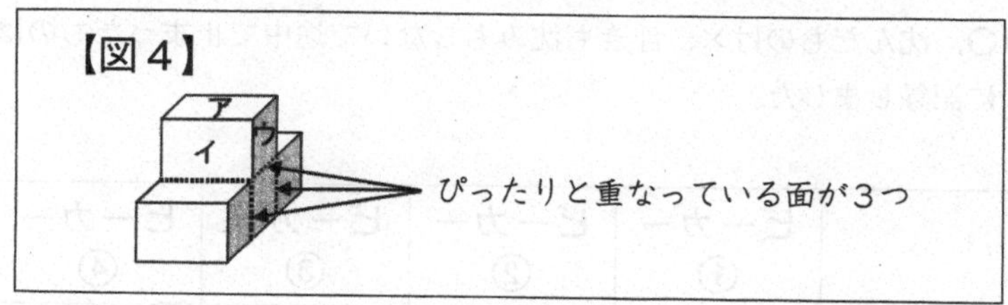

作った立体のまわりに【図３】と同じように直線をひき，それぞれ１周しました。ただし，【図５】の①，②のように，2本のクレヨンの線をひくときは，より多くの面を通るようにひきます。

【図５】では，２本のクレヨンの線の長さをたすと，56.6cmとなりました。

【図５】

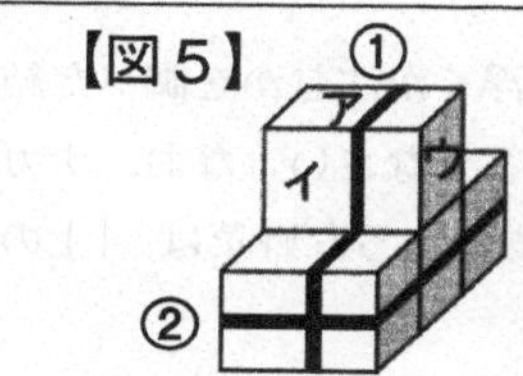

① 2.5＋4＋2.5＋4＋2.5×3＋4＋2.5＋4＝<u>31cm</u>

② 5.3＋2.5×3＋5.3＋2.5×3＝<u>25.6cm</u>

<u>31＋25.6＝56.6cm</u>

問題５　４個の積み木を使って【図４】のように，**直方体以外**の立体を作り，【図５】と同じやりかたで，２本のクレヨンの線の長さをたした場合，その長さが最も長くなるときの長さを求めなさい。

4　**みなみさん**は，野菜をボウルに入れて洗（あら）っていたとき，水に浮（う）く野菜と沈（しず）む野菜があることに気がつきました。水に浮く野菜と沈む野菜の違（ちが）いについて調べたところ，㋐<u>おおまかに分けると土の上にできる野菜は水に浮き，土の中にできる野菜は水に沈む</u>ことがわかりました。

また，ジャガイモは水に沈む野菜ですが，濃（こ）い食塩水に入れると浮くことや，ジャガイモの種類によって，浮きはじめる食塩水の濃さに違いがあることもわかりました。このことに興味をもった**みなみさん**は，次のような実験をしました。

(1)　**ビーカー①～⑤**を用意し，それぞれのビーカーに水を1000cm³ずつ入れました。水１cm³の重さは１ｇです。
また，それぞれのビーカーに食塩を40ｇ，80ｇ，120ｇ，160ｇ，200ｇずつ加え，よくかきまぜてすべてとかしました。食塩水の重さと体積は【表１】のようになりました。

【表１】

	ビーカー①	ビーカー②	ビーカー③	ビーカー④	ビーカー⑤
水（cm³）	1000	1000	1000	1000	1000
加えた食塩（ｇ）	40	80	120	160	200
食塩水の重さ（ｇ）	1040	1080	1120	1160	1200
食塩水の体積（cm³）	1025	1050	1075	1100	1125

(2)　３種類の**ジャガイモＡ～Ｃ**をそれぞれ１個ずつ用意し，**ビーカー①～⑤**の食塩水に順番に入れて，浮き沈みを観察しました。
浮いたものは○，沈んだものは×，浮きも沈みもしないで途中(とちゅう)で止まったものは△として，結果を【表２】に記録しました。

【表２】

	ビーカー①	ビーカー②	ビーカー③	ビーカー④	ビーカー⑤
ジャガイモＡ	×	○	○	○	○
ジャガイモＢ	×	×	×	○	○
ジャガイモＣ	×	×	△	○	○

問題１　次の【表３】は，**みなみさん**がいろいろな野菜について，水に浮くか沈むかを調べた結果です。**下線部㋐の内容にあてはまらない野菜をすべて選び，カタカナ**で答えなさい。なお，ナガネギのように，食べる部分の一部が土の中にあり，残りの部分が土の上にあるような野菜は，「土の中にできる野菜」として考えるものとします。

【表３】

水に浮いた野菜		水に沈んだ野菜	
ピーマン	キュウリ	ジャガイモ	ニンジン
キャベツ	ダイコン	サツマイモ	トマト
ナス	カボチャ	レンコン	ゴボウ

問題２　【表２】の結果について，**ジャガイモＣ**を**ビーカー③**の食塩水に入れると，**ジャガイモＣ**は浮きも沈みもしないで途中で止まりました。これは，**ビーカー③**の食塩水の１㎤あたりの重さと，**ジャガイモＣ**の１㎤あたりの重さが等しくなったからです。

(1)　**ビーカー③**の食塩水の１㎤あたりの重さは何ｇですか。小数第三位を四捨五入(ししゃごにゅう)して小数第二位まで求めなさい。

(2)　**ジャガイモＣ**の重さをはかると158ｇでした。**ジャガイモＣ**の体積は何㎤ですか。答えに最も近いものを，次の**ア～エ**から１つ選び，記号で答えなさい。

ア　146㎤　　**イ**　152㎤　　**ウ**　165㎤　　**エ**　170㎤

問題３　ジャガイモは種類や収穫(しゅうかく)する時期によってジャガイモに含(ふく)まれるデンプンの量がことなり，デンプンの量が多いほどジャガイモの１㎤あたりの重さが増えることがわかっています。
【表２】の**ジャガイモＡ～Ｃ**について，含まれるデンプンの量が**多い順**に，左から**Ａ～Ｃ**の記号を書きなさい。

問題４　**みなみさん**は【表２】の**ジャガイモＡ～Ｃ**とは別の種類のジャガイモ（**ジャガイモＤ**とする）をさらに１個用意しました。
500㎤（500mL）のメスシリンダーに水を200㎤入れ，そこに**ジャガイモＤ**を入れると，**ジャガ**

イモDは水に沈み，**【図１】**のようになりました。また，**ジャガイモD**の重さをはかると122ｇでした。

ジャガイモDを**【表１】**の**ビーカー**①～⑤の食塩水に入れ，浮き沈みを観察したときの予想される結果を，浮く場合は○，沈む場合は×，浮きも沈みもしないで途中で止まる場合は△として，記号を書きなさい。

【図１】

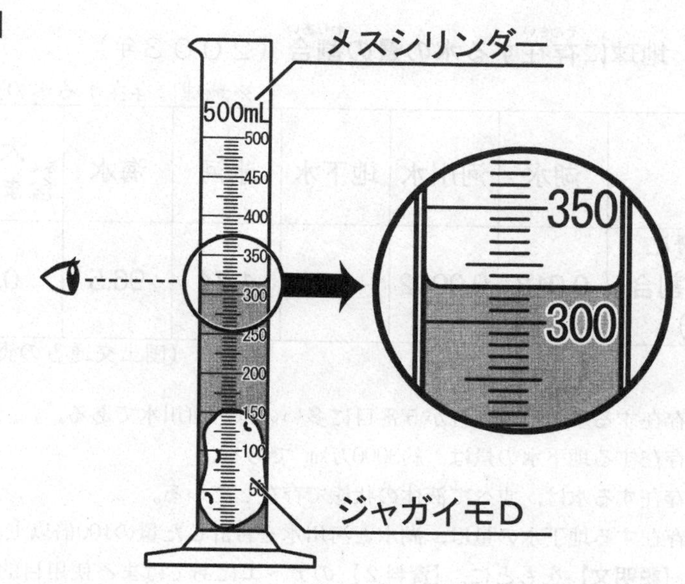

【適性検査Ⅲ】（45分）　＜満点：200点＞

1　**みなみさん**は総合的な学習の時間に「水」をテーマに調べることになりました。次の問題に答えなさい。

問題１　**【資料１】**からわかることとして，最も適切なものを１～４から一つ選び，番号で書きなさい。

【資料１】地球に存在(そんざい)する水の量の割合(わりあい)（２００３年）

※地球に存在する水の量＝約１４億ｋｍ^3

	湖水	河川水	地下水	氷河	海水	大気に含(ふく)まれる水	その他
全水量に対する割合(%)	0.013	0.0002	1.7	1.74	96.5	0.001	0.0458

（国土交通省の資料をもとに作成）

1　地球に存在する水の量の割合が５番目に多いのは，河川水である。

2　地球に存在する地下水の量は，約3000万km^{3}である。

3　地球に存在する水は，すべて液体の状態で存在している。

4　地球に存在する地下水の量は，湖水と河川水を合計した量の100倍以上ある。

問題２　次の**【説明文】**をもとに，**【資料２】**の**ア**～**エ**にあてはまる使用目的を１～４からそれぞれ一つずつ選び，番号で書きなさい。

【説明文】

生活用水の使用目的別の割合は、風呂(ふろ)・炊事(すいじ)・トイレの３つで全体の約４分の３をしめている。
トイレの使用水量は、一日平均約８３．４Ｌである。
また、風呂の割合は、洗(せん)たくの割合の約１．５倍である。

【資料２】一人あたりの生活用水の使用目的別の割合

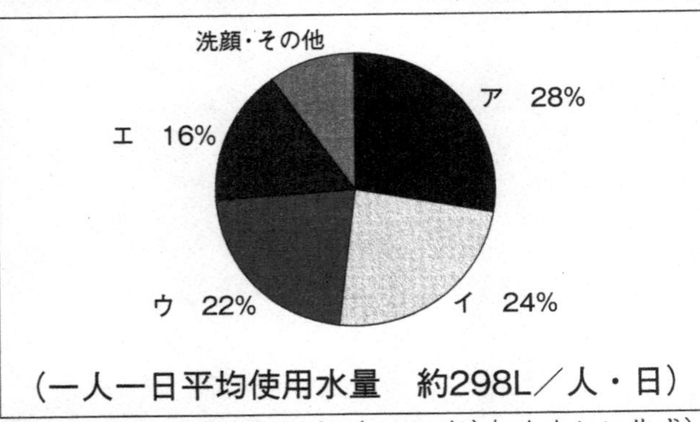

（「東京都一般家庭水使用目的別実態調査（2006年）」をもとに作成）

1　洗たく　　2　炊事　　3　トイレ　　4　風呂

問題3　次の**【資料3】**，**【資料4】**をもとに，**みなみさん**は水道の料金がどのように決められているのかを調べました。あとの問題に答えなさい。

(1)　【資料3】をもとに作成した図として，最も適切なものを１～４から一つ選び，番号で書きなさい。

1

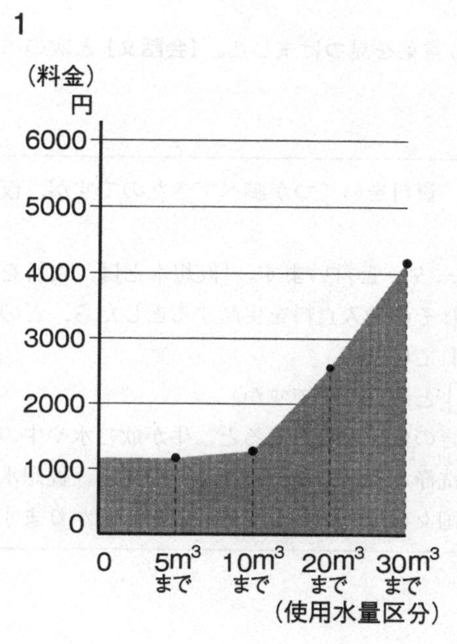

2

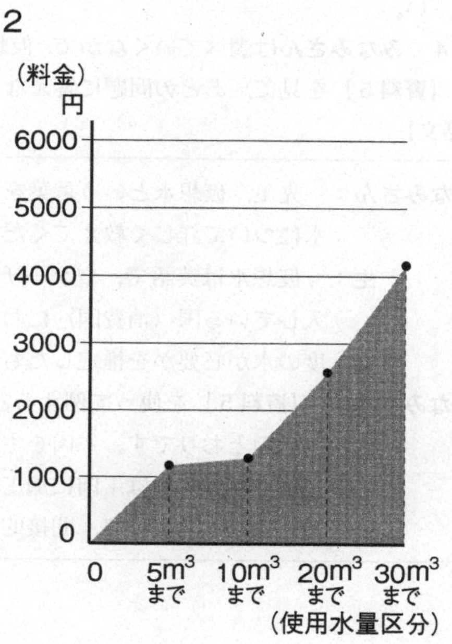

3

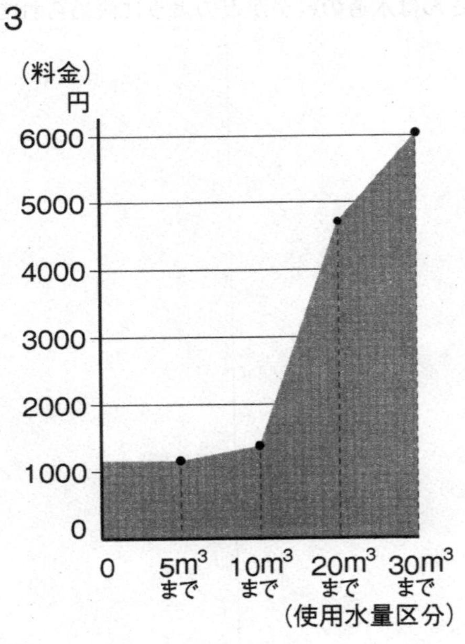

4

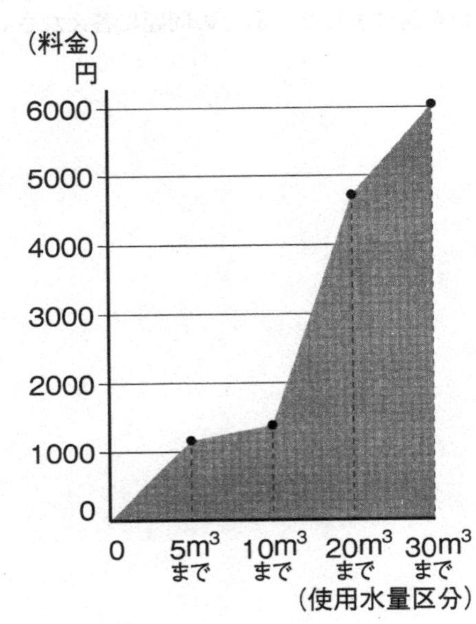

(2) 使用水量が10㎤の場合の水道料金を計算すると，1280円でした。
【資料３】，**【資料４】** をもとに，４人世帯の平均的な一か月の水道の料金を計算して求めなさい。

問題４　みなみさんは調べていくなかで，仮想水という言葉を見つけました。**【会話文】** と次のページの **【資料５】** を見て，あとの問題に答えなさい。

【会話文】

みなみさん：	先生，仮想水という言葉を見つけて，資料をいくつか調べてきたのですが，仮想水について詳しく教えてください。
先　　生：	仮想水は英語で，ヴァーチャルウォーターと言います。「仮想水とは，食料を輸入している国（消費国）において，もしその輸入食料を生産するとしたら，どの程度の水が必要かを推定したもの」とされています。
みなみさん：	**【資料５】** を使って例えると，［　A　］ということですか。
先　　生：	そのとおりです。牛肉を生産するときの仮想水を考えると，牛が飲む水や牛の体を洗う水，または牛肉に加工する際の洗浄水などもふくまれるのですよ。仮想水を考えることによって，間接的に海外の国々の水を消費していることがわかります。

【資料5】食品ごとの仮想水の量

大分類	食　品	単位	量 （g）	仮想水の量 （L）
畜産製品	牛肉	—	100	2060
	豚肉	—	100	590
	鶏肉	—	100	450
	鶏卵	1個	56	179
主食	1　米	1合	150	555
	2　炊いたごはん	1杯	75	278
	3　パン	1枚	60	96
	4　スパゲッティ	1食	100	200
	5　インスタントラーメン	1食	65	120
野菜	にんじん	1本	225	41
	たまねぎ	1個	240	38
	なす	1個	70	13
	トマト	1個	125	16
	きゅうり	1本	200	25
	ブロッコリー	1個	286	90
	レタス	1個	65	11
	じゃがいも	1個	100	19

（環境省のホームページをもとに作成）

⑴　**【資料5】**の主食を，100ｇあたりの仮想水の量（L）の多い順に並べ，番号を書きなさい。ただし，**【資料5】**にあるように，**1　米　2　炊いたごはん　3　パン　4　スパゲッティ　5　インスタントラーメン**として，1～5の番号で書くこと。

⑵　**【会話文】**中の［A］にあてはまるものとして，最も適切なものを1～4から一つ選び，番号で書きなさい。

1　1合のご飯を炊くために，555Ｌの水が必要である

2　インスタントラーメンのスープをつくるときに，120ｍＬの水を入れる

3　輸入した牛肉100ｇを生産するために，牛に飲み水として2060Ｌの水を与えている

4　輸入したブロッコリーを国内で生産する場合，栽培用の水など，1個につき90Ｌの水が必要である

⑶　**みなみさん**が**【資料5】**をもとに，夕食のメニューの材料の仮想水を計算したところ，**2376Ｌ**でした。**みなみさん**の夕食のメニューは何でしょうか。最も適切なものを1～4から一つ選び，番号で書きなさい。

＊材料は（　）内のもののみとし，調味料などは計算に入れないものとします。

＊食品はすべて輸入されたものとします。

1　スパゲッティとサラダ
（スパゲッティ１食，トマト１個，きゅうり１本，レタス４分の１個）

2　カレーライス
（炊いたごはん１杯，豚肉100ｇ，にんじん１本，たまねぎ１個，じゃがいも１個）

3　牛丼（ぎゅうどん）
（炊いたごはん１杯，牛肉100ｇ，たまねぎ１個）

4　親子丼
（炊いたごはん１杯，鶏肉100ｇ，鶏卵１個，たまねぎ１個）

問題５　**みなみさん**は，県内にある**Ａダム**について調べました。**【資料６】**，**【資料７】**と**【証言】**をもとに，なぜ**Ａダム**が満水の時にためることができる水の量が減少するのかについて，理由を説明しなさい。

ただし，書き出しと終わりは［Ｂ］にあてはまるような形にし，文中に必ず「によって」という言葉を使い，**15字～20字**で答えなさい。

> **Ａダム**が満水の時にためることができる水の量が，だんだん減ってきているのは，［Ｂ］ためです。

【資料６】満水時におけるＡダムの ※3 ダム湖の面積と水の量の変化

※3 ダム湖・・・ダムによってできた人工の湖

	満水時のダム湖の面積（m^2）	満水時にためることができる水の量（m^3）
1990年	682000	51200000
2000年	682000	49400000
2010年	682000	47600000

【資料７】Ａダム周辺のイラスト

【証言】Ａダムの所長さんの話

> ダムの周辺の雨の量が少なくなると，ダム湖に流れ込む川の水の量が減り，ダムでたまる水が少なくなります。そういう時には，1990年のダム完成とともに水中に沈んだ，当時の村の建物が見えることがあります。
>
> その一つが，学校の校舎です。1994年に※4 ダム湖が干上（ひあ）がったときは２階建ての校舎の１階の部分まで見えましたが，2010年には２階の部分しか見えなくなりました。

※4 ダム湖が干上（ひあ）がったとき…ダム湖の水がなくなったとき

2 **みなみさん**とその家族が**【地図１】**を見ながら夏休みの旅行の予定を立てています。**【地図１】**と**【みなみさんとその家族の会話】**を参考に，あとの問題に答えなさい。

【地図１】

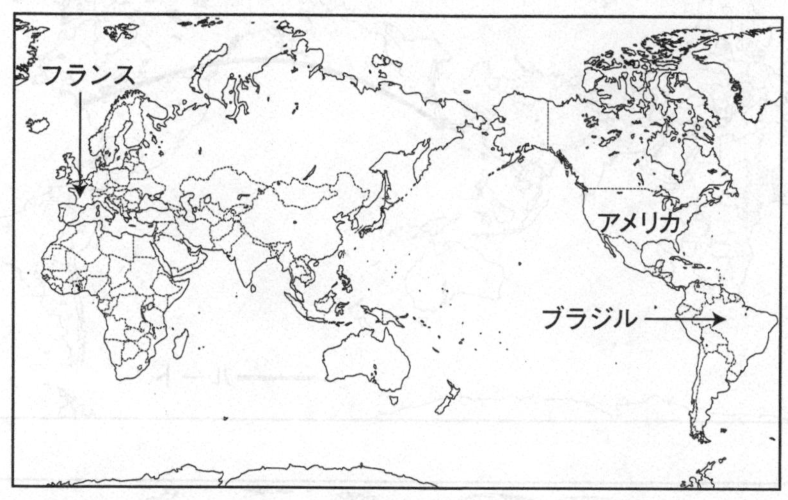

【みなみさんとその家族の会話】

みなみさん：　今年の夏休みはどこに旅行に行くの？

お父さん：　今年は海外旅行もいいよね。わたしはブラジルのサンパウロに行きたいな。サンパウロはブラジルで最も人口の多い都市なんだよ。

お母さん：　①日本からサンパウロへ※直行便は出ていないようね。ドイツのフランクフルトとイギリスのロンドンを経由してからサンパウロに行くことになるね。ドイツはフランスの北東に接しているね。

みなみさん：　そうだね。でも，わたしは最近アメリカについて興味があるの。学校の授業でもたくさん調べたからアメリカに行きたいなあ。特にアメリカの西海岸にあるサンフランシスコに行ってみたいな。②日本からサンフランシスコへは直行便が出ているのよ。

お母さん：　アメリカもいいわね。でも，わたしはアメリカよりイタリアへ行ってみたいな。

みなみさん：　イタリアは料理がおいしそうだし，イタリアもいいかもしれないね。

お父さん：　では今年はイタリアに行くことにしよう。日本からイタリアのミラノへは直行便が出ているね。ミラノには行ってみたい有名なレストランがあるんだ。さっそく予約しておこう。

※直行便…飛行機などにおいて，途中（とちゅう）で他の場所に寄らず，直接目的地まで行く便のこと

問題１　**【みなみさんとその家族の会話】**中の下線部①と②のルートを表している図として，最も適切なものをあとの**１**～**６**からそれぞれ一つずつ選び，番号で書きなさい。ただし，**１**～**６**の地図は日本が中心の地図とは限りません。（**１**～**６**の図は，15～17ページにあります。）

1

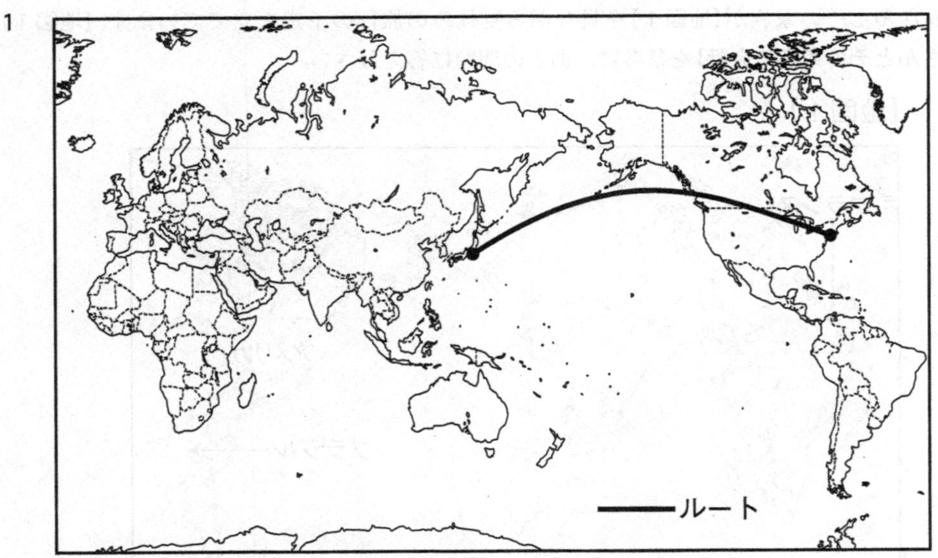

2

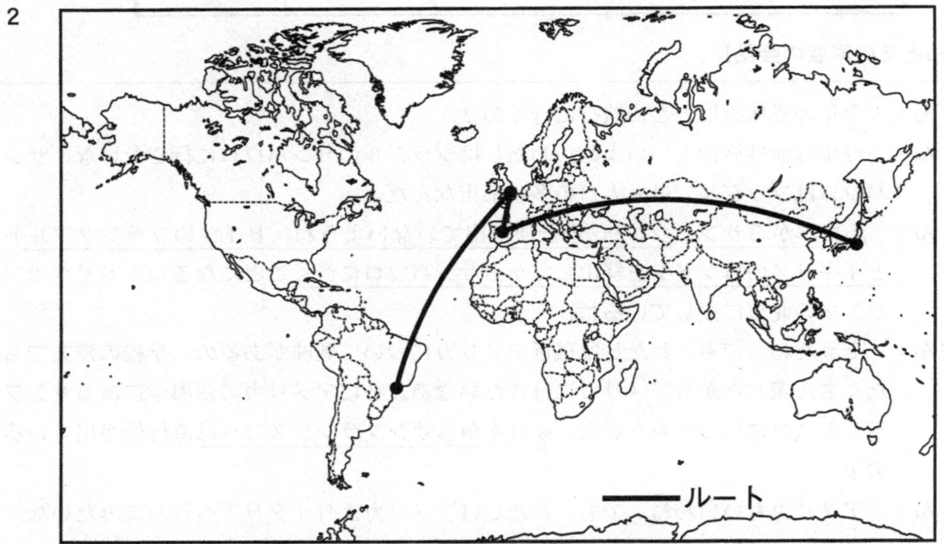

3

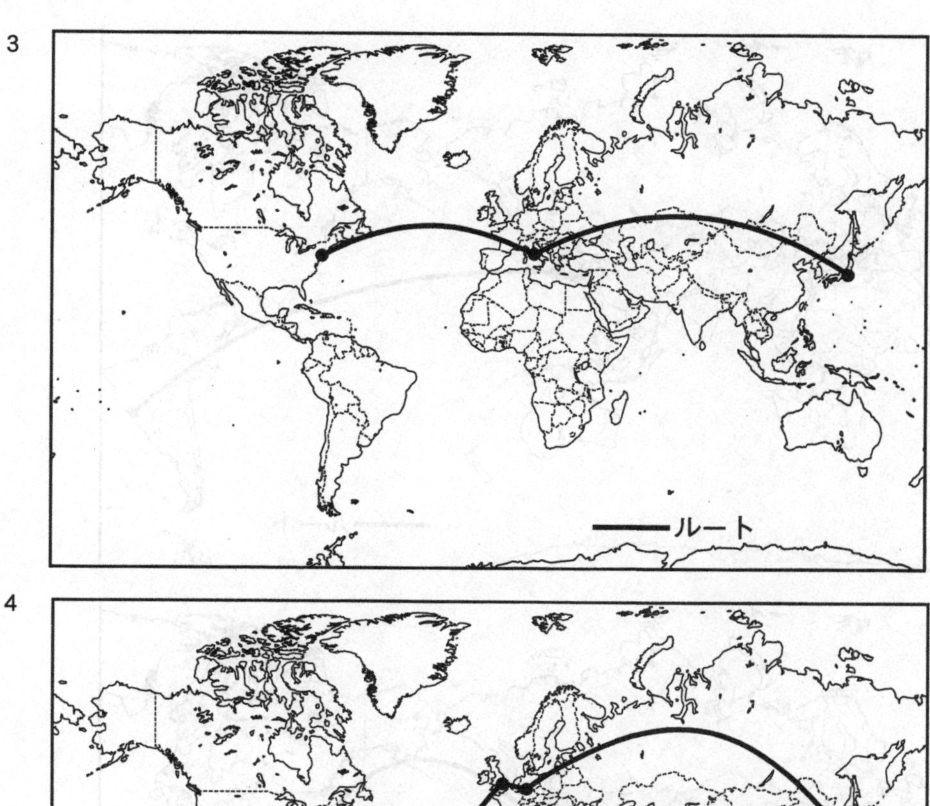

4

ルート

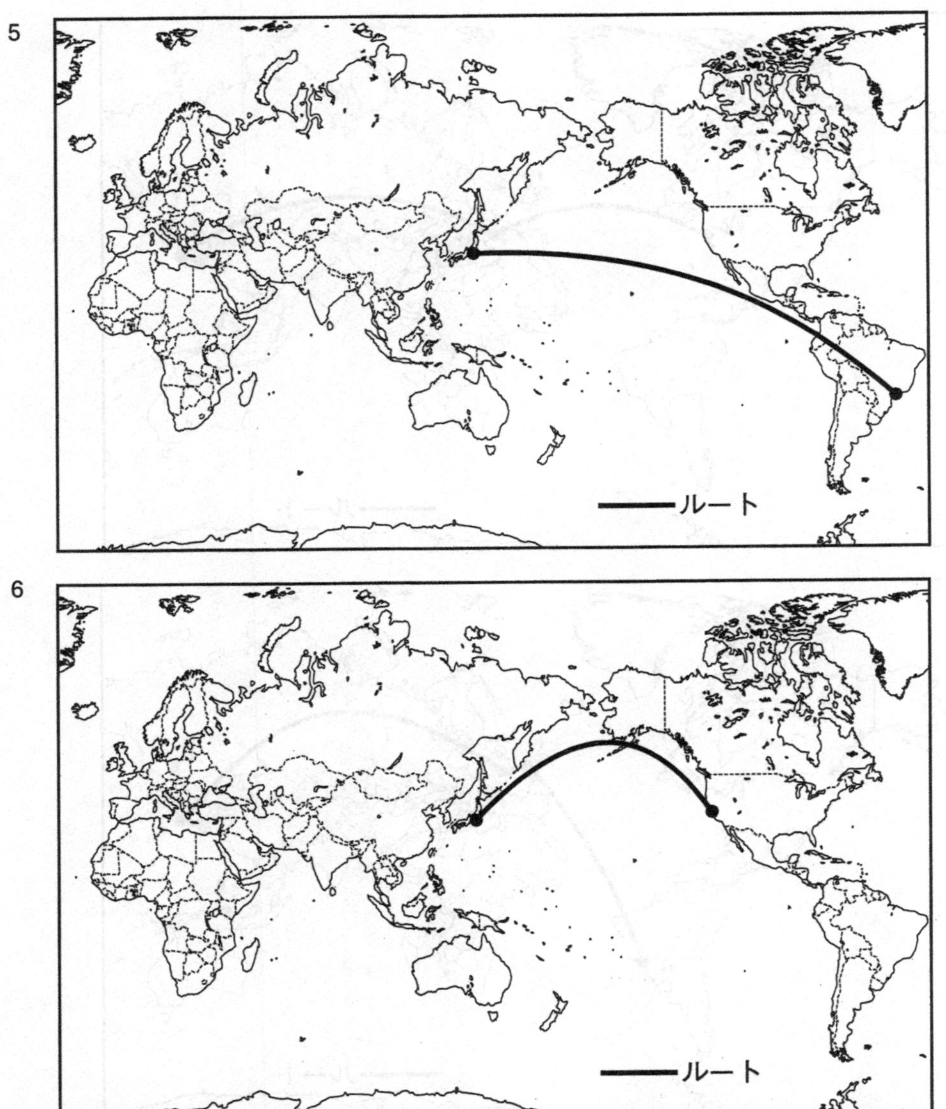
5
ルート
6
ルート

問題２　みなみさんは，アメリカについて調べました。みなみさんの集めた【資料】および【地図２】～【地図４】と，それらをもとにした次のページの【学習メモ１】と【学習メモ２】を参考に，あとの問題に答えなさい。

【資料】アメリカ、日本、世界の穀物生産量（単位　千トン）

穀物名	アメリカ	日本	世界
ア	60314	674	685614
イ	9972	10593	685240
ウ	333011	0.2	818823
その他	16517	194.8	303939
穀物生産量合計	419814	11462	2493616

（「世界国勢図会２０１１／２０１２」をもとに作成）

【地図２】アメリカの地形

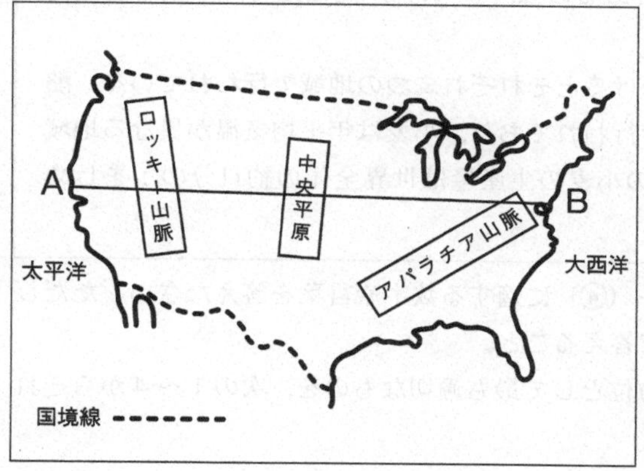

【地図３】アメリカの農作物や酪農のさかんな地域

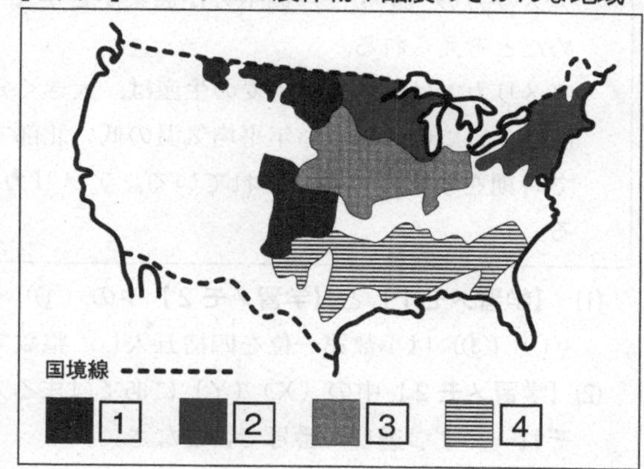

（「中学校社会科地図」をもとに作成）

【地図４】アメリカの気温と降水量

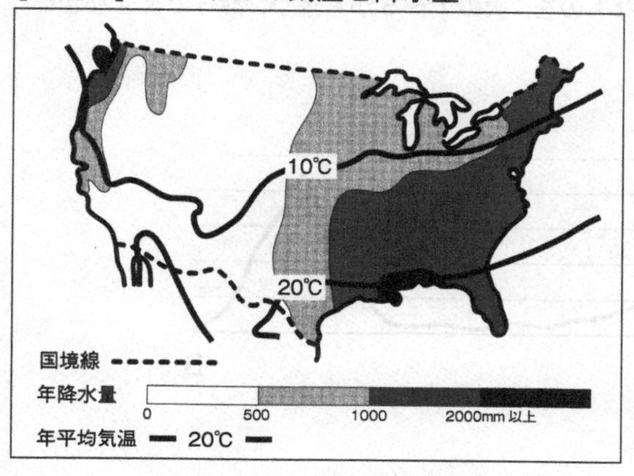

（「中学校社会科地図」をもとに作成）

【学習メモ１】アメリカの穀物の生産量について

- 穀物生産量合計を比較（ひかく）すると，アメリカは日本の約（　①　）倍の生産量がある。とうもろこしの生産量は，アメリカは日本の約167万倍ある。
- 【資料】中の３種類の穀物の中で，日本で最も生産量が多い穀物は米であり，日本はアメリカより（　②　）千トン多く生産している。
- アメリカの穀物生産量合計は世界の約（　③　）分の１をしめている。

【学習メモ２】地形と気候について

- アメリカの（　Ｘ　）側半分は，年降水量が500mm以下の地域が多い。その地域には4000m級の高くて険しい（　④　）山脈が通っている。そのため，作物を作ることには適していないと考えられる。
- 東部には高さが2000m未満の低くなだらかな山脈がある。
- アメリカの（　Ｙ　）側半分が農業がさかんであるのは，（　Ｘ　）側に比べ降水量も多いためだと考えられる。
- アメリカでは，酪農と小麦の生産は，大きく分けるとそれぞれ二つの地域で行われている。酪農は，二つの地域とも年平均気温の低い北部で行われており，小麦は年平均気温が異なる地域で時期をずらして栽培（さいばい）されている。アメリカの小麦の生産量は世界全体の約11分の１をしめる。

(1)　【学習メモ１】と【学習メモ２】中の（①）～（④）に適する数字や言葉を答えなさい。ただし（①）（③）は小数第一位を四捨五入（ししゃごにゅう）し，整数で答えること。

(2)【学習メモ２】中の（Ｘ）（Ｙ）にあてはまる方位として最も適切なものを，次の１～４からそれぞれ一つずつ選び，番号で書きなさい。

１　北　　２　南　　３　東　　４　西

(3)　【資料】中のア～ウに適する穀物を，【学習メモ１】と【学習メモ２】を参考に答えなさい。

(4)　【地図３】中の1～4の中で，小麦の栽培地域として最も適切なものを選び，番号で書きなさい。

(5)　【地図２】中のＡ－Ｂの断面図（だんめんず）として最も適切なものを，次の１～５から選び，番号で書きなさい。

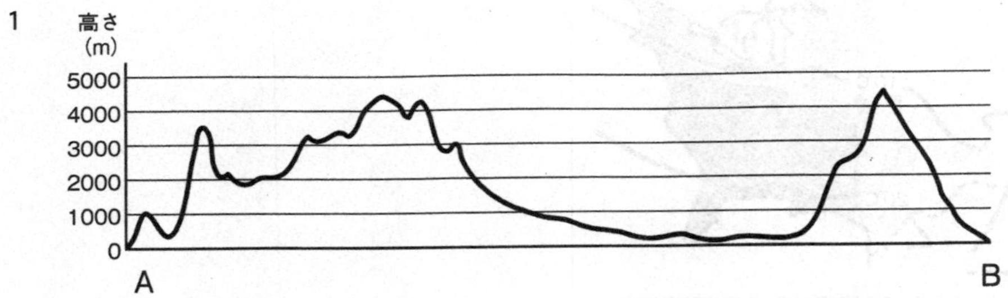

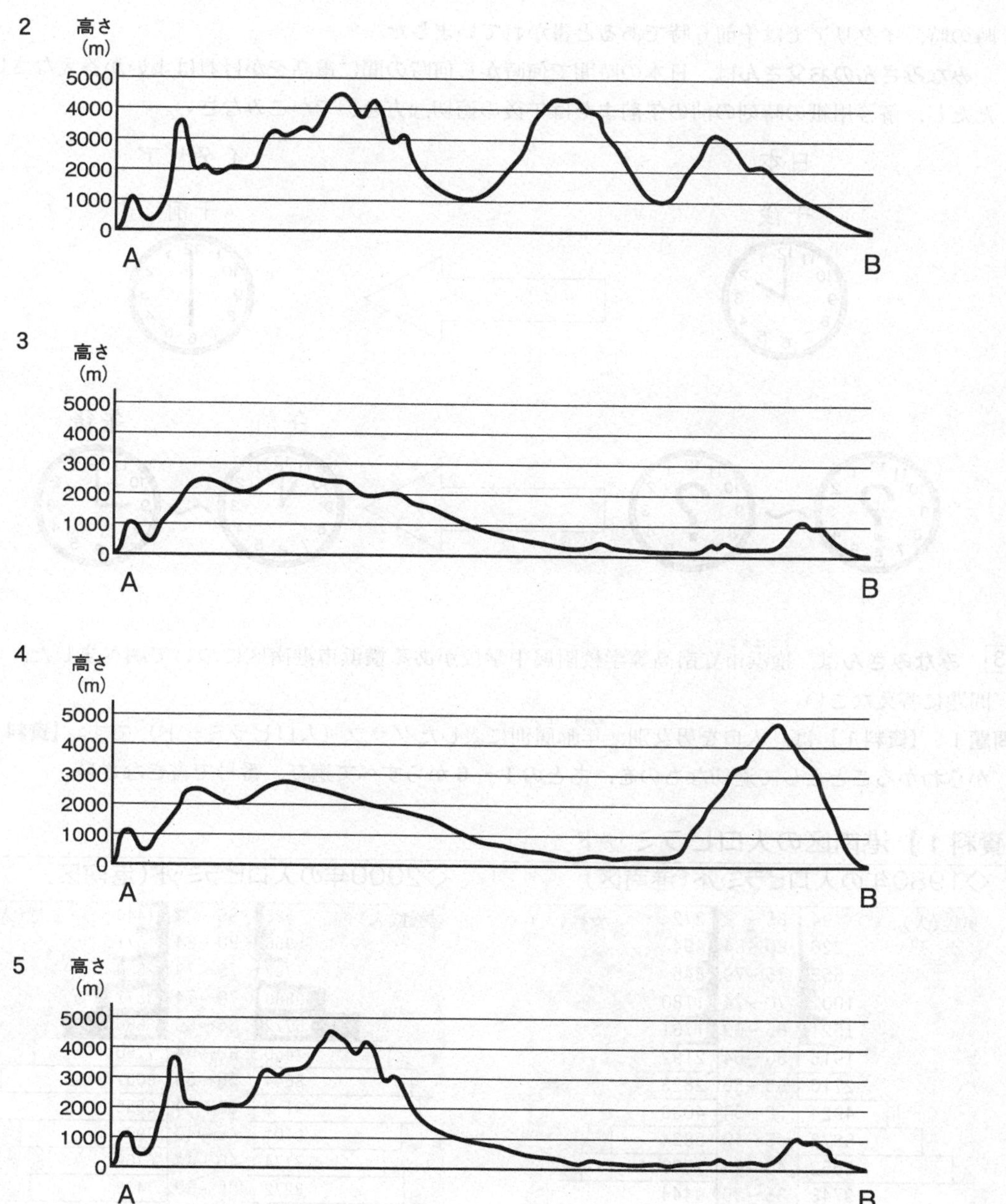

問題３　みなみさんのお父さんは，イタリアのミラノにあるレストランに予約の電話をかけようとホームページを見たところ，以下のことが書かれていました。

> 外国のお客様へ
> 　ご予約の際は、イタリアの時間で、午前１１時から午後９時の間に電話をしてください。

イタリアの時間と日本の時間の差を調べようとガイドブックを見たところ，日本の時間が午後２

時の時，イタリアでは午前６時であると書かれていました。

みなみさんのお父さんは，日本の時間で何時から何時の間に電話をかければよいか答えなさい。ただし，解答用紙の時刻の前の**午前**または**午後**の適切な方を○でかこみなさい。

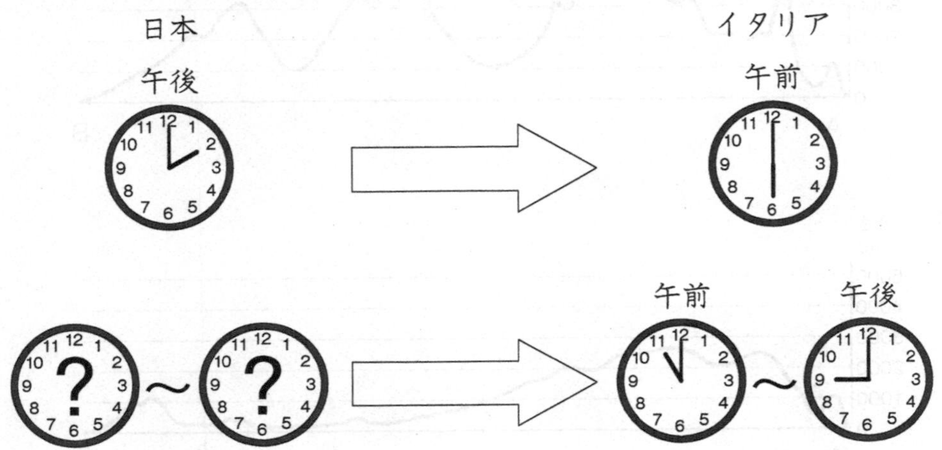

3　**みなみさんは，**横浜市立(よこはましりつ)南高等学校附属(ふぞく)中学校がある横浜市港南区について調べました。次の問題に答えなさい。

問題１　**【資料１】**は，人口を男女別，年齢層(ねんれいそう)別に表したグラフ（人口ピラミッド）です。**【資料１】**からわかることとして適切なものを，あとの**１～６**から**すべて**選び，番号で書きなさい。

【資料１】港南区の人口ピラミッド

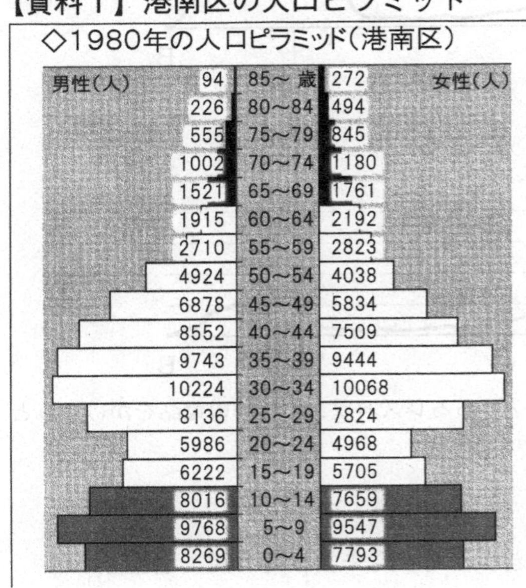

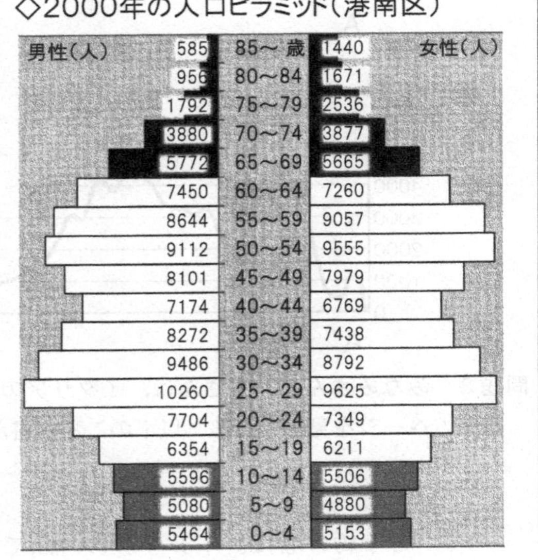

◇2012年の人口ピラミッド（港南区）

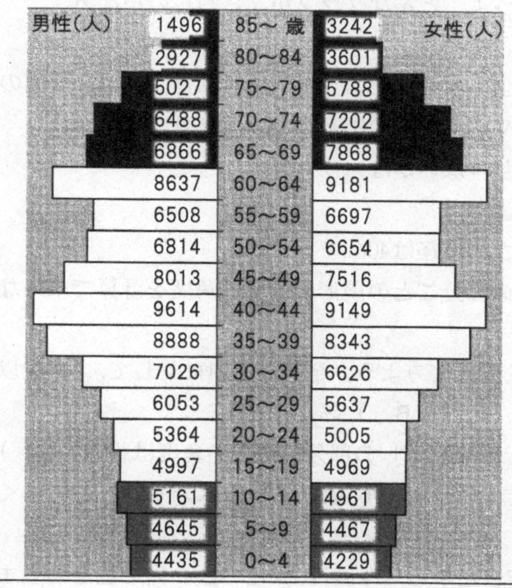

（「横浜市統計ポータルサイト」ホームページをもとに作成）

1　1980年，2000年，2012年すべてのグラフで，65歳以上の人口よりも14歳以下の人口の方が多い。

2　1980年，2000年，2012年すべてのグラフで，80歳以上の人口は，男性よりも女性の方が多く，4歳以下の人口は女性よりも男性の方が多い。

3　2012年の65歳以上の人口は，2000年の65歳以上の人口の２倍以上になっている。

4　1980年の９歳以下の人口は，2012年の９歳以下の人口より20000人以上多い。

5　2012年の65歳以上の女性の人口は，女性全体の人口の20％以上をしめている。

6　1980年，2000年，2012年を比較すると，20歳代の人口は減少しつづけている。

問題２　港南区の人口を「14歳以下」，「15歳以上64歳以下」，「65歳以上」の３つに区分すると，**【資料２】**のような結果になりました。**みなみさん**はクラスの発表のために，この数値をグラフにしようと考え，友人の**たかしくん**，**まなぶくん**と相談しています。次のページの**【３人の会話】**を読んで，あとの問題に答えなさい。

【資料２】

港南区の人口（２０１２年）	：	２２００９４人
「１４歳以下」	：	２７８９８人
「１５歳以上６４歳以下」	：	１４１６９１人
「６５歳以上」	：	５０５０５人

【３人の会話】

みなみさん：　まずは，この結果をグラフにしてみようよ。どんなグラフがふさわしいかなあ。

たかしくん：　折れ線グラフはどうだろう。

まなぶくん：　折れ線グラフはふさわしくないと思うよ。なぜかというと，折れ線グラフは，時間の経過にともなう数値の［ A ］をわかりやすく表すのに適しているグラフだからね。

みなみさん：　そうね。帯グラフや円グラフがいいんじゃないかな。

たかしくん：　まずは円グラフを大きな紙にかいてみよう。

みなみさん：　見やすい大きさにしたいから，円グラフの直径は40㎝でどう？

まなぶくん：　円グラフで正確に表すには，それぞれの区分ごとの扇形の中心の角度を計算で求めなければいけないね。

たかしくん：　まずは，「15歳以上64歳以下」の区分を考えてみよう。全体の人口に対して，「15歳以上64歳以下」の人口の割合を計算すると，約（　B　）％になるよ。

まなぶくん：　そうすると，円グラフでは，「15歳以上64歳以下」の部分の中心の角度は約（　C　）度になるね。このようなやり方で，「14歳以下」と「65歳以上」の区分も計算していくといいんだね。

みなみさん：　円を３つの区分に分けるところまでできたから，今度は，3色の絵の具で色をぬりましょう。一番面積が大きいのは，「15歳以上64歳以下」の区分だね。

まなぶくん：　それなら，一番たくさん絵の具がある青色でぬろう。

たかしくん：　二番目に面積が大きいのは，どこの区分かな。

まなぶくん：　面積を計算してみると，「65歳以上」の区分の面積は，「14歳以下」の区分の面積より約（　D　）cm^2大きいよ。

みなみさん：　では，一番絵の具が少ない赤色で「14歳以下」のところをぬりましょう。

まなぶくん：　円グラフで表すと，３つの区分の比較がしやすくて便利だね。

(1)　［ A ］にふさわしい言葉を，**漢字２字**で書きなさい。

(2)　３人の会話の（B）～（D）にあてはまる数字として，適切なものを次の**ア～オ**からそれぞれ一つずつ選び，記号で書きなさい。なお，計算するときの小数点以下はすべて第二位で四捨五入し，円周率は3.14として計算してあります。

（B）　**ア**　65.8　　**イ**　1.6　　**ウ**　15.5　　**エ**　64.2　　**オ**　64.4

（C）　**ア**　55.9　　**イ**　23.2　　**ウ**　231.8　　**エ**　232.1　　**オ**　5.6

（D）　**ア**　502.4　　**イ**　129.0　　**ウ**　12.9　　**エ**　803.8　　**オ**　452.2

問題３　**みなみさん**は，昔の港南区はどのような様子だったのか興味をもち，地域の歴史について調べました。**みなみさん**が集めた次のページの**【地図１】**，**【地図２】**，**【地図３】**，25ページの**【説明文】**を見て，あとの問題に答えなさい。

【地図１】 江戸時代の様子（現在の港南区）

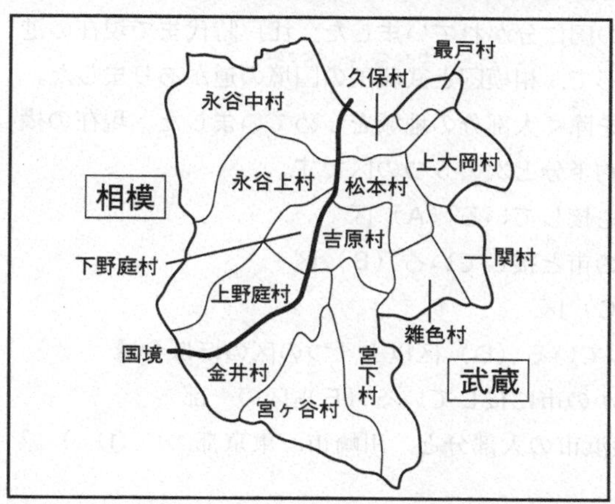

（「港南区ホームページ」をもとに作成）

【地図２】 奈良時代の国（現在の関東地方）

（「角川全訳古語辞典」をもとに作成）

【地図３】 現在の横浜市１８区と近隣の市

（「横浜市ホームページ」をもとに作成）

【説明文】

○奈良時代には，今の関東地方全域がいくつかの国に分かれていました。江戸時代まで現在の港南区には多くの村があり，中央を南北に走る形で，相模国（さがみのくに）と武蔵国（むさしのくに）の国境（くにざかい）の道がありました。
○相模国は，現在の神奈川県（かながわけん）でいうと，北東部を除（のぞ）く大部分の地域をしめていました。現在の横浜市でいうと，相模国にあたるのは港南区の約半分と次の５つの区です。

- ・港南区の南側と接し，他の１つの市とも接している（A）区
- ・横浜市内６つの区と藤沢市を含む２つの市と接している（B）区
- ・大和市と町田市の両方と接している（C）区
- ・（B）区や（C）区，大和市などと接している（D）区以上４つの区のほぼ全域
- ・２つの区と根岸湾，そして他のいくつかの市に接している（E）区の一部

○武蔵国は，相模国だった部分を除く現在の横浜市の大部分と，川崎市，東京都，（ ① ）県にわたる広い地域をしめていました。
○明治維新（めいじいしん）の改革（かいかく）の一つである（ ② ）によって，現在の都道府県の分け方のもとがつくられました。
○港南区の中央を通っていた国境の道は，主に13世紀ごろ，武士の政治の中心地であった（ ③ ）に通じる道として，人の行き来や産物の輸送などの重要な役割（やくわり）を果たしてきました。

(1)（A）～（E）にあてはまる区の名前を，次の**ア～チ**からそれぞれ一つずつ選び，記号で書きなさい。

ア 神奈川	**イ 西**	**ウ 磯子**	**エ 鶴見**	**オ 栄**	**カ 戸塚**
キ 泉	**ク 緑**	**ケ 青葉**	**コ 都筑**	**サ 瀬谷**	**シ 旭**
ス 南	**セ 港北**	**ソ 保土ケ谷**	**タ 金沢**	**チ 中**	

(2) (①) ～ (③) に入る言葉を書きなさい。ただし，すべて**ひらがな**で答えること。

問題４ **みなみさん**は，地域（ちいき）の歴史を調べていくなかで，港南区の産業の一つである染色（せんしょく）の歴史について関心をもちました。

染色産業は，その発展（はってん）のなかで，横浜市（よこはまし）の特産品として有名な「横浜スカーフ」の歴史へつながっていることもわかりました。

次の**【みなみさんの書いたメモ】**のうち，**７**を最も年代の新しいものとして，**１～６**を年代の古い順に並（なら）びかえ，番号を書きなさい。

【みなみさんの書いたメモ】

１　日中平和友好条約が結ばれたころ、港南区を流れる大岡川（おおおかがわ）付近などを中心に、再び染色工場が立ち並ぶようになった。スカーフの人気は根強く、輸出額はこの前後にピークを迎（むか）え、染色を行う工場だけで２００以上もあった。

２　横浜港が開港した。当時、日本の主な輸出品は生糸で、開港して３年後には生糸の輸出が日本からの輸出全体の８０パーセント以上をしめるようになった。

3　大きな震災があり、横浜でもその復興が進んでいたころ、それまでに作られていたハンカチのサイズを大きくしてカラフルにしたスカーフが売り出され、染色産業がますます活発になった。ヨーロッパでの人気が高まり、輸出も急速に伸びたため、横浜の特産品になった。当時この絹製品は「横浜スカーフ」と呼ばれた。

4　明治時代の初期、生糸の輸出もまだ全体の５０～６０パーセントぐらいをしめていたが、生糸以外の製品の輸出もさかんになった。このころ、アメリカに絹のハンカチ（白地か無地）が初めて輸出された。

5　染色の技術が取り入れられ、海外への染色織物の輸出が始まった。染色には大量の水が必要だったため、横浜では川沿いに多くの染色工場が建てられた。特に大岡川などの周辺は工場が多かった。このころ大日本帝国憲法が制定され、第一回の帝国議会が開かれた。

6　戦争で日本各地が攻撃を受けたころ、横浜でも大空襲があり、染色産業も大打撃を受けた。川沿いにたくさんあった染色の工場は一時壊滅状態となった。

7　順調だったスカーフ業界であったが、海外ブランド品がさかんに作られるようになったため、輸出量が減った。染色工場も、横浜市内では大岡川沿いなどにわずかに残るのみになったが、国内向けのスカーフの生産は今でも続けられている。

○　文章からの引用は、適切な方法ですること。
○　題名は書きません。一行目、一マス下げたところから書くこと。
○　原稿用紙の適切な書き方にしたがって書くこと。
○　文字やかなづかいなどに気をつけて、漢字を適切に使い、丁寧に書くこと。

（詩人　長田弘）

2　何を面白いと思うかは人によって違うものだが、面白さの感じ方は多読によって鋭くなる。（天文学者　加藤万里子）

3　読書、※19なかんずく小説を読む喜びは、もうひとつの人生を経験することができる、という点にある。（作家　山本周五郎）

4　読め　読め　読め。何でも読め。※20駄作も古典も良しも悪しきもそしてそれらがいかに書かれているか理解するのだ。ちょうど親方に学ぶ見習い大工の※21如く。読め。吸収するのだ。そして書け。（小説家　ウィリアム・フォークナー）

［注］　※19　なかんずく……「なかでも」のかたい言い方。
※20　駄作……くだらない作品。
※21　如く……「〜のように」の意味。

問題4　**みなみさん**は、村上陽一郎さんと池上彰さんとの述べていることを次の表のようにして整理しています。表の空らんには、どのような文が入りますか。あとの**1**から**7**の中からふさわしいものを**すべて**選び、番号を書きなさい。

【みなみさんが整理している表】

述べている人	述べていること
村上陽一郎さん	
池上彰さん	
両者	

1　読書するということは、現実とは別の世界を体験できるものだ。

2　文章を読んで、相手にはっきりと状況が分かるようなものが良い文章だ。

3　読書をして本の表現について考えることは、自分の表現力を高めることにつながる。

4　同じ文章を読んでも、そこから想像することは読み手によって異なるものである。

5　読書とは自分一人で好みに応じて行うものだから、周りがそれに口を出すことではない。

6　読書をするときには、実用的な本ではなく、物語などの創作されたものを読む方がよい。

7　読書するときには、自分で限界を決めるのではなく、難しいものに挑むことも大切である。

問題5　**【ア】【イ】【ウ】【エ】**を読んで、**「現代の小中高生の読書の特徴と読書の大切さ」**という題名で意見文を書きなさい。ただし、意見文は**【ウ】【エ】**から現代の小中高生の読書についての特徴をそれぞれ**一つ以上**指摘した上で、**【ア】【イ】**から村上陽一郎さん、池上彰さんの《考え》をそれぞれ**一つ以上**引用して書きなさい。

なお、解答用紙には、次の［注意事項］を守って、**四百五十字以上五百字以内**で書くこと。

［注意事項］

○　「始め・中・終わり」を明確にして文章全体を構成すること。

○　選んだ《考え》とそれに対する自分の意見が明らかになるように、文章を書くこと。

【エ】現代人の読書実態調査の結果のグラフ

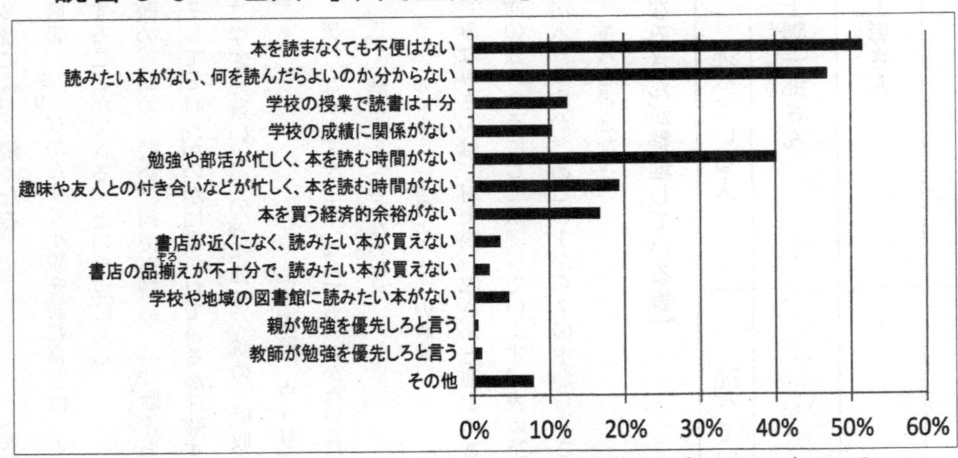

現代人の読書実態調査　2009年10月
（出版文化産業振興財団）

問題1　みなみさんの【ア】【イ】【ウ】【エ】の資料の集め方を説明したものとして最も適切なものを次の1から4の中から一つ選び、番号を書きなさい。

1　身近な人へのインタビューやアンケート調査の結果を自分でまとめ、読書についての身の回りの情報を集めている。
2　図書館を利用していくつかのジャンルの作品の中で代表的なものを選び、他の人に紹介するための本を集めている。
3　インターネットや新聞記事などにある最新の情報にあたり、過去と現在とを比較する複数の調査結果を集めている。
4　読書に関するものの中で、主観的な考えが書かれた文章や調査による客観的なデータなど様々な資料を集めている。

問題2　【イ】の文章の特徴を説明したものとして最も適切なものを次の1から4の中から一つ選び、番号を書きなさい。

1　先に結論を述べることで自分の考えを明らかにしたり、読み手に問題を出したりして書いている。
2　たとえ話を用いて自分の考えを分かりやすく説明したり、たくさん引用をしたりして書いている。
3　具体例を挙げて説明することで読み手の共感を得たり、語りかけるようにしたりして書いている。
4　調査結果から数字を取り上げて話に説得力をもたせたり、図や表を利用したりして書いている。

問題3　次の読書についての言葉1から4で、【ア】（村上陽一郎さん）の文章の内容に近いものは**ア**と、【イ】（池上彰さん）の文章の内容に近いものは**イ**と書きなさい。

1　本を読むことが、読書なのではありません。自分の心のなかに失いたくない言葉の蓄え場所をつくりだすのが、読書です。

頭の引き出しにしまっておいた「蓄積」を取り出しているのです。

（池上彰「ニュースの読み方使い方」より。一部表記を改めた。）

［注］※12 馳せる…遠くまでとどかせる。
※13 巧妙……感心するほどたくみなこと。
※14 伏線……あとでおこることを、前もってそれとなく知らせておくようなしかけ。
※15 ノウハウ……ものごとの知識や情報、やりかた。
※16 フィクション……現実に起こったことでなく、想像によってつくること。
※17 喚起……外から働きかけて動きを起こさせること。
※18 エッセイスト……体験したことや、考えたり感じたりしたことを自由に書いた文章（エッセイ）を書く人。

【ウ】第五十八回学校読書調査の結果のグラフ

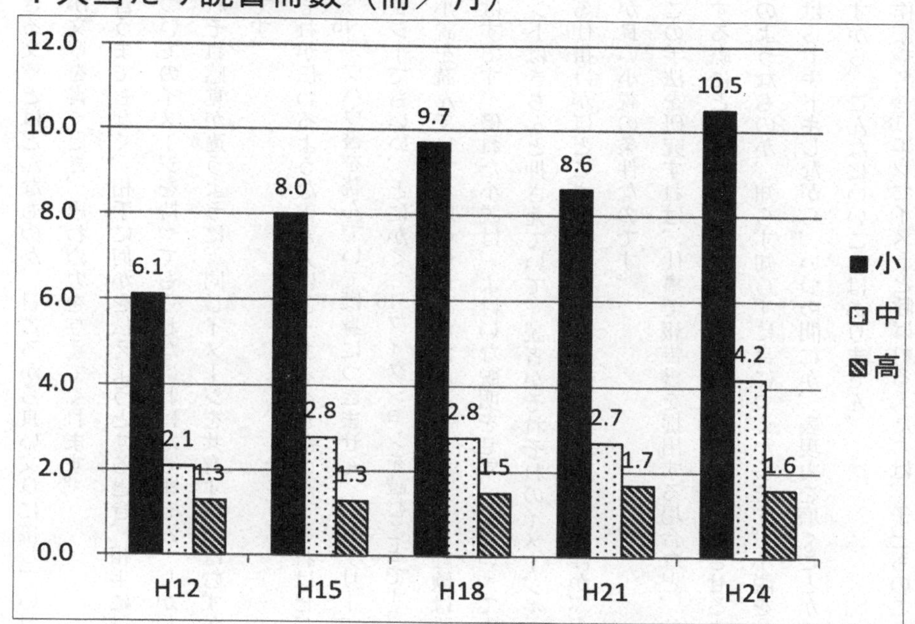

第58回学校読書調査
（全国学校図書館協議会・毎日新聞社）

※3　隔絶……遠くはなれていて、他とのつながりがないこと。
※4　感慨……心に深く感じて、しみじみと思うこと。
※5　テレヴィジョン……テレビのこと。
※6　青年の客気……若者のやりたいことを早くやろうとする心。
※7　鼻持ちならない……人の言うことやすることが、がまんができないほどいやらしいこと。
※8　人生訓……生きていくうえで、たよりとなる教え。
※9　戒め……してはいけないという教え。
※10　媒介……関係をとりもつもの。
※11　イラストレーション……イラストのこと。

【イ】 池上彰さんが読書について書いた文章

読書は、情報発信力を養う点でも大変役に立ちます。

たとえばミステリーを読んでいるとき、「舞台となった家の間取りはこうなっているのかな?」と想像することがあると思います。すぐれた文章は、読者に鮮明なイメージを与えてくれます。あるいは、「主人公とあの人物はどういう関係なのだろう」と思いを※12馳せることもあるでしょう。優れた作品ほど※13巧妙な※14伏線が張られていて、次第にその世界に引き込まれていきます。

そこで、本を読むときには、ただ単に内容を追って理解するだけでなく、「こんなに引き込まれるのは、どんな書き方をしているからなのか」と、少し距離を置いて冷静に眺めてみることもおすすめします。

その手法がわかれば、たとえば企画書を作成するときに、どうすれば相手に理解してもらえるのか、鮮明なイメージを伝える方法がわかってきます。読書を、その練習台にするのです。

たとえば、時間や場所の感覚をどう表現しているのか、登場人物の個性や感覚をどんなエピソードで説明しているのか、はっきりとイメージできる文章とはどんなものか。日ごろから良い文章に接していれば、自分が文章を書くとき、思わぬ力を与えてくれます。

言うまでもなく、相手に何かを伝えようとするとき、相手には、それについてのイメージを持ってもらわなければなりません。しかし、人間それぞれ感覚が違うように、同じイメージを共有するのはむずかしいものです。

それが伝わるような書き方はどうあるべきなのか、これはビジネス書や※15ノウハウ書を読んでいては身につきません。ミステリーでもファンタジーでもいい、とにかく※16フィクションを読むことです。

小説を読んでいて、頭の中に絵が浮かんできたという経験は誰にもあるはずです。優れた小説は、よけいな説明をせず、かといって大事なポイントはきちんと押さえていて、読者がそれぞれのイメージを※17喚起する仕掛けがほどこされています。はっきりとした絵が浮かぶような文章が良い小説の条件なのです。

この手法を研究すれば、仕事で報告書を提出する場合など、的確に表現する際にとても役に立ちます。相手にイメージを喚起させる表現とはどのようなものか、知らず知らずに身につくからです。小説を読んでははらはらドキドキしながら、いつの間にか、表現力を磨くことができるのですから、こんなにいいことはありません。

作家や名※18エッセイストと呼ばれる人たちは、子どものころに数多く本を読んでいるので、たくさん蓄積をしています。文章を書く際に、

ことであると教えられます。身の丈に合った生き方をしなさい、という提言の裏には、自分の力量以上に背伸びをするな、という※9戒めがこめられています。しかし、私は必ずしもそうは思いません。自分の力量をこんなものだと、最初から測って判ったように思って、その範囲のなかで生き、その範囲のなかで行動したのでは、向上も進歩も望めないでしょう。現在の力量からはみだしたものに挑戦する、つまりは背伸びをすることこそ、人間の新しい可能性を拓いてくれるものです。そして背伸びをする動機として、仲間から認めて貰いたい、という願いは、大事なものの一つだと言いたいのです。

私は本を読むという行為の本質は、孤独のなかにあると考えています。人間が実際に体験できる世界は、実際の世界の本当にわずかな一部にしか過ぎません。しかも、それを体験によって知っていくときに、私たちは、多くの喜びを受け取ることも事実ですが、もう一方では、多くの苦しみや犠牲を代償に払わなければなりません。

書物は、そうして得られた自分の世界に対して、いとも容易くそれとは別の「世界」を私たちに見せてくれます。現在、コンピュータを※10媒介にして体験する世界のことを「ヴァーチャル・リアリティ」（仮想現実）などと言う習慣がありますが、「仮想的現実」というのなら、書物の方がはるかに先輩で、はるかに豊富な「仮想的世界」を私たちに伝え、体験させてくれます。コンピュータに現れる「仮想現実」は視覚的に与えられます。しかし書物が描き出す「仮想現実」は、文字を仲立ちとするだけに、人間の想像力をはるかに豊かに動員するものとなります。

映像や※11イラストレーションの方が、判りやすい、と言う人もいるでしょう。しかし、写真として見せられた美人は、それだけの印象しか与えませんが、言葉で表現された美しい人は、それを読む一人一人が、想像をたくましくして、どのようにでも自分の中に描いてみることのできる豊かな自由度を持っています。

書物で読んだことのある小説が映画化されることがあります。文字から想像していた主人公のイメージと、映像化されたそれとが、見事に一致していることもあれば、およそかけ離れているということもあるでしょう。言いかえれば、文字で描かれた世界というのは、映像の世界のように、一つの可能性だけが実現してしまっているのとは違って、百人の読者がいたら、百人の受け取り方ができるような、文字通り「可能的」な世界であるのです。

個人が書物と向かい合っているとき、その個人は、人生における経験も、知識も、味わった喜びの大きさも、流した涙の量も、それぞれがまちまちです。それでよい、というか、それしかあり得ないのですから、書物から何を読み取るか、ということは、およそ個人的なことなのです。

もう一度言います。しょせん読書というのは、個人的な営みです。食べ物の好みが人それぞれに異なるように、自分の好みに従って自分の読書体験を造っていくほかはありません。ただ、幸い食べ物の比喩になりましたので、言いますが、食わず嫌いだけは止めましょう。というより、食べ物と同じで、人間は読むことを止めて生きては行けないと思うのです。だから、とにかく、読んでみましょう。申し上げたいことはその一つだけです。（岩波書店編集部「読書を楽しもう」より。一部表記を改めた。）

［注］※1　慰め……人をなぐさめるもの。
※2　憤る……はげしくおこること。

【適性検査Ⅰ】（四五分）〈満点：二〇〇点〉

1 みなみさんは、「読書の大切さ」をテーマとした意見文を書くために、次の【ア】【イ】【ウ】【エ】の資料を集めました。これを読んで、あとの問題に答えなさい。

【ア】村上陽一郎さんが読書について書いた文章

私は、読書というものは、極めて個人的なもの、個人の好みで行うべきもので、他人がとやかく言うものでも、言えるものでもないと堅く信じているのです。

西洋のことわざにも、馬を水場まで連れていくことはできても、水を呑ませることはできない、と言います。本と出会い、そこに共感を得たり、※1慰めを見出したり、※2憤ったり、というなかで、書物との付き合いを深めていく、それは全く孤独のなかでできることであると同時に、全く孤独のなかでしかできないことでもあります。

ときどきお目にかかる企画にこういうのがあります。絶海の孤島に流されるとして、一冊だけ書物を持っていくことを許されるとすれば、何を選びますか。私にはこの問いには答えられないように思いますが、ここで言いたいのは、この質問が立てられる、ということ自体にあります。つまり、人間は絶海の孤島で、他の人間から完全に※3隔絶された状態に置かれたとしても、本を読むことはできる、ということなのです。

書物のなかで出会える人間たち、そこに描かれている事件や、考え方や、情景、一言で言ってしまえば「世界」ということになるのでしょうか。他の人間から隔てられた孤独のなかにあって、あるいは孤島という極めて限られた環境のなかにあって、私たちは、書物さえあれば、「世界」と出会うことができます。

確かに、読んだ書物について、お互いにその内容を巡っての※4感慨や感動を、仲間と話し合ったり、伝え合ったりすることは楽しいでしょう。それも読書の大切な目的の一つかもしれません。ちょうど、一時期の小学生たちが、学校で仲間との共通の話題を失わないように特定の※5テレヴィジョンの番組を見ていたのと同じように、仲間との共通の話題を持ちたいという目的で、書物を読むこともあるでしょう。

それどころではありません。恥ずかしさをおして書いてしまえば、中学生から大学初年のころには、自分はこんな本を読んでいるのだと、仲間に見せびらかしたいという、ただそれだけの理由で、私は幾つかの書物を読んだことを告白します。仲間の目を意識しなければ、果たして読み通すことができたか、そもそも読む決心をしたか、それさえ怪しい、というような事態でありました。仲間だけではなく、随分難しい本を読んでいるな、判るのかい、と大人から言われることを、多少とも期待し、そう言われたときには多少とも誇らしく思ったことも、恥をしのんで付け加えておきましょう。

ですから、書物を読む、という行為が、完全に孤独のなかでだけ行われるものである、と決め付けているわけではありません。

ちなみに付け加えれば、今から振り返れば、ただただ恥ずかしい限りの、※6青年の客気とでも言うべき、そうした動機に基づいて本と取り組んだのは、確かに※7鼻持ちならないことではありますが、しかし、全く否定的に考えないでもよいのでは、というかすかな言い訳も私のなかにあります。

世の※8人生訓などでは、背伸びをする、ということは、避けるべき

平成25年度

横浜市立南高等学校附属中学校入試問題

【適性検査Ⅰ】　(28ページから始まります)

【適性検査Ⅱ】　(45分)　　＜満点：200点＞

1　**みなみさん**は立方体について学習しています。

問題1　**みなみさん**は工作用紙で**【図1】**のような立方体をいくつか作り，外側のそれぞれの面に「M」「I」「N」「A」「M」「I」という文字を1文字ずつ書きました。その立方体の展開図(てんかいず)の1つが**【図2】**です。**みなみさん**は**【図2】**以外に**【図3】**のような5種類の展開図をかきました。解答用紙の**【図3】**の展開図に「A」以外の文字を**向きに注意してすべて書きなさい。**

【図1】

N　A　M

【図2】

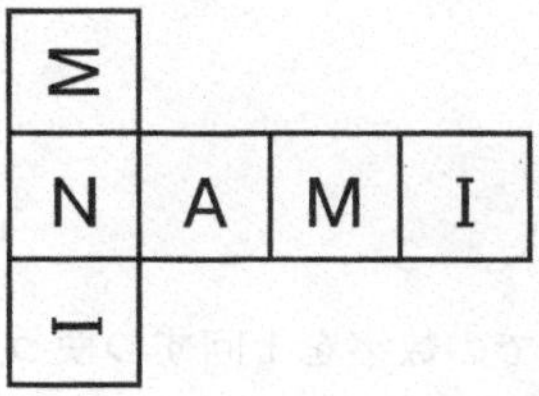

M
N　A　M　I
I

【図3】

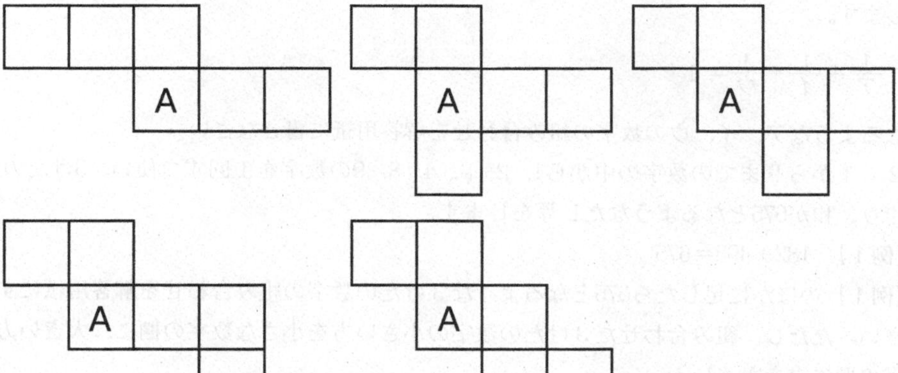

A　A　A

A　A

問題2　**みなみさん**は工作用紙で1辺2㎝の立方体をたくさん作り，次のページの**【図4】**のように1段で1個，2段で5個，3段で14個・・・とすきまなく立方体を積み重ねて立体を作りました。

みなみさんが1段の立体の表面全体（底面はのぞく）を赤色にぬったとき，赤色にぬられた面の面積の和は20cm^2になり，2段の立体の表面全体（底面はのぞく）を赤色にぬったとき，赤色にぬられた面の面積の和は64cm^2になります。

【図４】

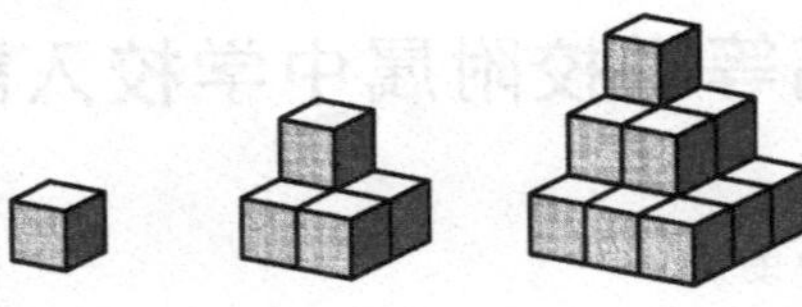

(1)　みなみさんが【図５】のような10段の立体をつくり，表面全体（底面はのぞく）を赤色にぬったとき，赤色にぬられた面の面積の和を求めなさい。

(2)　みなみさんが赤色にぬられた【図５】の10段の立体をふたたび１辺２㎝の立方体にばらばらにしたとき，どの面にも赤色がぬられていない立方体は何個ありますか。

【図５】

2　みなみさんは１から９までの数字を１回ずつ使っていろいろな計算をしてみました。次の問題に答えなさい。

問題１　１から９までの数字の中から３つの数字を分母に使い，その数字を小さい順にア，イ，ウとします。

$$\frac{1}{ア}+\frac{1}{イ}+\frac{1}{ウ}=1$$

となるようなア，イ，ウの数字の組み合わせを解答用紙に書きなさい。

問題２　１から９までの数字の中から1，2，3，4，8，9の数字を１回ずつ使い，3けたの数字を２つ作り，和が675となるようなたし算をします。

【例１】　182＋493＝675

【例１】のほかに足したら675となるような３けたの数字の組み合わせを解答用紙に**すべて**書きなさい。ただし，組み合わせた３けたの数字の小さい方を小さな数字の欄（らん）に，大きい方を大きな数字の欄に書きなさい。

問題３　１から９までの数字を１回ずつ使って，【例２】のように４けたの数と５けたの数を作り，２つの数をかけます。

【例２】

４けたの数	５けたの数	２つの数をかけた答え
9876	54321	536474196

(1)　２つの数をかけた答えが**もっとも小さく**なるときの４けたの数と５けたの数と，その２つの数をかけた答えを解答用紙に書きなさい。

(2)　２つの数をかけた答えが**もっとも大きく**なるときの４けたの数と５けたの数と，その２つの数をかけた答えを解答用紙に書きなさい。

3

みなみさんが缶ジュースを買おうとしたら１本120円でした。このとき10円硬貨，50円硬貨，100円硬貨を使っておつりのないように支払う方法は**【表１】**のように４通りあります。

【表１】

	支払う方法
方法１	10円硬貨　２枚　100円硬貨　１枚
方法２	10円硬貨　２枚　50円硬貨　２枚
方法３	10円硬貨　７枚　50円硬貨　１枚
方法４	10円硬貨　12枚

みなみさんの財布の中には５円硬貨16枚，10円硬貨８枚，50円硬貨２枚，100円硬貨１枚が入っています。１本120円の缶ジュースを買うとき，おつりのないように支払う方法は何通りありますか。答えを解答用紙に書きなさい。

4　**みなみさん**は，豆電球とLED電球（発光ダイオードを使った電球）の違いに興味をもち，いろいろな実験をしながら２つの電球を比較してみました。

【写真１】は，豆電球を乾電池とソケットを使ってつけたものです。

【写真２】は，ソケット付きのLED電球です。

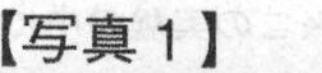

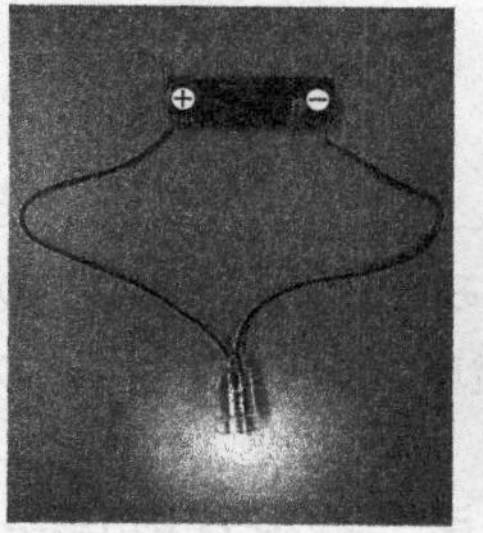

【写真２】

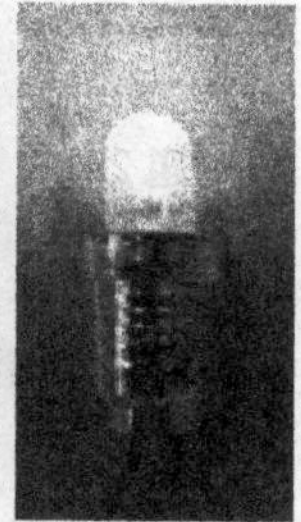

LED 電球

問題１

> **みなみさん**は，豆電球の仕組みがどのようになっているのかを知るためにソケットを使わずに豆電球をつける実験を行いました。

次のページの**【図１】**の豆電球Ａ～Ｌで，つくものを**すべて**選び，記号を書きなさい。ただし，豆電球・乾電池・ビニル導線はすべて同じものを使っています。

【図1】

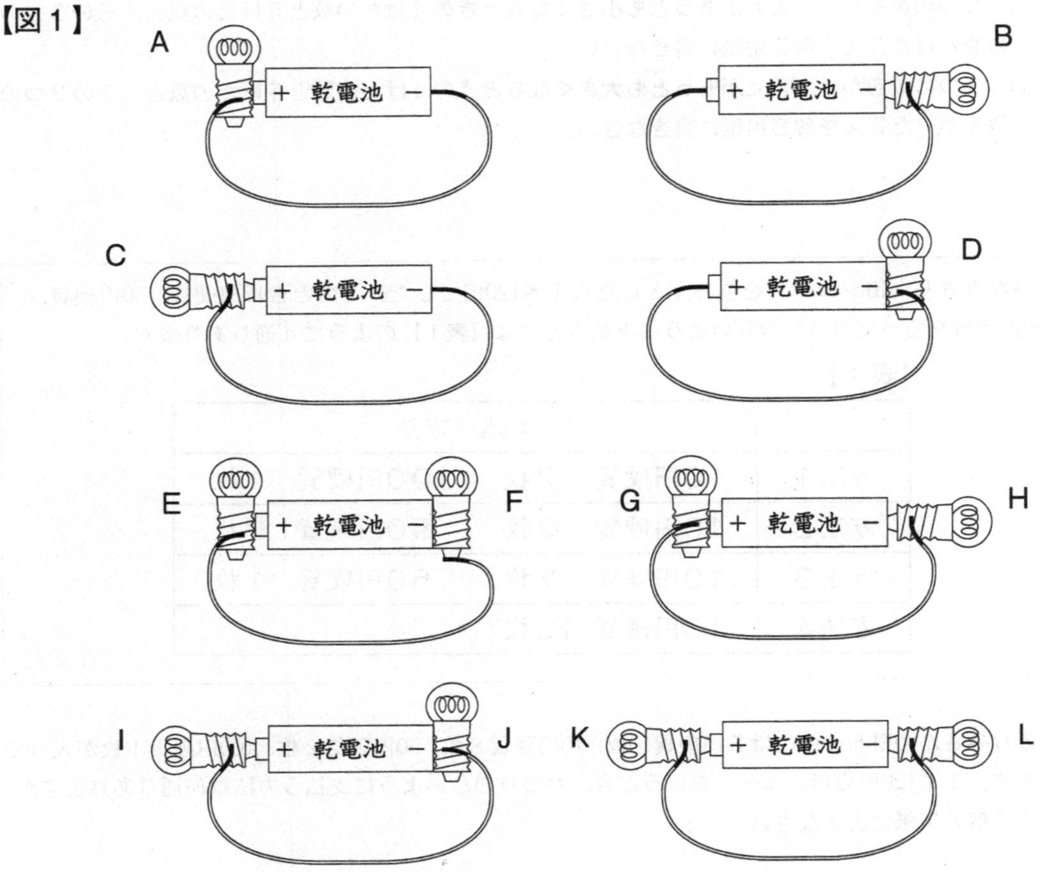

※この実験の中には，途中で発熱するために，注意をしなければならないものがあります。

問題2

みなみさんは，【写真2】のLED電球の仕組みがどのようになっているのかを知るために，LED電球について調べ，次のことがわかりました。

1つ目　テレビなどの表示灯にはLED電球が使われていることが多いこと。

2つ目　LED電球は，電池につなぐ導線の＋，－を正しくつないだ時だけつくという性質があること。

3つ目　LED電球には，赤色や緑色など様々な色の電球があること。

上の**2つ目**を確かめるために，赤色LED電球と緑色LED電球を使い，乾電池4個，スイッチ6個とビニル導線を使って次のページの**【回路図1】**を作り実験をしました。

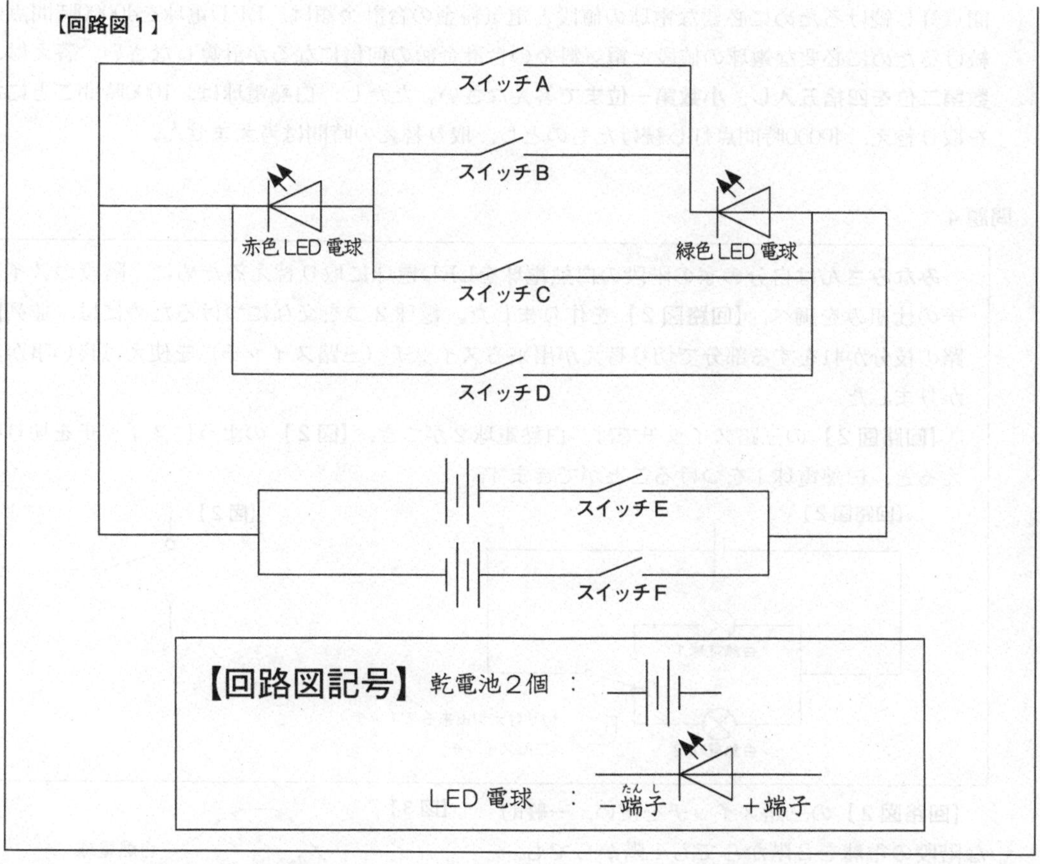

次の(1)～(3)のそれぞれの場合，入れる必要のあるスイッチをA～Fの中からすべて選び，記号を書きなさい。

(1) 赤色LED電球だけをつける。

(2) 緑色LED電球だけをつける。

(3) 赤色LED電球と緑色LED電球を両方とも同時につける。

問題３

みなみさんは，家で使っている白熱電球とLED電球の違（ちが）いを比較（ひかく）してみました。次の【表１】は，みなみさんが調べた内容をまとめたものです。

【表１】

電球の種類	点灯中の熱	電球の１個の値段（ねだん）	電球の寿命（じゅみょう）	１００時間つけた時の電気料金
白熱電球	熱くなる	480 円	1000 時間	119 円
LED 電球	熱くならない	2200 円	40000 時間	20 円

【表１】の白熱電球とLED電球を40000時間点灯し続けた場合を考えます。白熱電球を40000時

間点灯し続けるために必要な電球の値段と電気料金の合計金額は，LED電球を40000時間点灯し続けるために必要な電球の値段と電気料金の合計金額の何倍になるか計算しなさい。答えは，**小数第二位を四捨五入し，小数第一位まで**答えなさい。ただし，白熱電球は，1000時間ごとに電球を取り替え，40000時間点灯し続けたものとし，取り替えの時間は考えません。

問題4

みなみさんは自分の家の階段の白熱電球をLED電球に取り替えるために，階段のスイッチの仕組みを調べ，**【回路図2】**を作りました。電球2つを交互につけるためには，並列回路の枝分かれをする部分で切り替えが出来るスイッチ（三路スイッチ）を使えば良い事がわかりました。

【回路図2】の三路スイッチでは，白熱電球2がつき，**【図2】**のようにスイッチを切り替えると，白熱電球1をつけることができます。

【回路図2】 **【図2】**

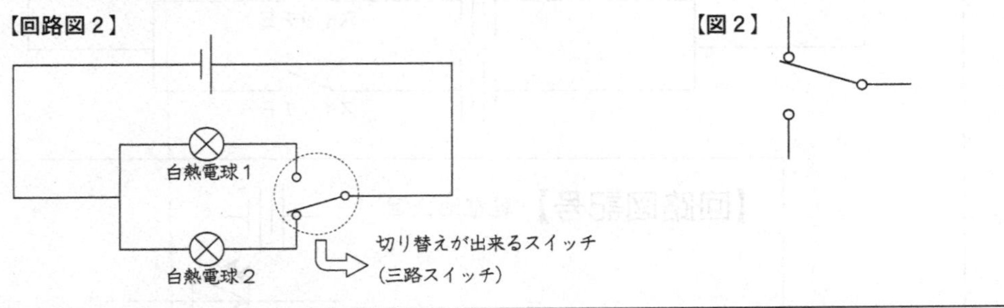

【回路図2】の三路スイッチを使い，一般的な階段の電球を2階からでも1階からでも，つけたり消したりできるように，解答用紙の**【図3】**の点線の中に，回路をかきなさい。ただし，電球がついている状態を表しなさい。

【図3】

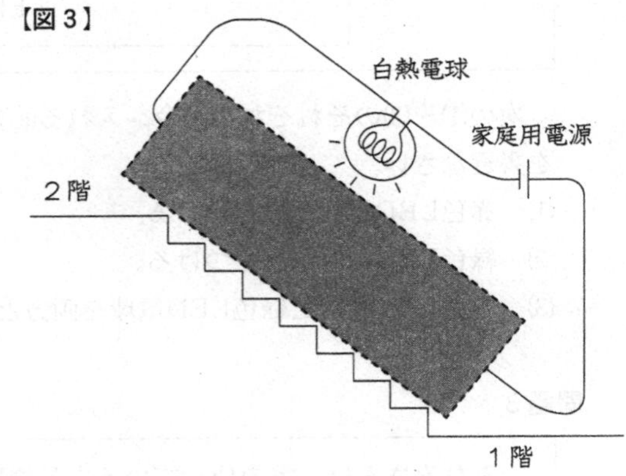

5 2012年5月21日に横浜では，金環日食が見られました。次のページの**【写真1】**は，**みなみさん**が学校から金環日食を撮影した写真です。横浜で金環日食が観測できたのは，173年ぶりのことで，各地で様々なイベントが行われました。また，6月4日は，部分月食が見られる予定でした。6月4日の部分月食では，地球の影で月の大きさの約4割が真っ暗になりました。

みなみさんは，どうして金環日食や月食がおきるのか不思議に思い，太陽・月・地球について調べてみました。

まず，地球と月と太陽の模式図を使いながら，距離と大きさの関係について考えました。

【写真１】

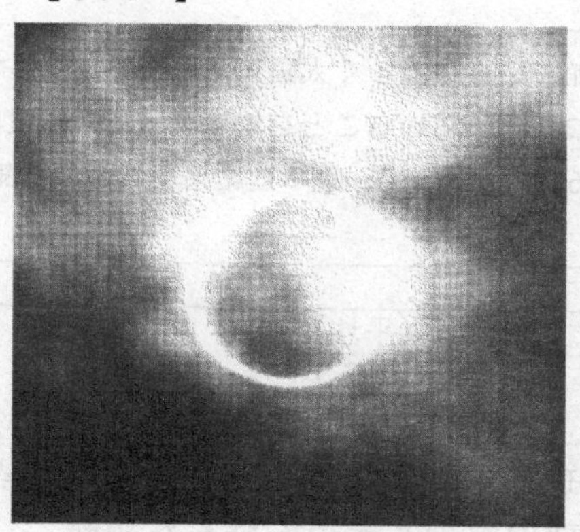

2012.5.21　南高等学校附属中学校で撮影した金環日食

問題１　【図１】の皆既日食を表した図では，地球から月と太陽を見ると，ほぼ同じ大きさに見えます。【図１】のように，月の直径を3500km，地球から月までの距離を38万km，太陽の直径を140万kmとしたとき，地球から太陽までの距離は，何万kmですか。ただし，【図１】の大きさや距離は正しい縮尺になっていません。

【図１】

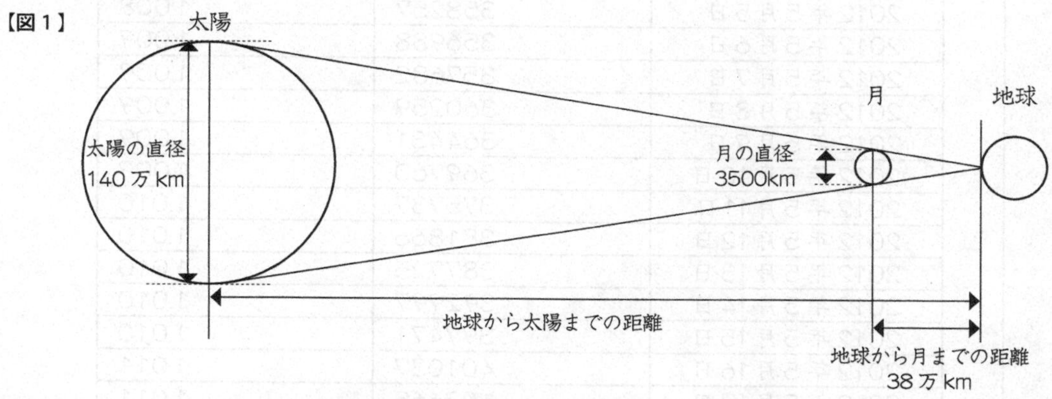

問題２　６月４日の部分月食と同じ位置関係にあるものを次の月の位置１～７の中から最もふさわしいものを１つ選び，番号を書きなさい。ただし，【図２】の大きさや距離は正しい縮尺になっていません。

【図２】

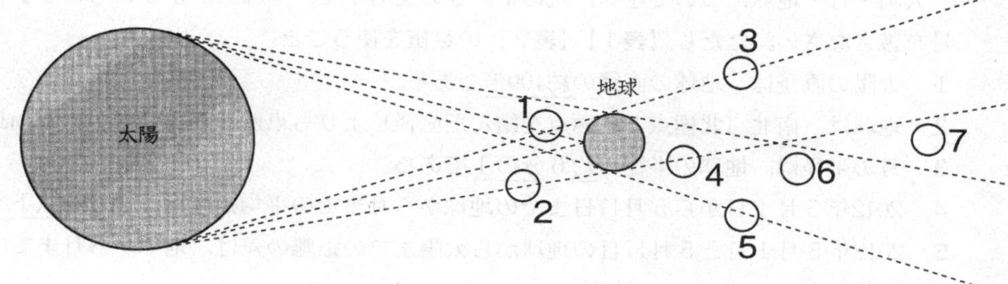

問題3

みなみさんは，図書館でさらに詳しく太陽・月・地球について調べ，地球から月や太陽までの距離が毎日少しずつ変化していることを知りました。金環日食や皆既日食が地球から月までの距離と関係があることがわかり，調べた結果をあとの**【表1】【表2】**にまとめました。

【表1】

天体名	地球	太陽	月
半径（km）	6371（平均） 極半径 6357 赤道半径 6378	696000	1738

極半径　：地球の中心と極点（北極点・南極点）を結んだ距離
赤道半径：地球の中心と赤道を結んだ距離

（理科年表を参考にして作成したもの）

【表2】

年／月／日	地球から月までの距離（km）	地球から太陽までの距離（AU）
2012年5月1日	377558	1.008
2012年5月2日	371491	1.008
2012年5月3日	365915	1.008
2012年5月4日	361346	1.008
2012年5月5日	358257	1.008
2012年5月6日	356988	1.009
2012年5月7日	357682	1.009
2012年5月8日	360259	1.009
2012年5月9日	364431	1.009
2012年5月10日	369760	1.009
2012年5月11日	375737	1.010
2012年5月12日	381866	1.010
2012年5月13日	387725	1.010
2012年5月14日	392997	1.010
2012年5月15日	397471	1.010
2012年5月16日	401037	1.011
2012年5月17日	403665	1.011

地球と太陽との平均距離 149597870700 m を1AUとする。
（理科年表を参考にして作成したもので、実際の数値とは異なります。）

太陽・月・地球について述べた次の1～5の文の中で，下線部が正しいものを**すべて**選び，番号を書きなさい。ただし**【表1】【表2】**の数値を使うこと。

1　太陽の直径は，地球の直径の<u>約109倍</u>である。
2　地球は，南北（北極点と南極点を結んだ直径）よりも東西の直径の方が<u>約42km</u>長い。
3　月の半径は，地球の半径の<u>約6分の1</u>である。
4　2012年5月1日から5月17日までの地球から月までの平均距離は，<u>38万km以下</u>である。
5　2012年5月1日と5月17日の地球から太陽までの距離の差は，地球から月までの平均距離より<u>長い</u>。

【適性検査Ⅲ】　(45分)　＜満点：200点＞

1　みなみさんのクラスは，世界遺産について資料を見ながら話し合う学習をしています。**【資料1】**，**【資料2】**と**【会話1】**～**【会話4】**を読み，あとの問題に答えなさい。

【資料1】

日本の世界遺産（２０１２年現在）				
世界遺産		登録された主な理由	所在地	登録年
A	知床	海の※1生態系と陸の生態系がお互い影響しあっている・絶滅の危機にある動植物が生息している	北海道	２００５年
B	白神山地	人の影響の少ない大自然がある	青森県・秋田県	１９９３年
C	平泉－仏国土（浄土）を表す建築・庭園及び考古学的遺跡群－	仏教の清らかな世界が再現された独自の地方文化である	岩手県	２０１１年
D	日光の社寺	鎌倉時代以降の宗教的な価値のある建築物の集まりである	栃木県	１９９９年
E	小笠原諸島	小笠原諸島ならではの生物がくらしている	東京都	２０１１年
F	白川郷・五箇山の合掌造り集落	独特な形の木造建築である	岐阜県・富山県	１９９５年
G	法隆寺地域の仏教建造物	※2飛鳥時代に日本で仏教が広められたことがわかる建造物である	奈良県	１９９３年
H	姫路城	木造建築物として優れている	兵庫県	１９９３年
I	古都京都の文化財	日本の庭園などの文化や伝統を形づくる上で大きな役割を果たした	京都府・滋賀県	１９９４年
J	古都奈良の文化財	日本美術の進化の様子がわかる	奈良県	１９９８年
K	紀伊山地の霊場と参詣道	日本古来の神（神道）と仏教両方の影響を受けた様子が見られる	奈良県・和歌山県・三重県	２００４年
L	原爆ドーム	戦争による※3負の遺産として残されている	広島県	１９９６年
M	厳島神社	平氏一族がさかえた様子を今に残している	広島県	１９９６年
N	石見銀山遺跡とその文化的景観	自然と調和し、２１世紀につながる環境に配慮した生産方式を今に残している	島根県	２００７年
O	屋久島	人の暮らしと共存する優れた自然が見られる	鹿児島県	１９９３年
P	琉球王国のグスク及び関連遺産群	グスク（城）をつくる高い技術と※4琉球王国の様子を今に残している	沖縄県	２０００年

（「日本ユネスコ協会連盟」ホームページをもとに作成）

※1 生態系……自然界の中で生物同士が互いに関係しあう様子と，それを取り巻く全環境とがかかわりあう姿

※2 飛鳥時代……日本の6世紀終わりから8世紀はじめまでの時代

※3 負の遺産……人類が経験した悲さんな出来事の跡で次の世代に残すべきもの

※4 琉球王国……現在の沖縄県に15世紀から19世紀まで存在した王国

【資料2】

世界遺産の登録基準（一部を抜粋）

1　人間の創造的な才能を表す素晴らしい作品

2　ある文化的伝統又は文明の存在を後の時代に引き継ぐあかしとして、貴重で大変まれな存在

3　人類の歴史上の重要な時期を表す建築物や科学技術、あるいは景観

4　陸や海の生態系や動植物群の進化において、重要な過程を表すもの

5　学問的に価値があり、かつ絶滅のおそれのある種の生息地など、重要な自然を含む場所

（「UNESCO Building Peace in the minds of men and women」ホームページをもとに翻訳、作成）

【会話1】

先　　　生：日本にある世界遺産で，訪れたことがある場所はありますか？

みなみさん：私は何年か前に家族で日光に行った事があります。

たかしさん：ぼくもあります。日光東照宮は有名ですよね。

先　　　生：関ヶ原の戦いの後に幕府を開いた［あ］は，日光東照宮に神としてまつられているんですよ。

まなぶさん：そうなんてすか。知らなかったです。ぼくは，厳島神社に行ったことがあります。

先　　　生：厳島神社は，［い］が一族の繁栄を願った神社なのですよ。
［い］は武士として初めて太政大臣になった人物なのです。

たかしさん：ぼくは，法隆寺にも行ったことがあります。［う］が法隆寺を建てたんですよね。

みなみさん：［う］は十七条の憲法を作ったり，中国に使いを送ったりした人ですよね。

先　　　生：仏教を大変重んじて，このお寺を建てたのですね。

【会話2】

先　　　生：資料1によると，2012年の時点で登録されている世界遺産は日本に16か所ありますね。最初に，いろいろな見方で，この16か所を分類してみましょう。どのような分類のしかたが考えられますか？

みなみさん：登録された年代をもとに，分類できると思います。

たかしさん：地域別に分類することもできるのではないでしょうか。

まなぶさん：ぼくは，登録された理由ごとに分類できそうだと思います。
自然が残っていることとか，人間がつくりだした文化的な遺産であることなどです。
先　　生：なるほど。では，みなさんの考えにもとづいて16の世界遺産を，それぞれ２グループに分けてみましょう。

【会話３】

先　　生：**資料１**の所在地を見て何か気づいたことはありますか？
みなみさん：思ったよりも，日本全体に分布していると思いました。
たかしさん：日本の世界遺産は，近畿地方に多くあって，（　え　）地方には一つもないことに気がつきました。
まなぶさん：ぼくが分類したように，登録された理由で考えると，興味深いです。例えば，**資料１**の**Ａ**の知床は，**資料２**の**４**にあてはまります。また，その特色から，（　お　）の基準にもあてはまります。
みなみさん：実際にどのようなことが評価されて，登録されたのか調べると面白いですね。

【会話４】

先　　生：私たちの学校のある神奈川県でも，世界遺産に推薦されているところがあるのを知っていますか？
みなみさん：いいえ，知りません。それはどこですか？
先　　生：横浜市・逗子市・[か]市の３つの市にまたがる地域として，「武家の古都・[か]」という名称で推薦されているんですよ。
たかしさん：どのような理由で推薦されているのでしょう。
先　　生：理由の一つとしては，12世紀末に武家政権が発足し，武家文化を生み出したことを示す証がたくさん残っていることだそうです。
たかしさん：そして，武家文化を生み出して，後の時代まで残したことが推薦の理由になっているんですね。
みなみさん：この理由は，**資料２**の**３**にあてはまりそうですね。
先　　生：**資料１**の中で，過去に**３**の基準で世界遺産に選ばれたものは，[き]の４つだけです。どれも特定の宗教や文化を発展，継承させた貴重な歴史がありますね。

問題１　【会話１】の中の[あ]～[う]にあてはまる人物名を**ひらがな**で書きなさい。ただし，**時代の古い順に左から**書きなさい。

問題２　【会話２】から**みなみさん**，**たかしさん**，**まなぶさん**それぞれが考えた分類を次のページの**分類表**の１～３の中からそれぞれ一つずつ選び，番号で書きなさい。また，分類した結果を地図にかき入れたものを13～14ページの【**日本地図１**】～【**日本地図６**】の中からそれぞれ一つずつ選び，番号を書きなさい。なお，●と▲は地図中に示された世界遺産です。

【分類表】

番号	●	▲
1	A, B, C, D, E, F	G, H, I, J, K, L, M, N, O, P
2	A, B, E, O	C, D, F, G, H, I, J, K, L, M, N, P
3	B, D, F, G, H, I, J, L, M, O	A, C, E, K, N, P

問題3　【会話3】の中の（え）にあてはまる地方名を次の１～７の中から一つ選び，番号を書きなさい。

1　北海道（ほっかいどう）
2　東北（とうほく）
3　関東（かんとう）
4　中部（ちゅうぶ）
5　中国（ちゅうごく）
6　四国（しこく）
7　九州（きゅうしゅう）

問題4　【会話3】の中の（お）に入る正しいものを，【資料2】の１～５の中から一つ選び，番号を書きなさい。

問題5　【会話4】の［か］にあてはまるものを，**ひらがな**で書きなさい。

問題6　【会話4】の［き］に入るものの組み合わせとして，正しいものを次の１～４の中から一つ選び，番号を書きなさい。

1　A・E・F・I
2　B・G・J・M
3　C・K・N・P
4　D・H・L・O

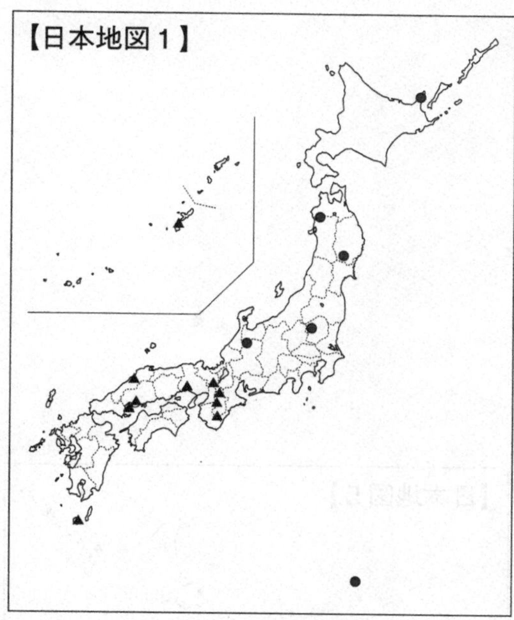
【日本地図１】

【日本地図２】

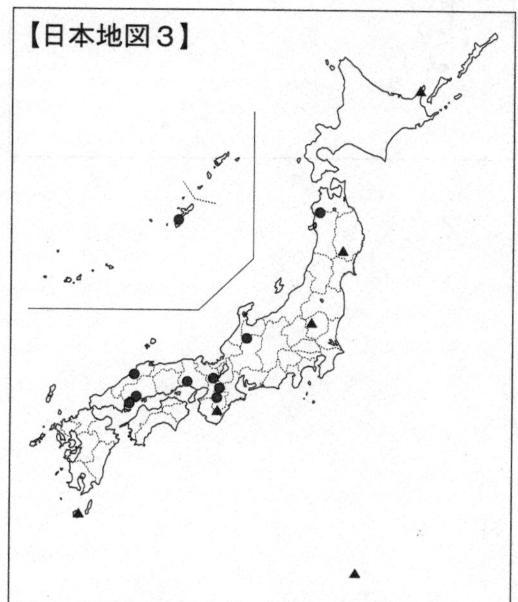
【日本地図３】

【日本地図４】

【日本地図５】

【日本地図６】

2 みなみさんは，夏休みの自由研究で紅茶の飲み方について調べようと考えました。次の【三人の会話】と【資料１】～【資料４】を見て，あとの問題に答えなさい。ただし，【資料１】～【資料３】のＡ国～Ｆ国はそれぞれ同じ国を表しています。

【三人の会話】

みなみさん：紅茶の本場イギリスではミルクティーがよく飲まれ，レモンティーはあまり飲まれていないらしいわ。

たかしさん：ああそうなんだ。日本ではストレートティー，レモンティー，ミルクティーのどれも飲まれているよね。レモンティーが飲まれるようになったのは，どこの国が最初だったんだろう。

みなみさん：ある本によると，レモンティーが生まれた国はアメリカだと書いてあったよ。アメリカでたくさんとれるレモンの消費を増やすためなんだって。

たかしさん：そうなんだ。イギリスは？

みなみさん：【資料１】を見て。レモン生産量上位10か国だけで総生産量の約（　①　）パーセントを生産しているの。上位10か国の中にあるアメリカの生産量は総生産量の約6.1パーセントを占めていて，アメリカと国境を接しているメキシコは総生産量の約14.6パーセントを生産しているよ。

たかしさん：アメリカとメキシコを合わせると約20パーセント生産しているね。

みなみさん：10位のイタリアは総生産量に占める割合が約3.6パーセントだから，イギリスの生産量は，それ以下と考えられるわね。少ないよね。

【資料１】

「レモン（ライムを含む）の生産量上位10か国」

（2009年）

（単位は千トン）

順位	国名	生産量
１位	Ａ国	２５７２
２位	Ｂ国	１９８７
３位	Ｃ国	１０１４
４位	Ｄ国	１０００
５位	Ｅ国	９７２
６位	Ｆ国	８２７
７位	トルコ	７８４
８位	イラン	７１２
９位	スペイン	５５１
１０位	イタリア	４８６
総生産量		１３６０７

（「世界国勢図会2011／12年版」をもとに作成）

たかしさん：イギリスでレモンの生産量が少ない理由は何だろう。まずは思いつくままに言ってみよう。

みなみさん：人口が少ないとか，国土面積がせまいとか，気候が適していないとかではないかしら？

たかしさん：レモンの生産量の上位の国と比べてみるといいよね。では，一つひとつ調べてみよう。次のページの【資料２】を見て。アメリカの人口は，イギリスの人口の約（　②　）倍だね。中国の人口は，イギリスの人口の21倍以上だね。でも，レモン生産量上位６

か国に入っているアルゼンチンは，イギリスより人口が少ないから，人口がレモンの生産に関係あるとは言えなさそうだね。

みなみさん：では国土面積は？

たかしさん：【資料３】を見ると，アメリカの国土面積はイギリスの約40倍だね。上位６か国は全部イギリスより国土面積は広いね。でも生産量がもっとも多いインドの国土面積は，【資料３】の国の中ではブラジルの次に広い４番目の広さだから，国土面積が関係あるとも言えないと思うわ。

みなみさん：じゃあ気候かな？

先　　生：面白い話をしているわね。レモンの豆知識を教えてあげましょう。レモンは寒さに弱いので，年間の平均気温が15℃以上になる場所が生産に適しているようです。年間の平均気温というのは毎月の平均気温を合計して12で割ると出せるんですよ。それと湿気（しっけ）が多いとレモンの木が病気になりやすいから，降水量（こうすいりょう）も少ない方が育てやすいし生産量もその分増えますね。

【資料２】

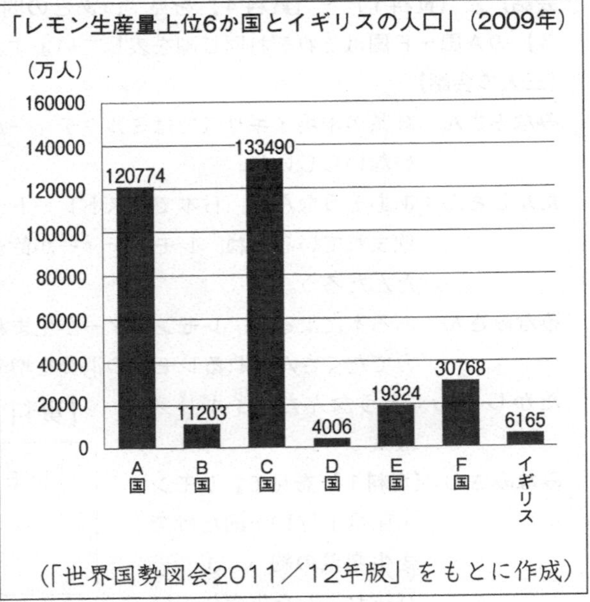

（「世界国勢図会2011／12年版」をもとに作成）

【資料３】

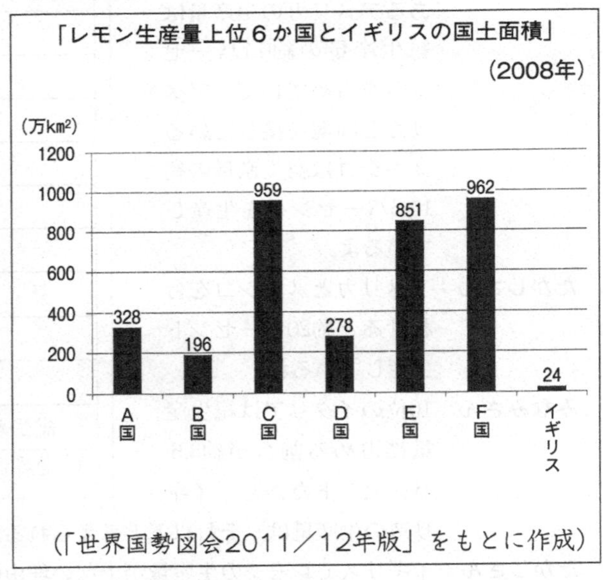

（「世界国勢図会2011／12年版」をもとに作成）

たかしさん：なるほど。次のページの【資料４】を見て。これはＡ国～Ｆ国の中の２か国のレモンを生産している地域にある都市と，日本の東京，イギリスのロンドンの気温と降水量の表だよ。ロンドンは，年間の平均気温を計算してみるとたしかに15℃を下回っているね。東京の年間平均気温は15℃を上回っているけど，レモンを生産している地域にある他の２つの都市と比べると降水量が多いから，レモンは育てにくいかもね。

みなみさん：本当だ。イギリスでレモンの生産量が少ない理由は予想できたね。でも今は輸入によりレモンも手に入るから，イギリスでレモンティーがあまり飲まれない理由は，生産量の他にも考えられるわね。

【資料４】

気温と降水量の表（2009年）

都市		1月	2月	3月	4月	5月	6月	7月	8月	9月	10月	11月	12月
あ	月平均気温(℃)	8.8	11.0	13.4	16.8	24.1	24.3	29.4	27.7	26.5	17.6	12.3	8.4
	月降水量(mm)	26	62	6	18	12	5	0	0	0	35	5	61
い	月平均気温(℃)	6.8	7.8	10.0	15.7	20.1	22.5	26.3	26.6	23.0	19.0	13.5	9.0
	月降水量(mm)	142	47	99	163	242	226	79	242	53	277	152	83
う	月平均気温(℃)	3.8	5.1	8.4	11.7	14.2	17.3	18.4	19.0	16.2	12.9	10.0	4.4
	月降水量(mm)	72	70	30	28	30	34	71	40	36	39	148	85
え	月平均気温(℃)	25.5	25.2	25.1	24.5	27.1	28.3	29.6	29.2	29.2	28.1	27.5	25.7
	月降水量(mm)	0	0	0	0	0	178	47	85	142	150	0	55

（「世界の月天候データ」気象庁ホームページをもとに作成）

問題１　**Ａ国～Ｆ国にあたる国名を書きなさい。**

問題２　**三人の会話**の中の①と②の（　）にあてはまる数字を書きなさい。ただし，①は**四捨五入**（ししゃごにゅう）して**上から３けたのがい数**で書きなさい。②は**四捨五入**して**整数**で書きなさい。

問題３

⑴　**【資料４】**の**都市**の中で，イギリスのロンドンにあたるものを**あ～え**の中から一つ選び，記号を書きなさい。

⑵　**【資料４】**をもとにロンドンの月平均気温と月降水量（こうすいりょう）のグラフを下の【注意事項】（ちゅういじこう）にしたがって完成させなさい。

【注意事項】

○　グラフは，**解答用紙１**とは別の**解答用紙２**にかくこと。

○　11月と12月はすでに記入してあるので，それを参考にして，1月～10月の月平均気温と月降水量をかくこと。月平均気温は折れ線グラフ，月降水量は柱状グラフでかくこと。

○　**解答用紙2**の□内は目もりの数字を書くこと。ただし，気温は**小数第一位**まで書き，降水量は**整数**で書くこと。

○　月平均気温は**小数第一位を四捨五入**し，**整数**にしてグラフにかくこと。月降水量は**一の位を四捨五入**してグラフにかくこと。

3　みなみさんは，**【年表】**にのっている時代の横浜の歴史について調べています。**【年表】**や**【資料1】**～**【資料4】**，調べていく途中で他の資料をもとにして書いた**【学習メモ1】**，**【学習メモ2】**を見て，あとの問題に答えなさい。

【年表】

年	できごと
1858（安政5）	日米修好通商条約が結ばれた
1859（安政6）	神奈川（横浜）が開港した
1865（慶応元）	横浜製鉄所が建てられた
1872（明治5）	新橋駅～横浜駅（現・桜木町駅）間に日本で初めての鉄道が開通した
1873（明治6）	原善三郎らが「横浜生糸改会社」をつくった
1896（明治29）	横浜生糸検査所が開業した
1905（明治38）	京浜電鉄、品川駅～神奈川駅間が開通した
1908（明治41）	横浜鉄道（現在の横浜線）、東神奈川駅～八王子駅間が開通した
1917（大正6）	開港記念横浜会館が建てられた
1918（大正7）	生糸恐慌が始まった

【資料1】

横浜市歌について

歌詞

わが日の本は島国よ　朝日かがよう海に
連りそばだつ島々なれば　あらゆる国より舟こそ通え
されば港の数多かれど　この横浜にまさるあらめや
むかし思えば　とま屋の煙　ちらりほらりと立てりしところ
今はもも舟もも千舟　泊るところぞ見よや
果なく栄えて行くらんみ代を　飾る宝も入りくる港

（「はまなび」ホームページをもとに作成）

現代語訳：わが国日本は島国です。朝日が輝く海に、連なりそびえる島々なので、あらゆる国から船が通ってくるのです。それゆえ、港の数は多いのでしょうが、この横浜に勝る港はないでしょう。昔を思えば、この横浜は、粗末な家から炊事の煙がちらほらと立つ寂しいところでした。しかし、ご覧なさい、今や多くの船が停泊する活気ある港となりました。この果てしなく栄えてゆく世を彩る文物が、今日も横浜港から入ってきます。

・作詩は森林太郎(鷗外)、作曲は南能衛
・横浜港開港五十年記念大祝賀会式典に向けて作られ、その式典の場で初めて披露された。

【資料2】

生糸の輸出の変化

年	総輸出額(※1ドル)	生糸輸出量(※2ピクル)	生糸輸出額(ドル)	総輸出額に対する生糸輸出額の割合(%)
1860	3954299	7703	1594563	65.61
1861	2682952	5646	1831953	68.28
1862	6305128	15672	5422372	86.00
1863	10554022	19609	8824050	83.60

※1 ドル…お金の単位
※2 ピクル…重さをあらわす単位　1ピクル＝約60kg

(「横浜市史　第二巻」をもとに作成)

【学習メモ1】

・1860年と1861年の横浜港の貿易総額は，ほぼ変わらない。その後，1865年までは増加が続いていた。
(貿易総額＝総輸出額と総輸入額を合わせたもの)
・1860年の前半の半年間で，貿易総額は160万ドルに達し，そのうち総輸出額が約90％を占めていた。
・1860年から1865年までの輸出品目の第一位は生糸であった。
・1862年の主な輸出品は生糸，茶，銅であった。
・横浜港の1874年から1875年の総輸出額は1300万ドルから1200万ドルに減少しているのに，同じ年の貿易総額は増加している。
・現在の八王子付近では生糸が特産品だった。
・生糸は，八王子方面から横浜まで，横浜線を使って運ばれたらしい。

【資料３】

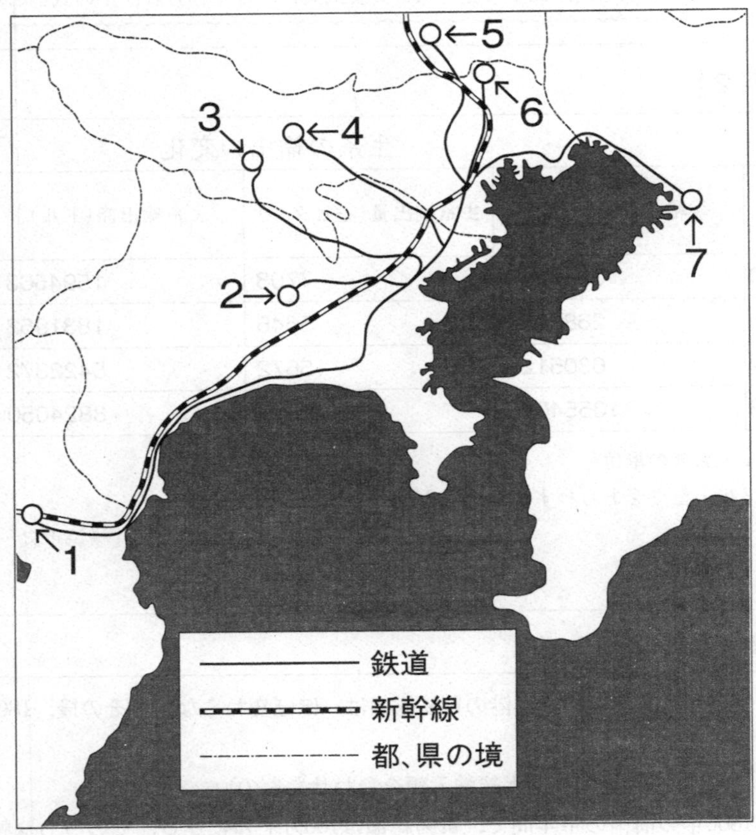

【学習メモ２】　※横浜線に乗車しながら書いたもの

・横浜駅から八王子駅行きの電車に乗った。
・次の駅は東神奈川（ひがしかながわ）駅だった。
・しばらく行くと新幹線の線路の下をくぐりぬけた。
・都，県の境を何回か通過して八王子駅に到着（とうちゃく）した。
・地図で確認したところ，八王子駅から南東の方角に横浜駅があった。

【資料４】

明治３３年発行の新聞記事

輸出品目の多様化

~輸入拡大で~

明治に入ったころから、※蚕卵紙の輸出が急激に拡大した。明治２（１８６９）年の輸出枚数は１３７万枚に達し、前年と合わせれば３２５万枚もの蚕卵紙が輸出されたことになる。さらに明治３年には、前年の２万枚増、明治４年まで、少しずつではあるが、増加傾向が続いた。これに対し、生糸輸出は慶応２（１８６６）年ごろから減少傾向になり、明治２年までの間、明治元年を除き、元治元（１８６４）年の水準に達することはなかった。

蚕卵紙の輸出は慶応元年に解禁された。生糸輸出が停滞した理由として、良質な蚕卵紙が大量に輸出されたこと、生糸の価格と品質が見合わなくなったことがあげられる。一方、茶の輸出は堅実であり、明治元年には６千トン以上が輸出された。

横浜での輸出入を合わせた貿易総額は開港以来増加を続け、明治元年には、開港以来初めて総額が３千万ドルに達した。その後、明治２年には２千２百万ドルに落ち込むなど、年によって大きな変動があるものの、明治９（１８７６）年には４千万ドルを超え、明治１３年の貿易総額は４千４百万ドルに達している。

貿易総額増大の主な理由は輸入貿易がさかんになったことにある。反面、輸出については商品によって貿易量はまちまちだが、全体的に停滞あるいは減少傾向にある。品目別でみると、生糸が横浜最大の貿易品であることに変わりはないが、明治３３（１９００）年の輸出品の生糸の割合は５０％に達していない。開港以来、発展を続けている輸出だが、輸出品目は年を追うごとに多様化しているといえるであろう。

※蚕卵紙・・・蚕の卵が産みつけられている紙

（「横濱開港新聞」をもとに作成）

問題１　【年表】と【資料１】を参考に，横浜市歌がつくられた時期に最も近いできごとに関する資料を，次のページの１～５の中から一つ選び，番号で書きなさい。

1

私は黒船ではじめて横浜に来航しました。

2

東京日日新聞

外號

大正十二年九月一日（土曜日）

大きな地震が関東地方をおそった。

3

足柄サービスエリアで東名高速道路の開通式典が行われた。

出典：「毎日 jp」ホームページ

4

私は外務大臣として関税自主権の回復に成功しました。

5

朝日新聞

B29五百機、P51百機

横濱市を白晝爆爆

七十機を撃墜破

未曾有の大擧来襲

5月29日に横浜市で大きな空襲があった。

問題２　**【資料２】**と**【学習メモ１】**からわかることとして，正しいものを次の１～６の中からすべて選び，番号を書きなさい。

１　1863年の生糸(きいと)輸出額は，1860年の４倍以上になっている。

２　1860年の後半の半年間の総輸出額は，150万ドル以下である。

３　1860年から1861年にかけて，総輸入額は減少している。

４　1862年から1863年にかけて，生糸を輸出するときの１ピクルあたりの値段(ねだん)が上がっている。

５　1862年の茶の輸出額は，総輸出額の26%を占めている。

６　1860年から1861年にかけて，生糸輸出量は減少しているが，生糸輸出額は増加している。

問題３　**みなみさん**は調べている途中で，1866年から1867年にかけて，日本の総輸入額が増え，総輸出額を上回ったことを知りました。総輸入額が増えた原因の一つとして，日本が輸入するものにかける関税の※税率が1866年に変更されたことがあげられます。

※税率・・・税の額を決めるにあたって用いられる割合(わりあい)

⑴　関税の税率はどのように変更されたか，正しいものを次の１，２の中から一つ選び，番号を書きなさい。

１　20パーセント程度から５パーセント程度になった。

２　５パーセント程度から20パーセント程度になった。

⑵　⑴で選んだ理由を説明しなさい。ただし，書き出しと終わりは下のような形にし，必ず**「輸入品」**と**「価格」**という言葉を使い，**10字～15字**で書くこと。

関税がそのように変更されると， 　　　　　　　　　　　　　　　　　ので，輸入しやすくなると考えたから。

問題４　**みなみさん**は，**【学習メモ１】**に書いた内容を，もっと深く調べるために，横浜(よこはま)線に乗ってみました。**【学習メモ２】**を読んで，**【資料３】**の１～７の中から八王子(はちおうじ)駅を示しているものを一つ選び，番号を書きなさい。

問題５　**【年表】**に書かれている日米修好通商条約によって，日本とアメリカの間で金貨と銀貨の交換(こうかん)について，同じ種類は同じ量と交換できると定められました。その結果，日本の金貨が大量に海外に流出しました。**みなみさん**は，その理由を調べ，次のようにまとめました。［ア］，［イ］にあてはまるものの組み合わせとして正しいものを，あとの１～４の中から一つ選び，番号を書きなさい。なお，文章の中に書かれている交換比率とは，交換する時の割合(わりあい)のことです。

［理由］ 日本では金と銀の交換比率は［ア］であったが，外国では［イ］であった。外国人は銀貨を日本に持ち込んで，同じ量の日本の銀貨と交換し，それを日本の金貨と交換した。その金貨を海外で外国の銀貨に交換することで，利益を得ることができた。

１	ア	１：15	イ	１：５
２	ア	１：15	イ	５：１
３	ア	１：５	イ	15：１
４	ア	１：５	イ	１：15

問題6　**みなみさん**は，**【資料4】**の新聞記事をもとに，他の資料と合わせて**明治**（めいじ）**時代の貿易総額のうつりかわり**と**蚕卵紙**（さんらんし）**の輸出量**のグラフをかきました。**みなみさん**がかいたグラフの正しい組み合わせを，次の1～4の中から一つ選び，番号を書きなさい。

1　ア と ウ　　2　ア と エ　　3　イ と ウ　　4　イ と エ

ア

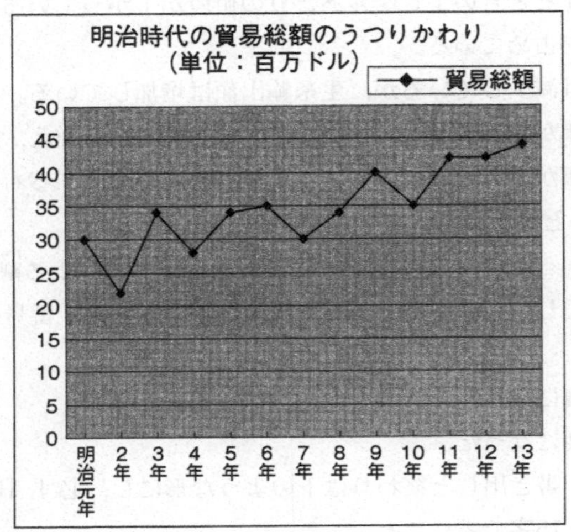

イ

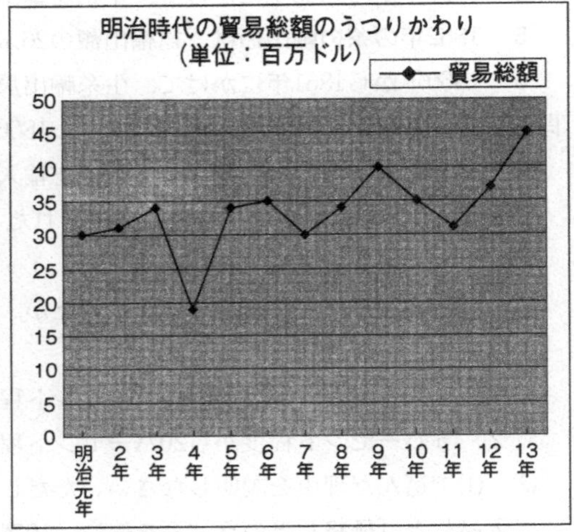

（横浜税関ホームページをもとに作成）

ウ

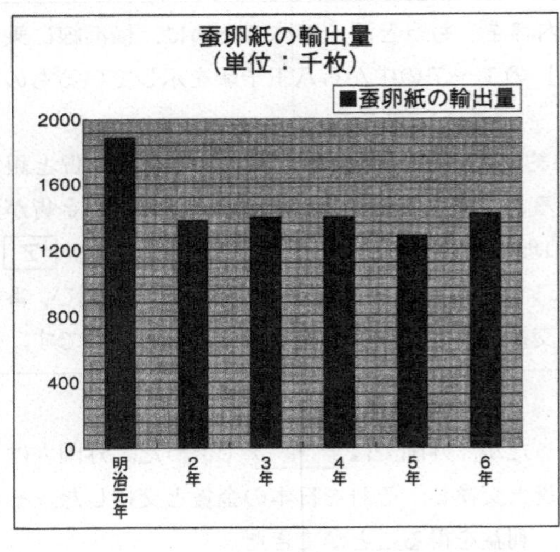

エ

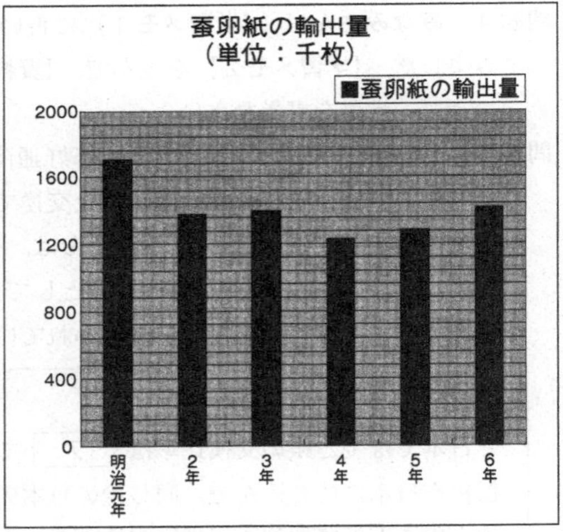

（「開港と生糸貿易」をもとに作成）

ほうがすばらしい。

3 最近の言葉の使い方には、日本の社会や日本人の心情が表れている。

4 言葉の使い方や意味には、明確な基準やきまりごとがあるわけではない。

5 物事のあいまいさを美的なものとしてとらえて表現するのは、いかにも日本人らしい表現だ。

6 言葉の意味や使い方は、それぞれの人の育った環境によって異なってくるものである。

7 言葉の変化を許すことは、限りなく乱れていってしまうことにつながるのではないか。

8 今の文章に比べれば、昔の失敗した文章の方がよほど良いものである。

9 最近の敬語表現は必要以上に丁寧になりすぎているが、様々な国の言葉にも似た傾向がある。

問題4 【ア】【イ】【ウ】の文章を読んで、「**身の回りの言葉づかい**」というテーマで意見文を書きなさい。ただし、意見文は問題文【ア】【イ】【ウ】で述べられている人の《考え》の中から**二つ以上**を取り上げ、自分がこれまで学習したことや経験したことと関連させながら書きなさい。

なお、解答用紙には、次の【条件】にしたがい、**四百五十字以上五百字以内**で書くこと。

【条件】

○ 選んだ《考え》とそれに対する自分の意見が明らかになるように、文章を書くこと。

○ 「始め・中・終わり」を明確にして文章全体を構成すること。

○ 題名は書きません。一行目、一マス下げたところから書くこと。

○ 「、」や「。」は一字として数えるなど、原稿用紙の適切な書き方にしたがって書くこと。

○ 文字やかなづかいなどに気をつけて、漢字を適切に使い、丁寧に書くこと。

※12　不整脈……脈の打ち方が不規則になった状態。
※13　同胞……祖国が同じである人たち。

【ウ】今から七百年くらい前に兼好法師という人の書いた文章を現代語に訳したもの

何事も古い世のものに心がひかれる。今風のものは、何かひどく下品でいやらしいものになっていくようだ。木の職人が作った美しい道具なども、古風なものこそ風情があるのだ。

手紙の内容なども、昔の人が書き損じた手紙の方がすばらしい。普段の話し言葉ですら、今のものは残念でつまらないものになっていく。昔は、牛車のながえ（※図参照）をもちあげよということを「車もたげよ」、灯火の光を明るくせよということを「火かかげよ」と言っていたのが、今では「もてあげよ」「かきあげよ」と言っている。

（中略…他の例が紹介される）

情けないことだと、昔のことに通じた老人はおっしゃっている。

（兼好法師「徒然草」第二十二段より。現代語に訳した。）

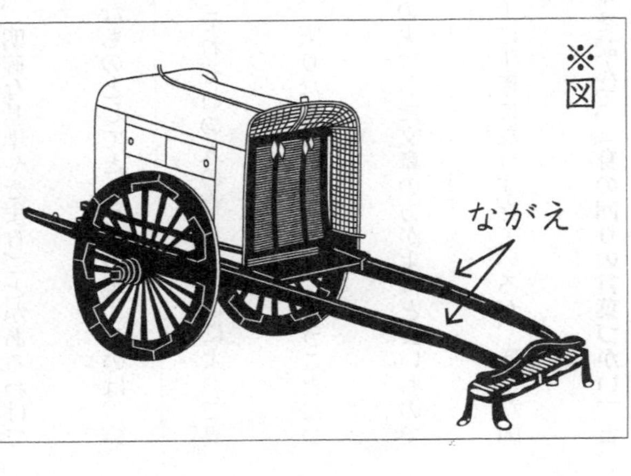

問題1　**【ア】**において、松平さんと山根さんとのやりとりを説明したものとして最も適切なものを次の**1**から**4**の中から一つ選び、番号を書きなさい。

1　山根さんと松平さんとが最近の言葉づかいについて異なる意見をもっており、どちらが正しいかということを話し合っている。

2　松平さんが違和感をもつ最近の言葉づかいについて意見を述べ、それに対して山根さんが別の見方による考えを示している。

3　山根さんが見聞きした最近の言葉づかいについて自分の意見や疑問を投げかけ、松平さんがそれに対する答えを話している。

4　松平さんが最近の言葉づかいの例を挙げながら自分の言葉の使い方を振り返り、山根さんがそれに対して説明を加えている。

問題2　**【ア】**の――線部「**信じれない**」のように言い方が変わる例として挙げられている言葉を、**【ア】**以外の文章から**すべて**抜き出して書きなさい。

問題3　**みなみさん**は、次の四人の述べていることをそれぞれ表にして整理しています。表の空らんには、どのような文が入りますか。あとの**1**から**9**の中からふさわしいものを**すべて**選び、番号を書きなさい。

出てくる人	松平定知	山根基世	加藤秀俊	兼好法師
述べていること				

1　本来は人間関係を示すものである言葉が、利便性によって変化することに抵抗がある。

2　言葉にしても道具にしても、新しいものよりも昔ながらのものの

そ美しいという日本人の心情の延長線上にあるのかもしれませんね。
「よろしかったでしょうか」などは、その※8最たる例。でも、言葉は時代とともに変わっていくもの。今間違いだった言葉が、十年後には正しくなっていることもある。

（松平定知「心を豊かにする言葉術」より。一部表記を改めた。）

［注］※1 違和感……しっくりせず、おちつかないちぐはぐな感じ。
※2 ユニバーサル・デザイン……すべての人が安全で使いやすいように気をくばった設計。
※3 おみおつけ……みそ汁の丁寧語。
※4 敬意……相手を尊敬している気持ち。
※5 徹頭徹尾……はじめからおわりまで考えややり方が変わらない様子。
※6 寛容……他人の考えをよく受け入れるような心のひろさがあること。
※7 婉曲……ものの言い方がおだやかで遠まわしな様子。
※8 最たる……その性質をもっともよくそなえていること。

【イ】加藤秀俊という人が現代の日本語についての考えを書いた文章

ことばの意味もかわってきた。たとえばテレビやラジオで「わたしはソバにこだわっていましてねえ」などということばがきこえてくると、どうもこの「こだわる」ということばの意味が気になる。わたしなどにとっては「こだわる」というのはつまらないことに「※9拘泥する」というあまりよくない心理的※10性癖のことだったのだが、いまの世間では特定のものごとに深い思いいれをする、という※11美徳になっているようだ。これが気になる。

（中略）

そもそも「ことばの乱れ」とはどういうことなのであろうか。「乱れ」という以上は、それを計測するための基準があるはずである。楽譜をみながら演奏していて、ちょっと手もとが狂ってピアノのキーを打ちまちがえればそれは「乱れ」になる。そのばあいには五線譜にかかれたリズムやメロディーが基準である。その基準をはずれたから「乱れ」である。これははっきりしている。心臓の鼓動はおおむね規則的である。それに「乱れ」が発見されれば※12不整脈である。まず規則性があるから「乱れ」だと判定できる。

しかし、ことばの世界にはそういうはっきりした基準がない。ソバに「こだわる」という用法はおかしい、とわたしはおもう。だが、これをおかしい、とおもっているのはわたしという特定の世代の特定の背景のうえでそだった人間なのであって、同時代を生きているおおくの※13同胞はソバであろうと世界平和であろうとなにかに「こだわる」のはいいことだ、とおもっておられるのだろう。これを「乱れ」と感じるひともいるし、そうではないひともいる。

つまり、ことばの意味や用法の「乱れ」というのは多分に個人的なものなのである。わたしにはわたしのモノサシがあり、あなたにはあなたのモノサシがある。

（加藤秀俊「なんのための日本語」より。一部表記を改めた。）

［注］※9 拘泥する……いつまでも気にしすぎること。
※10 性癖……人の性質のかたよりやくせ。
※11 美徳……人の道にかなったみならうべきよい心や行為。

【適性検査Ⅰ】（四五分）〈満点：二〇〇点〉

1 **みなみさんは、「身の回りの言葉づかい」**をテーマとした意見文を書くために、次の文章**【ア】【イ】【ウ】**を読みました。これを読んで、あとの問題に答えなさい。

【ア】松平定知さんと山根基世さんという二人のアナウンサーの対談

山根　松平さんは最近の言葉づかいに対して、※1違和感はありませんか。

松平　最近はそうでもないですけれど、おそば屋さんなどに「本日は、お休みさせていただきます」という張り紙がしてあるのを見ると、腹が立ちました。「させていただきます」って、あなたが休むのを、私は許した覚えはない（笑）。あなた方の意志でやることなのだから、「お休みいたします」でしょうって。

山根　「させていただきます」というのは、上下関係とか、立場の違いに関係なく使うことができる非常に便利な言葉。もしかすると、あらゆる場面に対応できる言葉の〝※2ユニバーサル・デザイン〟のようなものとして使っているのかもしれませんね。

松平　便利には違いないけれど、人と人との関係を表す言葉ではなくなってきているんですよね。最近、違和感を持つのが「していただいてもよろしいでしょうか」。理髪店でひげをそってもらっている時に「右を向いていただいてもよろしいでしょうか」と言われるでしょう。もし私が「嫌だ」と答えたらどうするんでしょうね。妙にへりくだった言い方をしなくても、「右を向いてください」でいいんです。

山根　ある意味、今の日本の社会の有り様を表している言葉なんでしょうね。あらゆることが、丁寧になりすぎている。「拝読させていただきました」とかね。二重敬語どころではない。「※3おみおつけ（御御御付け）」じゃないんだから（笑）。「※4敬意低減の法則」というのがあって、だいたい敬意は使っているうちにすり減ってくるんですね。だから、足りない気がして、さらに重ねていく。それがエスカレートすると「おみおつけ」のようになってしまう。こういった言葉の丁寧化現象は、日本語だけではなく世界中で見られるらしいんですね。

松平　山根さんも本心ではそうだと思うけれど、私は言葉については、※5徹頭徹尾頑固になろうと思っています。「信じれない」って言う人がいれば、すっ飛んで行って直しますよ。「ら」がなかろうと、どちらが正しいかなんてどうでもいいと言う人もいるし、もともと「ら」抜きだったと言う人もいますが、あまり※6寛容だと際限がなくなる。ここは物分りの悪いじいさんになろうかと。

それから、気になるのが「大丈夫」。聞いていると、否定の時に使うことが多いみたいですね。私が若い女性に対して「ちょっとお茶を飲みに行きませんか?」とさそった時に「大丈夫です」という返事は、明らかに断られているということなんです（笑）。

山根　私も使いますね。「お手伝いに行きましょうか?」と気をつかってくれた人に、「来なくていいわよ」と答えるのは言葉がきつい気がします。だから「大丈夫、大丈夫」とあいまいにお断りする。そういうふうに考えると、最近の若い人たちが※7婉曲な言い方をするのは、物事をあまり白黒はっきりさせないことが礼儀だとか、あいまいさこ

解答用紙集

◆ご利用のみなさまへ

＊解答用紙の公表を行っていない学校につきましては、弊社の責任において、解答用紙を制作いたしました。

＊編集上の理由により一部縮小掲載した解答用紙がございます。

＊編集上の理由により一部実物と異なる形式の解答用紙がございます。

人間の最も偉大な力とは、その一番の弱点を克服したところから生まれてくるものである。 ──カール・ヒルティ──

東京学参株式会社

※解答欄は実物大です。

1

問題1

問題2

問題3	
672 年	1868 年

問題4

問題5

問題6
その国の言葉を調べるときには
（20字）
が大切です。

※ 143%に拡大していただくと，解答欄は実物大になります。

2

問題1

問題2

◇適性検査Ⅱ◇

※解答欄は実物大です。

1

問題1	

問題2	あ		い	

問題3	条件1		条件2	

問題4		
	う	
	え	

2

問題1	①		②		③	

問題2	あ		い	

問題3	

問題4	高い	→　→　→	低い

3

問題１	

問題２	

問題３	（　　　　，　　　　，　　　　）

問題４	（１）	あ		い	
		う			
	（２）	え			

4

問題１	あ		い	

問題２	

問題３	

問題４	

2023年度　横浜市立南高等学校附属中学校

◇適性検査Ⅰ◇

※152%に拡大していただくと、解答欄は実物大になります。

1

問題1

問題2

※解答欄は実物大です。

問題1

問題2

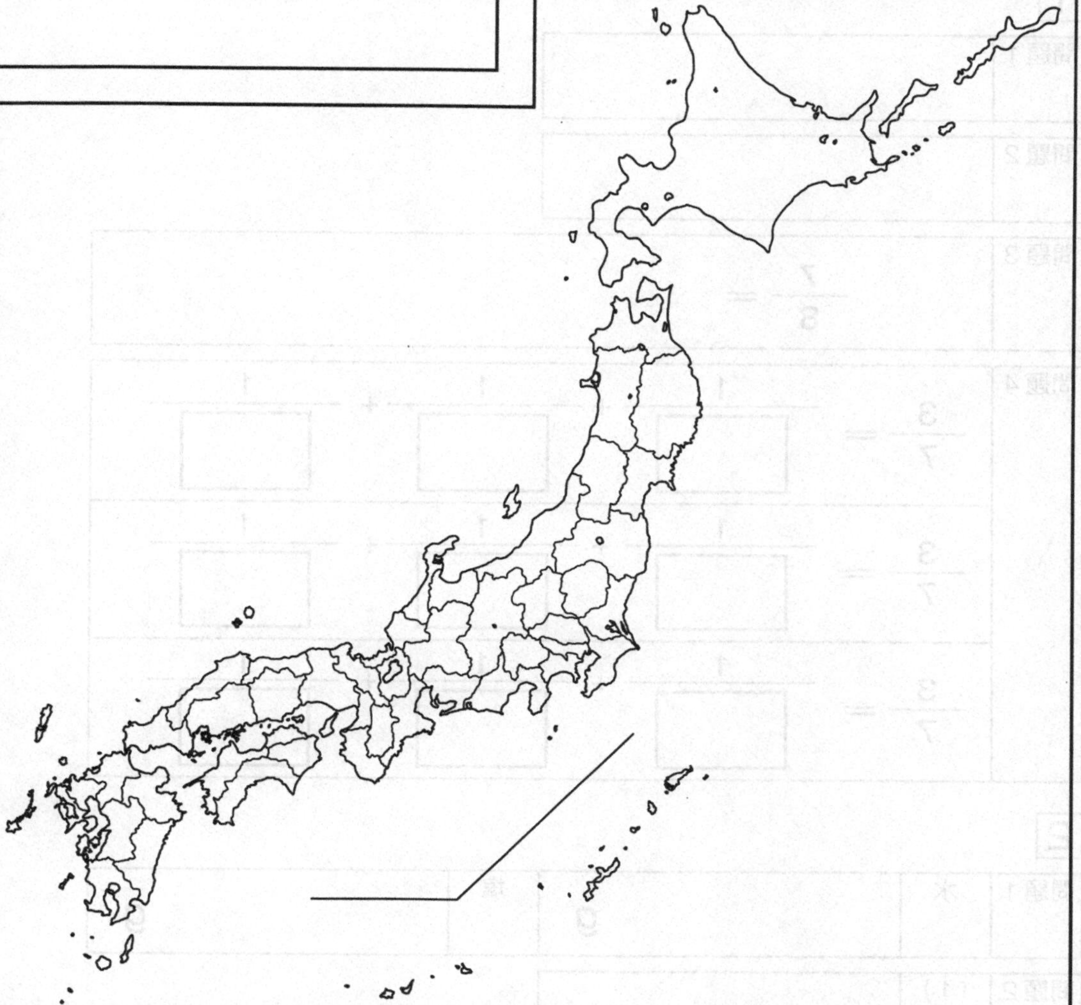

問題3
10
20

ため。

問題4

問題5			
1	2	3	4

横浜市立南高等学校附属中学校　2023年度

◇適性検査Ⅱ◇

※ 116％に拡大していただくと，解答欄は実物大になります。

1

問題１	

問題２	

問題３	$\frac{7}{8}=$

問題４	
	$\frac{3}{7}=\frac{1}{\square}+\frac{1}{\square}+\frac{1}{\square}$
	$\frac{3}{7}=\frac{1}{\square}+\frac{1}{\square}+\frac{1}{\square}$
	$\frac{3}{7}=\frac{1}{\square}+\frac{1}{\square}+\frac{1}{\square}$

2

問題１	水	g	塩	g

問題２	（１）	
	（２）	本

問題３	（１）	あ		い	
	（２）	冷や麦		白龍（はくりゅう）	

問題４			

3

問題１	通り

問題２	
あ	→ う
い	→ う
え	番目の

問題３	あ	い	う	え	お	か	き
く							

4

問題１	

問題２	あ		い	

問題３	mA

◇適性検査Ⅰ◇

※解答欄は実物大になります。

問題1	
（1）	（2）

問題2

（国土地理院　地理院地図をもとに作成）

問題3

問題4

問題5

最初の３字				最後の３字		
			～			

※１４５％に拡大していただくと、解答欄は実物大になります。

問題6

写真①

125

150

写真②

125

150

問題7

30

40

横浜市立南高等学校附属中学校　2022年度

◇適性検査Ⅱ◇

※116%に拡大していただくと，解答欄は実物大になります。

1

問題1			
問題2	い		
	う		え
	お		か
問題3			
問題4	（1） ℃	（2） °Hg	

2

問題1	頂点の数	辺の数
問題2	この立体は正多面体であると（ いえる ・ いえない ）← どちらかに○をする 理由	
問題3	式	頂点の数

問題4				
	あ		い	
	う		え	
	お			

3

問題1	(1)		(2)	

問題2	正　　　　　　　　角形

問題3	

4

問題1	(1)	g	(2)	ニュートン

問題2	あ、い		う、え	

問題3	

２０２１年度

横浜市立南高等学校附属中学校

※103%に拡大していただくと、解答欄は実物大になります。

◇適性検査Ⅰ◇

1

問題１	

問題２	

問題３	

問題４	

問題５	

問題６	

問題７	

2

問題１

問題２

ア	

イ	

ウ	

エ	

オ	

カ	

※ 136%に拡大していただくと，解答欄は実物大になります。

1 問題８

300

360

※ 121%に拡大していただくと，解答欄は実物大になります。

1

問題１

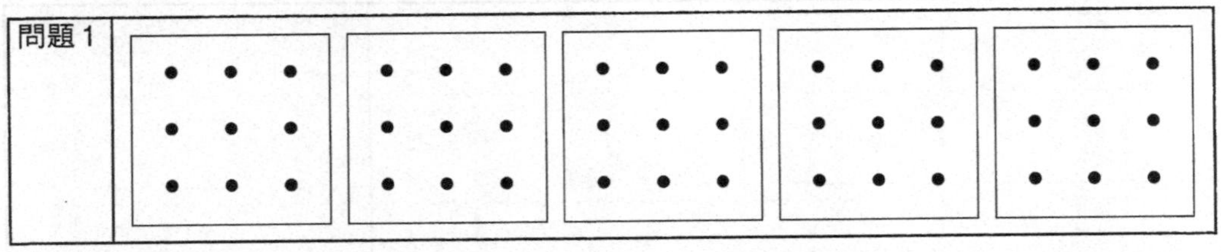

問題２	（１）	A	cm²	F	cm²
	（２）	「内部の点の数」が０個の多角形の面積は、			

									10
									20
									30

と求められる。

問題３

点あ

点い

2

問題１	西暦	年

問題２	およそ　　日分

問題３	日

問題４	あ		い	

3

問題 1	

問題 2	

問題 3	A	板	B	板
	C	板	D	板

4

問題 1	

問題 2	い		う		え	

問題 3	お		か	
	き		く	

問題 4	け		こ		さ	

問題 5	

横浜市立南高等学校附属中学校　2020年度

◇適性検査Ⅰ◇

※この解答用紙は実物大です。

問題５	問題４	問題３	問題１

問題２

問題6

問題7

※167%に拡大していただくと，解答欄は実物大になります。

横浜市立南高等学校附属中学校　2020年度

◇適性検査Ⅱ◇

※ 135%に拡大していただくと，解答欄は実物大になります。

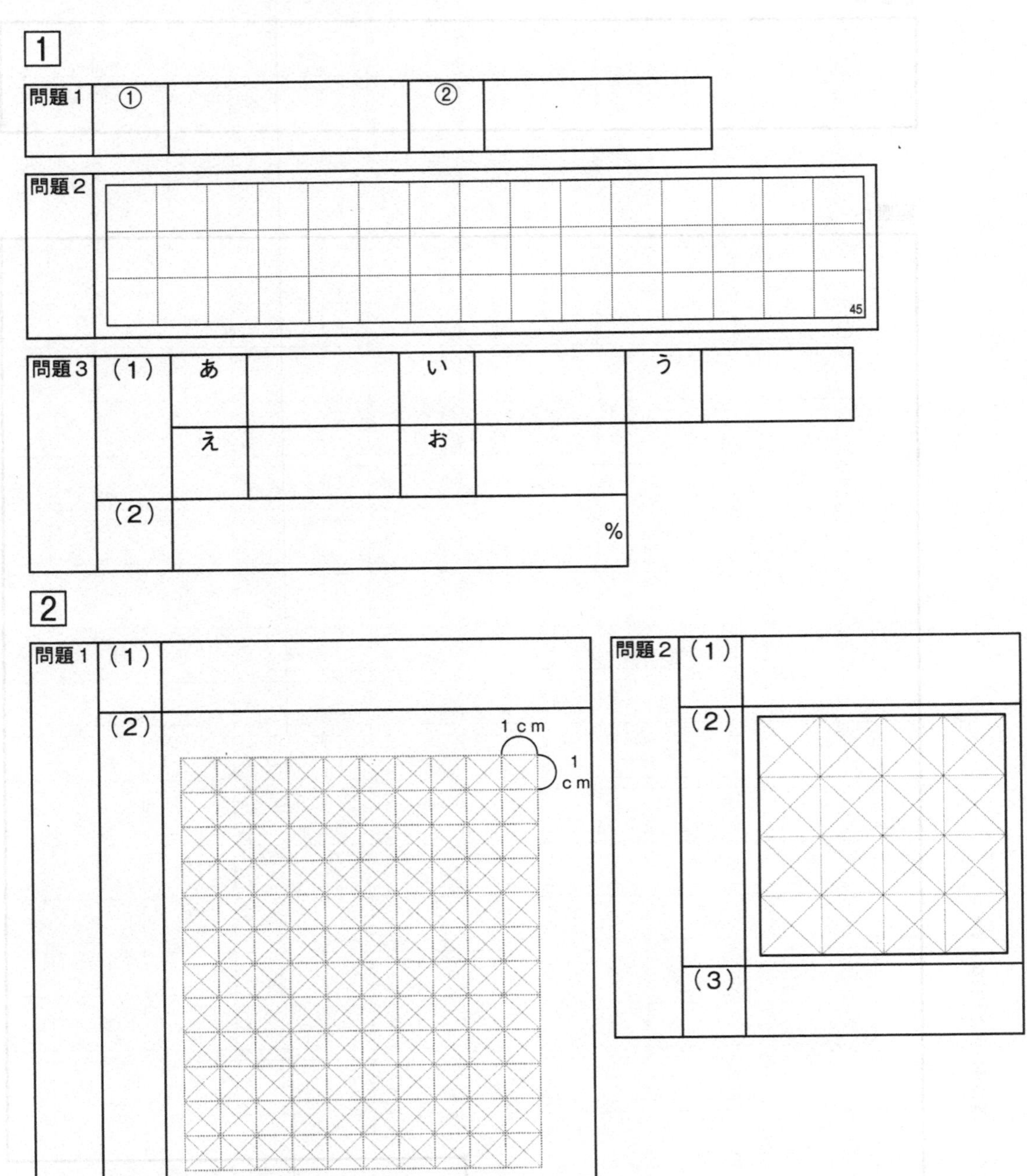

※116%に拡大していただくと，解答欄は実物大になります。

3

問題1	①		②		③	

問題2	（1）	あ		い	
	（2）				

問題3	

問題4	硬貨1	円玉	硬貨2	円玉
	硬貨3	円玉	硬貨4	円玉
	硬貨5	円玉	硬貨6	円玉

4

問題1	

問題2	（1）	あ		い	
	（2）				

問題3	

横浜市立南高等学校附属中学校　2019年度

◇適性検査Ⅰ◇

※この解答用紙は，実物大になります。

問題１

問題２

問題３

問題４

問題５

A

B

C

問題６

問題7

問題8

※この解答用紙は167%に拡大していただくと，実物大になります。

◇適性検査Ⅱ◇

※この解答用紙は104%に拡大していただくと，実物大になります。

1

問題１	月　日　時　分　秒

問題２	時間　分

問題３	（１）	分
	（２）	時　分

2

問題１	通り

問題２	

問題３

左はし↓　棒（ぼう）　ひも

問題４

7　20

※この解答用紙は 119%に拡大していただくと，実物大になります。

3

問題１	通り

問題２	（１）						
	（２）	ア		イ		ウ	
		エ		オ		カ	

問題３	

4

問題１	

問題２	

問題３	（１）	【部品１】	個	【部品４】	個
	（２）				

平成30年度

横浜市立南高等学校附属中学校

※この解答用紙は167%に拡大していただくと、実物大になります。

◇適性検査Ⅰ◇

1

①【資料が伝えていることを短くまとめる文章】

選んだ資料の記号【　　】

②【資料の内容について自分が考えたことをまとめる文章】

選んだ資料の記号【　　】

※ この解答用紙は115％に拡大していただくと，実物大になります。

2

問題1
(1)
(2)
(3)
(4)
(5)

問題2
メモ1
メモ2
メモ3
メモ4

問題3
あ
い
う
え

/200

横浜市立南高等学校附属中学校　平成30年度

◇適性検査Ⅱ◇

※ この解答用紙は122%に拡大していただくと，実物大になります。

1

問題1	①		②		③	

問題2	(1)	あ		い		う	
		え		お		か	
	(2)	度					

問題3	(1)	分　秒	
	(2)	水平方向の距離	m
		垂直方向の距離	m

問題4	(1)	曜日
	(2)	
	(3)	

2

問題1	(1)	本
	(2)	個

問題2	正三角形	個	正方形	個

問題３	（１）	あ		い		う		え	
		お		か		き			
									から
	（２）	A		B					
	（３）								

15

3

問題１	土壌動物Ｘ	
	土壌動物Ｙ	

問題２	あ		い	

問題３	調査の目的Ⅰ		調査の目的Ⅱ	

問題４	①	
	②	
	③	
	④	

／200

MEMO

大切なことはメモしておこうネ！

T.G

東京学参の

中学校別入試過去問題シリーズ

＊出版校は一部変更することがあります。一覧にない学校はお問い合わせください。

東京ラインナップ

あ 青山学院中等部(L04)
麻布中学(K01)
桜蔭中学(K02)
お茶の水女子大附属中学(K07)
か 海城中学(K09)
開成中学(M01)
学習院中等科(M03)
慶應義塾中等部(K04)
啓明学園中学(N29)
晃華学園中学(N13)
攻玉社中学(L11)
国学院大久我山中学
（一般・CC）(N22)
（ＳＴ）(N23)
駒場東邦中学(L01)
さ 芝中学(K16)
芝浦工業大附属中学(M06)
城北中学(M05)
女子学院中学(K03)
巣鴨中学(M02)
成蹊中学(N06)
成城中学(K28)
成城学園中学(L05)
青稜中学(K23)
創価中学(N14)★
た 玉川学園中学部(N17)
中央大附属中学(N08)
筑波大附属中学(K06)
筑波大附属駒場中学(L02)
帝京大中学(N16)
東海大菅生高中等部(N27)
東京学芸大附属竹早中学(K08)
東京都市大付属中学(L13)
桐朋中学(N03)
東洋英和女学院中学部(K15)
豊島岡女子学園中学(M12)
な 日本大第一中学(M14)
日本大第三中学(N19)
日本大第二中学(N10)
は 雙葉中学(K05)
法政大学中学(N11)
本郷中学(M08)
ま 武蔵中学(N01)
明治大付属中野中学(N05)
明治大付属八王子中学(N07)
明治大付属明治中学(K13)
ら 立教池袋中学(M04)
わ 和光中学(N21)
早稲田中学(K10)
早稲田実業学校中等部(K11)
早稲田大高等学院中学部(N12)

神奈川ラインナップ

あ 浅野中学(O04)
栄光学園中学(O06)
か 神奈川大附属中学(O08)
鎌倉女学院中学(O27)
関東学院六浦中学(O31)
慶應義塾湘南藤沢中等部(O07)
慶應義塾普通部(O01)
さ 相模女子大中学部(O32)
サレジオ学院中学(O17)
逗子開成中学(O22)
聖光学院中学(O11)
清泉女学院中学(O20)
洗足学園中学(O18)
捜真女学校中学部(O29)
た 桐蔭学園中等教育学校(O02)
東海大付属相模高中等部(O24)
桐光学園中学(O16)
な 日本大中学(O09)
は フェリス女学院中学(O03)
法政大第二中学(O19)
や 山手学院中学(O15)
横浜隼人中学(O26)

千・埼・茨・他ラインナップ

あ 市川中学(P01)
浦和明の星女子中学(Q06)
か 海陽中等教育学校
（入試Ⅰ・Ⅱ）(T01)
（特別給費生選抜）(T02)
久留米大附設中学(Y04)
さ 栄東中学（東大・難関大）(Q09)
栄東中学（東大特待）(Q10)
狭山ヶ丘高校付属中学(Q01)
芝浦工業大柏中学(P14)
渋谷教育学園幕張中学(P09)
城北埼玉中学(Q07)
昭和学院秀英中学(P05)
清真学園中学(S01)
西南学院中学(Y02)
西武学園文理中学(Q03)
西武台新座中学(Q02)
専修大松戸中学(P13)
た 筑紫女学園中学(Y03)
千葉日本大第一中学(P07)
千葉明徳中学(P12)
東海大付属浦安高中等部(P06)
東邦大付属東邦中学(P08)
東洋大附属牛久中学(S02)
獨協埼玉中学(Q08)
な 長崎日本大中学(Y01)
成田高校付属中学(P15)
は 函館ラ・サール中学(X01)
日出学園中学(P03)
福岡大附属大濠中学(Y05)
北嶺中学(X03)
細田学園中学(Q04)
や 八千代松陰中学(P10)
ら ラ・サール中学(Y07)
立命館慶祥中学(X02)
立教新座中学(Q05)
わ 早稲田佐賀中学(Y06)

公立中高一貫校ラインナップ

北海道 市立札幌開成中等教育学校(J22)
宮城 宮城県仙台二華・古川黎明中学校(J17)
市立仙台青陵中等教育学校(J33)
山形 県立東桜学館・致道館中学校(J27)
茨城 茨城県立中学・中等教育学校(J09)
栃木 県立宇都宮東・佐野・矢板東高校附属中学校(J11)
群馬 県立中央・市立四ツ葉学園中等教育学校・
市立太田中学校(J10)
埼玉 市立浦和中学校(J06)
県立伊奈学園中学校(J31)
さいたま市立大宮国際中等教育学校(J32)
川口市立高等学校附属中学校(J35)
千葉 県立千葉・東葛飾中学校(J07)
市立稲毛国際中等教育学校(J25)
東京 区立九段中等教育学校(J21)
都立大泉高等学校附属中学校(J28)
都立両国高等学校附属中学校(J01)
都立白鷗高等学校附属中学校(J02)
都立富士高等学校附属中学校(J03)
都立三鷹中等教育学校(J29)
都立南多摩中等教育学校(J30)
都立武蔵高等学校附属中学校(J04)
都立立川国際中等教育学校(J05)
都立小石川中等教育学校(J23)
都立桜修館中等教育学校(J24)
神奈川 川崎市立川崎高等学校附属中学校(J26)
県立平塚・相模原中等教育学校(J08)
横浜市立南高等学校附属中学校(J20)
横浜サイエンスフロンティア高校附属中学校(J34)
広島 県立広島中学校(J16)
県立三次中学校(J37)
徳島 県立城ノ内中等教育学校・富岡東・川島中学校(J18)
愛媛 県立今治東・松山西中等教育学校(J19)
福岡 福岡県立中学校・中等教育学校(J12)
佐賀 県立香楠・致遠館・唐津東・武雄青陵中学校(J13)
宮崎 県立五ヶ瀬中等教育学校・宮崎西・都城泉ヶ丘高校附属中学校(J15)
長崎 県立長崎東・佐世保北・諫早高校附属中学校(J14)

公立中高一貫校「適性検査対策」問題集シリーズ

作文問題編　資料問題編　数と図形編　生活と科学編　実力確認テスト編

私立中・高スクールガイド
THE（ザ） 私立

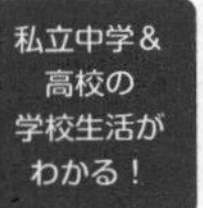

〈ダウンロードコンテンツについて〉

本問題集のダウンロードコンテンツ、弊社ホームページで配信しております。現在ご利用いただけるのは「2025年度受験用」に対応したもので、**2025年3月末日**までダウンロード可能です。弊社ホームページにアクセスの上、ご利用ください。
※配信期間が終了いたしますと、ご利用いただけませんのでご了承ください。

中学別入試過去問題シリーズ
横浜市立南高等学校附属中学校　2025年度
ISBN978-4-8141-3122-8

[発行所] 東京学参株式会社
〒153-0043　東京都目黒区東山2-6-4

書籍の内容についてのお問い合わせは右のQRコードから ⇒ 

※書籍の内容についてのお電話でのお問い合わせ、本書の内容を超えたご質問には対応できませんのでご了承ください。

2024年6月28日　初版